中央民族大学青年学者文库
China Minzhu University Young Scholars' Series

◎ 何修良 / 著

公共行政的生长

——社会建构的公共行政理论研究

The Growth of Public Administration

——Study on the Theory of Social Constructional Public Administration

中央民族大学出版社
China Minzu University Press

图书在版编目（CIP）数据

公共行政的生长：社会建构的公共行政理论研究/何修良著. —北京：中央民族大学出版社，2013. 10

ISBN 978-7-5660-0541-0

Ⅰ. ①公… Ⅱ. ①何… Ⅲ. ①行政学—研究 Ⅳ. ①D035

中国版本图书馆 CIP 数据核字（2013）第 258728 号

公共行政的生长

——社会建构的公共行政理论研究

作　　者　何修良
责任编辑　满福玺
封面设计　布拉格
出 版 者　中央民族大学出版社
　　　　　北京市海淀区中关村南大街 27 号　邮编：100081
　　　　　电话：68472815(发行部)　传真:68932751(发行部)
　　　　　　　　68932218(总编室)　　　68932447(办公室)
发 行 者　全国各地新华书店
印 刷 厂　北京宏伟双华印刷有限公司
开　　本　880×1230（毫米）　1/32　印张：20. 5
字　　数　520 千字
版　　次　2014 年 6 月第 1 版　2014 年 6 月第 1 次印刷
书　　号　ISBN 978-7-5660-0541-0
定　　价　62. 00 元

总　序

中央民族大学是我们党为解决民族问题、培养少数民族干部和高级专门人才而创办的高等学府。建校六十多年来，中央民族大学认真贯彻党的教育方针和民族政策，坚持社会主义办学方向，坚持为少数民族和民族地区发展服务的办学宗旨，培养了成千上万的优秀人才，取得了许多具有开创性意义的科研成果，创建和发展了一批民族类的重点学科，走出了一条民族高等教育又好又快发展的成功之路。

今天，荟萃了56个民族英才的中央民族大学，学科门类齐全，民族学科特色突出，跻身于国家“211工程”和“985工程”重点建设大学的行列。中央民族大学已经成为我国民族工作的人才摇篮、民族问题研究的学术重镇、民族理论政策的创新基地、民族文化保护和传承的重要阵地。

教师是学校的核心和灵魂。办好中央民族大学，关键是要有一支高素质的教师队伍。为建设一支能够为实现几代民大人孜孜以求的建成国际知名的、高水平的研究型大学提供坚实支撑的教师队伍，2012年4月，学校做出决定，从“985工程”队伍建设专项经费中拨出专款，设立“中央民族大学青年学者文库”基金，持续、择优支持新近来校工作的博士、博士后出站人员以及新近取得博士学位或博士后出站资格的在职教职工出版高水平的博士学位论文和博士后出站报告。希望通过实施这一学术成果出版支持计划，不断打造学术精品，促进学术探究，助推中央民族大学年轻教师成长，形成长江后浪推前浪、一代更比一代强的教师队伍蓬勃壮大的良好局面。

青年教师正值学术的少年期。诚如梁启超先生脍炙人口的名言所祈愿：少年智则国智，少年富则国富，少年强则国强，少年独立则国独立，少年自由则国自由，少年进步则国进步，少年胜于欧洲，则国胜于欧洲，少年雄于地球，则国雄于地球。希望在各方面的共同努力下，在广大青年教师的积极参与下，《中央民族大学青年学者文库》能够展示出我校年青教师的学术实力，坚定青年教师的学术自信，激发青年教师的学术热忱，激励广大青年教师向更高远的学术目标攀登。唯有青年教师自强不息，中央民族大学的事业才能蒸蒸日上！

中央民族大学青年教师学术著作出版
编审委员会
2013 年 6 月 19 日

序

行政学哲学是对公共行政中最根本的问题进行“元理论”的反思与批判，主要是为行政学理论研究提供根本性的指导。行政哲学作为公共行政精神与品质的外在隐喻，是人们对公共行政理论认知的最高图式和对其实践理解最彻底的抽象，它的内涵旨趣在于成为公共行政“形而上”的“道”之所指和“形而下”的“器”之所托。故此，对行政哲学的研究本身就充满了挑战性，需要研究者扎实的理论功底和实践的长期沉淀。所以，作为一项行政哲学研究的探索，何修良博士的专著《公共行政的生长——社会建构的公共行政理论研究》一书即将付梓出版，作为他的导师，感到由衷高兴，作此序以勉励前行。

社会建构公共行政理论研究具有基础性。公共行政的本质在于自身主观性与客观性的统一，在公共行政的研究中，缺乏行政主体研究，尤其是行政相对方的研究，一直是公共行政理论研究中“木桶中的短板”，阻碍着理论本身的进展。社会建构的公共行政重视社会力量和公民参与，通过社会日常生活与行政生活互动，通过不同主体之间的不断彼此调整、互动与协商，充分发挥公共行政在社会治理中的作用。社会建构公共行政旨在对公共行政最根本的问题进行研究，为传统的行政模式寻找到一种替代的方式，主张通过边际互动、边际调整和边际渗透，通过可替代理论的优越性，触动官僚制刚硬的外壳，慢慢影响其内核，并不断修正和形成良好治理的“基因”，实现公共行政的良好生长。

社会建构公共行政改变了传统偏重组织内部的研究，走向了对影响组织发展的外部力量的探索。社会建构的公共行政理论作为行政哲学的研究，突出强调了社会力量在治理社会中的重要作用，是对当今社会发展中社会力量日益壮大和如何发挥其作用的一种回应，深入讨论了公民参与、民主化治理、社会设计、行政风格、软法之治、行政自觉等当今公共行政研究的核心问题。无论从研究内容或者研究方法，都捕捉到公共行政生长的触角，洋溢着新颖的想法，体现了作者对该问题认识的深度。具体表征有三方面：一是对以往公共行政理论进行了重新梳理，从社会建构主义的崭新视角来重新理解和认识公共行政，特别是从行政组织外部视角重新认识公共行政的内涵和功能。二是对公共行政的社会建构过程进行了全面的解释和论述，特别是对行政人员的自我社会建构进行了深入论述。三是社会建构公共行政契合了中国社会转型时期对公共行政的诉求，为实现中国社会更好转型提供可行性的治理方法，解决社会复杂问题满足当下公民成长的需要和社会创新，并能更好地监督公共权力的运行。

在社会建构行政理论深入研究中，作者借鉴和吸收了其他社会理论新知识，例如利用话语理论和行动理论来阐释社会建构行政理论的社会过程，运用协商民主理论分析指出社会建构行政的过程是“民主再生产”的过程，借用法理学中软法视角来完善社会建构行政的善治之道。在此基础上，作者提出了很多新颖的观点，僭越了很多传统公共行政理论的认识，完善了公共行政理论研究，比如提出了“公共行政想象力”的概念来完善公共行政的研究和对社会建构公共行政在社会转型的基本命题的论述就非常新颖、前沿。再如，文中特别强调公共行政的社会性，论述了公共行政与社会的关系，提出了“每一个人的行政”、“生活行政”的理念，提出了“公民对公共事务的认知和处理能力提高的重要性大于政府行政人员处理公共事务能力提升的重要性”

等观点，强调对个人责任伦理的论述等，都具有很强理论前瞻性和创新性。

多样性的分析和生动的语言描述为该书内容增添了不少色彩。不同图表的运用和阐述，简明扼要，让人耳目一新。引用的贴切和注释的完整能够更好地让读者理解作者的意图，周密规范，详略得当。另外，很多活泼鲜明的修辞手法运用使行文更为生动易懂，作者喜欢运用比喻，在文中随处可见，这样采用文学修辞的论述方式使行文更饱满、更丰富。

当然，可能是由于行政哲学研究本身的特点，需要运用逻辑演绎的方法，文中个别地方略有重复，部分语言和逻辑略显冗余，需要作者在今后研究中特别注意，力争使行文更加“干净利索”。“删繁就简三秋树，领异标新二月花。”就全书整体而言，作者具有敏锐的学术感知和问题捕获能力，尽管个别观点稍显稚嫩，但“始生之物，其形必丑”，唯其稚嫩，方更有蓬勃的生命力。

何修良一边从事着行政工作，一边在工作之余进行学术探索和研究，尤其是对纯理论的研究有着特殊的偏好，理论功底深厚，论述深刻细微。本书是在他博士学位论文的基础上深化拓展完成，作为一个刚进入研究领域的年轻人，就敢于和能够承担这样的研究并提出很多新颖的观点，实属不易，相信能为他未来的学术研究奠定很好的基础。衷心希望何修良能够在未来的科学研究中更加努力，再接再厉，期待有更好的作品出现。

李俊清

2013年3月3日于北京

我要在这座迷宫中冒险，更改意图，为迷宫开凿地道，使迷宫远离它自身，找出它突出的部分，而这些突出部分又简化和扭曲着它的通道，我迷失在迷宫中，而当我终于出现时所遇到的目光却是我永远不想再见到的。无疑，像我这样写作是为了丢面子的远不只我一人。敬请你们不要问我是谁，更不要希求我保持不变，从一而终：因为这是一种身份的道义，它支配我们的身份证件。但愿它能在我们写作时给我们自由。

——福柯：《知识考古学》

目　录

上　篇　理论篇

下 篇 现实篇

绪　论

现代学中的中国公共行政之前瞻

随着中国现代化的发展，社会经历了“三千年来未有之大变局”，导致了中国政治经济制度、社会发展、文化理念和日常经济结构发生巨大转型，进而形成了泱泱大观的具有现代特性的学术文化背景和叙事时空，现代学①也应时而生。作为“一项未完成的设计”（哈贝马斯），现代性深刻地影响着中国学术思想的每一次变革。“在未来的世纪，学术思想仍将因现代幽灵的纠缠而费神。”② 中国现代化的过程也被动猝然地进入百年思想的嬗变之中，使得中国现代化的思想良莠不齐，多元并立的中国现

① 在总结20世纪的思想学术史中，刘小枫指出，现代幽灵游荡在人文思想和社会理论的言述中，首先应该关注的是现代现象的社会理论之建构，他称之为“现代学”，主要阐释和建构“现代现象”——“事物和人的巨大变形”。他认为，述说“现代”并不必然是关于现代现象的知识学建构，它也可能是而且经常是一种非知识性的个体情绪反映。现代现象被实证知识性推距为一个审视的对象，将现代现象先予客观化，以便有效地审视它，而非或激进或保守地批判之（具体参考：刘小枫．现代性社会理论绪论［M］．上海：上海三联出版社，1998：1－3）。我们认为，现阶段的学术思想关注的实质性问题更多的是现代性的现象问题，并由此引起了各学科动员并肩负了各自知识性的使命，选择各自论涉切己的论题和领域，不分轩轾地积累、修葺和完善了社会理论思想的研究成果，虽然伴随着危机和缺残，但初步形成了蔚为壮观的中国学术思想体系。中国公共行政学也是在并且无法摆脱现代学（主要包括现代现象、现代化、现代性等）的宏大叙事背景下开始了自身的建设，也将继续完成自身学科发展反思、完善和臻美。

② 刘小枫．现代性社会理论绪论［M］．上海：上海三联出版社，1998：1.

代学术思想，也沿着现代学的建设与争论的思路展开、困惑、发展与繁荣。

一、中国公共行政实践的真实世界

经历了现代化的阵痛和演变，无论是从知识体系上还是实践上甚至观念上，中国公共行政从一开始就无意间染上了西方公共行政思想体系的烙印痕迹，处于被动的态势中——公共行政理论的发展就像一只舶在浅湾中的船，潮来之际，澎湃的湖水到处是宽阔畅通的水面，船只随时可以自由出发；潮退去时，满眼的泥泞到处都无法起航，只能无奈等待下一次潮来才可出海。潮来潮去决定了公共行政之船只能一直在艰难中踌躇前行：既受到西方现代行政知识、理论体系和学派的深刻影响，在结合中国实际寻求、探索西方行政知识和中国现实情况下两者理论逻辑契合点、实践可行的切入点中且行且思，又要受到中国现代化发展的历史理性、传统文化、现代化思想动态和公共行政实践复杂性限制的藩篱。在中西与古今之争论、冲突、融合中探寻自身本土化的建设。在“两难”之中，造成了学术研究的“贫血”：要么在西方范式预设下来移植构建中国公共行政的乌托邦梦想，亦步亦趋，并对照和剪切中国当下社会现实，做出各种理想的推测和建议，肢解和裁剪现实；要么是通过现实行动中获取些许意外性成功，便匆忙、简单地认为在单一的理论与复杂的现实之间找到了两者天然的统合性和切入点，罔顾于社会背景条件、内在结构和亚文化差异之不顾，就“推土机”式一劳永逸地普遍性推动实施，与现实生活保持着抽离性和间接性，现实成为理论的“俘虏”。于是，中国公共行政经常成为理论上的“东施效颦的模仿者”和行政实践中的“蹩脚的刻舟求剑者”。

从共时态来看，全球化的兴起急遽地影响和改变着人们的价值体系、思维习惯和观念与心态，使得不同社会制度和不同发展水平的社会形成了相关性紧密的系统，公共事务的跨界性和关联度增强——全球化、信息化使得世界成为一个牵一发而动全局的“多米诺骨牌”综合体，抽散一个小小的线头就足以拆除一件完美的丝织品，任一微小事件都可能引起“蝴蝶效应”。区域问题的相互性和敏感性使得全球治理紧密联系在了一起。“‘共时性’既是个人、组织和社会的发展机会，也是严峻的挑战，特别是对历时性为基础和原则建造起来的科层化政府的严峻挑战。”① 在未解决好自身问题的同时，还面临着其他国家的共时性问题困扰和承担全球化中共同治理的重任。

二、中国公共行政发展困境的反思

在现有的研究模式中，中国公共行政研究的精细程度远远不够，具体表现有三：一是翻译和读解西方公共行政典范，争取理论的制高点，努力获取范式的阐释权威，就当仁不让地占据研究领域自命的“上帝”首席。二是对中国本土化的研究停留在“概化式研究”，采用一个“割裂”碎片化方式来认识行政世界，“全”而不“精”、浮光掠影，对公共行政的解读尚处于西方语法和语言的文字的浅层次上，难以触及和深入其内部，因此无法深层次地了解其实质理论，既不能真正在具体场景中认识西方公共行政，也无法抽象、概括和演绎出中国的公共行政。在运行、发展的本身逻辑和路径，更无法凝聚、积累出属于自己的地方性知识和中国式思想。三是公共行政往往妄求于从社会案例或事例中提炼理论。坚持“价值中立”的立场方法，融合各个社会科学的不同分析框架来观照公共行政现实与事实，并因分析框架的

① 杨冠琼．政府治理体系创新［M］．北京：经济管理出版社，2000：25.

分殊而将“公共行政”分割和剪辑为社会的、政治的、经济的、文化的、哲学的，甚至心理层面的阐释，往往根据不同作者的理论好恶分学科地揭示它们的性质，构成不同的知识体系的“分支研究”。“分支研究”的主要危害在于没有真正认清公共行政的本质，用其他科学的理论和方法“剪切”和“粘贴”研究，造成了表面生动、实质空洞的“他者”研究思路。

中国公共行政理论既难以为复杂的社会现实提供实践的指导，又难以引领和担当中国公共行政走向一条殊我切己的健康发展之路，追根究底，其根本在于中国公共行政和研究者深受西方成熟的公共行政典范①的浸染和支配，而这种典范不仅强制植入地为中国公共行政的发展提供了一幅西方业已成功公共行政理想的蓝图，并致使中国公共行政论者意识不到他们所提供的并不是中国自身所需求的理论指导和实践设计，公共行政往往不切实际并常常矫揉造作、华而不实。这种借用他人的、所谓成熟的占支配地位的典范因无力解释和解决由其自身的作用而产生的各种问题，更无力解决因其他原因引起的类型问题，必然导致中国公共行政总体性的“典范”危机，难以激起社会的价值关切和学术

① 典范又称典则、范式、典则规范，典范革命亦称范式转换（paradigm Shift）。1962年，著名的美国科学史家托马斯·库恩（Thomas S. Kuhn）在其《科学革命的结构》一书中，首次从学术的角度明确提出了关于典范或范式及其意义的概念。库恩指出，在科学的意义上，一个范式就是关于现实的一套较为系统的假设。这一套假设主要包括用以阐释和说明某一类现实的规则，而这些规则表现为人们的观察现实世界的观点、理念和基本的价值判断标准。范式的存在是多种多样的，好的范式的作用就在于其假设可以更全面、更准确地反映现实的世界。但是，范式存在着许多的例外，而且，范式也并不解释它可能遇到的事实。范式的作用集中于：理顺和总结现实，理解现象之间的因果关系，预期和预测未来的发展，从不重要的东西中区分出重要的东西，弄清我们应当选择哪条道路来实现我们的目标。（具体参考：Thomas S. Kuhn, The Structure of Scientific Revolutions, Chicago: University of Chicago Press, 1962, Chapter one；［美］塞缪尔·亨廷顿．文明的冲突与世界秩序的重建［M］．北京：新华出版社，1999：5.）

研究的冲动。醉享于西方公共行政理论丛林中，梦醒于公共问题的喋喋中，苦恼在无力解决问题的紧迫中，深陷泥潭。动之则下陷危命，不动则身心全忧，很容易遭受“典范移植”的灾难和打击。总之，中国公共行政在进行良治（或者良政）的知识生产与再生产的过程中，忽略了现实问题的关切和具体社会情景的反思，也忽视了西方理论建构的社会背景、理论前提和问题实质。忽视了社会秩序本身的讨论时空限制的前提性假设，承受着理论的负载、现实实践解读的失语和行为的失范，失去了解释问题的中国式回答的自我知识权力和学术思想优势。这样的思维模式和典范嫁接，不仅不利于解决现实的问题，更不利于中国公共行政的持续发展①，必将成为西方思想的复制品和牺牲品，成为所谓中国思想的肌体上的赘肉甚或毒瘤。

从学理看，任何公共行政的思想与之生成的制度都无法通过自身内涵和行为演绎就能得到正当性的解释和合法性的运行。当公共行政因为要不断满足民众普遍化利益获取的基本诉求和人们个性化的新要求之时，必须要对本国在特定时期和空间下整个社会的性质、发展的阶段或者未来趋势之间的关系加以全部的理解

① 关于这一点，邓正来教授在构建中国法律理性图景中和对中国社会科学自主性的思考中进行了深刻的说明。他指出，中国学者在中国问题的解决中，中国论者依凭各自的认识向西方需求经验和知识的支援，基本上是费正清“冲击—示范—接受”的模式，使得我们的分析仅仅止步于“只能”或者“应当”的取向不予深刻追究的“决定论”或者空洞且皮相的论断层面。具体表现为：把西方的地方性知识经由普遍主义的方式扩展为普遍问题的共同的态度，要么是把西方现代化过程中的问题虚构为中国的问题；要么把西方进入现代社会以后所抽象的因素倒果为因地视作中国推进和实现现代化的前提条件；要么把中国传统视作向现代社会转型的基本障碍而进行整体性的否定；要么忽略了西方因其发展过程中的自生自发性而不构成问题但对示范压力下的中国发展却构成问题的问题进行认真的研究；要么是在西方的理论和概念未经分析和批判以及理论预设未经中国经验验证的前提下就把它视作当然，进而对中国的种种问题做出了非彼即此的判断。中国论者深受西方知识范式的支配，不仅在中国现代化建设运动中具有某种支配的力量，而且在特定的情势中还具有一种赋予它所解释、认识甚或描述的对象以某种“正当性”的力量，而不论这种力量是扭曲性质的，还是固化性质的。这种嫁接理论或者现代化范式所带来的危险是致命的：一俟在心智层面上为中国论者作为潜在的思想“范式”接受下来，就必定会脱离其“母体”并依其自身的逻辑而开始发挥自己的作用，或者会致使中国论者在其支配下生产和再生产出各种变异的有关中国的现代化知识。“现代化范式”为中国论者的接受，给西方社会对中国“示范”注入了某种合法性“暴力”的意义，在此“暴力”的示范下，中国论者毫无批判地向西方移植观念和引进知识，便视为合理的甚至应当的。同时，它致使中国论者关于中国发展的研究及其成果都必须经历此一“现代化范式”的过滤或批判，亦即依着“现代化范式”对这些研究及其成果做“语境化”或“路径化”的处理，进而使得这些研究及其成果都不得不带上此一“范式”的烙印。（具体参考：邓正来．中国法学向何处去——建构“中国法律理想图景时代的论纲”［M］．北京：商务印书馆，2008；邓正来．研究与反思：关于中国社会科学自主性的思考［M］．北京：中国政法大学，2004.）

和考量。公共行政的根本问题是来自活生生的具体的世界空间的体验——来自中国公共行政制度于当下的具体有限时空，源于中国公共行政所承袭的历史记忆、传统知识、文化基因以及外来因素的干扰，植根于转型时期人们的公共行为选择和对复杂问题的认识。那些不加质疑接受西方所谓成熟的现代化典范论者，随意裁减、切割、拼凑和横切面式的理解中国的现实，嫁接于西方之理论，把西方社会的制度性安排转化成中国公共行政的理想样式予以引进和信奉，进而遮蔽、扭曲，甚至是粉饰中国现实的社会结构和种种不良现实问题，这不仅无法解释现有的问题，更会造成问题的蔓延以至成为难以解决的结构性问题的渊薮。因是之故，中国公共行政在实践和理论上必须面对以下追问和反思：中国公共行政的基础价值思维是否存在问题、存在什么问题、为什么存在这样的问题？为什么公共行政在长期构建中大量的知识、理论、方法、技术、经验不能有效地解决现实的社会问题？中国公共行政的科学价值到底体现在哪里？现今应该如何再定义公共行政的内涵和界定其边界？中国当下的公共行政处在何种社会结构和社会秩序之中？中国公共行政如何在转型的中国大背景中担当起治理社会的重任，是孤独前行还是借用社会力量来实现总体良政目标？究竟是用抽象空洞的正义、民主、自由、平等、程序等概念，还是用贴近现实、立足实践的生活哲学的具体建构来衡量中国公共行政功能的正当与否和评价社会秩序的合理与否，抑或是两者的互补填充？中国公民需要怎样幸福的公共生活，并且政府如何在体制和制度上保证生活的实现？中国公共行政到底如何建构自身的发展前途，而不至陷入改革—倒退—再改革的循环往复路径和怪圈中，在社会的伤疤上不停地打上下一次伤害的痛苦记忆？中国公共行政如何能够满足中国适合日益增长的物质、精神、文明的追求，并如何获得“正当性”的主体解释，确立主流的价值，并以此发挥合理职能、解决正确问题？中国公共行政如何确立自身的发展典范，在完善工具理性和补足价值理性的前提下，为中国政治、经济、文化发展与繁荣注入动力？中国公共行政需要这样的发问、设问和回答，需要这样的反思、实践和完善。我们必须立足中国本土的具体实践，做出中国式的正确回答和美好实践，为公共行政的生长创造良好空间。

三、公共行政之“宏大问题”
——未来的公共行政

学科研究的核心问题，也称之为“宏大问题”①。对当下公共行政“宏大问题”的回答与实践，能够大概显示出公共行政研究的发展方向。

从理论本身的发展规律来看，社会对理论本身的汲取和适应决定了社会良好运行程度。“如果一个社会不能及时地将与社会变迁的累积相一致的‘理解’整合到原有意识形态话语中去，从而改变意识形态的话语结构，那么这种意识形态话语就会从过去的高效率动力源变为社会运行的阻力与障碍，成为‘一种深刻的保守力量’而使社会运行失去效率。”② 整合现有的理论，催生出更具有适应性、连续性、一致性理论体系，促进公共行政更好生长，以此回答中国现实的行政之“宏大问题”。这样的回

① 公共行政的“宏大问题”研究较早的是贝恩（具体参考：R. Behn，“The Big Questions of Pubilc Management”，PublicAdministration Review，vol. 55July/August，1995，pp. 313－324）。他指出，科学研究的发展是由它所提出的大问题决定，公共行政大问题提出、研究和解决，不仅是公共行政适应社会需要的反映，更重要的是界定了公共行政研究的学科意蕴。随后根据每一个历史阶段不同的“宏大问题”研究，构成了公共行政生生不息延续与理论生命之树常青的基因。在中国变迁的社会中，公共行政所研究的“宏大问题”，就是我们所在历史阶段所需要的未来公共行政所旨。

② 杨冠琼．政府治理体系创新［M］．北京：经济管理出版社，2000：8.

答是对中国公共行政提出了更高的理论要求和现实拷问。我们既不能一味地突出大写的公共行政（学科建设和理论深度描述）发展，也不能忽视小写的公共行政（具体行政实践的分析）的探索。我们需要从非反思的公共行政理论假设水平上升到前提性反思性的学理哲学水平，然后再回过头来从前提性反思的学理哲学水平上对这些思考和前提性假设进行深入、系统和扎实的综合研究，为公共行政理论的研究奠定可适性和扎实可靠的基础。

查特尔·墨菲指出："我认为就现代性必须在政治的层面上加以界定，因为正是在这里，社会关系才得以形成并被象征性地安置。就其肇始了一种新的社会类型而言，现代性可以被视作一个关键性的参照点。在这方面，现代性的基本特性无疑是民主革命的到来。"① 在现代性的视域中，创新、变化和进步所形成的权力、知识与社会实践综合体需要民主化的治理，民主化的治理成为现代民族国家发展的"元叙事"。我们认为，未来的公共行政必然是民主化治理的行政。当然公共行政是一个整体或总体性的概念，它的发展伴随着经济社会和精神文化发展的相适应、相协调，与整体的制度变革、体系的重构、视界的转换与融合和心智模式②的改变与跃迁等内在一系列的进步与改善相一致，与自身学科知识的丰富和充盈密切相关，没有这些物质、精神的外在发展和内在进步，公共行政生活和公共行政理论都无法获得自身的发展，满足彼此的需要。我们认为，现代学中公共行政的发展是两者的结合，是有尊严、有个性的公共生活和经得起实践检验与符合学科未来趋势的公共行政理论。未来我们所需要的公共行

---

① ［美］查尔特·墨菲．政治的回归［M］．王恒，藏佩洪译．南京：江苏人民出版社，2001：12.

② 所谓"心智模式"，是指深植于我们心灵中的图像、假设与故事，它们就像一块玻璃微妙地扭曲了我们的视线，因而心智模式决定了我们对世界的基本看法。（彼得·圣吉．第五项修炼［M］．上海：上海三联书店，1998.）

政，有着丰富的内涵和文化，我们认为：

（一）我们需要的公共行政，所关注的并不仅是重新认识和理解中国社会转型背景下所面临问题的复杂性、特殊性以及与此相伴的长期性和艰巨性，而更为重要的是，反思既有的公共行政理念和方式以及探寻一条从当下的中国角度来看更为正当的道路和社会秩序。

（二）我们需要的公共行政，所关注的并不仅是发现或解读那些对中国社会、政治和经济发展起了或起着作用的有序的“秩序规则”和“运行逻辑”，更为重要的是，对那些“秩序规则”和“运行逻辑”之于当下中国的正当性进行研究和完善，根据本土化的叙述和研究进行可能性的创新公共行政。

（三）我们需要的公共行政，不仅在于提高政府管理工作本身的效能，不仅是人们心灵认知模式和价值导向的引领和改变，更重视的是要建设一种新的自治社群和公共领域，赋予行动者主体的含义，重视通过协商、互动等软法之治，求同存异，尊重同异，增同化异，促进新意义的生成，走向批判与反思的民主治理化的新公共行政方向。

（四）我们需要的公共行政，所关注的并不是仅把公共行政视作一种中立的技术或实践工具，而是努力把公共行政从中立技术的观念之中解放出来，并且努力阐明公共行政不仅是一种政治工具，做到工具理性和价值理性的统一结合，进而要求公共行政的主体就如何使用这种工具与方法的问题进行选择、做出决断，使公共行政为中国人提供一种共享的更有生机、更有品格和更令人满意的公共服务。

（五）我们需要的公共行政，是适应中国公共生活良好发展的更加广阔的社会性的思维和话语系统的重新构建，在宪政秩序和合法的框架下，借此提高公共人员主体的人文精神素养和强烈自我意识，自觉担当起公共利益践行人、创新者，成为“共享权力的多数"，而不是"垄断利益的少数"，同时提高民众整体社会认知能力，使其具有良好的公民品性和社会公共意识。

（六）我们需要的公共行政，所关注的并不只是用公共行政制度所承诺的价值目标来评价具体的公共行政，也不是用先在于或超然于公共行政终极性图景来评价这些公共行政，不仅是用公共行政所发挥功能的社会效果来评价公共行政，更重要的是，根据我们对公共行政的实施与中国在特定时空下整个社会秩序的性质或走向之间关系的认知来评价公共行政。

（七）我们需要的公共行政，不仅是回应经济—社会转型（或有的学者称之为"转型陷阱"[①]）对政府的治理能力提出的挑战，更要能够建立和维持政府和社会的可持续发展的能力及其两者之间的良好互动与发展的愿景，形成社会发展的自组织，实现政府自事务管理和他事务管理的统一，实现政治、行政与社会的和谐共治。

（八）我们所需要的公共行政，所关注的并不仅是捍卫或保障中国当下"发展主义"意识形态下的各种物质性状态，更是探寻能在现代化的进程中，树立"全主体的行政学"之观念，能够满足中国人本身生活方式和实现美好生活的良好愿望的一种良好治理状态。

（九）我们所需要的公共行政，不仅是通过公共行政职能和实现方式的发挥，使得多元互动的主体能够在稳定的预期之下获得相互的信任和"本体性的安全感"（吉登斯），更是能够在我国转型的社会背景下，促进我们在内在精神方面形成自由的秩序，更能从微观上为个人构建其内在的"心之秩序"，即"爱之秩序"（马克斯·舍勒）。

---

① 徐湘林：转型危机与国家治理：中国的经验［EB/OL］. http：//www. chinaelections. org/NewsInfo. asp？ NewsID＝190415，2010－11－03.

总之，我们所需要的公共行政，是一个全面的“良好的行政”，通过行政“好”的发展来促进发展“好”的行政[①]，是根据其对中国现实情势的（结合中国现实作纵深切入的研究）处理和考量，寻找和解决公共行政的“宏大问题”，立足社会建构之意义，发展起一种符合当下情势和未来发展的有关中国社会秩

① 行政发展和发展行政是政府组织内外不同的发展策略，对此，张国庆教授有详细的论述。他认为，行政发展是以自身为诉求的行政现象，即政府随着社会大环境的变化而相应地调整和完善行政体制、领导制度、行政行为方式等因素，以适应社会发展变化的需要，其目的是通过推动行政系统自身的革新以提高政府的公共行政能力。发展行政则是以社会诉求对象的行政现象，即政府在良好行政发展的基础上审时度势、主动进取，通过向社会和公众提供优质公共物品即公共政策以及执行，引导和推动社会发展进步。（具体参考：张国庆．行政管理学概论［M］．北京：北京大学出版社，2000：572－573.）

序之合法与特色的前瞻性①、民主的社会建构的中国主体公共行政。

① 公共行政的前瞻性主要是要求政府创造性地发现问题和解决问题，以前瞻性的战略思维捕捉社会问题，运用创造性整体思维去解决社会问题，防患于未然，将回应性蕴涵在前瞻性之中。前瞻性行政强调以下要点：1. 公共行政在国家治理中的主体地位、主体意识以及主体责任。2. 行政行动的设计本质是根据自身价值追求和对社会环境的判断，积极主动地采取社会行动。3. 前瞻性行政的价值指南：一是公共行政活动要体现正确的公共行政价值；二是违背正确的公共行政价值行为受到相应的追究。4. 公共行政人员的个体责任。5. 前瞻性的公共行政应当以“分散的决策”或“共识性的决策”作为基本的决策模型，而破其那种自上而下的、广博理性的决策模式。6. 前瞻性行政的核心在于对于社会需求和主观价值予以同样的关注，以积极进取的态度去接受环境的影响并形塑和改变环境，在创造环境的行动中去实践和实现行政人员和公众的价值（具体参考：武玉英．变革社会中的公共行政——前瞻性行政研究．北京：北京大学出版社，2005：82－89.）。前瞻性公共行政是基于未来导向、问题导向和民主意识的公共行政。社会建构公共行政也具有这样的特征和属性，在下面的篇章有具体的体现和描述。也有的学者称之为“预防行政”，主要特征在于是一种创造性的管理活动，主要是构建一种控制日益扩张的行政自由裁量权的体系；预防行政也是一种创造性的风险管理活动，处理例外的危机行政活动；预防行政主要是积极地、针对将来的创造性风险管理的活动，对未来的风险管理主要是提供各种形式的社会补偿、社会救助；预防行政的目的是社会公共利益的维护，通过公共讨论以及建制化与非建制的意见形成与意志形成过程，促成何为公共利益之共识的达成；预防行政受法律程序主义支配〔具体参考：曾赟．风险社会背景下行政法范式的流变：预防行政概念的提出［J］．社会科学战线，2010（7）：178－183.〕。我们认为前瞻性的公共行政具有代表性，也符合社会建构公共行政的内容与特征，同时结合预防行政的法律意识和创新意识，两者共同构成了对公共行政的特征认识。

上篇　理论篇

行政只能被描述，而不能被界定。

——［德］哈特穆特·毛雷尔：《行政法学总论》

社会建构主义途径是满足富有批判性的现代和后现代公共行政所需的一个恰当的候选对象，以此，我们可以充分投入于反思与批判性的思考、联系、生活和工作……因此，当行政管理者检视那些毫无疑问的信念，探索可供选择的路径来变革无效率和不真实的制度时候，以面对全球化挑战时，公共行政的社会建构（或社会解构）就成为行政管理者的反思行动了。

——［美］全钟燮：《公共行政的社会建构：解释与批判》

第一章 概念、内容与意义

第一节 社会建构的内涵与特征

黑格尔曾指出，概念构成了人们认识之网上的一个“网结”。在本书中，“社会建构”的概念正是这样的一个“网结”，一个重新认识、理解与研究公共行政理论认识之网的新视野与新思路。

一、渊源与含义

在社会理论中，“社会建构”[①] 已经成为一个高频度使用的词语——“社会建构”及社会建构主义作为一种新形式的哲学批判，已广泛应用于社会理论关于社会问题与社会政策的分析之中。

20 世纪中叶，社会建构理论思想已经深深地嵌入社会理论

---

① 需要说明的是，“社会建构”的英文是“social construction”，也有的书中翻译为“社会构建”，在特定的语义上和内容是相同的，只是译者的偏好不同而已。在以下的论述中，如果引用他人文章中有“社会构建”的翻译，就认为和“社会建构”的意义一样，特此说明。

的“林间空地”之中，其主要主张是：“社会世界是通过思想、信念、知识等主观过程而建构出的互为主体性的常识世界；这个建构的社会实在表面看来似乎是一种客观实在，但它除了由行动者及其角色构成的客观内容之外，还包含有由信仰体系加以合法化的各种制度等主观过程。所以，包括习俗、规范、权力、知识和科学等都有其社会学起源，从这个意义上说上述的一切，都是社会建构的。”[①] 社会建构论在20世纪70年代得到了蓬勃的发展，对社会建构主义的研究内容和规则进行了详细的论述。“社会建构主义其实并不是什么‘主义’而是一种对知识的新的研究方式……社会建构主义主要研究知识的生产过程。”[②] 这就是说，在知识的生产和建构的过程中理解知识，这和吉尔德·德兰逖所理解的一致：知识“具有它们的情境偶然性的标记和它们得以产生的旨趣结构的标记。如果不分析它们的建构，我们就无法充分理解它们”。[③] 社会建构论得到关键的发展是在伯格和卢克曼在《现实的社会构建》中，作者开宗明义地指出：“现实是由社会建构的，而这种建构的过程正是知识社会学分析的对象。”所谓现实，便是“被人们认为存于人类意志之外的现象性质”。“人类所有的‘知识’都是在社会情境中得到发展、传递和维持的，所以知识社会学必须寻求去理解这些过程，通过这些过程，被视作理当如此的‘现实’在常人中被固定下来”[④]；思想的对象会随着它本身的不同视角积累而变得越来越清晰，人类

---

① 苏国勋．社会学与社会建构论［J］．国外社会科学，2002，(1) 4－13.

② 安维复．社会建构主义：后现代知识论的终结［J］．哲学研究，2005，(9)：60－67.

③ 德兰逖．社会科学：超越建构论和实在论［M］．长春：吉林人民出版社，2005：139.

④ ［美］彼得·伯格，托马斯·卢可曼．现实的社会构建［M］．北京：北京大学出版社，2009：1－17.

是通过社会实践一起建构了自身及其社会现象，因此社会既属于客观化世界，也属于主观化世界，“社会”可以看作主观现实（意义）的客观化（外化）以及透过外化过程而建构出的互为主体性的常识世界。换言之，社会世界是通过思想、信念、知识、习俗等主观过程社会地建构出来的，这个建构的社会实在看起来是一种客观实在，但更多的是人们主观过程。这一观念极大地推动了社会建构思想的发展，也直接推动了社会建构理论在其他各个学科的发展①，“X 的社会建构”公式化的陈述已经深入社会生活的各个方面，完成了社会建构主义对各学科的整合，推动各学科知识谱系和发展，也启发了学者对社会理论问题进行建构理论的整体思考，完成了建构主义“帝国”式的推动发展。

从词源上看，“建构”一词有着广泛的意义，在西斯蒙多看来，建构这个术语至少有六个不同的用法②：“1. 建构，由于角色和制度的交叉作用，包括知识、方法论、研究领域、习惯和有规则思想的建构；2. 特别是，社会建构这个术语，通常被用于关注科学知识建构的社会过程，其重点在‘社会’而不是‘建构’；3. ‘异质建构’这个术语关注于科学家用不同的资源建构稳定结构的方式，导致对某种制度的建构过程的深层描述；4. 科学家们建构理论或解释的意义在于，在材料和观察之上必有结构；5. 通过物质中介，科学家们在实验室中构成人工物；

① 各个学科的主要代表人物有：在科技哲学（常与科学知识社会学交叉）中给予了库恩等人较高地位，顺延下去发展出由布鲁尔、巴恩斯、拉图尔等人开创的科学知识社会学，即 SSK（其分支非常杂多）；而在国际关系学中则有特德·霍普夫、鲁杰伊、克托齐威尔、亚历山大·温特等人为代表的建构论；在社会心理学中，以格根（Gergen）为代表的后现代建构论心理学则独树一帜。〔具体参考：白小瑜．社会建构论的再考量［J］．西华师范大学学报，2009，(4)：51－57.〕

② SERGIO S. Science without myth—on constructions, reality, and social knowledge［M］. New York: State university of New York Press, 1996: 40－50.

6. 最后，在新康德主义的意义上，科学家被说成是建构思想和表述的客体。”由此可以看出，社会建构的内涵和意义需要在具体的情境中进行确指和界定。认识的前提是对前提的认识，在这一点上，伊恩·哈金非常深刻地揭示出“社会建构”这个术语所隐含的四个哲学前提，关于X的社会建构倾向于如下观点①：

（1）现在状态下，X被认为是当然的而且是不可改变的。

（2）X不一定存在，或者说不一定像现在这样存在，或者说X并不是由事物的自然本性所决定的，它不是不可改变的。

（3）X是很不好的东西。

（4）假如X被抛弃，或至少彻底改变了，那么我们将会过得更好。

某些事情不是不可以改变的，会因为各种原因和因素，诸如公共事件、公共问题、社会力量和环境变化等才使其存在改变。作为社会建构思想者而言，他们视改变现存事物为主要根本，“大多数社会建构思想的使用者都热切地希望批评、改变甚至摧毁他们不喜欢的、但已经确立的事物”。②

从社会建构发展的逻辑上看，其基本理论进路是：“以知识的社会生产为研究纲领，在知识论上从本质主义转向建构主义，强调知识的建构性；从个体主义转向群体主义，强调知识建构的社会性；从决定论转向互动论，强调知识‘共建’的辩证性。”③社会建构提供了一种理解科学知识和科学理论的不同视角，重视社会和自然等之间的对称与互动，更加重视辩证哲学的逻辑。

① IANH. The social construction of what? ［M］. Cambridge：Harvard University Press，1999：126.

② IANH. The social construction of what? ［M］. Cambridge：Harvard University Press，1999：6－7.

③ 汪志明．试论解放思想社会工程的社会建构［J］．广东社会科学，2009，(1)：67－71.

“对于物而言，我们所寻找的不是人类的事物，也不是非人类的事物。而是在人中之物和物中之人中寻找一个不断的转换，一种交易，一种交流。人和物之间是互相转换的。事物不过是人类视野之中的物；人也不过是从物的角度看到的人。二者是可以转换的。”① 所以，建构主义者认为理解是建立在情境和关系之下，对事物的认识也必然包含在具体情境之中，主张人类不是静态地认识和发现外在的客体世界，而是经由认识、发现过程本身，不断构造着与往常不一样新的现实世界。由此，强调对习以为常的知识的批判立场，强调知识的历史和文化特殊性，强调知识是由社会过程所产生以及知识与社会行动是紧密交织在一起的理念，这是社会建构思想的核心。

二、理论预设与方法论

每一种理论甚或典范的完成都有自身的前提条件或者假设预定，社会建构理论立足于主体间性和主体之间的关系对事务进行阐释，融合主观的社会事实和客观的社会事实。它的理论前提假设主要有四个方面②：

假设一：在认识论上，我们生活中任何存在的“事实”都是历史的产物，都是在历史进程中被社会、政治、文化、经济和种族等因素来形塑的，不存在着脱离时空的抽象空洞的意义。

假设二：生活在历史和社会中的人赋予“事实”，也赋予图

---

① Bruno Latour, Aramis or the love of technology, Harvard University Press, 1996, p213.

② 具体参考：孙伯瑛．走向民主治理：公共行政精神的再思考［J］．公共行政评论，2008，(5)：191－197. 关于社会建构理论前提假设的内容，也包含了反基础主义的阐释理论、解释学、现象学、后现代观念、批判理论等内容，这些理论在社会建构理论中都有所体现，我们为之综合在一起，特此说明。

像、符号乃至观念于意义，意义诠释源自于人们对行为和实践的洞察，源自于人们的信仰和动机，理解人们赋予事实的意义是社会交往和互动的前提。

假设三：每个人又是在具体的历史、地域、情景和个人经验中体验、感受到“事实”，因此，每个人赋予“事实”的内涵往往因自己的体验不同而各异，人们呈现的事实没有“真实”与“不真实”之分，只有合适与不合适之分。“人类的社会体验具有多元性和复合性，具有差异性和区别……这被描述为承认客体与主观反映的现实体验之间存在着差异。”

假设四：人们基于主体性的观点不可能是绝对的。我们会问对方：“你怎么知道我的想法?”“你怎么知道你做出的决定是正确的?”建构主义的相对主义取向使它认为社会事实并没有绝对的、凌驾一切的真理存在，没有普适一切、固定不变的原则；相反，它主张，在认识过程中，人们是经由主体间的彼此体验、互动、沟通和对话来获得彼此的理解，协商并赋予对事物的意义，达成共同的观点。这个过程不仅基于主体之间相互认知的了解，而且需要通过自身的亲身体验来理解对方。

总而言之，社会建构主义方法排斥把一切思维强加于他人的逻辑，主观性条件是导致客观性条件实际发生的启动引擎，人的每一个方面，如人格、认知、情绪等，都是人在社会生活的人际互动中创造出来。其中话语是主要的形式，因此社会建构主义主张，充分读取和理解个体（他人）的行动、内在信念和社会生活方式，了解和理解产生个体行动的社会实践背景，这是人们之间进行人际交流、相互体验、彼此理解、感知需求和互动合作的始基。

在方法论上，社会建构纲领与科学知识社会中的“强纲领”[①] 相对立。社会建构无论从知识体系和学术策略上看，都具有比较强的哲学思维优势。“从基本范畴看，建构主义强调的‘自我—他者—物’的合理重建有可能整合主客二分（符合论）与主体间性原则（共识论）之间的对峙；从知识谱系看，建构主义强调的‘个人知识’与‘公共知识’的解释循环有可能超越‘主观知识’与‘客观知识’的对立；从学术策略看，建构主义强调的‘包容他者’或‘正题—反题—合题’的发现模式有可能消解自我中心主义和‘对称原则’的两难。”[②] 从公共行政的研究方法来看，社会建构的方法论是基于自然论的研究方法，主要是立足注重多元的、建构的、整体的、分歧的本体论，强调批判和诠释的途径，突出因果关系、正反馈互动的影响，注重个体行为充满价值等[③]。从社会建构内涵和学术特征可以看出，这样的方法论更加具有辩证法的含义，更能够清楚地认识事物，获取知识，从而更全面地认识世界和改造世界。

每一种理论都预设了自身的本体论和认识论，构成了自身理论发展的逻辑起点。社会建构主义的认识论认为不存在客观事实，人们看到的都是被各自“建构”起来的，因此存在诸多种“事实”。理论和知识是相对的、特殊的，是社会构建过程的结

---

① “科学知识社会学”（简称 SSK）是 20 世纪 70 年代最初在英国发展起来的一个科学社会学流派，其主要成员一部分来自爱丁堡大学科学研究部，故被称为爱丁堡学派，代表人物有巴恩斯（B. Barnes）和布卢尔（D. Bloor），他们以对科学知识生产和增长的宏观解释策略——强纲领（strong programmer）而著称；主要理论旨趣为：科学理论在内的一切知识的内容归根结底都由社会、文化因素的参与和作用而形成。〔具体参见：孙国勋．社会学与社会建构论［J］．国外社会科学．2002，（1）：4－13.〕

② 安维复．科学知识观的社会建构［J］．华东师范大学学报，2010，（4）：16－20.

③ 江明修．公共行政学研究方法论［M］．台北：江明修出版．1997：58.

果，而非实证主义所坚持的那样具有统一性。按照解释学的理解，“‘理论’一词的最初意义是真正地参与一个事件，真正地出席现场”①，在参与的过程中被建构出的各种各样的“真理”或“事实”只有置于其历史背景、各种关系和社会过程中才能理解，强调价值、意义对于理解的重要性。从这个意义来看，一切事物都处在“建构”的过程中，一切事物也只有“建构”的过程才更具有生命力。后现代社会心理学家肯尼斯·格根指出：“这一‘社会建构’剧本的开篇就是由此而来：我们认为世界是什么，主要取决于我们如何看待它，我们看待世界的方式则又取决于我们是哪种社会关系的一部分……你对自己的理解（你的思想、情感和欲望）也会发生转变。你对自己与他人之间的关系会有一种全新的理解。”② 由此，按照社会建构基本的观点来理解，客观存在的社会现实既有由行动者构成的客观内容，也有思想、信念、知识等主观过程所进行的社会建构，这一过程是一种主观过程的客观化和客观化的主观过程的互动世界。社会不是一个预先给定的客观现实，而是由社会成员的行动创造，因此“社会被看作是借助语言与意义建构起来的，社会现实的结构由客观化了的人类意义组成，可以采用理解方法来把握它”③。某方面领域的知识是我们社会实践和社会制度的结果与产物，或者是相关社会群体互动和协商的选择和产物。

---

① 伽达默尔．科学时代的理性［M］．北京：国际文化出版公司，1988：15.

② ［德］肯尼思·格根．社会构建的邀请［M］．北京：北京大学出版社，2011：2.

③ ［英］德兰逖·吉拉德．社会科学：超越建构论与实在论［M］．长春：吉林人民出版社，2005：36.

三、内容与特征

根据以上理解，我们把社会建构的主要内容和特征概括如下①。

（一）建构性。建构性是社会建构理论的最大特征和核心内容。人是人的生活世界的建构主体，主体是一个积极的行动者，人的生活世界是人的社会建构，人的生活世界也建构着人自身，可以极端地说，人创造了自身。按照现象学的理解，每一个人对世界的认识都是主观的，公共行政的实践只有通过和发挥人的主观能动性才能显示存在，人们在相互间形成的共识，并在这些共识的基础上形成更为广泛的共识。因此，公共行政的实践内容是有意识的，是主观建构的，并由此就形成了社会建构者与事物之间建构性的复杂循环关系——相互建构。

（二）社会性。建构的"社会性"主要包括三个方面：建构的主体是社会性的；建构的过程不仅是一个心理活动，更是一个社会性活动，其中包括合作、争论、妥协等复杂的社会过程；建构的产物是集体智慧分享与生成。在社会建构理论看来，大部分的社会"现实"都是"社会建构"的产物，区别于实证主义认

① 主要参考文献有：［德］马克斯·舍勒．知识社会学问题［M］．北京：华夏出版社；［美］彼得·伯格，托马斯·卢可曼．现实的社会构建［M］．北京：北京大学出版社；德兰逖．社会科学：超越建构论和实在论［M］．长春：吉林人民出版社；［德］肯尼思·格根．社会构建的邀请［M］．北京：北京大学出版社；［美］约翰·R·赛尔．社会实在的建构［M］．上海：上海人民出版社；［美］全钟燮．公共行政的社会建构：解释与批判［M］．北京：北京大学出版社；吴琼恩．行政学的范围与方法［M］．台北：五南图书公司；孙国勋．社会学与社会建构论［J］．国外社会科学，2002，（1）：4－13．孙柏瑛．反思公共行政的行动逻辑：理性建构与社会建构［J］．江苏行政学院学报，2002，（3）：107－111．安维复．科学知识观的社会建构［J］．华东师范大学学报，2010，（4）：16－20．

识的客观实在性，社会世界不能被理解为一系列可测量的客观物体，事实上是通过规范的建构而形成的“有组织的意义世界”①，人们通过社会互动建构了世界的意义。可以说，有了社会互动和意义分享，一个新的行动含义便形成了。相互的交流与互动分享能够改变人们的认识和增加彼此的知识。

（三）开放性。开放性的特征突出表现在通过对公共生活场域中行动的主体、主体体验及其赋予现实的意义，突出强调了主体间关系的价值。“人生产了实在，并在生产实在中也生产了自身”，人在社会性地建构他物，也在社会性地建构自己。他物被建构的同时也被赋予了人的价值和目的，同时也是体现建构者的自我超越和主体性的过程。但同时，人们对现象与事实的认知、理解是有差异的，是多元的，每个人都是在具体的历史、地域、情景和个人经验中体验、感受到“事实”。

（四）互动性。当我们愿意彼此交流的时候，就意味着我们在建构我们生活的这个世界。现象学表明，人们的认识产生于人们之间的互动，是互为主体的认识论，不同类型的知识都是人们外显、内隐的结合与统一。诠释学同样指出功能学派简单地从客观的角度来理解社会现象是不全面的，它认为社会现象是感知到的社会现象，社会现象本身包含有主观的成分，它不是纯粹的客观存在，人们倾向于根据自己的背景、经验和理解来认识社会现实，人们之间通过社会互动来彼此分享观点和感受，进而建构世界的意义，于是，社会现实就被创造出来。因此，知识只有在人与人之间不断的持续互动中才能够产生和增长。不同的行为主体的分享意识为彼此认识某一问题提供了基础。社会建构旨在促使公民之间发生互动，增进彼此之间的分享（包括知识、兴趣），

① 其观点详见：［美］弗兰克·费希尔. 公共政策评估［M］. 北京：中国人民大学出版社，2003：13.

相互学习和一起参与到政策议题中的程度。在认识的过程中，人们的理解是通过沟通、对话和协商的过程来达致。人们在交往、沟通中认识到主体间个体的意识和需求，获得对交往情景的理解和彼此需求的判断，形成共同感知和分享的社会知识“共享心智模型”①。

（五）主体间性。主体是由其自身存在结构中的“他性”界定的，社会建构主义认为，主体与主体之间存在着统一性。在对生活世界的社会建构过程中，现实世界和客体都是相关行动者在一个彼此分享的世界里通过主体间相互体验的经验建构的，分享彼此间的意图和观念，形成相互理解的感知能力，行动者彼此分享的意识为我们认识和界定某一特定的问题提供共同的基础。建构主义强调人的主动性和创造性，行动者具有的思考能力和参与能力使其成为创造的改革者，在具体的情境中行动，在主体之间的行动具有情境定义的结果，社会生活可以被视为由他们的行动组成，具有思考能力的行动者会根据可能后果及其与各种可能的关系出现，考虑是否采取行动。主体间性更突出了对“他在性”的关注，自我的理念是基于在对他人认识的基础上并通过交往行动而产生。

（六）反思性。社会建构不承认存在着主客体完全隔绝的、非此即彼的二元世界。社会建构主张采用反思、怀疑、批判、自主判断和自我省察的方式来认识世界。通过“自我—他者—物”的合理重建，整合主体间关系样式，克服相对主义和绝对主义的观念，强调“个人知识”与“公共知识”的辩证融合，既是关

① 关于这一点，C. 曼特扎维诺斯指出，交流行为发生后，发送者和接受者拥有同样的认知规则。交流行为于是带来了个体间共享的规则，并因此引起了相应的默认层级关系，而最终发展到了共享的心智模型。对现实的一种共同解读成为任何更进一步的社会互动基础。（C. 曼特扎维诺斯．个人、制度与市场［M］．长春：长春出版社，2009：53－54.）

于行动者的世界，也是一个反思的世界，搭建了认识世界的桥梁和通道。

第二节 社会建构公共行政研究综述与内容

一、社会建构公共行政研究综述

虽然社会建构理论出现和成熟较早，但是利用社会建构理论研究公共行政和解决公共问题的主题却涉指不多，在国外著作中偶尔也能零星地看到一些。例如 Erich Goode 和 Nachman Ben - Yehuda 在《道德的恐慌：文化、政治和社会建构》[①] 一文中曾讨论过“社会问题，是客观主义还是建构主义”。客观主义认为，我们界定一个问题是客观具体的存在，例如凡是能够导致我们生病或者死亡，缩短我们寿命或者是破坏我们生活的质量，都肯定认为是一个客观问题。而建构主义则认为，社会问题是主观的、相对的，对建构主义而言，社会问题在客观上是不存在的，是被人们的思想建构的。这是较早地从社会建构视野对社会问题进行了建构主义的分析。在其他关于涉及公共行政具体内容的研究文献也有些，例如 Anne chneider 和 Helen Ingram 的《人口目

① 具体参考：Erich Goode ，Nachman Ben - Yehuda. MORAL PANICS：Culture，Politics，and Social Construction。This chapter was adapted from Moral Panics by Erich Goode and Nachman Ben - Yehuda，Oxford England：Blackwells 1994. Permission to adapt this material is acknowledged.

标的社会建构：政治和政策的含义》[①]、Janet Fulk 的《社区技术的社会建构》[②]、Robert Henry Cox 的《重要紧急事务的社会建构：社会福利改革为什么发生在丹麦、新西兰而不是在德国》[③]等论文文献，从社会建构的角度对公共行政一个相关内容或者针对一个公共问题进行了研究。

利用社会建构理论深入全面地研究公共行政的是美国的著名行政学家 Jong S. Jun（全钟燮），他的《组织现实中的个体社会建构：西方和西方的观点》[④] 一文，重点阐述了理解个体在社会和文化视野中的重要性，在客观现象和单个个体在自身行为和行动中，个体是最重要的相关因素。详细论证了在组织中，重点研究的是个体与他人的关系和个体、文化、组织和社会的辩证关系，论述了组织个体在社会建构的过程，对组织的发展提出了具有实际意义的建议，改变了传统组织中个体仅仅服从执行任务的认识。Jong S. Jun 所著的《公共行政：设计与问题解决》和《公共行政的社会建构：解释与批判》两书则是社会建构公共理论的深入研究奠基之作，在这两部著作中，他明确指出，对公共行政的理性构建模式的批判是逻辑起点——现有公共行政的理性建构方式阻碍着管理体系对活生生现实世界的回应，所以必须重

① 具体参考：Anne Schneider，Helen Ingram. Social Construction of Target Populations：Implications for Poli tics and Policy. The American Political Science Review，Vol. 87，No. 2（Jun.，1993），pp. 334 – 347.

② 具体参考：Janet Fulk. Social Construction of Communication Technology. The Academy of Management Journal，Vol. 36，No. 5（Oct.，1993），pp. 921 – 950.

③ 具体参考：Robert Henry Cox. The Social Construction of an Imperative：Why Welfare Reform Happened in Denmark and the Netherlands but Not in Germany，World Politics，Vol. 53，No. 3（Apr.，2001），pp. 463 – 498.

④ 具体参考：Jong S. Jun . The Self in the Social Construction of Organizational Reality：Eastern and Western Views Administrative Theory & Praxis，Vol. 27，No. 1（Mar.，2005），pp. 86 – 110.

新建构公共行政的话语体系，发展公共行政的价值精神。作者以认识论为基础，运用批判理论、阐释学、现象学和建构主义模式等方法论来展开讨论，论述了建构主义方法论的基石与价值取向，阐释了主体性与主体间关系的建构意义。公共行政社会建构途径首先向人们展示了一种公共组织的行动场景，揭示公共行政行动过程的建构主义本质，力图重塑人们对公共行政领域的认知方式，并促使行政人员更加注重主体间的关系以及这些关系对于政策及其执行所具有的意涵，发展主体之间的相互体验、彼此理解，形成共同合作解决问题的机制。通过对社会建构的论述，作者指出只要超越传统的官僚体系，促使公共治理走向民主化、透明化，增强政府对外部环境的回应性以及倡导民众参与公共治理过程，才是公共行政发展的合理选择。但是这些更多的是基于行政哲学的角度进行探讨的，对公共行政社会性建构的具体微观领域和过程性描述不够深入，缺乏现实问题解决可能性，笼统而不够具体。

在我国，从社会建构视角进行公共行政研究的几乎为空白，只有很少介绍 Jong S. Jun 的论文①和纲要式论述中国公共行政建构的未来，凡涉及的也更多只是做“必要性”和“意义”的论述，简要介绍而不是结合实际的深入分析和应用。例如武玉英在《变革社会中的公共行政——前瞻性行政研究》中把社会建构的公共行政作为一种前瞻性的公共行政进行了简要的介绍，立足点在于利用社会建构公共行政证明了前瞻性公共行政的优越性，换句话说，社会建构公共行政只是前瞻性公共行政的一个例证和研

---

① 主要文献有：孙柏瑛．反思公共行政的行动逻辑：理性建构与社会建构［J］．江苏行政学院学报．2010，（3）：107－111；孙柏瑛．走向民主治理：公共行政精神再思考［J］．公共行政评论．2008：191－197；刘伟．社会建构——公共行政的新视角［J］．工会论坛，2010，（4）：31－33.

究的个例，虽然意识到了社会建构公共行政作为一种前瞻性公共行政的可能性和研究的价值意义，但是没有具体结合中国实际进行更纵深的切入和描述，没有把社会建构本身作为公共行政研究的核心。也有结合公共行政领域，涉及某一方面从社会建构角度进行分析的，诸如《社会建构论视角研究社会问题的意义——以“黑砖窑事件”为例》、《社会建构主义视角下非营利组织发展分析》、《试论解放思想社会工程的社会建构》、《农民工社会排斥的社会建构初探》等。但毕竟是某一方面的知识应用，分析显得简单粗糙，理论运用囫囵吞枣，从这些具体事例中演绎和酝酿出的理论节点，只是在套用别人的理论之树上进行自我“树杈枝丫”的简单“改造”式的创新。

在中国公共行政的整体研究中，要么言必称希腊，动辄必提欧美，似乎没有这些圣贤和先进国家的理论知识就难以开启研究和生存。在本书中，我们做一个这样的尝试，采用社会过程理论中的社会建构思想，并从这个角度反思中国公共行政，旨在为我国公共行政的不断成长注入革新动力。

二、社会建构公共行政内容的基础

社会建构的公共行政阐释了公共行政在社会过程中重新获取新意义和新内容的过程。无论从人性假设、方法意义，还是组织结构、研究方法等方面都表现出了与以往行政理论不同的旨趣（见表1）。

表1 社会建构公共行政理论的基础

内容 项目	主要内容
社会背景	官僚制的过于理性导致物化现象和公共性的消失以及人们对公共服务的渴求增加；公民社会的兴起和社会治理能力的增加
学科特征	主张公共行政不仅是一门科学和艺术，更重要的是一种哲学，强调行政的社会建构、社会设计和沟通的理性；强调对事实与价值的批判；行政被视为主观的现实与真实的互惠关系；强调对话与论述，分享与学习，参与和审议以及行动研究；强调社会建构的过程是演化的、创意的、辩证的过程
前提假设	人们是可以通过集体行动、协商治理社会公共问题
人性基础	强调自我的假定是主动的而非被动的，是社会性的而非原子化的，是主动——社会中的自我，突出了自我的社会建构
组织结构	强调政府、企业与公民社会的相互依存和补充，强调了公民社会的功能
方法论	超越了逻辑实证论的假设，强调了多元实体与真实；突出辩证思考与批判性反思；人们是通过主观性来理解社会的现实世界

（主要参考文献：［美］彼得·伯格，托马斯·卢可曼．现实的社会构建［M］．北京：北京大学出版社，2009；吴琼恩．行政学［M］．台北：三民书局，2010.）

社会建构的公共行政理论的特征突出地表现在对传统社会治理模式的对比中。在传统的社会中，治理模式是政府本身自我话语和思想体系内的建构，社会被假设为内在于公共行政之中的，是政府本身内在应该治理的对象，社会中的主体也被预制为管理的对象。在社会建构的公共行政理论中，社会过程构成了建构公共行政理论的出发点，没有社会过程生动的实践，就没有公共行政理论的生长。社会建构的公共行政认为，建构的社会过程本身具有内在的价值，最终建构的政策、决策或意见是行政与社会主体互为主体的同一过程所生成的客观化结果。这种社会过程的思想主要体现在以下方面（见表2）。

表2　理性建构行政模式与社会建构行政模式的对比

模式 内容	理性建构行政模式	社会建构公共行政模式
开放程度	稳定的封闭社会	开放的、异质性的社会
组织类型	官僚制、异化的组织	灵活的组织，没有固定形式
秩序诉求	维护组织的稳定秩序	变动不居的工作环境
历史属性	纵向的历时态联系	横向的共时态网络关系
思维模式	二元的思维模式	辩证、多元的思维模式
组织气候	紧张冲突的组织气候	重视外部组织，平等、公开
组织层级	层级分明、垂直管理	平等主体的公开协商
治理方式	官僚内部单线思维	行政人员与民众共同合作
控制方式	自上而下的控制	多维的互动与组织
复杂性	职业专家控制社会复杂性	社会复杂性、分叉与自组织
知识特征	知识的集中性	知识的分散性和有效聚合、共享
知识类型	绝对的社会显知识	认识是可互理解的，强调新意义生成
知识生产	社会理性的认识	建构的认识和重新创造知识、贡献
权力与知识	专家权力的重要性	知识权力的重要性

续表

模式 内容	理性建构行政模式	社会建构的公共行政模式
个体观	单向的、线性的确定性关系	双向互动的、非线性的建构关系
对象属性	被动的执行者	行动者
民主程度	技术管理的治理	参与式民主的治理
权力方式	命令与执行	协商、建构与互动
公民地位	公民是管理的受众、治理对象	公民是治理的重要主体、主人
信息生产	传达和接受的信息	过程与建构的信息
组织目标	明确的、统一的效率导向	过程性、个体行动的动态过程
内外部联系	内部资源质整合的重要性	外部信息的重要性
行动属性	单独行动和行为的可预测性	共同行动和不确定性
建构方式	组织内部的理性建构	与不同的主体之间的社会建构
创新特征	稳定不变与平面式的直接管理	回应与创新的立体网络模式

三、社会建构公共行政的内容

按照上面对社会建构思想的论述，我们尝试用描述的语言与方式①对社会建构的公共行政思想进行大致概要的预览和概括：公共行政不是封闭组织系统中政府官员的自我呈现描述、内部建构和行动，而是行政人员与社会公众共同的实践行动。社会建构的行政主张对社会知识的批判与反思，整合多元知识，发挥各类主体的积极性，形成不同的行动者生产意义、相互沟通、协商和制定决策的过程。强调公共行政是在各类实践活动中进行社会建构，通过多元行动者之间进行对话、协商和合作，促进社会、制度、行政知识与个体之间的积极互动的张扬和辩证良性发展，主体赋予公共行政现实特定的意义，并关注这些意义成为公共行政客观化的要素，成为现实公共行政运行的理念、规则、制度、途径、工具等，从而形成公共行政交往互动的行动场景，满足不同主体的发展需要，实现民主的公共治理愿景。具体可以用下图来显示（见图1）。

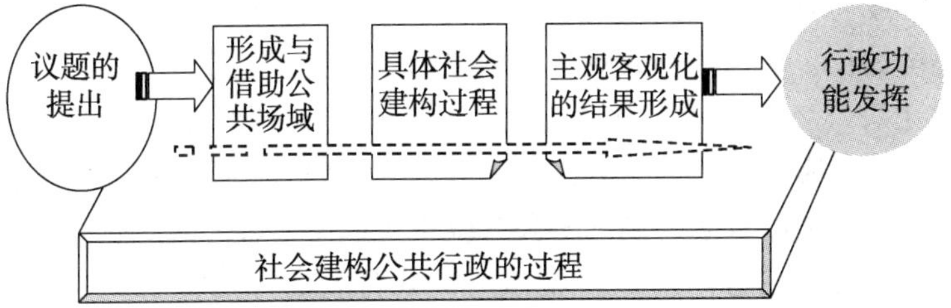

图1　公共行政社会建构的过程示意图

这种描述性定义超越了传统的公共行政内涵和内容。在传统

① 罗素的“摹状词”理论中的“摹状词”（description），即描述性短语。罗素在《逻辑原子主义哲学》中说：“‘本体’不可直说，却可借其痕迹形式（那属于个体亲知的）的描述（摹状）而意会（denoting）。”“当我们知道有一个客体（如此这般）具有某一特性的时候，我们便说这个客体是‘由描述而被认识的’。”（具体参考：［英］罗素．哲学问题［M］．北京：商务印书馆，2009：41.）

的行政理解中，政府作用的方式和内容统称之为“行政管理”，更多地体现在组织的内部活动，是行政人员内部的隐性活动，遮蔽和隐藏了公众的纯粹管理活动。在社会建构的公共行政中，公共行政活动更多的是发生在组织内部场域之外，公共行政是组织内部活动之外的活动，是建立在社会公众复数性的基础上，是社会公民的在场行动，是发生在公共场域中公开显现的活动。

（一）社会建构行政的主要内容

我国学者孙柏瑛曾把社会建构的公共行政主旨概括为①：（1）公共政策制定及其执行过程不仅被看作工具理性的分析和运用过程，更是一个社会建构的过程。其实质在于，政策目标及其各种替代方案确立是基于不同体验和实践的人们意义建构和意义塑造的过程，是社会建构的结果。持续的主体间交互作用构成了公共政策问题视界的基础，维系了政策执行互动合作的平台，这将成为公共行政持续发展的动力。（2）既然将政策视为社会建构过程，那么，公共政策的制定和执行就一定涉及多元行动者的互动和交互影响。行动者之间的对话、话语讨论、交流和行动，彼此影响着人们对公共政策问题的认识，体验着彼此关于公共政策价值的观念，制约着公共政策生成的结果。故此，参与者的对话和民主协商是社会建构下公共行政的行动特质。（3）由于政策参与者持有各自的利益、知识、经历、资源和权力，因此，政策的设计和建构过程势必充满着政治性和利益博弈。设计的有效性依赖于不同利益和思想的人们合作共事、冲突化解、协调斡旋的程度与能力。（4）为此，社会建构的公共行政发展需要行动者之间更高层次的关系维护方式，他们需要学会理解和解释社会关系和行动环境，学会彼此体验和共享，学会以长期互惠

① 孙柏瑛．走向民主治理：公共行政精神再思考［J］．公共行政评论，2008，(5)：191－197.

（前瞻性）的思维方式化解问题困局。显然，在这样的设计中，无论是行政管理者，还是公共管理参与者都需要具有更加明确的社会责任、更加高超的公共伦理精神和公共治理技能。这些概括揭示了社会建构公共行政的主旨，但还不够全面，据于此，我们把社会建构公共行政的内容和特征分八个方面进行阐述。

（1）重视整合社会知识，强调知识共生共享。社会知识化的本质是社会建构、自我选择与应用的过程和结果，社会知识对社会的贡献又是通过知识的可能客观化来实现，客观化的知识反过来又构成了行动主体生活中的知识世界，来认识社会和改造社会。在公共生活中，社会成员建构日常现实的过程，客观实在的社会现实除了是由行动者构成的客观内容之外，更多的是由人们的思想、信念、知识等主观加工思考过程所进行的社会建构，这些思想、信念、知识等构成了公共行政社会建构的前提。社会建构主义重视哲学，行动者只有具备了某种观念和思维，才具有某种行动，没有行动的观念也就失去了建构的意义。因此，人之行动的知识完整性、适用性就显得更为重要。

社会建构的公共行政强调知识生产中的政治因素，在人们的鲜活经验中，公共行政政策对象的群体对公共生活的感性认知、经验知识和情感关切是参与行政过程的起点。权力群体须维护全体社会成员的公共利益，合法性地具备了知识生产和使用的手段，但他们的知识也仅仅是所有政策建构知识中的一种。社会建构论认为，知识不是“发现”，而是“发明”，是人们在社会交往中协商和互动的结果。在社会建构的公共行政理论中，“社会知识是对现实进行社会建构的基础”①。在公共行政过程中涉及的不是信念的内容而是“行动者运用和获得知识的方式”，我们

① ［美］彼得·伯格，托马斯·卢可曼．现实的社会构建［M］．北京：北京大学出版社，2009：2

身边的日常常识和知识，与我们日常生活紧紧结合在一起，“关于生活的知识根本就不是客观知识，而是主观互动知识（inter-acitve knowledge）”①。每一人都生活在社会知识中，每一人都会努力建构与他人交往、联系使之自己谋生或者生活得更好，从而形成整体有序的社会生活，形成社会建构的知识产生途径。对于“一般人通常都不会麻烦自己开动脑子去思考对他来说‘真实’是什么、他‘知道’什么，除非是他突然遇到一些那类无法解决的问题。他会将他的‘现实’和‘知识’视作理所应当的，不说没有也是极少会有人去质疑它们”②，社会知识本身是特定的聚集，与特定的社会背景和情景相关，各种知识之间没有高低之分③，共同构成了现实建构的前提。人们利用社会知识，发展和创造自身的社会，在现实的公共行政生活中，人们常常凭借自身的知识储量，依据各自的经验体验来适应、解释和批判公共政策和外部环境，各相关角色彼此分享的意识和知识为人们认识、界定和解决某一问题奠定了基础，并赋予了各种不能理解、不能认识的问题以结构和意义，这些不同的意识和知识汇聚成了社会知识建构的一部分。在社会建构公共政策过程中，能够在讨论和决策中最大化呈现公开性、平等和包容性，能够自由地表达、疑问、对话以及挑战不同境遇和不同类型的知识，从整体上增加了社会知识存量，在倾听、感受和理解不同的观点，影响着不同境

---

① 赵汀阳. 每个人的政治［M］. 北京：社会科学文献出版社，2010：225.

② ［美］彼得·伯格，托马斯·卢可曼. 现实的社会构建［M］. 北京：北京大学出版社，2009：2.

③ 公共行政中，各种知识都有自身的体系和形成的背景，在不同的领域和事情中发挥不同的作用。正如怀特所言：“所有的知识种类和来源没有孰优孰劣，它们仅仅是感知并组织我们对丰富和复杂现实的有限理解的不同方式。”（具体参考：杰伊·D. 怀特. 公共行政研究——对理论与实践的反思［M］. 北京：清华大学出版社，2005：187.）

遇的人，通过将参与过程的一种间接理解内化，公共政策的讨论和决策过程的参与群体得到了更为广阔且身临其境的体验，自身知识的经验与生长也镶嵌在社会过程之中。

社会群体异质性特征，决定了社会知识的产生与再生产是各种情景化知识的碰撞、过滤和融合的结果。不同个体的差异性形成了多种多样特征——知识存量的差异、智力的差异、认知风格的差异、行为方式风格的差异，甚至个性的差异，共同构成了公民参与社会建构在知识理解上的“情景化差异”。情景化上的差异使得社会建构中社会知识的产生与再生产具有不可比拟的优势，爱丽丝·杨从社会视角出发，指出“社会视角包含一系列问题，各种经验，以及始于推理而非得出结论的假设。本质论的批评适当地指出，那些据说是属于同一社会团体的人通常也存在差异，甚至是冲突的利益和意见①”。每种社会视角都提供了“情景化的知识”，每一个人都能感知别人的知识与行为方式，因为在各种情景化的知识中，每个社会领域中的人们都拥有：“（1）对自己定位的理解，以及相对其他定位怎样坚持；（2）其他明确地位的社会图景，他们如何界定，以及坚持其定位的关系；（3）社会历史观；（4）解释整个社会的关系和过程怎样运作，尤其是当他们影响自身定位时；（5）特殊定位关于自然和物质环境的经验和观点。”②社会建构公共行政提倡不同的、异质的公民参与到公共政策的过程中，不同的差异情景化知识在公共行政的过程理解中得到了升华，社会知识得到了增产和增值，不断改变和形成公共行政社会建构的知识容量和分布格局，又进一步促进了公共行政未来的发展。在政策议题设定、辩论依据和议程的过程中都有同等机会，使不同的利益、立场和价值都得到“在场”的凸显，在整个决策

①② 詹姆斯·博曼，威廉·雷吉．协商民主：论理性与政治．北京：中央编译出版社，2006：295，294－295．

过程中实现了社会知识最大化（包括社会知识的使用和再生产）。

社会建构坚持知识的普遍性立场，它认为存在一个相对可以接受的认知标准——能够被多数人在获得充分的信息之后所能接受的观点，彼此交流中促进个体理性的增长。社会建构的公共行政突出强调了信息和经验的分享，在交际中，每一次信息的传递和接收都不意味着结束，而是新的交际的开始①，社会知识在实践中总是处在“不够用”和离散化状态②，只有在参与中才能促进彼此之间知识的增长，随着参与人数的增多和参与质量的提升，社会知识的存量也得到了增长。行动者运用自身的知识通过个体行动来建构社会，而社会则使用相应的知识通过集体行动来建构个人。知识能够通过行动来解释、定义和建构行动和社会，知识还通过对自己的反思重新定义自身行动所依赖的基础。社会知识一般包括政府内部的知识、专家的知识、民众的知识和媒体的知识③，社会建构公共行政作为社会知识交换、对比和融合过

① 杨炳超．协商民主：内涵、背景及意义［J］．东岳论丛，2010，(2)：178－182.

② 关于这一点，哈耶克早有警示：“我们必须运用的有关各种情势的知识（the knowledge of the circumstances），从来就不是以一种既总的且整合的形式存在的，而仅仅是作为所有彼此独立的个人所掌握的不完全的而且还常常是相互矛盾的分散知识而存在的。”（［英］哈耶克．哈耶克论文集［M］．邓正来译，北京：首都经济贸易大学出版社，2001：205.）

③ 在政策过程中，每一种知识发挥的作用不同。政府内部的知识借助政府机构的工作程序和信息传输通道汇集到决策者手中，而那些行政人员在获取、解读和传达知识方面具有策略上的优势，因而他们提供的知识能够更加有效地接近决策者并且更加贴近决策者的需求；专家为政策过程提供专业化的支持、论证、预测和备选方案的储备。专家的知识优势在于对事实和技术问题的专业分析；民众的知识进入政策过程需要依赖有序的政治参与渠道，比如信访、公共事务论坛、民意调查、公民请愿、社区会议、听证、协商谈判、信息公开、电子政府等；媒体具有信息量大、覆盖面广的特点，是社会信息沟通和互动的平台。媒体作为国家和社会之间的关键连接，能够影响政府和社会在公共问题及其解决方案方面的偏好。〔具体参考：朱旭峰，田君．知识与中国公共政策的议程设置：一个实证研究［J］．中国行政管理，2008，(6)：107－113.〕

程，通过社会不同人群的合作对公共场域的事务与问题进行反思、定义和建构。社会建构的过程是“露天”式开放的交流、协商，从源头上说，是不同类型知识的检阅、审视和建设的过程。形象地说，公共行政建构的过程是知识流动的过程，政府要在不同具体的行政场域中发挥良好的作用，不同的知识获取和利用是前提条件。换言之，政府的政策行为是不同知识的流动，在这个过程中，政府对不同知识的认知、采纳、吸收程度决定了政府行为的合法性、有效性和长远性。每一人在阐释中会参悟、反思自己对公共世界的理解，自己对社会知识的化解，并在原有的经验上建构新的体验、新的意义，获取对公共生活新的认识与理解。立足公共生活的实践不仅传递知识的结果，更重要的是亲身去体知这个真实的公共世界，以便促其自身知识无限生成与发展，这个过程是形成性的，而不仅是在乎形成的结果。

在社会建构公共行政中，知识是建构政策议题的指路明灯，是“风险汪洋”中指引船只安全行驶的灯塔。知识不仅包括一般意义的理性知识，诸如科学知识、真理知识、技术知识，也包括社会知识、价值知识、默会知识（tacit knowledge），不仅是哲学普遍性知识反映的客观性，即真理、公理、原理和道理，而且体现着事理、情理和心理。社会建构公共行政是激发和重新建设不同类型知识并借以解决不同类型的公共事务，在知识社会学的理论视域中，知识是一种间接权力。“知识的类型并非是一个单纯的科学事件，从知识社会学观点来看，知识问题同时也是权力问题，权力—知识—主体之间密不可分，表现出相互建构的特征。”① 知识制造了权力，也保护了权利，更多地赋予公民主体参与建构公共行政议题的具有资格的内在条件。在行政活动和行

---

① 孔繁斌．公共性的再生产——多中心治理的合作机制建构［M］．南京：凤凰出版传媒集团、江苏人民出版社，2008：113.

政场域中，每一人都构成了一种自身的生活情境，会在各自经验与理解的基础上构建各自的意义世界。在这种情境中，每一人都通过对公共事务的感知来点燃自身理解的火焰，以真诚、开放的心态触动和分享彼此的真情与理念。参与其中的过程，人们都会有所感、有所悟，经历对话与互动的淬火阐释后的理解与表达，升华了自身的经验与知识。感受与体悟性的力量是在公共行政实践活动的真实体验中不断丰富，使形成性的社会知识不断充盈、丰满。社会知识的形成不是通过传统官僚体制下的驯化、灌输知识，政府组织也不再是机械化的信息发射器、接收器与过滤器，而是多样个体对关于公共事务治理的知识的加工与改造，主动阐释和自我改进，尊重差异和理解不同，每种观点都要对源自其他立场的观点负责。因此，对于不同团体之间的民主交往来说，差异就是“资源”，这种交往的结果就是形成更广泛、更有效的社会知识。① 在社会建构的过程中，每一人都要主动理解自己、理解他人、理解公共事务和理解民主化。参与民主化的社会建构行政过程能够“唤起”每一人的自我意识、认同意识与反思②意识，改变知识分享的信任与态度，在自己的理解与再生中积累与生成更多的社会知识为公共事务治理发展服务。社会建构中的集体建构的公共政策可以让不同个人和集体的利益得以充分表达，避免个人决断中的片面性和主观性。因此我们可以说，公共场域

---

① 爱丽斯·马里恩·扬．作为民主交往资源的差异［A］．［美］詹姆斯·博曼，威廉·雷吉主编．陈家刚等译．协商民主：论理性与政治［C］．北京：中央编译出版社，2006：303.

② 按照阿马蒂亚·森的理解中，人的反思性非常重要。他认为，在人的行为中，根本不存在一种内在一致性条件，通过合理的反思，个人也许会实质性地修正他的选择，哪怕第一反应满足了所有的内在一致性条件。（具体参考：［印］阿马蒂亚·森．理性与自由［M］．北京：中国人民大学出版社，2006：217.）

成为公民与社会共同成长公共精神本真之地：自由①与可能性。在公共场域里，类似旅行的轻松、学习和分享的社会建构过程中，使得社会力量能够真正地参与到行政的过程中，行政的追求、目标、过程、方法的相互交织，自我行为的参与、情感参与的耦合，使社会力量在主体参与中逐渐获得对公共事务治理的理解，实现社会知识的持续增长。

（2）以实践为导向，行动和学习是社会建构行政发展的重要因素。社会建构的公共行政过程突出了公共行政的实践意义，行政人员的行动与本身对行动改善的学习构成了公共行政建构的实践内容。

行动和学习是对现实进行社会建构的主体行为，也是社会建构过程中的关键内容。“在解释性的政策分析意义上，协商对话民主、公民参与规划都是建立在社会实践基础上的行动过程，它强调公民通过分享彼此的知识和身边发生的故事、分享各自手头上有关政策议题或问题的一致的和不一致的观点，实现一同工作、一同学习、一同行动的目的。”② 真实的世界不是理论化的结果，真实的行政世界是“我在世界之中”和“我理解的世界”

---

① 在现代自由主义中，赛亚·柏林的积极自由（positive liberty）与消极自由（negative liberty）之分，他认为消极自由是一种不让别人妨碍自己的选择为要旨的自由，当个人处于非强制或不受限制的状态时，个人就是自由的，过多的国家干预常被看作削弱了个人的积极性并侵犯了基本自由。积极的自由，则和以下这个问题的答案有关：“什么东西，或什么人，有权控制或干涉，从而决定某人应该去做这件事、成为这种人。而不应该去做另一件事、成为另一种人？”在这种意义下，自由是“去做……的自由”。坚持消极自由的人所关心的是“政府干涉我多少”，“我可以自由地成为什么或自由地做哪些事？”主张积极自由的人则关心“谁统治我”，“谁有权决定我是什么人？不是什么人？应该怎么样？做什么事？”消极自由争取的是不让别人妨碍我的自由，积极自由则以做自己主人为要旨。（具体参考：［英］以赛亚·伯林．自由论［M］．南京：凤凰出版传媒集团，译林出版社，2011.）

② ［美］全钟燮．公共行政的社会建构：解释与批判［M］．北京：北京大学出版社，2008：10.

的有机一体的“在场”。在公共行政现场，面对无法预测的千变万化的具体情境，置身于这样一个“我与你”的面对面“无距离”的世界之中，置身于主体之间的行政关系之中，依靠并且仅有知识的传递是不够的，公共行政的实践有其更为丰富的意义。因此，在社会建构公共行政中，实践是公共行政唯一存在的理由和自我发展的体现，在公共行政实践中不断逼近“事物本身”。在公共行政的实践过程中，每一个体的相遇与交谈，通过身体、时空与周围事物共同构成了体验性的情境，人们才能获得体验之知和感受认识之道，“这是‘在世界之中存在’的真知和‘事情本身’的真谛。但这种实践之知远非理论知识所能概括的，它会化入生命之中，成为一种意识的‘边缘域’。实践现象学家凝视意义所来之处，让我们变得充盈、饱满，从而触动我们、震撼我们，并产生形成性影响”。[①] 故此，公共行政本质是实践的，是生活世界的一部分。

现象学强调个体的直观体验，并通过反思形成敏感性实践，使得自我的理解意义“自行显现”。实践是通过不同的主体的行动体现来的，行动是具有意向性的，它发生在由社会建构而来的与他人分享的规则、价值体系中。行动是一种载体，个体对政治、经济、文化等潜伏在各自自我意识下的运行逻辑的理解和认识，通过个体的行动使得逻辑内在特性展现出来。胡塞尔认为，人类只有通过经验才能感知外部的世界，外部世界的他在是通过感觉作为媒介的，并且只有通过心智意识才能真实了解。因此，

---

① 蒋开君．关于一个教育命题的现象学之思——“教育在本质上是实践的”［J］．黑龙江高教研究，2010，（1）：43－46.

社会是心智过程和自我过程的反映①，我们认为个人的社会行动之所以可能，源头在于行动者的心智驱动。公民参与公共事物活动本身就是一种社会活动，受到多种因素的驱动。公共行政建构过程中个体行动也是如此，提倡公共行政中行动者的自主性和独特性②。在这个过程中，组织中的个体能够对可选性方案和能够理解的知识进行想象力的彩排式预演，形成个体间调试性互动，能够使得不同个体的角色领会和想象性预演并得以调整和再调整他们反应的可能空间，再在通过协商与对话，持续的连续过程性促进交往主体间的相互理解，形成了富有回应性的公共行政。

同时，行动的过程也是学习的过程，学习联系起了理论知识和组织期待与实际效果的桥梁。从社会建构过程来看，"社会建构本身就是一个学习过程，在这个过程中，组织成员持续着思想和经验的共享，这样，就能更好地理解他人的观点。在社会学习的过程中，凭借参与者多样的价值观和信仰，发生在过去和现在的事件被重新解释"③，这样的"重新解释"也是"重新建构"的过程，是学习过程的结果，创造多样的不同可供选择的思想和知识来平衡、改写自己的价值观与世界观。社会建构的公共行政认为，在学习过程中，可能会酝酿创新的冲动和机会，也只有通过持续的学习积累和对理性知识的批判反思，才有可能产生有创造意义的内容来消解误解、尊重差异、解决问题。因此，从这层

① 社会是心智过程和自我过程的反映，体现着那些由行动者内心或者他们之间的象征性互动保持和改变的业已构成的模式，不管是社会的维系还是社会的变迁，都是通过心智和自我的过程来实现的。〔具体参考：张银岳．社会行动的逻辑：传统的以及现代的视角［J］．桂海论丛，2009，(6)：80－83.〕

② M. Harmon，Action Theory for Public Administration（New York：Longman，1981）p. 51.

③ ［美］全钟燮．公共行政的社会建构：解释与批判［M］．北京：北京大学出版社，2008：47.

意义上说，公共行政组织和公共政策的有效性建立在参与公共学习的能力之上。在社会建构的过程中，学习的过程是批判式的和民主式的——经过反思和体悟，重新认识组织，了解公共政策与行政程序，理清公共行政的任务和目标，反思自我的各种前提和假设，并提供可能性的选择，修正公共行政的行为和方向，在组织中形成创新发展的实验室。

（3）重视参与、协商、互动等多样形式，走向自治式的民主治理。公共行政是社会公共人在共同在场域中展开公开性质的群体活动。社会建构公共政策的核心是经验与知识的分享与建构，是通过话语体系在不断的交流互动并在对话的过程中建构起来的。在社会建构的行政中，公共决策“让有政策影响力的公众通过对话过程来做出……更好的决策取决于公共参与，而不是依赖于官僚人员或技术人员”①，讨论能带来理解，交流能产生交融，协商能达成共识，公民参与决策过程之际，也是真正民主治理开始之时。

当社会不同的公民群体通过不同的形式参与到公共行政活动中来解决公共问题的时候，政府的各种管理行为才能更有效。“社会现实是主观的客观化，是人的意识的社会建构。”② 在现代社会中，任何一项公共行政内容成为正式的公共行为，必然涉及不同利益的相关人，必须要经过多主体的重复博弈过程，最后形成博弈纳什均衡③，达致大概的多数满意，否则公共行为的合法

---

① ［美］B. 盖伊·彼得斯．政府未来的治理模式［M］吴爱明译．北京：中国人民大学出版社，2001：82－83.

② 颜良恭．公共行政的典范问题［M］．台北：五南图书公司，1998：45.

③ “重复博弈”（repeated games）是动态博弈的一种特殊类型，是指同样结构的博弈重复多次，其中的每次博弈称为“阶段博弈”（stage game）。所谓博弈“纳什均衡”指的是这样一种战略组合，这种策略组合由所有参与人最优策略组成，即在给定别人策略的情况下，没有人有足够理由打破这种均衡，从实质上说，是一种非合作博弈状态。（具体参考：张维迎．博弈论与信息经济学［M］．上海：上海人民出版社，2002.）

性就受到了质疑。“如果非要探索出确定性，找到靠得住的东西，找到切实的真实感，只有建立起对应的关系才能实现。”① 因此，社会建构行政的过程是互动式的，正如有的学者指出，参与论证是公民资格的一种新的权利，参与社会公共活动已经成为公民资格的一种内在特征，追求良性互动关系和反复的多方博弈，展现“商谈—论证—共识”过程所体现出的交往理性，“任何参加，即使是参加最小的公共职务也是有益的”。② 政府人员与民众的协商、沟通、互动就成了政府的必答题，而不是选答题。行政人员与民众的持续互动和协商是组织发展的保障——任何公共政策和改革，如果民众不理解、不支持、不信任，那么任何公共行政行为和决策都将无法进行。

“公共目的既不是来自抽象判断，也不是在预先存在的‘隐藏的共识’中‘被发现’的。这些共同目的完全是通过一种公共参与的行动铸造的，是通过共同审议和共同行动以及这些共同审议和共同行动在利益上的效果创造的。”③ 这表明，互动和协商是克服各种阻力和进行各种变革的前提条件，需要辩证批判地吸收和借鉴，重视民众意见，从而分享政策的理念、目的和行动策略。“社会建构为行政提供了一个框架，在这个框架下，行政管理是一种多主体互动的过程。”④ “作为人，通过我们的共同努力，通过我们的思想和知识，通过我们与他人的互动，我们创造

① ［美］肯尼思·格根．社会构建的邀请［M］．北京：北京大学出版社，2011：9.

② 具体参考：Thomas Janoski. Citizenship and Civil Society［M］. Cambridge University Press，1998：30－33；［英］密尔．代议制政府［M］．北京：商务印书馆，1984：55.

③ ［美］本杰明·巴伯．强势民主［M］．彭斌，吴润洲译．长春：吉林人民出版社，2006：181.

④ 刘伟．社会建构——公共行政的新视角［J］．工会论坛，2010，(4)：31－32.

着我们生活的这个世界，并在此休养生息。因此，我们对社会存在和社会秩序的感知仅仅是作为人类活动的产物而存在。我们最为重要的经历体验是在我们社会互动中，在我们面对面的交往中发生的。我们怎样与他人发生联系，我们就会怎么建构我们的社会秩序，就会怎样建构这个将要生活在其中的未来世界。一个行政管理者作为社会现实中的（或行政的）一个人（或一个存在），他们要与他人一起分享这个世界，这就使得行政管理者有可能要求助于其他的人。”① 公共行政的社会建构主义意识到，组织成员的交流和话语体系创造了组织现实，成员在认识自己及认知周围日常接触交流的环境基础上持续工作，在自身理解前提下建构公众可供选择的议题方案和行动，至于组织的现实如何被改善或者建构，关键在于人们如何界定、批判和解释人们生活的世界，进而影响认识组织中问题和解决方案的性质与内容。

传统公共行政的认知图式是一种“物化”的思考模式，“物化”的思考强调世界是独立于人的存在，忽视了世界是由人主动的创造和构建，人也由此失去了主动创造世界的知觉和对世界应该承担自我责任。“物化的思考以一种类化的方式来理解社会世界，在于民众的互动过程中，行政人员以自己而非民众的意义类别来听，从而忽视了民众的要求的独特意涵，而以一种归类的方式适用某一规则来处理，这种思考方式认为选择是受到外在的标准、制度或角色的限制的。”② 柯林斯的互动仪式理论告诉我们，“互动是人们利用文化资本和情感能量进行交换而形成的，它能为参与者或关系群体带来情感能量。社会的动态过程源于人

① ［美］全钟燮．公共行政的社会建构：解释与批判［M］．北京：北京大学出版社，2008：46－47.

② 王伟杰．公共行政行动理论的行政责任观述评［J］．理论界．2008，（6）：157－159.

与人之间的交往和相互作用"[①]。社会建构途径研究突出了民众的重要性而不是安抚、管制和轻视民众，强调个性、竞争和聚合意见与形成新意义的民主模式，重视公民直接参与和"在场效应"，容纳各种不同的利益、立场和价值，给人们情感上的抚慰。这样就可以赢得人民的"散布性支持"，这种支持是"那种不直接与具体的物质报酬、满足或强制相连接的支持"。"当人们听到各种不同的意见，就会进行比较和判断，如果感到观点有理，论证有力，就更少会对政府的信息作'对抗式解码'，反而有可能转向反对原来的观点"[②]，实现人们编好的转变，有利于克服传统公共组织模式"物化"的思维方式，同时在建构中的协商与互动的民众参与情境模式也契合了民主治理的公共行政图景。

在现代治理社会中，民主已经成为了整个世界上头等重要的政治目标[③]，社会建构行政的民主化突出了直接参与[④]式的治理的民主，民主的"共同核心"就是"参与"。迪杰克也主张整合"问题解决理性"与"民主政治"的方法是建立参与式的民主政治[⑤]。"如果一个社会不仅准许普遍参与而且鼓励持续、有力、有效并了解情况的参与，事实上实现了这种参与并把决定权留给

---

① 《辞海》（缩印本）[Z]．上海：上海辞书出版社，1989：1450.

② 张杰．论政府网络传播的民主参与功能 [J]．西南民族大学学报．2008，(4)：110－113.

③ [美] 科恩．论民主 [M]．北京：商务印书馆，2005：中文版序言．

④ 直接参与的理念，按照赫尔德的理解，"直接参与，这不仅是政府的原则，也是一种生活方式的原则"。(具体参考：[英] 赫尔德．民主的模式．北京：中央编译出版社，1998：21.)

⑤ 具体参考：郭秋永．当代三大民主理论 [M]．台北：联经出版社，2001：7—10；John S. Dryzek. Discursive Democracy: Politics, Policy, and Political Science [M]. Cambridge University Press, 1990: 125.

参与者，这种社会的民主就是既有广度又有深度的民主。”① 这些论述指出，民主作为一种政治的实现方式，是通过一种不同人的差异性而联合起来完整的社会治理方式，是一种深层次的人们之间的社会关系联结行政领域的集中反映。按照波普尔的理解，民主不是指“人民统治”或“多数人统治”，真正的民主是指“人民评判”，“尽管只有少数人可以制定政策，但我们却都能评判政策”②，民主的治理既是对公共政策意见的聚合过程，也是对先前公共政策和行政行为批判的过程。因此民主治理的前提，必须是充分的民主，在民主治理的公共行政中，需要整合行政组织内部和外部的资源、动力和能量，捋顺内部关系，回应民众反映，满足民众诉求。扎内蒂（Zanetti，1997 年）提出，理论与实践之间的鸿沟或许能够通过大家共同参与研究来弥合，鼓励民众智慧的力量参与到政策和行为过程中，实现公民自身的价值和思想，建立开放透明的回路型行政体系，既反映了政治理念发展的趋势，也是社会发展的前程路径。“民主的正当性体现在集体意志的形成过程中，而不是集体意志本身……用‘普遍进行的讨论’代替‘普遍接受的一致意见’才是现实的选择。”③ 社会建构公共行政作为一种民主方式，不借助任何代表或代议制度，其构成的“维生素”营养是参与、互动、分享和交流。持续自我参与，突出了民众和与之相互之间良好关系的重要性，这与官僚制下仅把民众当作管理的客体和行政的相对人是迥然不同的。具体表现在，这是横向的民主，多元的主体参与，将身临其境的

① ［美］科恩．论民主［M］．聂崇信等译．北京：商务印书馆，1994.

② 具体参考：［英］卡尔·波普尔．二十世纪的教训［M］．王凌霄译．桂林：广西师范大学出版社，2004：132；［英］卡尔·波普尔．开放的宇宙［M］．李本正译．杭州：中国美术学院出版社，1999：21.

③ 鲍铭言．序：为什么要公众参与？——超越专家统治论的代议制政府［A］．蔡定剑主编．公众参与——欧洲的制度和经验［C］．北京：法律出版社，2009：9.

公民包容和吸纳到组织中，行政人员从自身强势的行政管理思想中自愿走出来，尊重民众的意见和倾听他们的思想，真正重视社会创新能力和社会的想象力，依靠和利用社会力量和参与到公共事务治理中，使异质的参与者之间的观点互相孕育和补充，了解议题、质问潜在的前提和假设，把更加广泛的公共对话同政治精英的讨论和决定有机地联系在一起，尊重和采取不同群体和个体的贡献，发现共同性，寻求替代性的选择。

（4）建构公共活动场域，张扬公共行政的公共性和社会性。我们在前文提及到，社会建构的一个特征是社会性，社会性在公共行政的过程中，体现为公共行政的公共性。社会建构鼓励人们的参与和贡献，其途径主要是通过建设和维护公共活动的公共领域来实现。"公共领域则是公民、群体、志愿者协会和许多非政府组织讨论和交往问题、思想的场所，是他们发现的共同点、差异性和变革可能性的场所。"① 哈贝马斯将公共领域描述为"一个关于内容、观点，也就是意见的交往网络；在那里，交往之流被以一种特定方式加以过滤和综合，从而成为根据特定议题集束而成的公共意见或舆论"。② 公共领域与古代罗马的城邦共同体类似，是意见的集中地，是讨论的公共论坛，是整合一致意见的座谈会，是生动建构过程的平台。在公共领域中，社会知识和公共政策在不同的目标和意图的相互影响、激辩与相互碰撞中形成，各主体是一种结构性的关系，既是平等的，又是对抗的，既是协商的，又是相互辩驳的。联邦最高法院大法官罗伯茨指出："无论街道或公园的所有权归谁，其自有人类以来即被认为是公众之用以及作为集会、公民交换意见及读者讨论公共事务及大众

① ［美］全钟燮．公共行政的社会建构：解释与批判［M］．北京：北京大学出版社，2008：26.

② 哈贝马斯．在事实与规范之间［M］．北京：三联书店，2003：446.

问题的场所。自从古代起，这种使用街道及公共场所的权利即已成为自由特权及诸多权利的一部分。"① 同时，公共领域也是表达话语的能量场，公共事务就是一种公共能量场②，并形成一个充分发育的"思想的市场领域"③。思想的市场领域是公众表达社会话语的场所，组织的行为者与环境的行为者之间是互动的，人们的动机和场内的能量具有自由性，具有不同意向性的政策话语，在某一重复性实践的语境中为获取意义和最终的肯定而相互

---

① 焦洪昌．公民集会权利［A］．陈光中．《公民权利和政治权利国际公约》批准与实施问题研究［C］．北京：中国法制出版社，2002：406.

② 在对传统行政模式和它的替代模式进行批判的基础上，Fox 和 Miller 利用现象学、构成主义、结构理论以及能量场等概念，建构并勾勒出了话语理论。在他们看来，制定和修订公共政策的场所就是一个公共能量场，"能量场描述一个由人的意向性控制的现象学的在场或目前"。目前作为一种扩展的"场"是在此情景中谋划未来的积淀性行为的集合。（具体参考：Farmer，D·J.，The language of public administration Bureaucracy，modernity，and postmodernity，Tuscaloosa：University of Alabama-Press，1995.）后面的章节中有详细的论述。

③ "思想市场"的观念源自弥尔顿、穆勒等人，美国联邦最高法院法官霍姆斯、道格拉斯等也都是这一观念的倡导者。在"丹尼斯诉合众国案"中，威廉姆·O. 道格拉斯大法官在他的反驳意见中提出："当各种思想为了争夺受众而在'市场'上竞争的时候，全面和自由的辩论将揭示谬误并使之鲜有从者。即便是我们所憎恶的思想，也让它通过全面和自由的辩论来促使我们的预想和偏见得到验证。全面和自由的辩论使一个社会不致停滞不前，也不致对各种会令全部的文明四分五裂的压迫和禁止毫无防备。"（具体参考：［美］唐纳德·M. 吉尔摩等．美国大众传播法：判例评析：上册［M］．北京：清华大学出版社，2002：8—9.）竞争被越来越多地运用到发现知识本是建平常普通、不言而喻的事情（具体参考：［德］格尔哈德·帕普克等．知识、自由与秩序［M］．北京：中国社会科学出版社，2001：26），从知识增长的角度来看，防止知识僵化、思想停滞的唯一出路只是思想和知识市场的竞争（具体参考：［美］理查德·A. 波斯纳．性与理性［M］．北京：中国政法大学出版社，2002：5），反映在公共场域中，主要是指人们通过制度的安排，通过这一个"市场"，可以无所顾忌地将在社会大众的公共空间中表达自己的主张、建议，形成意见的碰撞、竞争与说服，体现了多样化的政治主张和政治观念，在知识与思想的交流与竞争中，形成公众舆论与个人主张的良性循环。

交流、论争的过程，这也是对传统官僚制与环境分离、官员独白式话语的超越①。

公共领域联系了自我之间的互动过程，酝酿了发现建构行动策略的可能性。“一旦民众在一个群体中学习如何试验地、富有弹性地、乐观地与富有想象力地应对风险，他们就不会感到那么恐惧。群体成员学习如何对现有的思维方式、行动方式和获得满意的方式进行挑战，就能获得新的发展的可能性。”② 在公共领域活动中，承担对话角色都有均等机会，可以提出问题、分析问题和阐释问题，拥有说明、解释、批判和拥护赞成或反对的理由与根据，也有相同的机会去表达态度、情感、感受、经历及去反对、允许或禁止的声音。在社会建构行政过程中，人真正成为社会意义的公共人，不仅为公共利益贡献自身的智慧，而且也通过互动确立各种关系和知识系统，沟通或直接面对面的交流所带来的巨大影响力容易促成合作和集体行动的达成③，维护了社会和组织的秩序，并不是只顾私人利益最大化的“经济人”了。在此过程，民众是以个体的社会人的身份进入，以公共人的身份走出，是自我身份的社会性和公共性的统一。

（5）倡导分权，重视民众话语权和价值实现，在尊重差异和主体意识中凸显公共行政的价值理性。能够拥有完整的话语权，是一个人参与公共场域真正的主体标志。后现代思想家福柯

① Farmer，D·J.，The language of public administration Bureaucracy，modernity，and postmodernity，Tuscaloosa：University of Alabama Press，1995：3.

② ［美］全钟燮．公共行政的社会建构：解释与批判［M］．北京：北京大学出版社，2008：10.

③ “当人们在团体中与他人有一定的社会联系时，他们会更愿意合作”，尽管“似乎没有工具主义动机的迹象，但合作意愿的变化既可以反映对他人的道德责任感，也可以反映人们的一种信心，即相信与之共处一个社会关系的他人更可能对合作做出回报”。（具体参考：罗德里克·M. 克雷默、汤姆·R. 泰勒．组织中的信任［M］. 北京：中国城市出版社，2003：13.）

曾指出，人类的一切知识都是通过“话语”而获得的，任何脱离“话语”的事物都不存在，话语是权力，人通过话语赋予自己权力获得认同感以及自身价值实现的过程。“认同感以他人的尊重与承认为价值旨归，‘我们的价值能受到我们所尊重的人和我们相信其判断力的人赞扬或承认，比什么都重要’。”[①] 社会建构行政的出发点是以多元主体相互学习、相互协商和共同分享为出发点，其研究途径突出强调了人们在商议各类政策和问题时候的表达机会和表达能力，表达机会对组织而言需要一个开放式交往和分享社会知识的权力下放，在一个扁平的组织中才能实现。表达能力则需要给予民众话语权，在公共生活实践中提高参与公共行政的能力。哈贝马斯认为，这样一种民主的过程精要在于“民主立法过程的合法性力量完全来自于公民就其共同生活达成一种理解的过程”[②]。这种“理解的过程”本质上是一种认同性话语伦理，弥补威权体制下“公共表达途径的缺失和断裂”[③]。哈耶克认为，个人间的差异并未给政府提供任何理由差别地对待他们，如果要确使那些在事实上存在着差异的人获得生活中的平等地位，那么就必须反对国家对他们施以差别待遇。伦理学者罗尔斯则进一步强调指出，政府不仅应该给予所有人平等的机会，而且也应该关注他们在结果上的合理平等，并且有利于最少受慧者获取最大利益。分权和给予普通人们话语权是机会和结果平等的体现，共同构成了社会建构公共行政过程中民众充分参与、互动和协商的重要因素。

下放权力和权力分享对一个组织而言，必然要建设一个平行

① ［美］弗朗西斯·福山．历史的终结及其最后之人［M］．北京：社会科学文献出版社，1998：219.

② ［德］哈贝马斯．后民族结构［M］．上海：上海人民出版社，2002：231.

③ 李艳红．大众传媒、社会表达与商议民主——两个个案分析［J］．开放时代，2006，(6)：50－21.

的组织体系，减少科层制和创造更灵活的组织形式，创造平等的对话平台和空间，“自下而上”地让民众参与进来。在“扁平组织”中，每个成员都可以自由表述和讨论，以唤起民众的自我意识，有利于知识的分享和建构。公民参与其中，能够表达和表达到什么程度是至关重要的，直接影响了主体间的现实社会建构。主体间关系能够通过社会环境和公共领域中的各类对话和话语体系得到拓展，同时，人们能够通过对话获得经验与体验的共享而使得自身的观念和体验得以改变和与其他人趋于一致，进而整体上能够通过反思、批判和整合各自的偏见、经验，为创造有创新意义的社会问题解决方案提供了可能性。

公民的话语权本应是法律赋予公民参与公共行政生活的一项基本权力，话语权往往同人们争取经济、政治、文化、社会地位等各种自身合法利益的话语表达密切相关，一旦失去了话语权，人就失去了自卫和保护的能力。在社会建构过程中的公共行政主张公民平等自由地行使话语权，保证话语的“真”和“真”的话语，而且还要积极创造条件孕育和提升公民话语的能力，人们在交换着专家与平民百姓的角色，交换着知识与能力的内容，能够使得公民“输出”更多供其他人共享的个体体验，赋予人们更多的价值理性和呵护人们的“心灵之命”。同时，对行政人员而言，话语是他们在行政生活中的相互交流和彼此互动的重要媒介，能理解和认真对待话语表达的内容，反思自身存在的问题及其背景，务实地改进工作，平等地与民众一起面对日益复杂的公共问题。

（6）在行政“输出”[①] 方面，既重视社会建构的过程也重视产出。传统的公共行政决策过程和实施过程类似新古典学派认识的企业性质一样，是一个“黑箱”，所有的问题都抽象在权力行使的函数之中，生成的过程是在人们看不到的“黑箱”中进行的，人们不知道公共产品是怎样生产出来的。我们只有揭开公共行政“黑箱”，知晓内部的秘密，才能采取行动进行真正意义的社会建构。社会建构主义的研究思路重视人们在分享知识的过程中创造出新的意外的行动含义和知识。“由于社会建构通常涉及人类的关系，所以这个过程变成了另一种连接行动、目的（或目标）和预期（或期望）结果之间关系的重要途径。由于在这个要素之间存在着演进式和辩证的互动，因此，这个过程激发了行政和变革的新的可能性。”[②] 换句话说，这个过程也同样可以被视作实现特定目标的一种路径，公共行政的建构（不论是话语还是政策）过程本身可能就是一种产出或者产品。当然这个过程包含了各式各样的行动，诸如适应组织的过程、集体的讨价还价、相互妥协与让步等。总之，公共行政的社会建构在开放式的、持续互动的过程中实现了自身的产出。

社会建构公共行政输出的是对公共事务新的意义与阐释后的精炼结果，关注过程的形成方式和凝练知识与意义的内容，既有互动与说服，也有重构知识的过程，“说服政治学”是政治学关

---

① 系统理论把体系与环境之间的关系分成输入、转换和输出三个阶段。在政治体系中，输出主要包括：（1）提取。采取的形式可以有贡品、战利品、税收或个人服役。（2）行为管制，其形式可以多种多样。（3）分配产品、服务、机会、荣誉、地位等。（4）象征性输出，包括确立价值观、展示政治象征、阐明各种政策和意图。（具体参考：［美］加布里埃尔·A. 阿尔蒙德，小 G. 宾厄姆·鲍威尔. 比较政治学——体系、过程和政策［M］. 北京：东方出版社，2007：13.）在本书中，公共行政的“输出”主要是各类不同公共政策制定与实施。

② ［美］全钟燮. 公共行政的社会建构：解释与批判［M］. 北京：北京大学出版社，2008：50.

注政治秩序的形成方式，而不仅是考虑政治的结果①。在政治秩序形成的过程中，由政府亲自发动的改革，容易受到组织成员和民众的抵制，不利于民众的参与，只有当参与者认为他们参与能够提供实质性的意义，民众才有积极性去建构公共行政过程。民主的社会建构需要实践去促进持续的互动和持续的关系，当民众和行政人员能够自我反思和批判时，协商和建构就会变得更容易，也更容易产生富有成效的政策新意义。

（7）克服了传统“二分法”对立的思维模式，注重辩证思维的运用。按照伯格和卢克曼对社会的认识，社会是作为客观现实的社会和作为主观现实的社会性统一，当一个社会被一个共同实践和语言创造和维护时，客观现实社会就会认为是“真实”的。因此，公共行政的现实是由客观化的各种社会因素和行政人员主观意识与行为共同构成的。行政人员能够解释和改造社会，社会也会积极影响各类行政行为。“公共行政是一个正在进行中并存在于社会、制度、行政知识和个体之间的辩证发展过程。”②个体、组织和社会之间不再是对立的“二分法”的关系，它们之间充满了冲突、妥协、解构和重构等复杂的关系，这些关系始终是不确定的和变化的，为创造新的公共行政活动和行为带来了可能性。

针对公共行政人员而言，需要辩证对待问题和解决问题的态度和途径，更重要的是，改变传统的工作模式和方法，具备和提高在与民众一起解决问题合作的能力，并能够整合不同思想和不同能力的民众，携手合作共事。当然，并不是说每一公共问题都必须或可以通过利用社会建构途径来解决，毕竟每一个问题的性

① 陈家刚．协商民主［M］．上海：上海三联书店，2004.

② ［美］全钟燮．公共行政的社会建构：解释与批判［M］．北京：北京大学出版社，2008：51.

质和前提的条件不同（例如涉及国家重大事项），但至少可以采用辩证和批判的眼光来审视和看待问题。有了分享与促成的理解，就有了社会建构的意义，进而避免了官僚理论的窠臼和空洞，最起码的是理解了社会对公共行政的期盼和理解。采用辩证的思维模式，可以使得我们能够发现什么是有问题的，什么是可能的，可能性的程度有多大。通过听取各种声音，尤其是远离行政中心的边缘的声音和质疑，更能够整合广泛的社会知识进行社会建构，并可能创新其内容和方法。

（8）尊重人性和自由，强调自治，重视政府组织伦理构建。民主的公共行政是以人为本，彰显个体自由的行政。拥有公共行动的场域和自由沟通协商的建构意愿，奠定了社会自治的基础。在社会建构公共过程中，所有个人参与建构都是自愿的，拥有平等的地位和自由的选择权利，一旦有行政权力强制性因素的渗入，都不利于公民的参与，甚至会阻碍和窒息社会建构的过程。

在民主社会的背景下，参与式研究的重要价值在于，它架起了一座专业知识与经验知识之间的联系桥梁，公共行政体制通过制度的建设融合专业知识和经验之间的联系，为社会自治培植精良土壤。同时，经验证明，“只要有合适的外部条件，人民能够实现自治”①，在社会建构的公共行政中，公共政策和问题解决过程引进了公众的力量，在一个自由通畅的话语空间中，会在一定程度上促进民众对一些公共事务自治意识的提升，分享体验和知识可以促进公民自发组织起来，共同解决身边的社会问题，有利于提升凝聚力。

参与中的“趋同不仅仅是获得具体认识的手段，而且还是

① 袁传旭．论社会自治［J］．书屋，2010，（1）：8－11.

真理的标准"①，公民参与了具体的社会建构行政中，体现了自我自治含义，个人在自己管理自己的同时，通过参与社会公共事务的管理，分享彼此的经验与体验，认识了参与的意识和对他人、政府组织的认同，理解民主运行内容和方式，为参与所有社会建构活动和实现社会自治提供良好的训练。公民的参与对政府组织和管理人员提出了更高的要求，行政人员需要充分认识主体间性，正确理解各行为主体之间的关系。因此，行政人员需要批判和反思原有职业的认识论偏见和惯有的职业思维模式。社会建构公共行政指出，单个的行政人员的伦理责任必须在个体对自我和自我实现的理解和认识中，通过个体主动参与组织活动并与民众一起行动，自觉改正组织和自身错误的地方，而不是被动执行义务。在这过程中，既塑造了行政人员的道德体验，也反映行政人员的价值判断，让组织和个体的行为和伦理的判断置放于与民众互动的社会建构过程中，从而确保组织和行政人员能够做出反映民众需要和符合公共道德的公共决策。

（二）几组概念的比较与分析

社会建构作为公共行政一种新的阐释视角，很多概念具有自身的特殊意义，需要认真识别和重新理解。

（1）建构而不仅是参与。参与是进行建构前提，但不是全部内容。换句话说，参与是对"建构"进行抽象概括内涵之属性的一部分，参与好比是门票，而社会建构的过程是欣赏和愉悦的过程，欣赏彼此的立场，愉悦知识的分享和增长以及赋予事物新的认知意义。在社会建构的过程中，不同观点的交换促使人们能够以不同的方式思考问题，提供新的知识与视角，可以做出更好的判断，寻找政策的优良替代方案。"参与是微型民主的本

① ［德］阿图尔·考夫曼．后现代法哲学——告别演讲［M］．米健译，北京：法律出版社，2000：46－47.

质，或者说，它为上层结构即民主政体，提供了关键的基础结构”①，而建构是持续不断地参与的体现与形成的模块化与结构化的过程。

社会建构强调持续②不断参与和合作，强调既是不同的意见也要经过公共的检验和分享，这一点与詹姆斯博曼提出的“多元一致”概念相似，即“只要求公共协商中的连续合作，即使存在持续性的意见分歧”③。社会建构的公共行政实际是各种社会性因素彼此相互作用下的产物，以“相互讨论”、“公共的集体行动”、“保障公民身份与权利”和“形塑社会共同体”为主要内容，是公众参与的行政，但核心是互动、讨论和协商，主要包含着表达、倾听、移情、分享、说服、接受和升华。并且社会建构的主要目的是取得实效的参与效果，体现分享的意义和赋予客观事物新的理解与意义。

在社会建构行政中，认识到公民参与的重要性是第一步，类似哲学中的阿基米德点（切入点），那么怎么参与、怎么分享与建设政策议题是社会建构的实质。社会建构的行政不仅是“公民行动者”在场，而且要公民行动起来，实现实质性的参与。换个角度看，如果仅仅突出强调参与，就会造成“在选举中是主人，在选举外是奴隶”的状况④。在权力宰制的社会中，“公共行政过程中的公众参与并不是民主的实现，至多只是与官僚制

---

① ［美］萨托利．民主新论［M］．冯克利、阎克文译．北京：东方出版社，1993：128.

② 经由反复讨论而达成某种“重叠共识”的默会过程——类似于罗尔斯所主张的那种达成普遍正义原则之“重叠共识”的“反思平衡”的过程。（具体参考：罗尔斯．政治自由主义［M］．万俊人译．南京：译林出版社，2000.）

③ James Bowman. Public Deliberation：Pluralism，complexity and Democracy［M］. The MIT Press，1997：89.

④ 罗传贤．行政程序法基础理论［M］．台北：五南图书出版公司，1993：185.

所达成的一个妥协方案”①。在官僚体制下的参与，仅仅是官僚体制一个程序性的告诫与官僚体系意识形态的规训，是官僚体制合法性中形式与程序的自我设计的证明。因此，仅仅是参与，不能说是公民参与的社会建构的政策过程。社会建构公共行政特别强调了公民身份在治理中的作用，并且是以“积极公民”的角色出现在治理过程之中，并不仅是投票和决策的结果。社会建构是公民的深入肌肤的“深度”参与，把主观的意义和客观的情境进行了无缝隙的对接和重建，社会建构的公共行政展示了积极的公民资格，提升了自主治理的能力与取向。正如克兰德尔曼斯所言，是人们对现实的解释，而非现实本身，引发了政治行动……对不满情绪做出解释并提升人们对成功的期望值，是抗议的社会建构的中心内容②。所以，人们赋予社会现实以意义并解释情境的建构过程是相当重要的。

社会建构的行政意味着相互的对话，意味着全面的深度参与，意味着双方主体性的相互建构和提升，意味着彼此不同的双方主体能力得以提高的过程。只有主体的参与才是真正的参与，更深层次的是主体参与并且产生参与的结果，并被参与主体所认同、所惠及和所成长的参与才是建构的内涵。富有成效、战略性的参与把其变成为达到某一政策目标而施行的具体途径，或者避免制定某一项目或实施某一项目的具体步骤，战略性参政的最终价值在于参政成功而不是参政行为本身③，在于知识的分享与主体间良好的关系，改进自我认知。对双方而言，社会建构的行政

① 张康之．探索公共行政的民主化——读《后现代公共行政：话语指向》［J］．国家行政学院学报，2007，(2)：33－36.

② Klandermans，Bert. 1989b.“Grievance Interpretation and Success Expectations：The Social Construction of Protest.” So－cial Behavior 4：121－22.

③ 治·S. 布莱尔．社区权利与公民参与［M］．北京：中国社会出版社，2003：76.

过程意味着心态的开放、主体性凸现、个性的彰显和社会问题创造性地解决。

同时，社会建构行政信奉批判精神，民主体现为具有批判和省察的“精神式冥思”参与决策，决策的过程不是权力体系集体的决定和秘密合谋的过程，而是协商、互动、辩难的圆桌式民主化集体行动过程；民主的社会建构政策过程不是为公共组织制定决策提供理由而进行形式论证的过程，而是社会各利益主体就公共议题、公共事务充分表达各自诉求和意见，通过交流、辩论和相互批判反思凝聚最终产生公共决策的过程，是在“更全面的理由”和“更充分的依据”的基础上转换偏好达成“共识”和寻求一致的过程。社会建构行政就是要在每一个不同知识叙述的基础上，改变自我心智与行动方式，赋予客观公共事务新的意义，实现知识的格式化和重构过程，获取治理的新措施与新方法。

（2）说服而不仅是强制。说服与参与是公共行政的民主化治理的核心，强调公共行政的行为不受先验的权力和自动生成的威权控制。主体间的关系主要根据“共同之治”的“善”与“知识”原则通过“公开说理”和“透明互动”进而赋予具有集体约束力的公共政策以求证的政治合法性和合理性，是社会建构公共行政的内涵体现。作为特定公共政治过程的参与者，每个人能够在互动过程中考虑他人的立场而纠偏和改变自己的判断、偏好和意见。互动依靠的是说服、讨论和商议而不是强制、控制和欺骗，不断持续促进公民自由与民主原则的有效融合。伯里克利的经典演说可窥一斑：“我们不是把讨论当作绊脚石，而是把它看作是任何明智行动所必不可少的首要前提。”[①] 在雅典公民

① ［古希腊］修昔底德．伯罗奔尼撒战争史［M］．桂林：广西师范大学出版社，2004：100.

看来，想要从事政治，想要生活在城邦中，就意味着所有的事情都要通过言辞和劝说而不是通过强制与暴力来决定①。在说服式的讨论过程中，引起立场互换，推己及人，将心比心，这是参与社会建构政策的无偏私过程的前提。“在协商者的互动过程中，协商者容易改变他们的判断、偏好或者观点。而互动内容包括说服但不包括压制、控制或者欺骗。”② 作为一种面对面的交流形式，社会建构模式的行政过程注重理性观点的说服、讨论和共存，反对专制、共谋和独断。

社会建构的公共行政尊重差异和多样性，承认彼此的分歧，强调异质性与不一样。在凯斯·R. 桑斯坦看来，“分歧与异议是不可或缺的富有创造性的动力源泉”③，承认分歧也就承认了解决可能性，而这种可能性必须通过不同于传统体制的权力行使的强制性方式来进行，“对于一个自由主义者而言，合适的手段是自由讨论和自愿合作。这也意味着：任何强制的形式都是不合适的。理想的情况是：在自由和充分讨论的基础上具有责任心的个人之间取得一致的意见”④，在非强制的软性公共政策过程中，建立起互动、商谈与交流，用说服与分享观点的方式弥补彼此的差异，从而达成共识。

（3）知识而不仅是权力。社会建构的公共行政关注的不是某单个个体的意见及其观点、行为方式与社会主流认识与理解的不同，关注的不是权力作用的途径以及整合社会的意义，关注的

---

① ［美］汉娜·阿伦特．人的条件［M］．上海：上海人民出版社，1999：21.

② ［澳大利亚］约翰·S. 德雷泽克．协商民主及其超越：自由与批判的视角［M］．北京：中央编译出版社，2006：1－2.

③ ［美］凯斯·R. 桑斯坦．偏颇的宪法［M］．宋华琳等译．北京：北京大学出版社，2005：13.

④ ［美］米尔顿·弗里德曼．资本主义与自由［M］．北京：商务印书馆，2006：27.

是知识、权利和个体的尊重及其恰当好处的整合发挥。社会建构行政的过程是知识的治理，而不是治理的知识，不断改变着知识与权力彼此难以兼容的关系①。

在波普尔“世界 3”理论视阈下，“存在一种柏拉图式的（或博尔扎诺式的）自在的书籍、自在的理论、自在的问题、自在的问题情境、自在的论证等等的第三世界”②，一种客观的、自主的思想奠定了客观内容的世界基础，即客观社会知识的世界，构成了社会建构公共行政的基础理论。丹尼尔·贝尔认为，一个社会的伤痛往往是由于缺乏某种知识所致。在公共政策的过程中，知识是隐形的权力，知识和权力是以不同方式进行生产和再生产，社会建构的公共行政是知识的公民分享权力的过程，尊重人的“意思自治”和知识分享，肯定和认可社会成员理性选择能力与意志，形成高程度的集体知识、相互的道德责任和彼此民主化治理的担当，“民主并不真的代表大众利益而是代表大众知识，不是人民在夺权而是大众知识在夺权”③。个人的偏好与自我的知识是不能作为接受某一项政策的充分理由，建立在公共问题和公共利益的视角理解别人并促进参与政策的过程依据共同的诉求与相同的价值基础而形成自我的意见。因此，社会建构的公共行政过程是一个“分享”、“谈论”和“论证”的过程，促使人们的“心智不断改变”，“所有的收获都有赖于妥协与通达

---

① 权力与知识从根本上说是对立的。权力趋于集中，知识是分散的；权力是封闭的，知识是开放的；权力的质地是强硬的、不容改变的，知识是可补充的、可修正的，一直处于形成的过程中。从本质上说，知识是反决定论的，它没有固定的目标；而权力的目的是明确的，所有的道路都是通向征服，权力就是终结。（具体参考：林贤治．午夜的幽光：关于知识分子的札记［M］．桂林：漓江出版社，2011.）

② 卡尔·波普尔．客观的知识［M］．北京：中国美术学院出版社，2003：119.

③ 赵汀阳．每个人的政治［M］．北京：社会科学文献出版社，2010：143.

的精神"，当任何人"不再对事物的所有权和真相感到满意时，没有义务保留他原来的观点，而是将其求诸论证的力量"[①]。在"分享"、"谈论"和"论证"的过程，也是知识的运用、思辨、辩难与增长的过程，权力仅是知识运用的保护者。

斯泰因由此指出："公民不参与政府行政管理，他与国家间就不存在联系的纽带；知识只用于经营个人财产，同样也是没有用处的。"[②] 在复杂社会中，单一的单中心的政府组织的治理主体是不可能借用单一的权力来获取资源并借以解决日益复杂的社会问题，必须通过与其他组织、个人来交换、交流知识和资源得到有效的治理方案，这些知识与资源构成了治理的全部内容。当知识不断增长，人们在面对社会不同的情境问题就不能也不会做简单的"脸谱化"和"平面化"处理，也不能对不同论者的思想、意见等系谱做"非语境化"处理，否则造成智力的退缩，而智力事业的终结就是国家政治的终结。[③] 为此，库依曼指出："不论是公共部门还是私人部门，没有一个个体行动者能够拥有解决综合、动态、多样性问题所需要的全部知识与信息，也没有一个个体行动者有足够的知识和能力去应用所有有效的工具。"[④] 社会的每一个群体都是知识的承载者、传播者和生产者，他们是天然的知识载体，由此我们认为，每一个人都是学习者，不同的知识与资源是由不同学习者主动建构起来的。某一项政策之所以

---

① M. Farrand, Records of the Federal Conventions of 1787, 479 (1911). 转引［美］凯斯·R. 桑斯坦. 偏颇的宪法［M］. 宋华琳，毕竞悦译. 北京：北京大学出版社，2005：192.

② Dieter Schwab. Die Selbstverwaltungsidee des Freiherrn vom Stein und ihre geistigen Grundlagen［M］. Frankfurt/M, 1971. 31.

③ 赵汀阳. 坏世界研究——作为第一哲学的政治哲学［M］. 北京：中国人民大学出版社，2009：183.

④ Jan, Kooiman. Governance and Governability: Using, Complexity, Dynamics and Diversity［M］. London: SAGE Publi-cations, 1993: 252.

被采用，不是最有影响力的利益取得了主动，而是公民等社会力量在倾听、审视和交换相关的理由的抉择，集成和聚合了政策正当性与合法性。社会建构行政的知识思维方式销蚀了强制性地将观点、意见视为神圣和至善，它“让公众通过广泛参与来决定何种观点应当被遵循来作为政治决策的指导，但却同时容许人们在下一次政治决策的过程中来改变自己曾经做出的可能错误的选择。这使得处于边缘地位的观点和行为方式可能因为自己的正确性和可行性而成为主流的选择。同时，即使某一种观点和行为方式与主流认识不同，它也不会担心自己仅仅因为不同而遭到灭顶之灾”①，使得思考的主体和思考方式都能进入“真实”的知识场域。

在公共政策的社会建构中，每个人的个人偏好如何凝结成集体的意志，而集体意志中又包含每个个体的知识的有效聚合，作为这种思考形式的认识价值贡献在于，能够清楚显现出彼此的自我特征，维持彼此有意义知识和丰富的个别特征。“事物的本质”正反映在丰盈的个别特征之中……因此，正如阿图尔·考夫曼强调的，“事物的本质的思考是一种类型学的思考”。② 这正如乔·萨托利所言：“随着政治日趋复杂，知识——认知能力和控制力——也会越来越成问题……我们正在陷入‘知识危机’。”③ 要解决社会建构政策过程中面临的日益复杂的公共问题，仅仅对公民基本教育是不够的，还必须重视知识的适用性的实践过程。然而，现实的世界认识充满了分歧，任何解决分歧，

① 秦前红，叶海波．宽容：和谐社会的宪政之道［J］．法学论坛，2005，(4)：66－69.

② ［德］卡尔·拉伦茨．法学方法论［M］．陈爱娥译．北京：商务印书馆，2003：347.

③ ［美］乔·萨托利．民主新论［M］．冯克利等译，北京：东方出版社，1998：135.

关于“知识”的争论实际是对何谓“真理”及何谓“善”、“恶”的争论。要消除这一争论，我们必须抛弃直接导致了“独断主义真理观”和“排他主义道德观”，将社会精英幻化为真理和善行化身的“实体论哲学”。[①] 社会建构公共行政重视参与其中的每一人的经验、意见、感悟等形成的知识，但不是说在社会建构的过程中就一定能够产生完全理论化的知识结果，社会建构公共行政结果更倾向于未完全理论化的协议。所谓未完全理论化的协议，是指尽管人们对根本性问题存在分歧或者不确定，但对具体行为或者后果却达成了一致[②]。社会的不确定[③]下未完全理论化协议的达成比较复杂，有着多种样式[④]，人们对某一项政策的意见与观点的存在理由与知识体系迥然不同，但在结果上能够达成一致共识。在社会建构的公共行政过程中，强调持续参与和共享，通过主张“保留意见”与“悬置知识”的权利，在不断的参与中实现完全理论化协议。

依靠强制的代价来实现治理的目标，其代价远远大于包容的代价，强制性的代价和后果所带来的影响是深远的。在实践的沉

① 贺来．“宽容”的合法性根据——市场经济中的宽容文化及其哲学透析［J］．南京社会科学，2002，(2)：1 -6.

② Cass R. Sunstein，Designing Democracy：What Constitutions Do［M］．oxford University Press，2001：9.

③ 从知识论的角度来理解不确定性，关于社会的不确定性，安东尼·唐斯是这样描述的：“不确定就是缺乏有关过去、现在、将来或假想事件的过程的确切知识。就一具体决策而言，不确定性可能在强度、相关性以及可排除性上存在着差异。”（具体参考：［美］安东尼·唐斯．民主的经济理论［M］．上海：上海世纪出版集团，2005：71.）

④ 第一种是尽管对于抽象规定的外延存在激烈争论，但对抽象规定达成一致。第二种是人们有时能够对中等层次的原则达成一致，而对更一般的理论以及具体案件却无法达成一致。第三种是当人们在某个高层次的问题上发生了分歧时，他们能够通过概念降格以对狭窄或者低层次原则达成一致。（具体参考：Cass R. Sunstein，Designing Democracy：What Constitutions Do，Oxford University Press，2001：9，56.）

淀和心理的接受会成为行政文化的一部分，它凝结为行政风格不可改变的基因，权力的至上和影响也随之更为牢固，社会知识和力量在决策领域日益接近边缘和受到排斥，实践中的参与民主也是形式上的参与①，对公民参与精神是极大的破坏。在知识经济社会的今天，民主化的过程也伴随着知识的治理，“虽然‘民主’无法决定一种知识的真伪，它却往往能决定这种知识是否将成为决定公众事务的因素——其实对于各种观点来说，都是如此”②。公众广泛参与的民主制度过滤和筛选出违背知识、权利、人格的部分，使其丧失公众市场的东西被排除在外，保留我们需要的社会知识，既是对权力内涵本身的保护，也是权力的一种有益延伸和发展。

第三节　社会建构公共行政的研究意义

今天的公共行政研究似乎处在一个诊断治疗和病情预测的张力地带中。各种公共行政理论的提出和发展，大多都是对疾病成虐的官僚体制的不满、批判而建构起来的。新公共管理、新公共

① 形式的参与，被 Arnstein 称之为象征式或非实质性的参与，是 Arnstein 提出了市民参与阶梯理论的第二层次，主要包括通知、咨询、列席。其结果是打击了公民参与热情，引发了他们对政府治理能力的质疑（地方政府则更容易受到质疑，因为他们与公民直接打交道）甚至危及社会的稳定。（具体参考：Arnstein，S. “A Ladder of Citizen Participation，” Journal of the American Institute of Planners. 1969. 216—224.）民主本身是对人的地位和权利的承认，形式的民主也是对人的一种扭曲的承认，“扭曲的承认不仅表现为缺乏应有的尊重，它还能造成可怕的创伤，使受害者背负着致命的自我仇恨”。（具体参考：查尔斯·泰勒. 承认的政治［A］. 自汪晖、陈燕谷主编. 文化与公共性［C］. 上海：三联书店，1998：291.）

② 安娜·库茨拉底. 论宽容和宽容的限度［J］. 第欧根尼，1998，（2）：19－27.

行政、新公共服务、治理、善治、多中心理论、后现代公共行政理论等替代官僚制的理论迭叠涌现，大有替代官僚制理论之势，但处理不当，很容易带来范式“移植”的灾难。从这些理论来看，其实质仍无法走出官僚制的窠臼（或最后还是“穿新鞋走旧路”[①]），或者说只是官僚理论的一种寄生而已。这些理论是吃官僚制的饭生长的，但它可以嘲笑吃官僚制这碗饭本身，最可怕的是这是一盘可以不断翻炒的饭。行政学似乎成了一门多余的学科，好像已经告诉了我们所有应该知道的东西，而且还像皇帝的新装一样，掩盖了理论真正的本质却肆无忌惮、旁若无人炫耀走在大街上，正如大人们不敢揭露皇帝其实什么也没有穿一样，深谙学术的资深学者不揭露行政学无实质进展的原因，只不过是人们久入鲍鱼之肆不闻其臭，只有不懂世事的孩子才敢童言无忌地揭露皇帝“裸奔”的可耻行为。

追根溯源，对社会生活的认知和与民众共享的共同知识构成了公共行政行动的基点，这往往是人们最容易忽视的。隔离于社会生活之外，公共行政也就失去了价值的意蕴（例如公正、公平、自由），所带来的“错误”往往无法找到责任的主体，它在不同的地方不同的时间以不同方式漫延。因此，只揭发和承认自身这种疾瘓是不能治愈的（形成完善的制度）的，类似于承认错误而不等于改正错误。另一方面，没有社会性支撑的公共行政，虽然能表达出现有体制与行为的各种内在矛盾，但也恰恰破坏了现有体制与行为的表达体系，也带来了现有体制、行动与社会需求系统之间的明显的不协调，直接造成了公共行政自我表达

① 胡德在其《国家的艺术：文化、修辞学和公共管理》一书中也曾指出：“虽然近些年来公共管理引起了大量的讨论，在世界上有许多关于‘范式转变’的谈论。但是，还没有形成关于分析公共管理的普遍同意或接受的基本知识”。（具体参考：里斯托弗·胡德．国家的艺术：文化、修辞学和公共管理［M］．上海：上海人民出版社，2004.）

的危机。公共行政自我表达体系是自身政策和行为所需要的辩护话语，一旦话语遭到肢解或者破坏，公共行政也就很难为自己辩护了，其结果必然危及存在与自由的合法性与合理性。“失去自我辩护能力是件相当难堪的事情，就相当于不得不承认自己在做坏事。”① 在现实公共行政生活中，我们随时可以看到各国对民众所承诺的关于幸福、发展与自由的诺言，大多数都像谎言，民众都习以为常地不相信或者不抱希望，这也从侧面告诉我们，公共行政之根必须培植于社会之中，才具有实践理性的正义，充分地信任与支持也必从社会性建构过程中获取和延续。故此，我们利用理论视界融合，提出一种有机的、综合的、能够适应不同生态环境和社会结构的理论体，即“社会建构的公共行政”，主张社会的日常生活与行政生活互动，通过不断调整与互动，不仅是政府的治理，主要是实现社会治理，实现人们对公共行政的美好希冀。我们主张通过边际互动、边际调整和边际渗透，找到一种对官僚制可以不断替代的理论体系，而不是对现有的官僚体制连根拔起，通过可替代理论的优越性，触动官僚制刚硬的外壳，慢慢影响其内核，并不断修正和完善形成良好治理的基因，实现公共行政的良好生长，因此更好地满足人们对公共行政的需求。

在西方公共行政学一百多年的发展历史中，公共行政始终处在与政治学二分对立的分分合合之原问题与旧争论之中，如何实现公共行政的知识增长、创造公共行政的价值并不断解决各类社会问题，成为当下公共行政学理论与实践必须面临的抉择。莫尔指出，政府的首要任务不是确保政府组织的延续，而是作为创造者，根据环境的变化和他们对公共价值的理解，改变组织职能和

---

① 赵汀阳．没有世界观的世界［M］．北京：中国人民大学出版社，2003：225.

行为，创造新的价值①。公共行政理论最终目的就是要为社会创造公共价值，公共价值可以分为理论层面和实践现实层面来创造，社会建构的公共行政所体现的价值可以从三个方面进行阐述。

一、理论意义

公共行政理论在不同的阶段，表现出不同的式样。从 20 世纪 60 年代后期开始，公共行政的研究进入了一个黄金发展期，一方面质疑和批判传统公共行政典则的窠臼与弊端，在汲取合理养分的基础上，探索适应社会发展的理论知识。另一方面利用科际整合的途径，采用其他学科的发展成果来壮大公共行政研究。于是，各种理论层出不穷，粉墨登场，犬牙交错，眼花缭乱，涌动起理论研究的狂欢与躁动，理论“通货膨胀”和实践的创新实验遍布学术共同体。大体上，这一进程可以分为 20 世纪 60 年代、70—80 年代和 90 年代后至今三个时期。这三个时期最为活跃，从而形成蔚为壮观的“公共行政理论束”。各种观点相互碰撞、相互启迪、相互争论，绘就和展示了一副多姿多彩、应接不暇的知识和智慧激情迸发的美丽画卷。其中，有针尖与麦芒的相对，有知识的互补和论证，有理性与激情齐飞，有相互批判和扬弃。可以说，形成了公共行政发展的茂密“思想丛林”②，诸如

---

① Moore，M. H.，Creating public Value：Strategic Management in Government. Cambridge，MA：Harvard University Press. 1995.

② 按照管理学家孔茨和韦里克的研究，在管理学领域中，对管理的各种不同方法、大量的研究以及各种不同的观点涌现，作者称之为“管理理论的丛林”。（具体参考：［美］哈罗德·孔茨，海因茨·韦里克．管理学［M］．北京：经济科学出版社，1998：27.）针对公共行政的研究，我们认为，行政学的“思想丛林”主要有两层意思：一是说明公共行政研究的繁杂和混乱，亟待澄清和整合；二是说明公共行政研究得到了纵深发展，各种理论层出不穷，促进了公共行政跨学科的研究和学科本身的繁荣。

传统的官僚制度研究、公共行政研究，以“新”字开头的新公共行政、新公共管理、新公共服务理论，其他的治理理论、非理性公共行政等（在后面的章节中有更详细的论述）。目前又进入了一个转型时期：一个由“此在”向“新论”转变和分水的时期[①]。这些理论的提出和完善推动了公共行政的全面深入研究，形成了初具规模的公共行政学科谱系。

每一时期的理论都是当时社会占主导思想的体现，都是当时思想对实践的提炼和实践对思想的修复。正如恩格斯所说：“我们只能在我们时代的条件下进行认识，而且这些条件达到什么程度，我们便认识到什么程度。”[②] 就是这种“显像”的再现，使得社会现实“被动”地催生了公共行政理论的发展，公共行政本身也“主动”地为社会发展注入了动力。社会建构的公共行政理论是在社会发展需要基础上提炼和抽象出来，增加了行政学研究的认知格局存量和知识资本存量，探幽发微，拓展了公共行政研究新的“想象力”。与其他理论相比，社会建构的公共行政理论具有学理上的优势和意义，可以总结如下。

（一）“软行政”的理论旨趣

公共行政的发展是一个以某些意象为基本指向，公共行政学科是一系列复杂意象的组合。社会建构公共行政作为一种意象，突出了民众的作用，突出了社会自治的可能性，强调了合作、协商、参与的重要意义，突出了政府开放透明的意义和程序的意义，强调了社区治理、原子化治理的重要性，强调了不同合作主体之间的平等、协同与互动的功能，突出了政府之外的社会力量

---

① 黄建钢，李百齐．“行政管理学”新论：一种对治理社会方式的思考［A］．“落实科学发展观推进行政管理体制改革”研讨会暨中国行政管理学会 2006 年年会论文集［C］，2006：890－901.

② 恩格斯．自然辩证法［M］．北京：人民出版社，1984.

越来越占主导地位的可能性，改变传统的单一的、自上而下、自内向外的强制性的灌输与植入的“硬行政”所带来的“政治冷漠症”和“多数人的暴政”的“政治梦魇”，逐步走向社会治理与合作的人性化和多样化的“软行政”①。“软”重点突出了人性本身的需要，“软行政”的核心表现为在行政的过程中体现了民主、协商、互动、对话、妥协、和谐共生的多元治理格局，体现了政治宽容和制度宽容的时代特色，是现代治理的优化选择。

我们认为，在社会建构的公共行政中，具有“性情”柔和的特质——既能尊重多数人的共同意愿，又突出了行政本身的发展。“软行政”中的“软”主要体现在行政作为的方式和对社会问题的认知上。传统中缺乏沟通的体系和话语霸权的体系使得公共行政合法性受损，传统体制与类似垄断式治理模式下的“环式民主”的政治日益成为“虚伪作假的政治”和“好看不中用的政治”。在行政文化中，整个行政生活中游荡着威权的幽灵，威权的思想深深地刻印在人们的思想中，不能自由地参与公共生活和民主的决策。社会建构的公共行政倡导公民积极、实质、建构性地参与公共生活，公民的积极参与和自我知识的发挥将得到

① 需要说明的是，这里的“软行政”与缪尔达尔所指的“软国家”含义不一样，缪尔达尔在经过长达10年的研究后，对国家政权评论说，“该地区的各种政治体制在它们无能或无意识开始根本改革和实行社会纪律方面明显相似。在这个意义上，无论实行民主还是独裁，它们都是‘软国家’”。缪尔达尔指出，“如果没有一切阶层、乃至乡村的社会纪律的加强，要促成迅速的发展是极端困难的”。他进一步指出“在整个地区，民族政府向公民要求得极少。即使那些确实存在的义务也执行得不充分。这种低水平的社会纪律是今天南亚国家和发展初期的西方国家之间最根本的区别之一”。因此，他把南亚国家描绘成“软国家”，克服“软国家”，他指出：“从西方的角度看，解决普遍的和严重的无纪律的明显办法是，政府应该迅速地建立合理的社会规则体系，并务必使它们适当地执行。”（具体参考：［瑞典］冈纳·缪尔达尔．亚洲的戏剧：对一些国家贫困问题的研究［M］．北京：北京经济学院出版社，1992：109，129－131.）本书“软行政”主要是从行政作用的方式和效果上来界定的。

最大的释放，政府组织开始关注人，赋予社会力量更多温情和关切，人与行政本身都将回到社会中去考量，政府组织引领社会前进①，改变了“硬权力”模式下的行政模式，政府回归了社会之中。

在传统的公共行政中，政府是孤傲的，是难以接近的，是固执的，即使是自身的错误，也不会改正错误，类似趾高气扬的齐桓公一样，始终坚持“寡人无疾”，任其病入膏肓，哪怕到最后死亡都不愿改过自身。但一般而言，不同的客体行为与规律影响着行政方式和方法的不同，随着公共行政发展，主体之间的互动的方向与力度的矢量正在发生变化，客体在两者的互动过程中的“反作用”能量和力度矢量越来越明显，越来越强大，无视客体的作用与能量，就无法实现良好的社会治理。而尊重客体的作用，就需要改变原来的管理控制与管制的思维模式，走向具有人情化、权利化、平等化的行政方式。在社会建构的公共行政中，所凸现的“软行政”特征，具有很重要的理论意义。第一，对现实做出了理论的回应。“近些年来，由于过分迷信强制和制裁的力量而忽视了执法过程中所有参与者制度性的相互学习，加剧了规则表达和规则实践之间的背反”②，导致了政策执行面临着种种困境，阻碍了政策的有效执行。第二，促使公共行政的研究从组织内部的运行视角转向社会过程的视角，组织的理性原则和非人格化的模式渐渐式微，内部的刚性程序与政策原理已不能适应外部环境的改变，无法适应不同群体“人”的需要（有区别

---

① 这一点，安东尼·吉登斯深刻地指出，“一般来说，政府无感情、无进取心，也不顾及臣民的福祉，而且，对待臣民时常专断而又横暴，它很少或根本就无法左右社会的制度和活动。”（具体参考：［英］安东尼·吉登斯．民族—国家与暴力［M］．北京：三联书店，1998：63.）

② 王锡锌．中国行政执法困境的个案解读［J］．法学研究，2005，(3)：37－49.

地对待不同的人群，被有的学者称之为“行政歧视”①)，无法使得不同群体中人的自我能力得以提高和自主性力量得到释放，政府组织是强硬的、封闭的、格式化的执行模式已远远滞后于社会的发展。第三，社会的复杂性增加和人类合作意识的增长，使得政府单一中心难以为继，合作治理是未来可以预见的模式。“软行政”突出了人的社会性，而这是人类合作共生的基础。第四，“软行政”突出了公共行政价值管理的主旨。就本质而言，公共价值管理的优势在于能够将大家动员起来，形成政策的社会过程，而不是依靠单一的规则②和机制来促进公共服务的实践和改革。人们通过参与网络和伙伴关系被动员起来，并在相互尊重和知识共享的情景下结成关系，而建立成功的关系是网络治理的关键，也是公共价值管理的核心任务③。社会建构公共行政的“软行政”为人们成功建构公共事务议题的根本，是对公共行政价值理念的综合应用和有效管理。第五，“软行政”的社会建构理论克服了过于理性的传统行政制度设计。传统的公共组织实现了公共理性的方式利用“一人一票”的选举制度，民主的实现方式是代议制民主和精英制民主，更多的是间接民主，是“一次

① 行政歧视往往指向某种特定的人群或某类行政对象，进行连续性的不公平对待，甚至贬损他们的人格。是不公平现象在公共行政领域的反映，主要的歧视对象是弱势群体和成员，并通过行政语言和行政符号表现出来。（具体参考：翟校义．当今中国社会中的行政歧视及其根源［J］．政治学研究，2005，(3)：103－120.）

② 规则是在集体行动的社会过程中产生的并被社会行动所支持的，“重复性、稳定的联合行动和被第一次展示出来的新的联合行动形式一样，都是一种解释过程的结果。正是这种处于群体生活之中的社会过程创造并且支持着这些规则，而不是这些规则创造并支持着群体生活”。（具体参考：苏国勋，刘小枫．二十世纪西方社会理论文选（Ⅱ）：社会理论的诸理论［M］．上海：三联书店，2005：651.）

③ Gerry Stoker，Public Value Management：A New Narrative for Networked Governance?，American Review of Public Administration，No. 1March 2006：41－57.

性民主”、“票箱政治”，也有人称之为保护型民主[①]，把民主视为市场，将政治看成是利益集团竞争稀缺社会资源的斗争，通过固定的偏好通过诸如投票之类的聚合机制相互竞争来实现偏好的聚合，实现民主是“择优”，实行的是多数法则（majority law），流于程序性民主（procedural democracy），使少数人的偏好被压制、程序取代公民参与，代议制的选举制度塑造的公共理性的统一。“它提供了确定输赢的机制，但却没有提供旨在发展共识、塑造公共舆论或形成值得尊重的妥协的机制[②]。”怎样聚合每个人的个体理性达到最好的公共选择，始终是一个未解的难题，奥尔森的集体行动逻辑、阿罗的可能理论和古斯塔夫·勒庞的“乌合之众”充分说明这一点，最终公共理性的实现也就成了镜中花、水中月，难以描述和感知，“投票行为中的理性问题‘不可能说清楚’。我们还要进一步说，我根本就怀疑它是否应当被说清楚”[③]。以投票为中心的代议民主是工具理性为基础，忽略了民主的本质是一种价值偏好的表达，甚至造成“理性的无知”、多数的暴政、政治冷淡主义和公民的自私主义，极容易导

① 传统代议制民主是建立在有限政府的原则上，强调个人的自由和权利应受到保护，使之不受来自国家和社会其他成员的侵犯，所以这种民主也被人称之为“保护型民主”。（具体参考：戴维·赫尔德．民主的模式［M］．燕继荣等译．北京：中央编译出版社，1998：112－125.）

② 威尔·金里卡·当代政治哲学［M］．上海：上海三联书店，2004：52.

③ ［美］乔·萨托利．民主新论［M］．北京：东方出版社，1998：124.

致民主的分歧、民主的弱势[①]和多重的“民主悖论”，造成了民主的稀薄、断点和表面化，代议制下的民主被称为有缺陷的民主和虚假的民主，诸如称呼有排他性民主、非自由民主、代表制民主和托管型民主[②]，民众逐渐会疲累和隔绝于民主，使得民主失去了实质的意义。社会建构的公共行政基于公共理性的互动、协商的认知和意义的重构，民主的实现方式是协商民主和共识民主，民主是公共论坛而不是市场，是“论坛政治”，实施的是过程持续多次的民主，是“共识”改变“输赢”，是正和博弈代替零和博弈，是赋予公共视野新的意义取代了陌生冷漠自我理解公

① 巴伯批评了代议制民主漠视公民的参与权，认为代议制民主是一种“弱势民主”，作为“弱势民主”，它“既不承认参与的乐趣，同时也不认同公民交往的友谊，既不承认持续政治行为中的自主与自我管理，也不认可可以扩大公民彼此间共享的公共善——共同协商、抉择和行动”。他主张要让人们回到公共生活中去，要恢复人们的公民身份，要让公民不只是监督者、选民、委托人，更是管理者、自治者、共治者，要让弱势民主变为强势民主。“强势民主可以被定义为参与模型中的政治，从字面意义上讲，强势民主更多地意味着是由公民自主治理而不是由代表公民名义的代议制政府来治理。积极能动的公民直接治理他们自己的事务，尽管这些情况并不一定在每一个治理层次和场合都发生，但是，公民参与确实经常发挥重要作用，尤其是在政府做出基本决策和在使用关键性权力的时候。”（具体参考：BarberB. R.. Strong Democracy：Participatory Politics for a New Age［M］. Berkeley and LosAngeles：University ofCalifornia Press，1984：151.）此种民主依靠的是由公民组成的共同体的自我统治的观念，力图在正视现代社会不可避免的政治冲突的前提下，通过公民参与、公共商讨与公民教育等中介来转换政治冲突。强势民主的出现的主要背景在于，是和共和主义在当代的复兴是密切相关的。在共和主义看来，人应当是通过社会和公共生活而达到自我实现的社会性动物，而不是自由主义者所假设的那种单原子的自私自利的个人，因此参与政治生活乃是公民积极生活的最高形式，仅仅依据于代议制，不但无助于公民美德的培养，而且会使整个社会趋于腐败和堕落（关于共和主义在当代的复兴可以参考：昆廷·斯金纳、J. GA 波考克、汉娜·阿伦特等人的著述，许纪霖主编的《共和、社会与公民》，2003 年江苏人民出版社出版，书中收录了多篇近现代共和主义学者的文章）。

② Wlofgang Merkel，Embedded and Defective Democracy，Democratization，No. 5，2004.

共事务的“投票”所达成的一致。社会建构的公共行政认为，民主的本质是交往、交流与商谈，而不是投票、利益损失和偏好的聚合，在参与建构的互动、讨论的过程中，进一步优化和涵养了公共理性，“论坛政治”式的社会建构行政民主实现方式，更能够重构社会公共理性，契合了现代社会先进的政治理论设计。

社会建构公共行政的“软行政”特征，不仅适应了社会治理先进性的理念体现，也是社会建构公共行政理论生命力所在。“一个系统只有在一种环境中才能自我再生。如果它在这种环境中无法得到持续的触动、刺激、干扰和面临变迁所带来的挑战（即学习），它很快就会中止自身的运作并失去自我再生的特性。”① 社会建构的公共行政的“软行政”的系统特征与组织始终保持与社会互动和信息交流的过程，减少了系统正熵的产生，产生了有序和组织的自我更新，反过来又不断促进了组织自身的健康发展。

（二）辩证的思维模式

在经济全球化、地方治理和公民积极参与的时代，坚持的理念是“全球化地思考，地方化地行动，批判性地认知”②。社会建构的公共行政打破了传统的公共行政理论研究二分法的方法论，树立了辩证发展的思维模式，促进了公共行政与社会发展的有机融合，为公共行政发展开辟了一片崭新的“航海领域”。各种公共行政理论出现、发展和没落，都与当时经济、政治、文化

---

① ［英］马丁·洛克林．公法与政治理论［M］．郑戈译．北京：商务印书馆，2002：361－362.

② Thinking Globally，Acting Locally，and PerceivingCritically。（具体参考：Jong Jun. “The Political and Administrative Challenges in Korea s Future：Thinking Globally，Acting Locally，Perceiving Critically”［A］. In Chung－Hyun Ro（Ed.）. Korea in the Era of Post－Development and Globalization：Task of Public Administration［C］. Seoul：the korea institution of public administration，1996. 1.）

和社会发展状况密切相关。社会建构的公共行政理论契合了现在社会、经济和政治发展的要求。在传统的公共行政理论中，行政不仅是与政治相分离的，也是与社会相分离的，具体二分法表现还有主体与客体的对立、定量研究与定性研究的对立、客体现实性与主体现实性的对立、传统与现代、东方与西方、理论与实践等。这种对立，在官僚组织内部，“由于根据工具理性所作出的官僚制设计抽象掉了价值的因素，所以它实际上是用抽象的形式化的框架把人隔离和定位在一个个分立的单元之中”①，这种对立在治理的模式上，在研究的范式中也能看出，德伯尼和古德温等人认为，新的治理范式如此之多，以这些范式几乎是连续谱似地分布于“铁笼式治理范式”和“无鸡头式治理范式”之间②，与之相对应，政府要么是全能主义，无所不管、利益均沾，要么是无政府主义，尸位素餐、全无作为。随着时代的进步，传统的二元思维模式不仅阻碍了公共行政本身理论研究的进展，而且在解决现实问题中也步履维艰。有的行政学家曾做出了一个精彩的形象比喻：我们的身体变得强壮了，机能也得到了扩张，可是我们的动作却显得那么的笨拙，没有同我们的年龄一起长大。③

社会建构公共行政是建立在整合社会民众对公共事务的感知和认识及其社会力量的大与小之上，体现了作为个体价值主观性的一种集中表达。政治多元主义理论认为，对每一个个体而言，公民自己才是自己利益最好的认识者和判断者，个体是自我利益的法官。因此，如果一个行政决定或政策将要对个体利益产生影

① 张康之．公共行政：超越工具理性［J］．浙江社会科学，2002，（4）：3－8.

② Abdresw Massey（ed.），Globalization and Marketization of Government Service：Gontemporary Public Sector Development（New York：St. Martin’s Press，Inc1997），pp. 20－28.

③ 丁煌．西方行政学说史［M］．武汉：武汉大学出版社，2007：58.

响，这些不同的利益主体应该通过参与和协商来决定他们自己的利益。[1] 社会建构性的公共行政通过利用社会知识，使民众以主体的身份参与管理公共事务，以协商、互动、对话、交往和酶化合作的形式共同面对和参与公共世界，赋予所认识的对象以特定的重新“格式化”意义，寻求解决行政问题更有效的思路和途径，从而把公共行政与社会有机整合。故此，公共事务问题不仅是政府本身的事情，也是社会各种知识发挥作用解决问题的对象。

（三）适用的灵活性

公共行政的“理论丛林”所面临的实施的共同问题都不具有实践应用的普遍性和可适性，而社会建构行政具有高度凝练与抽象性，超越了不同时代的阶段性。社会建构的公共行政理论可以根据各国的具体情况，不论国家的性质与发展程度，具有可适用的共时态，对中西文化理念和社会形态的演化可以根据自身运行的逻辑进行治理，强调的是具体场景和突出社会内在的视野和反思自身知识特征，只是在选择社会建构过程中公共行政模式与途径不同而已。社会建构公共行政的核心是突出民众的重要性，突出了行动的场景，组织成员的交流互动、对话和话语体系创造了组织的现实，社会和组织现实被建构，行政主体在理解的基础上建构民众可以选择的解决问题的方案。这就决定了社会建构实践的普遍性，不需要太多体制理性的变革和重组，在不同社会结构和社会背景中都可发挥社会建构功能。

社会建构的公共行政理论的出现与其他理论的发展脉络是一样的，它也是在前面理论知识积累的基础上形成的，并不是对先前各种公共行政的抛弃和废止，而是合理的扬弃，是在吸收先前

---

① David Truman, The GovernmentProcess: Political Interests and Public Opinion, 1951: 127 - 131.

理论基础上形成的，是理论的飞跃和视界融合。这种融合，使它可以在不同理论知识、依据其知识建立和发展的不同国家的公共行政模式与方式中试验并实施，而不需要“推倒重来式”的重建和设计。

（四）主体性公共行政的建设

曼海姆发现，“某种概念的缺乏，常常不仅表明缺乏某些观点，也表明缺乏千方百计去解决某些生活问题的明确动力”①。在公共行政的社会建设中的议题，反映了社会实践的变迁对新的公共行政理论的要求，也集中突出反映了建设主体性特色本土化公共行政的不足。建设“中国主体性”的公共行政真正的目的在于解决“中国问题”。简扼地说，晚清士大夫看到的中国所遇“三千年未有之大变局”中的中国的社会制度和人心秩序的正当性均需要重新论证的问题②。从形式上我们看到，现有的教科书中理论研究过多地“搬运”、“移植”和解释国外的所谓先进理论，但是这些理论往往是在一定社会生活和知识的土壤中生长出来的，一旦“拿来”，难免“淮南为橘淮北为枳”，难以捕捉到现实社会中具有“多向度”的人和事件的本质，容易失去对实际行动的指导作用，公共行政研究本身也就很难识别并紧抓研究的中心议题，也无法使得这些理论在我们现实的土壤产生实际的效果，使公共行政的研究常常被认为“历史感阙如”、“工具理性论”、“唯意志论”、“唯国家中心”等，使得公共行政由一个具有宏图大志的英雄逐渐沦落为一个谨小慎微的工匠。③ 在内容

① 卡尔·曼海姆．意识形态与乌托邦［M］．黎鸣等译．北京：商务印书馆，2000：279.

② 刘小枫．现代性社会理论绪论［M］．上海：上海三联书店，1998：195－196.

③ 张富．公共行政价值论：意义、现状及可能［J］．中山大学学报（社科版），2006，(3)．84－88.

上，我国的公共行政研究更多的是立足他人的理论解释或是偶尔零星的所谓中国实践的“个案分析”，这种“个案分析”是利用已有国外的理论解释特定的具体事例（虽然我们承认个案的具体知识），而不是从特定的案例中总结、整合出有意义的理论知识，因此是不会产生有价值的创新知识，有前提条件的应用本身就是对理论的一种变相扭曲和伤害。同时，在我国公共行政研究中，正如有些专家指出的那样，严谨的、规范的和创新的方法论的严重匮乏，极大地制约了公共行政研究质量的提升，造成了行政学研究发展了多年后，我们对公共行政的理解仍然不够全面，中国公共行政的定位是什么，能够做什么和到底做了什么，产生了什么作用以及如何等诸如此类问题的问答依然感到苍白无力。忽视知识、结构和社会过程等因素对公共行政行为的限制性，将技术性知识和政府意志视为公共行政发挥作用的最重要因素，使中国公共行政研究和发展没有自身的特色和理论体系，桎梏了公共行政的发展。

社会建构的公共行政理论不仅在于重写社会建构本身理论和公共行政之间的逻辑机理和契合点，更重要的是立足中国的历史传统和现实状况，而不是做简单的个案处理和研究，既利用社会建构公共行政理论，又要在具体中国实际中发展社会建构本身，创构中国公共行政社会建构本身的逻辑和图景，尽最大可能地反映出中国社会本身发展状况和民众本身具有的治理能力，构建出“中国主体性”的公共行政学。

二、现实意义

从理论的实践品性来看，拆除了行政与社会之间的隔离带，社会过程的生动性和具体性为社会建构性公共行政提供了深入主体之间的情势现场，不同主体的参与和献计献策赋予了所解决问题特定的“事实”意义，“过程—产出”的行政生产模式取代了先前“目标—结果”的模式，所以社会建构的公共行政具有更强的现实实践性。从现实中来，又到现实中去，是不同的主体对规定的现实问题进行过程解剖、分析以及解决的过程。这样的实践品格，对当下中国社会的发展和解决发展过程中各类问题具有重要意义。

（一）创新的需要

在中国公共行政的具体现实中，社会建构的公共行政是进行行政活动创新试验和创新活动的需要。公共行政的发展是一个社会建构的过程，社会建构的公共行政是公共管理者的反思行动，是激发创新意识和创新行动的理论。“我们怎样与他人发生联系，我们就会怎样建构我们的社会秩序，就会怎样建构这个将要生活其中的未来世界”[①]，这取决于我们怎样定义和认识这个世界，在个体、组织和社会之间存在着多种的关系，也取决于我们怎样认识和解释，由于认识关系的不断变化，就提供了创造新的社会现实和崭新未来的可能性。针对中国当下社会情境而言，“参与式治理”既是可欲（desirable）的，也是现实和稳健的[②]。各种公共事务的治理都依赖于创新意识的提高和创新实验实施，社会建构理论的公共行政为创新提供了温床和平台。人们在不同的公共领域建构不同的社会客观现实，审视和批判现有的制度，提供不同认识事物的新视角和新办法，推动公共行政的创新和发展。

（二）解决复杂问题的需要

转型期的中国社会，由于中国社会稳定形势面临着深层次矛

① ［美］全钟燮．公共行政的社会建构：解释与批判［M］．北京：北京大学出版社，2008：52.

② 王锡锌，章永乐．“参与式治理”的兴起：经验模式、理论框架与制度分析，Proceedings of the Sino－Swiss International Workshop on Vertical Power Sharing and Local Governance，2009：103－135.

盾和冲突的压力，各类社会性问题集中爆发。以群体事件为例，群体性事件这几年在数量上是显著增加的，1993 年共 8709 宗，此后一直保持快速上升趋势，2006 年达到约 90000 宗，增长了十倍①。社会问题的集中涌现，甚至有的成为结构性的难以解决的问题，已经成为执政者和社会共同面临的首要问题。

查尔斯·泰勒指出的，当今政府表现出来的许多弊端是由于国家与公民之间的距离所产生的，他进一步指出，国家与公民之间的这种“距离”所象征的意义，是表示政府机关已经与普通公民拉开并脱节。群体性事件发生在行政生活中理想与现实的裂痕的最刺眼、最明显领域内，是国家与公民“距离”较大的结果。同时，一个正常的政治系统需要投入大量的忠诚才能运转，当忠诚不足时，“合法性系统无法在贯彻来自经济系统的控制命令时把大众忠诚维持在必要的水平上”②，社会公民对政治系统的认同危机、信仰危机就会下降，不愿再对现行政策的过程表示理念上的认同和行动上的参与，甚至会积极反抗，群体性事件等复杂性的问题就此发生。在应对复杂公共行政问题的时候，从公共行政本身来看，在制裁与对话罔替的模式中一次次徒劳无功，使得很多社会事件和问题反复出现，似乎具有难以遏制之虞，政府的理念上陷入了两难：太强硬怕遭群体攻击，太软弱怕拉不到选票。政府的管理方式进行着“割韭菜”式的管理思维：“这一次管好就行了”③，直接的结果往往由小事件引起中等事件，后

---

① 于建嵘．理智对待不同性质的群体性事件［N］．南方日报，2009－04－09，(13)．

② ［德］哈贝马斯．合法性危机［M］．刘化成、曹卫东译．上海：上海人民出版社，2000：65.

③ “这一次管好就行了”的思维模式在实践的政府治理中主要表现为对问题的解决治标不治本，只注意表面的问题解决而没有深入分析问题的根源并进行彻底的整治，这与行政体制的短期的任命制和行政文化的注重外在显现的实绩密不可分。

来成为大事件。从根源上看，在现实中，无论是结构性的问题，还是根源性的问题，表明政府正在不断丧失“公共”性，更多地基于管理主义的倾向。

早在2000多年前，古希腊哲学家亚里士多德曾经说过，一般的百姓起哄的是他们确实属于平等的公民而受到了不公道的待遇，没有得到平等的政治权利。因此，社会和谐稳定的标志是社会整合程度高低和社会运行是否有序的问题。社会的整合程度越高，社会运行越是有序，社会就越是和谐稳定。现实中，我们经常看到，在管理过程中倾向制定“最后通牒”式的倒计时式的管理目标和制定并采取“军令状式”的、运动式“管制”的方式，民众作为管理的一个固定量，缺乏话语的表达机制和刚性的解决问题方法，缺少了协商、沟通、共享、参与、对话等表达的平台和民主的社会进程，使得很多社会问题以控制为主要目标，堵塞了公共行政直面现实问题的勇气和解决问题的办法，造成了社会的不稳定，“在政治参与和政治制度化二者之间保持低度平衡的那些政体，面临着日后不稳定的前景”①，要想直面社会问题，必须从根本上认识社会、理解社会和运用社会智慧。在此过程中，能够不断促进个人的成长，使得“公共行政的演进与其说是人类解决公共问题、改善普遍福祉的实践行动过程，不如更确切地说，是人类不断探索公共资源有效分配智慧、构建社会发展终极价值的心灵漫游”②。

社会复杂性事件的出现，侵蚀着政治合法性。合法性危机意味着政府的信任危机和权威危机，它直接表现为政治秩序的支持

---

① 塞缪尔·P. 亨廷顿. 变化社会中的政治秩序［M］. 上海：上海人民出版社，2008：367.

② ［美］全钟燮. 公共行政的社会建构：解释与批判［M］. 北京：北京大学出版社，2008：1.

力在广泛性和持久性的严重耗散。“若一个社会弥漫着强烈的不满和怨恨情绪，并由此衍生出公开的群体抗议行动，那就是政治合法性危机的明显征兆。”① 我们认为，公共行政的社会建构模式能够维护政治的合法性，公民参与了公共政策的过程，能够自由畅通地表达自己对价值分配和公共利益的意愿和选择，可以“稳妥地矫正政府的行动和公民意愿选择之间的矛盾”②。公众对涉及公共利益的行政决定程序的参与不仅是有价值的而且是必不可少的，这样的参与不仅有助于提高行政决定的质量，使行政决定更能回应参加行政程序的各种利益主体的需要，而且其本身也是有价值的，因为它使公民具有一种对政府管理过程的参与感，增进了公民对政府决策公正性的信任③。在社会建构的行政中，能够密切公民和政府之间的关系，更好地处理社会棘手的问题，公民能够利用自我知识和资源平等的利益表达机会和创造条件，从而维护公民个人和社会共同体的利益。社会建构的公共行政强调政策的源头治理，政策的资源分配和使用在源头上具有公平与正义的意义，按照诺齐克的说法，如果一种分配在起点上是公平的，并且经过了一个公平的过程，那么其结果就应该被认为是公平的，即使它可能是非常不平等的（诺齐克，1991 年），政策资源源头的平等分配确保了资源分配过程的正义性，公共问题发生的源头也相应得到了遏制，就是我们平时所说的“把问题扼杀在萌芽状态”，并形成正确的方法来解决正确的问题。在这个过程中，参与社会建构的每一个人都是携带着潜在利益的相关者，他们比行政系统更敏感、更准确地反映社会中存在的问题。“公

---

① 张凤阳等．政治哲学关键词［M］．南京：江苏人民出版社，2006：338.

② 蒲岛郁夫．政治参与［M］．北京：经济日报出版社，1989：9.

③［美］理查德．斯图尔特．美国行政法德重构［M］，北京．商务印书馆，2003：130.

共领域中所表达的问题，只是在个人生活体验的镜子之中，才可以被看出是一种社会性痛苦压力的反映。”[①] 公民通过对该论题的反复讨论、互动和建构的过程，人们能够逐渐从感性认识到理性认识，形成对政治系统正确的利益诉求，将话语理性的政治影响力转化为行政的决策权力，使得多元行政利益（特别是外部行政利益主体的参与）和公民个体的自我政治诉求得到了认可、厘定和保障，在此基础上建立新的行政秩序，这正是社会建构公共行政理论所倡导的。

在今天利益多元化的社会结构下，社会建构的公共行政倡导让所有不同的利害关系人参与到行政政策过程中，陈述利害，反映利益诉求，使得自己的主张、观点、建议能够影响政策的内容，赋予公共事务新的意义，在利益多元化的竞争格局中达成某种妥协，形成某种共识，实现民众对公共事务治理的认同和支持，解决社会中存在的各种冲突[②]，诚如有人评价：“民主天生是调节政治冲突的一种边缘性工具。它的起作用之时正是缺乏一种胜过普遍秩序的价值的深刻分裂性冲突之时。”[③] 在此过程中，不断化解社会矛盾，实现“钟摆原理”的理想效果，克服社会问题的“弗弗西斯”治乱循环，形成良好的社会秩序，正如美国著名行政学家怀特指出的那样，“公共行政学的好坏必须通过其对社会秩序的贡献来测量”[④]，使得公共事务进入可治理并能够治理好的状态之中，这是官僚体制其力所不逮之处。从这个意

① 陈家刚．协商民主［M］．上海：三联书店，2004：452.

② 这当然不是说在一个民主的社会，绝对不是没有冲突的社会，而是民主社会对冲突表现出宽容和制度化理解，并不对冲突进行简单的、强制性的压制和禁止，更多的是鼓励冲突双方放弃对抗，实行让步和妥协，达成和解和合作。

③ 布来顿．理解民主——经济与政治的视角．上海：学林出版社，2000：295.

④ 杰伊·D. 怀特等．公共行政研究——对理论与实践的反思［M］．北京：清华大学出版社，2005.

义上理解，民主化的治理为解决复杂社会的复杂问题注入了湿润的甘露，而社会建构的公共行政则是全面“解渴”的及时雨。

（三）公民成长的需要

社会力量是解决公共问题的终极动力。在一个健康的社会里，政府治理的理想目标和公民个人生活理想的最大契合是公共行政理论的最终追求。现代社会中的政府不再仅由知识专家或由代议制政府的形式进行“科学理性”的构建，而是多元主体共同的社会构建，这意味着公共政策或公共行政的领域都是“开放社会”、“交往共同体”和“公共领域”的协商之地。在公共生活中，社会建构的公共行政是满足民众日益增多的参与社会公共事务管理的需要，公民更多强调自我的自由、平等和价值的实现。现代的公民，“人成了精神的个体”，更多的是要实现“精神生活的共享性”①。在现代社会中，民众对政治生活和行政生活的要求和质量的需求不断提高，民众的公共性开始不断觉醒，精神层面的需求不断增多，不仅关心自身的丰衣足食与自身个体的发展，公民自由、自主、自治和志愿服务的意识逐步得到了培养和觉醒，开始更多地关注和关切他人的命运和发展，关心社会整体的良性运行，关注公共事务和共同存在②，关注他人幸福，渴望和平与发展，人人幸福安康，开始有了命运共同体的意识和行为；就能逐渐解悟公共精神之堂奥，有了公民公共之善的关怀，就会逐渐形成共同承担复杂社会背景下不确定和反复无常的社会危机使命和意识，简言之，今天公民表现为强大的力量，公

---

① 赵汀阳．坏世界研究——作为第一哲学的政治哲学［M］．北京：中国人民大学出版社，2009：24.

② 近代哲学家海德格尔同样指出，人的世界是共同的世界，人在世界中就是与他人共同存在，离开了人之共处，人的世界也就失去了社会性。（具体参考：海德格尔．存在与时间［M］．陈嘉映等译．北京：生活·读书·新知三联书店，1987：146.）

民行为处处都表现得不同以往①。在我们时代，“一个惊人的发现渐渐明显，即民主参与和企业自由已不再是一种奢侈或雅兴，而是求得生存最基本的要素”②。随着现代社会的不断发展，公民的各种权利观念日益成熟，多元化的社会开始成为发展的诉求和公民追求的目标，公民参与社会管理的自觉性和热情日益高涨，自我个性突出，追求自由、民主、公正、法治的意识渐次觉醒。大众媒体的深入使得政治认知水平在不断提高，公民的社会理性不断增强，更广泛的信任与合作在不同的领域纵深发展，积极向上的公共精神日益凝练，正如科恩所言，“今日政治社会所迫切需要的是扩展（公民）参与的深度”③，那么社会建构的公共行政所体现的正是这样一种民主政治发展的历史趋势。在社会发育积极形成的现代型政治文化和成熟的政治心理中，公民人格形态实现了从依附型向自主型的过渡，他们能够自主地进行对公共事务的治理和政治发展做出自己的分析、判断并进行选择和决策，利用“平等承认的政治发挥越来越大的作用”④，而不是封闭的官僚体制的敬陪末座。

社会成员能够自由、自立地参与公共生活，直接“介入现实”，能够捍卫自己的权益，自由地发表有关公共问题的意见和建议，能够自觉承担个体责任，随着社会进步和公民教育水平的

① ［美］詹姆斯 N. 罗西瑙．没有政府的治理［M］．张胜军，刘小林译．南昌：江西人民出版社，2001：11.

② W. E. 哈拉尔．新资本主义［M］．冯韵文，黄育馥译．北京：社会科学文献出版社，1999：7.

③ 科恩．论民主［M］．北京：商务印书馆，1988：22.

④ 查尔斯·泰勒．承认的政治［A］．汪晖、陈燕谷主编．文化与公共性［C］．上海：三联书店，1998：300.

普遍提高，大部分公民已经有能力、金钱、时间和精力来参与[①]政治生活，这些都成为社会建构的公共行政理论成熟与发展的社会大环境所需、个体智力支撑和民主政治发展的不竭动力。在现今的社会中，公民的价值偏好发生了很大变化，不仅满足于获得优良的公共服务，不仅满足于自身物质生活的提升，更多地期待参与公共活动和政治、行政生活[②]，从而能够在多元共同体的建构过程和归属中体现个体的生命价值和意义。现代的中国人正在向着更加注重强调生活质量、主观康乐和自我表达的“后现代价值观”的方向发展[③]，在物质满足的同时，寻求精神和价值的归属感，绽放个性的想象力、积极性和创造力。每个人开始有机会关心“公共的善”并有信心认为他（她）有能力实现它[④]。在我们现实政治生活中，公众利益表达能力、政策判断能力和行

① 当然这并不是说具备了参与的条件，公民就愿意参与到行政决策中。在行政参与中，参与的动力和动机是一个复杂的因素，既有经济的因素，也有伦理的因素，更有文化的因素。国外流行的参与——回报理论具有一定的说服力。如果P（预期结果）+D（公民职责）+B（利益）－C（代价）>0时，公民就会踊跃参加，反之参与积极性差。（具体参考：约翰·弗里德曼．再思贫困：赋权与公民权［J］．国际社会科学杂志：中文版，1997，(2)：9－20.）但有的学者认为，在现阶段，公民参与是理论和现实的选择，“在社会整体发展和大多数公民的利益立场上，公民参与在社会政策原则上是可以站住脚的”。（具体参考：莫泰基．公民参与：社会政策的基石［M］．香港：中华书局公司，1995：28.）

② 这一点盖伊·彼得斯的认识一致，他指出公共部门所提供的服务质量在某种程度上取决于工作过程中的合作程度，而不是取决于政府员工个人提供的服务；一个真正具有效率、效能的服务计划需要服务对象的主动参与，而不是服务对象的被动接受。（具体参考：［美］B. 盖伊·彼得斯．政府未来的治理模式［M］．许道然等译．北京：中国人民大学出版社．2003：64.）

③ 郭莲．中国公众近十年价值观的变化——“后现代化理论”的验证研究［J］．国家行政学院学报，2011，(3)：27－31.

④ ［美］斯蒂文·R. 史密斯、［美］海伦·英格兰姆．公共政策和民主制度［A］．［美］海伦·英格兰姆、［美］斯蒂文·R. 史密斯：新公共政策——民主制度下的公共政策［C］．上海：上海交通大学出版社，2005：19.

动能力的增长，对政策的意义理解与认可提出了更高的要求。公民联合自我发展的能力也在增强，公民的结社权利也在扩大，社团数量有了大幅增长①，并由此形成社会管理和发展的强大社会合力，推动着社会的积极健康发展。同时，重要的是，它也帮助消解了社会中存在的不公平关系，把专家的知识与平民的知识结合起来，赋予了一种社会边缘人群为自己辩护的能力与权力的有效手段（Buchanan &Trubek，1992 年）。

新多元主义提出，在政策决策过程中，想要达到充分表述意见、充分参与、影响决策，就需要相关的民间团体、政府部门、学者与专家等不同的群体，形成一个有高度共识、凝聚力的网络，即公民参与网络，提高公民的治理能力。社会建构的公共行政符合公民社会的价值需求，它突出强化了公民在社会治理中的作用，改变了以往的以投票的方式“逼迫”公民的参与。公民的不断成熟表明一个公民社会的崛起，在公民社会中，公开参与和争论公共事务的治理政策和过程。“如果一个民族死气沉沉，那么无论政府有什么作为，都不会得到舆论的响应。它不能使国民清醒，只好与国民一起进入梦乡。因而，在一个思想被禁锢的民族中，一切都无声无息，一切都在沉沦，一切都在退化和堕落。”② 没有公开争论和参与权，民主的内容是残缺不全的。民主化也是公民个体成长的需要，互动、交流和相互增进是向他人学习的主要方式。社会建构的公共行政过程就是对公民“政治人”的人格的重新塑造，其方式是对“公民共和权利”的实践，塑造积极公民资格特征，培育民主政治特质所需要共同体的情怀

① 王绍光、何建宇．中国的社团革命——中国人的结社版图［J］．浙江学刊，2004，(6)：71－77；高丙中、袁瑞军（主编）．中国公民社会发展蓝皮书［M］．北京：北京大学出版社，2008.

② ［法］雅曼·贡斯当．古代人的自由与现代人的自由［M］．刘满译．北京：商务印书馆，1999：358.

和自治的方式以及公民气质和品格享受公共生活文化的泽溉。

实证主义认为，公共参与行政过程的“价值无涉”，最终会导致公共行政成为特殊利益的辩护工具，甚至沦为规范和驯化社会民众的方式。社会建构公共行政坚持批判的社会理论，认为个人和社会摆脱压制性力量是一个进步性解放，民主参与能够改变个人心智，在参与过程中使个体成为具有理想的、公共精神、宽容厚德、更有知识、关切他人利益的现代公民，真正具有发言权和参与政府过程中①。同时，公民参与到社会公共问题的建构中，也在不断形成现代人的健康人格。在社会建构行政的过程中，“公民”从单数的个体走向了复数的群体，具有真正的社会意识，人们之间不再是市场上的残酷无情的零和博弈的竞争者，更不再是自私自利而不顾他者冷漠的经济人，他们是生活中充分拥有自由、独立、平等身份的现代公民，能够自由表达、自主思考、真诚辩论、自然宣泄、真情流露，是合作的伙伴，是互助的邻里，是可以相互值得依托的知心朋友，是可以信任的陌生人。自我成长的政治要求隐藏着一个主体间关系的再造，只有在公民自我亲身参与的公共场域的生活中，只有在交往、互动和彼此换位的思考中，对他人固有的偏见认知才能修正，自身不健全的认知才能渐愈健全，错位的角色才能够得到摆正，躁动的情绪才能得以平静和理性，犬儒主义的价值理念才能回位，公共意识才能渐渐形成，对公共事物治理的参与才能真心投入，真正成为一个具有现代理性和公共品质的公民。另外，控制利益就需要自主者积极主动去获

① 正如密尔所指出的那样，“理想上最好的政府形式就是主权或作为最后手段的最高支配权力属于社会整个集体的那种政府；每个公民不仅对该最终的主权的行使有发言权，而且，至多是有时，被要求实际上参加政府，亲自担任某种地方的或一般的公共职务”。（具体参考：密尔．代议制政府［M］．北京：商务印书馆，1984：43.）

取[①]，公民成长更多的是基于自我权利的实现，但是在个人权利与国家权力的关系中，“个人权利虽然是基础和本源，却十分脆弱，它既需要国家权力的保护，又极易遭到后者的侵犯。这样，如何约束国家权力，不使其过度扩张，或者当其侵犯个人权利时，能够有一种势力与之相抗衡，就成为一个非常重要的问题”[②]。克服权利的脆弱性，保障公民权利的实现成为公共行政研究的一个重点，在社会建构的公共行政所倡导的理念中，“社会场景中的参与者不再被视为‘文化傀儡’，而是被看成能够自己决定自己行动意义的积极的行动者”[③]。政治学理论指出，选择任何一种政治的表现和生活方式系统都应塑造具有与政治系统相适应的“政治人”，公共行政的社会建构过程“提升了单个公民的‘属于’他们自己的社会的归属感……更重要的是参与过程本身的经历以及参与过程所导致的复杂结果，不管是对于个人还是对于整个政治体系，这种参与经历使个人和他所在的社会连接起来，使得社会成为一个真正的共同体”[④]。主体性是人的发展的精华，人的主体性不是先天赋予的，也不是前提逻辑性设定的，而是通过实践行动完成的，社会建构的公共政策过程的政治生活本身就是一个具有教育和政治社会化的过程，而参与社会建构过程中，对于公民来说，通过自我治理的政治教育，使得他们从消极被动状态，生成积极的、有判断力、对国家政治具有亲切感的现代国家国民，从处于假想的“自我防守”状态走向积极主动的参与和建设状态。在社

① Burt Ronald S. Structure holes：The social structure ofCompetition［M］. Cambridge：Harvard University Press，1992.

② 梁治平. 市场—国家—公共领域［J］. 读书，1996，(5)：10-17.

③ 诺曼·K. 邓津、伊冯娜·S. 林肯. 定性研究：策略与艺术［M］. 风笑天译. 重庆：重庆大学出版社，2007：606.

④ ［美］卡罗尔·佩特曼. 参与和民主理论［M］. 上海：上海世纪出版集团，上海人民出版社，2006：6.

会建构的过程中，突出民众参与、自组织和社区管理优势，吸引民众参与社会政策的制定过程，尊重和采取人们基于实践而形成的话语和行为，在相互理解、共享的基础上达成共识，公民的利益感知、行政人员的社会认知、政策偏好都有可能发生缓慢的改变。在社会过程与结构中体现公共行政的价值和意义，探求和追寻公共行政生长的深层逻辑，为充分发挥好公共行政在建构良好的社会秩序的作用提供理论的支撑和实践的基石，催化出公民与政府之间的化学反应，裂变为核反应，提升信任（trust）和社会团结（social solidarity）①，实现公共事物治理和公民成长的双向增进。

（四）防止权力的异化

现代化社会中政府公信力的下降是一个不争的事实。由权力异化（不能处理权力的“公属”和“私掌”之间的矛盾）带来的腐败问题已经成为行政发展之癌，吞噬、腐烂着公共行政健康发展之肌体，是导致政府的合法性日趋下降的主要渊薮。“国家要履行它的职能，那它不管怎样必定拥有比任何个别国民或公众团体更大的力量；虽然我们可以设计各种制度，以使这些权力被滥用的危险减少到最低限度，但我们绝不可能根绝这种危险。”②社会建构公共行政开放性能够发挥监督的作用，使得危险性降到最低，“阳光是最好的防腐剂”，防止权力异化最好的办法是增加行政过程的透明性和公开性。参与本身就是一种监督，行政组织作为一个系统，“每一个系统都由于编码和功能而区别于其他系统，同时每一个系统本身都是‘运行地闭合’和‘认知的开放’的系统”③，社会建构公共行政倡导公民参与政府的过程，

① 这一点是托克维尔所强调和希望实现的。（参见参考：托克维尔．论美国的民主：下［M］．董果良译．北京：商务印书馆，1988：630.）

② ［英］卡尔·波普．猜想与反驳［M］．上海译文出版社，1986：499.

③ Niklas Luhmann. Law As A Social System［M］. Translated by Klaus A. Ziegert. Oxford University Press, 2004: 79.

利用自身的知识力量去影响政府的决策，政府的行为须得到公民的许可，公共决策须在公民公开、公平和参与的基础上制定，实行透明行政。在现代政治中，“权威必须是开放的和参与性的：鼓励协商；说明决策的理由；欢迎批评；把同意当作是对合理性的一种检验”①。通过与社会民众不同力量的互动、沟通、协商，把公共建构的议题呈现在公众面前，释疑增信，在民众的参与过程中完成对公共政策的制定、评估和终结，在使公共议题客观化的同时，也在一定程度地为公共政策注入了监督、约束的预防之良药，斩除权力变异之魍魉，对权力本身是一种很好的提前预警和提醒，保证权力按照自身运行的规律安全健康运行。因此，在一定程度上，我们可以说，社会建构的公共行政是对公共政策制定和执行充当着一种监督的前馈机制。

三、理念与行为的转变

从以上的理论意义和实践意义可以看出，社会建构的公共行政实现了行政理论从重视结果到转向重视过程，从关注体系转向关注结构，从注重力量到注重合作的转变。具体转变可以描述如下：

（一）从管理、服务到自治

公共行政理论的发展过程是各种治理社会理念不断变化的过程，官僚制下的统治、管制式的社会治理，到各种各样的解构性的政府理念再到服务型政府的提出，这些模式都是立足于行政组织和行政人员为中心，忽视了社会和民众本身的力量。服务型政府为民众提供优质的服务，但是这些服务本身是否能够满足民众

① 诺内特，塞尔兹尼克．转变中的法律与社会［M］．张志铭译．北京：中国政法大学出版社，1994：111．

日益个性化的需要，是否能够适应现代社会民众日益自治能力的需要，是值得怀疑的。管理与服务仅是手段，实现社会的自治是公共行政真正的最终目的。

自治不能认为是国家能力不足的表现，相反是国家能力总体性实力强大的体现。传统模式中自治能力低下，吉登斯有着深刻的认识，他认为传统国家的统治强度很大，但是统治范围很小，“这种权力绝不会对臣民的行为实施广泛而又名副其实的控制”，“传统国家的统治集团缺乏左右其臣民日常生活的固定手段”，“政治中心缺乏程式化地型构其公民之日常生活的能力，从本质上正意味着，尽管阶级分化社会中的国家机器已开始兴起，但社会的大量领域仍保留自己的独立性”。[①] 这就说明，在国家统治和垄断社会管理事务中，自治仍有自身的存在空间。社会建构的公共行政通过社会力量的民主参与，提倡公共场域中不同力量的联合自治，不断壮大社会力量，尤其是处理社会中范围相对较小的公共事务能力，诸如基层组织和社区，在社会问题产生初期就能消弭切除，为实现社会的自治奠定了基础。

（二）从参与、协同到合作

“不管公共管理者承认不承认，愿意不愿意，喜欢不喜欢，欢迎不欢迎，在今天，公民参与都将在人们的社会政治生活中发挥越来越重要的作用，越来越大的影响力。”[②] 参与已经是公民政治生活不可分割的一部分，但同时，按照罗尔斯的理解，社会是一个合作的体系，参与的最终结果只有走向合作才有意义。“参与不是另一种一时的风尚，而是社会权力结构发生了历史性

① ［英］安东尼·吉登斯．民族国家与暴力［M］．北京：三联书店，1998：10-11，23.

② 约翰·克莱顿·托马斯．公共决策中的公民参与：公共管理者的新技能与新策略［M］．北京：中国人民大学出版社，2005：3.

变化的预兆。近来已经出现在民族精神中的最重要的新思想之一是，敌对的冲突必须让位给合作。”[①] 但是在传统公共行政理论中，公众的参与是基于政府为了反馈自身政策和完成法定的程序，参与本身成为形式的表现。这种参与只能协助政府完成政策的程序而已，民众在政府政策和行为中是边缘地位，更多的是一种协同的角色[②]，是不自愿被动的过程。在公共事务的活动中，我们常常把有效协调和形式的反馈认为是合作，这种形式只能称之为“协作”而不是合作，“协作虽然在结果上并不必然能够确保协作各方获益，但开展协作的人，一般说来，应大致计算一下‘合作’是否有利，能否获益”。也就是说，协作的目的是明确的而且是单一性的，在公共行政中是被动的征用，而不是主动意义上的参与，而“合作者做什么和不做什么不是因为对他人谴责的恐惧，而是出于自我对合作价值的认识和理解。可以预测，在未来合作社会的每一个层面、每一个领域、每一个行为，都会看到不同形式的民主，至于合作在一次性的结果上是否具有明确的合目的性并不重要，只要合作的方向是正确的，即使一次性的结果并不具有充分的合目的性，这种合作也会继续进行下去。因而，合作是过程导向的社会性行动，是有着明确方向的连续性过程，它必然会达成某种一连串的结果。而不同于协作的具体性结果导向”，合作在结果上必然导致合作各方的互惠互利以及社会整体利益的增益。协作没有此目标，合作是人的“共在”形态和具有必然性的社会行动。“合作则具有充分的开放性，它不需

---

① 哈拉尔．新资本主义［M］．冯韵文，黄育馥译．北京：社会科学文献出版社，1999：222.

② 这一点，与他指出，从理论上来看，只要是存在着“中心—边缘”结构的地方，就不可能出现平等和自由的合作，至多只会生成一些协作。（具体参考：孔繁斌．公共性的再生产——多中心治理的合作机制建构［M］．南京：凤凰出版传媒集团、江苏人民出版社，2008：64.）

要任何设定的限制条件，也不需要对任何事、任何人进行排除。而且，合作本身就是一种社会生活，是人之为人的标志。”① 社会建构的公共行政最终的目的是建构出有意义的客观化结果，达成有整合意见的结果，是真正的合作理念的体现。突出了行政相对方的意见，而其过程是开放的、透明的和平等的。尊重各自的差异并实现了互补，主体之间的持续交往与交流也就具有合作的未来意识和长远考虑②。社会建构过程性和实质结果，公共行政具有更多合作意义，实现了各种关系的均衡与平等，体现了互补

① 张康之．“协作”与“合作”之辨异［J］．江海学刊，2006，（2）：98－105.

② 查尔斯·J. 福克斯、休·T. 米勒指出，“他在性”和“差异性”不仅不会导致进一步的社会碎片化，反而会成为社会合作的前提。（查尔斯·J. 福克斯、休·T. 米勒．后现代公共行政——话语指向［M］．北京：中国人民大学出版社，2002：59.）张康之进一步指出，合作的形式不仅不会压抑人自由自主的合作，反而会增强合作行为的灵活性和多样性；合作的形式不仅不会努力消除人们之间的差异，反而会促进合作主体间的差异互补。当合作是工具性的时候，它是嵌入人们交往关系和社会关系中的因素。随着合作的工具性特征的消除，合作本身就是人们之间的交往关系和社会关系，甚至是其中最实质的部分。因而，合作行为以合作关系为基础，体现着合作关系的内容和实质。（具体参考：张康之．论合作［J］．南京大学学报，2007，（5）：115－125.）米歇尔·鲍曼也强调指出，“在持续的个人关系之外，只有当行为者拥有采取规范约束的行为倾向并在选择时不单纯结合具体情形及后果导向时，未来关联伙伴才能预期行为者的合作态度”，“作为开放社会的成员，他享有根据自己的判断同他人合作、共同实施项目、再次放弃并重新再来的自由。这种自由得以发挥的前提是封闭社会的‘静止’和特有的社会结构已被超越，人际间基于社会出身、亲戚关系、性别和阶级之上的‘人性’纽带对合作不再重要，人们只从在何地方及何种环境能最佳实现自己的目标这一客观角度选择生活的地点和环境。个体的流动性和社会关系的动力是充分挖掘人类合作潜力的必要前提。彼此陌生及身处异地的人可以为了共同的计划并在拥有对彼此有益能力的前提下走到一起，共同合作”，并且“合作的可能性越多，合作利益便越会最终战胜权力利益，因为着眼于和平的赢利机会从长远来看比起通过使用强制或暴力形式对‘政治租金’进行投机要有利得多”。（具体参考：［美］米歇尔·鲍曼．道德的市场［M］．北京：中国社会科学出版社，2003：353－354，470，601.）

与信任，合作的意义在解决公共问题上更具有了针对性和实效性。

（三）从独白、对话到建构

传统公共组织是建立在韦伯基础上的官僚制结构，一方面强化了言说者的语言与其真实意图的分离，形成了“单向度的独白”的话语模式①，对话、交流之间必然的张力被严重遮蔽了。于是，真正的对话和交流消失了，既没有表达对抗性的紧张关系的机会，也没有机会通过争论、沟通与交流来界定一个问题及决定如何采取行动的可能性及其实质的意义。一旦失去这种对抗性的紧张关系，“公共对话变成了独白”②。在现代民主的社会中，其出路就在于能够真正形成公共政策平等的对话与商谈机制，具有“他在性”的意义，倡导“部分人的对话”或“一些人的对话”（查尔斯·J. 福克斯、休·T. 米勒，语）的范式，赋予公共行政中各种公共事务新的意义和内容，借助于现代治理工具，实现社会的良治。

社会建构行政的对话与协商，不仅是形式的交流，更重要的是实质性的对话，有实质结果的交流，行政人员与民众的交流需要作出实质性的贡献社会建构的结果。这也说明，社会建构中的对话与协商是为实现最后建构结果奠定基础的，真正的不是对话与协商的过程，最重要的是建构本身和建构出的意义性质的结果，没有实质意义或者没有对行政体制本身所作出的决策实质性产生影响，所谓的建构也就失去了本身应有之意。因此，我们

---

① 按照佩雷菲特陈述官僚主义的避害“精神结构的病症”时指出，官僚制废弃了不同，获得整齐划一的威望；官僚制崇尚空谈，不注重成就等等，单向度的话语体系在精神层面形成。（具体参考：［法］阿兰·佩雷菲特．官僚主义的弊病［M］．北京：商务印书馆，1981：523－539.）

② 查尔斯·J. 福克斯，休·T. 米勒．后现代公共行政——话语指向［M］．北京：中国人民大学出版社，2002：50.

说，社会建构的过程性是公共行政的核心，没有了社会建构的意义，公共行政也就返回到了原来的路径上去了，这是社会建构公共行政与原先理论的主要区别。

（四）从国家治理的空心化到地方嵌入的实在化

社会建构的公共行政更多、更好的是适合运用于地方自治和小范围内的治理，这就要求更多地关注地方与民众的自治，在具体的途径上，更多是权力的重心下移。

社会的发展和治理的成熟，不同国家的地方政府在行政中的地位和作用越来越得到重视。但随着社会多元化急剧加速，社会自主性空间和呼声增大，特别是公民社会与国家阻隔的逐渐拉大，使得国家对地方的影响和控制力在逐渐减弱，中央与地方的关系日益松弛，甚至沦为了简单的委托代理关系，国家日益“空心化”严重，出现了“管理盲区”和“职能缺位”。国家与地方互嵌理论提出了更好认识公共行政发挥作用的途径，国家和地方紧密嵌入结合在一起，即实现了嵌入式自治的国家。“嵌入式自治包括国家嵌入（nation embeddedness）和地方反嵌（local anti - embeddedness）两个方面，前者关注国家环境如何影响着地方治理的效果；后者则关注地方化行动对国家环境的反作用。国家与地方任何一方力量过于强大，都不足以维持嵌入式自治。”“地方自主性越大，主动反嵌越可能发生”①，地方民主和公民参与越来越深入，与志愿团体、社区组织建立以信任为机制的伙伴关系，不断拓宽了公共服务供给与传送的途径，把不同利益群体纳入小型化治理网络，这与社会建构的公共行政理念相契合，在不同小范围内的地方社会建构，抽象化的公共利益转化成为公民价值偏好的实践，促使了社会团体和民众公共精神的培

① 何艳玲．“嵌入式自治”：国家—地方互嵌关系下的地方治理［J］．武汉大学学报，2009，(4)：495－501.

育，提高了地方自治能力。

同时，社会建构的公共行政给我们提供了一个崭新和整合彼此关系的视角，国家与地方政府类似行政人员与公民一样，也具有相互的主体间性，国家与地方之间紧密联系的网络提供了国家与地方持续谈判的制度化通道，从而减少政策执行的阻力。社会建构的公共行政通过更多社会力量的参与和建构，完成了地方嵌入的实在化，每一个地方都能根据自身的实践建构出适合自身情势需要的公共政策，实现了中央与地方之间命令与执行的科层等级式上下沟通转变为以合作与协商的共识与合意，容易生成良好的社会秩序。

第二章　人的行为与价值增进

第一节　行政人员
——批判与反思的行动者

在现代学研究的视野中，人的价值本位是以自由、民主、平等等观念为根基的，重视人的本身的作用，强调人的积极性与能动性。公共行政主体在公共行政研究中具有重要的作用，它是公共行政研究的起点。“公共行政的大多数问题是围绕着人来考虑的。因此，公共行政研究本质上是对处在具体环境中表现出某种行为，以及预计或预测会表现出某种行为的人的研究。”① 只有理解了人的行为，才能全部理解公共行为的目的和意义。

在公共行政人员的研究中，我们发现，公共行政人员是一个复杂的、矛盾的社会关系综合，处在各种关系编制的网结上：既是服从权威意志的小人物，又是发布和执行政府意志的大人物；既是组织内部各种规则的受约束者，又是社会中普通的自由公民；既可能是受到内部规则不公平对待的倒霉蛋，又可能是政府系统特殊的恩惠的享受者；既要面对组织内部盘根错节的各种利

---

① 彭和平，竹立家．国外公共行政理论精选［M］．北京：中共中央出版社，1997：155.

益纠缠与斗争，又要解决社会各种利益与价值的冲突；既要受到上级领导权威的命令或责任人格化的承担，又有可能受到社会民众不满的指责。总之“公共行政人员要像一个魔术师一样处理各种对抗性的义务和利益”①。公共行政人员简直就像五彩驳杂的万花筒，折射着和映照着组织内部的性格与价值的复杂性关系、组织外部的社会变迁、价值更迭、观念的变化和社会关系的演变。

公共行政人员在不同的时期也被冠以不同的称谓，从而形成了自身色彩斑斓的身份变迁史。从立国价值的捍卫者和保障者，到官僚制下的控制者、管理者、划桨者，到新公共管理理论下的服务者、掌舵者，再到新公共服务理论下的“促进者、改革者、利益代理人、公共关系专家、危机管理者、经纪人、分析员、倡导者。最重要的是，公共利益的道德领袖和服务员”② 以及库特里·库伯所称谓的“职业化的公民”、“公民行政官”、《黑堡宣言》中强调的“执行和捍卫宪法的角色，人民受托者角色，贤明少数人的角色，平衡论的角色以及分析与教育者的角色”③。在我国也有不同的称谓，官老爷、父母官、人民公仆、勤务员等，这些称谓的变化，既反映了公共行政主体职能的变化，也反映了公共行政理论的发展脉络，各种范式的竞赛和重叠涌现，是认识行政人员本质最好的时间半径。

---

① 特里·L. 库珀. 行政伦理学：实现行政责任的途径：第四版［M］. 北京：中国人民大学出版社，2001：224.

② ［美］珍妮特·V. 登哈特，罗伯特·B. 登哈特. 新公共服务，服务而不是掌舵［M］. 北京：中国人民大学出版社，2004：131.

③ Wamsley，G.，Bacher，R. N.，Goodsell，C. T.，Kronenbery，P. S.，Rohr，J. A.，Stivers，C. M.，White，O. F.，and Wolf，J.，Refounding Public Administration，Newbury Park，CA：Sage，1990.

在对行政人员的研究中，我们从行政人员“自主性”① 视角来叙述和阐释行政人员自我的发展脉络。借鉴现象学理论知识，哈蒙教授提出了“主动的—社会的”人性假设，该假设指出，人是意向性的动物，由于意识是对事务的意识感应，同时意识本身也赋予了该事物以特定的意义，人的意识能够主动感知某种对象，同时也只有事物被人意识到了才对人有意义，人的“主动的—社会的”的特点体现了人建构世界的主观过程。人的“主动的—社会的”人性假设否定了其他理论认为人的行动是受外部环境的制约，只会对原因的反应、被动的人性观的假设。从人的“主动的—社会的”人性假设出发，“在意义和意向性的连接处，人被视为世界中的主动者，而不是对社会世界的被动反应者”②。行政人员的自主性是在行动中呈现出来，在后面的章节还有详细的论述。从行政人员本身的主动性发挥来认识行政人

① 吉登斯指出，人类并不是被动的客体或性别“程序设计”的不加置疑的接受者，人是自行创造和修改角色的积极主体。（具体参考：吉登斯．社会学（第4版）［M］．赵旭东等．北京：北京大学出版社，2003：102.）有的学者进一步论述到，人之所为人，就在于人的行动中，人通常知道自己干什么和为什么做，也就是说，人是概念生成的能动者，这个本质因素在某种程度上构成了人类自身。人类行动者都是有理性的，这些理性会不停地激发其日常行动，在支配行动的内容上，理性与行动认同都不是随意表达的。总体上理性在维持能动者了解自己行动的内容与动因上是有效的。进一步说，在任何既定的情境中，都是人类行动的本质。行动者能以其他方式而行动，尽管在一些特殊情境下某些职责可能会给我们施加压力，但我们一旦获得了自由，便会根据自己所知行动的环境及其可能的结果而决定自己的行动。在公共行政体系的建立中，需要恢复它属于人的本质，使它成为一个由人活动于其中而且为人服务的体系，这也就是恢复公共行政体系的价值内容。而对于行政人员来说，则在于恢复他作为人的一切实质性内容，他的责任心、义务感以及一切属于人的道德良知，也就是自身自主性的发挥。［具体参考：［英］安东尼·吉登斯．社会理论与现代社会学［M］．北京：社会科学文献出版社，2003：3；张康之．公共行政：超越工具理性［J］．浙江社会科学，2002，(4)：3－8.］

② ［美］迈克尔·哈蒙．公共行政的行动理论［M］．台北：五南图书出版公司，1993：37.

员，能更好地反映行政人员在公共组织中的职能变迁，更好地理解在转型社会中行政人员应该发挥什么样的作用和如何发挥作用。

一、行政人员自主性的演变

(一)“无自主性”行政人员

在传统公共行政中，行政人员的思想语法在思考与民众的关系时，常常使用主体观念，即“我”或者特定的“我们”为中心，主格的“我”是决定者，通过思想的掠夺之手，由“我”定义知识、规则和标准，并且按照“我”的话语游戏规则、价值标准和逻辑理念把“与我异者”改造并重新组织为“与我同者”的类型，以此达到由“我”到“你”、“他”之间思想语法的统一。这种统一强制性完成的过程，是行政主体意志对行政客体思想的官僚规则的主宰和分割。在价值关系上，发生了颠倒错置——原来作为价值主体的社会变成了价值客体的对象，原来作为价值客体的政府却变成价值主体的地位，政府与民众的关系是“官主民从”，国家统摄社会。

官僚制度下的人主要源于韦伯以“经济人”或“理性人”的假设为前提，行政人员像家长制下的孩子一样，俨然“听话的孩子”一样，实施“整齐划一、清一色”的同质社会的规训活动，严格执行官僚制内部的上级的各种命令和意志。官僚制的形式合理性决定了行政人员仅仅是价值无涉的技术人员。技术官僚成为行政人员身份和角色的合理界定，主要表现为制定精密的制度来限制行政人员的活动，行政行为的活动局限在行政封闭的内部，采用工具理性的原则组织方式，排斥人的情感因素。也就是说，官僚制从属于理性的效率目标，具有专职化、科层化和权责一致表征，所有活动严格按法律和规则行事。使一切公共事务活动都具有严密性、系统的、可计算的、可重复性、讲求方法、可操作性、确切的、定量的、可预见性、有目的的、清醒的、可控制性、可置换性、理智的、普遍性、连贯一致的非人格性的、工具的、受规则主宰的、力求效能的，组织中的人按部就班，亦步亦趋，按照严格的程序操作完成任务和职能，不需要自身的感情、主观主见意见和创造性发挥。“国家职务要求个人不要独立地和任性地追求主观目的……让他在尽职履行公务的时候，而且仅仅在这个时候追求主观目的。”① 在官僚制中，比较喜欢的是“听话和善于模仿的孩子”，是“形式主义的非人格化的统治：没有憎恨和激情，因此也没有‘爱’和‘狂热’，处于一般的义务概念的压力下；‘不因人而异’，形式上对‘人人’都一样”②。在组织中鼓励盲目服从，个体的价值附属于组织的价值之上，行政人员逐渐失去自主性和独立的判断力③。在官僚制组织中，排斥人类的价值判断和道德自觉，行政人员实际上是被当作职位的填充物和发挥“符号”功能意义，是无意识的“行政人”，是符号化的存在物，至于由谁来拥有权力进行发号施令，

① ［德］黑格尔．法哲学原理［M］．范扬，张企泰译．北京：商务印书馆，1961：312.

② 马克斯·韦伯．经济与社会（上卷）［M］．上海：商务印书馆，1997.

③ 关于此论点，在马克斯·舍勒和黑格尔有更深刻和精彩的论述，马克斯·舍勒认为，传统体制中，“每个人都觉得自己的位置是‘安置好’的，他必须在给自己安定的位置上履行自己的特别义务，这种观念处处支配着所有的生活关系。他的自我价值感和他的要求都只是在这一位置的价值的内部打转”。（具体参考：［德］马克斯·舍勒．价值的颠覆［M］．北京：三联书店，1997：21.）“个人意志的自己反省和‘实体’（就是消灭个人意志的权力）成为对峙也就是明白认识那种权力是和它自己的主要存在为一体，并且知道它自己在权力里面是自由的。那种普遍的意志从个人的行动中表现它的行动：个人全然没有认识自己和那个实体是相对峙的。个体还没有把‘实体’看作一种和它自己站在相对地位的权力……个人仅仅服从，相应地放弃了他的反省和独立。”（具体参考：［德］黑格尔．历史哲学［M］．北京：三联书店，1956：158.）

已经无关宏旨。

从组织与社会之间的关系看，官僚制严格分割了组织与社会之间的有机联系，切割了组织与环境相互影响，成为一个社会的孤岛，可怕的是这个孤岛还支配和宰制着社会的权威性分配。组织内部的行政人员对上级负责，唯权威和唯上级的思维模式主宰了行政人员的思维和行为。他们的大量精力和注意力自然而然地用在与组织上级、同事的交往和具体的事务的完成上，与公众是隔离的。公众的需求或问题对大多数行政人员来说，只是各种数字或讨论不决的议题，更谈不上实际的社会接触。在这种认识定势中，民众是他们的管理对象，被动的对象。忽视了对民众和社会的关注，行政人员的角色，也就脱离了行政主体而抽象存在。类似结构功能主义视域中对人的认识也是一样，行政人员仅仅“是一种占据着地位和角色的描述物，正是这些地位和角色形成了制度和社会结构。按其极端的形式，结构功能主义把人绝对地看作是根据已经存在的社会规范和规则加以书写的脚本”①。官僚制度下的行政人员是被动的命令的执行者，他们完成了分配给他们的任务和职能，一旦进入官僚制中，就失去了反思、独立思考的功能，也就失去了自我意识，仅仅是一群盲目服从、没有批判意识的人，像一台只要有电源就能运转的机器。在格式化的组织中，“官僚主义是一种客观的权力矩阵，各级官员都被纳入这种矩阵，他们的活动由这个矩阵安排，而且按照这个矩阵，他们被当作‘需要命令和只需要命令’的人那样无名无姓地受到非政治化和管理”②。换句话说，他们是传送带，输入的是命令，

① ［美］玛格丽特·波洛玛．当代社会学理论［M］．北京：华夏出版社，1989：34.

② ［英］约翰·基恩．公共生活与晚期资本主义［M］．北京：社会科学文献出版社，1999：29.

输出的仍然是命令。就像一个旅行的人一样，命令“到此一游”，一切个人的主观判断和价值因素，在官僚制度中都被作为一种“巫魅”而加以袪除和宰割。

“经济人”假设对行政人员的描述是片面的，它“排斥和低估了政治行为的其他重要动机，譬如意识形态与政策目标、情感认同与成见以及道德规范约束”[①]，必然会带来官僚制的异化现象。官僚制高效率和非人性化带来的恰恰是目标的对立面，官僚制成了异化的官僚制——这台机器的效率常常成为互相掣肘的高摩擦成本的反面。“由于命令——指导公共管理者的实在的、书面的文字——从未清晰地界定任务的内容，所以公共行政管理者们不能像机器一样，有效率、经济地工作。”[②] 对行政人员的非人格化也无法保证，因为“当基于工具理性的官僚制排斥了道德的价值时，实际上却无法避免不道德的价值的纠缠”[③]。从非道德走向了无道德，行政人员成了非道德的化身，人们对官僚制和官僚制中的人一样的不怀好感。

异化的官僚制度，行政人员是被制度束缚的人，他们的自主性几乎为零，没有学习和对问题情境的反省，换句话说，他们没有具有发挥自主性的空间环境和能力，一旦具有自主性，就等于违背了组织的规则，将要受到惩罚。在官僚的假设和制度下，行政人员的自主性成了“恶”的源泉，“自主性”含义也发生了变化——不论是对自身还是对组织，对于自身有可能是行政人员追逐私利，利用权力自肥；对组织而言，有可能导致组织目标无法完成，效率无法保证。在西方国家，现代官僚制在得到了充分发

① Self Peter, 1993, Government by the Market, Macmil-lan Press, p46.

② ［美］乔治·弗雷德里克森．公共行政的精神［M］．张成福等译．北京：中国人民大学出版社，2003：91.

③ 李好，李建华．公共行政的伦理危机与忠诚伦理的价值凸显［J］．学习论坛，2007，(9)：38-41.

展之后走向了“失灵”，对于这种“失灵”的外部性理解往往归结为实施凯恩斯主义的结果，公共选择学派的内部性分析则归咎为是由于行政人员“经济人”化了的自主性的结果，事实上恰恰不是这样，“在很大程度上，官僚制的失灵是由于官僚制的形式合理性窒息了行政人员的自主性，官僚制在多大程度上表现出了官僚主义、效率低下和腐败，也就意味着在同等程度上是行政人员自主性的丧失”①。没有了自主性，就等于行政人员失去了创造力和想象力，是一堆冷冰冰的没有感情的物化工具。同时，没有内部人员自主性的发挥和张扬，组织的生命力也就由此枯竭，官僚制也必将寿终正寝。

（二）“自主性苏醒”的行政人员

官僚制度的失灵，促使了各路不同替代性理论竞相出台。20世纪六七十年代基于经济学中的公共选择理论兴起的“重塑政府”的新公共管理，在内容和方法上，似乎为行政人员的自主性发挥创造了舞台和空间——立足于西方的公共选择理论学派，在政府内部引入市场经济的竞争模式，利用经济理性提高政府管理效率，给予了行政人员更大自主性。“政治中的个人参加者并不是从事发现的事业，他的地位非常接近市场中商人的作用。他通过可以得到的工具表达自己的利益，他接受从过程中产生的结果。政治是‘利益或价值的市场’，很像一般的交换过程。”② 行政人员似乎通过自身自主性的发挥从而实现政府的效率，就是合理的、合法的。但是这些自主性是有限度的，竞争的压力和失业的风险无形中压缩了自主性的空间，自主性表面上得到了解放，但在实质上却被一只无形的手钳制着，造成了限制自主性的悖

① 张康之．论行政人员的自主性［M］．南京社会科学．2002，(3)：58－63.

② 詹姆斯·M. 布坎南．自由、市场和国家——20世纪80年代的政治经济学［M］．北京：北京经济学院出版社，1988：24，38.

论："一方面是继续限制行政人员的自主性，另一方面是限制自主性的自主性越来越强。"[①]

在新公共服务理论中，行政人员是服务于社会公众的，促使公共利益的实现。行政人员拥有了服务的自主性：行政人员在思想上要具有战略性，在行动上要具有民主性等理念（罗伯特·登哈特）。行政人员的角色也发生了根本的改变，"公务员（通常）不是提供顾客服务，而是提供民主"，甚至充当公民"教育工作者"[②]。新公共服务理论摒弃了"经济人"的假设前提，倡导"公共性"的理念，蕴含着对行政人员自主性的本质规定，行政人员是"公共人"，"在公共领域中，行政人员的'公共人'特性与公共领域的公共性、公共利益是统一的，是行政人员自主性的充分保证。公共行政中的一切改革，都应当以彰显人的'公共人'特性为旨归，才会是赋予行政人员以自主性而不是限制行政人员自主性的正确方案"[③]。由此，行政人员的自主性由于理论上假设的规定而获得了苏醒，行政人员本身也获得了自身自主性的解放，回归到了一名社会中的普通公民的角色，具有主体含义和行动意味。如果说新公共服务理论使得行政人员的自主性得到了觉醒和自由，那么在治理理论内容下，行政人员的自主性得到了进一步的彰显和发挥。在治理理论中，突出强调"治理的主体既可以是公共机构，也可以是私人机构，还可以是公共机构和私人机构的合作"[④]。治理理论的多元主体观，意味着各

① 张康之．论行政人员的自主性［J］．南京社会科学，2002，(3)：58－63.

② ［美］珍妮特·V. 登哈特，罗伯特·B. 登哈特．新公共服务，服务而不是掌舵［M］．北京：中国人民大学出版社，2004：18，92.

③ 张康之．寻找公共行政的伦理视角［M］．北京：中国人民大学出版社，2002：235.

④ 俞可平．治理和善治：一种新的政治分析框架［J］．南京社会科学．2001，(9)：40－44.

种公共的和私人的团体、机构只要其行使的权力得到社会民众的认可，就可能成为各个层面的权力中心，最终会形成一个自主的治理网络，个体发挥的作用和其他主体发挥一样重要。行政人员既可以成为一个单独的治理主体，也可以作为政府的代表与其他主体进行合作，共同承担责任，自身的自主性得到空前的发挥。

新公共管理理论中的行政人员自我有了一定的意识，但隅于理论本身没有突破韦伯的形式化原则，行政人员的自我意识觉醒受到了无形限制性的压力。也就是说，行政人员具有自主性苏醒的意识，却没有表现出来自主性行为的自觉性。新公共服务理论为行政人员的自主性提供了发挥的空间，治理理论则完全把行政人员作为了治理一个可能性的主体来看待，自主性得到了空前的解放，政府本身也成了行政人员自身发展的前提，行政人员自主的自觉性在慢慢提高，行政人员已经不再是被动的执行者，他们的思想和行为在渐渐地消解组织的意志强制性，具有自身反思解决问题的内在积极性和主动性。

（三）自觉自主性的行政人员

人的本质在于自主性和社会性，在社会的过程中，行政人员的角色与使命是“行政人员与社会之间以公共利益为原点而形成的一个持续的社会互动过程。行政人员的角色意识唯有在与社会期望或社会需求的持续互动中方能生成”[①]。在社会互动过程中，行政人员在实现自我价值的同时，努力实现社会其他人的价值。公共行政人员自我意识的觉醒和自主性空间的增大，行政人员能够更好理解公共行政和解决各类公共问题。但是自主性空间增加并不一定意味着能够自觉、自在性发挥自我能力。如何实现行政人员自主性全部能量的自觉发挥，除了公共行政要创造良好

① 李传军．后现代公共行政理论及其应用［M］．广东行政学院学报，2007，(1)：14－18.

制度保障和环境的营造，更重要的是，需要公共行政理论前提的改变和内容的适时调整。在建构性的后现代的公共行政理论中，它以“建构性”为主要特征，倡导开放、平等，注重培养人们倾听、学习、包容和尊重“他人”的美德，鼓励多元的思维风格，提倡对世界采取家园式的态度等①。政府单方的唯一的“元话语”被打破，政府与社会各种力量之间的互动形成共同“话语”奠定了共同治理的基础，“大家能普遍理解的话语规则以及参与互动型讨论会，不同的观点可以相互碰撞”②。共同话语建构在真实、诚实和坦诚的部分人对话基础上。要具有真实、诚实和坦诚的部分人对话基础，前提是具有对话的实力和能力，这对行政人员提出了更高的要求，从过去独白式、单向度的不受反驳的自语式的话语走向互动、协商式的话语形式，行政人员必须具备完备的知识体系和表达能力，更重要的是，参与对话的双方是一种结构性的关系，他们之间既是平等的，同时又是对抗的、相互辩驳的，过去由行政一方霸道式的话语欺压、命令和掩蔽民众另一方的形式不复存在，迫使行政人员自觉地发挥自身的自主性，以适应对话和协商的需要。同时，对公共行政中的组织本身的认识也发生了变化，公共组织本身的发展和个人的发展有机地统一了起来，“公共组织不仅是为了公共利益而建构的集体性的部门，也应该是个人试图通过事业的发展而实现自己个人利益的领域”③。行政人员在组织中实现个人利益（合法的利益）和公共利益的有机统一。在后工业社会中，个人不同于传统共同体中

① 丁煌．法默尔的后现代公共行政理论析评［J］．上海行政学院学报，2005，(11)：24－32.

② ［美］查尔斯·J. 福克斯，休·T. 米勒．后现代公共行政——话语指向［M］．北京：中共人民大学出版社，2002：152.

③ ［美］库珀．行政伦理学：实现行政责任的途径［M］．张秀琴译．北京：中国人民大学出版社，2001：107.

的个体，已经成为具有社会性的、自主性的个人。针对人性本身，作为“类生命”[①] 的主体，一是需要改变规则，从官僚制度中霸道，甚至欺骗式的话语中走出，做到真诚真实；二是需要较强的专业知识和能力，能够对特定的事情和事务作出准确、前瞻性的判断；三是拥有良好的情商心智，能够尊重、接受和理解对方。行政人员要应变、改变和提高是全方位的，必须充分发挥自己的自觉性和自主性，以适应公共行政发展的需要。

从前面对行政人员自主的变化，我们可以看到行政人员角色的变化和自主性的体现是与公共行政理论的发展紧密相联，不同的管理模式塑造了不同的行政主体特征。从官僚制度下的无自主性行政人员，到新公共管理、新公共服务理论、治理理论下具有一定自主性的行政人员，到后现代公共行政理论下自觉的自主性行政人员，构成了行政人员本身角色、功能和积极性的发挥的演变轨迹。这表明了公共行政人本主义研究的转变，也是符合现代社会对人本身的认识和理解。同时，自主性的变化也说明对行政人员本身的理解越来越丰富和饱满，不论是对行政人员的“经济人”假设也好，“公共人”也好，“社会人”也好，其本身就说明了对行政人员认识的复杂性，不能简单地认为具有单一某方面、某领域和某行为的属性。

---

① 我们应当从两重性的观点去理解人的“本性”，也以同样方式去理解人的“生命”，即把人看作有着双重生命的存在：他既有被给予的自然生命，又有着自我创生的自为生命。我们可以称前者为“种生命”，称后者为“类生命”。种生命与类生命的区别，可以从我们平常所熟悉的个体生命与社会生命、物质生命与精神生命、自然生命与文化生命、自在生命与价值生命、本能生命与智慧生命等的区别中去理解，因为它们大体相当。（具体参考：高清海．高清海哲学文存（1）［M］．长春：吉林人民出版社，1997：134，5，337，3.）因此，高教授认为：“只有从这种双重生命——‘种生命’与‘类生命’——的观点，才能把握人的真正本性，理解人之为人、人之区别于他物，特别是区别于动物的那种特殊的本质和奥秘，人才能成为社会需求的人。”

政府过程或行政过程是一个复杂的过程，行政人员首先是一个普通的公民，在不同条件下，他作为人的每一个属性都会在这个过程中展示出来，行政人员自身行为的多样性既是政府本身行为多样性的表现，也是政府与其他主体关系属性多样性的呈现。我们不能仅从一个简单的行政行为的截面来理解行政人员行为的属性，也不能简单依靠行政人员本身在一个特定的行为背景中的某行为的性质就能够否定他的其他属性，行政人员的人性本身和普通的公民一样，是立体的，是全方位的。甚至有学者认为，行政人员必须认定为普通的公民，“公共事业中的行政人员最重要的不是个技术人员，最根本的不应该是某决策领域的专家，也不只是公共组织的雇员而已；公共行政人员最根本的角色是公民的角色。公共行政人员最好被理解为公民管理者。他们是‘我们中间的公民，公共善是其特长’”。“他们必须是那些承担着全体公民的信任……的公民。”“官僚也是个公民。通过假定其作为官僚的代表性的、具体的和额外的责任，他并没有放弃其原初的、作为公民的普遍责任。他作为公民以及其他公民中的公民这一状况，必须是我们关注的主要重心。”① 弗雷德里克森甚至预测到，“将来有效的公共行政应该跟公民身份，跟全体公民密切地联系在一起”②，社会建构的公共行政的核心要义可以简要概括为“每一人的行政”、“政府即我们”（后面章节有详细论述）。

社会建构的公共行政人员秉承了后现代公共行政理论中对人的假设和认定，行政人员是自主性的意志主体，主体的角色是积

① Terry L. Cooper, An Ethic of Citizenship for Public Ad – ministration, (New Jersey: Prentice – Hal, l Inc. , 1992), p139.

② H. George Frederickson, “The Recovery of Civism in Public Administration”, PublicAdministration Review, 42 (November/December), p601.

极的、向善的、多向度、对外的。除此之外，社会建构的公共行政理论下的行政人员更加突出了公共理性的反思性、辩证性、批判性和行动意义，他们的一言一行对公共性本身都是一个塑造和改良，哪怕是处理事情的态度①。他们是“反思与批判的行动者”：他可以建立或提供引起变革所必需的通道，同时可以为公众担任解释者和协调者（Box，1995）的角色；另一方面，行政人员也可成为批判性观念与行动所需要的变革力量，他会及时引导民众如何表达心声、提出要求、实施共同体精心构建的变革方案，并且在参与式研究过程中发挥其教育作用（Zanetti，1997）。

二、行政人员假设——反思与批判的行动者

公共行政的社会建构本身很少关切行政人员怎样做出决策、怎样管理、怎样计划、怎样控制以及怎样执行，更多地关注的是不同的群体或者个体是怎样建构和他们的经验赋予特定对象特殊的意义，从而这些新的建构的意义成为政策等客观化的要素过程。因此，行政人员具有价值生产和实现的功能，“公共管理者（无论政治家还是公务员）的基本宗旨就是创造公共价值”②，作为价值的生产和实现的主体，公共行政人员必须进行价值的创新，促进公共行政的发展，“现代行政管理者可以被视为有弹性、有创新性的社会设计者，他们审视和采纳组织生活的模式，促使冲突和问题的解决过程更加有效，在这个过程中，行政管理

① 在行政的过程中，热情的态度和冷漠的态度会带来不同的效果，态度有时仅仅因为遇到态度客体而被自动激活（automatic activation），并且这一效应的强度随人们对客体态度强度的增强而增强。（具体参考：王丽萍．政治心理学中的态度研究［J］．北京大学学报，2006，（1）：132－141.）

② Moore，M. Creating Public Value［M］. Cambridge Mass，Harvard，1995.

者与其他人一起以批判的态度致力于政策的发展"[①]。反思和批判的态度构成了行政管理者行动的根基，人的变革促进了组织的变革，组织的变革又为人的发展提供了动力，社会建构中的公共行政组织与管理者共同构成了具有现代社会特色的行政理论知识面向。传统的行政管理的政策制定、执行和对人和事情的组织、计划、控制等重要的议题在社会建构的公共行政中成为次要的问题，关键的问题是制定政策和解决问题过程中人们聚合起来，对问题的态度和不同角度的认识、理解，在公共活动领域通过激辩、互动、反驳、妥协等社会过程性思维，对问题进行"多人多层次的智慧过滤"，使得问题获得新诠释、新内容和新意义，获得行政人员集体的自尊和组织的自信。从行政体系来考察，我们认为，随着社会的发展，"国家的行政体系对于社会的作用不仅远远告别了统治的功能，而且，国家和政府本身也不再是凌驾于社会之上而对社会实施管理，它是一种根据服务的目的而建立起来的，不仅在客观制度或体制的设置上体现了为公众为社会服务的目的，而且在行政人员的主观动机中深深地蕴涵着时时处处从公共利益出发为公众为社会服务的强烈愿望"[②]。行政人员为公民服务的理念的成熟，催生了社会建构公共行政理论的成熟。

从以上分析我们可以看出，传统的行政人员被动或被束缚的各类制度和规则必须拆除，行政人员的积极性和能动性需要得到全面的显现。"要从事政治，想生活在城邦中，就意味着所有的事情都要通过言辞和劝说而不是通过强制与暴力来决定。"[③] Robert B. Denhardt，Janet Vinzant 也指出，"公务员的首要职责是

---

① ［美］全钟燮．公共行政的社会建构：解释与批判［M］．北京：北京大学出版社，2008：72.

② 张康之，李传军．公共行政学［M］．北京：北京大学出版社，2007.

③ 汉娜·阿伦特．人的条件［M］．竺乾威译．上海：上海人民出版社，1999：20－21.

帮助公民清楚明白地表达并实现他们的共同的利益，而不是试图控制或者掌握社会……应当从我们能够提供或不能够提供某种服务转为‘让我们一起判断下一步将要做什么，然后使它实现吧’。”[①] 在激辩、互动、反驳、妥协等社会过程性思维中，行政人员必须具备与其他人相同甚至要高于其他人的能力，这就决定了行政人员不仅要自主性积极发挥，而且还必须对各类公共事务、公民行为、自身思维和心智模式与习惯展开真正的反思与批判，并在行动实践中检验、提升。

社会建构的公共行政具有前瞻性的特征，行政人员必须具有前瞻性的能力，登哈特提出了行政人员的五种观念，即“价值承诺、服务公众、授权与共同领导、使用的渐进主义、奉献与公共服务”[②]。全钟燮认为行政人员的特征应该更为丰富，具体包括成为一个具有健全功能的人、有意识与有目的、未来取向、每日的生活共享、领导能力的实践、促进协作性的组织、与他人对话、努力于实践[③]。社会建构更加重视行政人员的精神内涵，吴琼恩指出要“强调行政人员的个性差异、重视行政人员的完整人格、主张心物一元论的哲学、主张实质理性大于工具理性”[④]。《黑堡宣言》中曾指出，公共行政应该成为“贤明的少数”，追求公共利益，考虑和尊重人民长远的利益，作一个分析者和教育者，能够意识到自己的决策价值体系和前提，增强其他行动者和一般公众对公共事务治理的了解和参与，帮助他们树立公共意识

---

① Robert B · Denhardt, Janet Vinzant, The New Public Service: Serving Rather than Steering, Public Administration Review, November/December 2000: Vol. 60, No. 6.

② R. Denhardt, The Pursuit of Significance: Strategy for Management Success in Public Organization, Belmont , CA: Wadsworth Pubilishing Company 1993: 17 - 18.

③ Jong S. Jun, Philosophy of Public Administration, Seoul , Korea: Daeyoung Moonhwa International, 1994: 235 - 246.

④ 吴琼恩. 行政学（增订二版）[M]. 台北：三民书局，2001：240 - 245.

和公共利益。在组织、社会情境中，行政人员的自我能力是个体建构的基础，自我能力感是整体的自我评估系统的一部分，可以分为三种成分：能力或效能感、个体控制与社会接受度①。其中个体控制和社会接受度则反映了行政人员在社会情境中自我定位，了解自身在社会中角色，也要尊重他人的价值。在社会建构的公共行政理论中，我们把行政人员这些能力总结为具有主体的自主性，特征如下。

（一）反思的心智特征

自我的反思具有很多优良的品质。反思能够“使主体从对假设性力量的依赖中解脱出来”②，从而发挥理性的潜力。传统官僚制度下对行政人员进行的是一种“规训”式的驯服，规训是一种“制器”的机制，一种把人的生命本性抽象掉而使其工具化的机制，一种把人进行生产、规格化和标准化的权力技术，导致了行政人员的人性扭曲和异化，压抑了人的自主性、能动性和创造性、奴役和否定，并将人本身沦为机器。简言之，在社会建构公共行政中，人是能动的人，具有反思的精神和动力。“社会建构的公共行政倡导发挥人的主观能动性，强调积极回应的前瞻性公共行政。拥有自己的价值观和判断公共政策是非的标准，拥有在一定社会环境中识别、判断公众需求以及转化成政策话语的能力。”③ 作为“反思性实践家”，行政人员能通过具体实践行为、与民众互动意见反思，将自己的主体性知识、前提性质的知

---

① Ford ME. The concept of competence：Themes and variations ［A］. HA Marlower，Jr & RB. Weinberg（Eds.），Competence Development ［C］. Springfield，IL：C. C. Thomas. 1985：3－49.

② 哈贝马斯. 作为“意识形态”的技术科学［M］. 上海：学林出版社，1999：133.

③ 孙柏瑛. 反思公共行政的行动逻辑：理性建构与社会建构［J］. 江苏行政学院学报，2002，(3)：107－111.

识内化为个人的实践知识，自觉地对已有的行政情境类知识进行全方位的检视和纠正，不断更新和充实自身情境类知识。随着现代社会复杂性的增加和人与人之间关系的密切，人们的知识结构时刻都处于不断变化之中，反思的精神促使了知识结构的更新和心智的改变，并且始终处在不断的平衡—不平衡的改变中。因此，登哈特所言极是，一个好的管理者与卓越的管理者的区别不在于其专门技术，而在于对自我及其环境的见识，此一见识只能透过深思熟虑的反思，经由理论，才能推导出来。①

从职业特性来看，行政人员公共性的职业特征和为社会公共服务的角色的定位更需要行政人员具有反思的精神，因为没有反思也就没有思想②。民主作为一种基于反思的制度，反思可以使人们更理智，而职业群体是能够促成民主制度生成与反思的维系。麦金太尔也认为，一个人的自我是与他的历史角色密切联系在一起的，社会中所处的角色可以带给个人历史参与感与社会参与感。在自我的职业规范约束和社会责任的呼唤的相互作用中，会进一步强化行政人员的角色自觉，打碎官僚体制中行政人员的封闭心灵紧锁，提高行动的积极性，形成行政主体性与社会责任之间的良性互动，反思自我行为和责任的实现。对行政人员，具有反思、反省精神和品质也必须具有优良的美德和意志才能形成。“在批判的行动研究中，实践者始终是个反思者的形象。实践者的反思既有哲学家式的反思，也有科学家式的实验性反思；既有对于过去的理解、批判性反思，也有对于未来的尝试性、探索性反思；既有对于个人自我反思，也有对于对象、环境的反

① Robert B. Denhardt. Theories of Public Organization［M］. Wadsworth Publishing Company，1993：223.

② 赵汀阳．坏世界研究——作为第一哲学的政治哲学［M］．北京：中国人民大学出版社，2009：24.

思；既是个人独立的反思，也是团体合作的反思……这些反思共同交织于实践者的系统的、理性的螺旋式发展的过程中。”① 在反思的过程，行政人员发展了自身。这一点，也突出了社会建构的公共行政的社会过程性特点，行政人员必须参与到社会过程中，在实践中锤炼自我的思维特点。

（二）辩证的思维模式

辩证思维，就是能够按照辩证法去进行思维。在社会建构的公共行政理论中，行政官员需要辩证思维的方式，克服“二分法”的思维模式，摆脱“非此即彼”的极点式思维模式，坚持一定条件的“非此即彼”和“亦此亦彼”相统一的思维程式，充分理解公共行动中客体性与主体性之间以及主体性之间的关系。识别主体性在诠释组织政策和解决问题中的实质意义。“当对一个比较重大的问题，通过争论达到比较全面、比较正确的认识时，思维就在一定程度上，就当时条件而言，进入了辩证思维的阶段。”② 社会建构的公共行政互动协商的过程，使公共行政的思维具有辩证的可能，一旦具有思维辩证性，行政人员就能正确认识和优化处置公共行政运行过程中矛盾关系和规律体系，正确认识和解决公共问题本身。

行政人员要跳出控制他人思维模式的窠臼，公务员的首要作用是帮助公民明确阐述并实现他们的公共利益，而不是试图去控制或驾驭社会。所以实现并能运用辩证思维，具体地认识和处置思维网络系统中各种要素与整体的关系，公共行政重新认识的事实和行为的整体、构成要素与周围环境的关系以及网络系统的结构与功能、运行与调控的关系，行政人员可以克服过去思维片面

---

① 唐莹．跨越教育理论与教育实践的鸿沟——关于教师及其行动研究的思考［D］．华东师范大学博士论文，1995.

② 冯契．逻辑思维的辩证法［M］．上海：华东师范大学出版社，1996：88.

性——不能用联系的、发展的、全面的观点和方法进行思维，习惯于用孤立的、静止的、片面的方法进行思维，看不到事物的变化发展及相互影响、相互联系，只看到个别事物或事物间的个别方面，非此即彼；在评价事物时，不能用全面的历史的辩证的观点，具体地评价事物和问题，而是用机械的绝对的方法观察问题。行政人员的思维要在具体社会实践中，实现认识与实践、主观与客观之间具体的历史的统一。“人们在认识过程中通过意见的争论，达到了一致的结论，通过不同途径达到了共同的目标，而一致又产生百虑，同时又引起不同的意见分歧，于是又有新的争论……由于这样的‘一致’和‘百虑’的循环往复运动，认识就表现为不断地产生问题又不断地解决问题的过程，这就是思维的矛盾运动的普遍规律。”① 与其他事物一样，公共行政所要解决和面临的问题本身内部也包含着批判、革除自身弊端的革命性因素，只有在对原来解决问题的思路上进行批判、借鉴、吸收的基础上，才能更全面理解问题和找寻解决的新思路。懂得和应用辩证的思维，就能够使公共行政中各类行为达到动态协同、整体优化的效果。

社会建构公共行政理论重视的社会民众对公共现实和事实的建构本身就暗含了行政人员所突出行政相对人的重要地位，只有重视了对方，才能成就完整的自我。大卫·P. 列文指出，“在人们已经发展起一个有限制的与人—我关系中的自我能够得到合理的安全的意义相一致的自我同一性范围里，这个普遍自我就是所有个体共同拥有的东西”②。公共行政要给予的不仅是民众有知

---

① 冯契. 认识世界和认识自己［M］. 上海：华东师范大学出版社，1996：227.

② David. p. Levine：Self - seeking and the pursuit of justice，Ashgate Publishing Company，1997：21 -22.

情权，更要有建议权，并且要求建议得到重视和采用的权力（如果不重视，也应该给予合理的解释或具有一定的可救济性），原来的偏听偏信、凭经验、想当然的单一思维模式很难适应现代社会对公共行政的要求。针对公共行政过程中的个体而言，主要强调的是通过展开主体间的不同意见的争论和观点的批判来达到具体真理，因此需要我们从联系主体间关系来考察辩证思维方法的实质、运用及其有效性的认可。换言之，辩证思维方法内在地包含着主体间性的向度①，辩证思维方法的主体间性向度要求我们“对自己要实事求是，不搞主观主义，不要武断地把自己的意见当成真理；对别人要善于进行观点的分析、批判，要学会正确地进行观点的分析、批判，要善于对各种观点作科学的辩证的分析，不要采取一棍子打死的态度”②。在具体行政工作实践中，行政人员要善于辩证思维，就必须发扬民主，与多元主体进行充分协商和交流，力戒个人独白性的话语和自我单独行动的公共行为。当然行政人员辩证思维能力的提高需要参与实践大量公共行政中具体事务和行为的处理，只有在具体实践过程中对公共行政事务有了本质的、深入的思考，才能够抓住公共事务的本质。

（三）批判的意识导向

作为一种思维方式和习惯，批判性思维服膺理性与逻辑，基本预设是：任何观点或思想都可以并且应该接受质疑和批判，任何观点或思想都应该通过论证为自身辩护。“把一切送上理智法庭”，可以看作批判性思维的基本主张和口号。对社会建构的公共行政中的人员而言，它是一种思维方式和习惯，也是公共行政生活的一种人生态度，对行政事务认知的程度需要思考的质量水

① 晋荣东．论辩证思维方法的主体间性向度［J］．华东师范大学学报（哲学社会科学版），2002，（1）：36－41．后面有较为详细的论述。

② 冯契．逻辑思维的辩证法［M］．上海：华东师范大学出版社，1996：86.

平。反思不只是一种技术与方法，也需要逻辑思维的积极参与，是人的理智、情意和价值观的交织活动。自觉性、责任感和意志力（全心全意和坚持不懈）是反思性行为的有机组成部分①。后现代知识观阐释了知识的文化性、境域性和中立性等特征，认为绝对客观的、普遍的和中立性的知识是不存在的，这反映在行政活动实践中，就必然使得行政主体善于向由权力本身所产生的“权威”性的知识提出挑战，进行质疑、反思和批判，主张自身实践和关系性的知识再造和积累。批判性思维是一种“前验”式的思维模式，它需要对事物持否定与怀疑的态度，并能够用特定的方法和艺术对前提、假设、原理、推理、逻辑、证据等进行提前的审查和思索。Paul 认为，严格的批判性思考包括以下价值观：“明确、精确、简洁、一致、相关、正确的证据、恰当的理由、深度、广度和公正。”② 他同时指出，善于思考的批判者，要能够做到明确而简洁地提出关键的问题和质疑；能够抽象地解释、分析相关信息，得出结论，并用相反的观点审视和批判；始终保持开放的思想态度，对他人进行有效的沟通，需求解决复杂问题的方法。

产生于后现代文化环境下的“反思性实践家”型行政人员的思想开放、进步主要表现在对先进行政理念的吸收和内化，对社会过程性的参与和学习，但是这种学习和思考是建立在对各类知识（显知识和隐知识）批判的基础上的。行政人员通过“怀疑”、“释疑”和“去疑”这一手段去“建构”和夯实自己的理性大厦，通过“怀疑”并导致否定，经过否定之否定，会对原有的结论有新的认识和新的提高，这也是社会建构中思维过程的

① 阮成武．主体性教师学［M］．合肥：安徽大学出版社，2005：277.

② M. Scriven&R. Paul，A Statement for the National Council for Excellence in Critical Thinking Instruction，http：//www. criticlthking. org，2004：12.

基本特征，经历思维的重新组合，对思维本身是一种改变，认识和理解的能力也就更全面和准确。

（四）实践性的行动者

“为了更好地管理组织、适应环境的变化，各层级、各领域的行政人员都必须对周围正在发生的事情有所了解。”① 哈蒙指出公共行政行动的关键是形成行政风格，而行政风格的形成关键在于发挥行政人员的主动性和社会性。

社会建构公共行政的实践，是一种过程的批判性反思，是一种个人活动与他人活动相配合以实现集体目标的社会实物（practice），一种主体参与改造实体并探讨新的可能性的活动②，是主体之我的改造活动，也是主体之我的创新活动。在社会建构的公共行政理论中，公共行政人员不仅是政策的制定者，也是政策的参与者和执行者，更是所有这些活动的组织者、建构者、整合者和解析人，他们是实践性的行动者，是主动地采用行动的人。“就其最一般的意义而言，行动意味着采取主动，意味着开始，意味着促使某物启动。”③ 社会建构的公共行政是积极的行政，行政人员的实践是自觉的、能动的，尤其在现代社会，行政实践往往表现出前瞻性和先导性，合理、健全的行政实践往往能够预测出潜伏状态的各类社会问题。当然在必要的时候，要有一定的冒险精神，“如果环境变化之迅速和我们想象的一样，只有那些能够灵敏地做出反应、制定并执行新的工作程序的组织才会受到嘉奖……要想实现公共管理，就必须有敢于冒险，富有开拓

---

① 菲利普·J. 库珀. 二十一世纪的公共行政：挑战与改革［M］. 北京：中国人民大学出版社，2006：218.

② 吴琼恩. 行政学（增订二版）［M］. 台北：三民书局，2001：757－759.

③ ［美］汉娜·阿伦特. 论人的条件［M］. 上海：上海译文出版社，1999：180.

精神”①，在解决问题的同时也为进一步对问题的社会建构奠定良好的基础。行政人员不仅是实践的行动者，更重要的是他们是积极的行动者。他们应该积极地去体察、了解、倾听来自民间的声音，他们的一切行动都应当围绕着民众的具体问题的解决，一切政策和意见都应当回应民众的需求，不断满足公民的需求变化。

第二节 社会公民
——公共意识与精神的体现

公共行政理论对社会群体和单独的个体（在法律的研究领域中，称之为“行政相对人”）的认识也经历了不同的阶段。在传统的公共行政中，群体或单一的公民是管理的受众，是治理的对象。公共行政系统有“我”（行政人员）而没有“我们”（民众），“我”的作用远远大于“我们”，“我们”的作用限制在一定范围内。“公民的作用在传统的行政中是有限的，他们主要是定期选举官员，然后站在场外‘观看’他们的表演，公民参与充其量只不过是保证服从的一种手段”②，群体或者单个民众在公共行政中的作用并不突出。民众只有回归到民众本有的位置，也就是公民的位置，公共行政的治理中相对人才具有理论上和实践上的完整的意义。

公共行政理论下的民众也有很多的称呼，官僚制下的“臣

① ［美］式蒂文·科恩，威廉·埃米克．新有效公共管理者［M］．北京：中国人民大学，2001：209.

② ［美］珍妮特·登哈特，罗伯特·登哈特．新公共服务：服务，而不是掌舵［M］．丁煌译．北京：中国人民大学出版社，2004：58.

民”、“下人”、“小民”和“贱民”（民众自谦），新公共管理理论中的“顾客”，新公共服务理论中的“公民”，治理理论中是多中心的当然治理主体等，鲍克斯依据公民对公共事务态度的不同，将其划分为三种角色：“搭便车者”、“守门员”和“积极的公民”。称呼的变化是和他们所承担的角色与发挥的作用紧密地联系在一起的，不同的组织制度和规则决定了角色的不同。公共行政的发展史也是一部公民个体受支配、消沉、觉醒、受到重视和积极主动公民的社会主体发展史。

一、公共行政中公民资格的形成

（一）主体的丧失：受支配的臣民

在官僚制下，民众是被动的治理对象，忠实地履行政府命令，官僚给予民众的服务是恩惠和奖赏。民众必须充满感激地接受，整个模式采用的是单线式的命令，没有反馈式治理模式。民众属依附性人格，依附于官僚组织上，没有自身独立的身份人格。“在一体化社会里，最使人感到痛苦的就是被孤立和被抛弃。在我们的文化里，最使人感到痛苦的就是主体的崩溃与主体的丧失，原因是我们的文化遭受到了破坏，再没有什么来对市场与社群或种种推进之间的矛盾效应加以滤除，从而使个体走向消沉。”① 官僚制下民众主体资格的丧失，必然导致个体的消沉。奥尔特加·加塞特的研究指出，大众似乎生来就是被指导、被影响、被代表、被组织的——甚至可以说就是为了不再成为大众，或者至少说以这种可能性为目标。但它来到这个世界上并不是单靠自己就可以做任何事情的，它需要把自己的生活托付给一个更

① ［法］阿兰·图海纳．我们能否共同生存［M］．狄玉明、李平沤译，北京：商务印书馆，2003：89.

高的权威，也就是少数精英……我们所主张的这一观点并没有以多少是常见的、可能的事实为基础，相反，它立基于一条“社会物理学”的法则之上，这条法则甚至比牛顿物理学的法则还要坚不可摧①。社会本质是属贵族性，社会的发展必须遵从的“寡头政治铁律”，这在很大程度上贬斥了公民在公共领域生活的主体地位和作用，主体是残缺的，有时视为臣民，有时甚至是在实践中被视为不存在的对象。

一般来说，臣民意识主要表现在三个方面：“在‘君权至上’价值准则的规定下，臣民只有忠君义务观念，而无任何关于法定权利的自觉；在泯灭个人主体意识的道德修身观念束缚之下，人们缺乏基本的权利主体意识；在沉重的等级观念压制之下，形成了普遍的‘尽人皆奴仆’的政治心态。”② 臣民意识主要表现是消极、被动地接受权威，对自身权益受到的侵害无动于衷，缺乏健全的义务、责任意识、主体意识，缺乏自治的要求。具有臣民意识的人，虽有公民身份，却常常沦落到各种非法的或过度的支配之下，丧失了自身的话语权和行动权，更谈不上参与公共生活、具有公共精神和公民精神。臣民的意识和行为与自然经济和官僚制本身是相一致的，随着社会的发展和组织制度的改变，民众的意识和行为也会发生很大的变化。

（二）主体的修补：受优待的顾客

与官僚制下的臣民相比，在新公共管理理论中，民众的地位发生了巨大转变。政府对待民众像一个私营的老板对待自身的客户一样，民众是优待的“顾客”，从而确立“消费者”主权的原

---

① ［西］奥尔特加·加塞特．大众的反叛［M］．刘训练，佟德志译．长春：吉林人民出版社，2004：111.

② 孙刘泽华．从臣民意识向公民意识的转变［J］．炎黄春秋，2009，（4）：76－81.

则，也就是“公众主权”。这种“顾客导向”的公共管理理论，改变了传统的政府凌驾于社会之上的关系，政府成为负责任的“企业家”，公民是其“顾客”或“客户”，重新对民众的公共需求和公共服务做出了估量，于是民众的需要成为政府公共服务的第一任务。“通过调查、倾听顾客意见、建立明确的服务标准，向顾客做出承诺以及赋予顾客选择‘卖主’的权利，以实现改善公共服务质量的目的。”①“顾客导向”的民众假定，使得政府第一次“低姿态”地俯身为民众服务，开始不仅是对上级负责，更多顾及民众的意愿和对下负责，与民众合作和满足民众的个性化需要，政府需要通过提供良好的公共物品和服务来“交换”民众的合作与服从。

在主体地位上，民众似乎和政府地位有了一定的平等性。但在实际公共行政生活中，政府单一的、均质的公共服务无法满足民众个性化的需求，一旦民众个性化无法满足，政府本身也就无可奈何了。同时，把政府服务的对象界定为“顾客”，违背了政府的公共性。政府是维护公共利益的代表，主要职责是多元利益中进行平衡和对公共利益进行合法合理的“切分”和“均衡”。政府不仅具有管理的功能，同时也要在管理过程中体现出公共性，“顾客导向”往往是从顾客的利益出发来制定和执行公共政策，势必会影响政策的公共性和社会性。在公共组织中民众仅被认为是满足自身需求的“顾客”，也不符合民众需要的界定。在民主社会中，民众一方面希望得到优质公共物品和服务的被动顾客；另一方面，民众也需要渴望参与公共生活，奉献自己智慧和实现自身价值。

新公共管理理论把民众界定为服务的顾客，突出了民众的地位，政府也逐渐开始重视民众的地位，但是，仍然没有把社会民

① 李鹏．新公共管理及应用［M］．北京：社会科学文献出版社，2004：109.

众放在一个平等的地位上进行合作治理，民众仍然是一个被动的受众，无法以合理的资格参与到公共生活和社会问题的决策中。这对于一个民主社会中具有现代意识的公民来讲，新公共管理仍然无法走出政府单一中心治理的弊端，对传统公共治理而言，只是改变一种公共行政作用的一种方式，改变了对民众的一种管理方式而已，政府全能管理的模式没有改变，相反由于把行政相对方看作顾客来对待，政府的管理全能主义显得更加突出。

（三）主体的重建：有公共意识的公民

新公共管理突出了民众的地位，是政府关注的直接服务对象。在批判新公共管理的基础上，新公共服务理论脱颖而出，提出了服务于公民，而不是服务于顾客，“不仅仅是关注‘顾客’的需求，而是着重关注公民并且在公民之间建立信任和合作关系”①。在新公共服务理论中，基于公民权的理念，把社会民众定为公民的角色。认识到人具有道德性、主动性和积极性，他们关心公共生活，通过自身的努力达到对公共问题的参与和自治的目的。公民被认为是把社会利益放在心上行动的人，良好的政府依赖于社会人的品质，应该对公共事务有一定的参与，更愿意把公共利益置于自身私人利益之上。积极参与国家或者社区工作，既有利于社会也有利于自身，通过参与能够使得个人利益和集体利益不断得到政府的关注。为转变时公民（适当）角色和责任的认识，奠定了（公共意识）提高的基础。在社会中，每一个人扮演着不同的多样角色，而公民角色则是一个整合、复合的概念，以一种更加宽泛的角色把各种角色整合在一起，公民的活动在两个方面发挥整合作用：“第一，它使个人能够对自身所扮演

① ［美］珍妮特·V. 登哈特，罗伯特·B. 登哈特. 新公共服务，服务而不是掌舵［M］. 北京：中国人民大学出版社，2004：45.

的各种角色进行整合；第二，它可以把个人整合进社区。”① 公民角色的呈现，使得公共行政中行政相对人的角色发生了质的变化，社会民众的公共性得到了呈现，而对民众公共性的理解、认可和确认，表明了理论本身的进步和优越性。

公民的公共意识在治理理论和话语理论中得到一步体现。拥有平等的身份地位，真正享有权利、负责任的、对政治共同体忠诚、对话、认同、积极参与、拥有美德的公民才能被称为真正意义上的公民。治理的良好运行需要公民积极合作，做一个具有公共精神和负责任的公民。但是在治理理论中，公民的精神并未有得到了充分体现，“多中心治理结构是一个合作治理的模式，但却被言说成公民参与式治理，其实参与诉求恰恰是中心—边缘治理结构自我修正的一项措施”②。在此意义下，公民只能成为具有多中心治理其中一个主体才具有了可能性。公民具备各种能力，公民对共同体的美德和责任主要体现在公民要积极参与，有“质疑政治权威的能力和愿望、从事与公共政策所涉及事务相关的公共讨论的能力和愿望”。公民应依靠富有正义感的公民态度和公共精神，在公共领域的场域内，为自己的政治需求（包括自己的观点）提供“公共”理由，在公共理由无法解决某些冲突的时候，还需要包容或妥协③。如果说新公共服务理论基于公民权理论提出了行政相对人——公民的含义，那么治理理论和后现代化的话语理论细化了和明确了公民是治理的主体，具有一定社会治理能力和参与，明确了公民和政府中的行政人员一样都是

① ［美］珍妮特·V·登哈特，罗伯特·B. 登哈特. 新公共服务，服务而不是掌舵［M］. 北京：中国人民大学出版社，2004：53.

② 孔繁斌，社会治理的多中心场域构建——基于共和主义的一项理论解释［J］. 湘潭大学学报，2009，（2）：11－16.

③ 威尔·金里卡. 当代政治哲学：下册［M］. 上海：上海三联书店，2004：520－522.

公共事务治理的参与者，彼此地位平等，两者之间需要的良好合作，共同参与治理公共事务。

从传统官僚制中由被动的、受其支配、没有地位的臣民到新公共管理理论中受优待的顾客，到新公共服务中界定为公共事务的公民的一分子，再到治理理论和后现代话语理论中的具有主体资格的公民，公共行政中的行政相对人和行政人员的角色一样经历了巨大的变化。从被动走向积极、从受支配走向自治、从自私自利走向具有公共精神、从服从冷漠走向热情参与，反映了政府治理方式的改变，也折射了整个社会的变迁对公共行政的真正诉求。假如没有积极自觉的公民参与，公民社会最终则必然会萎缩并失去活力，造成韦伯所称之为“意义的丧失”和“自由的丧失”或者是哈贝马斯所谓的“生活世界的殖民化”和“文化的贫困化”。公民必须回归公民本身，必须回归到社会中的具有公共精神和公民精神的公民主体上，这一点在社会建构的公共行政理论中应该得到更彻底的呈现。

二、公民——主动的公共精神体现

现代社会发展造成了“大众的反叛”（奥尔特加·加塞特，2004），大众的主体地位失而复得。在现代社会理论中，作为社会生活的当然主体，公民所具有的主动公共精神是主体的内在属性。贝拉指出，“公共秩序和公共信任不可能单纯从个人自发地产生看，而是需要唯积极的公民生活方可提供的那种培养”①。在社会建构公共行政中，每个公民都关心共同的事务，并能在任何一个方面积极参与和发挥自我无限潜能。公共行政是通过互

① 贝拉，理查德·马德逊．心灵的习性［M］．翟宏彪，周穗明译．北京：生活·读书·新知三联书店，1991：245.

动、话语的社会性形式来建构和重新建构，行政人员和公民平等善意地交换意见，当然也包括参与者对自我利益的表达和理解，社会建构的过程是判断、意见的聚集，从而实现公共秩序和公共信任。没有独立的判断、思想的公民，就无法参与到公共行政生活之中，也无法为政策的制定和问题的解决提供有见解的提议。公民作为一个角色的集合体，按照卢梭的观点，在参与、协商的建构过程中，他不仅赢得了别人的合作，同时也开始关注别人意见的可取之处，不仅成全了一个单独个体的公民，同时在角色的集合中，也渐渐开始成为一个公共公民的角色，能够以主体的姿态对决策者施加影响，在参与的公共决策中，“公民是自主的个人，他们的参与使他们具有一种形成公共想象力的能力”①。公民性是社会建构公共行政中民众的角色与作用的定位，“在成熟的民主制度中，公民主要发挥着两种重要作用：既是裁判者，同时又是参与者”②，这两者都需要公民具有公共意识的、社会公民主动向善的公民精神。因此，社会建构下的公民而且应该是负

① 徐善登．社区公民治理的新视阈：基于强势民主理论［J］．云南社会科学．2010，（6）：91－95.

② 罗纳德·德沃金．至上的美德：平等的理论与实践［M］．南京：江苏人民出版社，2003：414.

责任的积极公民[①]、有效公民及尽其所能的公民。

（一）具有公共意识

公民的公共意识是指以社会整体的生存和发展为依归，它包含着对民主、平等、自由、秩序、公共利益和负责任等一系列最基本的价值目标的认定与追求。公民是权利的当然主体，他具有社会责任心，参与社会公共事务，争取自身权利，监督公共权力。“在民主国家，不断关心自己的事业和重视自己的权利的人民，可防止他们的代表偏离他们根据自己的利益为代表规定的总

① 理解“积极公民性”需要首先正确理解“公民性”和“公民”的含义。公民性被看作公民社会的基本的人性特征〔具体参考：马长山．公民性塑造：中国法治进程的关键要素［J］．社会科学研究，2008，(1)：1－8〕，它包括人的宽容和礼貌，能够容忍不同的意见，也包括权利意识和参与意识。“公民性”与责任相伴，是责任的必然结果，公民是在共同体的管理中能够发挥作用、承担责任，而不是仅享受权利。公民能够也应当参与社会，并组成一个集体，这就是英语中的 empowerment 意思：有能力承担一种责任。卡蓝默认为：从古希腊和罗马时期以来，一直并存着两种公民性观点：一种可称之为“被动公民性”，与之相对的是因为历史的原因归属于某个共同体；另一种可称之“积极公民性”，具体体现为参与国家公共事务与其他公民维持契约的联系。一旦将责任置于我们时代的伦理中心，则必然是第二种公民性观。(具体参考：皮埃尔·卡蓝默．破碎的民主——试论治理的革命[M]．北京：生活·读书·新知三联书店，2005；[美]卡尔·科恩．论民主［M］．北京：商务印书馆，2007；［美］本杰明·巴伯．强势民主［M］．吉林人民出版社，2006；［美］卡罗尔·佩特曼．参与和民主理论［M］．上海世纪出版集团，2006；塞缪尔·亨廷顿．变化中的政治秩序［M］．北京：生活·读书·新知三联书店，1987；［德］弗里德里希·冯·哈耶克．自由秩序原理［M］．北京：生活·读书·新知三联书店，1998；陈赟．天上或天地之间［M］．上海：上海出版社，2007.）按照阿尔蒙德的理解，公民性（civility）主要是指公民作为公民所应具有的基本规定和可能性，参与公共事务之人亦即公民社会之公民性，公民社会主要由那些保护公民权利和公民政治参与的民间组织构成。公民性具有四个方面的属性：第一，不仅关心现实政治，还掌握一定的知识。第二，与同事或周围人讨论政治。第三，通过参与选举等活动，积极参与现实政治。第四，认为个人能够影响政治，有一定的政治效应感。(具体参考：［美］阿尔蒙德，维巴．公民文化［M］．马殿君等译．杭州：浙江人民出版社，1989.）

路线。”[①] 一个对社会共同体抱有责任感的公民，在面临共同问题时，不会仅从自我利益出发，而更多地从其他人的利益出发，不会局限于一时一地的利弊分析，而能着眼长远，以更宽更深的眼光从全面发展看待人与社会。严格地讲，只有当人们以理性的方式和途径参与到公共事务和公共生活中去的时候，真正的公共生活意义才会出现[②]。作为社会中的一员，任何人都不能破坏他人的利益和公共利益，任何人都有义务去维护公认的道德原则和社会规则，更重要的是在公民社会中尽管承认自我的利益，但公共意识却要求每一个公民走出自我的一己之私的樊篱，使得道德关怀与体现流淌向社会的其他公众，真正做到以公民和社会为皈依，唤起人类心灵深处的基本道德与政治秩序观念、态度和行为取向。对社会本身而言，公共意识已经成为现代社会政治治理的一种稀缺资源，成为现代性政治和现代性道德过度硬化的一种有效的价值解毒剂和净化器，成为现代社会民主治理的有机养分和有效补品。

缺少了公共意识，也就没有动力和激情去参与公共行政的社会建构，更无法赋予社会建构过程中社会现实的特定意义，去以新的理念和方法解决其他行政模式下无法解决的问题。“一个共

---

① 托克维尔. 论美国的民主［M］. 北京：商务印书馆，1988：265.

② 理性在个体的成长中具有重要的作用，“人是一种对理性问题给予理性回答的存在。人的知识和道德都被包括在这种循环的过程中。正是由于这种对自己和他人做出反应的基本能力，人成为一个‘有责任心的’存在物，成为一个道德的主体”。(具体参考：［德］恩斯特·卡西尔. 人论［M］. 北京：光明日报出版社，2009：8.）否则，会出现公共生活的工具化，公共生活的工具化带来了很多的问题。“公共”的内涵遭到肢解，它大多时候都只能以“公众”的形态出现。或者说，在公共生活工具化的情况下，人们是分不清“公共”与“公众”的。因此，“公共意识”也就逐渐被磨灭了，由于公共生活难以带来公共利益的实质改善，人们也就不再关注公共利益，而只希求个人利益的满足。〔具体参考：张康之，张乾友. 产生于国家现代化进程中的公共生活［J］. 浙江社会科学，2008，(2)：37 -43.］

和国的公民，对于公共的福利应该有无限的热情，并且应当认为每一个公民手里都掌握着国家的一切权利。”[①] 具有公共意识，不仅能够减少公共行政的运行成本，并且能够形成整个社会的互相信任、真诚合作的气氛，进而增进社会活力，促进人们对公共生活充满热情和激情，保持积极的参与态度，更进一步推动社会资源的合理分配以及真诚合作的社会氛围的形成。

（二）具有公民精神

19 世纪的政治思想家约翰·密尔曾说过，一个绝对不能参与政治事务的人，不能称为“公民”。现代社会的公民相互平等，积极参与公共事务，开展公共领域的对话、交流和辩论，遵守法律，尊重和维护共同体利益。坚持公平、正义，既是一个合格公民应尽的义务，也是公民精神的体现。罗伯特·B. 丹哈特，珍妮特·V. 丹哈特特别强调指出，具有公民精神倾向的人是对政府感兴趣并尊重政府的人，是具有更大的“善”或者公共利益观念的人，是对公共服务感兴趣的人[②]。在社会建构的公共行政中，在单个的公民个体身上，公民精神体现为公民之独立人格、理性精神、公德意识、社会责任、政治认同、参与行动、普世关怀、愿意与别人分享自我开放性、具有高度的自觉性和良好的公民美德[③]，这也是形成自我行动的见解、创造能力和处理复杂问题的核心因素。在具体的行为上，体现为不盲从、不盲信、

---

① 孟德斯鸠．论法的精神（上册）［M］．北京：商务印书馆，1961：82.

② ［美］罗伯特·B. 丹哈特，珍妮特·V. 丹哈特．新公共服务：服务而不是掌舵［J］．中国行政管理，2002，（10）.

③ 也有人把公民的美德概括为四个方面，具有美德的公民应具有四个方面的特性：一是能够对那些促进公民一般利益和特殊利益的公共政策，以及和宪法相一致的公共政策进行判断；二是信念；三是能够承担起个人的道德责任；四是操守，包含着容忍和宽容。（具体参考：Har，t D·K·The Virture Citizen，the Honorable Bureaucrat and Public Administration，Public Administration Review，Mar，1984：44.）

不唯上、不唯权。在具体事实上，对既有的事务、制度、思想、方法等都可以审视、检测、诘难、辩驳、求证、证实与证伪方式进行反思与批判。“如果我们增强认识自我的能力，用我们的价值观影响我们的行动，并知道如何用我们的态度和行动影响他人；如果我们能自如地运用自己的观点来看待这个世界，而不必用别人的观点看待世界，那么我们就能够形成自己应接激烈挑战的能力，就能够构建积极并富有成效的人际关系。”① 同时，公民精神也是对整个社会具有公共关怀的情感和精神。“具有公共关怀的公民表现为对他人及他物的普遍尊重和关心上；自觉关心公共生活秩序和维护公共空间的纯洁；对公共价值和公共利益表现出积极的赞赏、认同和支持；对偏离和损害公共价值和公共利益表现出忧虑、愤慨和批判；关注公共生活的良善并使自己个人的福祉与公共福祉有机联系起来；对现实公共场景表现出敏锐和理解等等。”②

（三）具有自治能力

“公民对公共生活和公共事务的参与行动，最突出的特征和价值吁求就是公民的自由和自治。”③ 公民的公共参与公共行政的行动最终是为了获得人之自由本质的实现，实现自身价值和自我抱负的治理④。在社会建构的公共行政中，公民的参与不仅对公共事务的治理提出自身的意见，更重要的是获得了自身知识体

① 罗伯特·B. 登哈特，珍妮特·V. 登哈特，玛丽亚·P. 阿里斯蒂格塔. 公共组织行为学［M］. 北京：中国人民大学出版社，2007：4（译者序）.

②③ 刘鑫淼. 公共精神：现代公民的核心品质［J］. 经济与社会发展，2007，(6)：36－40.

④ 卡尔在归纳现代人的特征时也指出，现代人“是一位积极分子”，是“试图企划未来，以求实现自我理想的人”。（具体参考：Kahl，L. A. The Measurement of Modernization：A Study of Values in Brazil and Mexico［M］. Austin：University of Texas Press，1968：18－51.）

系的建设和重构，对涉及自身的公共事务治理具有更为真切的认识和体悟，并能够把这些认识和体悟转化为自身的行为，减少公共事务的治理难度，正如巴伯所言："参与分享的公民，通过对他人价值的认同和移情的过程，富有想象力地把自己的各种价值重构为公共规范。"[①] 这个转化的过程不仅提高了政府组织中行政人员建构的能力，也提高了公民的自治力，参与产生了公共意识，参与产生了分享的概念，参与具有民主的意识，为提高公民自治力量奠定了基础。

三、主体间性："你"与"我"的统一

"公共行政实际上公共行政人员与其他社会行动者之价值整合的过程"[②]，在不同的公共行政模式下，表现出不同的价值整合方式。在官僚制下，是通过强制—控制的方式实现价值的整合，而在社会建构公共行政下，则是通过互动、协商的主体性之间建构来实现。关于主体性，"含义较宽泛，可在许多意义上使用，但从哲学理论意义和根本意义上讲，它主要有三种规定：一是本原意义；二是能动意义；三是交互关系意义"[③]。社会建构的公共行政摆脱了传统公共行政理论主体与行政相对人之间的隔离，突出强调了行政人员与公民的同等重要性，具有交互意义，

① ［美］本杰明·巴伯．强势民主［M］．长春：吉林人民出版社，2006：165.

② 武玉英．变革社会中的公共行政——前瞻性行政研究．北京：北京大学出版社，2005：88.

③ 韩庆祥，等．人学——人的问题的当代阐释［M］．昆明：云南人民出版社，2001.

两者互为主体性[①]，即“你”与“我”的统一——主体间性。

“主体间性”（intersubjectivity），又译作“主体际性”、“交互主体性”，主要是指：“作为自为存在的人与另一作为自为存在的人的相互联系与和平共存……主体间性不仅是个人的，因而人在我思中不仅发现了自己，也发现了他人，他人和我自己的自我一样真实，而且我自己的自我也是他人所认为的那个自我，因而要了解自我就要与别人接触，通过他人来了解自己的自我，通过我影响他人来了解我自己，因而把这种人与人相联系的关系称为主体间性的世界。”[②] 主体间性将主客体关系替换成为主体间关系，是多元主体在平等的同一语境中，没有客体，超越了主客体的关系模式，也可以说是从“单个主体”转向“复数主体”[③]。主体间性重视规则和理性，实现相互联系、彼此共存和交往互动，实现从“主体—客体—主体”到“主体—主体”的角色换位，在诚实、互信、理性的基础上实现交往理性，成为互动和行动的平等主体。按照哈贝马斯的理解，工具理性把范围局限于自然与人之间，而在当今社会中，“需要解释的现象，已不再是对客观自然的征服，而是可以达到沟通的主体间性——不管是在人际关系层面上，还是在内心层面上。研究的焦点也因此而从认知——工具理性转向了交往理性。交往理性的范式不是单个

① 哈蒙在公共行政的行动理论中，认为公共行政的研究必须从基本的信念与假定着手，才能真正了解公共行政的理论与实务的真正本质，需要特别注意人们在建构事物意义时的交互主观性。他认为，每个人对社会的认识均取决于人的主观意识，而社会存在即为你我共同意识的构造。因而，互为主体性将人性定位社会性的，体现了社会世界是如何在有意识状态下被创造和维系的过程。（具体参考：武玉英．变革社会中的公共行政——前瞻性行政研究．北京：北京大学出版社．2005：78.）

② 金炳华·哲学大辞典（分类修订本）：下［Z］．上海：上海辞书出版社，2007：1939.

③ 王振林．主体间性”是个应该给予消解的无意义的概念吗？［J］．华东师范大学学报，2002，(4)：5－8.

主体与可以反映和掌握的客观世界中的事物的关系，而是主体间性关系，当具有言语和行为能力的主体相互进行沟通时，他们就具备了主体间性关系”①。按照哈贝马斯的理解，主体与主体之间的关系，不仅是一种哲学上的思辨关系，而是生活世界中的直接互动，是人与人之间的一种主体间性的交往实践关系。交往理性的核心在于主体间性，双方互为主体，而不是把对方看作客体，双方自于平等的地位，互相倾向对方的感受，理解对方，这里的对方既可以指他者，也可以指自己的内心，体现了人的本质②。因此，公共行政摆脱了先前“孤独人和孤立人”的异化式样，返回了“在人中间”和“人在中间”的先验存在和原旨本真，个体独特性熔铸起了公共行政活动的基础，公共行政活动成为“生活在人们中间”和“人们生活方式的首要选择”，公共性不断得到了呈现和释放。

公民在社会发展空间中，经历了个体化—个性化—社会化主体建构过程，他们是独立和独特的个体行动单元，能够自主和能动的行动者及直接承担自我行动的责任人，能够利用自我内在的主观意识所赋予外在的客观实践过程的预设性意义，因此正是在这种意义上，社会建构的公共行政中行政主体与行政相对方不是

---

① 哈贝马斯，李安东、段怀清译．现代性的地平线——哈贝马斯访谈录[M]．上海：上海人民出版社，1997：48；哈贝马斯，曹卫东译．交往行为理论（第一卷）[M]．上海：上海人民出版社，2004：375.

② 在韩庆祥教授看来，人的本质有四个层次：一是从人自身的内在要求看，人是具有多种需要的动物，主要包括生存、发展和享受的需要，享受和发展的需要是其他动物所没有的，即使在生存的需要方面，人与动物也有本质的不同；二是从人和动物关系的角度看，人的本质是“自由自觉的活动”即劳动；三是从人的本质的形成来看，人是其特定的社会关系的“总和”，是在人际互动和交往过程中体现出来的。在社会关系层面上，人的本质所表现的是人的社会性；四是在特定的个人与他人的关系上，人的本身就是他的个性。（具体参考：韩庆祥．马克思的人学思想研究[M]．郑州：河南人民出版社，1996：125－130.）

传统意义上的主客体之间的关系，而是具有共同建构社会现实的行政人员—公民的主体间性交往，行政行为始终是两个以上不同领域的异质主体间的行为，交往参与者自始至终都应视对方为主体并相互尊重，主体之间始终保持良好的相互关系，任何规范、政策的形成，都是以社会生活成员的“相互承认”的共识为前提，克服了“主体性哲学”的“主客二元对立”的假设，完成了从“抽象主体性”的建构方式到“交互主体性”的建构方式的转变①。

社会建构的行政过程中，主体间的辩论和商谈，最终形成某种公共性的“共识”和生成新的意义，创造一种愿意对话和倾听、持续讨论、理性说服和认知重构的共同生活形式。在这里，主体间性行政人员与公民主体之间的关系，它以共同的行政目标为对象而结成交往关系，在平等对话、相互尊重、宽容理解的语境中发挥各自的能动性，构建彼此兼容和达成共识的互动情境，达成对公共问题共同的认知②，两者通过彼此的行动社会建构中与他人分享规范、价值和期望等网络体系而形成了联结性③，个人更容易接受组织的目标，在主体间性中，个体不仅有接受共同目标的意愿，而且还有定义共同目标的能力④，良好的联结性填平了个体需要与组织目标的鸿沟，实现两者的统一，个体能够得到更多组织支持，组织更容易实现集体的行动。行政主体间性注

① 关英菊．对话与商谈如何可能？——以哈贝马斯商谈伦理透视多元社会之伦理建构方式，深圳大学学报（人文社会科学版），2007，（5）：40－44.

② 这需要两者持续交往的，正如马克·格兰诺维特提出的“弱连带理论”一样，他认为：人与人之间的关系连带的强度，是“认识时间的长短”、“互动的频率”、“亲密性”及“互惠性服务内容”的组合。（具体参考：马克·格兰诺维特．镶嵌——社会网与经济行动．罗家德译，北京：社科文献出版社，2007.）

③ 联结性是衡量个人的自我利益目标服从于集体目标的程度。

④ Leana C R. van buren h j. organizational social capitaland employment practices [J] . The Academy of ManagementReview, 1999, 24, (3): 538－555.

重民主、平等、信任、协商的情境，通过对话的方式消除不同主体间的分歧，兼顾每一主体的诉求和利益，利用各自的专业知识、关系和社会知识，满足不同主体需求和达成价值共识，从而形成一致解决问题的决策，在设身处地、身临其境的语境，自然会增强信任，达成共识，精诚合作，以完成共同目标。

在公共行政语境中，行政人不再将行政相对人当作自我实现目的的工具或手段，他们之间的交往也不再以权力或金钱为媒介，而是以语言、知识为中介，在建设性的话语情境中，通过理性对话，反复沟通，利用社会建构功能，达到行政人员和社会力量主体相互理解形成普遍共识。行政人员—公民①的主体间性改变了行政人员高高在上的单一的主从、服从关系，通过交流沟通，类似进行角色互换以增进彼此理解，行政人员—公民的主体间性营造出反权威、反主题、反中心、反离散的后现代公共行政哲学气息，分享信息、分享社会知识，最终的目的在于实现求同存异的多元共生关系，政府自说自话的垄断地位被不同的治理主体的平等交流所取代，实现民主式治理。在现代社会中，强制的

① 我们使用“行政人员—公民”的说法，是一个简化的说法，其实行政相对人并不仅仅限制在“公民”这个抽象的称呼上，还有社团、群体、团体和其他各类组织，我们使用“行政人员—公民”的说法，是为了叙述的方便。当然，还有行政组织中上下级关系的主体间关系，具有不同的特征，依据“主体间性”的思维路径来看待层级组织中的上下级关系，就会发现两者关系中的一些新特质：（1）交互联系性，不论是上司还是下属，他们既是社会生活的交往主体，也是社会生活的治理主体，两者的关系模式应是：主体—主体或主体—中介—主体的交往模式。（2）独立平等性，主体间性的核心是主体间对话，以及话语的独立性与平等性。上司与下属作为社会交往与治理的主体，两者关系的建构只有在相互承认其主体人格特点的基础上，即在不放弃“自我”的前提下，才能进行平等交流与对话。（3）可沟通理解性，上司与下属作为主体存在，通过共同分享管理经验与信息，使得相互间的理解与沟通成为可能。总之，以主体间性为基础，才能从最根本的意义上建立起能够消解官僚组织中“分割的平等”的“独立人格”来。〔具体参考：刘祖云：政府官员上下级关系：“位差”调适与化解［J］. 社会科学，2008，(8)：16－24.〕

行政命令甚至行政规章的作用微乎其微，只能靠平等对话、营造融洽氛围解决问题，并且人们逐步认识到只有通过交往、对话与合作，才能实现行政主体间的良性互动和自身利益最大化，同时人类福祉要求全力以赴的发展能力和个性，实现自由和环境的多样化，激发活力和衍生分歧进而产生首创性。行政人员—公民的主体间性尊重各自的独立性，激发各自的主观能动性，保障行政人员—公民的平等开放，赋予对话权，公民发出了自己的非权力话语，实现了权力话语和非权力话语的结合。在社会建构的公共行政中，行政人员—公民之间的角色也在不断变化，始终处于辩证关系中，“它们中的每一个都可以角色互换，必须统筹兼顾而非顾此失彼”①。行政人员—公民的主体间性打破了政府和行政机关的单一治理模式，将社会力量纳入治理网络之中，能够为民众提供更为优良的公共产品。

在一个正常的社会里，每一个人的诉求和参与公共生活积极性不一样，“在于民主社会的身份平等造成原子式的个人主义，也造成人人仰赖强势政府的心理”②。在现代社会的同一行政环境和相同的知识背景下，行政事务和社会问题具有趋同性，这就为行政人员—公民的主体间性达成共识提供了条件，双方能够消除彼此之间的知识差距和认知的差异，形成相同的解决问题的主体。“现代行政秩序的理想境界，正是通过排除各种偏见、不必要的社会影响和不着边际的连环关系的重荷，来营造一个平等对话、自主判断的场所。”③ 行政人员—公民的主体间性通过识别利益矛盾、认知问题本质、表达自身诉求、协调彼此关系，实现本体与行政环境以及客体的融通互换。在连续长期的主体间性关

① G·拉德布鲁赫．法哲学［M］．北京：法律出版社，2005.

② 江宜桦．自由民主的理路［M］．北京：新星出版社，2006：113.

③ 季卫东．法治秩序的建设［M］．中国法制出版社，1999.

系中，赋予了行政主体理性和心智形成，在交流与活动中将四分五裂的社会目标重新整合成一体①，将不同主体的分裂理性和知识重新整合，以建构善治的网络型政府为初衷，消灭解构一切的非理性冲动和回归服务民众的本原。

正如托克维尔所言，民主并不使人们之间的关系紧密，但能使他们的日常关系简易化，在多重人际关系中，行政人员—公民的主体间性在行政环境中不断角色换位，彼此尊重、打破隔阂、整合交融，践行着后现代语境下公共行政的平等交流和互动合作，社会建构公共行政中的行政人员—公民的主体间性实现了行政生态环境和多元行政主体的融通互动与统一。行政生态环境影响着行政主体和民众之间的关系，多元行政主体又构成了行政生态环境。多元行政主体必须能够灵活地应变地应对不确定环境，迅速甄别审查环境变化和建立快速反应机制；建立与环境的“你中有我，我中有你”的关系②。在有利于合作和平等的行政环境中，行政人员—公民的主体间性才会更统一。社会建构的公共行政中行政人员—公民主体间性是一个合作原则和理性兼具的社会共同体，在程序合法的基础上整合不同的行政资源和社会资源，实现资源的优化利用。行政人员—公民主体间性促成行政人员—公民的日益平等，实现理性的权限明确划分以达成共识，最终实现超越彼此之间的主体性，构建网络性的治理关系，最大限

---

① 对此，诺贝特·埃利亚斯做出过精彩的论述，他认为：“单个人可塑的心理功能，唯有在与他人的交往中经受漫长而艰难的精雕细琢后，他的行为驾驭才可获致那种与众不同的形态性质，那种能标示出人类特有的个体性的形态性质。唯有通过社会的塑造，个人才在一定的带有社会特征的性格框架中形成那些使他不同于自身社会所有其他成员的性格特征和行为方式。社会不光产生一致化和类型化，也还产生个体化。”（具体参考：诺贝特·埃利亚斯．个体的社会．南京：译林出版社，2003：71.）

② 张康之，程丹．论人物型组织的环境策略［J］．中共浙江省委党校学报，2007，(5)：5－10.

度地尊重各自的独立和多元参与，达到行政人员—公民主体间性的公共意志与个人意志的契合。

行政人员—公民的主体间性为行政人员与社会主体之间的提供了互动、协商、合作提供了可靠的预期预测和相对的稳定性①，良好的预期使得各方行为在心理上有了保障，预期能够“为行动者相互之间所共享，其中的一部分逐渐被一般化、抽象化，成为符号和象征，从而促成个体之间的沟通和理解”②。行政人员—公民主体间性的预期在于，未来公共行政的发展有赖于多元主体的合作，平等主体的合作奠定了多元主体之间的良性关系，在不同的博弈环境和博弈矩阵中具有稳定的可预测性。从稳定性来讲，行政人员—公民主体间性彼此之间互相重视，行政组织能够趋于稳定，各种合作和政策制定的程序都具有相对的稳定意义，有利于彼此之间的长期合作，能够使各种公共问题得到顺利的社会建构。

---

① 通行的规则，仅仅因其存在，就能散发出公正的气息。与现有规则相抵触的行为，就可以被算作对社会舞台上其他参与人的不公正，因为其他人已经形成了正当性而非合理性，而这种正当性之所以形成，是因为在某种程度上，只要参与该规则所规范之活动，就是出于自愿或可以认为是出于自愿。(具体参考：［澳］布伦南，［美］布坎南．宪政经济学［M］．北京：中国社会科学出版社，2004：119.)

② ［德］贡塔·托依布纳．法律：一个自创生系统［M］．张骐译．北京：北京大学出版社，2004：7.

第三节　价值、知识与学习

一、人的价值体现

公共行政的所有实践活动是价值实现的载体①，只有价值依托的公共行政理论才有生机和活力。“公共行政的本质是价值思考、共识形成、体验和实践的活动。价值是公共行政的灵魂，所谓的公共行政活动，不过是价值‘幻想’的外在体现而已。”②公共行政实践是涵化于内部的价值体现，在不同阶段有着不同的内容。自20世纪80年代以降，在公共行政的实践和外部环境的影响下，整体的研究倾向具有一致性价值理念，人类社会的基本价值，如民主、公平、正义、协商等成为研究的主要议题。在未

---

① 按照日本学者作田启一的观点，对价值的理解常常有两种：一方面认为，能够满足欲望的东西就有价值；另一方面认为，通过抑制平时的欲望所获得的东西才有价值。当把价值与选择过程联系起来时，可以假设即使那些看起来得到它或实现起来并不困难的客体，要想接近它，也会存在某些困难，即需要以牺牲某些欲望为背景的。因此，满足生活在社会中人们的某些欲望的客体，要接近它，一般都需要做出某种牺牲。正因为如此，事实上许多客体对行为者而言都具有价值。从发生论的角度来看，一是因价值具有附着于客体的性质，要发生价值，首先要把客体从主体中独立出来，作为独立对象，被主体意识到才行；二是如果不经过任何困难就能达到客体的话，价值还不会发生。也就是说，价值是在进行目标选择时牺牲了那些没有被选择的可能目标时产生的。（具体参考：［日］作田启一．价值社会学［M］．北京：商务印书馆，2004：13－17.）在社会建构的公共行政中，只有认清了社会、团体与公民的性质，能被组织和人员认识到他们，并愿意为他们做出牺牲，尊重他们的意见，实现两者的主体间性，价值才能发生。

② 武玉英．变革社会中的公共行政——前瞻性行政研究．北京：北京大学出版社．2005：86.

来的公共行政研究中，有人以明诺布鲁克会议的议题和内容为参考物，对梳理出的430个核心词进行了分析和统计，结果发现未来公共行政研究中，“参与、民主、协作、代表性、价值、共享、实践、治理、责任”是出现频率最高的词汇，并断定未来的公共行政研究潮流必然萌生在这些词汇中①。社会建构的公共行政是摆脱了先前工具理性的狂妄、顾盼自雄及其负面作用为依托的行政管理模式。突出了价值理性为依托治理，重视社会力量，突出治理过程中的每一个原子能量，强调了行政人员的自主性发挥，对公共行政事务反思和批判。公共意识和公民精神渗透到了公共行政的具体实践之中，“以配合价值理论一致的方式而有助于改善行政实践的能力”②，并在具体实践中实现了行政人员与社会力量的融合统一。行政人员—公民的主体间性是社会建构公共行政思想的核心体现，这一变化与传统的公共行政相比，具有更多的人性关切、发展命运的关怀和社会治理的人性化，政府也从越位、抢位、占位中走了出来，不仅关注公共事务的解决，更关注人（包括组织内部和外部）本身的发展，实现社会发展、公共行政发展和人的发展三者共融、和谐和跃迁，进而能更好地解决公共事务，这就是社会建构的公共行政发展的价值依托、底蕴和根基，也是公共行政持续健康发展的保障。

（一）人们参与治理的民主化

社会建构的公共行政是在继承和扬弃各种理论发展的基础上构建的，它并不是完全否定先前理论依托的理性原则（包括政治理性、经济理性等），相反在批判理性原则的基础上提出了以

---

① 尚虎平，王菁．公共行政120年：从“双螺旋演化”到“治理的绩效管理理论”［J］．北京大学学报，2010，（4）：40－45.

② M. Harmon, Action Theory for Public Administration (New York: Longman, 1981), p22.

社会建构原则为理论基石的公共行政未来愿景。在社会建构公共行政理论内涵中，公共行政作用发挥是基于社会过程、社会整合的力量汇合对各种社会治理的规则、规章、制度、习惯、行政文化、政策前提、管理技术等行政理念和手段进行解构、批判与建构的，多人话语、群体话语、他人话语（与行政人员相对）是社会建构中的关键因素，管理组织内部话语从“制高点”上撤离，平等、友善而公允地对待其他主体。治理的民主化价值贯穿于社会建构的全过程中，缺乏了民主化的价值先导，社会建构行政也就无法实现，公共行政又回到了理性建构的老路上。就学理来看，以奥斯特洛姆教授为代表的一些学者认为从官僚制到民主制是一个“哥白尼式的转换点”，主张公共行政应建立起“民主制行政”的目标范式[①]，治理的民主化代表着公共行政研究未来方向。

据前文，社会建构的公共行政体现了治理民主化理念，具有新的治理模式、新的思维和新的途径。在社会建构的公共行政中，政府是开放性和透明性的组织，既能够积极回应社会发展变迁，又能反馈和汲取社会的新需求，政府是意见的汇集箱、政策制定的大熔炉、执行反馈的集中地。政府已不是多种角色的集合，不再是一部戏的导演、编剧、策划、演员、造型、监制、剧务、道具、摄影、场记等角色集一身的巨型机器，而是有自身角色明确的、规定的、合理的边界，政府在推进公众公共参与、提升公共精神和公民精神中的积极角色，从统治社会到与社会合作，从独自获取惠利到谋求公共利益实现。政府组织中的行政官员具有辩证思维的方式，行政人员—公民的主体间性表明社会中各种力量主体不再是政府面对的对手，而是互赢合作的伙伴。在

① 文森特·奥斯特罗姆．美国公共行政的思想危机［M］．毛寿龙译．上海：上海三联书店，1999：169.

社会建构过程中，公共组织的建设、政策的制定与执行、组织的管理过程采用了人性化的民主方式，建设和发展了行政人员—公民的主体在建构政策、事务意义的主体性与积极性。完善、增进行政人员和组织系统的价值判断与价值取向的伦理体系，行政人员思辨、自我反省、批判地做出符合公共道德的行为抉择，组织系统开放、真诚地接受社会监督、制约，形成良好的组织伦理内容。在开放与监督的过程中，组织能够提供公民参与的公共场所，在实践行动中与社会力量互动、对话与协商，体验彼此经验，促进社会力量的参与能力，实现政府与社会的共同治理。

社会建构过程中的民主化，也反映了政治理论对当下社会发展的回应，从威权的政治、服从的政治、单一的政治、控制的政治不断地走向了规劝政治、承认政治、多元政治和协商政治。借用齐格蒙特·鲍曼关于“现代性与大屠杀”的理论内涵所指，民族国家所建立与巩固“中心—边缘”的组织结构所形成的具有不可撼动的、先验式的“绝对主权”力量实施了对个体和社会治理的“大屠杀”。对这样的民族国家治理模式，哈贝马斯给予了深刻的反讽：“法治国家以及作为其核心组织原则的公共性都不过是一种意识形态。”① 易言之，在这样原则和运行下的公共性只不过是一种掩盖统治的“合法性谎言”，借用构筑“绝对主权”的事实，来肢解了“相互承认关系的完整性结构”② 的政

① 哈贝马斯．公共领域的结构转型［M］曹卫东等译．上海：学林出版社，1999：143.

② 所谓“相互承认关系的完整性结构”，是一个能够自由地、批判性地讨论公共事务的治理结构。在现代性政治重建的规划中，转向民主国家与民主治理平衡的后民族国家诉求，恰恰要抵制统治系统对生活世界的殖民，以求建构一个“相互承认关系的完整性结构”，一个能够自由地、批判性地讨论公共事务的治理结构。〔具体参考：孔繁斌、多中心治理诠释——基于承认政治的视角，南京大学学报，2007，(6)：31－37.〕

治规范。因此，必须回到承认的政治原则来构建公共场域的治理，回应、协商和平等的关系是主体之间的核心。

社会建构的公共行政中的民主是社会民主，也叫公众民主，“其核心是公众的政治参与。即政治决策过程向各社会力量公开，他们可以就对自身有直接影响的政治决策或政策提出意见和建议”①，社会建构公共行政的民主化意识，与现代政治理论协商民主的发展相契合，民主不是一套现成的制度，而是一个制度化的相互协商的交往过程，组织、人员与社会在制度化交往的民主进程中，实现了社会秩序的良治和稳定。

（二）权利与义务的平衡化

权利和义务是一对相伴相生的概念，是法学研究的重要范畴。在行政法理论中，传统的公共管制理念是控制论和管理论，维护专制者统治为目的，行政权力处于绝对的支配地位。现代公共行政是平衡论，在法律的意义是“在行政机关与相对一方的权力义务关系中，权利和义务在总体上应当是平衡的。它既表现为行政机关与相对一方权利的平衡，也表现为行政机关与相对一方义务的平衡；既表现为行政机关自身权利义务的平衡，也表现为相对一方自身权利义务的平衡”②，以此实现了国家利益、公共利益与个人利益的统一，行政法平衡论下公共行政既制约行政主体滥用行政权，又制约相对方滥用权利；既激励行政主体积极行政，又激励相对方积极参与行政，实现双方权利与义务平衡。但是仅有双方地位的平等还不够，还需要双方具有合作的意愿、合作态度和合作意识，这些平等的地位和合作的达成只有通过交

---

① 郑永年．民主实践与当代中国的治理 http：//business. sohu. com/2003/11/30/43/article216274306. shtml.

② 罗豪才，袁曙宏，李文栋．现代行政法的理论基础——论行政机关与相对一方的权利义务平衡［J］．中国法学，1993，（1）：52 - 59.

往才能实现。行政一方能够意识到合作建构既能实现对方的权利，又能够实现公共利益；另一方也能够认识到只有对方的存在自身的利益才能完整实现，达致公共利益与个体利益均至最大值时的状态。平衡行政的精髓则在于包括政府治理多元主体之间的协作、互动与利益的平衡，强调多元化、制约、均等与共赢。

著名社会学家吉登斯详细阐述了传统国家向现代国家演变过程中行政力量的兴起。他指出，尽管国家对公民的监控手段随着国家制度和教育体系的不断发展而日益强化，但军事等暴力手段从直接介入国内事务中撤离出来，代之以公民通过法院、议会等国家创制出来的各种沟通渠道行使权利与国家的监控之间形成体现为一种双向的控制的内部绥靖。社会建构公共行政理论的发展在一定程度上可以视作是通过普通公民的权利实现与政治权力精英的权力让步之间治理社会协商与妥协的结果，是一种平衡行政，实现公共利益与私人利益、政治权力与公民权利的对等与平衡，保持对话、商谈的合法对抗机制。在公共行政的社会建构中，通过多种层次、多种形式的协商与沟通，对公共行政客体对象的认识与意义进行了重新构建，使双方清晰地认识到各自的核心利益，重新校正了对个体利益与公共利益的认识，各自履行自身的责任，实现了平衡行政的旨趣。反过来，建构的对等、对话、对抗观念与平台有利于平衡行政的实现和发展，“参与者不是寻求胜利，即保证他们的初始观点胜出，而是应聆听并思索别人在说什么，并寻求理由最有力的解决方案”①，只有在对公共事务协商建构之后，双方才能够发现解决公共问题的相同基础，并愿意为了整体的利益而重新协调个体利益与公共利益，转换各自差异性偏好；行政机关也不再强调社会主体义务的先行性，自

① 毛里西奥·帕瑟林·登特里维斯．作为公共协商的民主：新的视角［M］．北京：中央编译出版社，2006：144.

身也开始积极支付自身的义务，不同社会主体开始具有履行义务的自觉，也开始积极地行使自身的权利，维护公共利益和自身利益的平衡。在社会建构公共行政中，行政机关和社会主体实现了法律赋予的权利与义务的平衡。

（三）公民权利实现的生活化

在传统政治理论中，权力伴随着特有的利益而生。权力往往能够很容易获得很多非法利益，而权利在获得这些“合法利益”时候，往往也需要付出艰辛的努力。权力在面对权利的时候，都具有先验性的优势和地位。甚至有人很绝对地说：“凡是仅仅能够兑换成权利（right）的东西都是虚的，凡是能够兑现成权力（power）的东西才是实的。”[①] 这说明了公民权利的真正实现是一个艰难的过程。

从工具理性来看，政府只不过是公民实现“公意”之“公器”，最大的区别在于“公意”实现的过程和方式的不同。政治参与[②]是公民权利实现的主要形式。“参与是微型民主的本质，或者说，它为上层结构即民主政体，提供了关键的基础结构。”[③] 在社会建构的公共行政中，公民不仅实现了政治参与，而且参与的广度和有效度都得到了很大提高。公民参与公共行政生活，不仅是参与程序化，更重要的是公民参与过程中是自动、主动的参

① 赵廷阳．没有世界观的世界［M］．北京：中国人民大学出版社，2003. 54.

② 政治参与是当代政治理论与实践的一个重大课题。然而，目前国内外政治学界对“政治参与”概念却未能形成一个较为一致的定义。按照陈振明教授的研究，将“政治参与”定义为公民试图影响政府决策的非职业行为。参与根据不同的性质有可以分为多种形式，例如个别参与和组织参与、主动参与和被动参与以及消极参与、直接参与和间接参与、合法参与和非法参与。〔具体参考：陈振明，李东云．“政治参与”概念辨析［J］．东南学术．2008，（4）：104－110.〕当然，我们在这里指的政治参与是合法的政治参与。

③ ［美］萨托利．民主新论［M］冯克利、阎克文译．北京：东方出版社，1993：128.

与，公民在争取、实现和维护自己利益的过程中，意识到参与的必要性而主动地参与政治过程，体现出“我要参与”的自主性，具有明确的行为意图，主动性贯穿于参与的全过程，有参与的意念和动力，有参与的积极准备和清晰表达，有参与的过程监督和质疑，有结果的公开和回应，参与质量就比较高。社会建构公共行政的一个优点是，“在向参与分析和批判的行动者保持开放以促进批判策略发展的同时，它关注参与、关系、对话、争论和有着不同背景的多元参与者的日常生活体验”①。同时，社会建构的公共行政的参与大多是小范围内容的直接参与（在后面有更详细的论述），围绕自身的切己利益进行，参与的动力直接明确，一个社区、一个街道、一个村庄，围绕自身的利益对所面对的问题共同不同意见整合而重新建构问题和解决问题。

最重要的是，社会建构的公共行政为公民常态化参与提供了程序和舞台。公民的参与不一定都是国家大事和社会大事，更多的是基于小范围内的公民生活中面对的琐碎的、细小的公共生活事情的解决，公共行政作用的方式也不一定都是固定的场所、遵照严厉的规章制度和按部就班的严格的程序，也可以是公共领域中的一个聚焦议题的学习和讨论。公共行政中公民参与的日常化和生活化是一个重要的特征，是公民社会的发展与成熟的标志。

（四）公平与正义实现的透明化

法律中有一句谚语，正义不仅要实现，而且要以看得见的方式来实现，同样公共行政的公平与正义的实现也必须是透明的、可以感受到的方式实现。公民参与公共议题的社会建构过程的程度在一定意义上依赖于政府行政透明的程度。政府行政的透明度决定了公民参与主动性程度，进而反映着社会的民主程度。公民

---

① 全钟燮．公共行政的社会建构：解释与批判［M］．北京：北京大学出版社，2008：77.

权利的实现透明在很大程度上依赖于政府本身的透明，透明度愈高，善治的程度也愈高[①]。政府的透明性表现在三个方面：（1）政府组织透明，即公众有权知道政府在做什么；（2）政府决策透明，即公众有权知道政府为什么要这样做，政策、法规为什么这样制定；（3）行政行为透明，即政府怎么做的问题。[②] 这三个方面在社会建构的公告行政中都能够得到体现，除此之外，公民参与公共行政的社会建构，对政策、法规的最终制定具有很大的影响力，也就是说，政府政策包含了公民行为的函数。公民在政府透明决策的过程中实现了自身利益的诉求，自身权利得到了表达和呈现，并且是在其他主体在场的情况下实现的，克服了由于“信息不对称”带来的“逆向选择”和“道德风险”，没有社会建构的公开性、透明性和过程性，罔顾个人利益，公共利益就似海市蜃楼般缥缈不定、难以捉摸和含糊不清。

在社会建构的公共行政的过程，是政府角色自觉的过程，也是政府形象的“世俗化重建”和“与民间共坐一条板凳治理”的过程。公共行政突出了行政行为的社会过程性，在社会建构的过程中，个人的诉求和利益都能得到最大限度的释放和表达。这是因为社会建构突出了民众话语的重要性，以交流对话为基础，以民主为目标，平等自由的公民在公开、透明的条件下，在广泛考虑公共利益的基础上，与行政彼此开诚布公地协商，赋予立法、决策客观化和主观化的意义，也赋予了政治的合法性。在公共行政的社会建构过程中，公民的平等意识、自身权利的保护、参与奉献精神以及公共利益、公共精神等价值诉求都得到了应有的回应。在社会建构的公共行政中，公民权利实现了透明化，类

---

① 俞可平．治理与善治［M］．北京：社会科学文献出版社，2000：9.

② 王颖．透明政府构建：后现代会话理论的视野［J］．理论探索，2006，(5)：124－126

似公共行政行动理论的“面对面遭遇”，是指两个个体面对面交往的情景，“遭遇”中的个人，对自己来说是主体，对他人来说是客体。在“面对面的遭遇”中，人即使自主的创造者，也要受到别人的制约，所谓现实，无非是“遭遇”中的个人之间的互为主客体而达成的共识①。人在社会建构过程中，每一人都能身临其境，“面对面”地感受到自身参与治理的重要性，自身的见解、意见和认识在公共场域中既为公共能量场增添了自身的智慧，又能在倾听他人的认识与理解中，消弭自身认识的局限性并增长自身的知识。

社会建构的公共行政实现了从暗箱式黑幕管理到金鱼缸式的透明管理，行政行为在普通公民面前一览无遗，过程的透明是公平和正义实现的前提。对政府而言，它既是一种社会结构性要素，又是一种功能性存在。在社会建构的过程中，政府功能的发挥方式得到了很大的调整，政府也开始从喜欢“隔网比赛”、“暗箱操作”自我比赛到慢慢习惯于参加具有直接对抗性、直面性的比赛竞争，并逐渐学会了在规则允许的范围内“合理冲撞”、“善于冲撞”和“敢于冲撞”，偏重于政府的“一边倒”的比赛形式已经一去不复返了。政府与社会力量与意见的合理交流与冲突，对任何一方而言，这些先前隐性的假定的不合理冲突，在社会建构的公共行政中得到了正式的显性的公开，每一方的利益、意见与理由都具有可辩论性、可质疑性和可修改性。在一个透明的环境中，社会力量的各种主体都可以触摸到自身利益、在意见实现的内容和方式中，最大限度地实现了公共利益。

（五）人的自由发展的全面化

社会思想在公共行政中开采和利用，反对官僚制度的自说自话和清一色的知识格局，社会思想成为共享的公共资源。一种思

---

① 颜良恭．公共行政的典范问题［M］：台北：五南图书公司，1998：45－48.

想越是被公开地采用，它的利用价值就越大，越被集体利用，它的储量就越大。“思想成为公共资源不但不是悲剧，而且反而是‘公共资源的凯旋’”[1]，对社会思想的主体是一种尊重和呵护，也是主体自我发展和自我实现的需要。

根据人存在方式而言，按照马克思主义哲学的理解，人且只有人，才具有主观能动性。或者可用海德格尔的话来说人是唯一的“能在”，同时，“人是生活在未来而行动在现在的动物”（康芒斯，语）。社会个体的最低和底线的要求，是自由的“我”与自由的“他”之间最基本、最低度的公共性（罗尔斯称之为“重叠共识”），通过使强制空间最小化实现个体自由行动空间的最大化。社会建构的公共行政既是社会事实与现实建构和重构的过程，也是体现为一种社会认知结构、社会语言结构与自我意识的社会心理建构，在建构的过程中，通过体察、关照、反映、表现生活的真实、丰富、复杂与智慧的互动与交流，促成问题的解决，并有宜知识的增长，实现了如何将“智慧的我”变成“智慧的我们”的过程，实现个人与组织的双赢发展。

作为一种民主的治理方式，社会建构的公共行政全面开发了人的潜能，“民主之所以成为人类共同追求的目标，是因为民主与人类自身的解放密切相关。人类解放是人类获得自由，实现每个人全面而自由的发展”[2]。从人的能力全面发展来看，任何人的职责、使命、任务就是全面地发展自己的一切能力，但是每一个人的发展，必须经过社会过程而构建社会关系的途径来实现，也就是说每个人“只有在社会中才能发展自己的真正的天性”，“而对于他的天性的力量的判断，也不应当以单一个体的力量为

① 赵廷阳．没有世界观的世界［M］．北京：中国人民大学出版，2003：62.

② 王沪宁．政治的逻辑——马克思主义政治学原理［M］．上海：上海人民出版社，1994：692.

准绳，而应当以整个社会的力量为准绳”，“社会关系不仅决定人的生存，而且“决定着一个人能够发展到什么程度”[①]。社会建构的公共行政不论是为行政人员，还是为公民的全面发展提供了合适的平台，构建了一个稳定的社会关系网络，拓宽了行政人员与公民本身的交往范围，也是政府本应该为行政人员和公民构建的社会关系网络的补回和复现——行政人员和公民本身就是一个复杂的社会关系网络，只不过是在先前的理论和实践中被全面或者部分遮蔽了而已。另一方面，“个人的全面性不是想象的或设想的全面性，而是他现实关系和观念关系的全面性”[②]。人是社会环境的产物，每一个人的理性行为是在主客观相互建构的过程中逐步演化和发展的，个体通过适应、协调、学习，不断对环境变化做出能动性的反应，使自身的心智模式与情境达到平衡与匹配，促进自身的能力发展。民主的本质就是对人的解放，作为社会建构的公共政策民主化过程，促使了行政人员和公民的社会关系交往的全面化，也改变了彼此之间的心智模式和观念体系，在此过程中，双方彼此对治理对象的认识、理解和知识都有了增长和突破，完成了自我的社会建构过程，在过程中实现现代公民和其他社会主体的成长。

二、主体的学习与成长

现象学社会学在强调了“在社会世界中个人主体间性的沟通之中去重构行动的客观意义的根源”（Outhwaite，1975）的同

---

① 马克思、恩格斯．马克思恩格斯全集（第3卷）［M］．北京：人民出版社，1960：295.

② 马克思、恩格斯．马克思恩格斯全集（第46卷下）［M］．北京：人民出版社，1979：36.

时，并倡导一种积极的认知态度，个人的思考与认识成为主体间性沟通的必要条件。但在官僚制下的统治者“通过创造和散布与之相配的普适性的话语和概念，以及确立何为正确、美好、道德、公平与合法的标准，他们建立了一种象征环境，防止从属阶级自由地思考”①。官僚制反对学习与思考，但社会建构的公共行政强调的是知识的分享、统合和重新建设。特别是社会知识，政府组织的内部组织和专业知识的正确使用，需要外部知识的确认、帮助和弥补，突出强调了学习的重要性。

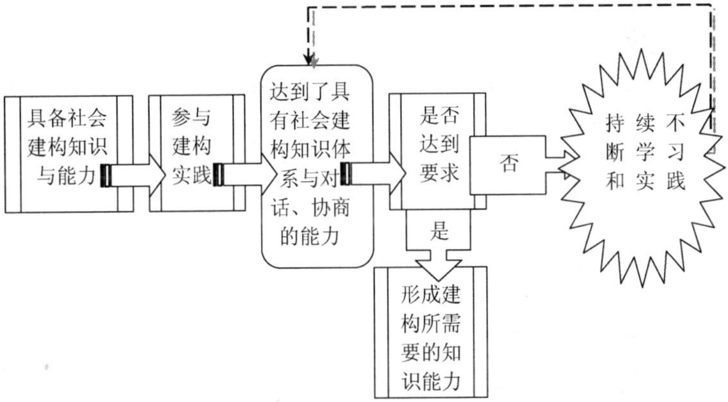

图 2　社会建构公共行政中学习过程的示意图

社会建构需要组织内部与外部知识的互相耦合、建构的重新生成，没有了社会知识的互补、填充和嵌入，公共行政面临社会复杂的问题时候常常陷入困境中——导致相同的问题在不同时候以不同的方式出现。彼此知识的重要性，这对组织内部和外部如何不断形成新的知识提出了更高的要求，持续不断的学习的重要

① ［美］詹姆斯·C. 斯科特. 弱者的武器［M］. 郑广怀，张敏，何江穗译. 南京：译林出版社，2007：47.

性也就合情合理。

需要说明的是，行政人员与公民本身所具有的公共知识存量是前提性的知识准备，我们在这里所说的是参与公共行政生活与实践所具备的知识及其与之相联系的学习方式。

（一）行政人员的学习

现代社会不断呼吁建立学习型社会，以此促进政府、社会的良性发展。美国教育家罗伯特·哈钦斯主张“学习型社会的制度应以所有成人能够学习、发展和做人为目标，为人类的‘贤、乐、善’这一真正价值的实现而奋斗”①。学习的概念和形式不断地拓宽，知识领域和类型也在不断拓展，对公共事务治理的认识也在不断加深，因此针对公共事务治理的学习，则需要组织内部行政人员和社会中的公民紧紧围绕公共事务的公共性进行学习和分享。在社会建构的公共行政中，公共事务治理建构的学习本质是一种公共活动，公共场域是共同的学习场所，行政人员和公民获得的知识、能力和德行取决于他们之间的参与、酶化和互相学习程度。

传统的公共组织中，在暗箱式政府中，政府不愿意公布自身的信息，就等于封锁的学习，学习的空间变窄，“官僚体制的行政管理按其倾向总是一种排斥公众的行政管理。官僚体制只要有可能，就向批评界隐藏它的知识和行为”②。在传统的组织高度理性的组织中，遵循的是“程序知识”、“等级知识”和“技术知识”，对组织内部的知识要求取决于长官和技术官僚的水平和能力，“政府的活动仅限于行政上可以技术解决的问题”。③ 固定

① 陈乃林．面向21世纪中国终身教育体系研究［M］．北京：高等教育出版社，2001：151.

② 韦伯．经济与社会：下［M］．北京：商务印书馆，1998：314.

③ Jurgen Habermas. The inclusion of the Other. Boston：The MIT Press. Habermas，1972.

的政策模式和执行程序，割宰了组织内部的学习需求，湮灭了组织学习的动力。换句话说，官僚组织不需要学习，去人格化的程序足以保障政策的安全性和有效性。全钟燮教授也曾揭示了官僚制所显示的被动回应问题、被动变迁和学习的特质看成是其组织制度化不可抵御的内在状态①，官僚制的封闭环境造成了学习动力的不足和不学习的意识。

在行政人员身上，同样存在着个人不愿意学习的多重动因，主要原因是组织学习中存在着“组织防卫”——组织为了掩盖自己的无知，为了维持组织的内部团结，而回避问题的真正原因，有意无意地隐瞒信息的真相。主要的表现形式有：（1）仪式性会议。组织强调上下层的权威，上级控制会议的议题与程序，忽视具有建设性和创新性的观点。造成行政人员养成了被动、机械、无动于衷的心态和推卸责任的习性。（2）防卫游戏。行政人员为了减少言多必失的损失，特地隐藏自己的意见，有时甚至采取相反的意见。（3）自欺行为。行政人员在明知自己是错误决定的前提下，仍然继续执行。② 组织防卫是一种消极保守的态度，是典型的推卸责任的组织病态，会使行政人员生活在不真实的世界中，故意隐瞒不利于组织和自我的真实信息，既不利于问题的解决，也不利于组织的发展。

随着传统公共政策的确定性宏观基础上的认知格局和价值学说已纷纷被解构和祛魅，在现实的公共问题中，在缺失“通过主体到客体、客体到主体之间起着中介作用的一些中介机构（知觉或者概念）”助推的时候，就陷入了茫然状态（杨冠琼称

① 全钟燮．公共行政：设计与问题解决［M］．黄曙曜译．台北：五南图书公司，1994：73.

② C. Argyris，Overcoming Organaization Defense：Facilitating Oaganazational，转引吴琼恩．行政学（增订二版）［M］．台北：三民书局，2001：399.

之为“非结构化的迷茫”，2000 年)，社会主体的道德体系呈碎片化、多元化态势，现代社会日益趋向单子化和分裂化发展。在处理超越了人们本身认知的问题时候，布莱克认为：“社会在其面临的问题中发展……一个社会对其自身及其问题的理解——它的认同感和目的——是一种主要的凝聚力量，它把社会成员整合起来并促使他们有效地共同行动以解决其面临的问题。”① 对社会问题本身的正确理解程度依赖于人们的知识的储量、知识的格局和价值的取向，特别是政策制定者本身的知识储量。如何积累、增长和完善公共组织和人员的知识结构就成为良好治理的前提。对外部环境变化的感知与辨别，对新问题的认知和理解，对公共事实建构实践的重视成为政府本身知识与学习的前提需求和动力。在社会建构中，人的主体性更加突出，作为政策制定者的行政人员的知识储量和知识体系具有主导的作用，在整合公民的不同问题的知识辩解和意见梳理中，仍需要行政人员自身知识作为支撑，因为“协商的艺术，使智力能以合作的方式运用于解决社会问题”②。

在现代知识经济的社会中，人们认识到，学习是一项投资，而不是消费。每一个人都是学习者，要相互学习，共同学习，持续不断地学习。对政府而言，不仅储备学习增长知识的增长，更要提高学习实效性，及时学习。“所有的组织均须开发的一种能力……学习得较好的组织更能侦测和纠正错误，并能发现他们在何时不能侦测和纠正错误。”③ 当然这个侦测和纠正错误的能力关键取决于学习的时效性。我国“学习型组织理论”研究学者

---

① C. E·布莱克．现代化的动力［M］．景跃进等译．杭州：浙江人民出版社，1989：52.

② 科恩．论民主［M］．北京：商务印书馆，1988：158.

③ C. Argyris, On Organisartional Leaning, 2nd edition (Oxfoud: Blackwell Business, 1999), p1.

曾经说过一个学习型速度公式：L≥C。L指的是学习速度，C指的是变化速度，此公式表明一个组织要想生存下来，其学习（L）速度必须等于或大于其环境变化（C）速度，否则组织就会死亡。[①] 知识经济的社会，知识的更新以几何的速度进行，公共行政组织面临着更为复杂的社会环境，对政府组织的学习效率和知识更新提出了更高的要求。对于一个组织的学习方式，彼得·圣吉提出五项修炼。我们认为这五项修炼，对社会建构中的公共行政组织也具有十分重要的参考价值。第一项修炼是自我超越（Personal Mastery），奠定了学习型组织的精神基础；第二项修炼是改善心智模式（Improving Mental Models），就是把镜子转向自己，先修炼自己的心智模式；第三项修炼是建立共同愿景（Building Shared Vision），它要求组织能够在今天与未来环境中寻找和建立一种能够鼓舞人心，从而使组织能够长久不衰的共同愿景；第四项修炼是团队学习（Team Learning），它是一种互动的学习模式；第五项修炼是系统思考（Systems Thinking），它要人人和组织形成系统观察、系统考虑的能力，并以此来观察世界，确定行动[②]。一般而言，公共行政人员的自我学习可以按照三个步骤进行，首先是进行自我设计。要对自身有一个清晰的了解，包括知识存量、社会感知和政策理解能力等；其次自我学习。行政人员的主体性成长和提高管理实践能力的源泉就是自我学习，这个学习更多是在实践中的学习。最后是实现自我超越。行政人员实现自我的必由之路，是通过能够正视“现况”、构筑“愿景”、形成“创造性张力”、改变“生命中的深层结构即人生信念”，运用“潜意识力量”等过程，不断调整对组织和社会认知的视角、认识，对组织和社会作出切合发展的诠释与解释。针

① 周德孚．学习型组织［M］．上海财经大学出版社，1998：211－235.

② 彼得·圣吉．第五项修炼［M］．上海：上海三联书店，1998：166－192.

对具体学习方式，社会建构的公共行政要突出面对环境、持续的改变，主要在交往中学习，在反思中学习。

交往式学习是指行政人员跳出政府组织内部的环境，以他人作为自己的参考对象，通过与他人的对话、交流、沟通而展开学习的过程。在交往式的学习中，行政人员接触的具体的人，具体学习的方式是与具体的人通过面对面直接的对话、交流、沟通、互动等形式，从社会力量中获得观念、思想、价值观、情感、行为方式乃至自身人、品质的启发、借鉴、思考和影响。在组织内部，交往式的学习方法有二：一是讨论式的学习。不同的行政人员围绕共同的一个议题，通过对话、交流、辩难、辩护和兼听则明的展开学习的过程，每一个行政人员在参与讨论中获得对公共事务治理和自身理论与实践知识的学习和发展；二是合作式的学习，行政人员之间通过分工、协作组成学习的团队和小组，共同完成某种任务的学习，这种学习的方式考评的依据不是以单个行政人员的学习成绩而是以学习小组的总体表现，决定每一个人在组织中的学习效果。成员间相互不停的学习，创造新的认知及其分享，不断自我更新是合作式学习的目的。交往式学习奠定行政人员的自我意识发展的基础，在此过程中，行政人员的社会性素质得以提升，例如，品德、语言能力、社会性情感、交往技能、理解他人的能力、移情情感、民主平等意识等，从而使行政人员本身的发展得以实现。不论在组织内部或者外部，行政人员通过交往式的交流、谈话、互动，人员发展的多样性、差异性就很容易汲取到自身发展之中，社会群体的思想观念、思维方式、行为方式、话语内容都在不同程度影响和被吸收到行政人员中，就会使行政人员自身的内心世界不断的丰富、开放，处理问题时就会灵活。交往式学习体现了双环学习和再学习的特征，双环学习“对自身的价值基础进行调整，以适应环境未来发展的学习”，而再学习“强调政府组织和人员对于环境的主动改造”[1]，因此交往式学习反映了人们从“反应”到“回应”再到“主动学习”的过程，是主体性和积极性不断提高的过程。交往式学习是多重价值的学习方式，也是社会建构公共行政自身方式的一种体现。

另一种学习的方法是自我反思的学习。自我反思的学习是指能够正确理解自我的行为，包括动机和结果，主要是指对自己的认识及其内心的理念、信念、意志、能力、知识、价值等认识和在情境中的改变。约翰·斯图尔特·密尔认为，人类判断的全部力量与价值取决于这样一种特性，即当它错误的时候，它能够得到纠正。而只有当纠正它的方式随时可得时，这种判断才是可依赖的，并且能够在他接受对其意见与行为的批评，倾听那些可能反对他的人的意见。倾听持有不同意见的人对此可能发表的看法，学习关注每个人看待问题的所有方式，用公正和公平的手段获取自身的利益[2]。自我批判和对别人的观察与学习构成了自我学习的全部。行政人员则以自身行政生活所积累的经验、自身身心结构和社会经历为对象，以反身性、内省性、自查式的自我观察、分析、评价、改造、修炼等方式完成自身知识结构改变和存量的增长，对公共行政内容和方式有重新的认识、体悟和理解，促进公共行政人员在具体的社会情境中有新的思路、途径和产生新的效果。在反思学习中，行政人员既是学习的主体，又是学习的对象和反思的客体。反思学习不以外在事务为学习对象，而是以自身的知识和价值取向为对象，在行政人员的生活阅历的丰富及自我意识水平的提高，自身的知识结构与认知格局也在不断的

---

① 武玉英．变革社会中的公共行政——前瞻性行政研究．北京：北京大学出版社，2005：113.

② ［意］G. 萨托利．政党与政党体制［M］．北京：商务印书馆，2006.

改变。在反思式学习中，不断促进行政人员的自我意识、主体观念和能力的深层次发展，是行政人员最终成为自我发展主体资格的主要学习形式。

这两种学习的方式契合了社会建构的公共行政本身的理论旨趣和研究方法，反馈与互动讨论本身也是一种学习，培养全新、前瞻而开阔的思考方式，形成“知识螺旋”模式。总之行政人员的学习是全方位的，形式也会多种多样的，这就需要行政人员能不断适应社会发展的需要，随时学习、时刻学习，不断调整自身对公共事务治理的知识存量和认知理解，使其在政策、行为的执行上符合社会本身价值需求。

（二）公民的学习

社会建构的公共行政突出强调了不同主体公共事务建构的核心理念，必然要求不同的主体具有大概相等的知识存量和格局，具有对话和协商的资格与能力，故此，公民学习与能力至关重要。公民知识构成了社会建构公民参与前提，也是公民积极承担责任和义务的体现。“公民知识可以提高人们对民主价值的支持，帮助公民更好地理解公共政策对他们利益的影响，给予公民所必需的关于公共事务的框架，同时减少对公共生活普遍的不信任和害怕。”① 在社会建构的公共行政理论研究中，公民在建构过程中，对公共事务本身的认识需要在论辩中争论、冲突中体现出来，公民知识的能力突出地表现在公民具有协商、妥协并在此基础上达成共识的能力。另一方面，当行动不是以公民个人而是以群体、团队或者结社的方式进行时，与不同人的合作以达于共同目标也对公民知识和能力提出新的要求。

在社会建构的公共行政中，对实质性公民而言，以增进公共

① William A. Galston, “Can Patriotism be Turned into Civic Engagement?” The Chronicle of Higher Education, 2001, (48).

意识和公民精神为核心内容的公民学习，理应是一种行动式、积极批判和发展的学习。通过积极的公共场域的学习，公民在政治行动中就会知道怎样行动，如何行动，更好地在现实中参与和表达诉求。本杰明·巴伯曾做过精辟的描述："公民身份使公民行动知晓了公共性和正义的必要常识，而政治活动则教会了个体作为公民如何进行公共的思考。政治成为其自身的大学，公民身份成为其自身的训练场，并且参与成为其自身的老师。"[①] 同时，"社会的观念和社会的兴趣只有在一个真正的社会环境中才能发展"[②]，公民的知识也必须在一个具有公共意识和公民精神的环境中才能得到发展。政府如能以服务社会为宗旨，就会为公民知识储量增长和学习提供动力的源泉，这里是公开的，而且是允许犯错的公共场域，"通过真实生活的学习试验而不是通过灌输。其中，关键性的学习方式是公开的、行为的和试验性的"[③]。具有良好的学习意识与环境的社会，学习的功效就会大幅度提高，越来越摆脱了学习对象，成为积极的主体了。

在社会建构过程中，既是公民知识运用的过程，也是公民知识增长的过程。积极参与和协商构筑了现代公民的各类精神品质，促进了公民知识能够更好地在建构公共事务的过程中塑造多方位意义，"如果公民能感知到社群和个体可以信赖，那么，基于公民责任的社群参与就会更容易发生。倘若社群和个人互动的知识的获得没有现实的公共参与为背景，那么它是很难通过抽象

① 本杰明·巴伯．强势民主［M］．彭斌、吴润洲译．长春：吉林人民出版社，2006：182.

② 约翰·杜威．民主主义与教育［M］．王承绪译．北京：人民教育出版社，2001：376－377.

③ Rodney Mcadam，Denis Leonard. development of a learning approach to business improvement strategy inrapidly changing business environments ［J］．StrategicChange，1998，(8)：261－176.

的言说深入人心，继而转化为行为的动力的”[1]。从这个角度来看，公民学习的变化反映了公共性本身的发展变化。因此，公民学习本身也是公共性活动的一部分，突出地表现在学习的内容、方式和公共性本身内容上，“从促进竞争转变到促进合作”、“从强调为私人利益而学习转变到强调为公众利益而学习”[2]，通过公共行动场域，公开讨论、透明公开参与公共事务，勇敢直接地表达自身的见解与主张，通过相互的交流与表达，就会对国家大事予以关注、公共事务本身的关切和参与表达自身对公共事务的意见就能得到进一步的丰富，对建构着自身对公共事务治理的认识就会提高。在方式上，在社会层面，尝试形成一种与民主社会相符合的学习理论，也就是在民主社会中人们能够思考和改变他们自己的社会环境（可以理解的是，反过来，思维方式也会随之改变）[3]。公民若参与能力、协商能力在公共场域中得到充分体现和进一步发展，这就说明了公民知识、能力和美德的获得越来越依赖于公共场域的发展和公民与不同主体间的相互交流学习。换句话说，公民的参与能力、奉献精神、性情和惯习是通过参与公共活动而建构成的。

公民的学习需要很多条件保障的，参与社会建构的系统在政策制定中建构的成效水平的高低取决于其参与者的效能感，效能感又包括内部效能感和外部效能感，内部效能感主要是参与群体的自我效能感，表现形式是对政策过程的影响。外部效能感是指政府对参与个体所带来知识、意义与影响的反映。针对公民学习程度的体现主要是指自我的参与效能感的程度。在社会建构的公

---

① 吴俊．论公民学习及其公共性［J］．天津社会科学，2009，（5）：27－30.

② 马克思恩格斯全集（第5卷）［M］．北京：人民出版社，1965：3.

③ 埃里克·布莱多．学习的社会建构［J］．复旦教育论坛，2010，（1）：8－15.

共行政中，自我效能感是指个体对自己是否能够成功地进行某一成就行为的主观判断，自我效能感高的人在艰难的困境中更容易表现出积极的态度倾向和行为风格。也就是说，个体的自我效能感是对自己在公共行政场域中处于的地位、自我参与互动、协商能力的自我认知和判断以及自身行为对公共政策的影响，自我在社会建构过程中效能感高，参与社会建构的能力也就越强，参与社会建构的自我效能感的高低与参与的意愿、自身的行动旨趣、参与渠道的畅通程度和文化的影响密切相关（如图 3 所示）。因此，畅通参与渠道、增强参与意愿、自我可能性能力和提高参与效能感是关键的条件。

同时在一些人群中，他们都具备各类批判性思考、公共判断、政策评估能力等丰富知识性素养，但很少参与公共生活，缺乏参与和沟通，就会造成缺乏公共精神与公共道德，对知识和能力形成参与的义务感、责任感降低，阻碍了产生参与的意愿和具体的行动。对于一个文明的公民的学习而言，参与沟通同知识、能力和美德缺一不可，公民只有用足够的知识存量、合理的知识结构与沟通认知才能形成对国家意志政策、政治决定、公共事务的治理做出理性的分析与见解；对信息获取、批判性思考、劝说性进言等正确能力是公民在公共领域中审议和交流的顺畅进行的保障，对公共事务的关切、对他人命运的关注、对人类终极发展的关心等公民美德是参与议题与对话得以持续的公民内在条件。因此，“在公民学习的理论框架中，知识是基础，能力是依托，美德是保障，这三者的有效获得均不能脱离公民的公共参与实践”①。同时，公民在参与学习的过程中，还需要学会能够运用习得的理论、方法、模型和各类经验知识来检验、衡量各类政策，形成属于自身的批判性结论，借助反思批判的精神来评估、

① 吴俊．论公民学习及其公共性［J］·天津社会科学，2009，（5）：27－30.

判断、决策也是公民行动的基本面向之一。

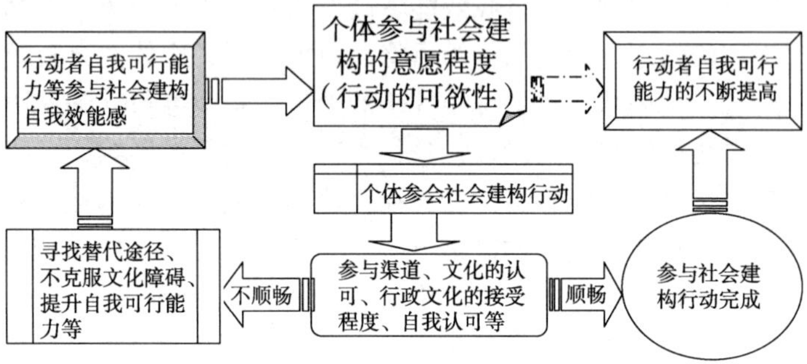

图 3 参与社会建构自我效能感示意图

（虚线表示间接的影响）

离开了公共生活的体悟与公共场域的参与讨论，公民学习的知识也必将是形而上的，枯竭的，空洞的，无用的。具有公共性层面意义的公民知识、能力、德行与意愿，公共行政社会建构对社会公共问题的认识才会更全面、更多层次、多视角，就能够赋予社会公共事务更多的建设性意义，从源头上和本质上解决公共事务的可能性就越大，公共行政作用的发挥和效果也就愈明显，能够获得更为稳定和可为的社会制度，公民本身也在这一学习过程中也建构了自身、发展了自身。

第三章　社会设计与政府模式

第一节　社会设计的内涵与特征

一、不同时期的公共行政活动的隐喻

任何公共行政活动都以一定思想内涵为支撑，这些思想内涵通过不同隐喻[①]方式呈现出来，折射出迥然相异的行政价值和知识体系。在公共行政发挥的作用模式中，公共行政一直被认为经验性的学科，更多地表述为既是一门科学，也是一门艺术，科学讲究理性原则，而艺术则突出了方法和途径。在所有公共行政的发展中，几乎都没法逃出经验知识、科学理性和方法艺术的研究思路。

公共行政在最早起源的时候，人类更多地认为管理是基于人们所拥有的经验基础上，“长老统治”是显著的特征，年龄、个人人格魅力、身体强壮等卡里斯马式领导的超凡魅力（马克

---

① 隐喻是人类用某一领域的经验用来说明或理解另一类领域的经验的一种认知形式，隐喻能以一种概念来表达另一种概念。隐喻的工作机制就是通过选择和突显喻体和本体的因素，使喻体中的因素“映射”到本体，从而达到认识本体的目的。

斯·韦伯）是公共事务治理的可靠保障。由于该类组织是建立在领导的个人人格的权威之上的，组织成员对领导的服从和行使活动是基于领导者个人的感召力和人格魅力，个人的权力具有很大的教化性，是“教化性的权力，或是爸爸式的，英文里是Paternalism”①。故此，公共行政活动被看作是经验积累和经验体验，往往把一个社会的管理寄托到一个人身上，凭借教化功能管理社会与民众，社会民众没有自我选择的机会，整个社会治理是传统保守下的经验知识的循环和更替，公共行政行为是“人治”下的管理和顺从，公共行政的本身的价值依托和体现完全在一个统治者的身上体现，整个行为是感性的，人格化的。当经验知识无法解决日益复杂的公共生活的时候，个人的统治也就寿终正寝了，所谓的“经验”也就成为了解决公共和集体行动的障碍，经验的可靠性必将被更先进技术理性和制度理性所取代。

公共行政活动被设计为科学则突出强调了理性至上的理念，其主要旨趣为，公共行政中的行政人员和各类活动奉行价值无涉原则，通过定量和实证研究来描述公共行政活动，建立各类行政现象的客观现实，利用组织内部的官僚理性知识和专家技术知识来制定公共政策。从整体上看，整个公共行政活动形成和过程是严格的科学标准和要求，经过组织严格程序和制度制定的自我求证，行政活动是按照“理性—标准化”进行，具有的式样是“命令—服从”型，在此活动行为要求下，整个行为也必然是机械的、僵硬的。从人类社会的发展来看，公共行政活动被看作为理性的特征和呈现，适应了当时社会发展情形趋势——人们是生活在一个确定性的社会环境中，过程的确定性诉诸了更多理性和知识的求取。诚如吉登斯评述的那样，科学理性的学说，“不过是对一个多世纪前就已随着大规模工厂的出现而产生的纪律权力

① 费孝通．乡土中国［M］．上海：上海世纪出版社，2009：62.

的一个迟来的阐述”[①]，理性官僚的群体不被看作经验的群体，而是精英主义合作治理下的理性最大化。“一个被纷繁的行政改革理论所遮蔽甚至遗忘的议题呈现出来：理性官僚制不过是解决公共事务中合作行为的一种组织方案，舍弃对合作问题的关怀而解构理性官僚制，或者像古德塞尔那样舍弃合作行为问题而对理性官僚制的辩护，都是纠缠于一个手段问题进行无根言说。理性官僚制的生命力的秘密正是在于它为精英主义的社会治理提供了一个解决精英聚合行动或精英治理行为如何有效合作的长效制度机制。”[②] 在潜意识里面，理性行为的公共行政人员大多认为，利用发达的科学和技术没有解决不了的问题，答案就隐藏在科学系统分析的过程中，不需要对问题进行全面判断和提供多样的解决的可能性，所有技术官僚大多都具有相同的知识背景和利益索取，达成一致意见也就比较容易，因此造成了对社会外部知识排斥，形成和巩固公共政策专制的品性——精英控制了全部的过程，对社会力量的奴役之路[③]。技术性的行政人员的知识取决于自身的专业素养和组织体制内部的各类规则（包括潜规则）的认知，在封闭下的知识体系“理性”本身也是组织内部的理性，

---

① Jong S. Jun. 公共行政：设计与问题解决［M］. 黄曙曜译. 台北：五南图书出版公司，1994：159.

② 王家峰，孔繁斌. 政府与社会的双重建构：公共治理的实践命题［J］. 南京社会科学，2010，(4)：77－83.

③ 在一定程度上，精英与官僚制是相互促进的。官僚制统治的范围越大，精英的权限也就越大。(具体参考：查尔斯·赖特·米尔斯. 权力精英［M］. 南京：南京大学出版社，2004：18.) 在官僚体制下，专制包括管制观念的专制制度与管制行为的专制制度，也就是管心的专制制度与管身的专制制度共同形成对人从内到外的全面管制，这样的双重管制配合得天衣无缝：外在行为的行政管理依靠官僚，内在心理的规范管理依靠教条。(具体参考：赵汀阳. 坏世界研究——作为第一哲学的政治哲学［M］. 北京：中国人民大学出版社，2009：174.) 在管理社会的同时，也管理人本身，一并走向了奴役之路。

有很大的局限性。如果粗糙地把组织分为组织内部和组织外部的话，那么，理性的公共行政活动也仅仅是“二分之一的理性”行为而异。

公共行政活动被设计为艺术，是基于权变主义理论和政策的渐进主义类型。它认为公共行政活动更多的是基于人的认识和行为的非理性，各种政策和活动要取得良好的成效必然渐进的，是多元主体和知识的不断变化、修改和确定的结果。作为艺术的行政活动，行政人员都是解决问题的艺术家。艺术家式的领导依赖于自身非理性，包括直觉、各类技巧、个人感召力、群体的想象力等，“作为行政理性主义者的理性设计人员更关注事实、法律和规则的发现；作为艺术的行政则强调个体间的差异、行政环境的背景、特殊利益、权力和决策领域中行动者感知因素”[①]，政策的制定取决于领导力、各类技巧和艺术处理方式，关注的是协调、讨价还价的交易等一系列组织内部需求和策略。艺术式的公共行政要解决的并不是寻求问题答案的最佳方式，而是通过倡导领导和组织的技巧，达到各种力量的合意的“领导变通风格之术”。在政策执行的过程中，同样也是如此，公共行政活动是在一定的环境中展开的，环境的不确定性无法保证政策和决定按照不变的模式执行，政策需要不断调整和修改。由此，我们也可以看出，公共行政活动看作艺术的方式的过程性是不清晰的，是杂乱无章的，是无实质成效的。

无论是公共行政活动被设计为科学还是艺术都是政府内部的自我建构，政策分析和制定通过理性和技术的形式呈现，主要是官僚等级体系的自上而下自我形成或是技术人员、专家分析来完成。公共行政的知识要具有真理性，必须客观、全面、深刻地反

① ［美］全钟燮．公共行政的社会建构：解释与批判［M］．北京：北京大学出版社，2008：72.

映公共行政生活的本质、规律与发展态势，其知识增长的过程是艰难的、坎坷的。对公共行政知识的成长、概述和研究需要公共行政生活的充分展现和表达，真正成为符合组织和人之本性的而不是与人性相悖——使之人异化的生活样式。只有当人类充分认识到了公共行政生活的本质和规律，人们才能把握自身的发展和由此集体行动起来的组织生活的时候，公共行政的“彼岸性”才会消失，呈现出真实的“此岸”公共行政生活——现实生活的行政活动。那么针对社会建构的公共行政模式而言，社会建构公共行政的社会设计的模式，使公共行政的知识发生重大转变，逼近了公共行政生活的本质，其中重要的原因是它突出了社会发展阶段特征和社会中人的本性归属，以新的思维方式回应人类社会的发展需求与变革。

二、社会设计的内涵

“设计”一词有着丰富含义，在公共行政社会建构中，设计更多指向了过程性的意义，正如全钟燮理解的那样，“设计，要言之，即是智识精神的充分解放，因其促使灵魂向可能性的无穷尽思考挑战”，其特征有：（1）设计尝试透过思考来区别不同的行为类型；（2）它试图运用思考来判断何种行为类型有助于特定目标的达成；（3）设计旨在与其他心灵沟通彼此的思想，在此种状态下，他们得以将思想转化为行动，从而完成设计所要求的目标，“设计，一旦应用于公共行政领域，便成为一种藉由互动过程来解决问题的架构”①。他进一步指出，“设计可以被视为是人们互动的过程，也是社会过程，设计还是一个深思熟虑的过

① Jong S. Jun. 公共行政：设计与问题解决［M］. 黄曙曜译. 台北：五南图书出版公司，1994：150－151.

程，这个过程涉及了基于一定立场的行动者的批判意识，这些行动者参与创造了理解和解决问题的各种可供选择的方案”①。故此，社会设计（social design）是指政策方案的形成过程是与特殊政策议题或问题相关的政治家、行政官员、社会不同利益团体及社会公民等利益联结人的社会互动形成的。与传统理性设计不同，公共行政的社会设计观为：“假定设计的参与者共同工作，寻找解决问题的办法以及实现它们的手段。政策的目标和目的是透过人际的互动、对话以及相互的学习而社会地建构的。政治的共识不是终极的任务，社会设计的焦点在于理解不同的观念、经验、技术和社会的知识，以及通过分权化发展共同的责任。专业人员的知识是有价值的，但专家的投入也要受到质疑和审查。社会设计特别强调社会设计过程中的公民参与。”② 故此，我们认为，社会设计强调了参与者的互动、沟通和交流之主体意义，重视政策分析和制定过程的开放性和透明性，突出承认彼此的差异、合理的分歧和尊重不同意见与价值多元性，鼓励政策质疑、政策讨论和政策辩难，其政策过程是在多主体的知识互动、意见交流和需求价值共识中进行。

作为互动过程、社会过程和深思熟虑的过程，设计是一种实现社会建构的工具和模式，在其过程中，通过设计系统本身，各个行动者充分互动，通过交流、话语和行动等酝酿的相关程序规定，呈现出相关主体的知识、背景、利益、资源等行政符号和仪式，在一致意见或者相反意见中生成、提供了多重可供选择的方案，其相关主体分享体验和思想，能够更加准确理解、认识、改

① ［美］全钟燮．公共行政的社会建构：解释与批判［M］．北京：北京大学出版社，2008：61.

② Jong S. Jun. Philosophy of Administration ［M］. Daeyoung Moonhwa International, 1994：181.

造和创新社会，以此来解决价值、问题视角冲突。作为科学研究想象力的产物，社会设计模式增进了社会知识领域与内容。在前面我们提到，社会知识产生于人类社会治理的活动中，产生于人类的合作、互动、认可、协商、象征、仪式等知识领域之中，社会设计模式在这些知识领域中出发、总结和发挥作用，搭建了公共行政的过程意义和知识生成的舞台。全钟燮教授根据相关行动者的价值和问题解决与规划的取向，即行为与态度两个方面，将公共行政的设计分为了四种类型，即社会设计、理性设计、渐进设计和危机设计（见表3）。

表3　四种设计

<table>
<tr><td colspan="3">价值认知</td></tr>
<tr><td rowspan="3">问题解决与变革</td><td>高</td><td>低</td></tr>
<tr><td>社会设计</td><td>理性设计</td></tr>
<tr><td>渐进设计</td><td>危机设计</td></tr>
</table>

注：相关行动者的价值认知主要是指关心行政管理者实现其他行动者的价值情况，主要是指能够倾听他人的意见和分享他人的经验、知识的努力情况，并能够将这些意见与知识整合到新环境中从而建构出新的意义、问题的新定义以及决策的明确表达和执行决策的策略中。问题解决与变革则是描述了管理者面对冲突、处理问题和变化导向，是以积极性的态度去前瞻性地规划与解决问题，还是被动应对问题。（具体参考：Jong S. Jun. 公共行政：设计与问题解决［M］. 黄曙耀译. 台北：五南图书出版公司，1994. 151.）

四种设计类型代表了四种不同时期公共行政理论的设计模式和内容，也显现了四种处理社会问题的不同态度和行为，国内学者进一步对此进行解释："由这两个维度形成一个行政设计矩阵，包括了四个具体的行政设计途径：仅仅忙于应付眼前问题而又缺乏沟通的危机设计、倾向于科学化但同样缺乏沟通的理性设计、倾向于交往互动但滞后于环境变化的渐进设计，以及倾向于积极交往互动而又预见未来变化的社会设计。”① 危机设计、理性设计和渐进设计反映了先前不同历史阶段的公共行政理论内容特征，社会设计下的公共行政理论则反映了前瞻性公共行政的特征。四种设计的对比不仅揭示了公共行政理论发展的脉络，也反映了社会设计的理论先进性。

（一）危机设计

人所常言的危机，多数是对应急事情的反应与处置，考验着公共行政人员知识与能力的储备以及心理的适应与预见眼光的谋略。公共行政的危机设计的弊端是政府在其管理过程中所做出的决策、决策过程中缺少前瞻性，问题的出现倒逼着政府做出决策，而不是创造性主动预测问题。所以决策缺乏创新性，强调的是政策原则和形式，忙于应付眼前问题，仅仅立足于组织本身的生存，对危机问题没有事先准备和预测，以固定的应急式决策应对不断变化的外部环境。其模式之劣处在于，决策是隅于组织僵化的内部，没有与其他社会主体形成有效的合作治理途径，更无法通过相关主体互动出来的理性分析并预测危机发生可能，其行政的前瞻性和创新性也就无从谈起。最重要的是：“危机设计没有促进雇员和公民的参与，也没有促进组织学习。负责危机管理的行政管理人员强调规则、规章和标准化操作程序的重要性。他们倾向于通过运用正式权威和权力来做出决策。”② 忽视了服务对象的参与和话语，对公共问题本质的认识失其偏颇，更严重的是，由于缺乏社会本身的力量参与和对长期社会问题的实质了

① 孔繁斌．民主治理中的集体行动［J］．江苏行政学院学报，2008，（6）：76－82.

② 全钟燮．公共行政的社会建构：解释与批判［M］．北京：北京大学出版社，2008：61.

解，“在某一个时间已经解决了问题也许在以后会以新的或更加可怕的形式重新浮现出来”①。

（二）理性设计

理性设计的政策制定主要途径是行政事务通过问计于专家，“借力”专家的理性和专业化的知识来理解和深化对问题的认识，从这个方面看，具有一定的前瞻性。理性设计注重专家在政策分析中的角色，利用专家恰当的技术知识和技能来“启发决策的制定”，因此，专家应对政策变化的途径通常是偏好于确立长期目标，以满足各种预期问题的解决。目标的选择可能反映专业的视角和价值——公共政策的制定与公民无关。理性的优越性能够应对很多技术官僚无法解决的知识内容，科学知识的可靠性远远大于经验性和组织内部的知识，极其容易受到封闭性的政府组织的垂青。但在突出知识重要的同时，缺少和遮蔽了民主的成分，对公共事务的感知仍然处在组织的内部，民主的参与决策都被排斥在外，虽然有了专业知识的专家参与，但参与仍然是精英群体的参与，参与群体的单一性使得政策制定的民主化程度较低以及执行阻力较大。这就容易产生一个悖论：一方面技术官僚和专业知识的专家对自身知识具有固执化的倾向，他们相信自己的科学知识背景能够来指导、阐释他们的观察与思路，固有的观念强化着对事务的认知与判断，对新问题的认识会受到旧问题的判断和解读，容易产生用正确方法解决错误的问题。另一方面，在一个封闭的组织内部环境中，知识本身在应对危机的理性设计中，往往容易被权力所“俘虏”，成为最后统一意见的“帮凶”和“同谋”。理性设计的规范性往往小于实际运行的混乱性，叙述了实际公共行政政策是如何产生的，但没有描绘出现实生活中

① 全钟燮．公共行政的社会建构：解释与批判［M］．北京：北京大学出版社，2008：69.

决策的实际效果，忽视了公共政策对象的需求和价值，“真”的问题遭到屏蔽，“伪”的方法肆意横行，容易造成政策目标和到达目标过程的异化。①

（三）渐进设计

渐进设计是公共政策作为艺术隐喻的一种表现，是在批判理性设计的基础上重构，借助各种艺术技巧、实际经验、各种管理工具来完成。“持艺术视角的渐进设计者对应用理性持批判态度。他们认为在他们所做的大多数事情中，他们往往要依赖自己的非理性物质：直觉、人际关系技能、感召力、想象力、创力、合作共事、协商和其他形式的政治行为。”② 渐进设计注重参与的主体多元化，愿意倾听更多公众的意见和协调多样化的价值与权力。渐进设计者认为，由于每一个人利益的多样化和个性化，每个人的需求也千差万别，行政人员和其他参与的角色是一样的，要通过互动、协商来表达自身的意见，以形成大致满意的一致意见。他们质疑和不屑一顾在理性设计模式中的专家知识和地位，摒弃科学知识理论，他们认为行政人员是技巧丰富的角色综合，与理性设计中专业知识的理性不同，强调感性知识的重要性。他们关心的不是政策由谁来制定，关心的是政府决策过程中

---

① 在这方面，中国的公共政策执行过程的变异比较突出，主要变异的表现有：政策表面化、政策扩大化、政策缺损、政策替换、政策贪污等形式。（具体参考：张国庆．公共政策分析［M］．上海：复旦大学出版社，2004：240－241.）这些形式与原来的设计目标相去甚远，政策的执行过程中包含了他人变通的函数，于是就有了“上有政策，下有对策”。理性设计的目标和实施过程中实际达致的目标函数的变量都发生了变化，最终使得原初的目标只能停滞和幻化在专家的头脑中。在这种执行过程中，中央政府的政策很难深入基层，或者政策下达基层时已经变了样。〔具体参考：郑永年．地方民主、国家建设与中国政治发展模式：对中国政治民主化的现实估计［J］．当代中国研究，1997，（2）．〕

② ［美］全钟燮．公共行政的社会建构：解释与批判［M］．北京：北京大学出版社，2008：72.

与公众的沟通和交流，怎样通过自身的艺术化技巧的可能性持续地说服公众以及与行动相关者，以此来接受自身的政策，获得合法性。渐进设计方法的主要特征在于政策的完整性是在逐步实践中形成的。这一设计模式具备了复杂的社会环境行政管理者做出变化和解决问题的方法，但容易变成“牧民之术”的嫌疑，实质问题的真相与理性设计一样，也容易被掩盖起来。

（四）社会设计

社会设计是“对理性设计和渐进设计框架的批判综合，提供了一种概念的视角，这种视角促使政治和社会技能进入互动过程”①。社会设计是前面三种设计的扬弃，既重视和关注与公众的沟通，也尊重与专家的交流和合作。在社会环境中理解和把握知识理性和公众需求，理性的知识和民众的意见一样重要，其互动与协商的形式能够确立对行动问题的认识和彼此知识分享，在交流、互动中建构公共政策。主体认识统一、意见的重新建构和赋予、组织系统和个体的学习、专家的技术知识优势等奠定了社会设计的模式内涵。

社会设计模式通过关注组织与环境的大背景，高度重视知识和公众，关注不同类型的知识与理性，提升对问题的认知能力，适应了政府对急遽变迁社会治理的需要。政府、专家、公众的意见得到相互交流和建构，并进行审查和讨论——行政人员、专家技术人员、普通公众个体和形形色色的利益团体在紧紧围绕的社会问题中所形成的公共能量场中充分地建立起联系和互动。

---

① ［美］全钟燮．公共行政的社会建构：解释与批判［M］．北京：北京大学出版社，2008：74.

三、社会设计的特征

"社会设计途径包含了对相关行动者价值观的高度重视和鉴赏，关注的方式是聚焦于对组织和社会关系（和行动环境）的解释、理解、共享和学习，采取前瞻性的态度看待冲突化解、问题解决和变化处置。"① 社会建构公共行政的模式为社会设计，暗含了建构公共行政的过程意义和价值体现。具体而言，社会设计的特征体现为形式和实质两个方面。

从形式上看，是一个互动的过程，是一个社会的过程，是一个反思的过程。"发展促进互动和参与的过程是社会设计的本质属性"②，互动过程体现在公共行政所要建构的现实和事实是通过多次的不同主体之间的交流过程和面对面互动来创造完成的，大量反馈互动的联系和感知，把要解决的问题与制定的政策和不同主体的知识储量、认知格局、价值取向及其现实复杂的客观情形联系在了一起。社会的过程也是互动过程一个折射反应，互动的过程本身就是社会过程的一部分。公众与政府的双向互动集中表现为三种模式，即管理型互动、协商型互动和参与型互动。③ 社会设计过程中，融合了双向互动的三种模式，设计者从系统的观念出发，把不同的个体与规则相耦合，内部环境和外部环境的黏合，形成了一个"小型"社会的能量场，不论是最后的合作还是相互抵牾，不同的诉求、意见、项目、价值得以建构和重构。批判和反思的过程体现在不同行动者所创造的不同方案，方

①② ［美］全钟燮．公共行政的社会建构：解释与批判［M］．北京：北京大学出版社，2008：74－75.

③ 杜治洲．电子政务条件下政府与公众互动的三种模式［J］．中州学刊，2008，(2)：16－18.

案形成的过程是不同主体的相互考虑对方，反思自身认识视角和知识的局限性，同时结合公共行政者敏锐的分析和判断，并形成具有一致的政策目标函数。

从实质内容上看，“社会设计是一种规范化、描述性和批判性的策略”①，规范化体现在前面提到的三种不同设计所考量的事项和程序，社会设计是正式的程序和约束的模式，是有目的行为模式。描述性体现在所有参与者都具有呈现自身价值的机会，组织内部的行政管理者、技术专家和外部的社会力量的群体发生知识上的交流与促进，政策形成既要考虑不同主体面临的外部环境的影响，也要思考社会力量在环境压力下的接受能力。社会设计的批判过程体现在组织中的公共行政人员持有一种敢于批判的认真态度，积极自我建构，参与对话，承担起组织、推进和完成建构的责任。

基于社会建构公共行政的多样特征，作为其模式的社会设计特征，不同的视角转换表现出不同特征。当社会设计关注组织内部和外部环境之间保持相对平衡的时候，注重彼此之间的知识交流和舍取，社会设计就有了知识和资源整合的意义；当社会设计关注公共行政的目标实现、建构的意义和行政作用的客观化时候，社会设计的过程性特征就彰显了出来；当社会设计关注不同的主体的知识交流与建设，挖掘寻找其形式与内容背后的潜在关系和创造的思维模式，社会设计就呈现出创新的表征；当社会设计基于现有的社会问题，探索公共行政将来的发展趋势和建构模式的时候，预测和解决社会问题的出现和解决的可能性，社会设计就具有未来性导向的行政特征；社会设计更多地适应在社区或者群体性较小的活动中，或者换句话说，社会设计更多适合于地

① ［美］全钟燮．公共行政的社会建构：解释与批判［M］．北京：北京大学出版社，2008．76.

方政府的管理模式中，社会设计就呈现出灵活性和基层性的特征。

四、社会设计的目标

通过前面的叙述，社会建构公共行政的具体运作程序为，社会设计→建构过程→社会现实的重构（或称为公共行政的客观化过程）→政策或措施。在其过程中，社会设计为建构过程提供了具体实施的平台和途径，社会各类问题的现实得到了重新认识和诠释，获得了相对较为民主化结果的政策或者措施。从这个抽象化的过程描述中，就可以窥探社会设计本身的目标，利用不同的社会知识整合共同治理社会，是多元治理的体现和深化，最大限度地实现人类社会治理的彻底性和社会性，通过不断的社会设计，辅之以制度建设、文化的建设，逐渐成为社会治理的“元叙事”方式，“回到民主治理问题，从建构主义知识观来看，社会治理模式和集体行动之间存在着相互建构的复杂关系，制定社会治理模式下形成的集体行动结构不仅是行政设计的结果，而且往往积淀为治理当局的一个行为‘习俗’”①，使社会设计下的建构公共行政成为理论和实践的优先选择，成为民主治理的范式，成为公众参与公共事务治理的仪式与习俗，成为政府行为方式的首要选择。

公共行政知识类型的转换，尤其在人为秩序与自然秩序、辩证理性与有限理性、意识形态与实证主义方法、形式主义运作和效率至上原则之间做出整合性选择，从而使公共行政学知识在现代社会中担负是来自于社会需要的本身，而不是意识形态和官方

① 孔繁斌．民主治理中的集体行动——一个组织行为学议题及其解释［J］．江苏行政学院学报，2008，（2）：76－82.

话语的需要，来源于民间社会力量的自发聚合而不是单一政府意志的强制性生成与布置。因为社会建构公共行政的选择和社会治理的目标达成有一定的路径依赖，而一个社会知识的储量状况、认知格局是形成发展与变革路径的根本，知识体系已成为公共行政分析社会问题时的一个重要变量。一旦不能及时掌握社会变革所需要的知识，有可能就会挫伤社会，易言之，当代社会发展首要条件是知识存量的增加和应对，一个组织内部的知识增长的有限性决定了组织效率和活力发挥的程度。社会建构的公共行政既是社会知识治理的渴求，也是政府组织向社会本身求取治理知识、俯身求解的反映。各类知识的融合、酶化、耦合到具体的公共行政客观化（或称之为制度化）是社会设计的目标化过程，突出社会建构行政的实质与价值。

从民主治理特征来看，社会建构的公共行政中社会设计的特征具有建设性的民主内涵，涵化着社会权利本身的地位占优性和高位阶性——以公民福利实现、公共利益最大化为目的，关注社会民主的自由与效果。从社会建构的理论来看，达成共识是建立在公共理性的基础上，以发展公民文化为核心的政治文化为归旨，其核心的主题是关怀和突出基本正义问题的公共之“善”，而不是政治权威的自我认同和价值偏好的组织呈现，自由、平等、理解、认同、宽容、互惠互利、共同学习成长等外部制度化的保障和理性公民内心真实的同意、良好心理秩序的建设都是在社会设计指导下公民文化中“善”的知识主要内容，积累了社会建构追求的公共之“善”的行动[①]的现实性。社会设计作为一

---

① 正如列奥·施特劳斯所指，人们对善的追求是建立在具有善的知识的基础上，“只有具备了对于善的知识，他才能找寻他所需要的善”。（具体参考：［美］列奥·施特劳斯．自然权利与历史［M］．上海：生活·读书·新知三联书店，2006：76.）

个意象①，为公共行政的研究提供了丰富的想象，为公共行政理论发展和实践探索提供了努力的方向，但这个意象还需要亟待饱满和完善。

第二节 “场域—社会设计”的内容

一、社会设计的修正

社会设计本身表达了人们一种主观认识和祈望，具有较强的理论先进性，突出了与众不同的治理模式。但我们认为，社会设计作为社会建构的公共行政的意象，并不能全部表达社会建构公共行政运行过程和内容的特征。我们认为，在社会设计的隐喻中，忽视了具体的场景与域地，社会建构的公共行政离开了协商、合作、争论等相关的建构程序与过程，也就失去了存在的意义，所谓建构更无从谈起。而这些程序与过程往往具有场景化的特征，建构的过程是在一定的社会情境中，通过一定组织、计划、管理等过程实现的。公共行政的社会建构场域如下图所示（见图4）：

---

① “意象”原本是诗歌中一个词汇，主要的意思是，就是客观物象经过创作主体独特的情感活动而创造出来的一种艺术形象。简单地说，意象就是寓“意”之“象”，就是用来寄托主观情思的客观物象。在比较文学中，意象的名词解释就是主观的“意”和客观的“象”的有机结合，也就是融入诗人思想感情的“物象”，是赋有某种特殊含义和文学意味的具体形象，简单地说就是借物抒情。作为一种公共行政的意象，它的价值在于，“仍然是正确、建设性且可信赖的结构，可以协助我们理解实体并解决问题”。（具体参考：［美］全钟燮．公共行政：设计与问题解决［M］．黄曙曜译．台北：五南图书公司，1994：149.）

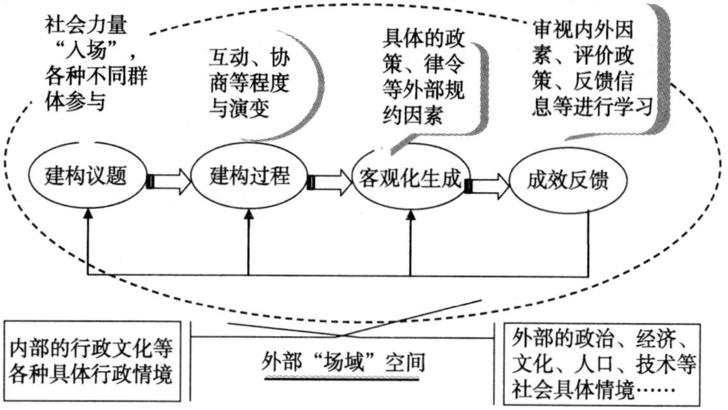

图 4　"场域—社会设计"的过程示意图

显然，全钟燮所倡导的社会设计模式仅仅突出了场景化中一项内容，即建构的过程，而忽视了议题的选择、经过建构后的客观化生成和议题的解决与成效——社会设计的隐喻缺少外在的制约、支撑与保障的内容。所以，对社会建构公共行政的理论的描述与抽象是不全面的，需要重新修正和完善。

立足场景化和过程性的分析，我们把"社会设计"修正为"场域—社会设计"。社会设计中的场景化特征具体表现在两个方面：一是在建构过程中信息流动的环路特征。信息流动的单向性不具备社会设计的内涵，信息必须是全面的环式回路流动，通过信息源的发送、传输、认证、互动、建构与反馈，公共行政事务的内容、问题与意义才能得到完整的显现，信息构成了一个公共事务治理的微小的"场景"，是公共事务治理建构过程的发动机。二是社会设计下的公共行政建构是在外部环境的影响下进行的，这些外部的环境制约、监督、刺激或牵动着建构过程的本身，具体包括政治、经济、文化、人口与技术等影响社会变迁力量的因素，外部环境构成了公共事务治理的外部宏观"场景"，形成了建构过程的外部大“场”。不同的小“场”与共同的大“场”构成了复杂纷纭但又生动多面的公共行政建构景观。

二、“场域—社会设计”的含义与内容

从学科属性上看，“场”是心理学的概念，其本意是一个人的行为取决于个人和环境的相互作用，行为既是人的行为与环境之间的函数，也是人们在公共场域之中的彼此函数，公共场域把人的行为发生的实际影响自由联合起来，促使了主体和客体融合一个共同整体。著名心理学家勒温在其自身的“场动力”理论中指出，“场”而且还包括认知意义，既有物质环境中的某些事件（即被知觉到的物质环境），也有包括个人的信念、感情和目的等。总之，“场”一个不同信念、情感和共同目标的共同体。“场域”（field）的概念在布迪厄的反思社会学中得到了进一步的阐述。从关系的角度思考，他认为所谓的“场域”是指，“各种场域都是关系的系统”①，因此，“从分析的角度来看，一个场域可以被定义为在各种位置之间存在的客观关系的一个网络，或一个构型”②，布迪厄进一步指出，“我们可以把场域设想为一个空间，在这个空间里，场域的效果得以发挥，并且，由于这种效果的存在，对任何与这个空间有所关联的对象，都不能仅凭所研究对象的内在性质予以解释”③。布迪厄的场域概念，不是一个地理空间，而是一个有内含力量的、有生气的、有潜力的客观存

① ［法］皮埃尔·布迪厄，［美］华康德．实践与反思——反思社会学导引［M］．李猛，李康译．北京：中央编译出版社，1998：145.

② ［法］皮埃尔·布迪厄，［美］华康德．实践与反思——反思社会学导引［M］．李猛，李康译．北京：中央编译出版社，1998：132－134.

③ ［法］皮埃尔·布迪厄，［美］华康德．实践与反思——反思社会学导引［M］．李猛，李康译．北京：中央编译出版社，1998：138.

在的社会空间。

（一）公共行政场域的内涵

“场域”的内涵不仅突出了重视社会问题的客观性存在与认知，更重要的是突出了公共生活中主体的主观性交流、个人行为和相互行为，而这一点与社会设计本身的隐喻不谋而合。

社会建构中的公共行政场域是指一种充满生机与活力，可以自由表达主见与公共选择的领域，通过社会设计使得建构的过程充分展现出来。失去了具体场域的支撑，社会设计本身顶多是社会建构公共行政的一个无用的隐喻，徒有形式而没有内涵的隐喻，也就彻底失去了公共行政活动的现场感和实在性。因此，在社会设计中，场域不是一个实体，而是一个公共空间，是一个由各种客观公共生活相互交织而形成的公共行政作用发挥的空间。

既然“场域”是社会关系网络系统，那么就不存在社会与个人的划分与对立，也就实现了不同个体充分良好的融合在一起的集体行动。“场域”作为特定位置之间客观关系的一个网络和空间，“不能理解为被一定边界物包围的领地，也不等同于一般的领域，而是在其中有内含力量的、有生气的、有潜力的存在”①。场域是一般社会空间，既是力量的场域，又是竞争的场域。因此，我们认为，“场域”作为一个充满竞争、对抗、互动和博弈的空间，必然最终会形成一个网络空间，主要由于个人和群体所处的位置以及在关系上的性质不同从而具有特定的身份，由此这些各种地位、身份相互作用而形成了复杂的网络系统。在公共行政系统中，不同位阶的行政人员和社会主体在公共行政生活领域中构成了一个复杂的网络系统，在社会这个大环境“场域”之中的，是与政治、经济、社会、文化紧密相连的。因此，

---

① 李全生. 布迪厄场域理论简介［J］. 烟台大学学报（哲社版），2002，(2)：146－150.

社会建构的公共行政行为不仅要受到内部组织的场域制约，还受到更大的社会场域的限制。同时我们也可以再次看出，仅仅把社会建构公共行政思想的隐喻界定为社会设计是不全面的，在具体实践生活中，可行性难以经得起现实考验。

我们不能离开具体的公共行政生活场域来进行社会设计，大大小小的“场域”及其“能量”决定了社会建构本身是一个复杂的、充满生机的、讨价还价的知识再生产的过程，而不是社会设计中所蕴含的互动与协商那么简单。

（二）“场域—社会设计”的内容

对一个场域的分析，是一个复杂的过程。在一个社会中，由于不同的社会分工造成了不同类型的各种场域，不同的场域是人的行为与社会结构的整合。“在高度分化的社会里，社会世界是由具有相对自主性的社会小世界构成的，这些社会小世界就是具有自身逻辑和必然性的客观关系的空间，而这些小世界自身特有的逻辑和必然性也不可化约成支配其他场域运作的那些逻辑和必然性”①，这些“社会小世界”就是不同的场域。从公共行政生活本身来看，行政活动、行政作用与行政空间相互耦合成为一个场域，即公共行政的场域，在这个场域中，是一个相对稳定的空间，由各行为主体相互对话、建构而形成的主体间性的关系系统，全部有着自己独特的特点、逻辑和行为都得以表现。在这个系统中，不同主体的知识、信息、诉求、利益、讨价还价等构成了一个动态的演化博弈过程，在这个过程中，疏解各自疑窦，缓解各自忧虑，对公共事务治理方案进行驳难和答疑。因此，我们可以说公共行政“场域—社会设计”是行政关系互动网络和行

① ［法］皮埃尔·布迪厄，［美］华康德．实践与反思——反思社会学导引［M］．李猛，李康译．北京：中央编译出版社，1998：134.

政能量不断向四周辐射而形成一个开放的耗散结构系统①。在这个耗散结构系统中，各种建构主体通过对话协商，在各种集体选择的场域交流信息、谈判目标、共享资源、减少分歧、分享知识、增进合意、达到统一，这个过程就是公共行动者建构学习产出政策的社会过程。

当然，“场域—社会设计”的公共行政建构过程不是一帆风顺的，反对的意见、分歧的想法、不同的利益诉求等多重的需要汇合，甚至要经过多层次的反复博弈，不同的知识和认知带来了建构过程的复杂性。“作为包含各种隐而未发的力量和正在活动的力量的空间，场域同时也是一个争夺的空间，这些争夺旨在继续或变更场域中这些力量的构型……他们的策略还取决于他们所具有的对场域的认知，而后者又依赖于他们对场域所采取的观点，即从场域中某个位置点出发所采纳的视角”②，各自力量博弈和知识体系决定了建构过程的反复性、艰难性，但也反而衬托出了社会建构所产生的客观化后果的适用性、有效性和建设性。

对公共行政场域的分析，需要理清场域的核心因素，“在行政场域中，角色、结点和域面共同构成了三维结构和元素。其中，角色指行政场域中的参与者，是域内关系的各个端点；结点指行政场域中客观关系的交合点；域面则是指行政场域的疆界和范围”③。在“场域—社会设计”中，其中“角色”是指参与社

① “耗散结构”理论是由比利时科学家伊里亚·普里高津于20世纪70年代提出的，主要是指只有在非平衡系统中，在与外界有着物质与能量的交换的情况下，系统内各要素存在复杂的非线性相干效应时才可能产生自组织现象，并且把这种条件下生成的自组织有序态称之为耗散结构。（具体参考：沈小峰，胡岗，姜璐．耗散结构论［M］．上海：上海人民出版社，1987.）

② ［法］皮埃尔·布迪厄，［美］华康德．实践与反思——反思社会学导论［M］．北京：中央编译出版社，1998：139－140.

③ 苏万寿．行政场域及其权利实现［J］．行政与法，2010，(4)：1－5.

会建构的各种行为主体，具体而言是指行政人员与社会行为主体，行政场域中的客观关系并不只是单纯的行政主体、行政相对人及行政相关人三类角色的互动结构关系，而是服务与监督的关系。在社会建构中，是通过生产公共行政事业客观化的过程，角色之间虽然有职务、岗位的不同，但在建构过程中是平等的。行政场域的结点就隐含在不同的主体之间，是人们要进行建构的议题中所包含的种种分歧、利益，由于不同主体身份的复杂性，决定了结点本身的复杂性和多样性，这些要建构议题的分歧、意见既是“场域—社会设计”中一个抽象的、工具化的、符号的、行为的和语言的存在，也是“场域—社会设计”之所以充满活力与生机的根本原因，这些分歧与利益在场域中得到转化与统一，分歧与利益“就像宇宙的体系一样，有一种离心力，不断地要使众天体远离中心，同时又有一种向心力，把他们吸引向中心去。当每个人自以为是奔向个人利益的时候，就是走向了公共利益”①。公共行政场域是一个行为与语言的交换空间，其域面究竟有多大，需要根据所要建构的议题进行确认和选择。在布迪厄看来，任何场域的确定和场域边界的确定都充满着不同力量关系的对抗，但场域的界线是由场域自身决定的，没有先验的答案，“场域的界限在场域作用停止的地方”②。就实质意义而言，社会设计中行政场域的域面大小取决于行政事务性质、内容与范围，也取决于建构中主体参与人员的数量与群体的属性。

“角色、结点和域面”构成了公共行政场域分析的三个重要因素，但从场域本身的特征来看，还是不够的，还必须认真研究

① 孟德斯鸠．论法的精神（上册）［M］．张雁深译．北京：商务印书馆，1982：25.

② ［法］皮埃尔·布迪厄，汉斯·哈克．自由交流［M］．北京：北京三联书店，1996：98.

所有场域概念所引起的“惯习”之意义。惯习“是持久的可转移的禀性系统”，与客观结构紧密相联。人们常常把“惯习”视为一种主观性，“我们提惯习，就是认为所谓个人，乃至私人，主观性，也是社会的、集体的。惯习就是一种社会化了的主观性”①。但它常常是与客观结构（场域）相联系的主观性，这就是说，没有孤立存在的惯习，只有与特定不同类型的场域相关的“惯习”。惯习是一种生成性结构，是一种人们后天所获得的各种生成性图式的系统，惯习“是一个开放的性情倾向系统，不断地随经验而变，从而在这些经验的影响下不断的强化，或者调整自己的结构。它是稳定持久的，但不是永远不变的”②。

1. 分析的依据。采取“场域理论”来分析社会建构的公共行政设计寓意，主要依据三个方面：首先从场域和惯习两者之间的关系来看，两者是相互交织的双重存在，场域是具有惯习的场域，没有惯习的场域是不存在的。惯习是场域的惯习，脱离场域的惯习也是不存在的，“社会现实是双重存在的，既在事物中，也在心智中；既在场域中，也在惯习中；既在行动者之外，又在行动者之内”③。整个社会世界中形形色色的“小世界”（即场域），这些场域是一种客观的关系系统，活动于其中的行动者并不是被动的执行者，而是有知觉、有意识的能动的人，他们是社会性和个体性的统一，“惯习”则将这二者统一了起来，成为个体行动与社会结构之间连接的桥梁。作为社会结构中的一个“亚场域”，公共行政中建构的场域是具有建构惯习的场域，而

① ［法］皮埃尔·布迪厄，［美］华康德．实践与反思——反思社会学导论［M］．北京：中央编译出版社，1998：170.

② ［法］皮埃尔·布迪厄，［美］华康德．实践与反思——反思社会学导论［M］．北京：中央编译出版社，1998：178.

③ ［法］皮埃尔·布迪厄，［美］华康德．实践与反思——反思社会学导论［M］．北京：中央编译出版社，1998：17.

脱离建构场域的建构惯习是根本不存在的。其次，在场域与惯习之间存在“本体论的对应关系”，这种本体论的对应关系有两种作用方式：一方面，场域与惯习有种制约关系，“场域形塑着惯习，惯习成了场域固有的必然属性体现在身体上的产物”①。作为社会设计中建构公共行政的场域，公共行政在转型社会时期的发展特征和职能转变深刻影响着建构过程中人的发生惯习；另一方面，场域与惯习两者都有认知建构的关系，“惯习有助于把场域建构成一个充满意义的世界，一个被赋予了感觉和价值，值得你去投入、去尽力的世界”②，不同主体通过建构的惯习进行公共事务的治理，也在建构政府和影响着公共行政职能的发挥，同时，也建构和发展着行为主体自身，在解决社会问题的同时，也使得社会趋于有序与稳定。最后，场域与惯习之间不是简单的“决定”与“被决定”的关系，而是一种通过“实践”为中介的“生成或建构”的演化关系。“惯习这个概念，揭示的是社会行动者既不是受外在因素决定的一个个物质粒子，并不是只受内在理性引导的一些微小的单子，实施某种按照完美理性设想的内在行动纲领。社会行动者是历史的产物，这个历史是整个社会场域的历史，是特定子场域中某个生活道路中积累的历史。”③ 行政组织内部与外部的不同主体的惯习是在公共行政议题建构活动中获得知识与经验的积累与增长，又能在公共事务议题的共同行动中可以持续发挥作用，它通过成功地调解行动来建构充满信任的组织与社会，同时又受到充满信任组织和社会的持续影响，促

① ［法］皮埃尔·布迪厄，［美］华康德．实践与反思——反思社会学导论［M］．北京：中央编译出版社，1998：171－172.

② ［法］皮埃尔·布迪厄，［美］华康德．实践与反思——反思社会学导论［M］．北京：中央编译出版社，1998：171－172.

③ ［法］皮埃尔·布迪厄，［美］华康德．实践与反思——反思社会学导论［M］．北京：中央编译出版社，1998：181.

使行政活动不断进行，并影响着公共行政的建构场域形式与内容。因此，社会设计中的建构场域，从本质上是有实质意义的社会互动和共同治理。

2. 分析的过程。场域中不同位置的地位和意义绝非完全由结构和系统内在关系界定，而要涉及权力分配和该位置所特有的专门资源（如文化、经济、社会、符号资本等）。因此，必须从社会的整体进行分析，为理解社会对自身和周围世界的表象方式，我们必须考察的是社会的性质，而不是个人的性质①，社会的性质与整体特征决定了场域分析的特征。场域视角的分析，就是运用场域理论对公共行政的空间结构进行分析。主要步骤有："第一，分析与权力场域相对的场域位置；第二，勾画出行动者或机构所占据的位置之间的客观关系；第三，分析行动者的惯习；第四，分析特定场域的特定资本形式与独特运行逻辑；第五，分析行动者的资本数量与结构；第六，确定自己的行动策略。"② 场域的六个步骤和社会设计的过程相结合具有逻辑的契合性和实践的相似性，也具有很多的不同之处，主要可以概括如下。

（1）场域理论中分析步骤突出了各种行为主体的位置和场域中的"生态位"③，占据这些位置的行动者或机构为了控制这

① ［法］E. 迪尔凯姆．社会学方法的准则［M］．狄玉明译．北京：商务印书馆，2006：13.

② 刘广明．高校"位置"提升的策略：场域的视角［J］．河南工业大学学报，2008，(1)：114－122，123.

③ 生态位（niche）的概念是由 Joseph Grinnell 于 1917 年首次提出。最初是用于研究生物物种间竞争关系的，该原理的内容主要指在生物群落或生态系统中，每一个物种都拥有自己的角色和地位，即占据一定的空间，发挥一定的功能。生态位是一个物种所处的环境以及其本身生活习性的总称。每个物种都有自己独特的生态位，借以跟其他物种做出区别。生态位包括该物种觅食的地点，食物的种类和大小，还有其每日的和季节性的生物节律。在此引用是指人们在参与公共行政中所处位置和行为选择。

一场域特有的合法形式的权威，从而展开相互竞争，形成了多重的关系，进而制约和影响着不同位置的行动者的策略选择。

（2）场域理论侧重分析行动者本身的惯习，态度倾向的行政场域中占据重要的问题，不同的态度其行为也迥然相异。社会设计中的行为主体的情感、态度、行为模式、策略选择也决定了行为的不同。

（3）场域理论侧重分析不同的资本形式对行为的影响。行动者通过将一定类型的社会条件与资本形式并于内在化的方式获得这些性情倾向，一种特定的资本总是在给定的场域中有效，既是斗争的武器，又是斗争关键因素，资本主要有三种基本的形式，即经济资本、文化资本和社会资本①。在社会设计中，不同参与者受主体的知识、态度、组织本身性质的影响，还要受到与社会环境的拟和程度、建构议题的灵活性、执行环境变化性等外部因素的影响。在外部环境上，社会设计与场域理论行为要受到经济、政治、文化等方面的影响。

（4）场域理论分析强调了在以上分析的基础上，主要分析的是行动者策略。公共行政的场域中充满着不同力量关系的对抗，对抗的策略就尤为重要，“场域的结构迫使其中的每一分子采取与自己的位置相适应的策略”②。行动者的策略决定了场域中行为的性质，策略是行为的选择和博弈的技能，是场域主体的

① 成伯清．布尔迪厄的用途［A］．［法］皮埃尔·布尔迪厄．科学的社会用途——写给科学场的临场社会学［C］．刘成富，张艳译．南京：南京大学出版社，2005：161.

② 布尔迪厄．国家精英：名牌大学与群体精神［M］．杨亚平译．北京：商务印书馆，2004：229.

获取利益的主要工具选择①。因此，各种博弈工具和技能的使用就成为策略成效的根本。而在社会设计中，话语工具是主要的选择，各种意见的表述、公共事务的叙述、不同意见驳难和辩解、最终意见达成或失败都是通过语言载体进行的。但在这方面的相同之处，都是为进行博弈奠定基础，无论什么样的工具选择，都是进行博弈的前提和博弈顺利进行的保障。总之，社会建构公共行政的“场域—社会设计”的分析模式实现了形式与内容的统一、动态变化与静态分析的融合、结果与过程的有机结合。

从以上分析中，我们可以得出，公共行政的场域不仅是一个纯粹的客观世界，也是充满各种意义、价值所体现的主观世界。在公共议题的建构场域中，各行为主体都有属于自己的心智倾向系统——认知与建构的惯习。建构过程的惯习在建构场域中发挥至关重要的功能，正是通过建构惯习，在行政事务中的场域内的不同行为人，各自利用各种不同的知识、技巧和策略，进行着互动、协商、行动。建构的惯习作用体现在：决定参与建构的不同人在运用技巧和策略上的优劣，也决定建构本身生成的政策、决策或意见的统一的结果的不同，决定建构行动的方向——成功或失败。在建构的过程中，建构的惯习由历史积淀与参与其中的每个人素质构成，由于以前建构的“经验的传递性”，使他们对社会建构过程的人产生了高度的信任或者不信任，从而接受或者拒

---

① 张维迎针对博弈论的论述指出，在博弈论中，个人效用函数不仅依赖于自己的选择，而且依赖于他人的选择；个人的最优选择是其他人选择函数。个人的选择依赖于其自身的行动、信息和战略。所谓的行动是参与人在博弈的某个时点的决策变量，信息是参与博弈的知识，特别是有关“自然”的选择、其他参与人的特征和行动知识，战略是指参与人在给定信息集的情况下的行动规则，它规定参与在什么时候选择什么行动，是参与人的“相机行动方案”。（具体参考：张维迎．博弈论与信息经济学［M］．上海：上海三联书店，上海人民出版社，1996：4，47－51.）在这些因素的影响下，个人的资源、彼此承诺的可靠性、信任程度以及博弈中主体的“先动”等情况都是参与人在博弈中的战略选择。

绝参与公共行政的建构，而参与公共行政建构的个人素质、文化背景、知识水平等因素会影响到他们对于公共行政建构的认识，影响着公共行政建构过程的制度和建构客观化结果的质量。同时，社会发展的阶段性与社会结构也影响着公共行政建构的惯习，惯习往往被视为一种“结构化的结构”①。在前面我们分析过，社会建构的场景化特征说明建构过程要受到组织外部环境的制约，正是此意。

根据以上的分析，在具体的公共行政实践中，只有“惯习”和“场域”相互作用，共同改变，才能为社会建构创造条件，从而为实现公共行政事务治理奠定坚实基础。“场域—社会设计”中的各类行为主体的“惯习”来自于不断参与的建构议题的实践活动中，经过一定时期的积累和认知，经验就会内化为他们的意识，去指挥和调动各种主体的行为，成为建构过程中不同主体的社会行为、生存方式、参与模式、行为策略、态度倾向等行动和精神的强有力的生成机制，各类行为主体的“惯习”赋予了公共行政场域现实存在的意义。

从社会发展的动态来看，公共事务的内涵与外延始终处于流变状态之中，有很大的阶段性与社会变动性，由此决定了社会的发展以及相应的公共需求。因为，我们可以认为，“场域—社会设计”中的公共行政场域中的角色也会不断地变化，结点会越来越复杂、多元和个性化，公共行政场域的域面范围会得到更大的变化，每个人参与公共行政建构的惯习也在不断发生变化，社会建构的过程也必然会更加复杂、多样和全面。

---

① 皮埃尔·布迪厄．社会学之社会学［M］（Questions de Sociologie，1980）日文版：藤原书店出版社，1991：348.

第三节　“场域—社会设计”的分类和发展

按照“场域—社会设计”分类，公共议题的社会建构可分为“决策者—公民”的社会建构模式、“公民—决策者”的社会建构模式、“公民—精英（代表）—决策者”的社会建构模式和“公民—公民”的社会建构模式。

一、四种主要模式

（一）“决策者—公民”模式

“决策者—公民”的社会建构模式主要是指在决策者的积极指引下，公民积极参与公共行政社会议题的建构，表达自身的意见和陈述自身见解，以此来影响公共政策的决策过程。“决策者—公民”模式中政策议题主要是政府组织发起，目的是解决社会公共性问题或立于未来导向的政策项目等，这类公共议题的社会建构模式也称之为政府“主导型”的社会建构模式。可以用下图来表示（见图5）。

“决策者—公民”的社会建构模式主要特征有：

（1）“决策者—公民”的社会建构模式议题建构，是由政府提及组织公民参与对议题制定的过程。在这其中，政府是主导作用，但更重视的是政府和社会的双向互动，其中政府不再主导一切。

（2）此类社会建构模式主要是指行政行为中的抽象行政行为，所涉及建构的议题具有普遍性和不特定的对象。

（3）此类社会建构的议题的场域采用的“分散—聚合式”，通过大小不一的微型的公共场域先进行议题的社会建构，再在整

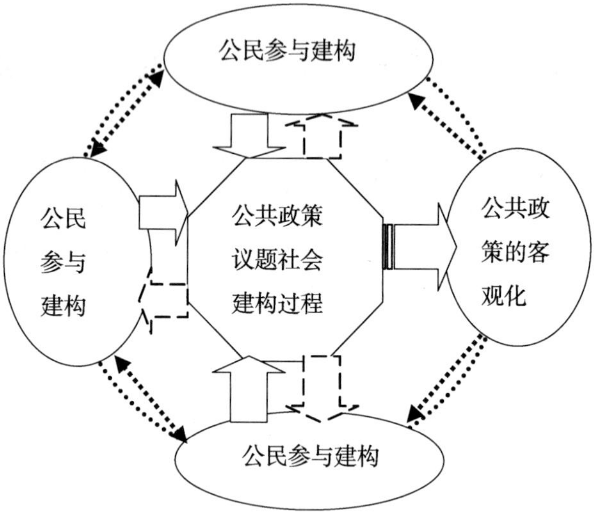

图 5　“决策者—公民”的社会建构模式

（虚线表示反馈）

合、聚集和耦合的基础上进行社会建构的模式。

（4）参与社会建构的公民是多样的异质群体，体现出抽象的行政行为特征，集思广益，公民以个体的知识活动影响政策的制定或为政策提供实证、理论依据。

（5）行政人员与公民面对面沟通与协商，民众所提供的意见与知识是最后决策的依据。

这类社会建构模式在中国现实行政生活的主要类似听证会、制定规章制度听取意见会等。

（二）“公民—决策者”的社会建构模式

“公民—决策者”模式主要是指公民对社会问题的关切而提出政策问题，政府需要回应公民的社会需求而进行的公共政策议题的社会建构，这类公共议题的社会建构模式也称之为“回应型”公民社会需求的社会建构模式，其主要功能是对公民吁求做出有效的反映，制定有针对性的公共政策，以解决公民面对的问题。这种参与社会建构的模式可以用下图来表示（见图6）。

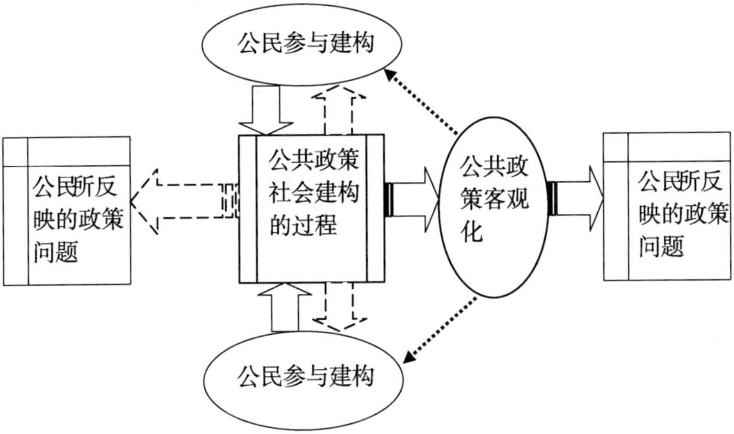

图6　“公民—决策者”的社会建构模式

（虚线表示反馈）

“公民—决策者”的社会建构模式主要特征有：

（1）“公民—决策者”的社会建构模式议题建构是由公民集中反映提出，政府组织公民参与对议题建构是对公民反映的问题进行回应。“公民—决策者”的社会建构模式获取信息仅是其中的一部分，更重要的是期待政府的回应并积极反馈、互动建构。

（2）此类社会建构模式主要是指行政行为中的具体行政行为，所涉及建构的议题具有特定的对象和特定的行为，有时候包括一些抽象行政行为。

（3）此类社会建构的议题的场域是单一场域，政策问题的建构紧紧围绕公民反映的问题进行。

（4）参与社会建构的公民是特定的，或者是由此类政策问题所涉及的相关个体或群体。

（5）由政府组织，行政人员与公民面对面沟通与协商，民众集中反映的意见是最后决策的依据，或者由行政人员采取“走群众路线”的方法，进行社会调研听取群众意见。

这类社会建构模式类似公民发起的接触、“关键公众接触法”和公民调查的获取信息的参与（约翰·克莱顿·托马斯，2005）等。

（三）“公民—精英（代表）—决策者”的社会建构模式

“公民—精英—决策者”的社会建构模式主要是指社会精英或者代表对政府要执行的重大决策或者社会重大问题进行请愿，以此来影响公共政策的制定，因此，这类社会建构模式也称之为“请愿式”、“上书模式”（王绍光）的社会建构模式。社会建构的过程是由精英或代表单个或群体组织公民积极参与公共行政社会议题的建构，再由精英或代表集中公民意见，并上报政府，以此来影响公共政策的决策过程。“公民—精英—决策者”的社会建构模式主要是利用社会精英或者人民代表的身份，利用征求意见或上书的形式来影响公共政策。这种参与社会建构的模式可以用下图来表示（见图7）。

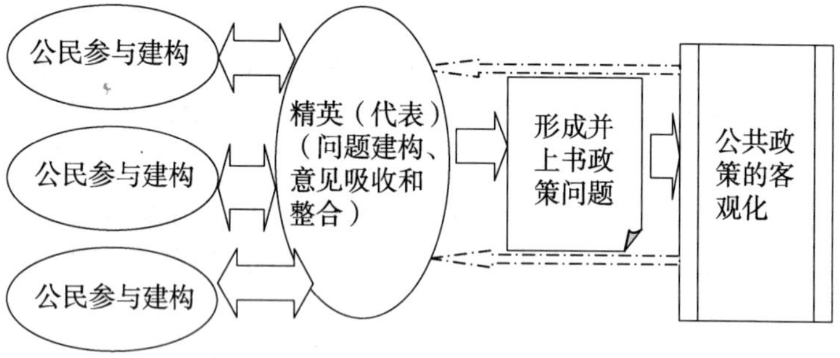

图7 “公民—精英（代表）—决策者”的社会建构模式

（虚线表示反馈）

“公民—精英（代表）—决策者”的社会建构模式主要特征有：

（1）“公民—精英（代表）—决策者”的社会建构议题是由社会精英或者人民代表提出，并组织公民参与对议题建构。

（2）此类社会建构模式可以是行政行为中的抽象行政行为，也可以是具体行政行为。

（3）此类社会建构的议题是在小型公共场域先进行议题的社会建构，再在社会精英或人民代表进行意见的整合、聚集和耦合的基础上，报送政府并对公共政策进行影响。社会建构的过程可以一次进行，也可以是多次进行。

（4）参与社会建构的公民是多样的异质群体，集思广益，听取不同群体或个体的意见。

（5）行政人员不与公民、社会精英或人民代表进行面对面沟通与协商，通过间接的形式与内容进行研判并做出回应。

这类社会建构模式在中国现实行政生活的主要案例有学者上书形式等。

（四）“公民—公民”的社会建构模式

“公民—公民”的社会建构模式主要是指在一定的社会范围内，公民进行的自治，政府只是作为指导者的角色，在遵守法律的前提下公民自身进行社会建构以此达致自我管理的模式，因此，这类社会建构模式也称之为“自治式”的社会建构模式，是微观的社会建构行政。公民之间的社会建构主要是在基层组织和社区中进行，社会建构的过程是生活在社区之内的公民根据社区公共事务进行协商与解决的过程。“公民—公民”的社会建构模式过程可以用下图表示（见图8）。

“公民—公民”的社会建构模式主要特征有：

（1）“公民—公民”的社会建构议题是由公民之间形成，公共议题由生活在一起的公民自行建构，是公民自我管理的体现，

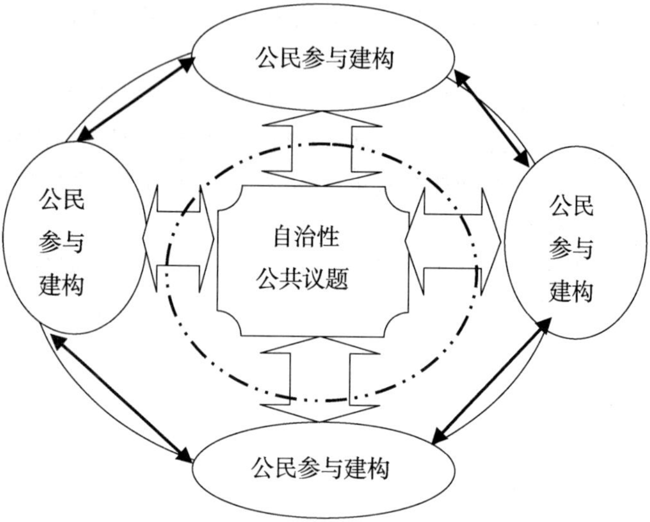

图 8 “公民—公民”的社会建构模式

（虚线表示反馈）

政府只是引领者和指导者，政府在组织原则上不予干涉。

（2）此类社会建构模式可以是公民生活中或者身边的事情，是生活行政的体现。可以是确定的公共问题，也可是公共论题的讨论与研究。这一点类似旅游的行走，甚至有时候没有目的地和终点目标，旅行的目的是边走边聊——没有约束的互动、对话，在经验与知识的分享中实现共赢——产生新的政策和每个人的成长。

（3）此类社会建构的议题场域是自身生活的区域，具有不确定性，诸如社区、街道等，成功的社会建构模式可以供政府作为推广的模式。

（4）参与社会建构的公民之间遭遇“面对面”的对话和质疑，人数具有不确定性，实现的是一致同意原则。

这类社会建构模式在中国现实行政生活的主要案例有各个社

区成功的自治模式等。在国外称之为“自治模式”，在中国也有的称之为“草根模式”。

以上“决策者—公民”的社会建构模式、“公民—决策者”的社会建构模式、“公民—精英（代表）—决策者”的社会建构模式和“公民—公民”的社会建构模的四种模式，代表了不同公共场域的建构模式，都是社会建构行政的一个小小切片，政府在其中所发挥的作用是不一样的，“决策者—公民”模式政府的作用最大，“公民—公民”模式中政府的作用最小，同时，公民参与社会建构的过程也不一样，“公民—精英（代表）—决策者”模式公民的参与建构精英与公民之间的社会建构，“公民—公民”模式则完全是公民之间对公共事务的社会建构。从公民自我参与社会建构的自治程度来看，“公民—公民”模式是社会建构程度最高的模式。各自的特征具体如下（见表4）。

表4　不同形式的社会建构行政类型比较

类别 / 特征 / 内容	“决策者—公民”的社会建构模式	“公民—决策者”的社会建构模式	“公民—精英（代表）—决策者”的社会建构模式	“公民—公民”的社会建构模式
公共议题提出	由政府提出	由公民提出	由精英（代表）提出	由公民提出
公民参与人数	较多、异质性	较多，异质性	不限，异质性	人数相对固定
公民参与程度	高	相对低	相对低	比较高
政府作用	主导	回应	回应	引导
公共场域	不固定	不固定	隐蔽性场域	固定、小型
过程特征	合法性论证	回应需求	上书与回应需求	自治
适用范围	抽象行政行为	具体行政行为	抽象、具体行政行为	特定、具体公共议题

二、"场域—社会设计"的意义性特征

作为一种知识、智慧和精神资源的社会整合和开发过程，"场域—社会设计"下的公共行政把社会建构的特征充分发挥了出来，把参与社会建构与知识、能量分享具体耦合成契入公共行政的基因之中，从具体不同视角来观察，具有不同的特征。

从不同场域的内容来考虑，最基本特征有四个方面：坚持信奉"参与就是价值"、"参与就会产生新价值"、"知识分享重要性大于权力单打独干的实施"的信条，社会建构过程中的参与是知识、思维和情感的参与，以多元的参与行政过程为起点；参与其中的知识起点为触发点，即以参与群体为重心；解决当前实际或将要出现的问题，即以现实行政实践为中心；采用多种形式、多种方式的互动分享的方式，即以具体类型的行政为活动中心；赋予公共行政意义的过程是动态的过程。

从参与社会建构的行政人员来看，"场域—社会设计"下的公共行政，主要特征有：以社会利益至上，以参与其他社会主体为中心，以激发参与的社会主体进入建构过程的行为愿望和取得高层次的公共行政思维、认识为主要内容；尊重不同的群体利益与意见。在帮助参与社会主体获得知识经验、分享和彼此学习的心理策略为出发点设置社会建构的情境；采用具体的策略，在形成自我对具体公共政策的理解基础上帮助其他主体进行理解与认识，并能够对组织始终以解决公共事务为主线。

从参与社会建构中的公民行为方式来看，"场域—社会设计"下的公共行政特征突出地表现为：与情境相关，社会的具体情境构成行政建构的背景；强调参与者的主体性，公民的能动性贯彻整个社会建构过程中；始终以问题分析和其对问题赋予意义为导向，关注不同知识互动、交流和生成新知识、方法，形成

新意义的政策。

三、“双轨制”——社会建构行政的演变与生成

从以政府为主导社会建构行政到公民自治形式的社会建构行政，反映了社会建构公共行政演化的轨迹，政府的角色、功能在其中有很大的变化，从政府的主导到政府的引导再到公民的自治过程——通过政府引导社会公民参与建构到公民自我治理，实现政府社会公民相互建构、相互发展的过程，最终实现社会的自治与发展。

其基本逻辑为：在官僚制作用日益式微的今天，政府已经无法“一手遮天”来全权进行治理社会，公民参与社会公共事务的治理，分享管理社会的知识已是不可逆的社会现实。而同时，在公民社会尚未成熟的前提下，公民精神发育不全、公民自治能力不高和政治参与冷漠也是社会转型不争的事实，在突出强调公民和社会组织在治理社会事务作用的时候，存在两种不能忽视的负面现象：一方面是不能忽视公民和社会组织本身知识的偏颇性和自利性，意见占优和垄断的“多数暴政”有可能发生；另一方面是公民知识的碎片化、私利性和竞争性，也无法获得一致的同意，更无法取得政府的权威。因此，在这种情形下，社会建构的公共行政最终实现和成长发生轨迹是“双轨制”的模式：一并推进国家制度层面的、正式的决策机构的理性决策制度建设与公共领域的公民社会中非正式的社会建构公共行政的政策建设途径，最后达致正式的社会建构的公共行政公共政策制定与执行，即通过在政府引导社会力量参与公共行政的社会建构，承认并尊重社会的力量，分享知识；同时，不断授权和不断发展社会组织，促进社会自治力量的发育与成熟，实现由政府引导的“小规模的征求意见”到“大规模知识分享”的社会建构过程，在

公民社会成熟的条件下，引导公民与社会组织全面自治，实现政府与社会力量的各自不同领域分工治理，进而达致两者合作的最优化。政府从授权到共享权力，在此过程中，需要处理好政府、一般公众、特定利益主体之间的关系，处理好不同知识分享与公共政策的民主、科学之间的关系，从而实现由权力主导的公共政策议题生成与制定到由知识分享和意义生成的公共政策生产的过渡，从单一权力中心向多元治理的主体间性公共政策模式转变，从政府主导的“善政”的官僚体制模式向不同公民主体的公民社会“善治”的模式发展，实现从代议制下的选举民主向社会建构的商谈治理式民主的衔接和转变，从而实现双轨制的结果。

从理论上来说，理性、平等、互惠的社会建构需要成熟的法律体系和公民社会的发育。分享与协商的原则和法律制度彼此交叠，形成私人自主空间不断扩大和公共自主空间相互为前提关系的权利体系，一并构成了实践双轨制的社会建构公共行政的先决条件。因此，在现实的公共行政生活中，我们需要对社会建构的公共行政做出相应的限定和调适，是“有限的社会建构”，其主要含义为：一方面是社会建构要不断地以个案的实现嵌入公共社会现实中去，不可能也没有必要完全按照社会建构的公共行政的理论的前提条件硬性地套用现实，而是要突出渐进性，通过不断实践的成熟和社会建构过程的不断改善和改进，推动在公共行政的实践；另一方面是努力在应用于重大事件的讨论和决定上，通过具有影响力的事件和地区治理的有效经验，上升到国家制度层面进行推动，实现社会建构行政模式的纵深发展。

从形式上讲，“决策者—公民”的社会建构模式是初步的政府改变自我中心、应允社会力量参与公共政策的硬核部分，是社会建构行政的较为初始的阶段的选择。“公民—决策者”的社会建构模式政府则开始对注重民众的社会需求与意见，是社会的回应和社会力量的“深度介入”，是政府社会建构的深入发展的表征。“公民—精英（代表）—决策者”的社会建构模式是多中心治理、多元主体建构公共议题的特征，政府从“全能主义”中退位。“公民—公民”的社会建构模式则是社会建构公共行政的最高位阶，是在政府引导下实现公民自治社会发展的目标的最终追求。

如果从实质参与的内容来看，社会建构发展模式分类序列与谢尔·阿斯汀的公民参与阶梯理论相一致。谢尔·阿斯汀（Sherr Arnstein）提出的“公民参与阶梯理论”是根据政治体制演进与公民参与自主性程度之间关系，将公民参与形式由低到高分为三个阶段和递进发展的八种参与形式①：阶段一为政府主导型参与，即政府操纵、宣传教育是主要形式；阶段二为象征型参与，给予信息、政策咨询、组织形成、合作伙伴关系；阶段三为完全型参与授予权力公民自主控制。三个阶段反映了公共参与的深度、广度和自主性的提高。在社会建构的四个模式中，可大概地反映出公民参与社会建构的阶梯模式。因此，我们从社会建构公共行政未来发展脉络（当然发展的过程中有相互交叉的阶段、形式和内容）来看，我们可以说吸引不同的参与者、对公共行政赋予不同的意义进行社会建构是政府组织发展的明天，对社会力量关注和社会力量的深度介入公共政策则是政府组织发展的后天，引导社会力量进行自我治理、实现与政府力量合作的最大化的社会建构则是政府组织发展的美好未来。而今天，我们要认清存在的问题，坚持社会共同治理和公民知识贡献行政的重要性，以坚定的勇气启动和优化社会建构模式的公共行政。

不同的社会建构模式呈现了公民参与公共行政社会建构的丰富性，通过这些不同模式的参与，保证公民能够充分参与到社会

① R. Arnstein. A Ladder of Citizen Participation [J]. Journal of the American Institute of Planners, 1969, (35): 216-224.

建构的行政中，实现公共行政的民主治理。当然，并不是说这些模式都能够取得良好的效果，还需要行政人员与公民处理好自我、组织与社会的关系，这将在下一章进行详细论述。

第四节 “共景政府”
——社会建构中的政府隐喻

社会设计是社会建构公共行政的思想意象。意象地呈现与叙述需要更多设计以外的思考和研究，“场域—社会设计”只是对公共行政运行过程的思想内容凝聚和抽象的描述，而这些思想的实现，还必须配合相应的载体、渠道、工具、方法来实现。换句话说，还必须具有公共行政发挥作用的平台和机制，离开了这些平台和机制，各种功能也就失去了用武之地。“场域—社会设计”中公共行政下的政府运行和发挥作用的模式，我们称之为“共景政府”。

一、“共景政府”的含义

耶利米·边沁（Jere－my Bentham）曾对人类社会控制有一个生动的描述：“全景敞视”式控制模式。米歇尔·福柯延续了边沁的思想，提出了“全景敞视主义”的概念，他认为“权力无处不在——这并不因为它有特权将一切笼罩在它战无不胜的整体中，而是因为它每时每刻、无处不在地被生产出来，甚至在所有关系中被生产出来，即权力无处不在，并非因为它涵括一切，而是因为它来自四面八方"①。福柯认为，传统社会里，管理人员主要利用信息不对称的优势来实现成本低、效率高的社会治理，其管理形式与古罗马的监狱相像：监狱是金字塔形状，犯人被监禁在不同的牢房中，狱卒在最高一层牢房顶端的监视室内，可以监视所有犯人，而犯人们却看不到他，犯人不能相互沟通和信息传递。"全景监狱"中，渐渐成为犯人一种心理模式：他们一直认为他们在受监控，犯人就能自觉地自我控制。"全景监狱"之模式类似传统的管理体制，以控制—命令为导向的政府式样，政府凌驾于社会之上，把持、控制、规定社会的发展。然而，"全景监狱"之模式被信息流动的社会打破，有了新的社会结构——"共景建筑"模式，此模式是一种围观、开放式的结构，实现了信息充分流动和彼此之间信息对称。在公共生活中，公众不再只是被动单向地能聆听管理人员的声音，而是在共享的信息中沟通，交流彼此信息，在设置、参与和研究社会的公共议程，每个行政人员都感受到他人的审视、集体凝视和挑战的压力，政府的中心地位由于信息的通畅流动而得到松弛，每一个人的信息容量的大致同等性使得每一个人都有参与公共行政的机会。

借用这样一个比喻，我们把"场域—社会设计"下的政府模式形象地定位为"共景政府"，其主要含义为，政府就像是一个透明的金鱼缸——具有信息网络的开放性和共享性，不仅组织内部能够看到，组织外部也能清楚看到鱼缸内部的情况。通过不断的增量信息和赋予均等的信息使用权，让各类主体之间的对话更加透明，强调信息与知识的对接、分享和重新的阐释，建构和实施公共行政。其基本含义为，在公共行政的场域活动中，政府有着"静水流深"的气度，充分调动社会全体成员的力量和智

① 福柯．规训与惩罚［M］．刘北成，杨远婴译．北京：三联书店，2007：178.

慧，主张民众的社会参与，透明、高效地利用他们对公共事务的理解和自身的背景知识，使公共领域中具有更多的发言权、决策权和自我控制权，提高对公共事物的治理水平，并在更高的层次实现自主参与、建构、协商的社会自我关照和自我治理。“共景”中的政府要成为规则的制定者、公共平台的搭建者、社会对话的组织者和政策提议的建构者。

二、“共景政府”的内容

“共景政府”的核心在于强调信息、经验的共享，主张在公共生活形成的不同场域中完成政策议题建构。

（一）每一个人的行政

在“共景政府”中，公共行政日益走向大众化，虽然行政精英依然能够通过行政资源以及由此衍化出的各种权力来参与、决定行政决策，但社会大众的力量在公共行政决策中发生着“涓滴效应”——不断渗入公共行政的决策圈中，慢慢影响和触及决策最后“拍板”的硬核内部。

“场域—社会设计”中的政府是每一个人的政府，其行政也是每一个人的行政，政府实现了其角色与职能在价值上是彻底颠覆——以公共性补救合法性①，在具体形式上表现为公民权拯救

① 按照孔繁斌教授的理解，认为恢复“公共性”成为公共行政改革的价值路标。强调合法性到恢复公共性，这是从价值上恢复对“公共的善”这个共和政治价值主题的关怀，强调公共的善优先于统治秩序而不是相反。这意味着对于公共服务的召唤，以及有效管理公共组织的，体现一种深厚的、持久的信任与承诺；也意示某种共和政治伦理在后工业文明社会的回归：相互信任的认同和承诺以及对公共的善——正义的追求。正是在这一意义上，治理结构的转换需要以公共性“颠覆”合法性，需要政府角色成为多中心治理体系和公共性价值的“他者”。〔具体参考：孔繁斌．社会治理的多中心场域构建——基于共和主义的一项理论解释［J］．湘潭大学学报，2009，(2)：11－16.〕

行政权、合作治理取代垄断管制、知识分享式决策优先于组织内部单一知识决策。

“共景政府”是经验、信息共同分享的政府，政府通过公共渠道及时发布信息，为实施政策议题建构奠定基础。对公众而言，对政府各种决策行为不再是看风景的过客，而是共同制造风景的一员。在“场域—社会设计”的隐喻中，“共景政府”是公共事务建构的组织者、行动者、执行者，选择议题、建构议题和解决议题，把行政人员、民众通过能够建构的议题聚集起来，共同行动，获取社会需要的决策。“我们作为私人个体或公共行政人员的信仰系统是否‘真实’还不如它们是‘我们的’这么重要。”① 因此，“共景政府”已不再只是行政人员“我”的事情，而具有了“我们”含义，都是建构过程中的主体，是主动、具有意向性的社会主体。政府单枪匹马已经无法对复杂的社会公共事务做出精确判断，只有不同意向性的“我们”的参与完善才能形成公共事务决策认知的全面性，政府与公民的关系也从多条线构成的平面统治转向了“参与—建构—合作”多线条多棱面的立体全景网络机制。

社会建构的公共行政是围绕参与公共行政的人为中心，“任何旨在预防和解决公共争议的措施的执行，其基础必然是拥有一个充分知情的公众群”②。不论参与人数多与少，性质如何，他们是政策建构和执行的重要组成部分。在社会建构中，公众群体的人数也可能是不确定的，政府公共事务建构过程由于建构的内容不同，“我们”不是固定的，大概包括：（1）组织中要决策的

① ［美］查尔斯·J. 福克斯，休·T. 米勒. 后现代公共行政——话语指向. 中国人民大学出版社，2002：7（序）.

② ［美］约翰·克莱顿·托马斯. 公共决策中的公民参与：公共管理者的新技能与新策略［M］. 北京：中国人民大学出版社，2005：121.

行政人员；（2）利益受到问题影响或者其行为不断地影响着问题的群体，与政策相关的对象，按照政策学的范畴，称之为政策的利益相关人，包括弱势群体和各类边缘群体；（3）愿意参与的其他主体，包括与利益相关的其他群体；（4）邀请参与社会公正的、正义的专家群体；（5）政策内容的相关合作人；（6）控制相关执行工具的人；（7）其他愿意参与的群体。

（二）行动的价值

在社会的建构公共行政中，解决社会公共事务，最重要的不是先进管理技术，而是意愿以及意愿性的各种行动。在“场域—社会设计”下的“共景政府”，政府是行动中的政府，人员是行动的人员，行政人员进行公共行政实践的意识和意向以及产生、分享和改变这些意识与意向共同组成了一个复杂社会网络①。建构意义的行动产生于共享利益、共享知识和反思自我相互过程中，是主体间性的社会活动。现象学指出，只有注重从行动者本身的立场去领会行动本身的确切含义，才具有实质性意义。主动的自我则认为“行为只有在归于人们所见的和所做的主观意义下，才能充分地被了解”②。同时，“我所知道的一切都是在确立起其相关者的同时确立着自身的我的某种活动”③，“场域—社会设计”中的政府，积极的行动是保证行政行为和建构议题的前提，可以理解为，行政人员对环境的认知与判断会随时变化，只有利用自身的行动而非其他诸如观察、预测、直觉等手段才能得到及时准确、变化的信息，才能对环境产生准确的理解和全面的把握，才能更好地认知、体悟、反馈社会的要求。

---

① M. Harmon，Action Theory for Public Administration New York：Longman，1981.

② 哈蒙．吴琼恩等译．公共行政的行动理论．台湾：五南图书出版公司，1994：45.

③ 刘永富．胡塞尔现象学中的“意向性”的三层可能的解释［J］．世界哲学，2004，（2）：76－78.

"共景政府"中的政府行动是共识性的行动，突出强调：(1) 行动的意义呈现，行动具有问题的意识，有先见之明，充满着关怀、同情与理解。(2) 与民众保持恰当的张力维系，维护必要的动态平衡，积极的行动不是杂乱无章的行动，也不是扰民的行为，是有目的的行为。(3) 能够根据民众的行为做出反应，并适当调整自己的行为。建构中的政府是各种行为所体现的价值与偏好的调整、转化的中心，而不是各种价值与偏好整合折中的中心。(4) 关注日常生活的经验。社会建构公共行政行动的对象，用现象学的一句话来概括——"朝向事情本身"。日常生活世界中的观点与行为在开放的行政场域中接受审视，会在一定程度上改变人们的认知的假设、信念，审视的过程构成了行动的基础和起点，"如果当行政官员和管理者更加关注组织成员的日常经验，并支持他们界定问题和发展他们自己的变革策略时，改革计划的有效设计和实施就能够产生更好的结果"①。(5) 强调行动的连续性，在"共景政府"中，人们的行动持续与他人和环境互动。持续互动是全面理解彼此的有效办法，"一个旁观者通常能够从我们的动机和性格推断我们的行动；即使在他推断不出来的时候，他也一般地断言说，假如他完全熟悉了我们的处境和性情的每个情节以及我们的天性和心情的最秘密的动力，他就可以作出这样的推断"②，行动的连续性赋予了建构更深的意义，在不断持续的互动中，行动彰显出自我的意义。

(三) 决策分散化的共识

随着公民社会逐渐发育成熟，"现代行政决策对象的综合性和

① [美] 全钟燮. 公共行政的社会建构：解释与批判 [M]. 北京：北京大学出版社，2008：2.

② [英] 休谟. 人性论 (下) [M]. 关文运译. 北京：商务印书馆，1980：447.

广泛性超过了历史上的任何时代”①，在决策中，公共行政的决策要根据建构的议题充分地考虑到每一个行动者的需要，照顾到不同人的意志。“场域—社会设计”下的政府决策模式分散化的、共识性的决策模式。按照林德布鲁姆的理解，分散化决策主要是：(1) 个人决策。每个人都是决策者，集体决策是个人决策的集合。(2) 由于每个人都是决策者，导致决策的相互分歧、对立，因此不同的决策要形成集体决策，要经过个人之间的社会互动。(3) 集体的决策是参与决策个人之间的社会互动而形成的。在社会现实中，个人之间的社会互动是通过党派和社会团体进行的。(4) 决策的关键在于社会互动。其本质是社会妥协和调和。(5) 集体决策的社会互动性也就决定了决策的渐进性。② 行政决策的主要负责人将原先独自享有的决策权交由不同的行政人员来行使，增加了行政下级的决策权，再由不同的行政人员根据自身的业务和情形与不同的参与者进行议题的建构和决策。在社会建构中，人之间的相互性以关爱为基础，以真诚为特征，在自由表达与自由反应中呈现出来，主要强调了人的道德主体性，意味着行政人员与民众的彼此双方会彼此关怀对方的特殊需求而做出妥善决定，这就是“分散的决策”③。在一定程度上，规范了人们的认知（每个人均能同意或者至少能忍受决策结果），且能增进互为主体的体验和冲突解决，并能引导行动者有意义的后续行动。在分散化的基础上，考虑到不同人的视角和认知，各行为参与主体能够真实

---

① 贺善侃，黄德良．现代行政决策［M］．上海：上海大学出版社，2001：15.

② 林德布鲁姆．“竭力对付”的科学［A］．彭和平，竹立家译．国外公共行政理论精选［C］．北京：中共中央党校出版社，1997：219 – 237；D. Brayblook and C. Lindblonm，A Strategy of Decision：Policy Evaluation as a Social Process（Glencoe Ⅲ.：The Freepress of Glence，1963）.

③ 武玉英．变革社会中的公共行政——前瞻性行政研究．北京：北京大学出版社，2005：81.

协商达成共识：展开真诚的互动，能够在没有强制、平等的基础上达成一致意见或共识的原则，最终达成一致的决策。

在“共景政府”中，政府的决策由于建构的开放性而更加透明，从关门决策到公众参与，从封闭决策到透明决策，从垄断决策到共享决策。政策制定中的“公民导向”是民主政治的自然之义，是主权在民主原则的内在规定性。德鲁克曾指出，在当今社会，大的政府不再是好政府的标志，而分散则是指社会的各个不同的组织的自主及其民主，在后现代公共行政也是极力倡导民主的。不同的是，这一民主是主张分散化的小民主，即不仅要实现地方和基层民主，而且主张在日常生产活动中也实现民主化的治理与思维的培养，只有这样，“人们才能将生产和经济理性置于社会需求及社会规范的控制下”，能够使得“人们成为一切重要经济和政治决策的参与者与执行者”①。在一个共享景观的组织中，政策的透明性把分散的意志聚集到一起达成共识的前提，为人们参与公共政策提供了一种可能性。“场域—社会设计”隐喻中的决策是由互动、协商而建构获得，整个过程体现了分散性的共识决策特征，但是分散性的共识决策更多是在一个单独的、小型的行政场域中，因此可以说，“场域—社会设计”中建构过程所呈现的决策是贴近民众、反映民意的政策模式。

（四）敢于干预政府的公民

“共景政府”下公民不仅是“知情的公民”、“沟通协商的公民”、“参与的公民”，同时还是敢于质疑、敢于批判、敢于干预政府的公民。通过干预政府，让政府关心公民的生活，关注社会问题，倾听民众声音。在具体公共行政场域中，参与公民的能力主要体现在敢于干预政府、并能够干预到政府。公民的主动性不仅是积极影响政府决策的力量，更重要的是监督政府政策实施，

① ［美］卡尔·科恩．论民主［M］．北京：商务印书馆，1988：219．

积极反馈相应的政策以及后续意见。“不论是在问题的确立上，问题的回应上，还是在被接受方案的执行上，都必须让更多的公民来参与”①，参与建构议题的公民贯穿整个公共政策的过程中，甚至包括政策评估与终结。

在公共价值管理范式里面，集体偏好（collective preferences）是一个分析的重要概念。作为公共利益的集合——政府是对公民的集体偏好进行回应，而不仅是类似在公共管理中对“顾客”进行回应。“公共价值的创造就是依赖于基于政治协商的、集体性的偏好表达。公共价值管理范式也认为公民可以被看成股东，即关注自己支付的税赋被如何使用的股东；但公民不仅通过投票箱，而且通过真正的参与、咨询和调查等方式来促进他们的税赋得以有效合理地使用。”② 公共价值创造与管理是一个公民集体偏好形成的过程，其中行政人员不是领导者而是探索者，与公民一道寻求、确定、创造公共价值并解决现实的实际问题。“共景政府”中，公共价值体现之一就是具有参与的精神的公民要在对话和协商中彰显精神，就必须具有美德与公益精神，成为真正的制定公共政策意见和决策话语权的“股东”。从公众角度来说，让自身具备相应的知识、信息与影响力，这就要求民众必须具有参与决策的过程并敢于直面权威的决策，敢于提出自己的见解，并贯穿于决策的假设、内容、方法、互动的全过程中，质疑精神、干预勇气、独立的思想是镶嵌在整个公共行政议题建构的全过程。从民众知识对公共政策的“影射”到真正成为公共政策有影响的参与力量，政府和民众一起走向成熟。

---

① ［美］B. 盖伊·彼得斯. 政府未来的治理模式［M］. 北京：中国人民大学出版社，2001：68.

② 何艳玲. “公共价值管理”：一个新的公共行政学范式［J］. 政治学研究，2009，(6)：62－68.

（五）话语力量的需要性

“在社会层面上，认同的形成只能通过公开的对话，而不是预先制定的社会条款。”① 在社会建构的自我观中，自我的认同是通过话语建构形成的。作为话语政治的鼻祖，哈贝马斯指出，话语政治是对文化传统的有意识占有，个体在社会化过程中形成的一种抽象的自我认同，“政治对于共同生活的调节，越来越依赖于民主法治国家中的话语组织，越来越依赖于公民社会和政治公共领域的交往过程”②。在社会建构的“共景政府”中，自我形成是以语言为载体的，在社会互动过程中建构而成的，社会中人们之间的交流互动，主动参与中进行自我的建构和政治人格的锤炼，并通过这种建构，人真正发展成为了他自己。社会建构论者肖特（Shotter）指出：“从关系论的观点来看，内部生活的意识是通过发生于社会生活和话语实践的语言交往而创造出来的，是联合行动的结果。这种建构过程又依赖于各种话语环境中同他人的相互关系。”③ 社会建构的知识论是主观主义的知识论，客观事实，知识是基于人与人之间的共同同意，人与人之间的主体间性影响，所以知识只有在人与人之间社会的互动中才能够产生。同时，任何知识的产生，都必须涉及语言的运用，因此，话语是人们主体间性而创造出来的。知识的互为主体性，人的认识交流的可能，是人之所以成为人的社会表现，其中关键在于语言的存在。“如果语言界定了人的本质……那么人才能被认为是社

① 查尔斯·泰勒．承认的政治[A]．汪晖、陈燕谷主编．文化与公共性［C］．上海：三联书店，1998：291.

② 哈贝马斯：后民族结构．曹卫东译．上海：上海人民出版社，2002：200.

③ Shotter，J. The social construction of our inner selves. Journal Of Constructivest，Psychology. 1997，（10）：7－24.

会性的。"[①] 建构的过程是互动、讨价还价、商谈、辩驳、争论的过程，其中所依托的载体就是人们的语言，语言创造了情境，语言形成了沟通的心灵密码，语言成为建构的基础。

"由于语言是思想的产物"[②]，在语言的世界中，每一人的"我"[③] 都可以看作由内心深处隐藏的"我"和口中表现出的"我"组成的。内心隐藏的"我"往往由于口中表面的"我"不能展示出真正的内心的"我"，因此，"话语越好，政策就越好"[④]。由于"我"的多样性，"我"的表达和认识就更多依靠话语的理解和呈现，同时，语言本身又受到不同规则的约束，由

① ［美］迈克尔·哈蒙．公共行政的行动理论［M］．台北：五南图书出版公司，1993：55－56.

② ［德］黑格尔．小逻辑［M］．贺麟译．北京：商务印书馆，1980：7.

③ "我"是一个复杂的综合体，黑格尔指出，就思维被认作主体而言，便是能思者，存在着的能思的主体的简称就叫作我。在"我"里面就具有各式各样内和外的内容，由于这种内容的性质不同，我也因而成为能感觉的我、能表象的我、有意志的我等。心理学家把对"我"的了解比成一个橱窗，分为了"公开我"，主要是指"口我"说过的话；"我"做过的、让别人知道了的事。"隐私我"包括"心我"知道或思考的、没经"口我"说出的想法；私下做过的、别人不知道的事，即不愿告诉人或"不可告人"的想法或行动。"潜在我"可能对应了弗洛伊德的"本我"。"背脊我"包括自己因不知情而做或说的、自己不知而别人却知道的言论；自己做的、以为别人不知道实际上别人也知道的事。亚当·斯密更深刻地对"我"进行了解剖：当我努力考察自己的行为时，当我努力对自己的行为作出判断并对此表示赞许或谴责时，在一切此类场合，我仿佛把自己分成两个人：一个我是审察者和评判者，扮演和另一个我不同的角色；另一个我是被审察和被评判的行为者。休谟也承认"我"的内外既有一致，也有差别："公开宣布我们的意见，被称为脱掉假面具；曲折隐示自己的意见，可以说是加以掩饰。"（具体参考：杨河清．职业生涯规划［M］．北京：中国劳动社会保障出版社，2005：145；［英］亚当·斯密．道德情操论［M］．北京：商务印书馆，1997：14；［英］休谟．人性论上［M］．北京：商务印书馆，1980. 174；严新明、童星．"心我"与"口我"：关于社会互动行为主体的研究［J］．江海学刊，2008，(2)：112－118.）

④ ［美］查尔斯·J. 福克斯，休·T. 米勒·后现代公共行政——话语指南［M］．北京：中国人民大学出版社，2003：124.

于“对任何一种情境来说，都有多种社会建构的可能，没有一个词语可以脱离社会规约，强调它自身比其他词语更接近事实的本质”，“当我们说某个描述是‘精确的’（其反义为‘不准确的’或‘真的’）其反义为‘假的’时，我们的判断依据并不是它多面好地反映了世界，而是说这个词语在某一特定游戏规则下，或者说得更宽泛些就是在特定群体的特定规约下，属于‘真实描述’”①，“我”的多样性和话语本身受情境制约的复杂性使得公共行政社会建构的过程显得更加复杂。因此，认真对待话语，建构本身的真实性能够更好地体现。参与社会建构的双方是一种结构性形成的关系，他们之间是平等的，也是对抗的、相互辩驳的，这一点正如汉娜·阿伦特所强调的，在谈话中，我们期望意义之争，我们期望争辩、论证、反驳，而不是异口同声、唯唯诺诺、亦步亦趋。

（六）小型、积极灵活的组织

“没有一种方法可以精确地确认在多大范围内分享的利益就是公共利益。”② 公共利益的难以衡量，并不在于建构议题的大与小，而在于能够真正体现议题所指向对象的公共性是否实现。社会建构中的“共景政府”提倡微小组织内部的构造，并通过建构向外部扩散，借以解决公共行政的大问题。因此，社会建构的公共行政主张“行政”的范围延伸至政府以外的领域，主张日常生活的微小型的社会建构，从基层、社区开始，自下而上，最终达到国家层次上的政策社会建构。通过公民身边的社区、工作场所等单位的参与，公民个人都能获得更多的机会实践建构公

---

① ［美］肯尼思·格根．社会构建的邀请［M］．北京：北京大学出版社，2011：11－12.

② 刘伟忠．利益集团政策参与的均衡性探究［J］．理论探讨．2006，（4）：126－128.

共行政政策，在民主治理的实践和公共政策的社会建构过程培养政治能力和社会认知水平，在适当的时候可以进入更高层次的社会建构的公共政策。

在现象学学术视域中，行政学的本体论不再是等级结构、组织机构等所谓的客观物，而是需要回到主体——主体的关系中去理解行政组织结构与发展的问题。公共行政建构中“共景政府”要取得实效，必须是合适的人群利用公共组织参与和建构，其中确定公民参与的契合度——“一些人的对话”，微小组织的诉求也必然是“一些人的对话”，它是建立在政府和公民之间对话与理解的基础上，互相理解对方的话语，在同等语义上达成一致共识，采取一致的行动，在小型的公共场域的能量场中能够发挥最佳状态，强调公平与正义、民主价值与公民权，突出在特定的场域和组织中的效果。

小型组织容易进行场域建构公共议题的组织，在小型组织“共景政府”进行“积极组织管理”，Baker 指出积极组织管理关注的是组织中促使人类发展、增强活力、创造坚韧和培养卓越个人的动力①，积极组织管理的核心在于对组织中人的心智进行组织开发，从而提高工作绩效。社会建构公共行政的积极力量由行政人员的积极心理个性、心理状态和积极组织三个部分组成。行政人员的积极的心理个性能够为组织带来积极的结果，拥有美德、拥有责任感、开拓创新等有利于社会建构公共行政事务的进行。强调行政人员积极的心理状态，较强的心理资本，个人在面对挑战的时候能够满怀信心地付出努力，并在整个过程保持乐观和充满希望，当受到阻碍时，又能迅速恢复过来，能够胜任不同

① BAKERW E, CAMERON K S, DOTTON J E. The Goal of Positive Organizational Scholarship［EB/OL］.［2009—12—28］. http：//www. bus. umich. edu/Positive/pdf/pos% 20Essence. pd. f.

的工作与情境。积极组织非常珍视组织中的积极倾向，能够为组织带来生机与活力，形成良好的组织美德，并由此形成信任型领导，对自己和下属的自我意识和自我控制能够带来正面的影响，能够激励自我和下属个人成长，同时积极的认知与情绪推动了积极的、自我超越的组织文化形成。

（七）主观认知的“格式化”

在“共景政府”中，建构的过程是主体主观的客观化的过程，这个过程既不是行政人员自身的主观作用的结果，也不是社会公民主观发挥作用的结果，而是两者经过知识建构形成的双方主观的重新“格式化”① 的过程——形成了崭新的知识的过程，这是“场域—社会设计”隐喻中的建构的核心内容与过程。

伽达默尔指出，对话重要的不是主体性，而是强调主体间性，是“我—你”的统一，不是对抽象的可能性和自由的敞开，而是对另一个言说的声音敞开，通过另一个人来达到对我们的处境和我们世界的理解②。按照哲学解释学的理解，社会建构的过程是参与主体的自我更新，通过对话、互动与协商，参与的主体打破了单个主体认识的局限性，形成知识融合，每个人走出原来的“旧我”，成为一个与过去不一样的“新我”，知识融合类似对计算机系统进行格式化的过程一样，形成了一个新的认识系统和每一个人新的认知。

主观认知的格式化也是主体自身心智模式的重塑，以形成共享心智模式的过程。在社会建构中，主体的心智模式的重塑，主要是对社会事件进行描述、归因和预测活动中体现出的有关社会

① 原是一个计算机科学中的术语，格式化是指对磁盘或磁盘中的分区（partition）进行初始化的一种操作，即把一张空白的盘划分成一个个小区域并编号，便于计算机储存，这种操作会导致现有的磁盘或分区中所有的文件被清除，在重新操作和储存中装入新的文件与知识。这里主要的寓意是指对人们的知识和行为方式进行重塑。

② 叶澜．教育理论与学校实践［M］．北京：高等教育出版社，2000：138.

事件的知识和信念，以此作为启发式的行为决策的基础①。建构过程中的主体心智重塑要求有崇高的事业信仰和创新精神，保持较强的自我效能感，在组织中，各种建构的行为不是预设的、前定的和封闭的，而是开放的、公开的，以此对环境变化、对方感知都具有高敏感性，对公共议题建构的意义、内容与方式的感知全面而深刻，重视长远利益而非眼前利益，不断更新自我知识结构及观念，开展持续创新行为。因此，主体心智重塑的过程也是主体知识与认识不断“格式化”的过程，形成共享心智模式。

在认知模式和证明过程上，人们认知的“格式”过程是一个认知的“证伪”过程。“格式化”本身就在一定程度上改变认知、转换偏好化，通过视角的不断转换，每一人认识到了自身的知识存量与知识内容在特定环境中不适合的地方，改变原来的想法，就是相反地证明了很多想法不合理，进行去伪存真，认知“格式化”的“证伪”的思维特征表现在决策中就是进行不可行性论证。科学决策的关键就是通过不可行性论证②的考验，通过

① 吕晓俊．组织背景中心智模式的自我管理［J］．上海交通大学学报，2003，(2)：63－66.

② 为了避免可行性报告带来的弊病，就应该反其道而行之，即可以选择不可行性报告。也就是说，在决策之前，决策者可以委托持有反对意见的人们提出一个论证该决策不可行的报告，通过这个报告来论证该决策在目标上有什么不合理之处，在条件上如何不成熟，具有什么样的困难和风险，会造成什么样的恶果，等等。然后，决策者认真地、逐个地研究如何克服不可行报告中提出的各项挑战。如果能够真正通过不可行报告的考验，那么该项决策执行的过程中就会遇到较少的困难、风险和曲折，就会比较顺利达到预期的目标。不可行报告则是逆着决策者的思路去思考的，它会使决策者充分地考虑到决策目标的不合理成分，充分考虑到各种不利的条件，充分估计各种困难和风险，对决策目标实现的程度也能有比较清醒的估计，等等。如果决策者不能克服不可行报告中提出的各项挑战，就说明决策是错误的，是真的不可行的。这样，决策者就会及时地修改决策，甚至放弃该项决策。(具体参考：李景鹏．科学决策的关键——通过不可行性论证的考验［J］．国家行政学院，2010，(2)：17－20，41.

一步步地去证伪，最后反倒过来，更有力证明了决策的可行性。在建构过程，认知“格式化”的“证伪”思维特征，使得每一个参与建构过程中的人员能够灵活运用知识，改变自身的心智模式，易于偏好转换，形成民主化的治理模式。

（八）个人责任的伦理过程

在“场域—社会设计”中，行政的目标和价值与行动同时被创造并实现。公共政策过程理论表明，不同主体被授予参与决策过程的时候，其前提假设被视为一个具有明确判断、能够理性思考和行动的主体，只有当参与的主体切实感受到自己的主体地位时，责任感才会显现出来，才是一个责任的主体。在“共景政府”中的行动理论的责任观是个人的伦理的责任——参与决策的过程的行动者必须对自己的行为负责，同时不能将自己应承担的责任推给其他人或外在的标准。行政人员真正为自己的行为负起责任来，“负责任不仅是遵守规章的问题，而是必须对规则和标准的适用性有所理解，预先派出标准解答的理性应用，并认识到每个问题的独特性质”①。公共行政建构互动的过程使人们充分考虑到彼此的个性需求和问题的特定情境，在面对面过程中感知公民与问题的特殊情感和背景，所有的决策与行动都是在面对面的这些群体的需求与情境中做出的。

人本主义心理学指出，人是一种“正在成长过程中的存在”，在人的一生中，行为动机不断指导着人的自我结构趋向完善②。一个人要在成长过程中达到自我实现，首先必须认识到自己要承担的责任，具有德性的意识与基础，自我行为的自由选择，克服了

① ［美］迈克尔·哈蒙．公共行政的行动理论［M］．台北：五南图书出版公司，1993：150.

② 叶浩生，郭本禹，杨邵刚．西方心理学的历史与体系［M］．北京：人民教育出版社，1999：537.

现实生活中的种种限制，去发展和完善自我，行政人员也是如此。这其中，每一人都是自主的，能够自由选择和决定自己的行为，并做出与自己的行为相符的选择。因此，我们可以说，个体的道德是自由的前提，行政人自我认同高，在道德境界上圆融无碍，才能获得完整的意志自由，行政人员的行动才会是自由的、高效的。传统组织责任突出强调惩罚的意义，伦理责任不是由行动者自身来承担，而归于层级的命令或规则。明确责任的办法是按照层级明确分工来实现，在组织里面，行政人员的责任遭到了消解，或称之为“物化”——忽视了事物是由人的主动性来创造和构建，人也就随之失去了主动创造的感知和与之所该承担的责任，这种物化的方式使得行政人员觉得自己行动受到了规则或情境的限制，在一定程度上消除了个人责任感。而“共景政府”中的个人责任的伦理意义，突出表现在：在行政人员具体行动中，当社会实际状况与规则、角色不符甚至冲突时，是否行动、如何行动有赖于行政人员个人的判断，换句话说行政人在具体的行政生活中，在参与改造社会的过程中反省自身行为的意义，发挥自身的主体性，担负起改造之职责。罗尔斯在《政治自由主义》一书中所说的作为公共理性目标的“公共善”，在本质上也应是每一个社会成员的善，公共行政行为的责任主体是个体行为责任，行政人员个人为自己所作所为承担责任。

行政行为的社会性，使得行政人员必须与公众持续不断交往互动中，在“场域—社会设计”下的公共行为，置身于互相凝视、互相质疑的面对面的情境，彼此相互承诺。在“共景政府”中，近距离感知对方的情境是建构过程中互动的基本形式，双方相互认识，能够考虑到行政事务的特殊情境，真诚互动，在很多情况下，甚至会忽视了由人与人互动而制定的制度与规章。前面我们叙述过，社会建构的公共行政中行政人员是具有自主性、反思和批判的行为主体，在互相凝视中之一的行政主体，其自身行为就是对参与建构的民众的一种自主性的承诺机能，这种自主性的承诺机制代表着组织，其所有的责任必然是个体行为承担的结果，也避免了组织责任的模糊性和对集体课责的抽象性，责任的落实回归到了惩处的原初旨义。

从以上关于“场域—社会设计”下的“共景政府”的描述和主要内容，我们可以把社会建构公共行政的过程作图如下(见图9)。

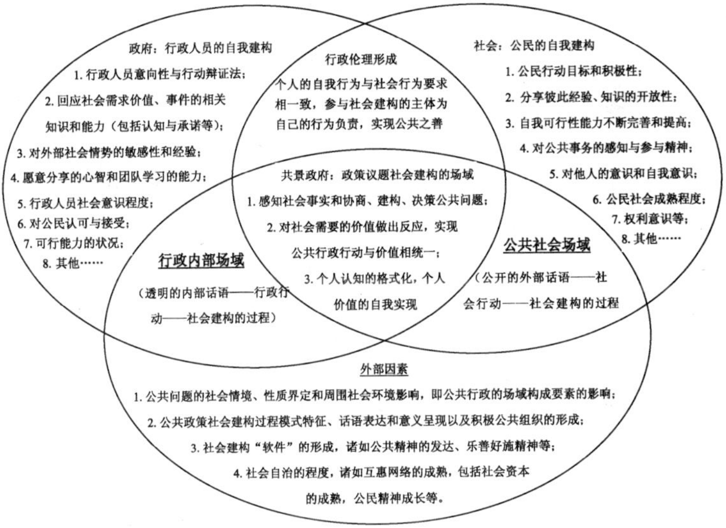

图9　“场域—社会设计”中公共行政社会建构过程示意图

第四章　自我的社会建构

行政人员和其他社会力量构成了社会建构公共行政的主体。每一个人的自我意识、知识和能力是每一主体参与公共行政事务的基本内容，主体自身的成长也是一个建构的过程——自我的发展是社会性地建构起来的，每个人都是在主体之间才能表现出自我社会性特征。对自我的认识与理解，有利于正确认识建构行政议题的过程，“我”不等于“你”，正是由于每一人自我的向度与矢量的不同，才使得政策的社会建构过程更加有意义、更加丰富、更加饱满。

第一节　自我的含义及文化影响

自我（self）是心理学研究的一个概念，有着多维度含义，个人通过对自己感知，在自我的评价性基础上能够与别人分别开来。自我概念成分中主要是个人属性，其中又以偏好、性格、情绪和愿望等项为最，主要反映在一般的人际关系上，包括主体对他人的行为和主体感受到的他人对主体的行为①。自我建构的本质是不同文化背景下个体理解和认识自我的方式，按照 Markus

---

① 郑涌，黄希庭．自我概念的结构：大学生“我是谁”反映的内容分析[J]．西南师范大学学报（哲学社会科学版），1997，(1)：72－77.

和 Kitayama（1991）的表述就是个体关于自我和他人的信念，即个体在多大程度上认为自身与他人相关或是分离[①]，因此自我建构定义为个体是将自我与他人明确区分还是联系在一起的有关思想、情感与行为的集合[②]。“自我使得许多人类特质成为可能——从评估我们在某一情境或宇宙中所处位置的能力，到判断我们自己的行为或生活中一般价值的能力，再到通过在情境中管理我们自身来控制我们的行动的能力。”[③] 从这个角度看，社会认知结构、语言结构与自我意识的社会心理共同构成了自我的社会建构内容，而这些也是不断提高自我能力的基础。

“人的真正目的——不是变换无定的喜好，而是永恒不变的理智为他规定的目的——是把他的力量最充分地和最均匀地培养为一个整体”[④]，也即形成一个稳定的自我。独立性稳定的自我建构主要存在于个人主义价值观浓厚的西方国家。在东方国家，自我的建构更多形成于相互依存的集体主义文化中，这一点，与 Markus 和 Kitayama（1991）对自我建构的认识相似，他认为一方面，个体存在两种不同的自我建构方式：偏向独立自我的个体根据自己内在的思想、感受和活动来组织自己的态度和行为。相反地，偏向互依自我的个体则是根据与自己有关系的他人的思

---

① Markus, Hazel, and Shinobu Kitayama. Culture and the self: Implications for cognition, emotion, and motivation [J]. Psychological Review, 1991, 98 (Apr.): 24 - 53.

② Singelis, T M. The measurement of independent and interdependent self - construals [J]. personality and Social Psychology Bulletin, 1994, 20 (May): 580 - 591.

③ ［美］乔尔·查农．社会学与十大问题［M］．汪丽华译．北京：北京大学出版社，2009：30.

④ ［德］威廉·冯·洪堡．论国家的作用［M］．林荣远，冯兴元译．北京：中国社会科学出版社，1998：30.

想、感受和活动来组织自己的态度和行为[①]。

独立自我建构被界定为与社会情境相分离的有边界的、独立、稳定的自我。它具有以下特征，个体具有内在自我能力、思想和情感，自我表达自己，与众不同；以自身的努力实现自己的意愿；直接的沟通与互动。针对自己，独立自我建构注重自身的能力、品质、特性和目标，很少顾虑别人相关思想、情感与行为；针对他人，独立自我建构会考虑他人的个人不同，而不是与关系或情境相关的因素。独立自我取向的个体从自我表达和内在特质确认中获得自尊[②]。因此，独立自我建构个体视为独立自主的个人，呈现出“发现自我”、“表达自我”、“实现自我”等。互依自我建构被界定为灵活、可变的自我，其主要特征为：与自己相关的外在特征与关系；从属于环境和适应环境；明确自身的决策和位置；间接委婉，察言观色。主要认知是个体感到自己和他人密不可分，自我与他人都不能与情境相分离，而是在特定情境中融为一体。与独立自我不同，关联自我依赖于他人，用与他人的关系以及情境因素来规范自身的行为[③]。在相互成长的自我取向下，自我特征表现在自我与他人的关系及社会情境中，自我与他人联系紧密且区分更少，互依自我主导的个体会去建立与相关他人的关系，构筑各种人际关系网络，履行相关的义务。香港学者杨中芳认为东西文化中“自我”概念有所不同，东方文化

---

① Markus H R, Kitayama S. Culture and self: implications for cognition, emotion, and motivation. Psychological Review, 1991, 98 (2): 224 –253; Markus H R, Kitayama S. Culture, self, and the reality of the social. Psychological Inquiry, 2003, 14 (3/4): 277 –283.

② Koontz, H. The management theory jungle [J]. Academy of Management Journal, 1961, 4 (2): 4.

③ Koontz, H. The management theory jungle [J]. Academy of Management Journal, 1961, 4 (2): 4.

中的“自我”不但包括个体的身体实体，还包括一些具有特殊意义的其他人，如自己人①。Heine 等人认为东西两种文化下自我评价取向也不尽相同，西方人趋于追求积极地评价自我，东方人则相反存在自我的批评倾向②。

自我建构的过程特征的不同反映到现实的公共行政生活中，结果也完全不一样。反映在公共行政文化中，西方国家的公民更多基于理性、个人原则，反映在政治生活中，就是政治参与积极性较高，愿意通过自身多种行为方式去影响公共政策的形成。相反，在中国的行政文化中，公民思维模式更多是基于直觉、更少理性和非科学化，反对个人主义，公民的参与意识不高，除非是直接关乎自己直接的切身利益，才愿意参加到公共政策的制定过程中。

第二节　组织中的自我

人们之间的相互承认是社会中人际关系的基础，也是自我意识的一项内容。“自我意识是自在自为的，这由于并且也就因为它是为另一个自在自为的自我意识而存在的；这就是说，它所以存在只是由于被对方承认。”③ 对主体的承认和重视构成了组织与人员认识的重要维度。

根据现代哲学以及心理学的研究，米德把自我分为“主我”

---

① 杨宜音．自我与他人：四种关于自我边界的社会心理学研究述要［J］．心理学动态，1999，(3)：58－62.

② Heine S J, Lehman D R, Markus H R, et al. Is their a universal need for positive self－regard? Psychological Review, 1999, 106 (4): 766－794.

③ ［德］黑格尔．精神现象学（上）［M］．贺麟，王玖兴译．北京：商务印书馆，1981：122.

(I) 与“宾我”（me）两部分，主我是创造者、创始人，是冲动的、无组织、无方向、不可预测的那部分自我，“宾我”是社会的代表，是主我所思考的客体对象，是在其他时间和地点想到的自我，用库利（Charles Horton）的话说就是其三个自我之一的“镜中自我”，主我首先形成，而客我的形成则需较长时间。米德进一步解释，语言这个媒介使自我的出现成为可能，自我的发展包含着主我和宾我之间的不断“对话”，通过一个关系的“内部论坛”不断展开的辩证关系。“宾我”向主我提供反射，主我对客我做出反应。人类的行动始于主我的指挥，并受控于宾我。主我是动力，而“宾我”则指示方向，主我与客我始终是有区别的。主我既召唤客我，又对客我做出响应，共同构成一个具有社会经验中的人。在行政组织中，“主我”代表我对组织的认同，“宾我”则代表组织对我的认同，行政人员自我的分裂表现为组织内部与组织之间的斗争与分裂。

社会建构的公共行政中，我们需要把社会作为问题的出发点和依据，“个人”只有依靠社会中的共同体，才能使得自我的能量得到具体的展开与发挥，“任何个人都是某一联合体的一个方面……个人的所作所为及其行为的结果，他的所有经验的构成都不能在一种孤立的状态下被描述，更不用说依次获得解释了”①，我们在一种中介性的层面上来看待“个人”与“组织”的关系，“个人”与“组织”不是对立性的关系，因为“个人”通过各种组织因素得到体现。两者真正的区别在于不同的联合方式。

组织是行政人员生活的重要场域，组织所形成的每一个零件，包括人员本身（行政人员之间的互相影响），都会影响到行政人员的自我认知与建构。组织是一个活生生的生命之地，组织

---

① DOWEY J. The Public and Its Problems, The LaterWorks, Vo. l 2 [M] . Carbondale and Edwardsville: Southern Illinois University Press, 1988: 253.

内部的人员则是组织生气的创造者和使用者。组织中行政人员，是单独的具有主体性人格的主体，只是说在不同的组织中，组织所赋予人们的主体性的发挥程度不同。按照人发展的形态可以分为“集群主体（人的依赖关系）、个人主体（以物的依赖性为基础的人的独立性）和类主体（个人全面自由发展）”[①]，三种历史形态反映了人的主体性发挥程度的不同。在等级森严的官僚体制中，更多的是“集群主体”和“个人主体”，行政人员所有行为无不打上了组织烙印，例如维护等级森严和倾向等级的各类偏向、追求权力的倾向、去人格化的倾向等，行政人员的自我代表了官僚制度运行的特征和情形。

行政组织是社会中个体的公共栖身之地，在组织中，组织是良好精神的训练中心，也是个体行为的规训场所。因此，政府组织中行政人员的自我建构主要可以分为组织对行政人员影响以及行政人员对组织的回应两个方面。

一、官僚制下的自我建构

官僚制度下是无“自我”的组织，组织的运行依靠的是上级的权威命令和严格的科层管理，接受的是命令，回馈的是服从，保持的是政治中立。

在传统组织中，组织和行政人员之间，可以分为顺从与冲突两个方面。前者是指行政人员是组织命令的接受者和执行者，严格执行组织的意志，令行禁止，体现组织设计的初衷。在顺从中，组织人员自我建构是被动的、服从的，是完全听命于组织的安排，对组织体制的依附，对硬性制度的依附，对等级的依附。

① 高清海. 主体呼唤的历史根据和时代内涵［J］. 中国社会科学，1994，(4)：90－98.

或者说，组织倡导非反思行动和批判，过于强调组织的理性与效率，权力的神圣性忽视了个体的差异，每个人都保护自我的利益，“个人就不再将自己视为只对自己的行为负责的人，而是要将自己视为一种实现他人（上级行政领导者）愿望的工具”①，行政人员教条守旧，保卫自我，故步自封，行为的重复者和利我的封闭者，行政活动缺乏灵活性和创造性，自我被定位在“人是机器”的阴冷、忧郁的人格认知、屈从于规章制度的异化的“组织人”。这种异化中的人，“并不是一个创造者。他不是处在生活进程中，只是由外界的、异己的环境所决定而被动性地活动”②，并由此导致行政人员的非理性行为的合理化，滋生了很多官僚主义的弊病，例如罗马病、恺撒主义、彼得原理等（阿兰·佩雷菲特，1981；彼得，1960）。冲突的一面是指在官僚制中，组织的目标和行政人员的自我认知发生了很大的偏离。在冲突中，行政人员的自我建构是“有限”主动的，“个体与组织间依然是存在着一种天然的隔阂。个体属于组织，却不完全属于组织；组织包容个体，又没有资格完整地包容个体。因此，纵然个体作为组织的成员仍然与其他组织成员一道形成一种共有的认同，却不能替代个体的自我认同”③。在冲突的一面里，行政人员按照自身意志行动，自我被定位为具有一定的自我价值、认知的行政行为有自我判断的行政主体。这两个方面的矛盾，可以被总结为组织的依附和自我的独立之间的矛盾，也是行政人员自我中“主我”与“宾我”之间矛盾的体现。

从博弈论视角看，对组织的依附和行政人员自我独立的矛盾

① 蒋云根．政治人的心理世界［M］．上海：学林出版社，2002：134.

② 弗洛姆．人的希望［M］．沈阳：辽宁大学出版社，1944：38.

③ 张康之，张乾友．认同、承认与通向合作之路［M］．长白学刊，2010，(1)：22－30.

也可以看作组织与人员博弈的过程，只不过博弈的双方是不平等的，利于组织而不利于行政人员而已。“面对组织的要求，个体要么离开组织，要么变得好斗、厌倦，产生非正式团体，抑制产出以及其他一系列的抵制反应。”① 作为传统组织下的行政人员自我建构始终处在不断同组织好斗与融入组织不被组织抛弃的张力之间，往往是融入组织、屈从于组织本身是大多数行政人员的命运。按照黑格尔认识，组织对其内部的人员是不认可的，不承认的，甚至可以说是漠视和忽略的。同时，行政人员自我建构往往是传统组织等级制度下的折射和反应，“上下级关系决定一切”，上级是主人，上级决定了下级人员的所有行为，甚至宰制下属，具有专横的“主人人格”。在其上级面前，行政人员表现为“奴性人格”，随着职位的不同升迁与改变，行政人员的人格又变为“亦主亦奴”，消解了自身人格，丧失了独立意识。在传统的组织中，行政人员的主动性往往是组织规训不到的边缘之处，行政人员自我的阴沉、抑郁往往是组织不断持续规训的结果。人们生活在其中，是不反思的主体，不批判的对象，甚至也造成自身的异化。从“主体间性”思考，我们同样可以看到一种对“自我”与“他者”之间的那种“主人”与“奴隶”不对等关系的呈现。

最后，根据福柯理解与认识，主体是现代性构成的产物，不存在所谓的我思或者先验的自我，自我是通过支配技术（Technologies of domination）和自我技术（Technologies of the self）共同作用所建构的结果。自我的技术在自我建构中将发挥很大作用，它“准许个体按自己的方式或在别人的帮助下，对自己的身体、精神、思想、行为和存在方式实施某些操作，以转变自我

① CHRIS ARGYRIS. Personality and Organization [M]. New York: HarperPress, 1957: 78.

达到某种幸福、纯粹、智慧、完美或不朽的状态”[①]。自我不仅在行为上遵守规则，同时也在不断地内化它们。因此，自我是被规则所渗透的自我，“在自我与规则之间几乎没有或者根本没有什么差别。特别是根本没有独立于行为和原则（规则）的自我，这个行为和原则（规则）把作为某一类别的个体自身进行分类和客体化”[②]，自我的技术内化了个体外在的规则，它体现出的是一种自我与自我的关系，凭借自我对自我的控制或认识，来使自己行为对象化，进而按照外在的标准，实现自我对自我的管理和控制，固化、改变和定型自己的身份。在传统组织中，行政人员自我控制或者内化外在规则的支配技术则是传统组织所权力规训的，通过权力的这种支配技术对个体进行确定与控制，来“规范化”的个体，“使人体变得更有用时也变得更驯从，或者因更驯从而变得更有用”[③]，自我技术是“去人格化”的适应和对组织认同的人格趋同，“去人格化”是自我适应传统组织的对事不对人内涵体现。在支配技术和自我技术的共同形塑下，行政人员完成了自我行为的重塑，思想和身体接受了传统组织的所有规则认同，在不断改造中进行着自我的建构，同时也在不断建构着组织，“自我和刚性官僚之间的关系正在以互相有害的方式强化着”[④]，在传统组织内，输入的是千篇一律的事务与行为，输出的是失去了公民多元化价值判断的清一色统一标准的“麦当

① James D. Marshall. Michel Foucault: Personal autonomy and education [M]. Netherlands: Kluwer Academic Publishers, 1996. 99.

② James D. Marshall. Michel Foucault: Personal autonomy andeducation [M]. Netherlands: Kluwer Academic Publishers, 1996. 91.

③ Robin Usher and Richard Edwards. Post modernism and education [J]. London; New York: Routledge, 1994. 156.

④ ［美］全钟燮. 公共行政的社会建构：解释与批判［M］. 北京：北京大学出版社，2008：132.

劳”式服务。行政人员的自我建构过程是不断反对组织或者说是潜在反对组织，非正式组织潜在发展——本身对传统正式组织要求的刚性要求就是一种消解，在这个过程中行政人员完成了自我意识和自我认同的内部强制性建构。

从行政人员自我演变来看，行政组织发展包含的是一种把自我与他者的关系修正到主体间对等与平衡之间关系的不懈追求上，把自我放到他人的主体间性的框架下，才能够超越主客观的二二分法，在他人的个人范围内来影响、反思和思考自我形塑，形成完整的自我。“如果管理认识到在压制措施和最终结果（如低士气和低生产率）之间的交互关系，那么，其行动将会更具有建设性。管理可以考虑多重组织变革方式，包括参与式和开放对话，以克服这些问题”，“如果人们希望改变这种非人性化的活动，他们就需要参与到反思实践中，质疑他们是如何与他们周围的环境、与其他人、与他们关于世界的知识联系在一起的”①，按照此理解，公共行政人员自我是一种“可能性自我”，具有未来自我的含义，既想要自己成为组织和社会期待的自我，也是在不断改变、纠正自我，是在社会文化背景中不断塑成的自我。可能性的自我是通过社会建构的过程，如果个体在社会环境中建构可能自我时缺乏周围环境的认识，可能自我的建构就可能失败。“个体在想要改变自我并进行积极寻求时，自然会伴随大量可能自我的产生。这种关系也预示着不仅可能自我的产生不断发生变化，对某些可能自我的排除和放弃也存在不断变化的过程”②，行政人员自我行动的建构过程是一个自我调节过程，通过自我与

① ［美］全钟燮．公共行政的社会建构：解释与批判［M］．北京：北京大学出版社，2008：132.

② 毛瑞，万明钢．可能自我：自我概念与个体发展的社会文化制约［J］．当代教育与文化，2009，(4)：105－111.

家庭、社区、社会文化等交互影响和作用，调整成为社会建构需要的自我意识的行政人员。

二、社会设计下的自我建构

在社会建构公共行政中，行政人员的自我建构发生了实质性变化，真正走向“主体间性”的关系模式中，行政人员发展人的“类主体性”发展，反映人类善的“类本质”来追求个人自由全面发展。在此过程中，人的主体性与组织博弈发生了很大的变化，组织发展最终因缺少持久的生命力而产生危机，进而导致管理范式的转换。“这场革命正在试图将僵化的、静止的、独裁的、胁迫性的官僚结构，转化为灵活的、逐渐演进的、民主的、合作的和自我管理的合作之网。”① 在民主的、合作的积极组织中，自我积极性和创新性得到了张扬，具有自主性，敢于承担自我行为的责任。社会建构中的行政人员的自我建构主要表现在三个方面。

（一）组织对行政人员的影响

组织所赋予行政人员的是创造团队知识共同的愿景和动力，除去权力本身所应具有的影响，行政人员的自我是主体性人格，是自我管理的主体。“自我管理是一切管理的根基，离开这个根本，一切管理都会流于肤浅。”② 组织自身小型化和学习型组织奠定了社会建构中行政人员自我管理的条件。与传统组织不同，等级、权力、秩序虽然还是组织应该具有的基本因素，但是在

---

① 肯尼斯·克洛克，琼－戈德史密斯．管理的终结［M］．北京：中信出版社，2004：3.

② 罗恩·吉布森．现代管理大师思想精粹［M］．北京：经济管理出版社，2002：153.

“共景政府”中，更加强调的是信息的自由流动、知识的升华和团队共同力量。知识团队与传统组织最大的不同在组织中，行政人员是某类知识的代表，组织给予了行政人员充分的自主权和话语权，形成了组织发展良好的组织气候，行政人员自我建构拥有良好的发展空间，激发公共行政事务建构的原动力，积极、自主地解决社会公共事务。

（二）行政人员对组织的影响

在“共景政府”中，公共行政人员的认知是重新“格式化”的，即社会建构的结果。因此，行政人员是积极的、具有反思、批判精神的，但仅有这些还不够，行政人员是社会建构的自我决定者——自我决定是个体在充分认识个人需要和环境信息的基础上，对行为做出的自由选择。这种自我决定的潜能可引导人们从事感兴趣的、有益于能力发展的行为，并构成了人类行为的内在动机①。自我决定的行政人员突出了自身在行政事务中的能动作用，也突出了环境对人员的潜能发挥影响的外部因素，既关注个体的内在心理动力、情感、认知，也注重认知调节作用。自我决定的自主性提高了对工作满意、自主性需求的满足程度，能够带来行政人员更高的积极性、更高的绩效水平和对社会关注热情度，提高社会建构的自我效能和组织承诺，形成良好的心理资本，为小型的、积极“共景政府”组织管理奠定基础。在社会建构“共景政府”中，组织与公共行政人员是平等的博弈主体，双方拥有等量的信息和遵守相同的规则，行政人员利用自身拥有的知识增加、修补组织本身知识存量，在社会建构中改变和调整政策。同时由于积极组织管理，领导高度信任下属，行政人员拥有较高的自我决定性，在与组织成员的互动中，使得通过人际关

① 刘海燕，闫荣双，郭得俊．认知动机理论的新进展——自我决定论［J］．心理科学，2003，（6）：1115－1116.

系合作提升了我与他的知识增长成为可能。在社会建构公共行政中，行政人员不仅不是机器，而且回归到了社会中的公民本身，承担的是个人责任，发挥自身管理能量，而且能够完全发挥自身的自主性，与社会力量一起完善对公共事务的认知与理解，促进社会良治的形成。

根据福柯的理解，在社会建构公共行政组织中，行政人员自我控制或者内化外在规则的支配技术则是组织的高度信任和信息流通，自我技术是行政人员的自我决定，积极行动及反思与批判精神来适应和对组织认同的品格，通过组织的支持、理解与宽松和自我的积极行为共同建构了行政人员本身。

第三节　社会情境中的自我

从社会建构理论本身自我观来看，自我是一种文化的建构物，有赖于他人的在场或某个社会情境（social context）——自我形成同特定社会的价值取向有紧密关系。社会建构者是以“关系的自我”、“主动积极的自我”、“主体间的自我”取代“本质的自我”、“消极被动的自我”、“独个个体的自我”。在社会中，行政人员和社会民众是由自身的不同的建构方式，这与社会需要、群体利益、权力关系是紧密相连的[①]。社会建构论指出，人是“关系”产物，自我是“关系”的反射和映照，每一个“我”的形成都是与他人关系的产物，都是经过社会建构形成的。“我”与外界的每一次联系和互动，都是一次相互的建构和被建构的过程。同时，自我是在多样的社会情境和他人互动的

① 叶浩生．关于“自我”的社会建构论学说及其启示［J］．心理学探新，2002，(3)：3－8.

产物，是人在与环境的互动中自主建构形成的。因此，我们可以认为，人“永远处在被建构的旅途中，人之为人是由社会、文化的形式来决定的，并有其各自的风貌。因此，人建构了自身的性质，人创造了自己”。①

迪尔凯姆认为，虽然个人是社会的主体，通过不同的个人活动塑造社会，社会便产生了新的特征，这些新的特征反过来又塑造了个人意识和个人行为，因此，我们只能从社会环境的角度才能给出对个人行为的最好解释。在社会学的理论中，人是社会的动物，人的自我呈现与认同也只能在社会中才能形成与完善。社会心理学也同样认识到，“自我”意识是置于社会关系之中，并通过个体在社会中的行为形成。“自我从本质上说，是一种社会结构，是从社会经验中产生的。”② 因此，自我是社会性的自我，必须通过与社会中其他人产生一系列关系才能实现，也即自我之中包含着“他性”的成分。社会性自我实现过程是每一个个体自我不断塑造的过程，其中，个体为了适应社会和他人，就需要对社会环境有足够的认识，并在此基础上有意识地改变自我意识，并对自我行为进行适应性调整。在行政活动中，各行为主体之间是主体间性的关系，一旦“当剥离了社会因素，我们又回到了主客体双方的对立”③，因此，社会环境和社会互动过程是行政主体建构的重要外部条件。

从符号互动理论的视阈理解，公共行政的社会建构知识是从每一个互动情境和行动主体中产生与发展，在行政人员和社会行

---

① 柏格，乐克曼．社会实体的建构［M］．邹理民译．台北：巨浪出版社，1997：65.

② ［美］乔治·米德．心灵自我与社会［M］．霍桂恒译．北京：华夏出版社，1999：152.

③ Mills CWright. Methodological Consequences of the Soci－ology of Knowledge［J］. The American Journal of Sociology，1940，46（3）：316－330.

动者的主观世界和行动者之外的客观世界中不断演化与丰富。在符号互动论中，“社会”是由个体间的行动和反应的交互过程及社会互动组成的，“互动”就是“社会”本身，个体间的互动共同组成社会整体，“个体把社会的有组织的反应接纳到自己本性中，形成心灵的内部结构，以后则借助符号唤起这些反应，并成为接受新知识的基础”①。布鲁默则突出强调意义因情境而生，行动者会根据自身所处的社会情境和自身的行动方向来选择、检查、重组和改变意义。情境知识牵扯到行动者自身的“自我”和客观世界，而知识主要由单一对象的反应或泛化他人的态度形成。从源头上，社会中的情境知识产生于社会互动过程，在延续互动的动力下产生，“我们离开社会互动，自我也就不复存在”②。公共行政的社会过程的互动情境影响知识生产，使得知识在内容上具有相对性；对于同一或同样的情境，每个个体对刺激产生相似的反应，可能会获得相似的认识，使得认识相对于该情境具有普遍性。同时，认识不仅受到互动情境中不同认识主体之间互动关系的影响，还会受认知者过去经验的影响，既可能来自过去的社会互动，也可能来自于与他人互动的主观经验或共同体的普遍知识。整合这些因素在一个互动情境中，就能创造出对事务与自我新的理解与知识，因此从具体功能上说，情境知识存在于每一具体的互动情境中，未来期待、过去经验、当下情境的认知和意识决定了个体的行动。

社会不单单是一个物质的组合，“社会是许多的结合，不是单一的组织，社会意即结合，即在共同的交往和行动里合成一

① ［美］米德，乔治·赫伯特．心灵、自我与社会［M］．赵月瑟译．上海：上海译文出版社，2005：21.

② ［美］乔尔·查农．社会学与十大问题［M］．汪丽华译．北京：北京大学出版社，2009：31.

气，以便更好地实现因其共同参与而扩大和强固的经验形势”，每个人都生活在各种各样的团体之中，因而都会有相应的关联。在建构过程的公共行政中，社会是指“使经验、观念、情绪、价值得以传授，而致彼此共同的结合的进程”。[①] 作为意义生成的过程是社会互动的过程，社会建构中的行政人员自我互动的对话是建立在社会过程中与其他个体进行的会话内在化于经验中，并且根据将来可能情况和过去积累的经验，系统地和有目的地对社会环境因素、自己情绪态度进行表达与叙述。基于互动和“考虑他人的态度”的思维是生产新知识的机制，“社会对认识的塑造还通过‘思维’过程实现。思维过程是一种自我互动，是对反应的发挥”[②]，社会互动过程塑造了知识的普遍性，通过互动为各方所共享。当互动双方对该事物持相同的反应时，这种反应就成为一个普遍的概念。米德认为，意义的普遍性使得对他人的理解成为可能，“我们在自己身上引起由我们的姿态在他人身上引起的那种反应越多，我们对他人的理解就越多”[③]。这就说明，社会建构过程中，参与行政决策的异质性群体和人数越多，社会建构就更具有实效性、可能性和全面性，我们对公共事务治理的理解也就越全面、越深刻，这一点在后面还有详细阐述。

在个体社会情境中自我认同的过程中，自我认同是重要的一部分，按照一般的理解，自我认同即个人对自身角色的一种自我体会与自我确认，自我是具体的，因而它是个体性的，个体性在

---

① ［美］杜威．哲学的改造［M］．许崇清译．北京：商务印书馆，2004：121－122.

② ［美］米德，乔治·赫伯特．心灵、自我与社会［M］．赵月瑟译．上海：上海译文出版社，2005：90，212.

③ ［美］米德，乔治·赫伯特．心灵、自我与社会［M］．赵月瑟译．上海：上海译文出版社，2005：212.

日常互动情景中以具体方式控制表现出来。按照吉登斯的理解，“自我可看成是个体负责实施的反思性投射”，自我认同“是个人依据个人经历所形成的，作为反思性理解的自我”，“他们对自己身体的真正领会，主要是依据与客体世界及其他人的实践性参与活动而实现的，因此，人或自我是通过‘日常实践来把握现实’”①。公共事务中行政人员的自我意识与认同的建构也同样如此，离不开日常实践中对现实的把握，公共行政人员的自我意识与认同不仅反映在社会建构过程中，也反映在公共决策执行中，与民众的互动中，以及在适应社会环境的持续改变中。

“从另一方面看，自我是一个反思和认知的对象，每一人通过他人对自己的认识、反映来反思自我，反思性是对所有人类活动特征的界定。”② 共同体内的生活中对于行动的参与和结果的分享是受到彼此熟悉和关注的，“主我”和“宾我”只有在内在的反思性投射中才能够确立起来，人们在社会生活中，通过反思投射的过程，能够把自身认知应用到社会生活的情境上。作为组织和个人的一种建构要素，自我反思性是一种信任机制，使得行政人员与社会人员以种种具有问题意识的方式而互相并存，并且这个反思是连续性的过程，他具有“作为行动者的反思解释的连续性”的特征。反思不仅是指对自己过去行为的策略、行为及其结果进行的反观和思考，同时还要在反思行政行为内容和结果、分析其背景知识的过程中，提出解决问题假定，能够在实践中予以检验，促使自我社会建构的发展。在社会建构公共行政中，自我反思是人与人之间互动的重要能力之一，“当人们深入到反思行动中，他们就开始理解并尊重各种复杂关系。在这样做

① ［英］安东尼·吉登斯．现代与自我认同——现代晚期的自我与社会［M］．赵旭东，方文译．北京：三联书店，1998：86，275，63.

② ［英］吉登斯．现代性的后果［M］．南京：译林出版社，2000：32.

的过程中，他们认识到他们是积极行动的主体并开始批判地思考环境，而不仅是对环境做出被动反应，同时他们也在与他人的关系中以一种自我确认的方式来塑造着各种行动”[①]。自我反思是自我建构的前提，在实践的公共行政生活中，各种行政活动构成了自我建构的主要内容，在社会情境中，与他人、与环境、与内容等在日常生活中不断改进自己，转变自我偏好和认知，获取公共行政生活中大家对公共行政事务一致解决办法的社会认同，丰富自我认同的形成，“公共行政的社会建构必须包括一个对社会和文化情境下的个体性质的清晰认识……社会建构论者将自我和认同看成是我们的社会、历史和文化以及各种关系来创造和保持的”[②]，因此，行政人员和社会公民的自我意识与认同是在社会情境中、各自角色定位中、人与人的关系中持续形成的。同时，“个人倾向的侧重和强度都会逐渐减小，而尊重他人的情感则会不断增长和扩展”[③]，因此自我与他者都得到了各自的发展，并彼此相互更加关联和个性化。

按照反思的方式来看，反思式的自省自悟和“自我的他性”的方式能够培养行政人员与公民的社会问题意识，养成善于深思的习惯，形成责任意识与自我教育意识。“自我的他性”的方式是社会情境中自我建构的重要途径，马克思在《1844年经济学哲学手稿》中曾经区分过两种观察和两种实践的对象以及与之相应的活动，他提出“对自然界和自我意识观察”这样两种不同的观察，并指出基于人所独具的意识与自我意识，人将自己作

---

① ［美］全钟燮．公共行政的社会建构：解释与批判［M］．北京：北京大学出版社，2008：131.

② ［美］全钟燮．公共行政的社会建构：解释与批判［M］．北京：北京大学出版社，2008：114.

③ ［美］E. 博登海默．法理学——法理哲学与法律方法［M］．北京：中国政法大学出版社，2004：9.

为对象来对待——“对于意识之所以有肯定的意义，是由于意识把自身外化了，因为意识在这种外化中知道自己就是对象，或者说由于自为存在的不可分割的统一性而知道对象就是他自己”①，自我意识之外的他人是一面镜子，不断促使着自我发展。

从单独的个体来看，每一个人都有两个自我组成，一个是“公共的自我”，一个是“自私的自我”，在公共行政的社会建构过程中，“公共的自我”会不断得到成熟和增长，在公共场域和相互交往中，自私的自我则相应被压缩，逐步为公共性思考，成为一个社会的公共人。从外部和关系的维度看，个体的自我建构包含有三个组成部分：首先是个体自我（individual self），指从自身独特性，从自己与他人的区别来定义、认识和理解自我，自我的意识与认同能够将个体自身与周围环境区分开来，通过人际间的比较获得，并与保护个体自身利益的动机相联系。其次，关系自我（relational self），指从自己与他人的双向交往（无论是工作还是生活）关系中定义、认识和理解自我，与其他人关系的部分相联系，通过人际反馈的过程获得，与保护重要他人的利益、维护与重要他人之间关系的动机相联系。最后是集体自我（collective self），指从团体成员身份来定义与理解自我的倾向；与自我概念中涉及自己与团体之间关系的部分相联系；通过将自我归属于某个群体，并将该群体与其他群体相比较的过程获得；与保护和提高团体利益的动机相联系②。个体的自我、关系的自我和集体的自我构成了自我建构的三个场域，在每一个不同的场

---

① 马克思恩格斯选集（第42卷）［M］. 北京：人民出版社，1995：170.

② Brewer M B, Gardner W. Who is this “we”? Levels of collective identity and self representations. Journal of Personality and Social Psychology, 1996, 71 (1): 83 – 93。Sedikides C, Brewer M B. Individual self, relational self, and collective self: partners, opponents, or strangers? In: C Sedikides& M B Brewer. (Eds.). Individual self, relational self, collective self. Philadelphia: Psychology Press, 2001: 1 – 4.

域中，面向的对象、内容、特征塑造了个体不同的个性。针对行政人员，个体的自我是从自身工作的不同来认识理解自己，关系的自我和集体的自我是从行政人员社会情境中来认识理解自己，“仅仅联合性本身事实上并不能构成一个社会共同体……后者要求社会中的每一个成员在创造它时的独特分享。这样的观念造成了一种共同的利益，它关涉到每一个成员在联合行为中的关怀，以及每一个成员对这种联合的贡献。这样，就存在着某种真正的社会，而不仅仅是联合的东西”①。关系的自我和集体的自我两者相互补充构成了行政人员完整的自我建构内容。

在传统的组织中，组织凌驾于社会之上，官僚制的漫溢就是一个典型的例子，官僚体制通过各种手段，包括硬与软的手段对社会思想及其人群进行规训，社会中的自我压抑使得人们生活在一个铁笼中，每一人都是一个困徒。“社会（国家）权力通过技术规则的‘软性专制’形式像一张无形而又无边的巨网撒罩在每个个人的头上，让处于这种网罩下的每个人都感到自己在管理的官僚形式化及其衍生的意识形态控制和社会公共领域的异化面前空前的孤独和无力”②，行政人员与社会民众互动较少，执行政策都是按照自上而下的方式进行，再加上由于每一人都具有同样的心智模式和行为特征，因此也就失去反思自我的参照系。按照著名生态行政学家里格斯的说法，行政行为的典型特征是行政风格的形成，而行政风格的形成，是一个由社会形态中的人的基本行为模式所决定的，这也说明了行政人员的自我建构和普通公民自我建构一样，必须在具体的社会情境中才具有意义，也只有

① ［美］杜威．人的问题［M］．傅统先，邱椿译．上海：上海人民出版社，1965：44.

② 吴育林．当代西方公共领域中权力异化性扩张的成因探析［J］．东北师大学报（哲学社会科学版），2006，（4）：37－40.

在具体的社会情境中才会有可以反思的参照系，而不是官僚体系下的“自我欣赏”。这个情境，就是我们前面提到的生活行政中的具体生活情境，行政人员与普通公民在日常公共生活中，对那些是理所当然的普遍的内隐知识、价值观念、信念力量和行为方式进行自我角度的观察、自我知觉和自我揭示，进行系统细致、内心深处的自我解构、批判、反思与建构，从而实现对公共事物认识的自我更新、超越和重构。这种情境的验证方式可以通过设想情境验证自身的判断，在面对艰难的选择时的决策，学习征求他人的建议以改进自身的实践等方式完成。同时，在社会建构过程中，当参与社会建构的人员通过反思个人习以为常的知识经验、价值观和行为模式的时候，也就是自我建构的过程中，很容易陷入自我批判和自我破坏的境地，需要来自其他人参与人的理解、认同、接纳与信任，从而能够获得内心深处的鼓励和支持，在交互反省、辩证批判的过程中，参与社会建构的人群共同反省研究行动策略中的各种内外因素，建立并维持民主平等与自由协商的氛围。

社会情境中的个体，“如果人们希望改变这种非人性化的活动，他们就需要参与到反思实践中，质疑他们是如何与他们周围的环境、与其他人、与他们关于世界的知识联系在一起的”①，在社会建构公共行政中，行政人员的自我建构更多具有行动者的意义，既要保持组织的稳定性与权威性，又有可能通过反思的行为在公共行政生活实践中影响组织本身的稳定与权威，自我的建构在打破原先自我的基础上和组织各种原则的基础上形成，是在矛盾与辩证的过程反复、循环前行，通过对话、参与社区自治、辩论等形式，也有可能会改变自身心智模式、对公共事务认知的

① ［美］全钟燮．公共行政的社会建构：解释与批判［M］．北京：北京大学出版社，2008：134.

前提假设、误解与偏好的过程，以此改变自身存在的局限性。“在民主生活中，个人共同形成和指导团体行为，每个人共享联合生活所创造的价值。通过社会生活中的相互作用，每个人都在成长之中。他的能力在他参与其中的团体中得到和谐的发挥和培养。”① 而“共景政府”开放、透明的组织是行政人员自我反思能力与建构发展的重要前提，超越了原先自身的知识与能力存量，甚至可以改变组织与先前的原则，为组织发展注入动力。但同时，在信息化社会中，网络信息化带来的虚拟社会将传统社会的自我认同完全瓦解，个体的交往以自由设计的关系来进行，主体被分散，在时间和空间上都被脱离原位，又使自我建构具有碎片化的特征。在明确的组织原则与社会复杂情形对行政的需求之间，行政人员的自我往往呈现模糊性与分散性，甚至容易自我的分裂，失去自我，不能明确自身的职责。

由此，我们看以说，行政人员的社会建构是一个复杂过程。其中，行政人员只有在获得了人格的尊重与认可，才能使得自我意识与行为稳定了下来，“如果我作为一个人格获得承认，那么，我的认同，即我的自我理解，不管是作为自律行动还是作为个体存在，也才能稳定下来”②。行政人员与公众在自我知觉、批判和揭露的反思性行动中，可能会出现自我蒙蔽、自我欺骗的视角盲点和行为取向，还会受到参与社会建构的公共生活的经验、价值观和行为模式与习惯的影响，这就需要参与的主体之间制订并遵守一种平等积极的互动规范，建立话语相同的不同组合和彼此理解、信任、平等的“批判性朋友”关系，形成政策联盟、利益共同体，实现组织内外人员的认同，这既是对组织制度

① DOWEY J. The Public and Its Problems, The Later Works, Vo. 12 [M]. Carbondale and Edwardsville: South－ern IllinoisUniversity Press, 1988. 28.

② 哈贝马斯. 后形而上学思想 [M]. 南京：译林出版社，2001：213.

或非制度的认同，也是这些制度或非制度作用效果的认同，维持一种开放、平等、信任与自由互动协商的情境，形成支持性和积极关注的心理氛围。

在前面讨论过的行政人员的自主性，社会建构中行政人员的反思精神与能力是核心，反思的过程是寻找替代方案的过程，是自我建构的目标函数替换的过程。行政人员在组织中按照常规行事，无论从心理上还是行为上，都习惯接受原有的程序、模式与心智，没有反思也没有批判，一旦行政者接受并去思考自身行为的时候，组织本身的行为可能会套牢成“蒙娜丽莎的微笑”——神秘的微笑愉悦了我们，但有可能会消解、宰割我们的认识，从而使得对美的评价与感受会定式地陷入所谓的“经典微笑”的认知与判断的先验意识中而不能独立。一旦具有反思的品质，可能会有正面和负面两种结果，一方面是组织有了鲶鱼效应，组织和其他人员带来了新的气象，改变了组织本身的程序与组织气候。当参与到一种自我实现的活动中时候，在社会生活中反思自己和看待自己的时候，与社会中的人互动，把别人的思维与眼光看作自我建构的路标，同时经过自身建构的思维也可能影响别人的自我理解，当一个人赋予组织及其组织中的人以新的意义时候，群体反思品质就开始发端，群体不断赋予组织新的意义，组织本身也得以不断改变以适应社会需要，个人反思能力成为组织发展的谶纬。另一方面，个体的反思，有可能会受到组织的压制，反思现有的行政行为方式可能会招致组织的排斥，成为例外的不受欢迎的人，“个体在感觉到组织未能充分履行其承诺和责任这一认知基础上所产生的情绪体验，包括失望、愤怒、不公正感、被欺骗感”①，带来个体的焦虑和行为的焦虑，影响

① 赵琛微．失衡与重构：变革环境下公务员的心理契约及管理方略［J］．中国行政管理，2005，(2)：96－101.

了组织的发展。

要克服组织的焦虑与行为的焦虑，就需要使整个行政行为的自由处于起主导作用，能够使行政人员的自我能力不断提高，更好地富有创造性地适应变化发展的行政环境和要求，行政人员要超越行政权力和行政职责及其要求。通过内化的自由，“把他在职业和岗位、职务上的权力规定和法律规定统一起来，作为公共管理的服务精神和服务原则的支持力量灌输到自己的行为中去”①，从而步入弗雷德里克森所说的“大胆审慎”的境界②，使得行政工作成为自身追求的事业，自我的人格成为发展性行政人格，成为现代社会所要求的行政人格，把自身为公共利益服务的行为演变为一种自觉的行为，内化为稳定而持久的内在价值的规定性，升华为对自我认识、自我理解和自我确立的价值准则和评价，形成独立的自律人格境界，行政人员的各种行政行为由此成为一种服从自我立法的自由行为。

第四节　个体、组织与社会

社会是一个复杂的含义，“社会性”是个人的“人性”真正意义的来源。“‘个人’非指一物而言，而是一个浑括的名词，代表那些在共同生活影响下产生的各种各样的人性的特殊反应、习惯、气质和能力。‘社会’这个字也是一样……它包括人们由

① 张康之．公共管理职业活动的伦理基础［J］．中共中央党校学报，2005，(4)：30－34.

② 乔治·弗雷德里克森．公共行政的精神［M］．北京：中国人民大学出版社，2003：200.

合群而共同享受经验和建立共同利益和目的的一切方式。”① 因此，当我们谈论个体的时候，个体是生活于不同集体之中的个体，社会建构中的自我建构是在组织和社会环境中共同生成的，行政人员的个体、组织与社会之间是辩证关系，在社会中理解公民的需求、并对公民做出回应性的需要，进行自我调整。因此，行政人员的自我建构是植根于社会生活中的，是通过与社会中的人与事的互动来建构行政行为的。

每一个单个的个体作为一种社会性的动物，都是生活在一个或多个社会不同的共同体中，个体只有依靠他所存在的具体的共同体，才能使得生活的意义不断生长，自我的个体性才能获得具体的展开与呈现，每个社会共同体才能得到发展。根据自主性和社会性的强弱，哈蒙将个体的自我分为四类，其中，弱自主—弱社会的自我是行为科学的假定。该类人没有主动或创造性，只会对外界的刺激作出被动的反应，相当于官僚体制下的无自主性的行政人员；弱自主—强社会的自我是社会学对人的假定，人没有主体性，只会对社会习俗与价值进行反应，而不参与社会生活中，无法感知社会生活对行政行为的影响和调整；强自主—弱社会的自我通常为经济学的人性观，它强调人的自利动机的驱使下进行自主的创造性活动，政府组织高于社会之上，政府的自利性动机比较强，是一只“看不见的掠夺的手”，潜在或者隐藏性的损害公共利益；强自主—强社会的自我则为行动理论的理想自我类型，哈蒙通过相互性进行其理论说明，作为公共行政的主导价值。“所谓相互性，指的是面对面的遭遇中，个人对其行动承担需要承担的个人责任的考虑要优先于法律责任的考虑。人是自主的，又是社会的，其行动均由对他人的积极关怀而采取，同时又

① ［美］杜威．哲学的改造［M］．许崇清，译．北京：商务印书馆，2004：118.

受到他人的影响。”① 强自主—强社会的自我意识，是独立性的自我人格，在这个自我意识的前提下，行政活动更强调个人的责任，被视为行政人员追求自己和他人价值的过程，对于社会需求和不同主体的主观价值予以同样的关注，以积极进取的态度去接受环境的影响并形塑和改变环境，在创造与改变环境的行政行为的行动中去实践和实现行政人员、社会的价值，个人价值、他人价值与社会价值在公共利益的实现过程中有机融合在了一起。

在信息化的今天，主体的碎片化，单个个体日益焦虑、恐惧和缺乏安全感等“个体现代病”不断呈现，组织化程度日益的式微，社会建构的过程更加艰难和漫长，“强自主—强社会”的自我意识摈弃了先验自我观念和碎片化自我的特征，建构一种对话式的新型人际关系，在这种关系中，人的存在不仅是权利化方式的存在，也是一个负责人的社会主体。这种关系是以公民彼此之间的交往和对话，通过对话使原有独白状态下对每个分别的个人而言的善，转变为对我们大家而言是共享和共同追求的公共之善。在查尔斯·泰勒看来，社会成员之间的关系应当是一种对话的关系，在彼此交流和对话的过程中，作为异己的对方形成了反观自身的一面镜子，在自我与对方的相互形塑过程中，成了一个共享、协商建构的关系。个体在现代性的断裂性、动态性、风险、关系性的社会情境中，通过“自我和身体的内在参照系统”建构自我认同的一种新机制，以帮助人们通过自我认同实现从“解放政治”向“生活政治”的转化②，生活政治是公共行政人员建构的基点，在日常实践的政治生活中，行政人员—公民相互

---

① 武玉英．变革社会中的公共行政——前瞻性行政研究［M］．北京：北京大学出版社，2005：81.

② ［英］安东尼·吉登斯．现代性与自我认同［M］．赵旭东等译．北京：生活·读书·新知三联书店，1998：92.

建构、共享知识是行政人员建构感知的主要内容，直面彼此的“差异”而建构“他在性自我”，形成集体多样化的自我，使得个体的自我、组织的自我和集体的自我有机结合起来。

按照詹姆斯（Willianm James，1895）自我观点，世界并不存在任何实体性意识，只存在一种借与他人的互动而不间断构成其个人同一感的意识流。自我存在于互动过程之中，个体只有通过社会互动的过程才能获得自我的基本品质，人们在不断地和外部世界的调试过程中形成了独一无二的特征。根据社会建构理论旨趣，公共行政的现实是由客观化的社会因素和公共行政人员的主观行为共同构成的①，社会环境会改变行政人员心智、思维和行为方式，行政人员也并非是被动适应环境，利用自身知识与经验感知、体验与重构解释社会环境，自我和心智是社会行动核心，而社会被看作通过个人的解释、估量、预测而可能流动的连续状态，能够对公共事务治理做出新的解读。在社会中，这个过程既是心智和意识的展现过程，包括对环境中的客体进行定义、选择和实践的路线。实践与主观的反复调试与作用，社会的环境与实体折射了个体心智过程和自我过程的反映，体现着那些由行动者内心或者他们之间的象征性互动，不管是社会的维系还是社会的变迁，都是通过心智和自我过程来实现的②，布鲁默和戈夫曼也同样指出，自我同样是个客体，人类行动者并不是被社会和

① 社会建构的代表任务，伯格和卢克曼指出，我们的世界由客观现实的社会和主观现实的社会两部分组成，前者是通过制度化和合法化来完成，后者是通过现实的内在化、自我认同与有机体的认同来形成。当人们主观的解释、认识世界时候，人们创造和维持了社会本身，但同时当我们生活的世界被语言的载体和社会实践维持、修正和创造时候，客观世界就当然被认为是真实存在的。（具体参考：［美］彼得·伯格，托马斯·卢可曼．现实的社会构建［M］．北京：北京大学出版社，2009.）

② 胡晓燕．社会转型的制度化阐释及其治理反思［J］．探索，2009，（5）：137－141.

心理力量所拉动和推动的，而是其所反应的世界的积极创造者，行为更多的是行动者通过连续不断的自我暗示建构出来的，而不是从个性结构中释放出来的。而“社会作为相对稳定的互动形式的社会组织的模式，它的存在有赖于人们情景定义的能力，尤其是把自己看作情景中的客体的能力，没有互动，社会组织也不会存在”①。

公共行政是通过制度、知识、政策并把个体、组织与社会有机整合在一起的辩证发展过程，任何单一的元素都不能获得良性的发展，“个体、组织和社会间演进关系的辩证思想，不仅重视影响人们思想和价值的历史背景和文化背景，而且它主张根据新的社会环境和新的人类经验批判性地审视传统”②。从这个视角来看，三者之间是动态的演变过程。正确地理解三者，需要辩证的思维，针对个体而言，在社会建构公共行政的自我观中，个体要遵从组织中的利于社会发展的理性，也遵从社会自我发展的理性，发挥自身反思与批判能力，更好地解释、认识、改造社会。个体、组织、社会通过公共行政的场域—社会设计辩证统一了起来，各种知识的重新“格式化”，赋予了客观新的主观化的认识，型构出适合公共行政发挥的政策。行政人员在整个过程中表现出一致的理性与行为，这些意识与行为是经过自我立法自由化后完整的自我行为。

① 张银岳．从结构、心灵到体系：社会行动的逻辑演进［J］．西南大学学报，2009，（5）：122－127.

② ［美］全钟燮．公共行政的社会建构：解释与批判［M］．北京：北京大学出版社，2008：52.

第五节 生活行政的勃兴与意蕴

前四节论述表明，行政人员的自我建构是基于社会实践的基础上。对于社会生活中每一个公民而言，公共行政生活已经成为他们自身建构一个重要部分，每一个微小的公共场域构成了公共行政生活的一部分，公共行政由原来以行政权力为中心的官僚行政转向了关注公共领域中公共生活的行政，我们称之为“生活行政”——在生活世界中，主体进行对话、交往，达成相互之间的理解、共识，形成了具有主体间性的主体存在，形成了行政中的经验与生动的生活，是一种生活方式的行政，是生活过程决定的行政，关注个人的权利、能力和自我实现，但同时也没有忽视个人的责任和义务，注重社会的团结、相互的依存和紧密配合。生活行政不是行政决策的行政，而是生活方式的行政，改变了以前普通公民的政治生活方式，即在协商、对话、客观的重新建构的公共行政过程改变了社会公众自我建构的过程中，重新赋予了公众公共生活新的含义。从这个意义上理解，社会建构公共行政的社会公民的建构催生了生活行政的兴起，日常公共生活成为普通公民自我建构和公共行政社会建构的试验田，为参与公共行政议题建构提供了土壤。可以说，社会建构的过程，重要的就是突出了与生活的相关性。

社会建构所倡导的民主模式、程序和发展，使得民主的叙事重心从控制的形式功能跃迁到了公共治理实质功能，表明了生活行政境遇下行政发展结构的转变，民主发展的重心、衡量标准和价值取向开始向生活行政皈依，支持和发展着治理的多样化选择模式和图景，民主成为人们公共生活的一部分。生活世界的直观性、经验化和前反思性，使得公共行政呼吁民众参与表达，使得参与公共行政公共生活已经成为社会公民生活的一部分。在此意义上，我们认为生活行政是一种不断改变自我生活方式融入公共生活场域的行政，在场域中展现自我，是一种自我的认同与自我选择的行政。未来的行政应该以增加社会公民集体选择的生活为根本，公民拥有充分的知情权、发言权和决策权。从而使得一部分人面临的共同问题形成了公共行政的日常生活场域，成为公共行政决策的主要阵地，“凡是传统已经失去的地方，我们不得不以一种更加开放和更能动的方式生活，我们不得不在日常生活中做出决策”①，在日常生活的场域中，通过社会设计进行、执行公共决策。在生活行政的模式，行政的合法性主要肇始于社会民众政治生活的质量提高和民众可以选择服务机会的多样，生活行政关注的是社会公民如何过好自身的公共生活，并形成良好的自我认同和社会认同。

哈贝马斯指出，生活世界绝不是身处于现实社会之中的一处固定不动的场地，而是随着人们交往活动的开展而与之共同变化的，生活世界是流动的，随着不同的语境变换而变换，同时生活世界一直在进行自身的再生产，带来有效的知识、相互的共存和个人价值的确认。面向生活世界，既保证了个体存在、知识和传统得以延续，同时也避免单个个体犯错的可能。通过个体、组织与社会的相互建构，公共行政的视野已经从社会共处的宏观层次转移到了微观层次以及如何开展公共行政生活进行反思的行政。从社会历史的背景来看，生活行政契合了新社会运动，把注意力转移到生活世界，调整了现代人的生活过程的政策。

汤林森认为新社会运动包括了和平运动、环保运动、妇女运动、各种大小不一的弱势族群的解放运动、福利运动、地域自主

---

① 戴维·米勒、韦农·波格丹诺（英文版主编）．布莱克维尔政治学百科全书［C］．邓正来（中译版主编）等译．北京：中国政法大学出版社，2002：64.

运动，“这些，在哈马贝斯的理论架构里，都显示了人们‘对抗生活世界之殖民化的趋向’。诸如此类的‘新政治’，诉求关怀的重点并不是物质资源的分配，反之，它关心的是如何‘保卫并重建危在眉梢的生活方式’它们都与‘生活的韵律规约形式有关’，表达了种种的不尽如人意与怨怼”①，让社会民众重归到商谈与对话政治生活的轨道上，回归到日常生活本身，改变着不断为人诟病的公共行政领域，增添了新的活力和新的视野。在生活行政中，政府组织通过有意义的社会建构过程，使得每个个体体会到最亲近的行政和无距离的公共性社会体验，切实感到了公共生活的生活意义和价值，公民的政治生活有一种回归的亲切感，实现“政治的终结”，回归到人类最初的共同体和城邦共同体生活境地之中。因此通过社会建构而形成的生活行政，深入基层，深入日常生活深处，使得公民政治生活更加实在化和充实化。

① ［英］汤林森．文化帝国主义［M］．上海：上海人民出版社：1999：316.

第五章　话语、行动与民主

在社会建构的公共行政中，行动与话语是核心要素，与行动和话语相伴随的权力、权利、民主，一并构成了公共行政社会建构过程的核心内容。

第一节　社会建构行政的权力与权利

社会建构的公共行政并不否认政府权力的存在，但从内容上看，突出的表现为权力日益的软化和权利自我发挥作用的硬度日益增加。

一、社会建构行政的权力观

权力深深地隐藏在我们生活的最深处，影响和牵引着我们每个人的行为，对于单个的个体，拥有权力不但意味着可以施加对别人影响的压力，而且也往往具有对自我加压的影响——权力是始终悬在权力拥有者头顶的达摩克利斯之剑，因为它总是危险的——权力本身就携带着太多不稳定的潜伏因素。

社会建构的公共行政不是不需要权力，而是权力作用的方式和途径发生了变化，社会建构的公共行政的权力是一种民主化治理下的权力，民主化的治理“能够将政府权力对国民个人和群体的自然安全所造成的直接风险减到最小”[①]。在社会建构行政中，改变了公共权力的发挥与政府组织和强制[②]力量之间的必然性的传统公共管理的逻辑认识，必然性转变成或然性，也就是说权力未必是通过强制性的方式实施。在社会建构的行政中，需要发挥权力应有的作用而不是稀释权力本身带来的权威性，突出权力在合理合法的范围内实现而不是消解权力的强制性，强调了权力不再是单一主体的中心而是行使主体的多元化和方式的多样性。

在第一章，我们已经指出社会建构的公共行政彰显了行政软权力的理论旨趣，软权力吸引民众，而不是迫使他们改变[③]。软权力是相对于“硬权力”而言，“硬权力”可以简单变为“胡萝卜”加“大棒”，迫使对方改变自己想法顺从他人意志，同时拥有权力的主体可以凭借权力支配、控制、影响权力客体，塑造以自我为中心的权力场。如果说硬权力的特征是强制性，那么非强制性是软权力的本质性特征——不是以强制、强迫、惩罚、威慑、武力为支撑，更多的是协商、互动、征求意见、说服、指导、商谈式、辩论等来影响社会公众自觉参与行政活动的意愿的

① ［英］约翰·邓恩．民主的历程［M］．长春：吉林人民出版社，1999：249.

② 在参与建构的治理过程中，不是不主张强制性运用，而是要弄清楚权力强制性所要达到的目的。正如有的学者指出，“一个合理的社会可能更为强调使用强制的各种目的和意图，而不是强调消除强制和冲突。如果强制明显的是服务于一种理性上可接受的社会目的，那么就将证明使用强制是合理的”。（具体参考：［美］R. 尼布尔．道德的人和不道德的社会［M］．贵阳：贵州出版集团，贵州人们出版社，1998：138.）并且这种强制是暂时的，每个人对它的服从也是有限制的和暂时的，毕竟“没有一个人拥有凌驾于他者之上的绝对自由，每个人都服从于暂时性的限制和约束”。（具体参考：［英］布劳尼斯娄·马林诺夫斯基．自由与文明［M］．北京：世界图书出版公司，2009：216.）

③ ［美］约瑟夫·S. 奈．硬权力与软权力［M］．约瑟夫.S. 奈．门洪华编．门洪华译．北京：北京大学出版社，2005：6.

同化性权力，“硬权力体现为命令、威胁、收买。软权力则与此相反，是以说服、信任、价值和吸引来起作用，通过控制社会议程、改变对方偏好来实现”①。在社会建构的公共行政理论中，权力是交互式的权力，改变了以往对权力单方意志决定的认识，行政人员与民众之间的彼此认识、理解、共享与反馈、交流决定了权力的内容、途径与方式，在公共政策议题建构过程中权力本身也得以体现。关于这一点，阿伦特的论述更为精彩，阿伦特把不需要他人同意的权力称为暴力（force），把建立在共同价值和信念之上的一致行动能力称为权力（power）。民主作共和主义是人民在相互交往的实践基础上，需要的是公共领域的争辩、互动、讨论和交流等的舆论形式，消除危害政治自由的暴力，确保民主制度真正体现人民主权本质。在传统代议制中，行政仅仅视为执行，没有自主性，既不能调动公民参政的积极性，又阻碍了民众创造潜能的发挥。从本源上看，权力和行动是联系在一起，权力是没有人能够“占有”的，“权力随着人们开始一起行动而产生的；一旦它们分散开去，它也就马上消失”，权力在人们的交往关系中产生，也随着交往关系的消失而消失②，因此，政府的行政权力是来源于交往权力。从这方面理解，社会建构公共行政的权力观是和公共政策议题建构过程紧密联系在一起的，权力在人们建构公共议题中产生。在公共政策议题建构的权力关系中，无论是行政人员还是社会民众，都拥有更多“权力机会”来通过公共政策议题达成和实现自己的愿望，都需要对权力关系中人群感知、理解、预测、改变和调适，其中权力关系的相关人的举动都会引发其他人相应的反应，并从而调整自身参与公共事

① 李凡．治道变革：由硬权力向软权力过渡［N］．南方周末，2012－05－07．

② 哈贝马斯．在事实与规范之间［M］．章世骏译．北京：三联书店，2003：180．

务建构的话语、行动与内容。

当然，社会建构权力的强制力形成的方式发生了变化，所谓“强制力”是在行政人员的主体间性的相互关系、相互依赖中产生，权力的强制性包含着彼此认同的力量。因此，在一定程度上，也可以说是权力在不同主体之间进行建构的。权力和知识无论哪一方占据主导地位都不利于社会发展，最合理的结果是纳什均衡，两者通过合理竞争而形成的良性合作关系，产生均衡的流动的权力——“流动的权力优于权力的流动”。社会建构公共行政的权力是交往式权力，是主体间知识融合产生的新的权力，这种权力包含了四方面的特征，即理性认同、合作意识、关系属性和领导方式改变。

（一）理性认同

在社会学研究中，权力常常指的是人们所拥有的能力，不仅表现为一种客观存在，而且表现为人们的主观感受，即权力感。现代社会的民主政治路径决定了权力的合法性来源主要是广泛的社会认同①，民主的治理途径就意味着知识精英必须从贵族精英向民主精英转变，缩小与社会其他成员的距离，“充分的民主化首先意味着迅速消除所有客体的距离，无论这客体是人还是事物”，消除距离的目的是“获得毫无虚饰的真实性”，以此来获

---

① 借用哈贝马斯的“事实性”和“有效性”来解释这里的权力概念，权力之中包含了“事实性”和“有效性”这两个向度。“事实性”的向度就是权力概念中的强制性向度，这意味着任何一种权力都潜在包含了排除一切阻力而实现自己的目的的强制力，它是以实际存在的暴力威胁为后盾的。而权力之中所包含的“有效性”，则意味着权力是得到人们的理性认同的。有时权力更倾向于强制力，有时权力更倾向于理性认同的力量。（具体参考：王晓升、重新理解权力［J］．南京：江苏社会科学．2010，（2）：7－12.）在民主社会中，权力更多地包含了理性认同的力量，而在集权的社会中，权力更多地包含了强制力的要素。

得更多的社会认同[①]。社会建构公共行政的真实性是通过面对面的沟通与协商，权力自身的认同在社会建构过程获得和升华。在生活行政中，交往的权力观在微观的日常行政生活中，行政人员与社会民众之间存在的微观权力不仅是在利益引诱和暴力的强制下产生，更多的是在主体间性的理性认可与相互承认中酝酿产生。权力之中包含着人们之间相互交往并达成共识的力量，权力使之成为一种纯粹的理性力量或者交往中达成共识的力量。当人们认识到权力之中所包含着的理性认同的力量时，人们就会发现，权力的再生产，不是权力资源的激烈争夺，而是获得理性的承认和认同，“按阿伦特的理解，政治权力既不是贯彻自己利益或实现集体目标的潜力，也不是达成有约束力之集体决定的行政权力，而是一种表现在合法之法的制定、建制的创立之中的授权力量”[②]，就行政权力和交往权力关系来说，存在着一种无强制力而更多是认同力的权力概念。在行政的社会建构过程中，理性认同力量超过了强制力量。

“交往权力只可能形成于未发生畸变的公共领域之中”[③]，通过相互理解、互相尊重的解决问题途径并通过行政指导、利益疏导、舆论分析、社会评价等方式发挥权力功能，从而建构一种“由沟通而形成的系统导控”（卢曼，语），权力所产生的认同力量能够产生行为的协同性和思想的一致性，能够获得社会公众的内心支持和行动拥护，形成对公共场域治理的自觉参与和拥护。一方面能够形成“积极组织”的特征，能够更好实现行政积极形塑，赢得民众的支持。社会转型期和全球化的影响，各种社会

① 卡尔·曼海姆．文化社会学论集［C］．艾彦等译．沈阳：辽宁教育出版社，2003：251，255.

②③ 哈贝马斯．在事实与规范之间［M］．章世骏译．北京：三联书店，2003：181.

问题的治理日益的复杂，政府治理的边界在日益模糊，传统政府治理领域已经打破，行政行为必须通过积极行为和健康方式塑造治理途径，“行政机关必须竭尽全力活动，根据自己的创造性做出反应”①，突出公共行政事务建构的创造性，获取社会公众的普遍认同。对权力的认同能够提高社会民众参与公共行政事务建构的积极性，改变行政人员和社会民众对公共事务治理的认识与思维。另一方面能够降低公共治理的行政成本。我们前面指出，社会建构公共行政的局限性突出地表现在公共议题建构的成本较高，但是一旦通过公共事务治理的不断建构，随着公共行政人员和社会民众互动的增多和频繁，主体间性的思维和行为就会不断趋同，权力的认同感就会不断增加，参与建构成员的自觉就会慢慢提高，类似同样的社会治理就会采取“成功方法的模仿与借鉴”的措施来进行，治理运行的成本在一定程度上会得到降低。

（二）合作意识

行政的社会建构权力观强调“权力共享并非意味着削弱国家的力量，而是为达成公共利益寻求合作”②。社会建构行政中的对话与商谈等软权力特征，主要是依靠通过潜在的影响力、耐心理性的说服力和参与的吸引力来发挥权力的效能。非强制性方式决定了权力的行使方式是通过集体的方式而非单个个人的方式进行，“权力不只是行动的人的能力，而且是在合作中行动的能力。权力决不是单个人的属性；它属于一个团体，并且只有当团

① ［德］哈特穆特·毛雷尔．行政法学总论［M］．高家伟译．北京：法律出版社，2000：6－7.

② Michael Cuthill，John Fien，Capacity building：Facilitating citi－zen participation in local governance，Australian Journal of Public Administration，64（4）63－80：December 2005.

体能够保持在一起时它才能存在"①。在社会建构公共行政中表现得更为明显，一个人无法具有共同建构的意义，一个团队才具有对公共议题建构的意蕴。

在对公共事务的治理做出集体意见整合后的成熟政策，既是不同人员参与建构的结果，也是每一个人对公共权力的制约、分享与使用的过程。权力的集体生成方式是对权力本身的一种自我保护，每一个参与建构对权力认同也是对权力的制约过程，千万不要"低估了存在于任何多元社会中固有的社会制衡的重要性"②。从这个意义上看，权力需要转化为权威才能进行合作，这一点萨托利在《民主新论》中就指出，在民主制与共和制国家，民主的目标就在于把权力转变为权威，这样的权力才具有合法性和社会性。权力转变为权威③的过程即是政府民主的过程，使人们更好地参与到公共生活中。

(三) 关系属性

权力含义的向度是在权力主体与客体之间的双方关系中进行界定的，不同的关系构成了不同相互交错的网，因此，权力不是抽象缥缈不可捉摸的东西，而是生活在各种社会关系之中。权力的关系属性决定了权力"它从不在某些人手中，从不像财产或财富那样被据为已有，权力运转着"④，在一定意义上权力通常

① [美] 斯科特·戈登. 控制国家——从古代雅典到今天的宪政史 [M]. 应奇等译. 南京：江苏人民出版社，2005：12.

② 罗伯特·达尔. 民主理论的前沿 [M]. 上海：三联书店，1999：78，28.

③ 在形成权威的过程中，权力是在民主化的过程中使得以民主的权威克服官僚的"权威"，有的学者论述到，官僚体制的权威，"正是由于虚弱，才要装出权威；正是由于平庸，才要以各种装束表示圣明、威严和'高不可攀'"。(具体参考：刘永佶. 中国官文化批判 [M]. 北京：中国经济出版社，2000：456－457.) 在民主过程中形成的权威具有长期性、稳定性和适用性。

④ [法] 米歇尔·福柯. 必须保卫社会 [M]. 上海：上海人民出版社，1999：27－28.

等同于个人的适应能力或才能。在社会建构行政的权力谱系中，权力在具有相互的关系中，“权力关系中的不同参与者的行动，一方面，每个参与者都力图减少其他参与者的自主余地和自主性，从而使得其行为具有较大的可预测性。另一方面每个参与者都在力图系统地保护自己的自主领域和自由余地，而且，尽可能地扩大自己的自主领域和自由余地，以减少自己行为的确定性”①。在相互的关系中，权力发挥着自我的作用。

在日益开放与民主的社会中，信息的向度是完全开放式的，社会权力也必然呈现出分散和多元化的态势，具有更多的功能和作用②。在社会建构公共行政，权力是非中心的、弥散的、分离的、非过于强制的，并且是来自各个地方，国家机构只不过是权力的一个有限区域和内容，真正的权力关系是没有什么中心概念的，工厂、医院、学校、家庭、个体等这些公共场域中都存在着自身的“微观权力”。在关系属性中，权力具有生产性和无主体的特征，“它‘致力于生产、培育和规范各种力量，而不是专心于威胁、压制和摧毁它们’”③，表现在社会建构的公共行政中，权力的实现需要在不同关系中的不同人群的感知与合作。在权力的产生途径上也具有多元性，主要包括基于法理性授予和基于知识自身生产两个部分，更多的是后者，知识是在公共行政社会建构的过程中产生和再生产。

---

① 张银岳，社会行动的逻辑：传统的以及当代的视角．桂海论丛，2009，(6)：80－83.

② 帕森斯认为权力的强制性是其功能之一，权力是一种一般化的社会资源，被部署到许多不同的社会子系统，用作“消费”或“资本”。（具体参考：［美］帕森斯．现代社会的结构与过程．梁向阳译．北京：光明日报出版社．1998：34－35.）

③ ［美］道格拉斯·凯尔纳，斯蒂文·贝斯特．后现代理论［M］．北京：中央编译出版社，2004.

（四）“转化性领导”

高层次的行政人员，即行政领导者需要权力的辩证思维模式，在社会建构的公共行政者，领导是“转化性领导”——领导不是领导者对追随者做的某件事情，而是领导者与追随者之间的一种彼此互动关系。领导者与被领导者置于平等对话的基点上，领导和被领导者之间“往往是在领导者和追随者通过他们相互提升到更好的道德与动机层次而彼此接洽的时候出现的”[①]，彼此的利益会融合成为对共同目标的相互支持民主，能够尊重行政对方的领导方式，突出了利用协商、互动的方式，淡化权力的代言身份，与民共享权力。“现存的权力和资源分配不能影响参与者在协商中的地位，有权者也不能因为手中的权力而增加其发言的分量”[②]，“领导者的权力不是通过纯粹的命令来体现，而是由有正当性的政策、有吸引力的制度及高度可信任感来取得社会的支持和服从，得到合法性基础”[③]，核心的理念是领导者与追随者之间分享愿景，共同面对挑战，调动所有成员尽最大努力去实现公共利益的目标，同时也实现每个个体的自我价值，在转型社会时期，转化型领导的实施真正可以释放出惊人的领导力，“这样的人会少一些高人一等的优越感和傲慢，而更多一些民主和信任感”[④]。权力的目的是领导首先需要的是一种能力，即能够充分利用一切权力来弥补工作中固有的权力空隙，同时愿意运用这种权力尽职尽责地敦促上司、带领部下、调动同事以及企业

---

① Burns, James MacCregor. Leadship［M］. New York: Harper and Row, 1978.

② Joshua Cohen, Deliberation and Democratic Legitimacy［C］//. Alan Hamlin and Philip Pettit, The Good Polity. Basil Blackwell, 1989: 22－23.

③ 李凡．治道变革：由硬权力向软权力过渡［N］．南方周末，2012－05－07.

④ 乔治弗雷德里克森．公共行政的精神［M］．北京：中国人民大学出版社，2003: 183.

外人员，为实现具有深远意义的目标而共同奋斗[①]，这种以价值观为基础的领导“来自于内心的承诺”（即领导是从个人的承诺和价值观开始）[②]，使得领导者能够做到“‘向前看’，很好地识别问题与机遇，尽量将消极面转化为潜在的积极面，要抓住、塑造和发展这些机会，确保它们转化为现实”[③]，从而能够尊重和信任他人，会不断改变自己，改变自己的领导观念和培养他人相似的偏好[④]，支持和尊重变革产生的价值观，把社会各种自愿和意志有机融合在一起。

从权力的认同以及对权力的制约，我们可以看出，在社会建构的公共行政中，权力开始逐渐从“上帝”与“神坛”的位置撤离，社会知识力量开始逐步迈上公共行政庙堂的核心之上，成为政府治理公共事务中坚力量。现代社会权力的运作和知识紧紧地结合在了一起，开放的知识话语的参与是权力健康运行的外部保护膜。社会建构公共行政权力的力量不断向社会知识力量位移，社会中每一个人所具有的知识成为公共事务治理的一分子，在不同的领域、不同的问题上发挥着不可或缺的作用。在社会建构的公共行政中，尊重社会知识的权力观所应遵从的原则是“比较优势原则”——哪一种知识所产生的公共政策更具有说服

---

① ［美］约翰·科特．权力与影响［M］．北京：华夏出版社，1997：1.

② 罗伯特·B. 登哈特，珍妮特·V. 登哈特，玛丽亚·P. 阿里斯蒂格塔．公共组织行为学［M］．北京：中国人民大学出版社，2007：219.

③ ［美］加里斯·摩根．驾御变革的浪潮：开发动荡时代的管理潜能［M］．北京：中国人民大学出版社，2002：6.

④ 英国著名思想家安东尼·吉登斯曾详细阐述过权力关系中的结构二重性，并且赞同他人对权力具有两副“面孔”的概括：一副是行动者实施合乎自己心意的决策的能力，另一副则是融塑在制度中的“偏向的动员”（mobilization of bias）。（具体参考：［英］安东尼·吉登斯．社会的构成［M］．北京：三联书店，1998：77.）后者的偏向的动员主要目的是领导通过改变权力体系中的价值和意识，改变其他人们的意识与价值，以便形成对组织有利的价值。

力、可行性和意见的集中性，哪一种知识就具有社会建构的比较优势，就能够在形成社会建构后的客观化结果中发挥主要的作用。参与公共事务议题的社会建构的过程是权力知识和社会知识相互博弈的结果，建构内容的客观化就是最后形成的博弈均衡。

社会建构中的行政权力观表明了公共行政权力分配机会的均等性，但是在现实中，权力机会分布上存在着不均衡性，社会建构的公共行政通过需要增加权利的“硬度”①，实现权力机会的均等性，确保权利实现的外在保障。

二、权利的“硬度”与社会力量

在多元时代的现代政治生活中，公民对公共政治生活所提出的参与建构的需求，在质和量的方面都发生了历史性的变迁，已经由原来抽象的“人民主权”转向更具有厚度和复杂性的“公民权利”概念②。公民的自我政治权利开启了政治公开性的入场券，生活行政的场域是公民自我权利实现的平台。社会建构的公共行政理论要求一切政治建构必须“把我们看作是不可侵犯的个人——即不可被别人以某种方式用作手段、工具、器械或资源的个人；它把我们看作是拥有个人权利及尊严的人；通过尊重我们的权利来尊重我们”③，权利促使我们参与到社会建构公共行

① 所谓权利的“硬度”是指权利本身内容的完善和完整而无障碍的实施。一般而言，在权利与权力的博弈过程中，权利是处在下风的，主要的原因在于权利的硬度不够，或者说权利的保障实施措施不全造成的。增加权利的“硬度”，关键是确保权利内容的日益完善和顺利实现。

② 具体参考：戴维·郝尔德．民主的模式［M］．燕继荣译．中央编译出版社，1998 年，第九章有深刻的论述。

③ 诺齐克·无政府、国家与乌托邦［M］．北京：中国社会科学出版社，1991. 330. 高兆明．社会失范论［M］．南京：江苏人民出版社，2000：83，136 - 137.

政过程中，同时行政过程又构成了权利实现的具体场域。

现代社会中，“所有权利都要求政府积极地回应”①，但是在现实的生活行政场域中，由于各自拥有政治资源的差异性、权力机会的差异性、话语力量的存量不同等个体外部差异导致了权力资源分配的不均等，公民参与公共行政的社会建构的机会、资格的平等性就难以保证，“承认作为现实利益主体存在的个人自我，承认自我的个人私利，承认公民每个人都有平等的自由权利，这是当代社会生活实践的基本前提，也是构建新的生活世界及其交往秩序的原点”②。公民权利的实现必须是现实实在的实质权利实现，而不是传统官僚体制下的形式主义下的公民权利——形式上能够保证公民权利实现的美好大道，最终通向的却是荆棘丛生的荒山野岭，迷失了方向，也迷失了自我。在社会建构的公共行政中，公民权利呈现出与众不同的特征。

（一）放弃权利可能会导致结果的改变

参与公共行政社会建构的社会力量在社会建构过程中奉献的是自身的积极性和知识存量，每一个人的知识以及对公共政策议题的认识决定了公共政策最后形成的结果。一个人的权利放弃就等于放弃了其中的一部分知识辩论与对抗，放弃了其中一部分意见，在博弈的讨价还价过程中，很有可能使得占据主导地位的博弈矩阵由于自身所支持政策因知识存量的不足而导致向与该知识不同方向的公共政策内容和意见倾斜，进而有可能导致公共政策结果的改变。从实质意义上看，公共政策是依据参与政策所有人知识交流而建构起来的，参与的人数越多和参与的异质性越强，公共政策建构的议题结果真切性也就越强，解决社会问题的有效

① ［美］斯蒂芬·霍尔姆斯，凯斯·R. 桑斯坦. 权利的成本——为什么自由依赖于税［M］. 毕竟悦译. 北京：北京大学出版社，2004：26.

② 高兆明. 社会失范论［M］. 南京：江苏人民出版社，2000：83，136－137.

性也就越强。那么反过来，参与的人数越少和参与人数的异质性越单一，公共政策建构的议题结果的真切性就会下降，解决社会问题的有效性也会随之下降。因此，在行政场域中，放弃参与权，就等于放弃了自身的知识转化权利的可能，对社会建构公共议题就少了一份知识力量竞争，在博弈矩阵和讨价还价中就可能失去赢取可欲性的政策内容机会。

（二）个性化权利得到充分体现

社会建构公共行政的“场域—社会设计”的公共场域是一个自由参与、表达自我意志和话语的地方，公民自由是参与社会建构的前提。没有了实质性的自由，也就没有了建构的意义。权利作为“某一特定的人提出的被其他人承认的该人应拥有的某些特定待遇的声明”①，在行政场域中，每一人的表达可能是基于自身利益的实现，会对不同的侧面、视角对建构的公共事务议题提出自身的诉求、认识和意见。在场域中，这些不同的意见会引起其他参与人的思考、反思和改变，从而使得每一人的意见都得到表达和发表。公民权在公民的公共生活中，是一种生活方式，内含着对社区及其成员的承诺和尊重，具有对公共事务的一种重要参与水平，并且将个人自己的利益置于广泛社会利益之下的自我意愿，托克维尔称为“被恰当理解的自利”②。总之，社会建构的公共行政通过自由与民主的对话途径建构了公共行政事务，使得民众的各类诉求能够得到表达，各种自身能量都能够得到释放，对日益个性化的社会也是一个有效的回应。当然，公民个性化的权利是建立在自我尊重与对他人无侵害（无公害）的

---

① 陈舜．权利及其维护——一种交易成本观点［M］．北京：中国政法大学出版社，1999：44.

② ［美］珍妮特·V. 登哈特，罗伯特·B. 登哈特．新公共服务：服务，而不是掌舵［M］．丁煌译．北京：中国人民大学出版社，2004：44.

基础上。

（三）缩短了权利与权力之间的距离

“权利转化为权力的时间越短、层次越少、过程越简便，权利的保障就越及时越有效”[①]，两者距离的缩短意味着权利的硬度在增加，监督的功能和自我能量在发挥。公民权利条件建设的完善使得公民个人的权利得到了全面扩充，甚至朝向更为个性化的权利方向发展（例如城市中市民养狗的权利）。实现公民权利的外在条件使公众有效地参与到改革过程，充实公众在行政体制结构中的角色，充实公民的角色，在法律意义上体现为“公众充权”（empowerment of the public）[②]，也称之为增权于公民，增大权利实现的群体覆盖面，关注弱势群体和边缘群体的权利实现程度。缩短权力与权利的距离，一方面是减少权力的干预强制的范围，另一方面是增大权利的覆盖面积。对不同公民进行充权或增权，是意识到自身身份、增强公民实现权利能力的过程，改变对自身面临问题和解决问题能力的无助感和对公共事务的关切

---

① 何克祥，试论缩短权利到权力的距离，中共南昌市委党校学报，2008，(2)：22－24.

② “公众充权”的概念是后现代主义在批判实证主义和技术化路线的公共决策失败时，所提出的一个核心概念；其主要意涵是强调公民的行动能力，强调在政策制定过程中使公民“有权利作出决定”。(具体参考：郭巍青．公众充权与民主的政策科学：后现代主义的视角［A］．白钢、史卫民主编．中国公共政策分析［C］．北京：中国社会科学出版社，2006. 283.）“充权”的英文是 Empowerment，也译为“增权”。最早源于美国哥伦比亚大学学者 Barbara · Solomon，他在 1976 年出版的“Black Empowerment：Social Work in Oppressed Communities”一书中指出，充权的目的是要协助一些受社会歧视的社群，对抗遭受的不公平对待，并减低其自身的无能与无奈感。这个概念认为社会存在着不同的组群，社会问题的出现非因个人的不足，而在于不平均的权力及资源分配，未能满足一些组群中人们的需要。(具体参考：赵雨龙，黄昌荣，赵维生等，新社会工作视界．台北：五南图书出版公司，2003：9.）

感，是自我赋权的过程①。在行政场域中，公民通过参与公共议题的建构，改变参与人的集体偏好，尤其是行政人员对公共议题认识与偏好，能够便利积极地参与公共生活，就是一个重要的充权过程，让他们有自己决定自己生活的权利，促使权利能够饱满地实现。最重要的是，唤醒了权利的意识，Lee 认为“权能”是个人觉醒到自我的意识和体认到受压迫，才能透过此觉察的增权历程中看到更多的选择机会，也才能促进个人或周遭环境的转型②。社会建构的过程中民主强调的是“以社会制约权力”，实现权利的监督、救济的功能，缩短了权力和权利之间的距离。缩短两者之间的距离，既意味着权力对权利的尊重，也表明了公民权利硬度的增加。

在社会建构公共行政中，社会力量得到了充分体现，公民个人权利能够在公共行政场域实现，权利的贫困得到了改善。如果还存在权利的贫困那不是因为外部条件的不足所造成，而是因为自身对权利不足、不珍惜或者放弃权利所造成的。因此，按照阿玛蒂亚·森的社会公正观点，人类发展不仅是经济的增长，也是

---

① 赋权涉及个人、人际和政治三个层面。个人层面上的赋权聚焦于个人发展个人权力感和自我效能感的方式；人际层面的赋权强调使个人可以有更多的影响他人能力的具体技术的发展；政治层面上的赋权强调社会行动和社会改变的目标。Friedman 认为。有三种类型的赋权，分别是心理学层面、社会层面和政治层面的赋权。心理学层面的赋权是累积性的，通常来源于在社会或政治领域中成功的行动或者接近于成功的行动。社会层面的赋权与生产的各种要素的获得途径有关，这些要素包括信息、知识、技术、社会组织中的参与和财政来源。政治层面的赋权是指对影响到家庭或社区的决策的控制。〔具体参考：陈树强．增权．社会工作理论与实践的新视角［J］．社会学研究．2003，（5）：70 – 83.〕Wilson 认为赋权的目标是自我实现，即人们有可能地改变他们自身、他们的家庭和他们的社区。（具体参考：Kris Steven and John Morris，Struggling toward sustain – ability：considering grassroots development，sustainable development，Dev. 9，2001.）

② LEE，J. A. B. The Empowerment Approach to Social Work Practice［M］. New York：Colubia University Press. 1994.

自由的发展，既包括工具性自由，也包括实质性自由。关于实质性自由，“可行能力”[①]（capability）是基础的保证。我们认为，权利的可行性是建立在权利的完整性（compelesity）的基础上的，权利必须是全部应该的权利[②]，在公民可行能力的基础上实现自我权利，由此可以认为权利的完整性是可行性的前提。一个人的可行能力既是一种自由，也是一种权利，政府的公共行为应该更多地关注人的可行能力，提高行使权利和意识，这也是公民充权的前提，为公民切实行使自身的权利奠定基础。可行能力的提高是增加公民权利的硬度保障，因此，社会建构中提高公民权利的主要途径是不断提高公民参与的能力。可行性能力是一个难以触摸的概念，政府需要完善以下几个方面的内容，以此提高可行性的能力，确保公民权利的实现。

1. 确定公民资格

正如在第一部分指出的那样，公民有着参与公共事务管理实践活动的渴望。公民参与行政活动的前提是具有参与的身份与资

---

① 阿马蒂亚·森认为，可行能力是指，对于一个人而言有可能实现的、各种可能的功能性活动组合的实质自由，即实现各种不同生活方式的自由。（具体参考：［印］阿马蒂亚·森．以自由看待发展［M］．任赜，于真译．北京：中国人民大学出版社，2002. 62.）博曼指出，“最基本的平等标准必须考虑行为者将资源转变为实现其目标的手段的能力差异”，并认为森的可行能力的分析方法可以普遍扩大到政治领域，尤其是民主领域。博曼在讨论民主与有效社会自由的关系时提出了能力路径，并且指出森的可行能力路径试图解决的问题是“平等诉求的评价怎样必须接受人类的多样性存在”。（具体参考：［美］詹姆斯·博曼·协商民主与有效社会自由：能力、资源和机会［A］．陈家刚·协商民主［C］．上海：上海三联书店，2004：146，153.）

② 在社会建构过程中，权利的完整性是指政府在确保公民参与建构过程中必须具有可以行使全部权利的内容，例如包括公民的知情权、表达权、监督权、参与权等，这些赋予的权利是公民参与社会建构的外部条件，不容改变和减少的，但同时根据权利可以放弃和部分行使的属性，公民根据自身的能力与兴趣可以自行决定行使自身的权利，这就涉及可行性能力的含义。

格。在这种现代民主社会中，公民的身份已经是“因生而入其中，因死而出其外”了[①]，公民参与治理具有先验性，由公民身份所决定，“将来有效的公共行政应该跟公民身份，跟全体公民密切地联系在一起”[②]。在今天，公民身份本身所发挥作用的环境与意识有了变化，“在今天，我们必须重新界定公民的作用了。他们已经从政府服务被动的消费者变成了创造社区特定性格的积极的活动者。这意味着公民已经成为其社区管理的一部分，他们承担着社区的责任，而不是把自己要么看作是孤立的地方政府服务的消费者，要么看作是政府对立或反对的力量”[③]。公民资格的本质是保证人人都能作为完整的和平等的社会成员而受到对待。在现代社会，作为平等身份的主体，由少数人享有的特权日益走向整个社会的普遍身份的过程，同时公民资格内容也不断拓展为新的权利内容。公民资格不存在只顾自我利益，其本身意味着积极承诺，意味着责任[④]，原因在于“公民身份（公民资格）预先假设了判断和正义的理想，以帮助解决影响整个共同体，而不是影响某个部分的议题”[⑤]。由公民资格带来的公共精神则意味着在共同体中消除人的孤独感，通过团队的活动等公共纽带建构与凝聚信任与合作的社会网络，促进自我与他人之间的调和，实现人与人之间的包容与发展。

在社会建构公共行政中，公民参与公共议题的建构不仅是自

---

① 约翰·罗尔斯．政治自由主义［M］．南京：译林出版社，2001. 31 – 32.

② H. George Frederickson, "The Recovery of Civism in Public Administration", PublicAdministration Review, 42 (November/December), p. 601.

③ Elinor Ostrom. A Communitarian Approach to Local governance［J］. National Civic Review (Summer), 1993; Hindy L. Schacher. Rein – venting Government or Reinventing Ourselves［M］. Albany: State University of New York Press, 1997: 226 – 233.

④ 德鲁克．社会的管理［M］．上海：上海财经大学出版社，2003：186.

⑤ 德里克·希特．何谓公民身份［M］．长春：吉林出版集团有限责任公司，2007：125.

身权利的行使，也是建构个人与不同层次（包括国家、族群等共同体）共同体之间的社会关系层次和社会流动走向，“自由身份是在具体环境之中的自由身份（Freedom is freedom – in – context），在这样一个环境中，有效做出的行动与决策都是依据来自于共享生活的经验资源”[1]，在个人与不同层次的共同体互动，形成在不同公共领域的特定参与行为网络，发挥自身的能量，彼此分享，建构公共行政能量场，实现个人与公共领域网络之间在资源分配、风险规避、网络治理成效过程的功能对接与互补，也可以认为是公民在寻找一种不同于个人利益实现的替代情感归属。由公民资格产生的公民权利在内容上相互补充、相互交织、相互支撑，形成了社会建构公共行政运行与发挥功能的前提与核心机制，因此可以说在参与式的行政中，诉诸高效的公民身份，认为较有知识及较为活跃的公民是好政府的重要组成部分[2]。

从社会建构公共行政的社会过程来看，公民资格是通过创造公民机会和利用公民来治理社会并推动社会变迁过程的一种“俯视向下看”战略，公民资格“本身的目标是可变的，公民资格和公民的各种权利并不只是成员资格纽带的表达，而且还随着环境、期望和公民的实践而变化”[3]。公共资格的动态性和不同诉求的差异性，决定了发挥的功能构成了社会情境变化与趋势的一个重要内容，与其他社会情境变化的变量一同影响着公共行政

---

① ［美］郝大维，安乐哲．先贤的民主——杜威、孔子与中国民主之希望［M］．南京：吉江苏人民出版社，2004：63.

② Camilla Stivers，“Citizenship Ethics in Public Adminis – tration”，in Terry L. Cooper ed.，Handbook of Administrative Ethics，（New York：Marcel Dekker，2001），p. 588.

③ Giovanna Procacci · Poor Citizens：Social Citizenship versus Individualization of-Welfare［C］ · Colin Crouch，KlausEd – er，and Damian Tambini · Citizenship，Markets，and the State［A］，OxfordUniversity Press，2001. 49 – 50.

社会治理的方向、途径和相关的制度设计。但不论什么样的公民资格，必然以公共理性为前提，中立的公共理性使政治正义成为各类价值“通用配件”，形成公共政治领域中的公平合作的政治美德。“当公民进行协商的时候，他们就公共政治问题（public political questions）交换看法，并就他们关于公共政治问题观点的论据（supporting reasons）进行辩论。他们假定通过与其他公民的讨论，自己的政治见解（political opinions）可能会得到修正，因而，这些见解不是他们既存个人利益或非政治利益的一种简单固定的结果。正是在这一点上，公共理性是至关重要的”①，这与很多学者呼吁建立“公共合理性”的品德（the virtue of “Public reasonableness”）不谋而合。

按照罗尔斯“重叠共识”的政治理念（The Idea of Overlapping Consensus）的理解，公共理性是公民之所以为公民的观念，它关注的核心是怎样理解不同的政治关系，这种政治关系既包括宪政民主制政府与其公民之间的关系，也包括不同公民之间的相互关系。公共理性是为实现公共利益为目标，在处理涉及社会公共问题时候，其行为和内容都要受到公共理性的制约、规范。但是这种公共理性在社会建构政策过程中，不存在预设一个共同结构性的前提，公民参与其中的行动不是在同质性社会层面、规划过的相同的价值观的前提下进行的，而是在利益差异和知识存量的不同前提下，经过持续互动、相互获取互惠的重复博弈过程中进行的，并逐步形成了稳定的社会共同体，从而形成和铺设了公共政策建构的共同价值目标和信仰准则。公共理性成为多元民主

① 约翰·罗尔斯．公共理性概念再探［A］．时和兴译．哈佛燕京学社．公共理性与现代学术［M］．北京：三联书店，2005：8.

社会公共领域进行公共议题社会建构的一种基准道德要求[1]，简单地说，就是为社会整体的利益即公共利益而行动的一种气质倾向[2]。社会建构中公共理性的公民资格的这种基准意义上的道德，是多元社会维持公共政策正义、公平需要的底线式样的公共场域中的公共道德，是一个自由主义民主社会中参与社会治理的公民的最低限度的道德品格要求。最低限度的美德公民资格是一个开放的概念，个体有机融合进社会中的包容模式，需要建构出一种“去中心化”的公民资格理论：“意味着不再把国家、人民和民族作为单一政治意志所形成的中心，职业、特殊利益等群体的参与也是政治意志形成的合法来源。”[3] 在基准道德意义公共理性上的社会建构行政中“去中心化”的公民资格，能够更好地衡准清楚公共利益与私人利益之间的关系，为公共利益而言语和行动；在复杂交织的利益链条与网络中认清不同利益所指，形塑出现代理性的积极公民；呼应和凝练出提倡和支持的公共政策原则及让公共理性的政治价值所支持的根本问题得以进入公共议题并以互动协商方式解决，参与的群体彼此提供合理的理由和释义，彼此听取对方意见并合理采取他人意见的公允之心，在彼此平等尊重对待的基础上寻求不同意见之间的重叠共识，在公民资格中形成稳定的持久的道德责任，为社会建构形成“真”的议题和议题的“真”奠定基础。

---

① 从抽象意义上说，在只有最小限度妨碍任何具体行动时，我们是自由的。从自由身份的有效意义上讲，只有当促进某一行动的条件存在时，个人才是自由的。共同体有责任最大限度地使他们的同胞有机会作决定并付诸行动，而这些决定和行动反过来又丰富、充实了共同体。（具体参考：［美］郝大维，安乐哲．先贤的民主——杜威、孔子与中国民主之希望［M］．南京：吉江苏人民出版社，2004：63.）

② Richard Dagger. Civic Virtues ［M］. Oxford：Oxford University Press，1997. 127.

③ 唐克军．重建公民资格［J］．国外社会科学，2008，（9）：128.

2. 建设公共场域

第一章我们提到社会建构公共行政是通过公共场域发挥建构意义与作用。现代社会公共场域在质和量都取得突出进展：量的方面是公民活动的公共场域的数量在不断增长，质的方面是人们批判精神和重构意义的增长。作为一个利益的个体，人们在进行公共选择的时候，“人们试图根据自己的最佳自我感受或者所偏爱的自我表达确定其立场，这一点没有错……如果我们强调好的协商以信息充分为前提，或许群体两极分化就可以减少，甚至完全消除”①。要实现信息的有效流通，克服信息的不对称，实现“每一个人的行政”，建立信息自由流通和对称的公共能量场——在“事实与规范之间”建构社会交流与分享的开放性的“民主治理场域”，成为人们表达想象力、营构历史空间和推动治理叙事转变的“触角”。公共场域是社会建构的公共政策制定和修改的社会话语表演的公共场所，各种话语进行着持续对抗性交流，使得具有不同意向性的政策话语在某一重复性的实践语境中为获取意义而相互论争、沟通②的过程，充分彰显公域之治的“公共性”，让公共事物成为公共机构和公众共同关注、处理的对象，超越于公共权力与公民权利之间表面性的、局部性的冲突

---

① 凯斯·R. 孙斯坦．设计民主：论宪法的作用［M］．北京：法律出版社，2006：42－43.

② 关于在公共场域中进行沟通的可能性，有的学者论证到，“公共领域是一个以意见取代真理、从意见中把握真理的领域”，“意见以世界如何向我呈现的方式掌握这个世界。因此，它并非主观的幻想及随心所欲，亦非某种绝对而放诸四海皆准的东西。这种想法的假设是世界会根据每个人所处的位置，而向每个人展现不同的面貌。世界的‘同一性’、‘共同处’‘客观性’在于下述事实：尽管人们彼此有别、立场迥异甚至意见不同，但是向我们展现的是同一个世界——‘你与我毕竟都是人’”。（具体参考：江宜桦．公共领域中理性沟通的可能性［A］．许纪霖．公共性与公共知识分子［C］．南京：江苏人民出版社，2003：175.）

之外，全面、辩证地对待公共权力与公民权利之间的相辅相成特性①，以此抵制政治统治系统对现实生活世界的扩张与殖民，不断完善相互承认关系的社会结构和社会途径，人们可以自由地直面批判性地关心、讨论和研究公共事务治理绩效与过程。

从延续上看，公共场域可以看作公民权在“私人领域”之外的非经济性领域和内容的延伸。权利要实现，必须以透明的方式实现，“公共领域的成败始终都离不开普遍开放的原则，把某个特殊集团完全排除在外的公共领域不仅是不完全的，而且根本就不算是公共领域”②。因此公共场域必须是透明的、自由的、开放的、不受任何限制的。在传播的载体上，报纸、杂志、广播、电话、网络等媒介为公民提供了日趋宽松的利益诉求环境和表达空间，在具体场域中，主题公园、社区、街道、村民会议、社区委员会、邻里会议是主要的载体，从物质设施、主体建设、文化氛围营造入手，吸引不同群体方便参与公共场域中。佩特曼强调指出，公民参与活动最恰当的领域是与人们生活息息相关的领域，如人们生活的社区或工作的场所，这些是人们最为熟悉、最为了解、最易表达和最感兴趣的领域，只有当个人有机会直接参与和自己生活相关的决策时，才能真正理解和认识自己日常生活的过程。同时，公共领域的形成离不开平等性，真正的公共行政社会建构过程是平等对话交流，“只要经济和社会条件使一切人都享有同等入门条件，具体说，就是获得有教养、有财产的人所需要的私人自律的资格，公共领域也就有了保障”③。通过基

① 罗豪才，宋功德．公域之治的转型——对公共治理与公法互动关系的一种透视［J］．中国法学，2005，（5）：3－23.

② 尤根·哈贝马斯．公共领域的结构转型［M］．上海：学林出版社，2004：94.

③ 尤根·哈贝马斯．公共领域［A］．汪晖，陈燕谷主编．文化与公共性［C］．北京：生活·读书·新知三联书店，1998.

层、社区、工作场所的公共生活的参与，公民个人获得更多的机会实践民主，在民主实践中进一步培养政治能力。因此，建设与民众息息相关的公共生活领域是社会建构公共行政的空间要求。

（1）公共场域的完善与良好的公民意识密切相关。公共场域是培育公民能力，表达权利诉求的场域。完善的公共领域可以让“政治权力学会在公共领域里倾听”[①]，在我国公共场域中，“消极冷漠型公民”、“冲动激进型公民”、“搭便车获利型公民”[②] 类型较多。建设多元主体的相互促进与竞争，相互协商与包容的公共场域是目标，在其目标下，鼓励参与社会建构和激励自我社会建构是核心任务，从小范围的诸如社区、街道的公共事务治理的经验共享和升华是主要途径；平等参与社会建构和机会资源相对公平是制度设计的核心，在政府权力内容中突出保护的作用，缩小强制与规制的作用是主要保障。同时防止参与社会主体二元对立的思维模式（非黑即白、敌与我等意识）、喧嚣聒噪的情绪化话语和泛道德化评价倾向，都是对理性健康的社会舆论的伤害，努力使得公共场域真正成为民众表达诉求、实现自己意志和愿望、公共交往与对话的可以依赖“梦想之地”，形成良好

① ［美］查尔斯·泰勒．公民与国家之间的距离［A］．汪晖，陈燕谷主编．文化与公共性［C］．上海：三联书店，1998：202.

② 这些类型的公民严格意义上并不能算是公共场域的参与者，“真正的公共领域要求从两个方面来检验个人和群体的关系。第一是要求检验个人是否为政治群体的成员。每个社会成员只有行使了公民责任和义务，才算是一个真正的公民。换言之，不行公民之职责即不是公民。公民是一种行为，一种实践，不是一种形式身份。第二是要求检验个人行为是否具有必要的政治体制支援。”〔具体参考：徐贲．英雄行为与普通人参与——阿伦特公民观论述评论［J］．东方，2002，(1)：65.〕针对这部分群体，他们是实现了权利而没有实现自己的义务。从公共场域的建设角度来看，可以把他们理解为建设实践过程中的一种变异和需要矫正的现象。

的自由的对话环境，保持独立性，否则容易形成“沉默的螺旋”①，出现“多数人的话语暴政”，遑论实现公民意见的独立性。

（2）在现阶段需要威权来助推公共场域建设。从我国国情和现状看，采取自上而下“注入—推动”式建设公共场域是较好的选择路径。以宽容和合作的理解态度为公共场域发展提供适当的生长空间，创造着大量具有一定规模、深层次的发达、健康、积极向上的社会“公共生活”，以多样的活动方式履行自我的社会职责，奉献自己的力量。“其意义都相当于类活动和类精神——它们的真实的、有意义的、真正的存在是社会的活动和社会的享受。”② 在公共场域中倡导平等友爱、善于合作、乐于奉献的思想境界和真诚付出、乐于为人的道德风尚，在建设公共场域过程中，努力产生和形成良好的霍桑效应（Hawthorne Effect），形成积极向上的公民文化，否则用金钱建造现代的“公共设施”，人们却没有实质的“公共生活”。在公共场域中，那些参

---

① 大众传播学研究中有一个重要理论：“沉默的螺旋”假说。其前提假设为，人们在现实社会中，为了从周围环境中寻求支持，避免陷入孤立状态，在围绕争论性问题表达意见时，会屈从于多数人所营造的“意见气候”的压力，对优势意见表示支持，而对反对意见持保留或沉默的态度。其含义是：对于一个有争议的议题，人们就会形成有关自己身边“意见气候”的认识，同时判断自己的意见是否属于“多数意见”，当人们感觉到自己的意见属于“多数”或处于“优势”的时候，便倾向于大胆地表达这种意见；当发觉自己的意见属于“少数”或处于“劣势”的时候，遇到公开发表的机会，可能会为了防止“孤立”而保持“沉默”。越是保持沉默的人，越是觉得自己的观点不为人所接受，由此一来，他们越倾向于继续保持沉默。反复几次，便形成占“优势”地位的意见越来越强大，而持“劣势”意见的人发出的声音越来越弱小，这样的循环，形成了“一方越来越大声疾呼，而另一方越来越沉默下去的螺旋式过程”。（具体参考：伊丽莎白·诺依曼．大众观念理论：沉默螺旋的概念［A］．大众传播学：影响研究范式［C］．北京：中国社会科学出版社，2000.）

② 马克思恩格斯全集（第1卷）［M］，北京：人民出版社，1995：44.

加社会建构的公民，在其中，可以感觉自己受到关注而产生荣誉感和尊重感，每一个个体都可感觉到与共同体休戚与共的感情纽带的联系，所谓共同体的意识——彼德·布劳所谓“价值共意”性观念也能产生与形成[①]，形成一个价值共同体的共同凝聚力，延长和拓宽了场域共同体的价值内涵[②]。人们就会更愿意、更主动积极地按照社会的规范和程序去参与公共政策议题的社会建构，社会建构质量和真实性就会不断提高。

（3）保持公共场域相对独立，防止市场理性与强权意志的“殖民”和“压迫”。在社会互动情境过程中存在着天然的不平等[③]，克服这种不平等对公共性的要求就更高，“参与或不参与政治体的公共政治生活，并不是一个得福或罹祸的结果性判断，而是一个政治体的公共性对其成员是不是具有感召力的问题”，“凡是那些由政治体领袖或理论人士给定某种图式的‘公共’政治生活范式，其公共性都是令人怀疑的”[④]。只有保持公共场域的独立性，才能避免不同利益群体内耗、权力阴谋和市场与权力

① ［美］彼德·布劳．社会生活中的交换与权力［M］．北京：华夏出版社，1988：292.

② 正如兹纳涅基（Florian znaniecki）所说的那样，人总是担任一定的社会角色，生活于相对确定的社会圈子或制度中。“在社会圈子与角色之间有一个由大家所赞赏的价值复合体所构成的共同凝聚力。人们都受这种凝聚力的约束。”对于公共场域中的人来说，这个“价值体”的大部分内容场域运行中的公共分享的价值体系，影响、润化和改变着与其不相适应的价值。“如果他的社会圈子或制度需要他做的那种人，他的自我就必须按照圈子或制度的意见，在体力和智力上，具备某些品质而不是拥有其他一些品质。”（具体参考：兹纳涅茨基．知识人的社会角色［M］．郏斌祥译．南京：译林出版社，2000：100.）

③ 著名社会学家齐美尔指出，在社会互动的情势的过程中，人与人之间都可能有优位之势与劣位之势的区别，具有的位势之优劣的社会关系形式称之为“支配”，即占优位之势的人具有影响、决定和控制占劣位之势的人的能力和机会。

④ 任剑涛．“公共”的政治哲学：理论导向与实践品格［J］．哲学研究．2010，(7)：95－105.

共谋的侵害，才能防止滋生狭隘的个人利益、小团体利益的偏歧[①]，真正发挥社会建构的意义与作用。公共场域不是人为地设计出来的，也是无法强迫进行的，但是可以通过大众传媒的力量和作用进行营造和建设。“大众传媒应该把自己理解为一个开明公众所集体委托的代理人。”[②] 传媒权力必须中立，为公共舆论形成和传递真正代表普遍民意。

传媒的不断商业化也使传媒的功能常常被利益所左右，而疏忽或放弃了对主流价值的追求，舆论常常沦为“没有牙的猫”，无法捕捉和消灭大摇大摆的过街之鼠。建立独立开放的传媒系统，增强传媒的自我表达和评论的力量，使得传媒独立于从行政权力和社会权力之外。“当人们在不必屈从于强制高压的情况下处理有关普遍利益的事务时，也就是说能够保证他们自由地集会和聚会、能够自由地表述和发表其观点时，公民也就起到了公众的作用。”[③] 在真实传播信息、实施有效监督、及时提供表达渠道等方面拓展更广泛的空间，为公共场域功能发挥创造条件。

3. 形塑公共生活

在本质上，形成良好的公共场域是形成良好社群公共生活物理条件。但要真正在日常行政中实现自身的权利，则需要建设丰富的社会内容和体系。在新公共行政的倡导者乔治·弗雷德里克森（H. George Frederickson）为形成良好的公共生活提供了一个可以操作化的衡量体系，即“与陌生人之间的交往；解决公共

---

① 在不独立的传媒下所形成的公共舆论的真实性往往难以保证，约翰·基恩甚至认为，“公共舆论富有说服力的力量据说同它的真实性成反比例”。（具体参考：［英］约翰·基恩．公共生活与晚期资本主义［M］．北京：社会科学文献出版社，1999：185－186．）

② 哈贝马斯．在事实与规范之间［M］．童世骏译、上海：三联书店，2003：397.

③ 邓正来．国家与市民社会［M］．北京：中央编译出版社，2002：375.

空间和公共关系问题；非人情化关系的有效性；发展当代相互依存的公共关系”①，通过建构人们行为层面上的公共性以此来形成人们社会建构行政的公共生活内容。他甚至武断地指出，如果一个政府与公众之间在这四个方面充分互动，那么，就会形成真正的公共生活，这种公共生活具有理念上的公共，也是一种能力上的公共，更是自我权利实现和自我精神型塑的公共。

“与陌生人之间的交往”和“非人情化关系的有效性”的主要目的是营造“信任陌生人”的诚信世界，真正关怀“陌生人”。公共场域的建设提倡建设异质公共生活的重建，积极促进陌生人之间的普遍交往，“健康的公共生活是围绕着人们在无数次分离聚散的场合，与出出进进的人们不断地互动进行的”②。陌生的世界核心在于诚信的互惠社会，“人们知道同胞是他们的同伴，当同胞需要帮助时，他们愿意帮助”③，这样的过程也就是社会资本生产和再生产的特征——对社会生活发挥功能，本质上体现出“互惠”的内蕴。“解决公共空间和公共关系问题”主要是建设公共场域，不再多论。“发展当代相互依存的公共关系”则是实现公共生活的战略途径，更多的是通过实现公民权利实现的规划和实践来实现不同社群（也包括政府本身这个大的社群）和民众之间良好的彼此依靠、信任的关系，为公共生活和社会建构行政的成熟架构起桥梁和支柱。

4. 改变认知偏好

在公共行政的社会建构过程中，参与是社会建构的前提条件

---

① 乔治·弗雷德里克森．公共行政的精神［M］．北京：中国人民大学出版社，2003：43.

② 乔治·弗雷德里克森．公共行政的精神［M］．北京：中国人民大学出版社，2003：44.

③ 凯斯·桑斯坦．网络共和国：网络社会中的民主问题［M］．上海人民出版社，2003：69－70.

之一，但只是社会建构的前端内容。参与是前提，而社会建构是核心内容，社会建构的过程是自我利益、自我价值实现的过程，不仅是公民的一项义务，也是一项重要的责任——制定公共政策的治理过程不仅行政人员履行责任的过程，也是公民自身履行对公共事务治理的责任过程。社会建构过程是公民以责任意识和担当精神参与其中，真正以主体的身份参与到公共事务治理中。在这个过程中，“公民权利的运动方向不是共同体代表权向个人代表权的转移，恰好相反，而是个人代表权向共同体代表权的转移”①，完整的公民权利与其说是公民权利的实现，倒不如说是公民的义务之履行。

参与社会建构中的每一人的个体偏好，无论是理论知识还是意见思想的有限理性与抱守残缺意识，都会使群体的共识难以达成——在理性的个体之间，都存在合理分歧的原因，有时候这些因素是偶然的、未知的，时常出现在行使理性能力和判断能力公共生活实践中。就算排斥有限理性、个体偏好和抱守残缺的意识，也“不能期待正直的个人以其充分的理性能力（甚至是在经过自由讨论之后）总能达到相同的判断”②。一致性判断的艰难要求每一人都有自我证明的机会，凭借自我理解合理性进行理性的最后判断，形成了一个自我认知和意见的判断场域，这些场域影响着每一个人的理解与知识。按照全钟燮的理解，在现实中公民参与积极性不高，但是一旦参与，就能感受到参与的意义，能够进一步促进更好地参与。但我们认为，这种“后置式”的“偶尔闯入”的体验参与建构的意义来促进公民参与并不能解决

---

① 徐善登．社区公民治理的新视阈：基于强势民主理论［J］．云南社会科学．2010，(6)：91－95.

② John Rawls. Political Liberalism ［M］. New York：Columbia University Press ，1993：56－58.

公民参与社会建构的动力问题。在传统社会中，提高公众对政策的偏好仅仅是为了提高对政策的接受度，而行政机关往往通过政治动员和社会动员的方式来塑造公众的政策偏好[①]。这种利用政治动员的方式强制性地对改变政策的偏好，只能是“一次性”的效果，收效微乎其微。我们认为，观念是利益的表达和外在化，因此在现实的社会中，利用公民自身不同利益[②]的诱导和公民自身的发展与兴趣是提高公民参与建构与协商的关键。中国社会的发展，“政治人”日益逐渐向“社会人”转变，“单位人”逐渐向“社区人”转化，居民的社区参与更多的是建立在自身利益考量和发展需要及兴趣上，而不再主要是出于对体制和精英

---

① See Bernstein , Thomas, Stalinism , Famine , and Chinese Peasants : Grain Procurements During the Great Leap Forward, Theory and Society 13 , No. 3, May 1984.

② 不同参与社会建构的人群有着不同的利益诉求，这是无可否认的事实，如果忽视了这一点，就无法提高社会力量参与公共事务建构的动力。与自身关联性较强的利益性政策相关群体参与建构的动力就强，反之亦然。例如在社区中，很多居民由于自身利益与社区之间的关联较弱而选择远离社会参与建设，或者是社区对自身利益影响不大也会疏远社区空间；社区中的弱势群体，如困难家庭则更多依赖社区关照而积极参与社区治理，老人们更多是出于发挥“余热”而积极参与社区活动。因此，认识和区别不同群体的参与动力是提高公民实现自我权利的可行性能力的关键性前提。

的认同上[①]。在吸引人们参与之前[②]，公布涉及群体的范围、利益内容和缺席的后果、程序和日期等内容，最大范围吸引民众参与社会建构，改变公民的选择项和效用函数，鼓励民众参与，不断提高公民与政府同等的话语权与讨价还价的能力和意识，寻求共识，如罗尔斯所言"从某种共识着手"，一种大家都能合理接受公共基础，必须是以我们和他人都能认可为前提的[③]，提升参与社会建构的可行性能力和寻求社会建构共识的基础，而不是依靠"偶尔闯入"式的体验后再重塑建构的积极性，必须通过主动建设的途径来完成。

5. 提高自我认同

参与公共政策建构中的每一人权利都是受保证的，完全政府主导、不由人民不是民主，"给他"不如"由他"，公民自己做主是权利的核心。社会运动理论表明，参与群体在共同利益达成

① 虞崇胜，张星从."群众参与"到"公民参与"——转型期我国城市社区参与模式的"革命性"转变［J］. 创新，2010，(1)：11－14.

② 当然，改变并形成人们对参与公共事务治理的偏好，首先需要知道人们现有的偏好。运用有效检测公众偏好的技术，这里有几个要点：其一，确定需要考虑哪些人的偏好：现在的顾客；需要服务的人们（即使他们没有感知到这一点）；将来的顾客；那些永远不会使用服务的人，但是需要他们持续的政治支持；那些对于谁值得获取服务有自己想法的人。其二，确定公众想要参与的问题。公共管理者应该去获得公民的重要想法但并不过分要求他们。事实上，在有的问题上，受其影响的公众强烈希望他们的观点被当局知道，但在其他领域则不一定是这种情况。其三，安排讨论会，让公民了解问题，表达想法，探究细节，寻找彼此之间的迁就方法，从而做出决策。其四，认识到"已知偏好"的局限性，探索"规定偏好"方法的潜力，关注于政策交易且不将金钱作为唯一的比照参数。最后，认识到与倾听公众偏好一样，也要发展技术以委托决策（至少是部分）来对公众负责。（具体参考：KellyG.，Muers，S. &Mulgan，G. 2002. Creating PublicValue：An Analytical Framework for Public Service Reform，London：Cabinet Office，UK Government.）

③ John Rawls. A Theory of Justice［M］. Cambridge，Mass：Harvard University Press，1971：580—581；Justice as Fairness：Political not Metaphysical［J］. Philosophy and Public Affairs 14：229.

共识的程度决定了参与者社会网络中能够在多大程度上把意义与知识转化为行动。参与社会运动中的群体由于身份的不同以及政治生活、自身可行性能力、社会环境中限制性因素与机会的不同而表现出不同的激情与能量。故此，激发参与群体深层次的潜在的自我身份认同以及由身份认同产生的集体凝聚力和团结感是个体、组织者共同面对的使命，由个体跃迁至群体中，激发群体内部潜在的、深层的团结感或身份认同至关重要，这个过程被看成是寻找合意（consensus）的过程①。按此理解，公民参与社会议题的各类公共行政实践活动的前提必须是在身份认同的基础上，公民参与社会建构不仅强化公共理性与公共利益，而且也是公民自我的认同和对政治认同的过程。“行为者越多地参与制度游戏，就必须越多地沟通彼此的观点；而他们越多地沟通自己的观点，他们就越多地从事到愈益辩清公共利益和吸引公众注意的仪式化形式中。”② 在参与主体的平等权利下，社会建构公共行政行为就成为一种普通而平常的权利加冕礼和仪式，当公民开始习以为常通过这些仪式参与建构社会公共问题，就能够增加对公共利益的关切和合理分配社会资源的关怀。

公民参与公共行政的社会建构是自愿行为，“原汁原味的民主离不开公民的政治参与，名副其实的政治参与需要公民的亲自‘出场’和‘在场’，公民在政治舞台的现身和表演不是被迫卷

① Craig Jenkins. “Social Movements, Political Representation, and the State: An Agenda and Compara - tive Framework.” Ed. Jenkins and Klandermans. Politics and Social Movements. Minneapolis and St. Paul: Univer - sity of Minnesota Press, 1995, 14—25. 转引自 Doug McAam, Sidney Tarrow and Charles Tilly. “To Map Con - tentious litics.” http: //www. ciaonet. org/wps/mcd02/, 1995.

② Klaus Eder · Social Movement Organizations and theDemocratic Order: Reorganizing the SocialBasis ofPoliticalCiti - zenship in Complex Societies [C] · Colin Crouch, Klaus Eder, and Damian Tambini · Citizenship, Markets, and the State [A] · Oxford University Press, 2001: 227 -228.

入而是自愿作为，积极介入政治过程意味着通过行使正当权利而在一种互动情境中做出关乎公共事务的集体决策”①。从行政与政治的关系视角上理解，社会建构后生成的公共政策在价值和事实上获取社会成员内心的支持，完善公众对公共行政的理性认识和价值认同，特别是对自我权利的认同。史密斯（Smith）和汉斯特曼（Hunstman）将政府与公民总结为“顾客模式”、“主人模式”和“价值模式”三种模式。普通的例行程序的公民参与是一种“顾客模式”，政府指导、带动和帮助公民。在“顾客模式”中，公民是低度参与的被动回应的顾客。而社会建构中的公民参与建构则是一种“价值模式”，更加强调公民与政府有着平等的治理主体地位，并且政府的治理应该以公民为中心，公民有选择性地与政府合作并与政府共担责任，其角色是合作投资者与公共基金的股东②。从法理上看，权利与责任天生是一对相对称的法哲学范畴，然而“这种对称性并不能像长度、重量那样给予精确衡量。根本上讲，还要取决于主观的自我认同。显然，在一个缺乏自我认同的社会环境中，无论个人被赋予多大的权利，它都会感觉责任大于权利，从而产生心理失衡”③，心理失衡带来的后果就是参与社会建构公共事务议题的积极性减弱，无法保证建构议题的质量和真切性。行政主体需要创造一个良好的公民权利自我实现的环境，增强对权利的自我认同，权利实现不是一个额外的负担，而是一个自我价值实现过程，也是社会价值实现的一部分。参与社会建构的价值在于：积极的公民参与能够

① 萨托利．民主新论［M］．冯克利，阎克文译．北京：东方出版社，1993：118－119.

② 唐茉蓉．从新公共管理走向新公民治理［J］．湘潭大学社会科学学报，2003，(5)：201－203.

③ 胡晓鹏．存在、权利与自我认同［N］．上海证券报．2007－04－11，(B08)．

促进政府管理效能的提升，其根本原因在于公民参与“提升了单个公民的‘属于’他们自己的社会的归属感……更重要的是参与过程本身的经历以及参与过程所导致的复杂结果，不管是对于个人还是对于整个政治体系，这种参与经历使个人和他所在的社会连接起来，使得社会成为一个真正的共同体”①。由参与而建构了行政事务，也建构了自我，发展了自我。

提高公民的自我权利的认同，实质就是形成公民行使自我权利的自觉性，核心在于能够包容他者，承认不同群体的差异性——鼓励和保障弱势群体、边缘群体等的参与，形成社会整体参与持续性合作行为的社会信任。

第二节　社会建构行政的话语理论

社会建构公共行政为每个现代社会的公民提供了超越不同社会背景和赋予了连续的、结构性的参与公共行政过程的机会，具有自我表达机会并在表达中互动、交流中获取新的意义，这一切构成了每个人的自我话语体系。

一、话语的意义及理解

“政治是实践和说话能力在其中共同形成的领域。这是一个真正的公共活动领域，说话和行动的个人在其中看和听，并且彼

① ［美］卡罗尔·佩特曼．参与和民主理论［M］．上海：上海世纪出版集团，上海人民出版社，2006：6.

此认真对待。说话是一种实践的形式。”① 福柯也认为：“话语意味着一个社会团体依据某些成规将其意义传播于社会之中，以此确立其社会地位，并为其他团体所认识。”② 话语是一种权力，语言通过交往行动而得到开发、动员，并在社会化进程中得到释放——以交往的本我和他我在语言上的共同性、理解交往性来论证主体间互动有效性和合理性，实现人们共同治理的理解和沟通的基础。由话语构成的对话民主甚至被安东尼·吉登斯认为是对暴力的唯一替代③，哈贝马斯更是把话语理论推崇到了最高的位置，“首先涉及取得能够意见一致的状况规定……语言具有特别重要的价值地位”。“交往行动的概念所涉及的，是个人之间具有（口头上或外部行动方面）的关系，至少是两个以上的具有语言能力和行动能力的主体的内部活动。行动者试图按照行动状况，以便自己的行动计划和行动得到意见一致的安排。”④ 他进一步指出，平等的政治话语交流有助于打破政治优先权，形成正确的共识。“话语理论在更高的层次上提出了一种关于交往过程的主体间性……这些无主体的交往，无论是在做出决策的政治实体之外或之内，都构成了一个舞台，好让关于整个社会重大议题

---

① ［英］约翰·基恩．公共生活与晚期资本主义［M］．马音等译．北京：社会科学文献出版社，1999：136.

② 王治河．福柯［M］．长沙：湖南教育出版社，1999：159.

③ 安东尼·吉登斯解释说：“对话民主是指双方对对方权威的互相认可，准备倾听他们的观点和想法并与之辩论的这样一个过程——是对暴力的唯一替代”，“对话民主指的是这样一种情况：那里有发达的交往自主权，这种交往构成对话，并通过对话形成政策和行为”。（具体参考：安东尼·吉登斯．为社会学辩护［M］．北京：社会科学文献出版社，2003：61；安东尼·吉登斯．社会学［M］．北京：北京大学出版社，2000：86.）

④ ［德］尤尔根·哈贝马斯．社会交往行动理论（第1卷）［M］．重庆：重庆出版社，1994：121.

和需要管理的内容的意见和意志能够形成，并且多少具有合理性。”① 话语优先权形成的共识对社会具有一种道德规范作用，它能够纠正个人或集团偏好，实现民主的治理。“民主是话语的循环，它一方面要使政策和法律满足人们的规范性期待，即一个法律是值得人们认可的，同时，法律通过不同类型的话语论证满足人们的认知性期待，即经过民主充分讨论获得的结果是现有知识和能力下所能得到的最好的方案。”② 语言成为民主独一无二的载体，“语言在这里变成了不仅是人类本身的特点，而且成为民主的约定标志——它本身实质上当作真理所要求的交往”③。在公共行政政策的过程中，民众直接的对话和交往，每一个个体都拥有话语权和表达权，可以在表达自身利益，倾听他人观点，公共政策的制定和公共利益的实现这一过程中得以产生意义的整合、有效聚合和实质性的建构。

那么，如何实现话语的表达目标呢？在哈贝马斯看来，话语的对话必须在一种理想的谈话情境（ideal speech situation）中展开。理想的言谈情境自由民主的说话空间，是一种宽松、没有压迫、没有强制的话语空间。在生活世界殖民化的情境中，理想谈话情境的提出是为理解、运行话语民主提供了一种语用学预设，“如果我们预设了所有的人都可以同等参与的不受压抑的对话的可能性，在这对话中只有合理的论证能够被接受，那么在这个原则上，我们就能够区分什么是真正的一致，什么是虚假的一致。

① 哈贝马斯．民主的三种规范模式［EB/OL］．曹卫东译．（2000－12－29）［2008－04－08］．http：//www. gong－fa. com/minzhuguifanmoshhabermas. htm.

② 汪行福．通向话语民主之路——与哈贝马斯对话［M］．成都：四川人民出版社，2002：95.

③ 汪行福．通向话语民主之路——与哈贝马斯对话［M］．成都：四川人民出版社，2002：73.

这就是他（哈贝马斯）所说的‘理想的言谈情境’”①。哈贝马斯从他对“交往行为”和“交往合理性”的起点出发构建“理想的对话情境”，并将视为实现协商民主的必要条件，根据此情境确定其话语伦理原则（discourseethics），通过对这个情境的设计来规划其话语民主理想，期待理想对话情境内的对话能够带来普遍性共识的可能。

在后现代的公共行政理论中，最有代表性的是查尔斯·J.福克斯与休·T.米勒的公共能量场的理论。能量场描述了一个由人的意向性控制的现象学的在场，由人在不断变化的当下谋划时的意图、情感、目的和动机构成②。在公共能量场中，话语是平等自由的，所进入公共场域是免费的，任何人都有资格政策对话，同时也带来了人们讲假话、空话的可能性，就容易陷入无政府主义状态而无法形成有意义的公共政策。真实的话语内容是民主治理最好的前提与期待，但现代公共行政是一个话语霸权的体系，充满了“独白式的对话”。基于此，福克斯和米勒根据关于形成真正的政策对话的诉求，确立了四个判断话语正当性的原则。首先是真诚。真诚意味着言说者在公众集会上所做的声明是真诚的、热情的、诚实的，这是真实对话的基础。因为没有一个真诚的公众话语，就不要指望满足公共利益且为此而付诸行动。其次是切合情境的意向性。切合情境的意向性确保了话语是针对特定事件、特定语境下的行为。具有切合情境的意向性的言说者会考虑问题发生的语境，受到语境影响的人们的生活以及公众的利益等。再者是自主参与。自主参与会使人们自愿去争论、去冒

① ［英］威廉姆．奥斯威特．哈贝马斯［M］．沈亚译．哈尔滨：黑龙江人民出版社，1999：42－43.

② ［美］查尔斯·J. 福克斯，休·T. 米勒．后现代公共行政——话语指向［M］．北京：中国人民大学出版社，2002：103.

险甚至犯错误。参与精神意味着密切注意那些影响特定政策讨论的事件，同时也意味着在充分尊重他人合理观点的基础上。要学会去听和善于听明白，也要学会言说。最后是具有实质意义的贡献。这个条件使参与者免于容忍跑题者和傻瓜们。在此基础上，他们指出，在公共能量场的对话中存在三种政策形式：少数人的对话、多数人的对话和一些人的对话。在这三种对话形式中，少数人的对话是操纵性的对话，即通常是精英理论家在评论，因而容易陷入独白式的操纵，不是民主的对话。这种对话除了有导致强权的可能性之外，还有可能导致一个更大的问题，即虚假的民主和公众的冷漠。虚假的民主在公民和精英政策制定者之间制造了距离，而长期的冷漠则可能会导致公众自愿把自己排除在讨论之外，两者直接导致了正公共行政过多隐蔽的议程，使得公共行政正当性的丧失，丧失了对抗性，也就丧失了社会互动和话语的可能性。而作为少数人对话的对立面，多数人的对话则容易导致表现主义的无政府状态。因为多数人的对话模式基本上是随机的用词和不确定、无目的的闲谈，没有具体的情景来引导话语，没有意向性的对象，没有下一步该做什么的准备与选择。只有一些人的对话才为民主话语提供了极强的可能性，一些人的对话中的参与不是一时的讨论，而是持续了一段时间。从理论上来说，话语理论设想的是一个所有人的民主，网络关系是非常有规律的，彼此的理解、信任关系、价值共享都容易建立。但是一些人的对话，也必须是有责任感的民众参与。在实践中，“只有那些投身于公共事务的人会参与它。所有人，包括公共行政人员，只要接受了授权给他们的真实参与和代表的责任，就可以用他们的参与来加强民主”。“我们越接近话语的理想，交锋就越真实，政府就越少是‘他们’而越多是‘我们’。”[1] 参与对话的双方是一种结构性的关系，在实现话语权力上是平等的，在诉求和论辩上又是对抗和相互辩难的。在此基础上，福克斯和米勒设想了一种社区，在那里有大家能普遍理解的话语规则以及参与互动型讨论会，不同的观点可以相互碰撞。

这些不同的原则和标准，为话语的真实发挥提供了形式和实质的条件，确保话语是公民内心的想法，并得到真实的呈现与表达。具有外在的形式实质性条件还远远不够，如果没有切实实现形式与实质条件的环境和氛围，参与公共行政社会建构的真实话语仍然无法做到内心真实的流露。生动社会实践的话语意境和行政人员与公民、公民之间的主体间性和行动呈现，构成了真实话语表达的必要条件。

二、话语真实的保证机制

（一）“无预设立场”

参与社会建构人群对话与交流常常会遇到这样的问题——权力性话语的潜在预置和由此衍生的话语霸权无形中支配着话语主体的意识。因此，不同人群参与社会建构公共行政，必须打破“预设立场与成见”，这是话语真实的前提。

打破预设立场，首先必须坚持理性的批判原则，“理性批判状态下的话语主体，不存在高低先后、尊卑优劣的话语等级和秩序，如果有秩序的话，这个秩序就是平等的对话与交流”[2]。在

① ［美］福克斯，米勒．后现代公共行政——话语指向［M］．楚艳红等译．北京：中国人民大学出版社，2002：124.

② 沈又红．话语真实：走向理性批判的门槛——兼论教育学话语失真及其改造［J］．教育理论与实践，2005，（5）：6－9.

理性批判状态下，参与社会建构的公民的言说和语境是一种真诚、真实的言说，否则就是失真的语言，缺乏真诚的言语。预设“给定”的说话规则与逻辑，使得话语主体的个人的思想意见、情感意见、自我气质与表达特色被重新格式化，被抹平与扼杀了，造成了人云亦云的话语表达氛围，形成亦步亦趋的做事状态，缺少真正的思想和文化质量，“个体性话语的缺席”给公共行政场域建构带来了很大的困境，形式主义的社会建构等于没有建构，“如果把语言留给传媒、官僚、专家和经理掌管的话，那么语言很快就会蜕化为精英统治的工具”①。在参与社会建构公共行政过程中，“这个讨论不是演讲，没有主持人或仲裁者，讨论是平等的，无等级的，没有享有特权的声音”②。这样，对话与商谈的民主思想就会在社会公众对代议制民主的批判与思考中出现了。

其次是坚持公共问题导向。公共问题是诉求和话语展开的起点，公共行政的社会建构是真诚邀请参与主体一起共同关切和真实解决问题。先有公共事务问题，然后再有公共建构的话题，而不是相反，公共行政社会建构过程必须始终面向问题本身。公共问题导向的行政社会建构话语是肇始于公共问题、不断阐释问题、剥离认清公共问题、寻求共同解决问题的话语体系，面向公共事务问题本身的精细深入、关切追问、寻求公共之善的话语。

再者努力做到价值无涉。话语是一种私人诉求表达，主要源于不同的个体需求和内心诉求，来源于激发不同的个体境遇。“语言是一种实践的、既为别人存在并仅仅因此也为我自己存在的、

① 本杰明·巴伯．强势民主［M］．彭斌，吴润洲译．长春：吉林人民出版社，2006：229.

② 本杰明·巴伯．强势民主［M］．彭斌，吴润洲译．长春：吉林人民出版社，2006：215－217.

现实的意识。”① 社会建构公共行政中的话语要体现每一个人的价值，私人话语具有个体性与多样化，相应地在价值表现上也具有多样性。“真正的共识绝不会否定差异，取消多元性，而是要在多元的价值领域内，对话语论证的形式规则达成主体间认识的合理的一致，并将这一前提引入语言交往。”② 话语是个体对社会民意的冲击和体现，只有按照规则，对话才能自由、平等地进行，才能体现真实的社会民意。保持价值的中立是防止话语偏歧分述的条件之一，诚然，无论任何时代和任何社会治理的方式，其中言说的话语都会以不同形式被规约、被规训，甚至被屏蔽。但是，一旦言说，不能改变我们进行公共问题社会建构之说的初衷，不能减弱言说中“面对公共问题之事实本身”的底线。现实生活中，参与社会建构的人员往往会自我设置藩篱，故步自封，“不是主体不自由地被卷入意识形态之中，而是主体自由地选择了一种意识形态之伞”③，成为进入公共行政场域的自我话语的“思想重负”，话语质量也必将是游离自身理性意志的痴梦与呓语。因此话语中的自我与在场他者主体的关系即主体间性，是自主的、合理的平等交互关系，“纯粹的主体间性是由我和你（我们和你们），我和他（我们和他们）之间的对称关系决定的。对话角色的无限可换性，要求这些角色操演时在任何一方都不可能拥有特权”④。

此外，保证参与社会建构过程的平等性。过程的平等性，即“每个人必须拥有同样的机会来发表见解和采用其他任何人都可

① 马克思恩格斯全集（第3卷）［M］．北京：民出版社，1979：35.

② 哈贝马斯，米夏埃尔·哈勒．作为未来的过去——与著名哲学家哈贝马斯对话［M］．章国锋译．杭州：浙江人民出版社，2001：126.

③ 周作宇．问题之源与方法之镜——元教育理论探索［M］．北京：教育科学出版社，2000：118，173.

④ 扎古尔·摩西．世界著名教育思想家（第一卷）［M］．北京：中国对外翻译出版公司．1994：112.

采用的表达方式；每个人也必须拥有同样的进行辩论商讨相关领域问题的权利，并在决策过程中拥有同等的地位和机会”[①]。同时，话语的平等性需要话语向所有人开放，“为了使真正的对话得以进行，后现代公共行政主张开放，主张倾听一切人的声音，哪怕是卑微的小人物的声音，以防人微言轻的悲剧再度发生”[②]。因此，参与社会建构公共行政的每一个主体在话语上遵循交流中话语“人人平等”。一个成功的言辞行动，不只是说出合文法的句子，更重要的是当事者双方都能进入彼此认同的人际关系中”[③]，用对话式的话语替代自言自说的强权性话语，平等性话语替代预设性话语，深情抚慰式的针对性话语替代苍白教科书式的说教话语，这既是权利实现的保证，也是保证话语真实性、祛除内在预设的外在条件。

最后是坚持自我批判。合法性的话语形成是不同“主体间”互动的过程，而坚持自我批判与反思是扫除障碍的个体前提选择。“真正的批判始于一种对自身思维的反省”[④]，话语是主体间性沟通的方式，是伴随着自我反省的过程，“自我意识和对于我们自身的信仰、欲望、价值取向以及原则，甚至对于我们全部的人生规划所应该接受的反思立场的能力，构成对公众商谈的必然要求”[⑤]，对话与交流不仅是诉说给别人听或者企图说服别人，使之改变立场，而且这个过程也是在对话中说服和发展自己，理

① 詹姆斯·博曼．公共协商：多元主义、复杂性与民主［M］．北京：中央编译出版社，2006：32.

② 彭正波．后现代语境中的公共行政解读［J］．中共济南市委党校学报，2004，(4)：53－55.

③ 李英明．哈贝马斯［M］．台北：东大图书股份有限公司，1985：115.

④ 周浩波．论教育学的命运［J］．教育研究，1997，(2)：22－26.

⑤ ［德］尤尔根·哈贝马斯．对话伦理学与真理的问题［M］．北京：中国人民大学出版社，2005：11.

性批判的话语模式，不是“注入—征服”模式，而应是一种“选择—诚服”模式[①]，在社会建构公共行政中的参与、对话与协商，话语是每一人思想和价值的体现，行政人员与公民，公民与公民之间，行政人员之间的平等交流与对话的过程，是思想、灵魂和情感互相碰撞、激发火花知识与思想相互启发、增值、升华的过程，不是行政人员对公民规训、教化和约束，不是公民对行政人员的哀求、请愿和诉苦，更不是知识之间、思想之间、情感之间的相互欺压、征服和驭使，坚持双向的思维模式，打破以谁为中心的单向性、割裂性的思维方式和争夺话语霸权的现实，使得公共行政话语实践中的“缄默”因素、“畏惧”心理、“不可言说”的潜在内容得以表达。

话语民主理论的逻辑起点在于“对话”（discourse）。“对话”是其话语民主的构成要素，但不等同于话语民主本身，“对话”是一种正式的、理想化的交往行为，在“对话”中，任何主题都可以讨论，任何观点都可以不受限制地交流，任何人都有机会自由平等地参与，参与者要仔细听、理性思考他人提出的观点和理由，其中最好的观点胜出，任何相互合作以追求真理以外的动机均被排除，“对话”尊重理性的权威而不是权力或者金钱的力量，没有坚持理性的精神和批判的意识对话就失去了意义。在对话中，双方是完全的对称关系，每一个人都要对自身的言语行为负责，每一人在言谈的时候，还需要认真倾听和反思自身话语，进行自我知识与思想的批判，“对自己保持一贯的诚实”，说自己想说的话，防止自我中心的窠臼，防止“主体中心化的理性”（哈贝马斯，语）的扩张。“每一个有语言和行为能力的主体在自觉放弃权力和暴力使用的前提下，自由、平等地参与话语的论证，并且，在此

① 孙俊三．从说服到沟通——90 年代德育新模式［J］．高等师范教育研究，1996，(6)：53 –57，52.

过程中，人人必须怀着追求真理、服从真理的动机和愿望。"① 同时，话语的过程也是对他人批判的过程，尊重对方，双方互为前提，在双向建构、相互涵养、彼此兼容、双向转化中实现对问题与知识的理解，在“我—你”、“我—你们”、“你们—我”的对话关系以及彼此视阈和诚恳批判中融合。“要与讲话的作者一样好甚至比他还更好地理解他的话语。因为我们对讲话者内心东西没有任何直接的知识，所以我们必须力求对他能无意识保持的许多东西加以意识，除非他自己已自我反思地成为他自己的读者。对于客观的重构来说，他没有比我们所具有的更多的材料。"② 对他人的批判也必须是基于为真理真知而批判，应当尊重和体谅他人，形成主体之间保持相互理解、相互补充的良好氛围。

（二）形成公共场域能量束

行政能量场是由无数的“能量束"③ 构成的。作为话语、意

---

① ［德］尤尔根·哈尔贝斯，半夏埃尔·哈勒．作为未来的过去［M］．杭州：浙江人民出版社，2001：126.

② ［德］施莱尔马赫.1819年讲演纲要［A］．理解与解释——诠释学经典文选［C］．北京：东方出版社，2001：61.

③ 有人指出，目前我国公共行政处于“拐点行政”时期（后现代与现代的行政结合）。在美国成熟的公共行政情境下，公共能量场上就能解决问题，而我国目前的话语理论仍然需要在能量场上形成能量束之后，才会引起权威公共部门的重视，从而进入公共行政议程。在进入议程之后，权威公共部门会对公共能量束产生反应，做出行政结果。行政结果既有传统行政模式下的政府为自身服务、让自身满意的结果，也有使相关各方包括大众满意的行政结果，还有部分满意、部分不满意，或者部分满意，但引起争议的结果。这实际上也是现代与后现代因素混杂在一起的表现。但这就是目前话语理论在我国的运行规律，它不同于Fox和Miller在《后现代公共行政——话语指向》中所描述的由公共能量场来决定问题，而是由公共能量束来促进问题的解决。只有形成束，才能进入公共行政议程。用一句话来总结，可以这样说：是“公共能量束”而非“公共能量场”在解决着我国拐点时期的公共行政焦点问题。〔具体参考：尚虎平．是“公共能量束”而非“公共能量场”在解决着我国“焦点事件”——《后现代公共行政》评述兼议我国“拐点行政”走向［J］．社会科学，2008，(8)：32－43.〕

义与能量的集中地，这些积极力量形成了公共能量场中公共场域中积极力量，大致包括建设良好公共生活的主动精神、参与其中自我表现的热情、善于向别人学习的动力、自由激烈论争环境和要求自我治理的行动，民主化与多元的话语在回答“下一步行动”的问题的起点、能量与动力。

公共行政的能量束是由相互连接的、相互呼应的人们的意图、情感、目的与动机构成。作为社会建构过程中的对话，具有公开性、理性的相互交换、话语自我负责和形成新的共识属性，对话作为一个社会建构过程的一个前置性的条件，从更宽泛的视角来看，对话还需要礼节、修辞、叙事等（艾利斯·马瑞恩·杨，2007），博曼则认为，有五种对话机制能够提高商议的质量，有彰显交流历史经验、规范特定情形、表述和视角转换，通过这些方式，能够使意图、情感、目的和动力联系起来，表达准确意义，保持一定紧张关系，生成改变偏好的话语空间，保持每一束能量的独立性、生动性和有效性①。

一个完整的话语能量场应该由三部分组成：一个灵活方便的方式，一个可以知心倾诉商谈的对象，一个能够及时有效的反馈机制。公共场域能量场中的话语呈现更多地是以公共话语的形式出现，面对面的交流，在公共话语的运行中，具有两个显著的特征，即“它以‘集体行动’为手段，以‘话语攻坚’为目标，

① 面对面的交流语境，鲜活而富有弹性，表达则往往是简短又无法修改的，说者可以反复阐释或补充，以求听者的理解。为了使信息被充分接受，说者对承载着“自我”认知的语言会十分重视，比如对语调、语速、措辞等进行“修饰”，这是一种力图使达意传情尽可能圆满的语言调配活动，能够显示个人的特征。当说者以其智慧与情态语言树立起权威形象，创造出“现场共鸣效应”，便能在既定空间，使信息传播的有效性能达到极致。〔具体参考：吴宝玲．媒介方式与写作自我的建构［J］．西北大学学报，2007，（9）：101－106.〕

着力实现公共话语的强音符表达”[①]，公共话语表达的是公共诉求，展现的是公共性的品格，通过集体行动的形式实现不同能量的聚集。但是在集体形式中，在形成共同建构公共行政的能量束中，容易出现不良的倾向，一是对对方的“非理性的质疑”。公共行政能量束原本是通过公共行政场域中各个主体民主互动而形成的，但是在公共生活中，双方对话与话语刚刚一开始，很多还没有开始真正的对话，就开始质疑对方的参与社会建构的目的与动机，在质辩的过程中，甚至会对对方人格进行否定与侮辱，开始否定对方话语的权利，都感觉对方不配与自身辩论，就算能够进行意义的对话，“跑题”、“吵架”和“自说自话”也是常见的事情，标签化的相互对立、非黑即白的思维、对待问题的犬儒心态，是很难抵达民主目标。无可否认，在话语的过程中，一个人所具有的社会、经济地位具有很强的“溢出效应”，会对话语形成产生不平等，公民有效参与公共协商和对话，必须具备诸多“自主能力”，包括理解力、想象力、评估力、欲求力、讲述力，以及对修辞和辩论的运用能力等，这些能力共同构成了对话者的综合对话能力[②]，溢出效应和对话能力的不足常常使得双方的信息不对称，造成彼此的质疑。我们常说，在谈话与辩论的过程中，围绕主题是防止跑题的最好办法，围绕时宜的主题，在时宜具有对话可行性能力的公民之间展开公共能量束的聚集和互动，克服非理性的指责与质疑。二是出现普遍性“人情关系”能量束。公共行政的过程中所存在着的普遍性“人情关系”等也是一个“能量场”，尤其是在中国这个“关系千万重”的社会，外

---

① 张健．“话语权”及公民社会中的话语表达［J］．媒介公共服务理论与实践，2007：32－38.

② ［美］詹姆斯·博曼．公共协商：多元主义、复杂性与民主［M］．黄相怀．北京：中央编译出版社，2006：6.

部性的危害更是严重。这一“能量场”往往被作为一种非理性的消极因素而对待，因为它还属于前官僚制的落后因素[①]。“人情关系”的“能量场”对社会建构公共行政议题具有破坏性，在公共问题建构的感知中具有趋同性和趋于“熟人化”的默认机制，使得话语很大程度容易被屏蔽化，非理性因素会妨碍话语的表达和表达的话语。因此“保持一定的紧张关系”是话语真切的前提，也就是保持话语之间的批判空间和说服空间，既要克服与他人的不可通约性，也要防止与他人过度的通约而造成熟人式的私人的“人情关系”，失去彼此的差异性和话语的对话性，创造一个陌生人的世界，公共能量束才能得以呈现和发挥作用。三是产生单一话语的“伪公共场域”。在现代社会，西方政治公共领域受到大众传媒与大众文化的控制，实际上受到掌握着大众传媒与大众文化的资产阶级的控制，他们使公共领域变成资产阶级的私人领域——一个“伪公共领域”。当经济权力浸染政治领域，就可能会在政治领域中造成某种不可明约的优先权，那么公共舆论就可能会受到政治优先权的影响，公众的意见就会遭到肢解，公共舆论就不再是公共舆论，不会产生“公意”，而以公共舆论面目出现的“公意”，不过是某些人的私人意志或集团意志[②]。公众的意见受到控制，就等于公众退出公共领域之后，人作为“政治动物”就会离政治越来越远，离政治的意义与人的价值也越来越远了。“伪公共领域”以牺牲对政治与公共事务的讨论为代价，去迎合公众消费娱乐和消闲的需要，使“文化批判的公众”变成了“文化消费的公众”，而当真正的公共领域消

---

① 张康之．探索公共行政的民主化——读《后现代公共行政：话语指向》［J］．国家行政学院学报，2007，（2）：33－36.

② 哈贝马斯．公共领域的结构转型［M］．曹卫东，王晓珏，刘北城等译．上海：学林出版社，1999：251，255.

失之后，在以公共领域为载体的政治意见和意愿形成过程中，社会弱势群体实际上被剥夺了平等的政治参与权①，应保证公共传媒的公共性，赋予公共传媒以独立性与自由，防止媒体的同质性、被操纵和蜕变为“劝服的艺术”②。同时，“拥有社会权力的人们的语言，往往企图扩大其控制面，而处于从属地位的人们的语言，则对这种权力加以抵制、协商或者逃避”③，防止私人能够利用手中的资源，影响公共行政过程，这样公意就不再是公意，而是私人意志取代的虚假“公意”。四是责任的缺失。语言沟通联系着整个社会的合理性建构，包括社会中人与人关系的建构和发展以及同社会道德伦理意识的建构和发展紧密地联系在一起，因此话语的能量束内容不仅包含话语本身的内容，道德责任的内容不可或缺，没有责任渗入的话语体系是不可靠和难以发挥作用的话语。

（三）倾听分享与排斥冷漠

倾听是真实话语的一部分，是分享的端启，也是成本最低的让步，被全钟燮称之为社会建构的治疗技能。福克斯和米勒从行政人员的自我行动的角度思考了改善参与社会建构公共政策的现实可能性，他特别强调行政人员“倾听”的意义，倾听是话语理论的一种前提责任。一个不会倾听的公共行政者会被认为是一个传统典型的官僚分子，只忠诚于‘行政’而没有“公共”。同时不会倾听的人就失去了在生活的行为世界中做一名成员的资格，因此，在一定程度上，倾听是一项工作，也是一种关切的态度，它体现了真实话语的一种愿望。对于双方而言，听者有倾听

① 哈贝马斯．公共领域的结构转型［M］．曹卫东，王晓珏，刘北城等译．上海：学林出版社，1999：55，89，187.

② 布赖恩·麦克奈尔．政治传播学导论（第2版）［M］．北京：新华出版社，2005：214.

③ John Fiske, Television Culture, London and NewYork: Methuen, 1987. 89.

的包容，言者有容辩的肚量，辩者有通达的胸怀。与此同时，人们进一步更深入地定义了在谈话、协商中的“倾听”的功能：“倾听也可以减少自我欺骗。言辞并不能自动表示出它的意思，它会随情境的变化而变化，并反过来暗示出语境、历史或背景事件。善于倾听者能探索那些似是而非的东西，而不会倾听的人则更多的是猜测。倾听所表现出的关切态度还具有助产士的作用。”① 学会倾听，懂得关注，排除冷漠，话语内容也就有了主体间的意义，真实的意义更为饱满和充实，具有可能性和实践的意义。

（四）理解和重视话语的文化背景

人类具有心理认知的特征，同时也具有社会文化的属性②。作为社会化的人，人类间建立起特定的关系，形成特定的社团，才能保证在共有的社会文化的环境下互相交往，满足其作为社团成员的需要。“任何一种沟通都发生在文化理解的背景上。整个背景知识都是没有问题的；只有互动参与者用于解释而使用并表现出来的部分知识才要接受检验。参与者自身可以通过协商，对语境加以明确，因此，就新语境所展开的每一次协商，同时也明确了关于生活世界的表现内容。”③ 文化的因素是话语真实的一个变量，理解不同的文化情境，本身就是对话语真实性的内容的一部分。“多种语言和文化的存在会直接影响到公共项目的运行和服务的提供……地方社会医疗服务也会受到影响，如医疗保健计划就会因不同文化对于健康和医药的看法不同而受影响。另外，文化的不同还可能会导致时间观念的不同，批判风格的不

① ［美］福克斯，米勒．后现代公共行政——话语指向［M］．楚艳红等译．北京：中国人民大学出版社，2002：151－152.

② ［德］卡西尔．人论［M］．上海：上海译文出版社，1985：3－8.

③ ［德］尤尔根·哈贝马斯．交往行为理论：行为合理性和社会合理化［M］．曹卫东译．上海人民出版社，2004：100.

同，权威结构的不同。”[①] 不同的内心体验、不同的交流方式、不同的分享体悟显示了不同的交流与沟通，参与社会建构模式显示了文化的不同。

对于如何实现不同文化下的有效对话，不同的人有不同的视角和见地。塞拉·本哈比（Seyla Benhabib）详细论述了一种“复杂的多元文化对话”的模式，单个的主体视为公民社会内部文化交流与竞争过程的核心内容，每一个人通过竞争获取话语权。塔利则强调了文化间的对话，在坚持共识的自由与协商原则、平等尊重和相互认可的原则基础上，参与其中的人们能够从彼此不同的差异性的文化和政治传统中生成、创制一个共同的政体，以此形成社会发展的良性机制。海库·帕瑞克（Bhikhu Parekh）则设想了一种多数与少数之间的对话。这个对话的起点有两种选择：一是社会中“可操作的公共价值”；二是文化间评估的产出过程，借以形成有规则、有成效的话语体系。借鉴这些理论与设计，我们认为在中国转型社会中，社会建构的公共行政需要首先建设宽容和谐的文化，“宽容在理解、尊重的同时，坚持、保留和存疑，坚持自己价值，坚持自己的意见和选择，保留对不同意见、选择和行为的拷问的权利和态度”[②]，坚持自己的表达话语权利，尊重宽容别人的话语权，体现差异性，允许不同的话语得到交流、协商与辩论，从而形成宽容的、享有话语的宽松文化氛围。

---

① ［美］菲利普·J. 库珀. 二十一世纪的公共行政：挑战与改革［M］. 王巧玲，李文钊译. 北京：中国人民大学出版社，2006：26.

② 吴向东. 重构现代性：当代社会主义价值观研究［M］. 北京：北京师范大学出版社，2006：328.

三、话语、社会意识与政策制定

随着中国社会转型期的不断推进，人与社会环境在新与旧、中与外各种价值观念的相互冲突中改变、发展，社会日益多元化，社会意识日益呈现了多样化的趋势，传统价值观念体系已经失去主导位置，新的价值观念尚未占主流。在一个急遽变化的社会中，社会成员能够自我进行价值判断和价值选择的自由，使得主体的内在力量通过利益驱动、价值追求、自我实现等途径得以激活和扩散。于是，社会整体的社会意识逐渐从整齐划一的集体化、千篇一律的理想化中脱落、剥离出来，逐步向单个公民的个性化、社会生活的大众化、市民化、现实利益世俗化的端点倾斜和移动。而与此同时，“民主社会必须按照其本身情况及其成员的需要和愿望来选择自己的手段”①，社会意识的主流把时代的脉搏、社会需求和公民心声紧紧联系在一起，故此，公民的社会意识成为社会变化的方向盘和风向标。

在我国转型时期，社会意识作为社会生活的精神层面，民众的社会意识也处于新旧体制转变之中，混乱驳杂，千姿百态。反映在公民的社会意识上，一方面经济社会发展，作为独立主体的人逐渐从外在的“人格依附”中解放出来，人格独立的主体意识逐渐增强，具体表现在社会中，能力建设意识逐渐取代了权力意识，开放走出去的意识逐渐取代了封闭自我意识，自我独立意识逐渐取代了依附依赖意识，规范规则意识逐渐取代了人情关系意识，理性意识逐渐代替情感非理性意识，公民的权利意识、法治意识、民主意识、市场意识和自我发展意识蓬勃发展，积极参

---

① ［美］科恩．论民主［M］．聂崇信、朱秀贤译．北京：商务印书馆，1988：72.

与到社会建设和个体自我建设中；另一方面市场经济发育不全，公民的个人利己主义泛滥，造成了一些领域的道德沦丧和公共意识薄弱，以权谋私，不顾他人利益与法律制裁谋求个人利益。彼此相互影响的两个方面导致了对参与公共政策社会建构中的政策设定提出了很高的要求：既要满足公民声音与话语的真准表达与发挥作用，形成相互认同和遵守共同规范的社会意识，又要防止由公民个人主义导向自私利益的意识并在其裹挟下导致公共利益的流失，借公共利益之口实现自我或自我联盟利益。这就要求认真分析和处理政策过程的价值与事实之间、问题情境与议题设置之间、权威决断与政策民主之间的相互关系。

社会建构的公共行政必然是生动的，是具体的社会现实的反映。我们每个人每天的日常行政生活与公共问题的解决，形成了行政生活中人与人之间的生动社会关系，其关系的向度、矢量和作用的途径影响和塑造着公共行政的内涵，毕竟“公共政策是民意的功能表现，政策需求决定政策供给，事实上，那些被政策制定者注意，并且加以测量与处置的民意，更证实了这种观点：政策议程是民意与公共权力互动的结果”①，通过日常的公共生活的社会参与与互动，社会意识转化为他人意识、共存意识和互惠意识。在社会转型的特殊阶段中，从公共利益的视角来看，民众意识要求使得公共利益的内容具有一定的多元化和个性化。社会建构下的公共政策议题的设置与建构，对公共利益内涵的理解和要求不仅限制在抽象意义的层面，更要从个性化和多样化的视角对政策的过程进行合理的设置，契合民众的社会需求和自我需

① Parsons, Wayne. Public Policy [M]. Aldershot, UK: Edward Elgar, 1995: 110.

要，防止决策过程“拟制的公众意见”的形成①，进而防止公民参与社会建构过程的符号化和空洞化。从这个方面来理解，社会建构的公共行政中对公共政策的参与并不是从公共政策中间制定阶段开始的，而是从公共政策议题的认知等最初端开始的——从公共政策议题的设置入手，当然也包括最后的政策评估和政策终结阶段，政策的完整“环路”过程始终都具有生产意义和知识建构的意蕴，融合和回照着公民的社会意识的关注和公共利益的实现。

从偏好显示的角度来看，在社会建构公共行政过程中努力实现一致同意来聚合社会民意。不同的个体通过沟通、交流，达到偏好自愿而不是强制地发生了改变，从而实现了彼此之间一致的同意。按照阿罗（KennethJ. Arrow）定理，投票过程中人的行为、目标和偏好是假定不变的，但布坎南（JamesM. Buchanan）认为可以改变，这个过程就是一个知识与意见的偏好建构的过程，让理性由“主体为中心”转变为“以主体间性为中心”，主体间的相互认识与妥协，建构的过程中自我偏好就会发生转换，经过持续不断的讨价还价，使社会民意有效聚合，达成事实、意见与认识上的一致同意，改变只顾眼前利益的“近视者”和空谈长远的好高骛远者。在社会建构的过程中，利益相关者在讨论基础上最终的意见趋向，通过建构的过程公众偏好的显示、偏好集合、偏好转换与偏好统一，实现不同治理目标函数与公众的偏

① 现行行政决策机制确立了论证会、听证会、座谈会等听取意见形式，一旦行政决策采用了上述形式，往往为被选择参加表达意见的一般社会公众对行政决策的参与权就受到了限制，甚至剥夺，这样决策者常常可以用参与表达意见的代表之意见来取代，或者说拟制公众意见。〔具体参考：王锡锌、章永乐．专家、大众与知识的运用［J］．中国社会科学，2003，(3)：113－127.〕

好的一致性①，保证了公共组织的行动镶嵌于社会之中，也不会出现“投票悖论”中的循环投票，也表明对意见与知识的建构过程是民意显示的过程，体现了民主式治理。

公共政策的核心，不能只是作为私人市场“自然秩序”的维护，而应是寻找体现政策“公共性”出发点、基调和社会背景。社会建构的公共政策议题设计要适应公民社会意识的内容和趋势，才能使得公共问题得以切实解决和社会建构的真实有效。在政策分析中，从政策问题分析入手，经过政策行动中主体的充分论辩协调，强化主体间性的联系的紧密程度和社会建构议题的共享程度，不断形成议题网络、政策倡导联盟、政策群体、政策网络等组织化的社会建构特质，使得公共政策议题科学性与民主性有机统一起来。

（一）政策问题分析和议程设置

对政策问题的分析是政策过程中政策设定的关键。在公共政策过程中，公共政策议程犹如一支“漏斗”，当某一问题成为行政系统关注的对象时，其利益的相关者就会聚集起来。但是这一问题，必须是正确的问题，“要想成功地解决问题，就必须对真正的问题找到正确的方案”（Russell L. Ackoff，1974）。对问题认识不周，容易使得真正的社会公共问题成为隐蔽议程。“问题的挖掘和确认比问题的解决更为重要，对一个决策者来说，用一个完整而优雅的方案去解决一个错误的问题对其机构产生的不良影响比用不完整的方案去解决一个正确的问题大得多。”② 也就是我们平时所说的用正确的方法解决了一个错误问题，远比用错

① 决策的前提是达成共识，“一个社会所面临的基础挑战是获得一致性，否则就陷入决策的两难困境”。（具体参考：［美］缪勒. 公共选择［M］. 北京：商务印书馆，1992.）

② J·S. 利文斯顿. 受良好教训，管理者的神话［J］. 哈佛商业纵览，1971，（1）.

误的方法解决了一个正确的问题后果更严重。

感知和构建问题就成为公共政策议题建构的首要条件和精心组织的工作，既要能够反映社会民意，又要能够真正解决公民关注的社会问题，防止真的问题被悬置、雪藏和夭折，特别是各种利益集团付出努力和资源（包括权力和金钱）促使形成某种对自己有利的资源分配格局①。正确的政策问题分析，同样需要社会的力量与民众的智慧，实施参与性政策分析，使得公共政策能够在民主的价值与需求下运作②。

政策问题具有相互依存性、主观性、人为性和动态性。主观性和人为性决定了"政策议题不仅涉及关于实际或潜在的行动过程的意见分歧，也反映对问题性质相互争议的意见中"③。简言之，对公共政策问题的认识也是一个建构的过程。从建构的难度来看，相比较结构优良问题、结构适度问题，政策结构不良问题复杂的政策问题，需要分析人员采用积极态度确定问题的性质④，要求行政人员与公民必须完全置于问题社会发展与格局的情势中，政策设计的问题分析主要是从政策背景、相关问题的情境里面，在社会公共问题整体系统中，寻找、分离和划定出政策问题本身，通过分析、研判和考量把要建构的政策问题从公共社会整体问题挑选出来，从政策的背景和情境中分离出来。但并不是每一个政策问题都能进入最终的政策议程，一个社会问题获得议程地位的过程需要经历系统性议程、制度性议程和决策议程三

① 何清涟．现代化的陷阱［M］．北京：中国计量出版社，2005：1.

② Deleon, Peter. The Democratization of Policy Sciences［J］. Public Administration Review, Vol. 52, 1992,（2）：125 –129.

③ 威廉·N. 邓恩．公共政策分析［M］．北京：中国人民大学出版社，2002：161.

④ 威廉·N. 邓恩．公共政策分析［M］．北京：中国人民大学出版社，2002：197.

个层级①。有些问题虽然能够反映民意，但往往成为“议程隐蔽”而无法进入最好的政策过程中，“大量的冲突被控制在私人领域以致它几乎全然不为人所知”②，而沦为隐蔽议程。Bachrach和Baratz提出了“无决策（non－decisions）”的概念，称“当主导性的价值观、人们所接受的游戏规则、团体间现存的权力关系和暴力工具等单独或共同地有效限制一定的不满发展成为亟须通过决策予以解决的成熟议题时，就可以说存在无决策的情形”③。政策垃圾桶原理也表明，进入政策过程中的议题是比较少的，隐蔽的议程或者无决策现象之所以存在，是因为社会问题被人为控制、掩盖，公民的社会意识无法得以反映，真的社会问题也就无法解决。

到底什么样的状况与情形能够被界定成问题的呢？“价值观、对比以及分类都有助于这种转换。”④ 在社会建构的公共政策过程中，“公共政策问题的界定和议程建构必须被置于公开的讨论和对话之中，任何政策相关者都有权知道与自己利益密切相关的具有约束力的政策议程是如何建构的，建构议程的过程和程序应当为公众所知悉，以使政策相关各方能在协商和理性对话中公开自己的政策偏好和理由并批判性地审视各种政策建议”⑤。普通公众能够获得政策诉求的权利和机会，表达自我的意愿，公

① Thomas A. Birkland. An Introduction to the Policy Process：Theories，Concepts，and Models of Public Policy Making. M. E. Sharpe，Armonk，New York，2001.

② ［美］E. 谢茨施耐德．半主权的人民［M］．天津：天津人民出版社，2000：6.

③ Peter Bachrach，Morton S. Baratz，Decisions and Non－Decisions：An Analytical Framework，American Political Science Review，1963，（57）：641－651.

④ ［美］约翰·W. 金登．议程、备选方案与公共政策［M］．丁煌，方兴译．北京：中国人民大学出版社，2004.

⑤ 李强彬．论协商民主与公共政策议程建构［J］．求实，2008，（1）：70－75.

共决策者在议程建构要同等考虑各政策相关者的政策诉求并给予积极回应，进行充分的互动和对话，使建构议题主体始终是多元的而不是过于理性的分析①。同时，政策问题还必须是真实有效的，在各种制度和程序是有效的基础上进入“漏斗”的各政策问题是真实而正确的。故此，社会建构的公共行政提倡适度的话语与意义的竞争，既是公共行政议题建构的保证，也是防止公民自我利益掺杂于政策议题之中，公共利益是贯穿政策议题建构的主线，显示出公民真正的意思偏好。

在现实生活中，每一个理性的人，都会考虑如何“裁剪”自己的公开偏好，保护自我的利益实现。“选择表达什么样的偏好，怎么样选择？在他的算计中会有三种截然不同的考虑：他想从社会决定中获得满足感；与他选择的偏好相联系的回报或者惩罚；最后一个是来自真实自我表达的好处”②，自我意思的表达和维护是自我利益的体现，在了解自我偏好的基础上，还要了解识别他人偏好，识别他人的偏好在于我们对于内心感受与外在行为表现之间默认的一致。这对民主化的社会建构行政模式提出了更高的要求，在此过程中，涉及真正利益的分配，参与的个体在清楚自己真正利益的基础上，必须“了解他所偏爱的选择的结果与相关的优势”③，只有对社会建构公共行政具有预测的相关

① 著名的政策学者斯通更是一针见血地指出，政策分析本身即是一个受权力影响的政治过程，“分析本身就是一种政治产物；政策分析是从战略意义上设计出来的论证，为的是创造歧义性和悖论性，以便在某个具体的方向上解决问题”，“理性分析必定是政治的”。〔具体参考：［美］德博拉·斯通．政策悖论：政治决策中的艺术（修订版）［M］．北京：中国人民大学出版社，2006：369－371.〕政策议题的社会建构的分析实现了相反效果。

② ［美］第默尔·库兰．偏好伪装的社会后果［M］．长春：长春出版社，2005：14.

③ Democracy and Difference：Contesting the Boundaries of the Political［C］. Edited by Seyla Benhabib，PrincetonUniversity Press，1996，71.

结果，公民才能加以适当强度偏好的表达，防止公民自我的偏好内容及强度被蒙蔽的可能性，使得社会建构公共行政能够真正体现由每一个公民聚合的社会民意。另外，在社会建构的行政议题的设定，必须是保持在公共利益[①]的前提下，作为一种相容性的利益，公共利益有一个特性——公共利益受到损害，不光是我一个人受到损害，而是同一社群的人也受到损害[②]。随着参与的深入，参与议程建构的群体或者个体无论在形式还是实质上都会应表现出对"他者"的关心，重点放在如何实现公共利益的设定与思考上。由于公共利益的相互掣肘和相互影响，就需要建构出具有真正意义的社会问题，在公民参与社会建构过程中实现公共利益。

在对政策问题进行分析之后，针对公共政策的议程建构过程，根据建构主体的不同区分了两种基本的政策议程——系统议程和正式议程[③]，系统议程是公众议程，社会问题所引起社会公众的普遍关注，并提出政策诉求得到决策者回应进入政策过程的政策议程。正式议程又称政府议程，社会问题引起了决策者的密切关注，决策者采取相关行动解决这些社会问题的议程。当这两种议程具有相同的政策态度和诉求的时候，政策议程建构就较为容易，但两者存在分歧时，政策议程的建构就比较困难，甚至存在政策议题被屏蔽的可能，因此需要政府与公众不断互动、协商

① 其实在大多人们的思维倾向中，公共利益的政策观念是占主导地位的，正如安德森断言，"倘若问到公共政策应与公共利益还是私人利益（它被描述为狭隘、自私、贪婪等，但我想无须将它过多地夸张）保持一致，绝大多数读者将倾向于公共利益"。（具体参考：詹姆斯·E·安德森．公共决策［M］．唐亮，译，北京：华夏出版社，1990：222.）

② 俞可平．社群主义［A］．俞可平．权利政治与公益政治［C］．北京：社会科学文献出版社，2003：276.

③ ［美］安德森．公共决策［M］．北京：华夏出版社，1988：69－70.

和对话。如何确保公众议程的问题意识特点是体现社会民意，反映公民的普遍的诉求，当被列入政治议程的问题存在道德分歧时，互动、理解与商议的原则就至关重要。“协商打开了先前封闭的论坛，有时可能会增加政治中的道德冲突……协商会鼓励持有冲突观点的人们去理解别人的观点，减少道德不一致，寻求共同的基础，但它一开始就使政治面临一系列合理的意见分歧，而这些分歧是由协商性较少的政治控制的。”“在缺少协商论坛的情况下，合理的意见分歧是不太可能得到彼此尊重的，且共同的基础可能被忽视或贬低，甚至有理性的人也如此，因为理性本身，或我们的推理本身，很少使我们关注其他人的不同观点。”①公共议程设定的相互商议的过程，公众能够知晓议程的建构过程，在进行社会建构之前就具有议题合理成分，能够为相关各方所信服，同时在公共议题解决的社会建构过程中也能够促进和吸引各方利益主体积极参与。

（二）缔结政策联盟

政策联盟是群体民意的聚合联盟，是社会意义的公共政策建构意见与话语的初始联盟。在协商民主理论中，民众对公共政策的参与、讨论、协商和争辩可以形成一个分布广泛的“传感器网络”，人们在其中对全社会范围的问题做出反应，形成公共舆论②。广泛的“传感器网络”则需要缔结政策的联盟，在参与社会建构的主体中，“公众是游离于这些国家机关之外的一切普通公民个人，这时的公众主要是被动的、消极的，处于一种接受管理的状态，即使以个人的身份参与到国家机关的运作过程中去，

① ［南非］登特里维斯．作为公共协商的民主：新的视角［M］．北京：中央编译出版社，2006：140－141.

② 张凤阳等．政治哲学关键词［M］．南京：江苏人民出版社，2006：332.

也是单打独斗、孤掌难鸣，起不到实际效果”①。因此，公众需要通过把分散的个人形式聚合到权力运作过程中，是自主地组织起来，形成一个具有明确宗旨、意愿和意见的“思想共同体”。

在民众的社会意识与认知的前提下，在意见和意志形成的民主过程中，形成了“民众政治意志”来对抗与消解统治者的强权意志。在参与公共政策中，所有参与者平等和无优先性，以公共利益为诉求，因此政策联盟成员享有一致性的知识和集体价值体系——“一系列基本价值信念和问题认知”，能够形成“倡导联盟”（advocacy coalitions）或“辩论联盟”（discourse coalitions）并影响政策结果，而这种联盟并不依赖于理性选择而是依赖于交流过程。当然，形成民众的政策联盟并不是简单的对抗与消解统治者的统治强力的意志，更重要的是建构一种小型的共同参与相同公共政策的共同体。参与之中的公民秉持以公共利益为导向的公共精神的“交往理性”，自由、开放、平等、有效地针对一系列问题进行“政治论辩”和意义论证，形成政策意见体，有效地进行意见的表达和聚合。参与讨论者应超越其特殊职业或阶层身份和利益的局限，作为一个“理性存在者”发表意见；他所采取的方式是努力诉诸一些公认的前提，并运用可以理解和讨论的推理说话②。当然这一过程可以是针对某一小的公共议题进行的社会建构，通过特定的“民主商谈程序”将整合后的“民意”上升为政治合法性和规范性来源③。通过类似间接民主的形式进行意见的传递，聚合群体的意见进行民主治理。

---

① 李凌波．公众有效参与：行政法权利（力）结构趋向平衡之路［A］．罗豪才等．现代行政法的平衡理论（第二辑）［M］．北京：北京大学出版社，2003.

② 何怀宏．“诉诸公共理性”［N］．经济观察报．2003－06－30.

③ ［德］哈贝马斯．在事实与规范之间——关于法律和民主法治国的商谈理论［M］．童世骏，译．上海：上海三联书店，2003：373－375.

（三）形成自组织型的政策网络

社会建构的公共行政从实质内容上也是政策网络的组成[①]，在网络中人们通过参与网络和伙伴关系被动员起来，并在相互尊重和知识共享的情景下结成关系[②]。“政府更多地依赖各种伙伴关系、协议和同盟所组成的网络来从事并完成公共事业”[③]，其“公共话语”、“劝说性沟通”和“意识提升”相联系的种种意义，同样也是在社会网络中被建构起来的[④]，在面对面的互动政策网络的意义在其中被创造、解释和转化的社会情境。如果个人与某种社会环境的关系愈紧密，其中的成员在产生和阐述自身观点的时候就是彼此参照、互相影响和对照。政策网络作为一种集体意识或集体认知的意义建构，从个体意识或认知上升到集体意识的过程是个体借助关系网络不断相互沟通、反馈、劝说的结果。若没有政策的网络，孤立的个体意识就难以整合成为集体认知或集体层面的意义建构，难以形成公共行政议题的真正社会建

① 从内容上看，政策网络和社会建构政策过程形成的复杂格局，两者具有相似性。通常政策网络具有以下几个特点：第一，多元、异质的关系主体。这些关系主体主要指公共部门、私人部门以及第三部门等众多行动者。他们以个体身份参与政策网络，但往往是组织的代表；第二，关系主体的相互依赖性。政策网络中的任何一个行动者都不可能独立地完成某项政策活动，而必须依赖其他行动者才能有效解决政策问题，并通过互动来达成政策利益的双赢或多赢；第三，复杂的网络关系。多元、异质的主体关系要么是部门结构，要么是人际结构。这些关系结构，或强或弱，或长或短，或正式或非正式。政策网络理论更加强调非正式关系在政策制定过程中的重要性，从而弥补了政策分析中的变量不足。〔具体参考：石凯，胡伟．政策网络理论：政策过程的新范式［J］．国外社会科学，2006，(3)．〕

② Gerry Stoker, Public Value Management: A New Narrative for Networked Governance?, American Review of Public Administration, No. 1March 2006, pp. 41 –57.

③ 斯蒂芬·戈德史密斯，威廉·D. 埃格斯．网络化治理：公共部门的新形态［M］．北京：北京大学出版社，2008：6.

④ 艾尔东·莫里斯．社会运动理论的前沿领域［M］．刘能译．北京：北京大学出版社，2002：13.

构。同时在政策的网络中，整体的情形可以改变潜在行动者对参与行动的理性算计结果，“集体行动的潜在参与者乃是社会网络的理性行动者，他们整合在网络之中，因此可以去评估集体行动者此一身份的价值，然后选择成为这样的身份”①。在政策网络中，政策议题的建构和自我的建构融合为一体，改变了参与个体的行为和自我利益的倾向选择。

“现有的民主制度由于其线性结构，为了实现每一个社会成员的意见都得到尊重和被听取的目标，必须用一种网络结构去取代现有的线性结构，用合作的社会治理取代形式民主的社会治理。”② 政策网络在社会建构公共行政中的意义不断得到了凸显，换句话说，社会建构公共行政本身就是政策网络的经验事实。政策网络的形成过程中，公共行政议题社会建构过程中的每一个公民都是政策网络上的一个必要触角，并与其他触角的互动中，每一个触角的言语、行为和意见都会在整个政策网络中得到反应与体现。由于社会建构过程的结构是网络结构，任何一个触角的社会成员的每一项意见，可能都会在相邻触角上得到反馈。“实质民主将是每一个社会成员的观点和声音都会得到听取的机制，开放的、自由的网络结构保证这一实质民主得以实现。”③ 从这个角度看，每一个社会成员对政策的意见和观点都能得到有效的表达和尊重。因此，社会建构公共行政的结构从官僚体制下的线性结构变为现代化民主社会的网络结构，是一种实质性的民主，不

① Firedman and McAdam, “Collective Identity and Activism: Networks, Choices, and the Life of a Social Movement”, New Haven: Yale University Press, 1992, pp. 161 - 170.

② 张康之. 探索公共行政的民主化——读《后现代公共行政：话语指向》[J]. 国家行政学院学报, 2007, (2): 33 - 36.

③ 张康之. 探索公共行政的民主化——读《后现代公共行政：话语指向》[J]. 国家行政学院学报, 2007, (2): 33 - 36.

同群体的触角互动关系不仅创造着“做不同事情的机会”，还创造着“以不同的方式作相同的事情的机会”[①]。

在公共政策议题建构与执行中，政府和其他行动者持续围绕协商的信念和利益而结成的正式和非正式的联系所构成政策网络，形成了治理的网络关系的特点——以信任为基础的战略互惠与相互依赖。在一个日益复杂和动态的环境中，政府单独治理的科层协调已经非常困难，由于市场失灵，解决管制就变得非常有限，治理只有在政策网络中才显得比较可行[②]。政策网络对社会建构公共行政具有重要的意义，在政策网络中，主体之间是复合依赖的，权力是交叉流通的，是多层次利益相关群体的博弈和协商是最终政策形成的关键。政策网络突出了政策的权变情境和复合议程，政策网络中的互动合作机制和学习交流机制以及在此基础上建立的一致性知识、观念、信仰和价值，为建构过程中的复合主体—政府提高治理能力提供了价值支撑，社会建构过程形成的政策网络能够使得公共政策的建构与执行的公共行政得以稳定和可持续性。

从这些可以看出，政策网络中的关系和各结构体结成的相互关系是由政策问题的性质决定的。其中，政策网络的形成过程是一场多元利益之间的博弈。实际上，在我国公共政策创新的过程中，中央政府、地方政府、立法机关、民间团体以及一般民众等成员之间的互动频繁，此外再加上政策过程中其他不同行动者的参与，一个动态的政策网络已经形成。因此，以新兴的政策网络

---

① 石凯．政策结果的多面向：寻访新政策网络理论［J］．社会科学研究，2008，(5)：33 -38.

② 鄞益奋．网络治理：公共管理的新框架［J］．公共管理学报，2007，(1)：89 -96.

概念对我国政策创新进行研究也是可行的[①]。社会建构公共行政过程中要形成的政策网络是自组织的政策网络。从制度设计上看，自组织理论的核心内容主要有三部分：一是影响理性个人策略的内部变量。奥斯特罗姆（Elinor Ostrom）认为这种内部变量主要有：预期收益、预期成本内在规范和贴现率。二是制度供给，可信承诺和相互监督。在制度主义中制度设计、动力机制和社会资本中信任、互惠规范的要素是核心要素，在此基础上，为了保障制度执行和承诺履行，适当建立适当的监督和制裁，监督并不外化与组织之外，而是自主治理的副产品。“监督一组规则实施情况的成本和收益，并不独立于所采用的这组特定的规则本身。”三是自主治理的具体原则。自主组织治理包括八项具体原则：（1）分享资源单位的个人或家庭之边界界定清晰；（2）使用、供给于当地具体情况相适应；（3）集体选择安排；（4）有效监督；（5）越“规”的分级制裁；（6）低成本如论坛式的协调机制；（7）对组织权的认可；（8）分权制组织。[②]

从发生的视角来看，自组织政策网络形成过程需要权力依靠与干预，但一旦形成了政策网络自组织，自组织型政策网络就需要权力的自我疏远。在其中，平等协商是主要特征，成员之间的网络意识比较强烈，各成员完全可以自我建设、自我协调、自我联系、自我整合和自我满足。社会团体与公民独立于政府的治理之外，政府只是权力参与建构过程的影子，并没有足够的权力把自己的意志强加给其他行动者，必须改变他们“一袋马铃薯”或“一盘散沙”。在建设自组织政策网络中，主要参与的策略

① 具体分析可以参考，陈敬良，匡霞．西方政策网络理论研究的最新进展及其评价［J］．上海行政学院学报，2009，（5）：97－105.

② 埃莉诺·奥斯特罗姆．公共事物的治理之道：集体行动制度的演进［M］．余逊达、陈旭冬译．上海：三联书店，2000：153.

有：(1) 充分的交流。行动主体之间持续的、稳定的交流，既能为政策网络提供信息、经验共享的机会，也是社会建构过程信息流与知识流动的主要方式。“面对面遭遇”的交流方式，小范围的主题会议、公民陪审团、愿景工作坊、公民会议、共识会议、审慎的民意调查等多种参与是主要方式。在前面我们也提及构成虚拟的网络透明的公共场域是社会建构平台的重要组成部分，为有主见的公民提供良好保护空间①，充分利用现代信息技术，通过视频会议、论坛社区等方式，进行非面对面的交流，实现所有行动主体之间的传递。(2) 形成关键参与者。公共政策设计中的关键参与者是特定组织或利益群体的代言人。关键参与者是在社会建构早期，或者说在公民参与社会建构过程的积极性不高的初始阶段的核心人物，通过关键参与者的倡导、鼓舞和领头，带动其他人员参与，共享知识与信息。关键参与者成为政策网络建构的过程中倡导者、促成者和完善者。(3) 寻求黄金分割点——形成不同参与群体的伙伴关系。在政策网络中，政府是“导引者”而不是“主心骨”，在政策网络形成过程中扮演关键角色，需要搭建沟通平台引导民众有序参与政治生活，官方的重视与引导是公民参与社会建构激发积极性的首要条件。但形成合作式的伙伴关系更重要，伙伴关系是基于尊重彼此不同的信息、知识与能力比较优势基础上，在尊重差异、不同背景知识群体的基础上，实现经验、知识分享与建构。“伙伴关系是许多行动者之间的动态关系。这些行动者是以接受共同目标为基础的，并且都认识到最合理的社会分工是建立在每一个伙伴的各自比较优势

① 在政策的网络体系中，由主见和创新意识的有时候提出公共政策新方向的人比赞成维持现状的人会遭遇到更多难以克服的障碍。这也就是所谓的政治中“否定的理性”（“rationality of negativity”）。(具体参考：MICHAEL D. COBB and JAMES H. KUKLINSKI. Changing Minds：Political Arguments and PoliticalPersuasion [J] . American Journal of Political Psychology. 1997，41：88 - 121.)

基础上。伙伴关系包括相互影响，在协同发展和各自保持独立性之间精心平衡，还包括相互尊重、平等参与决策、共同承担责任、透明。”① 在发挥各自比较优势的基础上，围绕共同关心的意义议题进行社会建构，通过行动主体的集体协作，把所有的细节和情境放到透明的平台上探讨，并不断调整各自行为，使每一个人的政策偏好或政策诉求，增进相互的理解，保持合作的激情，增加彼此的政策利益，从而实现公共利益。（4）及时化解冲突。在社会建构过程中，不同行为主体之间虽然有着可供达成的通约性的共同目标和共同利益，但由于直接利益和现实利益、个人诉求与集体理性之间的可能差异，甚至微小的不可让步的核心利益的难以通约就可能会导致社会建构的政策网络中会出现不同类型的冲突。行政人员在政策网络中根据冲突的具体情况进行化解，把冲突控制在萌芽或者有限的范围中。对可以通约性的、不是根本的或局部的利益冲突，也可采用协商、妥协来解决；对有着根本的、事关全局的冲突的行为主体（包括公民与行政人员），也可通过严格规约或悬置敏感问题的“冷处理”办法来解决。

在社会建构的政策网络中，政策网络的集成程度是一个重要的指标。处于浅层次、初始的社会建构的政策网络集成程度低，常常呈现松弛离散的状态，公共行政的治理化水平比较低，公民的参与社会建构的积极性和实效性也不高。集成程度较高的政策网络具有很强的凝聚作用，呈现出高度聚合向心一致的行动共同体状态，不是被动的利益出让而是主动的相互支撑，公共行政的治理化水平就高，社会建构的公共政策的效度就高。提高社会建构公共行政的效度，就需要通过不断地深化政策网络的政策学习

① Jennifer M. Brinkerhoff. Government, Nonprofit Partnership: A Defining Framework [J]. Public Administration and Development, 2002, (22): 21.

与政策实践，提高政策网络的集成程度，这也是提高社会建构公共行政参与群体的意见共同体聚合程度的过程。

第三节 社会建构行政的行动理论

一、公共行政的行动内涵

在“场域—社会设计”中，社会建构公共行政重视行动的价值。在公共行政过程中，对象本身是没什么意义的，都是人们主体意识和存在的感知，当公共议题制定与执行的变革进入社会建构的过程中，就需要理解参与其中的人的行动的内容和意义。“要想理解社会现实就必须去理解建构了这一现实的那些个人的行动；而人的行动又是一个有意义的过程，要想理解人的行动以及由人的行为所建构的各种社会现实，就又必须要努力去理解行动者赋予行动至上的主观意义。”① 探索参与行政活动中人们赋予客观事物意义的主要目的在于找寻每一个不同行动所聚合的意义结果。

社会建构的公共行政是一种行动，首先行动是以复数的多样性为基础。离开了多样性，行动也就失去了特性。每一个个体自身具有相同之处外，还具有自身的特殊性和差异性，这就组成了人群的多样性。社会建构的公共行政活动具有这样的多样性，社会建构公共行政鼓励人们参与到政策中，不同的思维和观念组成了行政决策的基础，既是以多样性出发点，也是以满足人的多样

① 谢立中．走向多元话语分析——后现代思潮的社会学意蕴［M］．北京：中国人民大学出版社，2009：190.

性需要为目标。在社会建构行政的公共场域中，让每一个不同背景、知识和个性的人参与其中，通过自身的言行和思想展示自我的特殊性，在关注和沟通的场域中实现政策的科学与民主。其次，行动通过语言来诠释和言说世界。按照阿伦特的理解，行动与语言密不可分，行动要通过言说、说理和辩驳的方式进行，需要言语的支持和补充，行动通过言说才能完成。这一点，社会建构的公共行政就是一种言辞场，没有了语言作为建构的载体，就失去了公共行政的建构之意。再者，行动具有公共属性。离开了公共场域，行动也就失去了载体，反过来，行动充实和展开了公共场域。行动的公开性和共同性是其本质特征，公开性是发生在公共场域，参与其中的人都能知晓，接受"公共之光的普照"，共同性是指行动发生在"共同的世界"里面，每一个人都"看到了"共同的东西①。最重要的一点，行动具有自由的特征，这也是社会建构的公共行政的重要价值理念。

公共行政的行动是指"行政人员所从事的计划，主要是为了回应社会领域的价值、要求及需要；从主动领域中明显的可能来看，在意识和无意识的层次上，行政行动是有行政人员的风格来调整的"②。在社会建构中，行政风格来源人们的反思性行动和批判意识与精神，参与社会建构的人通过感知、体验和珍惜不同的意见、文化背景与行为方式能够对自身行为进行反思和批判，形成了公共行政社会建构全过程的内容与意蕴，反过来，这个过程又重新培养和形塑了行政人员的批判与反思意识和能力。作为隐性的组织行为和行政人员的行为是与组织的结构、行政人员行动的内在旨趣和外部文化情境的影响紧密联系在一起，公共

① 谭安奎．公共性二十讲［A］．汉娜·阿伦特．公共政治生活：行动、言语与自由［C］．天津：天津人民出版社，2008：227，240－242.

② 颜良恭：公共行政的典范问题［M］．台北：五南图书公司，1998：58.

行政人员的行动及其构成的行动理论是公共行政知识的根基点。正如全钟燮教授指出，没有完整的组织维度、组织中的人员和公共性所组成的行动参照系，学者要想构建一个成熟的管理理论是不可能的。全钟燮讨论了三个解释和理解行动的理论视角①，即功能主义视角：客观意义——情境；行动的解释学观点：主观意义——情境；行动的辩证法：作为意义——情境的公共领域。

行动反映了一个人内心意志与观念的外在体现。社会建构中的人与人群的行动反映了与先前公共理论与众不同的意义。了解行动者的理性特征与行动者的策略性选择，需要的是以情景性经验背景为依据②。在此基础上，对社会建构的公共行动理论的理解可以从行动的社会性、互动性和个性的理性三个方面来把握。

（一）实证主义的视角：从行动社会性的理解

行动所具有的社会性主要是因为人类在面临外部的行动环境多变性和复杂性所决定的。人们为了克服、适应和改造环境的复杂性，采用集体合作的方式，而布劳认为协作关系本身也成为一种环境的背景（布劳，1978），通过制度化、组织化为一套相互依赖、相互配合的机制与设置，发展出“使得时间纬度有序的社会机制”，形成一个有序的社会系统，社会系统又由不同子系

---

① ［美］全钟燮．公共行政的社会建构：解释与批判［M］．北京：北京大学出版社，2008：99－105.

② 行动理论特别强调行动（Action）与行为（Behavior）的区别，认为行为是可观察、可测量的人的活动，行动是由目的以及产生的意义所组成，行动反映了社会生活本质。正如安东尼·吉登斯所言：“涉及行动分析的正确单位只能是人，行动本身。”（具体参考：安东尼·吉登斯．社会学方法的新规则［M］．北京：社会科学文献出版社，2003.159.）帕森斯指出，行动是由一些构成元素组成的，其中每一个元素都是一个“单位行动”，每一个单位行动都包括——行动者（该行动所指向的“目的”或目标）、情境（包括“手段和条件”）、“规范取向”（具体限制了适合于该情境的备选目的和手段的范围），行动者的行动意义通过这些元素得以实现。（具体参考：帕森斯．社会行动的结构［M］．南京：译林出版社，2003.）

统组成，每一部分确立和形成不同的功能，发挥不同的作用，每个子系统都必须满足整个行动系统的整体功能中的一种或者几种（帕森斯，1989），使得社会行动成为可能。社会是一个功能性的结构，作为社会系统的一个子系统，公共行政系统要受到社会整个系统的动态影响，这对行政系统的主动行动者而言，“既不是脱离社会背景孤立地行动，也不是完全受社会限制，按社会外在的规范行事；而是在具体、动态的社会关系制度中实现自身的多重目标体系”①。社会行动视为社会结构的普适性功能，针对公共行政系统而言，行动者并非是社会结构的普适性功能体现，而在行动的社会环境中，实现行动的积极性与环境的适应性的统一，通过公共行政组织中的行动者把公共政策对社会环境的适应与改造、主体赋予行动的意义和不同群体的合意有机结合起来。

（二）人文主义的视角：行动的互动性

社会行动不仅是为了应对复杂环境，也不仅是行动者被动接受外部环境刺激，更多的是关注多样行动者与社会环境所进行持续互动以及所产生的意义。不同行动者的行动被视作为自我意识的持续展现、对现实对象的构造过程，作为各种社会的实在，是人们之间各自赋予自身行动的意义而相互认可、承认、多样的实在互动和象征性互动的产物。胡塞尔指出，人类只有通过经验才能感知世界，外部世界的存在，是通过感觉作为媒介的，并且只有通过心智意识才能了解（胡塞尔，1957）。社会行动的可能性不是来源于各种外在的社会事实，而是来源于不同行动者心智意识、主观认知和相互知识互动的结果。“人类是在包含客体、人群、参数、位置、思想和其他各种可以使得人们留心为其存在、行动和追求设立参数的事物的世界（life word）里存在的，每个

---

① Granovetter, Mark. Economic Action and Social Structure: The Problem of Embeddedness［J］· American Journal of Sociology, 1985, vol. 91, N0. 3: 481－510.

人心中都装着袖里乾坤（Stock knowledge at hand）——规则、社会对策和恰当行为的概念以及使其能在社会世界中行动的信息。"① 主观的意识是行动的前提，主体性的行动是个体的自我角色、位置、规范的领会、认知提前进行想象性的预演彩排的结果，在想象性的预演和具体的行动中不断的调试和改变，作为社会各类组织，因为有着明确的期望和对情景的共同定义而被结构化了，在结构化的社会中，产生社会互动的行动真实意义取决于不同的行动对生活在其中的社会子系统的定义的能力和彼此之间调适的能力。

（三）个体主义的视角：个体理性的行动

A. 舒茨指出，社会行动具有一定的主观意义。但意义的产生除了主体外，还需要主体在其中生存并与之互动的整个社会文化环境。在公共政策过程中，参与其中的行动者的行动是一种自我决策的过程——行动者需要不断地推测、假设与猜测其他人的意见、想法和理念，彼此之间产生一种持续性的互动作用。因此，Baudoin 指出，行动从本质上来说是在认知的、情感的、文化的和意识形态的所有局限性的有限理性的驱动下做出的，是一种策略理性（Baudoin，1977）。在社会建构的过程中，在分享经验与共同学习的基础上，自我利益的衡量、自我知识的"不谦虚"的偏好会改变行动者的行动策略，会更大程度地形成自己的意见与知识处于政策的"内核"部分的占优策略。参与其中的行政人员和公民个人的行动也会因为公共政策本身的因素而发生改变，这说明成功的社会建构公共政策形成过程是公共政策因

① 张银岳，社会行动的逻辑：传统的以及当代的视角，桂海论丛，2009，(6)：80－83.

素和个人理性行动的因素是紧密结合在一起的[①]。影响个人理性行动的主要因素取决于个体的价值观、个体资源的拥有量、行动的应变性和个体行动的自由程度。不同个体对各种资源，尤其是政治资源的拥有量和社会资本的存量是个体理性在参与社会建构行政中的核心因素。参与其中的个体自身对环境的适应性也是一个重要的因素，在变迁的环境中赋予行动不同的意义和不断自我行动反思的过程是个体参与效能感高的标志。个体行动的自由程度能够使得个体充分参与、毫无顾忌地赋予客体意义，与公共政策所指目标与意义相耦合。在社会建构公共行政的行动中，个体理性行动对公共政策的影响可以理解为，公共政策的性质、结构会对个体行动产生制约，影响着个体行为的选择和结果，而结果的成败又影响未来个体行动的能动性和积极性。一方面，公共政策与个体理性行动有着互构性。公共政策的性质、结构性会使得

① 有的学者指出，公共政策与个体理性行动者是在“宏观—微观”的结构二元性中互构的。公共政策价值导向主要有：①引导性价值：指公共政策中所体现的价值取向，它引导个体的行动价值选择。②制度安排：即公共政策以一套什么样的规则来规范和约束个体行动，从而对全社会的价值进行权威性的分配。从本质上主要体现在机会选择、筛选标准、准入规则上所能覆盖的人群，即公共政策的域覆范围。③目标设置：指公共政策所设定的一系列引导个体行动者追求的位置。④手段：即公共政策规定的达至其所设定的目标的一系列合法的途径。⑤结构性：即结构制约性。公共政策在分配某一社会价值时，通过对这些内在要素的规定，形成了对个体理性行动者的制约，即为公共政策的结构性。这种结构性最终型塑了该价值领域的结构状态。个体理性行动主要包括以下几个因素：（1）核心价值观。它是个体占主导地位的价值取向，是个体衡量大部分行为选择的公共原则。（2）资源累积：指个体的先赋条件、经济资本、社会资本和习性的总和。（3）行动的应变性：指个体在某一公共政策的结构限定内所选择的价值、目的和手段的有效性与准确性。行动的应变性主要取决于个体的资源累积，对当时情景与信息的理解和分析。（4）自由程度。它包括思想和身体的两方面自由，充分自由的个体能够增加其与结构性目标和手段的耦合概率。（5）个体理性行动的结果：成功或者失败。〔具体参考：张云昊．结构二元性：公共政策与个体理性行动之分析［J］．北京邮电大学学报，2008，(3)：19－23.〕

个体在行动时进行深入思考，做出理性选择，改变自身的行为，使得个体行动愈来愈理性化。另一方面，个体的理性行动不断地建构和改进公共政策①，改变和提升公共政策内涵和质量，公共政策是所有参与个体理性行动的社会建构产物。

二、社会建构行动的特征

社会建构的公共行政的行动理论具有四个方面特征。

（一）个体的行动是价值合理性和目的合理性统一

人的行动情境是复杂的，不同情境做出的行为具有不同的动机与目标，展现一个人是“谁”的行动和为“谁”的行为，表明行动者的身份，实现要达到的价值目标。社会建构中的行动既是目的与意识的行动，也是具有特定指向的价值理性的行为。韦伯曾把行动可以分为四类：传统的行动（通过习惯而进行的行动）、情感的行动（由于现实的感情冲动和情感状态而引起的行动）、价值合理的行动（它表现为对纯粹自身行为本身的绝对价值所持的自觉信仰）和目的合理的行动（这种行动把对外界对象以及他人行为的期待作为达到目的的手段，并以最为有效的途径达到目的和取得成效）②。政府组织通过对公共政策的议题进行知识重组，获取意义的建构，满足公民对公共现象的理解和认识，达到满足社会公众需求和成长，实现社会治理的目的。社会建构中行动是“价值合理的行动”与“目的合理的行动”统一，既有政府组织的自身价值追求，实现社会治理的目的，又有行动目的、意识和现实互动、协商等手段的权衡。在这些行动过程中实现了社会治理、行政人员、公民个体各自价值（也包括价值

① 吉登斯．社会的构成［M］．北京：三联书店，1997.

② 贾春增．外国社会学史［M］．北京：中国人民大学出版社，2000.

的增长）。价值合理性和目的合理性的统一使得行政人员的行动从传统组织的依附人格中走出，行政人员具有自主性，把目的的合理性放在了行动的至高位置，行动本身所蕴涵价值主题和内涵具有优先性，听取等级制度下的绝对命令和自身行为的绝对服从已经开始松动。当行政人员接到上级的决定或命令时，先用自己的专业知识做判断和价值估量，结合具体情境决定是否执行及如何执行，对指令的服从建立在自身知识基础，相对服从是价值合理性和目的合理性的统一行动性意识选择。

行政人员的行动主要指涉个体的经验，在具有对诸种限制条件下对情景的领悟，同时也限制其调整自己行为与情景相适应的认知能力和关系能力，也指涉着个体对被建构的公共政策的参与和对参与中的相互依存关系结构中所面对的制约力量和机遇。这就意味着，一种社会行动的形成，不仅归因于以往的社会化，而且应该归因于行政人员对公共政策行动场域中不同机遇与制约力量的感知，归因于对于行政场域中其他人行为的直觉性预期，归因于他们对行政效果所预期呈现的短期和长远利益的认识和把握。因此，对行政人员行动的理解，需要理解行政人员如何在行动的初始结构和外在条件的限制下做出符合组织合乎目的合理性行动，理解行动如何生产出行动者的互动所创造、维系的相关关系做出符合社会意义的价值选择。这其中，具体的情境、自我的感知、对他人的预期和利益考量是主要因素。

（二）社会建构的公共行政行动是为社会公民服务的，具有行动意向性

行动者赋予行动一定的意义，使得行动对公共社会现象具有特定的意向性和他人指向。在中国社会转型中，社会建构中的公共组织为了适应中国特定转型现象，产生于政治的合法性缺失和民主治理社会到来的客观事实，其自身的行动具有明确的他人指向性和具体行动解决具体问题的意向性。采取的行动具有特定的

意义与动机，行动除具有“有目的”的理性外，还具有一种特殊的“动机”，这种动机“使社会可理解的行动经验成为可能的一种属性”①。实现行动意向性和行动结果的可能性统一，行政人员的行动体现了“公共人”的人格假设，行政人员承载着公共行政的价值和信念，自身的行动和运作与社会各个成员的利益息息相关。行政人员的观念、态度和行动决定了公共利益的实现，同时公共利益的实现和捍卫，在行政人员个人的行为价值选择中，实现了政府组织的旨归。

（三）建构过程的行动是多个主体参与的行动

行政人员的行动总是处于相互联系的关系中。在组织中，人们围绕被初始结构界定的不确定性以及确定正式的各种形式规则，积极寻求自我空间，与其他行动主体之间呈现出一种类似具有游戏规则的关系格局，而这种多维的、重叠的游戏规则产生了在组织机构确定的等级制的体系之外建立起来或者与这个体系平行存在的第二种“组织结构”以及将所有主要层面和次级层面上运行的诸种游戏整合在一起的游戏——实际行动体系②。在行动体系中，社会建构过程是多主体对公共政策议题重构和建设的过程，需要行政内部群体和外部群体的共同关注和参与，如果单单依靠行政主体的认知、价值判断难以生成针对性的意义内容。重视与尊重其他主体参与和协调，就能够生成行动者为了解决组织的日常问题而相互认同的关系规则以及情感和文化的诸种取向。在这个过程中，以行动者个体的利益、兴趣、环境的约束以及他们提出的解决办法为依据，彼此尊重，发挥自身功能，实现

---

① 尼克拉斯·卢曼. 权力［M］. 瞿铁鹏译，上海：上海世纪出版集团，2005：23.

② 俞睿. 社会冲突与政治妥协：社会和谐的内存张力［J］. 探索，2008，(6)：67－71.

社会建构公共行政的目的。

（四）独立的行政人格

行政人格是行政人员行动的内在属性，是公共行政人员区别于其他社会成员的内在规定性，“是公共行政主体的尊严、品格、品质及所理解与实现的行政价值的总和，也是公共行政主体在社会生活特别是公共行政领域中的地位和作用的统一”①。社会建构公共行政中行政人员的行政人格是独立的、自主的，具有充分的自律、道德的完备和伦理的自主，是德性与德行、人格的一致与综合，集中表现在对自己在公共行政活动中思想和行为自由的意识，在对自我能力、水平作出判断的基础上，能够理性地对政策的认知、选择以及对结果的独立价值判断并能独立自主的创新，行动是自我的、有意识的。公共行政在自身行动和与其他主体进行的互动交往中，能够独立自主、尊重他者，对自我、对环境、对他人做出正确的认识和判断，能够对自我应当和即将做出的行为选择进行理性思考，生活其中并独立于社会生活、职业活动和公共政策活动之外。

三、社会建构的行动理论内容

（一）公共行政行动的意向性

前面我们提及，行动的意向性是指人的意识对某个对象的关注，公共行政的行动意向性反映了人们解决公共事务的指向性和创造性。

公共行政的行动理论来源是现象学。现象学“旨在中止哪些由科学观察者从外部强加到人类行动上去的人类行为定义或特性，而注重从行动者本身的立场去领会那些行动的确切含义。这

① 王伟．行政伦理概述［M］．北京：人民出版社，2001：97.

种努力关注个人解释其日常生活的方式，这种方式有时候被称为‘生活世界’。在这种观点看来，人被视为有意识的存在，其行动是有意向性的，因而会对行动赋予意义”①。现象学注重主客体之间的关系，可以在主观上建构一个可以相互理解的、相互分享、相互认识的世界，实现主客体之间的统一。行政主体对行动赋予的意义世界（意向性）构成了社会建构中行动意义的核心，每一个有意识、有目的的行动都被赋予了一种意义，融合着知识、价值和能力的多重含义和价值。

现象学方法的核心就是悬置——悬置一切预设和判断，如实呈现人们的经验世界，这个经验的世界是意向性的，即意向结构与意向对象是一个统一体，所有主体的心理世界中都“在自身意向地含有一个对象”——人们通过这种具有的意向赋予世界意义，利用自我的行动来建构这个世界。所谓“意向性”，是指人的主体的一种能力，这种能力能使得一切进入到人的意识中的现象能被构成为某种本质性的东西②。意向性不仅是心理现象所独有的一个基本特征，也是人们社会认知的基础，人具有意向性，才能赋予客观世界以意义，一个事物只有被我们意识到才具有实质的意义。同时意向性也意味着人是主动的，“我所知道的一切都是在确立起其相关者的同时确立着自身的我的某种活动”③，也就是说，我们的行动并不是对某种外在刺激的反应，而是我们自身意识的结果。我们能够以不同的方式与其他人联系，视他们为和我们一样的主体互换认识，从而建构起来一种

---

① ［美］罗伯特·丹哈特．公共组织理论［M］．北京：华夏出版社，2002：180－181．

② 胡塞尔．逻辑研究 II/1［M］．倪梁康译．上海：上海译文出版社，1998：217，239．

③ 刘永富．胡塞尔现象学中的“意向性”的三层可能的解释［J］．世界哲学，2004，（2）：76－78．

“我们”的关系，“个体以这种（主体取向）的意识形式通过时空直接性，在做出判断之前体验这个他人的自我（即变形自我）；如果这个被注意的他人也对该个体保持同样的意识状态，那么个体与他人的意识关系就由单纯的‘面对面关系’转化成‘我们关系’”①。这包含着一种相互坦诚的成分在内，人们以互为主体的方式相互理解，努力把“我们”之间的理解客观化，分享相同的意识，从而能够进行互动和反省自我，也就能够不断建构社会实体的共同任务。同时吉布斯（R. W. Gibbs）指出，意向不仅存在于个体心灵中，而且还存在于人与人之间相互作用的集体过程，是由动态的社会过程所形成的，是社会相互作用的所突现的产物，“在很多情况下，意向是个人以及个人与环境之间相互作用的突现产物，因而它们是以分布式的方式存在于个体之间的”②。这一点与斯库兹的理解具有异曲同工之处，他指出，行动者在社会行动的意义和日常生活中扮演着重要的角色，在这个角色中，行动是基于个体意识来诠释自身行动的意义。故此，我们可以这样理解，现象学视角下的行动更多关注单独个体的独特经历、经验，个体从人的客体的抽象理论中走出，成为自我行动的支配者，能够诠释自身经历的公共现象的意义，个体通过不断地把自身知识、经验与认识集中到被感知的对象中去，获取对象的真实信息与内容，并进行主观的再加工，这个过程也是主体认识的客观化过程。每一个行动都包含了人的意志、目的和意思目标，都有所知和所向，都是对一个现象的认识和改造，“行动总是与两种不同的动机联在一起：一个是‘为了什么’，其动机

① 侯钧生．西方社会学理论教程［M］．天津：南开大学出版社，2001：253.

② R. W. Gibbs. Intentions as Emergent Products of Social Interactions［A］. B. F. Malle. Intention and Intentionality：Foundations of Social Cognition［C］. Massachusetts：The MIT Press，2001：106.

是指行动者希望通过联结行动和项目而带来的一种未来状态；另一个是‘因为什么’，其动机联结项目与过去经验（一个前置的因果条件）”[①]。只有行政人员赋予积极行动的意义，作为客体的公共行政现象本质才可能得以认识、理解与改造。

在公共行政中，行动的意向性更多地指对公共事务的认识与理解，有针对性地指向某一个公共事务的同时，创造性地解决某一个公共事务问题。公共行政的意向性主要是指个体在公共行政场域情境中参与行政活动中的内在意向，参与公共场域中的个体的行动的意向性所指涉的是内在个体的行政活动如何可能发生，它关注的不是一个人在参与行政活动中的形式，而是参与活动发生的内在基础是什么，也就是如何参与、自我体验、认知行政的过程。在公共行政中，一个行为被认为是“有意向”的，主要包括：动作的主体希望这一行动有结果，相信会有结果，计划这样做，有本领（skill）这样做，做的时候是意识到的[②]。社会建构公共行政的行动过程并非是抽象的个人主体性建构，而是活生生的渴求意义的公共人的意识生成和其中富有意义的公共生活建构过程，是个体对公共生活的热爱、关注和投入。

在公共行政行动的意向性的内容上，当个体参与到公共行政场域的具体情境中，从表层看，直接接触的是个体与公共情境之中的场域，面对的是不同的行政情境及其对公共事务的态度构成了即时性的行动意向性，涉及的是个体与公共情境中人与事务的关系；从深层次上来看，个体不仅是即时性的行动活动者参与到形成情境中，也是作为一个历史性的存在参与到公共情境所涉及

① ［美］全钟燮．公共行政的社会建构：解释与批判［M］．北京：北京大学出版社，2008：101

② Malle，B. F. &Knobe，J. The folk concept of intentionality［J］. Journal of Experimental Social Psychology，1997，（33）：101－121.

的公共生活与世界的看法，涉及的个体与公共生活、外部世界的关系，个体看待公共生活的态度，是整体性的公共行政的意向性。从即时性的行动意向性到持续的历史性的行动意向性，是个体参与公共行政持续意义的生成，即是个体对具体公共事务的体验而生成的行政意向性转变成为个体对公共生活理解、影响和决定的持续的行动意向性。

在行动的解释学视域中，行政人员被视为是一个主动的、积极的、有目的性的创新主体。在批判理论中主体行动的自我意识也放置了较高的位置，批判理论旨在把理性、言论自由与民主制度的根本目标结合起来，强调行动的社会性，从而赋予个人以自主意识与特定权力，使其自由、公正、理性的实现均具备真正的可能性（Jay，1973）。每人的行动都是基于个体意识来诠释自身的意义，个体是唯一的行动的主体。与功能主义视角相比，组织并不是个体行动的决定性因素，个体的行动由自身决定并负责任。从动态意义上看，以公共现象为意向对象的特定意识活动与内容，包括对社会公共现象的情感体验、理性反思与价值判断。从相对静态意义来看，公共行政意识是与公共现象的发生构成同构关系的特定意识内容。无论从动态意向的内容来分，还是通过静态特定意义，公共行政社会建构中行政人员必须以积极性与主动性来反映公共行政现象的关系，“每个行动都伴随一个主体（自我），或许更恰当地说，在每个行动中都有一个施动者（agent）。的确，对于意识或态度的具体项目而言，没有施动者的行动是完全不可能的”①。在公共行政的社会建构中，行政人员作为对具体社会行政现象的意识、认识、态度的描述者和建构者，是积极行动的主体，在复杂的行动意向性背景中寻找认识与

① Guttenplan，S. An Essay on Mind［A］. Guttenplan，S. A Companion to the Philosophy of Mind［C］. Cambridge：Basil Blackwell Ltd.，1994：15.

阐释公共行政现象的本质。社会建构的行动理论，行动的意向性呈现是通过情境互动完成的，情境的互动又包括环境的反馈式自我调整和积极的互动自我建构两个部分。环境的反馈式自我调整是“静中有动”的，所谓“静”主要是行政人员对行政现象认识，对行政现象的外部环境带来的制约与影响的回应，“动”主要是因为随着外部环境在不断地变化，所作用于行政现象的对象意向性也在不断变化。积极的互动自我建构主要是指行政人员与公民的互动、协商的政策议题过程。在社会建构的公共行政中，行政人员的行动意向性主要表现为行政议题的积极性的自我建构，实现公共行政现象的主体认识与客体实在的统一。

在社会建构的公共行政中，行政人员的行动更多地强调在逻辑上单个个体之间的社会互动的过程比社会行动的实质结果更具有价值。个体行动的有意识和意向性，说明了个体的行动是镶嵌在与他人分享的制度、规则、价值与期望的网络中。行政人员的行动意向性是通过自身的意识来理解自身的行动，每一人都具有这样的动机与行动，决定了社会行动必然是在互动与协商来进行的，社会互动的过程是行政人员行动的出发点，构成了社会建构的基础。在社会互动中，行政人员必须首先认识到自身的价值与责任，关注和实现自身责任，真正考虑和满足民众真正的需求，在与公民社会互动过程中，增强彼此之间的互依性、位置思考、对象的理解和情感的交流，理解公民的真实想法和公共议题的意向性背景，并在其中增强自身的责任感和促进自我的发展，体现主动社会人的本性。

（二）主动—社会的自我本质

公共行政行动理论的创始者哈蒙基于以互为主体的知识论的“面对面的遭遇”作为基本的分析单位，提出了主动—社会的人的分析。

互为知识的主体论认为，客观事实或知识基于人与人之间的合意，人们把它们视为客观的为真。受现象学的影响，哈蒙认为知识只有在人与人之间社会的互动中产生，又由于任何知识的产生，都必须涉及语言运用，语言是人们互为主体的创造出来的，因而知识也是互为主体性和相互建构的。在相互性的情境中，个人会考虑到别人预期，彼此互相影响，强化彼此之间的自发性联系，形成一种内部的秩序①。在互为主体的认识论中，哈蒙认为社会科学研究的是人与人之间关系的各种形式，因而把这种人与人之间的关系作为分析单位有其合理性。他认为，只有在彼此面对的情况下，参与互动的人才处在相同的时间和空间下，才能够有意识认识、了解和学习他人。他指出，参与公共行政的自我建构是主动—社会的自我本质，“人是自主的，而非被动的；是社会性的，而非单个性的”②，人既然能够对他们自身的行动赋予意义，人以象征的方式想象世界，那么就能够“停下来思考”，反思自己的能力和行动。当公共行政参与公共议题的社会建构时，行政人员自我就被视为一个具有情感判断、善于理性思考和能够负责任的行动主体。

“主动—社会”的人具有意向性，即人的意识能够主动地指向某物，而且意识赋予该物以意义，某物只有被人意识到了才有意义，这体现了人建构世界的过程，具有主动的行政人格。公共行政现象的本质是通过人员行动来体现出来的，而行政人员行动的本质属性是行动者在意向性上的关联性综合。社会建构过程中行政人员所反思、批判的对象指向和内容构成了行动的意向性。“主体”表明了行政人员行动的意向性，“社会”则表明了行政

---

① 正如哈耶克所言，秩序并非一种以外部强加给社会的压力，而是一种从内部建立起来的平衡。（具体参考：［英］哈耶克．自由秩序原理［M］．邓正来译．三联书店．1997：183.）

② ［美］罗伯特·丹哈特．公共组织理论［M］．北京：华夏出版社，2002：182.

人员的行动属性，是在社会关系中进行的。行政人员的行动具有社会属性，具有与别人相互交流、互动的意指，那么行政人员之间、行政人员与社会公民之间在建构公共行政议题过程中，产生了重要的伦理价值，彼此相互的分享和互依性，“人们要为他们的行动负个人的责任，这种认知要先于法律责任的考虑。人的行动是因对他人积极关心而被采取的，而每一个人也讲受他人的影响”①。彼此之间的社会互动突出了公共行政的“过程性”价值，充分考虑到彼此特殊需要和问题所产生所处于的社会情境。公共议题社会建构的过程中，有着共同的面对面的情境，彼此相互认识，进行互动与交流，隐含着真诚性的要求。“在面对面的情境中，负责的行动指一种人与人之间的承诺机能。”② 在一起面对面的情境中，能够考虑到每个问题的特殊情境和对方彼此感受，采取的是共识性的决策和社会公正原则，没有强制，没有控制，没有权力的干预，是一种真诚的互动，甚至高于一切原则或者制度。

（三）行动的辩证性

在公共行政中，行动理论关注社会行动，行政人员作为行动者，研究的是如何行动的、行动的过程性及其行动所产生的影响。进而言之，社会建构的行动既关注在行动中定义行动者，又关注从行动者的角度来确定行动的意义，这就是行动的辩证法——试图把人的主观性与组织的本身客观性联结起来，从而将组织的目标、社会价值和组织中个人的成长结合起来。社会建构内含着主观和客观现象，处在辩证的转换状态之中，而行动则是

---

① ［美］迈克尔·哈蒙．公共行政的行动理论［M］．台北：五南图书出版公司，1993：190.

② ［美］迈克尔·哈蒙．公共行政的行动理论［M］．台北：五南图书出版公司，1993：182.

全面反映了人们与社会现实、个体经验知识和个人意愿的价值判断。行动的辩证性是通过每一人诠释组织义务内容中参与意义，参与公共行政议题，社会建构性的对话、协商、互动的过程被认可、尊重和采纳，使组织更富有民主化和人性化的方式，凸显了公共行政的“过程性”特征。从社会行动来看，这个过程本质上也是生活在公共场域中的人在各种情景中界定、解读他人姿态并以这种姿态为基础，设身处地地理解他人进而让自身与周围事物相调适的交往的过程。所作出的行动是个体的领会角色和能对可选性方案进行想象性预演的心智能力的产物，是主体间调试性互动构成的现象，也是社会成员角色领会和想象性预演并得以调整和再调整他们反应的可能空间。在辩证的过程中，人们改变和完善着自身的价值偏好和思维方式，把对组织现象的认识、主体间的关系和相互作用以及行动的客观和主观意义与情境联系了起来。

参与公共行政中的行动者需要一种公民意识，通过积极的社会建构创造一种共同解决社会问题的办法。行动辩证的思维模式和方法是社会建构公共行政的行动特征，承认个人在组织中的参与意义，通过行政人员的辩证行动，整合不同意见、分享不同的经验、汲取不同的知识和尊重多元的文化，参与对话的过程与内容都得到了认可与承认，丰富了公共问题解决的途径、意见的共和和个性的成长。行动辩证的思维模式，综合了理性组织的特征和解释学主观的意义内容，具有意向性、批判意向、话语的竞争、说服和人性化管理的理论内涵。

社会建构的过程中，人们为了适应特定的环境——既包括自然的和人为的，同时协作关系本身也成为一种环境的背景①。公

① Brown, Richard Harvey. Bureaucracy as Praxis: Toward aPolitical Phenomenology of Formal Organizations [J]. Administrative Science Quarterly, 1978, 23: 365 - 82.

共行政行动的辩证不仅是顾及社会公民的情境与感受，也让主观意义与行动客观的社会情境联系了起来，在立足原来的行动的基础上，用实在的和仪式化的方式来显现和进行彼此的沟通，发展尝试各种可能性的联系和社会关系的方式，实现社会建构公共行政与社会公众有效的合作与治理。

第四节 民主化的治理过程

前面我们已经指出，社会建构的公共行政是民主行政。在公共行政的研究中，民主作为“任何专制政权的唯一合法而可行的替代方案”[①]，他们除了供人们赞誉和膜拜之外，似乎已找不到可与之匹敌的对手了[②]。人们在讨论时，一开始就具有拜物教的崇拜，必须怀抱一种宗教般的礼赞情感，唯恐堕入渎神般的不

① Samuel P. Huntington, After twenty years: the future of the third wave [J]. Journal of Democracy, Volume 8, Number 4, 1997 October.

② 萨托利. 民主新论 [M]. 冯克利等译. 北京：东方出版社，1993：4.

敬当中①。但是民主的历程却非常曲折②，民主是诞生于地中海碧波之中的“政治维纳斯”，经历了多重的坎坷和磨难③，民主就像一张多棱镜，随着时光而变化，呈现不同的式样。在实践中，我们又对民主功能与实效产生了怀疑，民主往往始于兴奋，结束于不满和质疑——往往是形式上民主，实质上的专政。造成了我们既向往也无奈，既热衷于理论上反复论述与引用，也无奈于实践中的不适和各类困境，似乎成功的民主仅仅是个巧合——我们好像也只能在“凑合的民主”和“糟糕的民主”之间选择。

社会建构的公共行政需要民主化的治理，更需要不断建设和保证民主的实现与质量的提升。“民主总是一项不断进步的工作。实际上，民主的特色之一就是不间断地探索适合具体社会情

① 张康之．论民主困境中的治理变革［J］．学海，2006，(4)：69.

② 其他学者也同样指出，在现代政治生活中，民主毫无疑问已经成为一个“大写”的真理，是我们时代最伟大的趋势和意识形态之一，也是个聚讼纷纭的话题，对民主内涵的界定从未停息过，诚如罗伯特·达尔所说：“如今，民主这一术语就像一个大杂烩，其中装满了2500年来几乎一直在用的乱七八糟的残羹冷炙。”（具体参考：［美］罗伯特·达尔．多元主义民主的困境——自治与控制［M］．周军华译．长春：吉林人民出版社，2006. 5.）民主内涵具有复杂性的特征，民主是“具有数个面向的一个概念”，（具体参考：［英］Frank Bealey. 布莱克威尔政治学智典［Z］．张文扬、周群英等译．韦伯文化国际出版有限公司．2007：130.）民主如此繁杂，以至于有人认为，民主是一种哲学，是一种生活方式，是一种宗教，是一种有政府形式。（具体参考：萨尔沃·马斯泰罗内．欧洲民主史［M］．北京：社会科学文献出版社，1990. 1.）更有人认为，“民主是一种理解世界的形式，一种生活方式，一种感知自我和他人的方式。民主是一种文化，也就是说，是一种使我接近于理解别人、甚至包括他的错误的日常行为方式。”〔具体参考：豪尔赫·涅托·蒙胧特西诺斯．治理全球化：谋求民主治理的世界政策［A］．弗郎西斯科·洛佩斯·塞格雷拉．全球化与世界体系（上）［C］．北京：社会科学文献出版社，2003. 208.〕民主形式有价值规范向度的民主、有国家形态的民主、有治理模式的民主、有协商民主，我们主张多一些民主形式，而不是形式民主。

③ 夏明．民主：政治维纳斯［EB/OL］．http://blog.sina.com.cn/s/blog_4c4d25a30100ccoq.htm.1.

境的模式，不断深化其自身的民主质量。这个探索应当具备一种对话的品质，因为对话获益良多。政治改革应当与工程学有所不同。也就是说，民主化本身就应当是一个讨论的民主过程。”①这就需要从战略上进行精心设计，结合社会情境，提升民主的质量②，优化社会建构公共行政，这个过程也是民主治理优化的过程。

一、战略的构思

良好的民主治理是一种理想，是“一种世俗的信仰，是政治、观念和文化精神的灵魂，它作为一种社会目标，在征服着人的心灵和召唤着人的勇气”③。民主理想在战略构思上，需要转化为一种生活方式，不停地运转起来，“民主是一个陀螺，它只有像陀螺那样运转起来才有意义”④。民主的实现需要战略设计，社会建构的公共行政也需要精心的设计和建设。每一个领域都会从公民社会中吸引不同的行为者，各种混合的话语领域是这种建设的关键组成部分，因为它们鼓励不同的行为者聚集在一起，交替进行宏观和微观的公共协商。在当代政治中完善协商质量的一条可靠路径就是建构能够聚合各种整个公民社会中各种不同声音

① ［澳大利亚］John S. Dryzek. 不同领域的协商民主［J］. 浙江大学学报（人文社会科学版）. 2005，（3）：32－39.

② 我们认为不同的民主类型都有自身难以克服的弊端，但是从长远来看，不管民主过程的结果是什么，该结果比导致民主政治崩溃的、危险的不妥协能更好地服务于民主设计者的利益。（具体参考：刘军宁. 民主二十讲［A］. 拉里·戴蒙德. 民主政治的三个悖论［C］. 北京：中国青年出版社，2008：220.）

③ 张康之. 论作为行政伦理原则的民主范畴［J］. 天津社会科学，1998，（6）：20－24.

④ 俞可平. 民主与陀螺［M］. 北京：北京大学出版社，2006：1.

的空间。作为一宗“渐进的社会工程”①，社会建构公共行政过程民主的实现需要精心的设计和构思。

（一）社会建构行政民主的宏观构思

社会建构公共政策从宏观上可以分为三类：一是国家制度中形成的社会建构，主要是指国家正式机关，诸如立法机关、法院。二是公共领域，由政治协会以公共事务为导向的对话组成。三是政府可以设公共论坛，主要是指社会公民自主性的社会建构。从民主实现的宏观视角上来看，社会建构公共行政中的民主实现可以分为两类，即国家与社会不同领域的社会建构，总体构思为国家与社会开展合作、协商。前面我们已经论述过，国家与社会本身并非铁板两块，两者需要在自我充分发展的基础上，在交叉、融合的基础上不断进行合作和消弭距离。

从宏观与微观民主实现的目标来看，微观的协商是典型的以决策为取向，而宏观的协商以舆论的形成为目的。② 换句话说，宏观的视角是更多地营造良好的社会氛围和环境，形成民主化的外部环境，形成的民主环境也是通过社会公众普遍关注的抽象社会实践进行社会建构来实行，在社会氛围上，形成有利于民主实现的条件和平台，在行为方式上，使得民主植根于每一个公民头脑中，民主理论不断积淀于民众的心灵深处并被升华为民主精神，成为自觉的行为选择和日常生活方式。微观的视角更多的是具体的社会情境中的民主构思，在一个特定的公共场域和具体的

① 波普提出“渐进的社会工程”，是针对激烈的、大规模的改革或革命式的“乌托邦工程”而言的，社会生活如此复杂，以至于我们不可能预先知道任何政策所带来的意想之外的后果。如果改革太复杂、太快或规模过大，后果是极其严重的。波普论证说，以渐进的社会工程改革社会将会改善社会制度并维持社会的稳定，比乌托邦式的策略更有效。

② CAROLYN M. HENDRIKS. Integrated Deliberation：Reconciling Civil Society’s Dual Role in DeliberativeDemocracy ［J］. Political Studies：2006，(54)：493.

公共事件中实现微型的民主，即在人们具体的日常公共生活中体现的民主。

换个方式来认识，国家层面的政治社会建构相当是政治体制中的正式公共政策的社会建构，社会领域中可以称之为非正式社会议题的社会建构，两者构成了我们前面提及的社会建构公共行政建设的双轨制模式。社会建构公共行政的民主实现图景，“一方面是用民主程序来调节的取向于决策的协商，另一方面是公共领域中非正式的意见形成过程”①。其中，“非正式的公共领域是‘发现的背景’，而正式的公共领域是‘正当性的背景’”②。正式领域公共行政的社会建构的过程性需要非正式领域的社会建构的过程与精神来支撑和填充，非正式领域的知识和意见的社会建构充分发挥需要正式领域中制度的支持和重视。非正式的公共领域（如各种社会论坛、社区）中社会意见和正式的公共领域（如议会）中国家意志的生成，形成了一个理性“会合之流”，“这种交往之流出发于边缘领域，穿过位于议会组织或法院入口处（必要时还有实施决策的行政部门的入口处）的民主的、法治国的闸门”③，而汇集成的“公意”，通过理性交往之流，带动了制度的流动、社会知识的摄取和公民权利的实现，提高公共权力的合法性和科学的决策，最终的结果是实现正式领域与非正式领域的“无缝隙”式的合作治理。

在发展中国家，社会领域飞速发展和公民对社会领域民主的希冀越来越高，因此，我们认为应该积极促进社会领域的社会建

---

① ［德］哈贝马斯．在事实与规范之间：关于法律和民主法治国的商谈理论［M］．童世骏译．北京：三联书店，2003：380－381.

② ［南非］毛里西奥·帕瑟林·登特里格斯．作为公共协商的民主：新的视角［M］．王英津等译．北京：中央编译出版社，2006：85.

③ ［德］哈贝马斯．在事实与规范之间：关于法律和民主法治国的商谈理论［M］．童世骏译．北京：三联书店，2003：442.

构的进程，与公民切身利益相关的议题得到充分的表达呈现和意义重构。社会建构的公共政策要更多地体现在社会政策领域，关注公民的日常政治生活的需求和自我生活的利益实现，民主需要与每个人的切实生活感受联系在一起，“因为事实是，民主并不同异常现象、天才英雄或超凡领袖相关，而是同相互关联的个体相关，在此相互关联之中，每个人都同他人密切相连，并在某种程度上使各自的生活更具独特性”①，也就是现阶段关注“民生”② 问题和公民自我切身利益问题意识的价值体现。

（二）在微观上参与社会建构的构思

微观的公共政策社会建构民主构思，体现在对每一类型公共行政的社会建构过程的设计和规划——对公共政策社会建构过程的工具理性设计。民主化的构思和设计的要素如下。

（1）价值输入、导出和再孕育。社会建构公共行政是具有价值的公共行政理念。在公共行政输入的价值中，正义、平等、公共、分享等是主要的输入价值，除此之外，还有具体情境中社会建构的政策过程中特殊的价值输入，例如农村社会中公共政策的社会建构要体现出便民、易懂的特征，文化领域的公共政策社会建构要突出参与主体的文化式样的多样化特征。有价值的输入就有价值的导出，导出价值衡量的标准是公共政策的科学性和民主化程度。至于价值的再孕育主要是通过公共政策的社会建构，优化输入的价值和加深参与主体对价值的直接体悟与感受，增加了“下一次”参与社会建构的心理体悟。其中，社会建构公共政策构思与设计的价值再生产因具有自我经历感悟和体验的性质

---

① ［美］杜威．新旧个人主义——杜威文选［M］．孙有中等译．上海：上海社会科学院出版社，1996：22.

② 有的学者指出，“以民生促民主，民主有很大的可能成为优质民主。但如果是以民主促民主，民主有很大的可能成为劣质的民主。”〔具体参考：郑永年．中国改革下一步：民生还是民主？［N］．凤凰周刊，2012，（3）：56－57.〕

而倍加重要，也是社会建构公共行政过程性体现的核心。社会建构公共行政与其他先前行政模式的价值体现主要的不同在于两个方面：一方面是价值感悟的直接性。参与公共政策的具体活动建构中，本身就是一种体验式“在场”的民主的过程。在这个过程中，赋予客观的公共治理事务的知识、经验以及重新生成的新的治理意义，都是自我的行为和他人的行为相互影响的过程，价值的实现、修正、整合和再生成与自身的行为紧密地联系在一起的。因此，从这个意义理解，公共行政价值实现具有逻辑的契合性和内容的相向性，两者都需要在具体行政过程中进行。另一方面是价值的增值性。参与社会建构的过程并不是价值减少的过程，而是价值增值的过程。参与的过程，在每个个体直接体悟的感受中，既是价值实现的过程，也是价值自我改进和发展的过程。这个发展既是对原有价值的批判、改进和整合的过程，也是发现新的价值需求和实现新价值的过程（特别是通过个体的自我价值的整合而形成的社区价值、社团价值）。

（2）系统的生成与优化。社会建构公共行政是处于具体社会情境中民主化的体现，与社会结构、社会组织和社会舆情紧密相连。社会建构的构思与设计的民主化过程表明其实这个过程是一个系统——公共行政与社会相互作用之间的复杂关系。社会建构的公共行政系统是由很多细小的微型系统组成的，它所作用的对象是一个相互关联的结构，其本身的运行是一种“系统行为”。社会建构公共行政战略构思和具体设计的形成，是一个复杂和多维作用的过程，受社会经济发展因素、地域文化以及战略构思主体的政治问题、价值偏好、政治智慧等多重约束。从横向来看，行政系统要受到经济、文化和政治等各种因素影响，从纵向来看，行政系统是历史与现实发展的集合，既有历史因素的因袭，也有现实社会情形的浸染。从系统结构来看，由不同的次生系统所构成，每一个次生系统之间也相互影响和制约。因此，社会建构公共行政系统组成的复杂性充分说明，在进行战略规划与设计时要具有采用系统的思维模式进行思考，在“系统模式与状态”中考虑，把各种系统有机地组合在一起，形成同向或分向内容组成的整体，不断优化系统的跃迁，提升社会建构公共行政的设计质量和公共政策形成质量。

（3）结构的不同式样。结构作为基本的单位，能够从社会本原的层次上触及于社会整体。社会建构的公共行政需要社会对不同组织的结构上进行解构、重组、调适和优化。从社会关系视角来看，社会建构公共行政主要是作用于社会的结构，具有结构功能主义行为，需要能够识别社会体系、社会结构和社会运行的基本功能要求，在能够满足社会功能的需求基础上，有效地化解和控制社会结构、社会体系中的内在冲突。同时，作为一种理性的选择、知识与智慧分享为系统的社会行为，社会建构公共行政系统能够对社会运行的过程进行结构性的优化，其自身在构成要素、运行形态和行为方式等形塑具有结构特征，构成了一元与多元、线性与非线性、有序与无序的内在复杂性结构。在理论分析上，有理性主义与经验主义、激进主义与费边主义之分。在范围的分布上，有中央和国家式样、地方和社区具体式样，有普遍性知识的式样，也有地方性知识的式样；在主要设计单元上，有制度的架构、体制的设计、机制的理念与组成、组织模式与特征、行政文化的形成、运行过程的形态等不同类型；在支撑的社会基础，包括社会经济的发展基础、政治心理基础、群体价值理念基础、文化（包括亚文化）背景基础、行政风格的影响等。

（4）逻辑的自洽性。社会建构公共行政的战略构思是体现逻辑、遵从逻辑、运用逻辑、符合逻辑的社会行为。一方面社会建构公共行政的战略构思要合乎辩证逻辑。一次社会建构公共政策过程，在本质上是一次实事求是地形成科学判断的过程。任何一项行政行为的设计都需要实事求是，抓住事物本质的规定性，对不同的具体公共事务性质、内在矛盾和发展态势的公共事务能够做出科学而准确判断和把握。另一方面，社会建构公共行政的实际设计必须要具有完整的逻辑自洽性。一项完整的社会建构公共行政构思与实际设计，不仅要组织内部具有逻辑的自洽性，同时还具有外部的相容性——实际的设计还要在外部与社会成熟度、社会知识的背景、社会的整体价值观念、公共理性、公民社会的成熟程度保持大体的一致。在实施更大范围或更深刻地揭示公共事物本质的新的社会建构构思时候，所进行具体设计的方案需要遵从边际变革的原则，与以往的战略构思相兼容，即创新的方案和具体设计能够有序、合理地在设计方案上进行。

（5）变量的分析。社会建构公共行政的战略构思与设计需要对各种不同的变量进行深入分析。只有理解了构成的变量，才能理解环境的影响和人的行为特征。主要分析和把握变量关系有：一是主要变量和次要变量。主要变量是影响公共行政决策社会建构过程中起关键因素的变量，例如参与公民群体的性质、所处的区域和政策问题的特征等，次要变量主要有辅助主要变量的指标。二是因变量与自变量。在社会建构公共政策的过程中，政府和行政人员行为的改变和对社会建构公共行政模式的适应是因变量，它决定了公共政策的选择和方向，没有政府和行政人员行为的改变，也就不可能有社会建构模式公共行政的出现并完善。自变量行政模式是由外部的社会情境所决定的，它取决于系统之外的诸因素而不受系统本身的影响，行政系统主要受外部变量的冲击和改变。社会转型时期外部的变量变化范围、程度和不确定较大，会直接影响社会建构行政系统的稳定和长远性，依照外部环境情形进行行政系统的调试和修改是行政系统的重要工作。三是压抑变量或歪曲变量，“两个实际相关的变量，由于各自与第三个变量相关使两者显得不相关或改变相关的方向，这第三个变量为压抑变量或歪曲变量”[①]。在社会建构公共行政系统中，各种变量相互影响，常常会使变量遭到压抑和歪曲。例如在社会建构政策过程中，往往会忽视行政伦理和个体责任的作用。在保证参与社会建构政策过程的同时，伦理和个体的责任的忽视必然导致政策的偏颇。

（6）质、量与度的融合。任何一个类型的民主，既有特定的性质，即质的规定性，也有一定实现的程度，即量的表现，两者的实现是辩证统一的过程，即民主实现的度，三者共同反映了民主的发展程度。社会建构公共行政所体现的民主化的治理过程也同样是三者辩证统一的过程，它实现的过程需要结合具体的制度、社会情境和公共行政实现方式。在社会建构公共行政中，尽最大努力地实现民主的深度发展，但必须是在保证高水平质量的前提下进行的。社会建构的公共行政所要实现的民主也是渐进的过程，需要在不断成熟的基础上设计和前进，不能脱离自身所处的社会条件和内在程度。

从这些社会建构公共行政战略构思的要素来看，社会建构公共行政的战略构思和实际设计是一种“有限理性”行为，受到传统文化、社会发育程度和公民公共意识的影响。脱离现实基础和社会情境公共政策的社会建构是无法取得实效的，反而会适得其反。需要注意的参数主要有：

（1）可行性和现实性的考量。可能性是民主设计理念上估量和“预算”，是实现社会建构效能的“能动”和“未来”估量，在公共行政的现实中有内在的根据。现实性是民主设计的实际“模样”呈现和现实的“决算”，是影响社会建构效能的“约制”和“当下”估量。从一定程度上，社会建构公共行政的民

① 秦德君．政治设计技术范畴分析［J］．江苏行政学院学报，2008，（5）：82－86.

主化构思是相对“次优”的选择艺术，必须考量日常行政实践生活中制约因素。社会建构公共行政民主化程度的高度在不同的区域也不相同，需要结合实际情况和地方知识[①]，在不一致中寻求一致。在可能性中，人的因素是至关重要的，在社会的转型期，由于公民社会发育的程度不同，当个人无法实现社会转型中公共政策目标与手段断裂时，会采取不同的应变性行动。现代美国著名社会学家默顿认为，个体为适应这种断裂采取五种不同的方式：“①遵从：即接受社会倡导的目标，也采用制度化的手段；②创新：即接受社会倡导的目标，而拒绝采用制度化手段；③仪式主义：用制度手段，但拒绝社会倡导的目标；④隐退主义，即对社会倡导的目标与制度化手段一概加以拒绝；⑤反叛：即接受某些目标与手段，但又拒绝某些目标与手段。”[②] 因此，个体的行为选择会直接影响民主的实现和社会建构公共政策的质量与效果。

（2）空间和时间的限制。社会建构的任何一个行政活动都是从特殊和具体开始，而特殊与具体又受制于“时空”。空间给予了社会建构公共行政民主的宽度和纬度，时间给予了长度和经度，在历史与现实的交织中，在自我发展与他者经验的借鉴中实现发展。空间表明了民主化实现的物理位置，时间则表明了民主

---

① 地方知识的地方性具有丰富的含义，按照吉尔兹的解释，这种地方性不仅指地方、时间、阶级与各种问题而言，并且指情调而言——事情发生经过自有地方特性并与当地人对事物之想象能力相联系。（具体参考：［美］克利福德·吉尔兹〔Clifford Geertz〕. 地方性知识——阐释人类学论文集. 王海龙等译，北京：中央编译出版社，2000：273.）正因为如此，地方性知识的形成是持续的过程，没有终点。用海德格尔的话说，在地方性意义上，知识的构造是正在途中（on going），即它始终是未完成的，有待于完成的，或者正在完成中的工作。〔具体参考：盛晓明. 地方性知识的构造［J］. 哲学研究，2000，（12）：36－44.〕

② 罗伯特·K. 默顿. 现代社会学理论［M］. 南京：译林出版社，2000：271－279.

化实现的序列选择。任何民主制度的实施都是政治实践中的经验产物，所以任何环境和阶段中的民主都要受到历时态（时间维度）和物理场所的影响（空间维度），民主的形式可以而且应该多样化。公共行政民主化设计，需要结合“空间”和“时间”两个现实性客观条件，在两者之中选择最好的设计模型与途径。

（3）可共识性和公约数的考虑。可共识性是确定性的规定，公约数是可以相通的共识数量，两者的相统一是社会建构公共行政民主化的基点。随着社会发展的客观现状不断变化，未知因素的不断增多，要提高社会建构公共政策的质量，就需要在社会建构公共行政的过程中最大限度地拥有各类信息，增强确定性的因素，即增加底数，以此减少未知的因素。同时在过程前、过程中和过程后不断增加在话语、认知和理解的相同点，即增加建构公共政策的心理和认识的公约数[①]。把握不住可以共识的“数量与程度”和不能取得具有相同的公约数的前提假设，公共政策的过程必定是混乱和无序的，也是无法进行的。

（4）可沟通性和可问责性。在建构公共政策的过程中，可沟通性的程度标志着彼此思想和知识具有可通约性的程度。可沟通意味着参与群体之间有良好的沟通渠道，有着良好的回应性。“当民主过程促使政府‘制订和实施公民需要的政策’，民主政

---

① 赵汀阳论述到，人民的相似性是民主制度成功的真实原因。如果一个社会中人民的成分差异越小（包括文化、语言、宗教、民族、经济水平等），或者人民的相似性或者齐一性越高，那么民主的真实性也就越高；反之，民主欺骗性就越高。只有人民有着大体一致的想法和利益，民主才能够真实地代表人民利益；如果各怀异心、利益相悖，民主就是骗局。（具体参考：赵汀阳．坏世界研究——作为第一哲学的政治哲学［M］．北京：中国人民大学出版社，2009：279．）人民的相似性或齐一性以及所形成大致的想法与利益构成了我们这里所说的公约数。我们认为，赵汀阳的观点需要进一步的修正，民主真实性对人民差异性的缩小重要的是参与民主的积极性方面与思想、知识方面差异的缩小而不是其他方面，这一点与我们强调参与的异质性要求相一致。

府是回应性的（G. 宾厄姆·鲍威尔）。”民主回应性有三个环节：第一，选择式构建回应，即相关部门构建选择被回应的需要，这一过程将整合公民各种选择，各个方面的政策偏好，使之成为更连贯的国家政策选择；第二，公民的不同的选举偏好能聚集起来，传递到负责政策制定的政府；第三，选任官员及其被任命者随后兑现他们的政策态度和承诺，产生实际的政策结果，产生回应。“回应性往往影响着公民对政府民主表现及其合法性的满意度。”① 不同主体之间的可沟通性和政府组织的回应性是达成共识和民主化质量提升的信息回路因素。

对政策建构的结果的执行程度构成了可问责的程度。能够追求责任（在后面伦理道德中也有涉及）是进一步构建优质公共政策的优化和纠偏。从理论上看，任何一种理论在实践中实施都有变形的可能性，但是由于主体本身的主观因素造成的变形就必须有追求责任的要求。可问责性包括垂直可问责性与水平可问责性。垂直可问责性是政府有责任就某项决策回答和回应社会民众的质疑和问题，其向度是向上的，从公民向行政领导人，是建构政策的主要问责的方式。水平可问责性是指行政官员不仅要回应社会民众的质疑和问题，同时还要回应其反对者或者相同地位的机构的质疑。民主化治理过程既是对公共事务治理的社会建构过程，同时也具有对行政人员和政府组织的制约监督的作用。

（5）政策的相关性。与公共政策相关的性质都会影响公民参与社会建构的程度（在这里，我们把参与的程度称之为参与

---

① 拉里·戴蒙德，里奥纳多·莫里诺. 关于民主质量的概述［J］. 民主，2004，（4）.

的广度和深度①），即民主化的程度。公民参与广度和深度与公共政策的属性有关，具体有二：一是在需求上，主要包括两个方面：一方面是一般而言政策性质与内容具有政府行为合法性自我证明的可能性越大，需要与社会力量合作完成的成分越多，政府组织希望公民参与的需求程度和分享决策权力的需求程度也就越大，就会鼓励公民更多地参与；另一方面，对政策结果可接受的期望预测值越高的公共问题，公民就越愿意参与到其中。二是在供给上，主要包括两个方面：一方面是政策的性质和目标，例如技术含量、抽象或者具体政策、政治敏锐性、社会规制程度、财政的预算等；另一方面是政策利益的群体。与政策利益的主体关系密切，公民自我利益在其中占据的成分越大，则参与热情就高，参与积极性就高，参与的广度和深度就越大，否则则反。

（6）散覆面积与自主度。公共政策散覆面积和每一人拥有的自主度是社会建构公共行政的核心指标，散覆面积的宽广和公民自由程度较高是深度民主设计。“政策提供的机会应向所有合乎条件的个体开放，而不是只向其中一部分人开放，这是机会选择的最大化，公共政策中的准入规则和筛选标准应普遍适用于某一类别内所有的人，而不应因人而异，这是准入范围的最大化；政策中的目标和标准应是每个个体通过努力可望达到的，而不应只有个别人才能达到，这是实现政策目标的最大化。”② 自主度

---

① 公民参与社会建构行政过程的广度，是衡量公民参与量的纬度；参与的深度则是衡量公民参与质的纬度。科恩强调，所谓参与的广度是指公民参与政治生活的普遍性，而参与的深度则是指公民参与政治生活的有效性。美国学者亨廷顿和纳尔逊认为参与广度即指从事参与的人的比例，即有多少人参与，又有多少人置身于其外；深度即该种参与活动影响整个决策系统的程度和持续性以及对决策系统的重要性。

② 张云昊．结构二元性：公共政策与个体理性行动之分析［J］．北京邮电大学学报，2008，（3）：19－23.

是我们前面提及的话语的自由、获取信息的自由和自我思想的自由。

（7）公民社会的发育程度。理论在实践中的运用，与社会中的每一个人的行为方式紧密相连。所以，民主质量的关键问题，是与公民社会的发展程度密切相关，社会建构公共政策的民主设计也不例外。“政治行为归根到底取决于关于民主是什么、能是什么和应是什么的看法。当我们说某制度比另一制度更民主或更不民主时，我们的评价取决于我们对真正民主有什么看法。”① 在成熟的公民社会里，公民的民主意识就高，就能够积极参与到公共生活中去，赋予公共事务治理的意义就越全面。可以说，公民社会的成熟决定了公民参与公共生活的自觉性和建构政策民主化的程度。

二、民主的过程化管理

民主是“宏大叙事”，也需“具体细微”。民主完善的方向在于精耕细作，任何一个领域的每一个公共政策的社会建构都会因不同的社会情境而表现出不同的客观化内容，但在对公共行政社会建构的过程进行民主化的管理都是一样的——社会建构的民主化治理不仅是公民的参与与分享，而要在整个分享的过程中充分展示民主、体现民主和贯彻民主。“一个民主国家不只应立基于民主原则，而且更需要有民主管理的模式，并且在行政体制中体现民主的价值。”② “民主国家不只是以民主原则为基础，还要

① ［美］乔·萨托利．民主新论（第2版）［M］．北京：东方出版社，1998.

② David M · Levitan," Political Ends and Administrative Means", Public Administration Review, Autumn, 1943, P9.

以民主方法来管理，而民主观念要渗透到整个行政机器之中。”[①]民主管理化过程是民主模式和民主方式的相互结合。在社会建构的公共行政中，对日常行政生活的实践进行民主化构成了公共行政民主的原点，而且也只有当民主成为人们的日常公共生活方式的时候，民主成为人们行为选择、心智模式的内容和思维方式的时候，才表明公共行政民主的成熟，而且同时反过来又促进了民主[②]，两者的相互建构是民主真正实现和健康发展。在持续参与中，使民主逐渐成为每个个体生活的一种方式，“民主是一种个人生活的方式”[③]，并内化为个人的行为方式的自觉选择，民主的不同方式实现和实现的质量表明了个人生活方式的转变[④]，在纵深的发展中，民主不仅是一种生活方式，也成为一种行为方式。“合理的思路应当是使民主内化为人的心理定式，变成一种道德的力量”[⑤]，通过情感化的民主沟通方式与过程，形成类似

---

① 罗伯特·B. 丹哈特. 公共组织理论［M］. 北京：中国人民大学出版社，2002：70.

② “一个运转良好的民主制度所具备的一个基本特征似乎它能为决策过程的审慎思辨提供可能”。民主化过程的“审慎思辨的功能之所以得到颂扬，部分地是因为它具备教育的功能，即可以帮助对公民的授权以及提高公民们对于公共决策的兴趣”。(具体参考：［美］斯蒂文·R. 史密斯，［美］海伦·英格兰姆，公共政策和民主制度［A］.［美］海伦·英格兰姆、［美］斯蒂文·R. 史密斯. 新公共政策——民主制度下的公共政策［C］. 上海：上海交通大学出版社，2005：9－10.)

③ DOWEY J. Creative Democracy—The Task Before Us, The Later Works, Vo. l 14［M］. Carbondale and Ed－wardsville: Southern I llinois University Press, 1984: 227.

④ “我们信仰什么和我们对这些信仰又有什么样的感觉，都影响了我们的性格形成；反过来，这些性格塑造了我们的行为方式。”（具体参考：［美］特里·L. 库珀. 行政伦理学——实现行政责任的途径［M］. 北京：中国人民大学出版社，2001：75.）

⑤ 张康之. 论作为行政伦理原则的民主范畴［J］. 天津社会科学，1998，(6)：20－24.

吉登斯所说“情感民主”[1]，使得民主嵌入到每一个人的心智模式中，形成民主的思维习惯和行为。

对民主过程的管理，必须认识到不同社会情境中的不同民主诉求。在社会建构中，由于社会情境发展的程度不一，不同地区、不同文化背景和生活层次中人们对民主的内容诉求的深度和要求都不一样，在吸引他们参与到社会建构的公共行政过程中的同时，必须了解他们的文化背景、心智模式、行为方式和动态需要，否则会产生误置情境的认识和行动错误。

在社会建构的公共行政的过程中，实现民主化的治理过程，需要从以下三个方面把握。

（一）适应民主系统的调适

从复杂性理论来看，民主系统是一种确定性非线性系统，是可以调适的。这是因为“确定性非线性系统的演化规律既表现为有规则又表现为无规则，正是这种既有规则又无规则的非线性规律使对确定性非线性系统的调适成为可能”[2]。民主系统作为一种复杂系统，它具有自组织功能，在一定的范围内能够及时对某些不稳定因素进行调整以保证系统的正常运行且能够适应外部的环境。社会建构的公共行政要保持对外部的环境保持敏感性，始终保持开放的组织体系，在开始阶段可能会出现一定的混乱和无序，这是民主系统调适的过程经历的必然现象，这就要求社会建构的组织者能够有条件接纳和顺应社会民意，让不同的社会力量深度表达、及时疏通和有效转化，为民主系统的调适创造条

① “情感民主”是从亲密关系的建设的角度说的，从生活政治的意义上讲，亲密关系的建立仰仗于个人生活的民主化、仰仗于民主形式的情感沟通过程、仰仗于自主而平等的双方之间的协商、讨论、交谈和沟通。（具体参考：吉登斯，皮尔森．现代性：吉登斯访谈录．北京：新华出版社，2001：95－104.）

② 谭长贵．动态平衡态势的阶段可调控性［J］．湘潭大学学报（哲学社会科学版），2006，（2）：35－39.

件。同时不断建立多层次的民主系统，从乡村到城市，从社区到国家政治，一层一层地实现，通过不同的微型组织，例如乡村自治和社区自治的形式，将不同利益群体的诉求、需要、情绪和行为引导到有助于社会建构公共行政的民主发展的方向上来。

在具体政策的公共政策建构过程中，在充分采用和借鉴普遍性民主理念和方法的同时，还需要注重民主的多样性、现实性和具体的特殊性①。民主的过程管理要实现的目标，社会建构公共行政的民主技艺并不在于能预见到过程的所有细节，主要在于根据社会的具体情形，潜移默化地、巧妙地使参与其中的主体能够在不知不觉中做出相应自我改变，实现民主在个体心灵中的认同、接受和增长，成为自我生活的习惯的一部分和自觉的行为选择。

（二）方法的多样化和现代化

“民主是目的与手段的统一，民主本质的对象化过程，也就是其内在两重性——目的与手段的客体化过程。”② 民主的实现过程就是对人本质力量的认可，认可方式可以是多种多样的，但是这些方式必须是以透明的方式来进行的。在社会建构公共政策实现的过程，所体现的民主关注的不是最后的利益，重点是不同利益的实现过程。

社会建构过程民主化实现方式是多样的，尤其在技术社会的今天。技术和民主的实现，是紧密联系在一起的，其中互联网上

---

① 这对政府组织是一个严峻的考验，需要合适的行为选择。“那些希望提高民主主义的安全系数的人必须具备寻求真理的精神，既要估计每个公民的政治力量在一定时期内能被道德和教育的变化增强到什么程度，又要估计在民主结构中维持、扩大或发明那些能防止对公民过高要求的办法的可能性。”（具体参考：［英］格雷厄姆·沃拉斯．政治中的人性．北京：商务印书馆，1997：154．）

② 薛广洲．对象化民主：民主化进程的外在两重性［J］．中国青年政治学院学报，1999，（4）：70—75．

的网络民主则是重要的一种。网络化的管理，由于没有强制性、隐蔽性、平等性、交互性和自由性，所以很多人也称之为没有限制的民主，在网络的世界里面，实现了杰弗逊所想象的无所不能的万能媒介，“在这个信息时代，远程民主的支持者相信新的信息技术将使直接民主变得可能同时避免批评者所诟病的直接民主的那些问题”①。网络的民主化是一种直接的民主，作为一种“民主的原教旨”，它倡导对于公共事务由公民直接介入进行决策进行发表意见，为此，曼纽尔·卡斯特尔把因特网称之为把人们带入了一个表达所思所想的公共场所。② 网络实现了多对多的交流模式，有可能产生一个无限的公共场域空间，拓宽了现实的场域空间，使得每一个人都能较便捷地、低成本、平等地参与任何公共议题的讨论和决策，使得知识分享和意见交流在虚拟空间中自由进行，“互联网这一技术不会制造孤独和孤立，而是产生社会资本”③。另外，网络是保留公民原初意见的开阔地，在网络空间中，自由的言谈和意见的表达使得语言和意见具有原生态的含义，没有肢解和过滤，更没有的引导和解释④。

相对于其他途径，在网络空间中实现社会建构的公共政策，

---

① Charles W. Citizen Participation and the Internet：Prospects for Civic Deliberation in the Information Age ［J］. Social Studies，1997，（88）：25.

② 曼纽尔·卡斯特尔．网络星河：对互联网、商业和社会的反思［M］．北京：社会科学出版社，2007：179，201.

③ 凯茨 J E，莱斯 R E. 互联网使用的社会影响［M］．郝芳，刘长江译．北京：商务印书馆，2007：406.

④ 在 2007 年全国两会上，据新华社记者季明将上海代表团分团讨论现场的人大代表发言内容和网络直播文字加以对照，发现“除了对不通顺的语言、口语化的表述稍加整理外，代表们的发言基本都‘原汁原味’出现在网上。没有了‘高屋建瓴’‘振奋人心’之类的空话、套话，每位发言的代表在有限的时间里都提出了自己对政府工作报告的意见和建议。”（具体参考：季明．全国人大上海代表团首次网络直播全团会议［EB/OL］．新华网 http：//news. Xinhuanet. Com /misc/2007 –03 /05 /con – tent_ 5804478. htm）

具有许多优势，一方面是参与人群的异质性增多，由于网络空间的匿名性和隐蔽性，不同的人群对同一公共政策都可以发表自己的意见，这一点符合社会建构公共行政异质性的群体特征。另一方面参与社会建构的过程通过网络的方式，现实社会建构的时空所受的藩篱被拆除，拓宽了现实空间，时间的限制也不复存在，降低了建构过程成本，实现了技术的社会建构公共政策过程。同时，网络表明了在场者自主的道德意识，“网络给我们提供了一个掌握自身命运、在地方社区和全球社会中重新定义公民的身份的机会。它也把自我治理、自主思考、教育后代、诚实经商以及同其他公民一起设计我们生活中所应遵循规则的责任交给了我们”[①]。但同时，网络在低成本、快速、便捷实现社会建构的同时，异质群体参差不齐，没有限制类似广场式的民主行动，由于使不同意见直接暴露于民众面前，缺乏必要的空间隔阻，民情更易激愤、情绪化，决策也将因之而失之冲动，从理性化的角度看，此种民主不可取[②]。网络是孕育民主的地方，也是滋生暴政的土壤，虚拟性、匿名性和责任性追究的脆弱使得民意的表达具有很大的随意性、戏谑化和局限性，玩世不恭、愤世嫉俗和恶搞心理占据了网络言语成分，并由此带来的网络民粹主义，使得意见的情绪化和暴动化，导致了社会行为的偏差和失范，对社会现实的公共政策进行围攻和宣泄，在网络的空间空出“群体极化”和“协同过滤”，一些偏激的主体往往形成网络霸权，主导虚拟的意见世界，导致极端的民主，容易形成参与爆炸、参与霸权和参与欺骗，参与流于形式，网络“能够创造种种新的联系，在

① 艾瑟·戴森.2.0版数字化时代的生活设计［M］．海口：海南出版社，1998：12.

② 舒国滢．从司法的广场化到司法的剧场化［A］．信春鹰，李林．依法治国与司法改革［C］．北京：中国法制出版社，1999：64.

迄今不曾有过的公众领域，建立起文学的、科学的和政治的公众领域，它也能够肢解现有的公众领域，因而使富有意义的联系化为乌有”①。

在网络实质性的建设内容中，如何利用好网络技术的优势特点，实现实质的建构意义的民主。“从民主的观点来看，有三个要点是我们应该注意的：1. 去接触更多未经事先选择的题材、主题和立场，或有足够的基础，以产生一定程度的了解和好奇；2. 共同经验的价值；3. 去接触政策和原则的实质问题以及这些问题的各种立场。”② 如何实现这三个方面的设想，需要结合现实的基础、设计、社会情境和民主的程序建设，在现实的基础上实现利用网络民主化的实现。我们认为，作为社会建构公共政策可以选择的工具之一，仅仅可以作为辅助性的手段，虚拟的网络空间可以用来征求意见和发表信息，作为延伸社会建构民意和知识参考的一部分而不是全部，网络技术之于建构的政策保障而言，犹如人们的饮食一样，相当于主食之于点心，再怎么可口好吃的点心，也无法起到主食的作用，既不能吃太多也不能经常吃，虽营养固有，但容易引起肠胃不适，点心也只能起到补充营养的作用。现实的具体的社会建构是公共政策建构的实体和实践过程，网络作为一种技术的手段，在社会建构的公共行政，需要在确立“政府的信息必须公开，必须为全社会共享”的理念的前提下，在一些具体的微小的政策议题，可以采用网络的社会建构的方式，但必须进行精心的设计，包括提前通知、程序的设计，“通过对公开讨论、对话、协商而打破专家等对知识的垄断，将技术置于民主控

① 彭兰．中国网络媒体的第一个十年［M］．北京：清华大学出版社，2005：281.

② ［美］凯斯·桑斯坦．网络共和国——网络社会中的民主问题［M］．黄维明译．上海：上海人民出版社，2003.

制之下”[①]，让技术融入现实的公共行政实践中，网络技术作为辅助于的手段，更好地形成对公共政策的认同。

（三）主题论坛

社会建构的思想不但可以在公共行政中实施，也可以在私人领域中实施，培养一种民主的精神与生活方式。昂格尔认为：“合作主义的锋芒所向，就是要在思想上和组织上取消国家与社会的界线，因而也要取消公共生活与私人生活的界线。”[②] 在人们私人生活领域或者私人与公共场域的交叉之处，可以进行主题的论坛，让他们进行民主对话与商谈，实现民主的精神[③]实质，只要愿意在一起讨论与互动，就应该为他们创造机会，开放式的对话与闲聊，来表达自我的利益，通过有争议的论点讨论、理解、说服和谈判从而达成共识，只要当人们致力于交流观点与知识的时候，彼此就会尊重和形成主体间性关系。

主题[④]的论坛除了能够提高行动者的谈判能力与沟通技巧，

---

① 陈家刚．风险社会与协商民主［J］．马克思主义与现实，2006，(3)：95－105.

② ［美］R. M. 昂格尔．现代社会中的法律［M］．吴玉章，周汉华译．南京：译林出版社，2001：193－194.

③ 真正的民主，并不是民主秩序与制度，“所谓民主，这里不是指民主制度，而是指民主精神，民主是既尊重自己也尊重别人，人人都按自己的意愿发表意见，人人都能按自己的意愿发表意见”。(具体参考：陈宣良．理性主义［M］．成都：四川人民出版社，1988：311－316.)

④ “主题讨论”相对于主题性讨论而言的。由政府机构发起的变革大多成为外在的要素，这些要素能为参与者提供某些主题性的经验，虽然它们能够会应影响互动、参与和人类合作。这些主题性要素诸如分权、权威、水平的网络和沟通规则对民主治理和社会建构是必要的，但以这些方面来促进真正的沟通是远远不够的，只有当组织成员和民众表示一种心理承诺，并致力于开放式对话，与他人讨论问题，以集体的方式诠释问题，从而在非主题性对话实践中表达他们的利益，民主社会建构才有效。(具体参考：［美］全钟燮．公共行政的社会建构：解释与批判［M］．北京：北京大学出版社，2008：185.)

也真正实现了民主的精神，在相互尊重中构成了彼此信任，也使得民主成为人们日常生活的一种方式，公民交往与学习能够成就自我的价值观形成和发散性思维的铸就。只有当我们在思想上和行为上把民主理解为一类个人生活的方式，认识到民主意味着拥有并坚持某种态度，从而形成个人的性格并决定所有生活关系中的愿望与目的，这时我们才能脱离那种从外表看问题的思维方式①。开放性的“共景”对话使相互正式的协商创造了新的可能，形成持续互动与联系的关系，包容不足参与的行动者能够彼此理解和反思自我，他们就能取长补短，形成自我的立场，批判与思考公共行政的社会背景和行为选择，形成一个独立意见的自我。主题论坛和正式的建构平台一起构成了公共行政民主化治理的过程，从而实现了民主个性表达的内容，“民主的核心与最终的保证在于：邻居们可以在街头巷尾自由谈论当天的那些未经审查的新闻，以及亲朋好友聚于一堂，彼此能自由地互相交谈”②。在民主化的氛围中，行政人员可以更好理解行政的组织、政治与制度和非正式制度的约束，在无主题的论坛中反思与实践。

主题实践更适合在社区中实施，从民主治理微观器官做起，那里是民主的感应最基础的触角，更具有敏感性、现实性和生活化，能够让那些人们自由参与到社区中来，更容易达成共识。实

① Dewey J. Creative Democracy - The Task Before Us, The Later Works of John Dewey, Vol. 14 [M]. Carbondale: SouthernIllinois University, 1988. pp. 225 –226。

② Dewey J. Creative Democracy - TheTask Before Us, The Lat – er Works of John Dewey, Vol. 14 [M]. Carbondale: SouthernIllinois University, 1988. p. 227.

践社区①就是一个很好的渠道。在实践社区中，分享“同好团体”，成员间是平等的关系，凝聚的动力是人与人之间的交情与互信，在“知识共享场”中，通过重视人的价值，持续的沟通，进行相互学习、相互欣赏、相互分享，获取、分享、融合知识的异质，采用各种形式使民众参与到社区对话与辩论中，建立起更加深层次的相互信任，形成新的集体智慧。类似这样的基层组织进行主题的论坛，分享价值与形成主体良好关系的训练场，形成罗尔斯意义上的“虚拟对话者”——“正派的人民”（decent peoples），在持续互动与沟通中，在批判中形成真正的对话和民主的思维习惯与方式。

三、协商民主与社会建构行政的成熟

协商民主现在成为民主研究的热点，“20 世纪 90 年代以来，民主理论明显走向了协商”②。协商民主适合了当今社会多元文化的发展需要和公民不断需求的自我管理与决策的意愿，这一观点得到了罗尔斯、吉登斯、哈贝马斯等人的积极倡导，詹姆斯·

① 实践社区（Communities of practice）是指非正式的、成员靠自发组成的“知识共享”团体，其凝聚力来自社区成员对某项事业有共同的专业知识和兴趣爱好（Borwn& Duguid，1991；Etienne Wenger，1998）。大家参与到实践社区中，彼此分享经验和知识，社区成员采取更自由、更富有创造力的方式分享知识，从而使实践社区更能发挥隐性知识的转移、共享与创新，并产生解决问题的更有创意的新方法。具体参考：John Seely Borwn，Paul Duguid. Organizational Learning and Communities of Practice：Toward a Unified View of Working，Learning，and Innovation［J］. Organization Science，1991，(2)；Etienne Wenger. Communities of Practice：earning As A Social System［J］. Systems Thinker，1998，(6)．；Wenger E，SnyderW M. Communities of Practice：The Organizational Frontier［J］. Harvard Business Review，2000 (1－2)：139－145.

② ［澳］约翰·S. 德雷泽克. 协商民主及其超越：自由与批判的视角［M］. 北京：中央编译出版社，2006：1.

博曼甚至宣称，协商民主的时代已经到来①。

协商民主是一种崭新的治理形式，“其中参与公共协商的公民是自由平等的，他们提出各种相关的理由，说服他人转变自身偏好，最终达成共识，从而在审视各种相关理由的基础上赋予立法和决策的合法性”②。社会建构公共行政的协商，“关注的是（公众偏好）聚合的具体过程，强调公民在做出选择过程中的深思熟虑与审慎”③。协商民主核心概念为，公民和政府必须就集体行动之任何需求提出正当理由，并能被那些行动者所接受。在一定程度上，协商民主既属于参与民主，又是参与民主的前提，因此我们可以说，协商民主是社会建构公共行政的前提和本质体现。与社会建构的公共行政相比，两者强调的是对方偏好的改变，而不是一致的同意，当公民在意见和道德上对政府的决策或者制度表示不同意见时，他们应彼此平等互动与协商，尽可能追求意见和德行上的一致；即便不能，也要维持彼此的相互尊重。由于对不同参与政策过程的尊重和意见的重视，也被高赞为“当代民主的核心所在”。协商民主理念与社会建构公共政策过程理念相似，都是主张通过政策过程的意义再生产、意见的相互交换与切磋，最后生成新的知识与意义的过程。两者都坚持对真实民主行政的理想追求，关注的是管理过程，协商民主核心理念是渴望通过对传统自由宪法基本权利体系的重建，作为“活力民主的权利友好理论”，将民主原则纳入基本权利体系，受到决策影响的公民或者代表利用协商、互动、辩论的方式，在信息充

① JAMES BOHMAN. The Coming of Age of Deliberative Democracy ［J］. Journal of Political Philosophy, 1998, (4).

② ［美］约翰·克莱顿·托马斯. 公共决策中的公民参与：公共管理者的新技能与新策略［M］. 孙柏英等译. 北京：中国人民大学出版社, 2005: 1.

③ ［澳大利亚］JohnS. Dryzek. 不同领域的协商民主［J］. 浙江大学学报（人文社会科学版），2005,（5）：32－39.

分、话语权力机会均等、决策程序公平信息公开透明的前提条件下，遵循相互互利和互惠原则形成公共理性，形成具有大致相当的社会满意的公共政策或者公共事务的治理效果，回应文化间对话和多元文化社会认知的核心问题，通过持续对话和协商，彼此互通有无，互相了解彼此的立场，扩展彼此的心智，把私利提升为公利，弥补代议制民主制度的缺陷。同时它突出强调公民对公共利益所肩负的道德和责任，以公共利益为他们的共同诉求，强调公民对公共政策的参与、讨论、协商和争辩，自由表达自身的偏好，又倾听他人的不同观点，经过理性思考，实现偏好的转换，形成一个分布广泛的“传感器网络”，并对问题做出反应，形成公共舆论①。通过意见和意志形成的民主过程，沟通“民众政治意志”与“统治者治理理念”，实现主体之间的统一。公共政策的制定与执行以及政治权威可以得到公民普遍的理解、支持与认同，不断调解多样性和平等要求之间的潜在冲突，这种情境进一步向纵深发展，则有可能构建起一种理想的如哈贝马斯所言的“交往共同体”。在突出关注民主过程中的“选举”和“监督”的环节之外，协商民主把我们的注意力引向“中间”地带——突出了“民主决策”过程和决策实质，这与社会建构突出公共行政的过程性与社会性相契合。这些在社会建构政策过程中形成的不同“交往共同体”，通过行政过程的主体之间的参与、知识的聚合、偏好的改变，生成对公共事务治理的不同的理解，从而更好认识和解决公共事务，形成客观生产的“意义共同体”。可以说，社会建构的公共行政体现了协商民主的精髓，因此，我们可以借助协商民主的思想进一步探讨公共行政的社会建构思想。

通过理解协商民主，我们可以分析社会建构公共行政的生成

---

① 张凤阳等．政治哲学关键词［M］．南京：江苏人民出版社，2006：332.

机制。

（一）参与原则

加拿大学者马克·E. 沃伦认为，当前参与型民主理论必须遵循八条原则：政治，而非制度；在民主国家里，民主协商的原则可能会受到限制；基于地域建立的政治团体限制了参与的范围，基于问题领域的团体则不会；基于权力下放的问题与部门为民主参与提供了机会目标；反思性的国家使用法律建构民主进程；民主化的社会使国家民主化；民主的平等是复合的平等；参与型民主也涉及劳动分工。他认为，“这八条原则必须成为任何新的民主理论的基础”①。科恩也曾指出，理想的公共协商应该遵循自由、平等、理性与合法性的原则。Martha L. McCoy，Patrick L. Scully 成功的公共参与过程包含了以下原则：第一，鼓励多种形式的表达和沟通，以确保所有人都能够真实地表达；第二，使倾听如同述说一样重要；第三，使个人经验与公共问题连接；第四，为同伙关系建立信任和创制基础；第五，探究问题性质的各种观点；第六，鼓励分析和理性论证；第七，协助人们形成公共判断并建立共同行为的基础；第八，引导人们将自身视为行为者并参与其中；第九，使政府、政策制定和治理建立连接；第十，构建持续过程而不是孤立事项。② “协商事项所影响的利益有限，以致可能选择个体为其代表；必须存在于协商各方之间的力量均衡，包括管制机构；协商的问题必须对所有参与者公开，存在足够的多样性以致讨价还价和相互协商，并足够成熟于做出决定；存在相互赢利的机会，但不存在任何一方必须对基本

① ［加］马克·E. 沃伦. 当前参与型民主的意义何在？［A］陈剩勇，何包钢. 协商民主的发展［C］. 北京：中国社会科学出版社，2006：57－61.

② Martha L. McCoy，Patrick L. Scully. Deliberative Dialogue to Expand Civic Engagement：What Kind of Talk Does Democracy Need？［J］. National Civic Review，2002，(2). 117－128.

的价值进行妥协；一条合理的底线必须被设定；协商各方视协商有符于他们的利益，因而基于良好信念进入协商过程；管制机构愿意使用协商过程并参与其中。”[①] 借鉴协商民主原则，我们认为，社会建构的公共行政对于公民的参与而言，应该遵循以下原则。一是公开性原则。信息公开是公民理解和参与政府的“日常工具（daily tool）”。“如果一个政府真正是民有、民治、民享的政府的话，人民必须能够详细地知道政府的活动。没有任何东西比秘密更能损害民主，公众没有了解情况，所谓自治，所谓公民最大限度地参与国家事务只是一句空话。”[②] 社会建构突出了公共行政的过程性，建构的过程是透明和公开的，以基本权利为基础建立一种“公开讨论的机构”，这是进行公共政策议题建构和重构意义的首要条件。过程性的公开主要包括社会建构的议题、内容、途径、方法和结果。议题与内容的公开能够使得公民进行知识的准备和意义的安排。过程、途径与方法的公开便于他人监督，能够在公共利益的前提下进行建设。社会建构生成最终主观的客观化意义的结果公开，能够改变自我，减少分歧，凝练合意，形成普遍性的共识。二是平等性原则。“民主意味着平等”，民主是在形式上承认每个人都有决定国家制度和管理国家的平等权利，没有对商谈本身或者机构的前置规则的限制，也没有参与人的资格限制[③]。在民主的社会建构过程中，所谓的平等正如《民主新论》中所言“平等的原则是给所有人以相同的份额”。著名民主理论家达尔在对民主制度进行设计时，设置了三

---

① Theodora Ziamou. Alternative Modes of Administrative Action: Negotiated Rule - making in the United States, Germanyand Britain [J]. European Public Law, 2003, (6): 23 - 55.

② 王名扬. 美国行政法（下册）[M]. 北京：中国法制出版社，1995：959.

③ Chantal Mouffe. Deliberative Democracy or Agonistic Pluralism? [J]. Social Research, 1999, (3): 746.

个必不可少的条件[①]，即所有的成年公民都应拥有以下充分的机会：明确阐述他们的选择；通过个人行动和集体行动向其他公民和政府表明他们的选择；他们的选择在政府行为中受到同等重视，政府在考虑这些选择时不能歧视其选择的内容或选择由谁。哈贝马斯也同样指出，民主的过程只有在达到了公认的社会公正标准要求之后，才能消灭分裂的危险。只有坚持平等的互动与协商原则，才能保证每个公民充分表达和讨论各自的偏好。平等既包括人格的平等与对主体意见的尊重及其不同资源使用平等，同时也包括能力平等，即不同参与社会建构的人的进行陈述理由、辩护观点、讨价还价并说服他人的能力。每人都有权质疑指定的论题，每人都有权发起对程序规则或者其所运用、执行方式的反驳。杰克·奈特将其概括为具有程序和实质两个维度的机会平等，包括平等的政治影响机会、非强制性参与和自由自愿的决策、影响他人的平等机会以及政治上相关能力的平等。平等更多地体现为对他人的尊重与认可，“民主的意义主要不在于尊重与自己意志相一致的他人的自主选择，而在于当别人的自主选择与自己的意愿不一致时仍然予以尊重”[②]。三是公共理性的原则。根据政治哲学家罗尔斯的研究，“公共理性是一个民主国家的基本特征。它是公民的理性，是那些共享平等公民身份的人的理性。他们的理性的目标是公共善，此乃政治正义观念对社会之基本制度结构的要求所在，也是这些制度所服务的目标和目的所在”[③]。他同时指出，协商民主有三个关键要素：一是公共理性的观念；二是宪政民主制框架；三是公民普遍具有的知识和愿

① ［美］罗伯特·达尔．多头政体——参与和反对［M］．北京：商务印书馆，2003：12.

② 郭永军．论作为道德范畴的民主［J］．东岳论丛，1995，(4)：78－81.

③ ［美］约翰·罗尔斯．政治自由主义［M］．南京：译林出版社，2000：225.

望，即遵循公共理性，并在他们的政治行为中实现公共理性的政治理想①。我们认为，公共理性强调的是公正理念，实施的是社会合作，运行的是共赢思维，发展的是公共治理的逻辑，是自由参与②与表达的深层次治理逻辑的体现。社会建构的公共行政的过程包括话语与行动都必须是理性的而不是情绪化的，每一个公民是心平气和、坚持客观原则的，在过程中，提议的内容并不是个体的“我”的意见和建议，而是作为整体的“我们”应该做什么，公民在公开的互动与协商过程中，人们当且仅当被为了公共利益的意见和道理所说服和接受。坚持公共理性，就使得公民能够排除“这对我是有利的”的论述和争辩，“有可能站在自利的争斗舞台之外”③。尊重他人的立场和视角来考量和衡准自己的论点，诉诸能为大家所认可的公共利益和彼此接受的道德原则来提出论点经由公开而理性的讨论而达成一致的同意。因此，需要“我们采取一个公共性的视角，我们就必须调整自己的偏好，即只能表达那些公共导向的偏好”④，也就是说，当政策通过互动、意见分享和辩论的途径制定出来，且参与社会建构中的公民和公民代表超越了单纯的自利和有局限的意见和观点，体现公共利益，那么政治决策才是合法和有效的。在社会建构中的每一人，利用公共利益和公共理性为导向，“私人事务与公共事务的区别在于，人的行为仅仅是对一个人还是许多人产生影响，或者

---

① ［美］约翰·罗尔斯．万民法［M］．长春：吉林人民出版社，2001：150.

② 康德论证到，只有一种自由是最无害的，那就是“在一切事情上都能公开运用自己理性的自由”，也就是说，理性保护了和拓宽了自由的实质。（具体参考：康德．历史理性批判文集［M］．何兆武，译．北京：商务印书馆，1990：24.）

③ ［美］埃米·古特曼、丹尼斯·汤普森．民主与分歧．北京：东方出版社，2007：19.

④ 谈火声．审议民主［M］．南京：江苏人民出版社，2007：91.

人的行为是以自我为中心还是以他人为中心的"[①]，以他人为中心思考和认识问题，体现出对"他者"的关心，而且更为重要的是如何实现公共利益的思考，不断消除狭隘自利的偏好，通过公共互动、辩论、协商和分享，实现公共问题的解决和公共利益的实现。四是个人责任原则。社会建构公共行政中，"公共供给表达了民主秩序通过平等公民之间的自由协商解决政治问题的基本责任"[②]。参与公共行政过程的公民知道自身的偏好，了解他人看法，促进各方达成共识。参与的公民需要对自己的观点负责，始终坚持公共利益为主导，并达成共识，增加决策的合法性并促进决策的执行。参与公共政策过程社会建构的公民承担着特定责任："（1）提供理由说服协商过程中所有其他参与者的责任。（2）对其他作为理由和观点的理由与观点做出回应的责任。（3）根据协商过程提出的观点和理由修正各种建议以实现共同接受的建议的责任。"[③] 当然个体责任的形成既有个体自身操守的修养，也有在社会建构过程中形成的集体责任感——公开检视个人决策的结果和自我"前见"的假设，政治共同体是每个人社会的一部分，承担责任就是保护自己。五是注重规则的原则。"充分的公共民主交流发生于交谈注定是不愉快的场合。"[④] 因此，有明确的正式或非正式的规则制度支撑才能启动社会建构的政策议题。社会建构中的规则起源于冲突而着眼建设于和谐，使

---

① ［美］乔治·弗雷德里克森．公共行政的精神［M］．北京：中国人民大学出版社，2003.

② ［美］詹姆斯·博曼、威廉·雷吉．协商民主：论理性与政治［M］．陈家刚等译．北京：中央编译出版社，2006：305.

③ ［南非］毛里西奥·帕瑟林·登特里维斯．作为公共协商的民主：新的视角［M］．王英津等译．北京：中央编译出版社，2006：44－45.

④ David M. Ryfe. Does Deliberative Democracy Work? Annual Review of Political Science［EB/OL］. http://polisci. annualreview. org，2006－12－27.

得制度化为一种惯例程序和机制，保证参与和社会建构的持续进行。社会建构的最终结果是以阶段性共识的途径并通过规则固定下来并可能成为进一步社会建构的框架性前提或者"以先前为例"的标准进行同类社会议题的建构。六是移情式的推理。胡塞尔的现象学重视他人的经验和对待他的态度，利用自我的移情式推理来感知他人的情感和经验。吉登斯则更进一步建立情感民主来建设对话民主的方式，聚焦于他人的在世存在，关注倾向于自我与他人的共存问题，通过情感的方式达到与他人的和谐共存，他指出："他人（other）的问题，并不是个体如何实现从自身内在经验的确定性向不可知的他人转变的问题，而是以一种情感认知的方式去'发现他人'，涉及种种内在的联结，这些联结存在于领会他人的特征和本体安全的其他主要中枢之间。"① 情感联结你与我，对其他原则起到很好补充，有利于促进对话与社会建构政策的进行。

（二）鼓励参与

参与是建构的前提。社会建构行政的参与机制按照哈贝马斯的理解，是一个闸门，它通过一个对所有人开放的地点而赋予公民以挑战偏颇的权力结构的机会②。广泛异质的群体才参与是社会建构的有效性的保障，"政治决策应该通过协商而不是金钱或权力的途径进行，同时，协商决断的参与度应尽可能平等而广泛"③。因此，参与需要在深度和广度上进行，参与很广泛但缺乏代表性，可能无法准确反映大众的政策偏好，但是参与过少，

① Anthony Giddens. Modernity and Self - identity: Self and Society in the Late Modern Age [M]. Cambridge: Polity Press, 1991: 151.

② Linda Soneryd. Public involvement in the planning process: EIA and lessons from the rebro airport extension [J]. Sweden, Environmental Science & Policy, 2004, (7).

③ [加] 马克·华伦. 协商性民主 [J]. 孙亮译, 浙江社会科学, 2005, (1): 14 - 27.

则更大的公民契约的目标会被牺牲[①]。参与的异质性，能够提升公共对话与分享的质量。在后面有详细的论述，不再赘言。

（三）充分的信息流通

在社会建构的公共行政，信息是公开流通，是对流的，是回路的，是没有截流和屏蔽的。充分足量的信息畅通是对公共事务全面认知与理解的关键，改变代议制民主下的信息不对称局面，各行为主体自我主张、理由和意见明晰化，保证参与者之间平等的关系与地位，以便捷方式缩短公民利益表达经历的层次、路径，让广泛性的公民意愿快捷和更少扭曲地转化为共识性的公共政策，因此畅通充分的信息是社会建构的公共政策“水渠”中的流水，只有保持畅通的水流，水渠才能不干枯。源源不断提供信息，是民主欣欣向荣至关重要的条件[②]，否则，由于社会影响力较弱的参与社会建构者会由于“协商论辩资源”的匮乏而产生所谓的“自我绝缘”的“团体极化”现象。所以，社会建构的公共行政过程需要一种保障信息公开与交流的制度而为协商参与者提供一个不与其他反对者隔绝的空间，否则在这个异质化的社会中，这种自我绝缘的方式会以相互不理解或者更坏的方式产生严重的协商困境[③]。民主的交流环境是公民与政府之间的横向交流，而现实政府的垂直对话的环境机制则是民主践行的障碍，信息的流通是克服障碍的关键。在社会建构过程中，信息是回路的，也就是说是双向的，有反馈，有结果，整个过程是都是公开透明的信息体系，民众由传统组织中的被动接受信息的受众到积极主动地寻求信息组织者，民众具有充分的知情权。如何做到知

---

① Edward C. Weeks. The practice of deliberative democracy: Results from four large-scale trials ［J］. Public Ad－ministration Review, 2000,（4）. 362.

② ［美］科恩．论民主．聂崇信，朱秀贤译［M］．商务印书馆，1988：6.

③ Cass R. Sunstein. Deliberative trouble? Why groups go to extremes ［J］. The Yale Law Journal, 2000,（1）. 85.

情权的充分保护，英国危机公关专家里杰斯特曾提出的危机发生时要做到“三T”原则对社会建构过程有借鉴意义。（1）Tell your own tale（以我为主提供情况），要求围绕主题向公众提供具体的真实情况。（2）Tell it fast（尽快提供情况），从时间上讲，政府应尽快公布真相，主动公布最新情况。（3）Tell it all（提供全部情况），要求信息全部透明，让公众具有知情权①，组织应该将有效信息毫无遮掩地向公众披露。

（四）多链式的互动与协商

民主的天然产物是“观点多样性”，而协商民主则促进多样观点之间的互动。“沟通的本质允许替代”②，互动与协商也可以理解为寻求大家满意的替代方案的过程。社会建构的行政过程是参与者之间不受限制的互动与交流，作为能够为政治生活中的理性讨论提供基本空间的公共行政的过程，社会建构中的互动与协商的本质要求人们能够接受不同于自己观点的其他观点存在，互动的过程是通过意见的交换和意义的生成进而对各种解决问题之道进行深思熟虑的权衡和理解。按照哈贝马斯的理解，话语和商讨的作用犹如一个过滤装置，只有那些有助于形成决策的话题和

① 但一些学者也认为过度的公开必然损害在协商过程中进行思想的真实交流，比如，斯塔萨维格（David Stasavage）通过对公开的与私下的决策对于观点两极化（opinion polarization）的影响进行比较后发现：当参与政策过程的代表公开决策时，他们面临着利用其行动向选民暗示忠诚的刺激，潜意识里会忽略关于不同政策真实价值的个人信息。这点如果被预先估计到，那么即使是公开辩论，人们也不会改变其原初的政策偏好；相反，当参与主体进行私下决策时，他们更愿意利用个人的资讯去思考能够更好解决问题的政策。（具体参考：David Stasavage Polarizationand Publicity：Rethinking the Benefits of Deliberative Democracy ［J］. The Journal of Politics，Vol. 69，Issue1，2007.）我们认为，这仅仅说明了信息公开流通的一小部分弊端，并不能遮盖信息流通对于高效公共政策的帮助，反而提醒我们更应该注重信息流通个人偏好的显示机制建设。

② ［德］贡塔·托依布纳. 法律：一个自创生系统［M］. 张骐译. 北京：北京大学出版社，2004：20.

意见才能够通过“筛选”，充分的无缝隙的互动与协商过滤与筛选了有用的知识和共同理解与赞同的意见，消解自我中心地位，形成协商共识①，在彼此知识与意见分享的过程中，获得对公共事务治理“合意”的理解和群体的决策。因此，民主的协商在政治的意义上是人际性的：它是公共性的，在民主政体中，所有公民都同等地有权共同参与到影响他们生活的决策协商和推理之中；作为公民，他们在协商过程和影响决策的机制中的发言权是平等的。民主性的公民身份意味着政治平等，因此公民在法律面前拥有同样的公民权利、同等的地位，在决策中拥有平等的发言权。② 平等参与与话语构成了充分互动与协商的基础，从而辨别所有政治意愿，以及支持尊重所有人需求与利益的具有集体约束力的公共政策。

---

① 哈贝马斯认为，协商民主的过程是共识形成的过程，也被米歇尔曼视为法理发生学。哈贝马斯认为，由于基本原则的差异，会产生各种各样的可能，主要有同化共识、交叠共识、协商共识三种方式。同化共识是指“只要任何一种正义观念都不可分割地为某种特殊的善的概念所浸染，那么，即使是在判断正义问题时，我们也不可能超越我们自己的自我理解和世界观所确定的视角。在这种情况下，具有不同背景的人只能以同化的方式达成一致，或者是他们放弃自己的标准为我们所同化，或者是我们放弃自己的标准而皈依他们的（麦金泰尔）。”应该说，同化共识更强调文化的转型与替代，适用于传统文化向现代文明的过渡。交叠共识借鉴了罗尔斯的理论，“如果我们考虑到‘现代’世界观的多样性，由于其内在的普遍主义潜力，它们是能够互相宽容的，那么，我们就可以指望在政治正义问题上达成一种重叠的共识（罗尔斯）”。在多元文化中，寻找多元文化交集，从而达成共识，并在这一基本共识上建立民主政治是自由主义的一贯主张。哈贝马斯坚持和他推崇协商共识，“相对于各自的自我解释和世界观，每一方都参照一个共同接受的道德视角，在话语均衡状态（和互相学习）的条件下，这种道德视角要求各种视角不断地消解自己的中心地位”。协商共识充分体现了协商民主的精髓，也是社会建构公共行政的理论根基。

② ［美］詹姆斯·博曼．公共协商：多元主义、复杂性与民主［M］．黄相怀译．北京：中央编译出版社，2006：23.

（五）有限的妥协

有限的妥协是民主自制的内容。著名政治学家密尔认为，民主最重要的特点是，政治推理本质上就涉及一种开放性，使人们愿意改变自己原来的实际想法。许多要求能完美实现，都是在长时期中经过一系列的妥协后取得的，并不是在每一步上都顽固地坚持按自己的方式才取得的[①]，在民主实践中的各方主体都应以一种宽容、成熟和理性的心态来解决争端。因为，“正如人们经常所说的，民主依赖妥协。而且，民主理论本身也充满妥协——若干冲突的、互不相容的原则之间的妥协”[②]。

从某种程度上说明，参与其中的每一个人愿意和他人进行推理、分享和互动以达成深层的有限的妥协[③]，同时也说明个人愿意修正自己的目的，以回应他人所提出来的考虑。因此社会建构公共行政通过协商民主方式达成共识，但是这种共识是在一定妥协的程度上达成的。社会建构行政过程的民主所追求的公共利益在很大程度上是平衡与协调，而平衡与协调本身就要求预期的修正与妥协。民主制度是进行妥协的条件，甚至是唯一的前提[④]。在一定程度上，社会建构的过程与结果都充盈着妥协的因子，在过程中，对别人意见的理解与接受，本身就是对自我知识的修正与发展，修正与发展内含着自我的妥协，人们在政治决策中能够

① ［美］科恩．论民主［M］．聂崇信，朱秀贤译．北京：商务印书馆，2003：186.

② 达尔．民主理论的前言［M］．顾昕，朱丹译．北京：生活·读书·新知三联书店，1999：1.

③ 人并非像野兽一样来计算得失，更重要的是珍视自己的人格，珍视权利，懦弱妥协完全放弃权利就是精神上的自杀。（鲁道夫·冯·耶林．为权利而斗争［H］．北京：中国法制出版社，2000：18－23.）

④ 如果没有民主社会的制度保障，总是“暴力最强者说了算”，妥协即便发生，也只会是随时翻盘的临时约定。（具体参考：吴思．隐蔽的秩序［M］．海口：海南出版社，2004：410.）

彼此交流并认真听取他人的观点，其本身就是民主的一个交流和妥协的过程①。在社会建构的过程中，人们应当认真提出自己的意见，并尊重别人的意见。人们的知识存量、背景和视角不同，必然产生不同的观点进行碰撞，这就要求一种妥协、合作的精神。没有妥协，再怎么广泛深入的参与与讨论，也都无法建构出有意义的政策结果。持续的合作过程使得参与各方都能够相互的了解和认可，认知框架和知识的存量都能得到拓展，每一个人都能够清晰地看到自己的意见和利益得到表达和体现，有利于在多元冲突基础上采取某种退步和妥协。在社会建构的公共政策具体过程，参与其中的个体在互动与协商中，都会最终发现只有在社会内部分裂的各种利益对立的各方都以社会整体利益为重，认识到他人是自我利益实现的条件，人们都会潜移默化地乐于学会妥协，公民就会怎样做出基于他人利益和公共利益进行政策的公共判断并且能够运用公平与公正的标准来评价各种行动，公共领域中公共利益实现和私人领域自私的要求之间就会慢慢融合，逐渐偏向以公共利益的方式去实现，彼此之间的矛盾和冲突就会消弭，方可继续在妥协基础上进行民主而无损于民主。妥协是民主程序的核心，没有妥协，民主是无法扎根的。在社会建构的公共政策过程中，参与的主体能够理解其他人的思想和经验形式的内在逻辑，能够意识到妥协源自于对他人需求和道德责任的真正理解，而不是强制妥协，参与社会建构中的主体就可能节制自身政策需求并保持其道德完整性和信念。

因为妥协是政治谈判的必然组成部分，那么如何实现妥协

① 在民主社会，冲突各方通过谈判、协商、讨价还价、互谅互让等和平方式来解决纷争，成为基本共识。这种“权衡冲突各方的争议，从而形成政策、制定法律的过程便是妥协的过程”。（具体参考：［美］科恩．论民主［M］．聂崇信，朱秀贤译．北京：商务印书馆，1988：184.）

呢？在社会建构的过程中，不同的参与者可以通过改变自身的偏好而与他人达成一致，从而不至于使某些人的诉求被忽略或者使某些人的利益受到严重损害，从而限制了多数人专政的可能性。公民在新的认知框架和知识存量中，会进一步增加相互间的了解、信任与合作，增进知识存量的扩大和知识格局的合理分布。社会建构行政过程能够养成公民精神，蕴含了个体理性与社会理性的统一。在现代社会中，每一个人都渴望个体权益的发展，社会理性则要通过不践行自己指向他人的“分内之事”（义务）而希冀他人向自己履行“分内之事”（义务）是很难有效地对个体理性予以规制的，平等协商的过程打破制约公民有序政治参与的“搭便车”从众心理，公民能够感觉自身的公民资格意味着伴随有责任的自由身份。两者的相互作用更能够促进良好公共意识的形成，能够在公共事务治理中具有妥协的精神，促进良好治理。

从结果上来看，“合作剩余的分配既是妥协的结果，又是达成妥协的条件”①。尊重社会建构行政的结果并得到有效的执行是形成下一次妥协的基础和条件，行政的每一个过程都形成了合理妥协的理由，因此，我们可以说，社会建构过程的公平性和结果公平性不仅是尊重参与社会建构人的选择，也是尊重博弈过程和制度（包括稳定的心理秩序所形成的潜制度）的选择。因此，从这个方面看，形成稳定的参与社会建构文化是每一个个体参与社会建构良好预期和有序行动的基础。另一方面，从技术上说，达成妥协一般需要具备以下条件：（1）对立关系中实际上存在着通融的余地，或者对立双方皆有意去促成一种松动的局面，或者在把问题留待时间去解决这一点上抱有共同的期待；（2）对于让步的得失评估不能拘泥于一时一事，不斤斤计较眼前的利

① ［美］J. Patrick Dobel, Compromise and Political Action: Political Morality in Liberal and Democratic Life, Savage, MD: Rowman&Littlefield Publishers, 1992.

害，而能从长期的全局的角度予以把握；（3）能够明确区别共同利益和各自的排他性利益，愿意强调和发掘共同利益。[①] 对公共利益的重视和实现是个体妥协的起点和终点，对于社会建构公共行政的战略设计而言，对公共利益的关切和设计应该贯彻到公共政策的全过程中去，这是我们在前面反复阐述的一个观点，也是社会建构公共行政实现的立足点和出发点。

在社会建构公共行政中，作为公共事务治理的妥协是一种有限的妥协，妥协的视角是从对象的层面——我们对于社会建构公共行政过程中什么观点、内容、行为方式和他者的立场应该宽容，而对于其他的则应该反对。从社会建构公共行政内容和过程性可以看出，每一人拥有的知识（经社会建构后形成的社会知识和现有的社会知识内容）和主体的自由权利构成划分了妥协和不可妥协的底线和限度，因此，作为处理和解决社会公共事务治理的原则的妥协的可以被解释为：允许有那些与社会主流的观点、做法和意见不同，但与知识和权利没有直接或间接冲突的观点或做法。在要想真正认清和理清公共事务的可以妥协内容和限度的时候，可以采用反例方法，可以先确定不可妥协的内容，作为一项制度的设计和内容，“不可能提出一种肯定的标准和做法的试金石”。从社会建构中参与其中的社会人来看，人们对不可容忍的事物的认识基本上可以达成共识，“不可容忍的事物是这样一些客观事实——它们由人的决定或行动直接或间接地造成，或者是由于漫不经心和迟钝懈怠的结果。不管它们是表现为条件、形式、做法、习俗、行动还是别的什么，都是不可容忍的，因为它们以这样或那样的方式妨碍了人所特有的潜能的实现，或

① 季卫东．宪法的妥协性［J］．当代中国研究，1996，（4）．

者损害了我们所说的人的尊严”。[①]

（六）强调过程性和遵守程序

公共管理过程的程序化是现代“民主精神的制度化”[②]。程序凝成了结果，增加了人们对结果的可接受性，“民主程序构成了交往中（或冲突着的）的主体进行交涉、商谈、博弈、协调、选择的原则、条件、方式和过程”[③]。亨利·S. 理查德森认为一个完整的协商民主应该具有五个阶段，即协商参与个人或其代表提出政体应该做什么的提议、对提议进行讨论、就我们应该做什么实现某些非正式的一致、从非正式的共同一致层面转到明确的集体决策、通过多数原则程序或基于非正式的一致共识进行决策[④]。民主提议是公共政策议题的设置。民主评价是在公共理性的框架下，经过理性审议之后，获得重新理解新的公共利益的输出，在过程中并不是发现公共利益，而是重新建构公共利益。非正式一致是政策过程中应该做什么达成共识，获得初步的政策内容的认可。明确接受是在非正式一致的基础上，其价值经过公开并正式确认和强化。程序是有序的前提，“程序的本质特点既不是形式性也不是实质性，而是过程性和交涉性”[⑤]，程序正义本质上是一种“过程价值”是实质正义的保证，“一种程序的正义总是依赖（除赌博这种特殊情况之外）于其可能性结果的正义。

① 安娜·库茨拉底. 论宽容和宽容的限度［J］. 第欧根尼，1998，(2)：19－27.

② 罗豪才. 现代行政法的平衡理论［M］. 北京：北京大学出版社，1997：47－48.

③ 谢晖. 法学范畴的矛盾辨思［M］. 济南：山东人民出版社，1999：580.

④ ［美］詹姆斯·博曼和威廉·雷吉. 协商民主：论理性与政治［M］. 陈家刚等译. 北京：中央编译出版社，2006：273－280.

⑤ 季卫东. 法律程序的意义——对中国法制建设的另一种思考［J］. 中国社会科学，1993，(1)：84－103.

因此，程序正义与实质正义是相互联系而非相互分离的"[①]，在社会建构的公共行政中，参与过程的程序性要求并不是特别的明显，但必须是在有序的前提下强调程序的意义[②]。民主化的本质是各要素的博弈动态平衡的过程与结果。按照复杂性的理解，有序和无序是辩证统一的过程，民主化的开始阶段会伴随着一定的无序的，但是这种无序具有民主发展的激发器或催生剂的功能[③]，是有序的前提，民主化的进程都是在稳定中不断提升和发展的。"程序能够促使意见疏通、加强理性思考、扩大选择范

① 约翰·罗尔斯．政治自由主义［M］．万俊人译．南京：译林出版社，2000：449.

② 社会建构的公共行政判断程序正义的标准是，如果所有受到影响的公民在决定形成过程中有真正说话的机会，那么该程序就是公正的。（具体参考：［美］乔治·弗雷德里克森．公共行政的精神［M］．张成福等译．北京：中国人民大学出版社，2003：97.）

③ 无序对于民主系统的作用大致体现在三个方面：（1）扰动作用。这是无序的主要作用方式。在一个缺乏民主或者民主意识淡薄的专制系统内，无序通过扰动对专制系统施以作用，当这种作用达到足以能使专制系统松动的程度时，民主的萌芽就有可能破土而出。在扰动作用中，由于包含于组织中的无序对系统的作用更直接、更有效，所以在一定程度上起着先锋的作用，这也是所谓"堡垒更容易从内部攻破"的原因之所在。（2）"物能信"作用。所谓"物能信"作用，是指系统中民主的萌芽需要物质、能量和信息等因素。民主的出现不是孤立的，也不是没有成本代价的。它需要广泛的社会基础。这种基础不仅是物质的、信息的，还要具备一定的能量条件，才能动摇专制系统的封闭和打压。这种基础从何而来？从环境中来。环境中存在着大量的物质、能量和信息。但是，这些物质、能量和信息绝对不会是有序的，而是呈无序的分布状态。当民主在一个专制系统内萌动时，它需要从呈无序分布状态的物质、能量和信息中进行选择性吸收，获取自身需要的养分，供其生长。在"物能信"作用中，包含于组织中的无序不仅能够提供少量的养分，还能起着选择、传送来自于环境中的养分的作用。（3）催化剂作用。在许多情形下，无序起着一种催化发酵的作用，但也仅仅是一种催化发酵的作用。就民主系统而言，有一些无序的情形对于民主的出现虽然起了一定的转化作用但它并不能成为民主的一种形式，而是重新回归到无序的状态。只要一有发酵的机会，它又会重启催化发酵的作用。〔具体参考：谭长贵．"无序"与民主形成机制——基于复杂性视角的民主考量［J］．中国人民大学学报，2009，（5）：142－148.〕

围、排除外部干扰来保证决定的成立和正确性。”[①] 社会建构公共行政以及实现的方式作为一种新型的民主形式，在社会具体情境的实现中，必然伴随着一定程度的不适应和调整期，这是因为，任何一种制度都要嵌入到特定的社会结构和社会文化之中，在嵌入过程中总会遭遇到现存的社会结构和社会文化的强烈的“排异反应”[②]，既然是“排异”，就难免出现失控状态，只是程度不同而已。这就需要在社会建构的公共行政过程中，在尊重程序和秩序的前提下，进行适当的调整，适应社会发展的需要。

四、民主的意义——民主的再生产

前面我们已经提及，社会建构公共行政的过程，是民主实现的过程，同时这个过程有着民主预成的意义，也是民主不断增长的过程——进行的是民主的再生产。通过民主管理方式和民主化的方式实现的参与的价值和公共利益价值的实现，参与的主体既是民主实现的人，也是在民主中受惠的人，参与者的身份与能力是其资格和所表现出来的一种责任，这种互惠和责任的深层次根源在于人们之间的互动关系，在其中每一人都是共同的治理者也是享受者，共同创造了一种公共活动价值所串联起来的连续统一体，参与民主化的治理过程，使“在秩序良好社会里成长起来的人在很大程度上是从公共文化以及隐含在这种公共文化中的人和社会的观念来形成他们自己作为公民的观念”[③]，一旦公民具有公民美德或公民精神，就会促进社会建构公共行政更好开展，为民

① 季卫东．法律程序的意义——对中国法制建设的另一种思考［M］．北京：中国法制出版社，2004：7.

② 李汉林、渠敬东、夏传玲、陈华珊．组织与社会制度变迁的社会过程［J］．中国社会科学，2005，(1)：94－108.

③ 约翰·罗尔斯．作为公平的正义——正义新论［M］．上海三联书店，2002：198.

主化治理创造更多的实现条件。一旦民主取得社会多数人的认同，就获得了社会主导精神的地位，这时它也必然“激起群众的热情”，使其“本身的要求和权利真正成了社会本身的权利和要求，它真正是社会理性和社会的心脏”。[①] 在这样的具有对公共事务治理的实质意义建构中，同一个民主的过程中实现，就会产生出更多地民主内容和意义，激励与体验和分享与成长——民主再生产了民主。

民主作为一种生活的方式，民主的生产也需要在新鲜生动的生活中创造与增值，“作为生活方式的民主不能站着不动。如果它要继续存在，它亦应往前走，去适应当前的和即将到来的变化，如果它不往前走，如果它企图站着不动，它已开始走上导引灭亡的道路”[②]，民主就像一个溜圆的陀螺，公民的参与和诉求就是陀螺不断旋转的外部力量，一旦力量不足，陀螺就会停止倾倒。民主生产是公共活动实践的结果，实践的过程就是一个投资的过程，在持续民主化中，不断地增值和受益，自身也获得存量的增长。在持续不断的公共参与中，公共利益的实现过程对于参与的个体所要求的特定品质都是在参与的过程本身蕴含和培养的，持续的过程增强了对社会建构的民主公共事务的治理思考的形式。在多样的参与中，互动与辩难、争论与说服、相互影响与分享体验认知，在民主参与自身生产了自我升华与教育。在政治公共品格的先验优先和公共事务自治的社会需求的前提下，政治自主和公民权利超越了自身与社会的私利，赋予现代公民团结与共和的力量，以此塑造他们新的意义公共生活，在彼此的交往中，理解各自的利益，每一个人都增长了对更长远的、更深内涵的公共利益理念的认识和守望。

---

① 马克思恩格斯选集（第 1 卷）［M］．北京：人民出版社，1995：464.

② ［美］约翰·杜威．人的问题［M］．上海：上海人民出版社，1965：35.

第六章　分权、自治与公民社会

第一节　治理的地方化

社会建构的公共行政的治理模式适用于小范围、小规模的地方，即“治理的地方化和社区化”，其含义是发挥基层组织的力量，进行开放式的交往和对话，发挥每一个人在公共生活领域中治理公共问题的作用，为公共行政发展注入动力、源泉和能量，提倡公民自我治理和小群体自治。

在社会建构的公共行政中，“如果政府权力的划分仍处于未分配状态的话，那么，民主治理和参与就几乎没有什么意义。这就意味着，政府机关必须设法找到与公众分享决策权的途径”①，对权力的分割就是明确权力内容和边界，分权与放权既是对地方和公民权利的充权过程，也是获取行政行为合法性和支持的主要内容，共同构成了提高公民自治能力和建构政策的主要内容。通过分权，为民主的社会建构政策的发展及发展技能的提升提供了现实基础。

① ［美］全钟燮．公共行政的社会建构：解释与批判［M］．北京：北京大学出版社，2008：184.

一、新地方主义

在现代公共治理的发展中，基于现代治理的复杂性、公民的直接参与和社会资本的发展，特别强调地方治理的新地方主义（New Localism），在实现国家某些最低标准和政策优先权的共识框架内，通过整合地方性知识和行动，形成广泛支撑和学习网络，为公民提供多元选择。培育社会资本，关注公平与能力，通过对话和网络互动机制，将权力和资源从中央集中控制向基层管理者、地方民主实体和地方消费者及社区转移，实现网络化的社区治理（networked Community governance），其中，分权理念是其核心，给予地方治理主体和地方社会组织更多的治理权，为地方和基层治理水平提高给予空间，“新地方主义的引人之处在于，在某种国家框架下，它为地方能力建设以及地方解决方案的形成留有了充分的余地，从而使我们能够面对来自现实治理复杂性所带来的挑战”①。新地方主义借鉴了保罗·赫斯特的联合民主（associative democracy）理念，认为民主是多层次的实践，从地方治理出发，民主必须植根于地方性的知识和空间，在地方政府进行实践和试验，中央政府应当扮演一种推动者、规制者以及标准设定者的角色，地方政府直接承担或者决定具体方向、服务内容的角色，鼓励公民参与，以此提供多元化、个性化服务满足特定需要。

结合社会建构的公共行政，我们认为，地方政府的治理和民主化程度构成了其治理蓝图，让地方政府拥有完整的治理权力和实现民主化的外部条件，形成可持续的民主机制和网络化治理，

① ［英］格里·斯托克. 新地方主义、参与及网络化社区治理［J］. 国家行政学院学报，2006，（3）：92－95.

从而使得权力发挥在服务改善的过程中和公民个性化的满意上。政策的制订者和行政管理人员有权也有义务向基层组织和人员授权，让地方自治以及让人们分享社会治理的价值观和知识的增进。

在社会建构的公共行政中，分权既是提高地方治理水平和公民自治能力、参与水平，也是维护、供给良好的民主化治理的营养的保证，“只有赋予地方政府以同等的权力，才能保证地方政府平等、公正地参与国家的政治生活，使国家的决策充分反映各个地方的利益和要求，也才能从整体上充分调动地方的积极性”①。在正常的情形中，人们会对政府所做出与自身利益相关的政策表现出积极的反应，他们会很鲜明的支持或反对政府的意见，“例如在发达国家，地方税制可能有违民意，但在公共民意测验中，市民则倾向于认为本地政府，而非中央政府对他们的需求更能做出积极反应。在玻利维亚，因政府大力推行‘大众参与法案’，给我们提供了一个通过地方治理结构将以前搁置一旁的方案融入政治体系的极好案例”②。总之，分权和下放权力是一种迈向民主社会重要的行政技术选择。

在民意的表达和意见的集中下，“分权化通过将政治决策权向当选的地方层次或者更小范围实体的移交，可以使集体偏好得到有效的表达”③，平等对待各地方政府，享有大致平等的创新权力，使得公民具有多样化选择机会与空间，具有共享的身份意识。公民如果不能在某一层行政组织中参与社会建构政策，表达

① 薄贵利，金相文．市场经济条件下的中央与地方权限调整的趋势［J］．政治学研究，1999，(3)：29－34.

② ［美］艾伦·罗森博姆（Allan Rosenbaum）．分权、治理与民主［J］．国家行政学院学报，2001，(4)：88－92.

③ Bardhan. Decentralization of Governance and Development. Journal of Economic Perspectives，2002，(4)．

自我的价值偏好，他们仍然有机会从另外的机构和组织中参与政策的建构，仍可“以脚投票”表达自我的偏好。在分权类别上，分权有外部分权和内部分权，这类似于弗朗兹·舒尔曼所提出的“分权模式Ⅰ”和“分权模式Ⅱ”①，在外部分权中，通过把决策权广泛授予非政府以外的社会力量，使社会力量能更广泛和更深入地在复杂社会网络中参与的政府公共行为中，能够反映多元化的社会需求，不仅提高公民的参与的能力，形成社会治理的多中心化力量，充分吸纳社会的力量与智慧，也有利于增加政策的有效性和合法性，实现地方治理的积极性。

二、社会建构行政的分权

政府的项目和计划目标优化是通过考虑到边缘化的群体和贫穷的人群，给他们提供理解地方治理的优劣和赋予他们一系列的责任，每一个参与的群体都会理解其他参与群体的意愿。社会建构中的政府，强调“机会”与“放权”，赋予参与的机会和实现参与的权力，发挥地方治理的实效。地方治理的最大优势在于他们接近所治理的人民，人们能更好感受到治理带来的程序和绩效。同时分权能够提高政府的责任意识，也能够影响和提高公民的责任意识和能力，“假如只有公共行政高度的集权，则很难指

---

① “分权模式Ⅰ”是指将决策转给生产经营单位自己掌握，是外部分权；“分权模Ⅱ”是指将权力下放给某些下级或地方行政机构或其他社会机构，是内部分权。（关于“分权模式Ⅰ”和“分权模式Ⅱ”的论述，详细请参阅：罗荣渠．关系、限度、制度：政治发展过程中的国家与社会［M］．北京：北京大学出版社，1996：3. 这种模式的划分最早见于弗朗兹·舒尔曼的论述，具体参考：弗朗兹·舒尔曼．共产主义中国意识形态和组织［M］．伯克利加州大学出版社，1966：167 – 175，196 – 198.）

望公民能有对好政府的责任意识”①。“中国今日社会整合的机制和能力已相当脆弱，其集中表现就是日益突出的所谓‘中央与地方’这一基本张力。这一张力的实质无非是，由于中国社会分殊化的高度发展，已使‘中央’日感缺乏足够的权力基础来整合不同社会利益的矛盾和冲突。”② 在一个多层次治理的国家中，权力越是有效的分散，地方治理的能力也就越强，社会力量对社会治理的贡献、形成良好的治理秩序所产生的机会和发展空间也就越大——通过分权，赋予自治权和创新空间，实施参与式的管理模式，彼此分享相互知识，提升积极的公民精神，实现民主合作式的治理模式。

分权不仅是权力的下移，更重要的是职责和资源的下放，下放的对方是相对独立、自治的地方行政机构，肩负其对中央政府负责和本地民众负责。除去资源与职责的下放，阿伦·罗森鲍姆认为，如何实现分权下的地方治理，要做好以下几个方面：(1) 承认任务的复杂性；(2) 公民授权引致有效地方治理；(3) 建立可持续的合作关系；(4) 理解改革进程的脆弱性；(5) 加强管理能力系统；(6) 承认建立足够的、可依赖的财税基础的重要性；(7) 努力获取市民社会的联合支持；(8) 强化地方政府和中央政府的合作；(9) 发展有效的公私合作关系；(10) 建立基础性的预算和计划制度是建立负责的地方政府的核心；(11) 建立负责的和透明的政府对建立和获取公众的信任至关重要；(12) 认识和承认长期承诺的重要性。③ 社会建构的行政建设中，分权要体现“认识和行动的互相依赖性”，强调国家

① Leonard D · White, “Introduction to the Study of Public Administration”, Macmillan, 1948: 96.

② 甘阳．走向“政治民族”［J］．读书［J］, 2003, (4): 3-8.

③ ［美］阿伦·罗森鲍姆．比较视野中的分权：建立有效的、民主的地方治理的一些经验［J］．赵勇译，李琪校．上海行政学院学报，2004, (3): 106-111.

和社会的互相合作，增强可持续的合作意识，与公民合作，与社会组织合作，守望相助，真正把权力下放到公民社会中去，在不断的合作中实现分权的优势。强调责任的承担，公民与非政府组织在享受权利的同时，必须承担其自我的责任。突出财政的重要性，分权是与税务和预算的体系紧密联系在一起的，要把分权和地方治理的改革纳入到每年的预算体系中去。政府组织的自我信用建设也是一项核心内容，政府的信用和人们对政府行为的信任是分权成功的非物质保障。同时分权是长期的、可持续性的，需要不断长时间去探索实践和完善，不断修正和适应新的形势和挑战，突出变化社会中的政治选择。社会建构中，分权要坚持的标准：(1) 宏观标准。与社会力量一起合作治理，形成共同目标。(2) 基层性。通过下放权力，给予最底层的人员，包括边缘的群体以的权利，人们在能够自由地参与基层政府的政策制定与执行，同时了解和比较他们的当地服务。(3) 灵活性。坚持不同的区域和情形进行选择性的分权，克服人为的官僚障碍，即分权要遵循地方性知识原则，实现中央与地方，个人利益与公共利益，代表与参与的平衡。(4) 选择性。增加公民对政府服务和政策制定的参与方式的选择种类和项目内容。

从分权形式上看，有民主的分权和行政的分权[①]，我们主张，在社会建构的公共行政中，进行“二次授权”，即先行政分权，然后再进行民主分权——先在行政权力的内部进行分权，然后再在通过民主的方式，赋予社会组织和公民自主权，以此实现政府与社会组织形成共治的伙伴关系。斯通（Stone）、罗根（Logan）和莫罗奇（Molotch）等创建的城市政体理论（Urban Regime Theory）指出要在各社会治理组织之间建立一种非正式但又相当稳定的关系，以此达成持续性的协调与相互利益的满足[②]。非正式但相当稳定的关系应该是伙伴关系，分权伙伴关系就是建立在“二次分权”的基础上——在行政分权上，中央向地方政府、地方组织和他社会经济组织之间赋权，在民主化的分

① 关于行政分权和民主分权，两者的主要区别是行政授权存在于政府内部，实际上是不同层级政府或部门之间管辖权的划分；民主授权是政府外部，体现的是民众与政府的关系。两者的主要区别是：（1）授权领域的区别。民主授权存在于政治领域，涉及的是政治责任，行政授权存在于政府系统内部，涉及的是行政责任。（2）授权的指向不同。民主授权是水平授权，行政授权是垂直授权。而在责任指向方面，民主授权政府要对民众负责，由于政府的权威性，民众的分散性，很容易使这种责任指向从水平变成从上而下的“垂直”。行政授权下，下级要对上级负责，是自下而上的。（3）责任取向不同。民主授权所赋予的责任是保护性取向的，政府作为代理人要保护民众的利益。行政授权所赋予的责任是管制性取向的，并需要从社会中攫取资源。因为政府是社会秩序的维护者和暴力的合法垄断者，攫取资源是为了执行政府承担的责任。（4）责任履行所依靠的手段不同。民主授权的代理人完成责任主要依靠劝说性手段。而在行政授权下，代理人可以采用强制性手段。军队、警察、法律、监狱是强制性手段的集中体现。（5）检验责任完成情况的机制不同。民主授权下，选举是责任的主要检验机制。选举有固定的周期，以落选作为惩罚手段。但是在整个检验评估过程中，通常缺乏严密的检验评估手段，是相对软性的。而在行政授权下，经过长期发展已经形成了一套全面而严格的检验评估机制，最典型的是绩效评估。〔具体参考：杨雪冬．分权、民主与地方政府公共责任建设［J］．华中师范大学学报（人文社会科学版），2004，（6）：56－65.〕

② STONE C. Urban regimes and the capacity to govern：A polit－ical economy approach［J］. Journal of Urban Affairs，1993，15，（1）：1－28.

权上，通过公共事务治理的功能分散化为社会组织和个体，则是地方政府向社会组织、社区和公民授权，最终形成中央与地方一体，公民多元参与的网络化地方治理模式。因此，我们认为，社会建构公共行政分权的主要内容有：

（一）赋权于基层组织

社会建构行政中的政府致力于为社会组织和公民充分有序行使政治权利提供宽广平台和畅通途径，让公民有充足的机会、渠道参与公共事务治理的管理，基层底层的公共组织起着组织建构、培育公民参与文化和维护参与秩序的作用。在行政性分权上，重点内容是，应当给予基层组织更多的权力，例如农村基层组织——村委会和自治村庄，城市基层组织——街道办事处和社区更多的自治的权力，政府更多的是充当村民民主自治和社区自治的服务者，进行必要的指导、导引和监督，让公民参与到自身所处的公共事务治理全过程中去，克服政府与社会治理之间的“信息不对称”，纠偏基层组织面对解决公共问题的及时性和准确性不足的问题。

（二）还权于市场

社会建构的公共行政旨在解决公共事务的联合治理问题，但必须是公共物品范围内的公共事务。在微观的经济管理中，经济学原理指出，市场在基础性资源配置中发挥主要作用，政府把真正把资源配置权交给市场，把应具有的权利交给公民，依靠市场机制实现对公共事务治理之外的其他资源进行合理配置。公共权力侵占市场领域的，应该返还给市场，让社会组织和公民自我去管理和发展。

（三）放权于非政府组织

向非政府组织放权是典型的从行政系统内部分权向行政外部分权的过渡。非政府组织作为社会自治和服务社会的力量，政府要从控制社会到服务社会，给予非政府组织（多种中介组织和协会组织）更多的发展空间，提高其组织化程度，不断培育社会组织的成熟。

第二节　社会自治与基层民主

一、公民社会的兴起

在公共行政领域中，社会领域中政府的力量在减弱，各种自治的团体在不断增长，公民社会日益成熟，已经是全球化进程中的一个普遍的现象。公民社会已经成为国家治理的重要力量①，形成了政府、公民社会与市场三者之间相对独立的、分工合作的新“三明治结构”，在新“三明治结构”关系之下，公民社会是重要的一级，是三者的支柱之一。

公民社会中各种力量壮大的“共约性”，本质上是一种非正式权力的意志与愿望，在内容上，它既反对不顾公共利益的私利追求，又摒弃了正式权力的强制性；在目标上，既追求社会个体的自治和管理，又弥补和担当起政府与市场的不足与责任。公民社会“共约性”体现出了公共性的意志，彰显出了公共精神品格的魅力和影响力。因此，在实践中，公民社会的运行展现出一种与政府组织迥然不同的全新的姿态、风格和气质。就姿态来看，公民社会是“社群的、共和的”，公民社会的运行是采用集

① 在当代西方社会，承担思想文化和意识形态功能的市民社会已经成为国家密不可分的一部分，“国家 = 政治社会 + 市民社会”。（具体参考：［意］葛兰西．狱中札记．［M］．北京．人民出版社，1983. 222.）有的学者甚至指出：“21 世纪是社会部门的世纪”。（具体参考：LESTER SAIAMON. The emerging non rofit sector：an Overview［M］. Maneheste. Manehester University Press，1995：101.）

体行动的方式来实现公共利益，借助集体的力量诉求公共问题并成为社会关注的议题，注重和倾向于把社会的公共意志上升为社会的主题话语，主动积极地和其他主体一起寻求社会治理的良策优政；就其风格来看，公民社会关注“公共之善”的实现，利用社会群体行动的力量，发挥公共精神、公民品格和志愿品质，实现公共事务治理的发展；就其气质来看，公民社会是“自治的、公共的舞台”，在非正式权力和公共性的影响下，利用社会的力量实现自治。故此，公民社会是一种公民的认同，既是一种态度，也是一种行为模式①。扶持和愈来愈关注富有生机的公民社会是政府健康发展的重要组成部分。

公民社会所具有的显著特征，在形成公民的参与机制方面、需要关心他人和热爱公共事务的方面、实施和形成道德准则和培育个人责任方面倾向更具有优势，从这个方面理解，公民社会本身就内含着社会建构行政的文化意蕴和气息。因此，在社会建构的行政过程中，发挥公民社会的优势，利用其在公共事务治理和弥补市场失灵等方面优势，最终形成了政府、市场与公民社会的有效互动的网络，发挥各自优势，实现社会的良好治理。

二、社会自治的过程与意义

公民社会为社会自治创造了条件和基础，公民社会的发展必然导致社会组织实现自组织的发展。社会建构的公共行政在实施民主化的过程中，也是提高公民的自治能力和社会的自治能力的

① 邓正来，J. C. 亚历山大．国家与市民社会［M］．北京：中央编译出版社，2002：41.

过程①。

作为社会自治，主要是指作为社会共同体中的中成员能够自觉、主动地参与社会公共事务的治理中去，成为一个具有较强对话能力的群体，维护社会的共同利益，为实现良好的社会治理作出自己的贡献。这一点类似前面我们所提到的社会建构模式中的一种“公民—公民”的模式，一个成熟、强势的自治社会的存在是公共行政更好发展的重要前提。社会自治具有主动消除社会问题萌芽的可能性②，在现代社会中，具备了社会自治的精神，在一定程度上解放了公共行政，节约了社会治理的成本。

社会自治是一种自我管理、自我调节、自我教育和自我发展的社会管理自组织形态。“如果系统在获得空间的、时间的或功能的结构过程中，没有外界的特定干预，我们便说系统是‘自组织’的。这里‘特定’一词是指，那种结构和功能并非外界强加给系统的，而且外界实际是以非特定的方式作用于系统。”③在社会自主的自组织中，没有外部的干预，主要是指没有行政权力的侵入。在社会自治中，关键核心的问题是培养社会共同体中的自治精神和提升每个人的自治能力。“正是在自治的过程中，美国公民在力所能及的有限范围内，试着去管理社会，使自己习惯于自由赖以实现的组织形式，而没有这种组织形式，自由只有

① 现代性政治重建的一个明显趋势是“由更加灵活的、中心分散的权威系统取代官僚等级制”，并且“民主化进程再次与制度的自反性联系到了一起，且明显表现为自治原则”，民主化本身就孕育了自治的种子和培养了自治的土壤。（具体参考：安东尼·吉登斯．风险、信任、自反性［A］．乌尔里希·贝克，安东尼·吉登斯，斯科特·拉什．自反性现代化［C］．北京：商务印书馆，2001：245）

② 反过来，过于依赖政府，可能会使得问题更难以解决。实际上，很多情况，政府干预越多，问题越大；问题越大，对政府的需求就越多，结果就会陷入恶性循环。（具体参考：张维迎．市场的逻辑［M］．上海：世纪出版集团，上海人民出版社，2010：24.）

③ H. 哈肯．协同学［M］．上海：上海科学普及出版社，1988：29.

依靠革命来实现。他们体会到这种组织形式的好处，产生了遵守秩序的志趣，理解了权力和谐的优点，并对他们的义务的性质和权利范围终于形成明确的和切合实际的概念。”[①] 社会自治是以普遍参与为特征，以参与来提升对公共事务治理的认识。作为一种非营利性的民主治理模式，需要具有高度的公共精神和成熟的公民文化为前提的，同时，社会自治的过程也培养了公共精神和公民文化。在美国，乡镇自治使得人们养成了爱好自由的习惯和掌握了行使自由的艺术，美国人通过参加立法活动而学会法律，通过参加管理工作来掌握政府的组织形式，社会的主要工作每天都是在他们的监视下甚至可以说是通过他们的手来完成的，这种自治的传统极大地强化了美国人民的参与意识和民主意识[②]。

在基层或者生活的公共场域中，公民对身边的公共事务的治理进行自我管理和服务，强化了公民意识。也只有在具备了自觉的公民意识和参与能力之后，公民才有动力和机会参与到政治生活中去，表达诉求和实现利益，进而改变并支持初衷决定。随着参与的深度和质量的增加，公民对公共事务治理的认识又具有了更深层次的把握，就具有很多稍微大一些的公共场域中参与公共事务治理能力，不需要公共权力的介入就能够自行解决。社会自治作为个体公民自治的延伸和聚合，是公民能力提高和不断发挥作用贯穿其中的一条主线，是对个人权利的保护，始于起点，落于终点，社会自治既是社会建构公共行政发展的可靠选择，也是公共行政追求的最终实现目标，民主在此也发挥到了最高程度，再到一个层次，民主也就随之消亡了，社会治理的形式也就成为

① ［法］托克维尔．论美国的民主［M］．董果良译．北京：商务印书馆，1988：76.

② ［法］托克维尔．论美国的民主［M］．董果良译．北京：商务印书馆，1996.

唯一的形式了。这一点，与社会自治的阶段也相吻合，有的学者把社会自治分为了市民社会自治、人民自治和全员自治三个阶段①，与社会建构公共行政的民主阶段诉求具有一定的一致性，在参与的程度上，三个阶段具有渐进性，参与公共行政社会建构的深度、广度和程度不断增强，民主化的程度也不断增强。

社会自主化程度的高低直接决定了现代民主政治的深度和广度，社会自治在一定程度开辟了一个新的民意表达途径，鼓励普遍的参与，“社会自治的当下含义更强调通过民主参与促使国家与社会的良性互动”②，社会自治的参与比行政参与更加具有开放性和自由性，在内容上是非政治性的、非国家管理性质的，即祛除了权力的影响和各种约束性的规范制度管制，消除了参与过程中支配者与被支配者的限制，表现出很大的社会性。在参与的范围上，在地理区域上没有边界的限制，在人数上没有多与少的区分，在所探讨的事情上没有大与小的界定；在形式上，参与是更加直接的形式，参与的程度较大。社会自治是自愿参加的活动，直接表达自我的意志，实现高度的自治，当然也有随时退出的自由和权力。在这些特征中，社会自治的核心是“自己决定权”，也是社会自治正当性的基础，这种正当性是通过对“一个由各种独立、自主的社团组成的多元社会可以成为一种对权力的‘社会的制衡’”③。依靠公民社会的自由的社团，公民和公民群体利用自我的决定权，利用直接和间接相结合的形式，积极参与社会公共治理。

在社会建构的公共行政中，对于政府，培育成熟的社会是政

---

① 李元书．论社会自治［J］．学习与探索，1994，(5)：87－95.

② 王婷．社会自治与社会主义和谐社会构建［J］．中共南京市委党校南京市行政学院学报，2007，(3)：524－530.

③ 梁治平：市场—国家—公共领域，读书［J］，1996，(5)：10－17.

府的价值追求和任务之一，社会自治又是成熟社会的标志。在社会自治中，民主化的进展和自治紧密相连，民主过程中酝酿了自治，自治则标志着民主的繁荣。“民主要走向繁荣，就必须被重新看作一个双重的现象：一方面，它牵扯到国家权力的改造；另一方面，它牵扯到市民社会的重新建构。只有认识到一个双重民主化过程的必然性，自治原则才能得以确定；所谓双重民主化即是国家与市民社会互相依赖着进行的转型。”① 社会自治的成长就成为主要的问题，政府需要为社会自治的组织成长提供开阔的空间，在培育社会自治精神和体制探索方面发挥作用。一方面政府需要自我改革，从过多社会领域干预中退出，进行自我权力的限制，管好自己该管的事情，自觉肩负其公共治理公共服务的职能，建设有限的政府和法治的政府，下放权力，给予基层政府更多的权力，在基层的社会自治组织拥有更多的自由度。政府努力为社会组织的发展创造良好环境，提供公平正义的社会氛围和优良的公共服务，政府要有根据的退，社会要有选择的进，使得政府权力和社会权利保持适度的平衡，赋予社会团体和组织的独立性和自主性，让社会自治组织和服务回位。另一方面，政府与社会互动，把政府自我的事情放在更大的社会背景中去认识和管理，进行有效合作式治理，让社会自治组织大范围地进入社会治理中。总之，积极的社会建构行政方式既是社会自治的方式，也是政府与社会进行相互沟通的途径选择，尽力形成“公共之善”。“社会自治包含对国家、政府所持有的公共权力的回馈型压力。而且，这种回馈型压力会固化为一种客观的管理机制，这种机制中的政治理念和管理理念，都会为服务社会整体的伦理精

① 周翼虎，杨晓民．社区发展论［M］．北京：中国经济出版社，1999：12.

神所感染”①，社会自治中的组织成员的自治特征会通过社区、街道和其他社团的形式扩散到其他成员，逐步会赋予人们以道德主体的性质，促进公共行政自我伦理改善和进步。

三、非营利组织的力量

从历史的渊源来看，社会自治是公共领域与私人领域不断分化的结果。随着市场经济的深入发展，市场的失灵和政府的失灵倒逼呼唤出适应社会需求的多样的社会自治型组织，逐渐地担负起公共管理的职能。多样的社会自治组织必然导致公共行政之参与者的多元化，多元化主体之间的权力依赖和合作伙伴关系，最终必然形成一种社会自治的合作网络②。非营利组织作为社会自治的合作网络的一个主体，弥补了政府和市场各自在提供公共物品方面的局限性，反过来也导致了社会对非营利组织的公共职能的需求③。在一定程度上，公民社会的发展和壮大有赖于非营利组织的发展，公民社会中的非营利组织，具有民间性、非营利性、自治性、组织性、志愿性等特点，决定了非营利组织具有规模小、灵活机动、更易于接近服务对象、能对服务对象的需求做

---

① 张康之．公共管理中的社会自治［J］．江苏社会科学，2002，（6）：99－100.

② 戴维·奥斯本，特德·盖布勒．改革政府［M］．上海：上海译文出版社，1996：289.

③ 美国经济学家伯顿·韦斯布罗德（Burton Weisbrod）于1974年最早提出市场失灵与政府失灵理论，认为由于政府和市场各自在提供公共物品方面的局限与不足，导致了对非营利部门的功能需求，是非营利部门存在的主要原因。（具体参考：吴东民，董西明．非营利组织管理［M］．北京：中国人民大学出版社，2003：42－45.）

出灵活反应等优点①，非营利组织以一种更加迅猛的力量参加到了公共事务治理的社会变革之中。

知识社会包括发挥不同功能并能协调配合的三种器官（部门）：第一部门是公共部门即政府；第二部门是私营部门即企业；第三部门是非营利组织或称为社会部门。② 在今天的社会中，非营利性组织的兴起已成为一种全球化的潮流，人们赋予了非营利组织更多的期待，参与公共行政，提供公共服务，被称之为民主的万能灵药和提供服务的“清洁工”，用福勒的话说是“全球汤锅里的勺子”，迪克则将之称为“剩余福利的分配”③ 过程，有时候也称之为“影子政府”，哈贝马斯则称之为公民社会的核心机制，“‘公民社会’的核心机制是由非国家和非经济组织在自愿基础上组成的，这样的组织包括教会、文化团体和学会，还包括独立的传媒、娱乐协会、辩论俱乐部、市民论坛和市民协会，此外，还包括职业团体、政治党派、工会和其他组织”。④ 公民社会的主体要素和核心要素主要由非营利性组织构成。在理念层面上，非营利组织是行政主体提供公共物品和服务的多元主体的一位，肩负着公共利益的使命，打破了政府一家独大的治理结构，形成了多中心的治理模式，逐步形成了网格式的公共服务体系，政府与非营利组织相互依赖，在伙伴关系、持续合作中实现公共利益的福祉。在具体的实践层

① ［美］萨拉蒙·全球公民社会——非营利部门视界［M］. 北京：社会科学文献出版社，2002：3 -4.

② 德鲁克. 非营利组织的管理［M］. 北京：机械工业出版社，2007.

③ ［英］D. 露易斯. 非政府组织的缘起与概念［J］. 国外社会科学，2005，(1)：97 -99.

④ 何增科. 公民社会与第三部门［M］. 北京：社会科学文献出版社，2000：4.

面，作为“在充分自主的程度上做出决定的自由”① 的组织，非营利组织为公民参与提供了一种可以选择的途径，它以组织化、群体化的形式，将社会上众多分化的个体凝聚起来，非强制性则是更多强调为社会培养合格的公民，更多关心个人的精神需要，鼓励公民参与公共行政中并扮演各自不同的角色，调动了人们的创新能力，最大限度地包容社会力量，增加公民参与精神的高涨和公民对公共利益的使命感，成为增加社会凝聚力的黏结剂。非营利组织在满足人们需求的多样化和个性化的同时，逐步培育民众的参与精神和公共精神，从而增进了社会的自主性和自治性，形成自愿的合作，“自愿的合作可以创造出个人无法创造的价值，无论这些个人多么富有，多么精明。在公民共同体中，公民组织蓬勃发展，人们参与多种社会活动，遍及共同体生活各个领域。公民共同体合作的社会契约基础，不是法律的，而是道德的”②，不断形成与其他组织进行合作的治理文化。

公民社会理论指出，一个社会中自发结成的群众性非营利组织越多，发展越健康，社会的自生能力就越强，同时公民的参与程度也就越高，与其他人愿意分享与合作的程度也就越高，社会的民主化程度也就越高。作为多种角色的行动者和公民社会的中坚力量，非营利组织是一种多功能组织，是社会资本的特定形式，非营利组织“承诺了一种‘新政治’，可以不采取以前夺取政权，实现权力集中的激进战略，而采取另一种新方式来实现改变社会的目标”③。按照“新托克维尔主义”的理解，社会内部

---

① ［美］朱莉·费希尔．非政府组织与第三世界的政治发展［M］．邓国胜，赵秀梅译．北京：社会科学文献出版社，2002.

② 罗伯特·D. 帕特南．使民主运转起来［M］．王列，赖海榕译．南昌：江西人民出版社，2001：215.

③ ［英］D. 路易斯．“非政府组织的缘起与概念”［J］．国外社会科学，2005，(1)：97－99.

的非政治性社团有助于产生缓和和妥协的精神，非营利组织是扎根于公民之中的，更贴近公民的活动和知晓公民的需求，非政府组织特别关注公民需求的特殊领域和特殊公民的需求，充当他们利益的代言人，满足了民众的社会需求，缓解不同利益主体、利益群体之间的利益冲突的紧张。经典社会学家迪尔凯姆指出，将一群个体联结成为一个社会的是该社会的集体意识，集体意识是同一社会的普通公民共同拥有的信仰和情感之总体，它主要表现为人们共同的价值观和道德规范。社团提供一种集体的记忆，将以往一些缔造公共物品的成功经验累积传递下来，有利于改进集体行动的策略①，非营利组织唤起了人们的集体意识，洋溢着对社会基层和下层群体的伦理关怀。非营利组织的核心是公民不依靠强制权力活动在组织中，在“现代社会，人们的民主自由理念很大程度上不是靠政府和市场来培育，而是通过在‘第三部门’中的自由结社、自我管理的社会生活逐步养成的”②。在非营利组织中，尊重每一人的意见，培育了公民健康的政治心理和人格精神，通过政治信仰、政治理想、共同的价值取向铸就政治民主社会化过程，为社会建构公共行政的公民主体锻造了现代公民的品格。

非营利组织给政府“分责”，但不与政府“分利”，在全球化的今天，已经成为合作的中一支力量。政府与非营利组织存在

---

① 罗伯特·D. 帕特南. 使民主运转起来［M］. 王列，赖海榕译. 南昌：江西人民出版社，2001：173－174.

② 谢岳. 后现代国家“第三部门”运动评析［M］. 复旦学报（社科版），2000，(4)：130－135.

很大的关联性①，保持两者良好的关系尤为重要。非营利组织博弈能力的增加，增加了与政府的讨价还价的能力，形成合作伙伴的治理关系，克服政府治理的盲区。有的学者提出了“联动嵌入合作模式”②，联动嵌入合作模式是类似市场契约关系一样的紧密合作关系，双方遵循“民主的商议”原则，在充分的计划和不同层次上的沟通渠道以及资源和收益的实现共享，双方的权利与义务都是相互嵌入和制约，但不是政府的侵占、殖民和“俘虏”，使非营利组织成为“准政府”的性质。在社会建构的公共行政中，培育非营利组织和发挥其在公共行政的民主作用，发挥自身比较优势，积极参与到公共生活中，创造出社会需要的新的治理能量。

四、基层民主和社区自治

社会建构公共行政的生命力在基层。无论是公民社会，还是

① 从实践层面来看，美国学者保罗·斯特里滕指出，政府与非政府组织之间具有以下关联：第一，非政府组织的计划与政府的宏观经济政策之间有联系，符合政府的经济政策和社会发展理念；第二，一个非政府组织的计划经常是由政府来提供的，反之亦然（肯尼亚的人口计划为非政府组织能够在政府计划中提供一定的服务树立了一个范例）；第三，非政府组织财政收入的大部分而且越来越多地直接或间接地来自政府、多国银行的捐赠和社会募集；第四，非政府组织有时也会被政府接管或将其扩展为政府组织；第五，非政府组织可以对政府的政策制定人施加各种各样的影响。（具体参考：保罗·斯特里滕．非政府组织与发展［A］．何增科．公民社会与第三部门［C］．北京：社会科学文献出版社，2000.）

② 杨镪龙，许利平，帅学明．政府与非营利组织合作的新模式——从制度化协同走向联动嵌入模式［J］．国家行政学院学报，2010，(3)：57－59.

非政府组织的社会自治，都要从基层[1]的民主化做起。社会建构的公共行政突出强调社会自治组织成员对于社会事务的自主管理，实现社会基层民主化是理论发展的起点。社会建构所倡导的直接民主途径实现，是一个艰难的过程，需要以具体的社会情境中公共场域为载体的，“然而，现代社会的规模、复杂性和极大差异性，使得直接民主绝对不宜作为政治管理和控制的一般模式”[2]。因此，作为小规模的、群众自治的基层组织是直接民主

---

① 在我国，党的“十四大”报告、“十六大”报告和十六届六中全会《决定》，把基层民主中的“基层”界定在城市居民委员会、农村村民委员会和企业事业单位这三个领域；“十五大”报告、十五届三中全会《决定》和十六届四中全会《决定》又在城市居民委员会、农村村民委员会和企业事业单位这三个领域之外增加了“城乡基层政权机关”这个层面和领域。“十七大”报告适应社会结构的发展变化，把“社会组织”纳入了扩大基层民主的范围。本文中的基层是指乡镇机构（基层政权）、城乡社区、企事业单位、乡镇机构（基层政权）、社会组织和公民。乡镇机构指乡、民族乡、镇的人民代表大会和人民政府，城乡社区指城市和农村按居民居住地区设立的居民委员会或村民委员会，以及基层工会、社会团体等。此外，在我国基层还应包括准政权机关或实质性的政权机关，如基层党组织、共青团组织、妇联、农兵以及地方以职工代表大会为核心的企事业单位等基层组织。这里的基层民主是国家和政府的基层民主、社会的基层民主的有机结合。

② ［英］阿克顿．自由与权力［M］．北京：商务印书馆，2001：380.

的对象，基层组织治理[①]的直接民主化推进是唯一可选择的途径，也是增量民主实现的必经之路。同样符合社会建构所倡导的小型组织的民主式样，“只有在小型社会和面对面的共同体中，民主才是比较好的选择”[②]，实用主义者约翰·杜威也曾指出，民主始于地方，始于邻里共同体，关注基层治理以及民主化，是治理平衡的纵向转移，转移到更广泛的群体、更能回应治理民主化的需求和更能够接近实现民主治理本质的地方。在中国的公共治理现实政治实践中，乡镇自治和社区自治是实践直接民主和推动民主发展从基层出发的选择，既是民主化的“点实验”，也是进行社会建构公共行政发展的实践基础。

① 治理理论的实质和核心，是管理的民主化问题，“没有民主，就没有现代意义上的治理”，推动治理理论产生的一个重要原因，就是试图借此摆脱民主的两难困境，优化民主。直接民主虽然能够保证公民参与程度高，但其缺陷也是明显的，这不仅体现为组织困难、成本高昂，很难从城邦市镇发展成为更大规模的共同体，而且还体现为容易导致盲动和狂热，不容易妥协，甚至有可能形成“多数人的暴政”；为了解决这些问题取而代之的代议制民主，却又产生效率低下、反应迟钝、政策失灵、精英主义、技术统治等弊端。治理理论的产生，可以视为突破民主两难困境的一种尝试，也是对传统代议制民主的一种矫正，即在现有的代议制民主的框架内增加直接民主的含量。〔具体参考：高小平．实现良好治理的三大基础［J］．中国行政管理．2001，（9）：18.〕治理具有增加直接民主的含量，但要完全实现公共治理＝开放的公共管理＋广泛的公众参与并非易事。〔具体参考：罗豪才、宋功德．公域之治的转型——对公共治理与公法互动关系的一种透视．中国法学．2005，（5）：3－23.〕也就是说，社会建构的公共治理模式（整合了开放的公共管理和群众参与的优势）是直接民主的实践，基层组织和其社会组织的治理是最佳的选择。

② ［美］本杰明·巴伯．强势民主［M］．彭斌，吴润洲译．长春：吉林人民出版社，2006：286.

（一）基层民主[①]与自治

民主的实现需要一个支点。中国的基层民主是民主生长的起点[②]。城乡基层民主是直接民主的主要形式，人们直接参与到政治生活中，社会生活的本身构成了民主的基础。基层的社会建构行政行为是“草根民主”和“草根政治”，是民主的演习场和试验田，更好地为公民供给公共物品和服务。同时，在贯彻执行民

---

① 基层民主有多样分类。基层民主涉及“不同领域”的群众自治问题。就县级以下各领域分为：党的（政党的、共产党的、各民主党派的）基层民主；国家的或政治、政权、阶级的基层政府的基层民主；社会的基层民主等。广义社会的基层民主，包括社会经济的基层民主；社会政治的基层民主；社会文化的基层民主；狭义社会的基层民主等，即“基层民主”可分为党的基层民主、基层政权的基层民主、社会的基层民主这三个不同领域、不同系统的基层民主。基层民主关涉到不同层次的基层民主、不同领域基层民主的“互动”问题。在城市主要就是街道（理论上是设区的政府的派出机构）、居委会与该社区居民的基层民主的关系问题；在农村主要就是乡政府或镇政府与村民的基层民主的关系问题，这既不是简单的“党与政”关系问题，也不是“社与社”的关系问题，而是“国家与社会”的关系问题或“国家与社会”、“政权与社会”的关系问题或“政府与民众”、“政与民”的关系问题。这是“上”与“下”的互动。还有基层经济、基层政治、基层文化、基层社会之间的互动或“下”与“下”之间的互动。因此，“基层民主”之基层，一是强调“层次”；二是强调“领域”。政党系统（尤其共产党系统）的基层民主在具体的党支部（或部队的连队）层面；国家系统的基层民主，农村在乡或镇层面，城市在设区政府的派出机构；而社会系统的基层民主则是村、村民或城市居民小组的基层民主或社会自治民主。因此，政党的基层民主，国家和政府的基层民主，社会的基层民主三者的有机集合，成一个重要的基层民主建设的“演兵场”。〔具体参考：乔耀章，基层民主：一个需要重点推出的“综合演兵场”［J］．江苏行政学院学报，2010，(4)：89－91.〕

② 在现有的理论谱系中，从来就没有“普适”的公共行政理论，中国的行政治道之路必须注意行政外部资源，必须深深扎根于地方知识和本土的资源中，中国公共行政的地方知识和本土资源无疑是来自基层民主的实践。在这一点上，在绘制民主化治理的地图时，我们的理论必须植根于政府的具体社会实践，并且应当对社会和经济变迁在政府组织、公共行政上所造成的影响保持警觉的敏感性，以开放的心态来看待现代性对社会的总体影响，现实应该从理论的多次“试验”和开发中清晰的展开与分化开来。

主决策的时候，基层的民主执行具有更好的优势，“就某些事物的本质来说，全国政府在处理较大规模的问题时会实现较大优势，就其他事物的本质来说，州和地方政府在处理较小规模问题时会实现较大的优势”①。基层的民主治理试验具有可以持续性的特征，时空的便捷性，可以使得民众、组织与治理意图的持续互动与产生新的政策意义，使得民主能够较好地“旋转”——基层组织和社会力量给予了民主运转的空间和能量，通过社区、自愿结社的团体和社会组织形成了基层的民主结构，这种网络式的结构可以繁荣地方社会，进而为政治上层建筑提供社会发展的支柱和基础性的支撑结构。从民主制度的绩效看，基层组织和普通公民在公民社会的各类充满活力的草根性基层公共场域中的活动是至关重要的。

在基层的民主政治中，利用社会建构的行政模式，强调通过自由和开放的对话来制定和实践决策，随之开展与政策相一致的行动，简化了各级代理之间的链条和责任的界定，在公民与执行人员之间、公民和公共项目的制定与执行之间责任更加直接与清晰，“人们应当拥有更多的机会同公共服务的提供者进行直接的对话，并对后者的绩效进行直接的监督……责任涉及公共服务提供者与相关公众之间的解释原因、质询以及持续的互动”②。在持续的参与过程中，民主化的综合精神与品格在点滴的形成参与中积累、历练和淬火成长。作为公民参与社会建构的一种民主品格和内在价值基础，由参与意识和民主精神所构成的公共精神与公共品格既是政治社会化的结果，更是实践和自我经历的结晶，

---

① 文森特·奥斯特洛姆．复合共和制的政治理论［M］．上海：三联书店，1999：132.

② ［英］格里·斯托克．新地方主义、参与及网络化社区治理［J］．国家行政学院学报，2006，(3)：92－95.

一旦形成就成为基层民主自治和社会建构民主的“耐用消费品”——重复使用并且不断自我增值。托克维尔指出，美国所呈现的生机勃勃的民主形式建构在一个具有无限生机和活力的美国乡镇社区上，成为美国社会的“乡镇精神”，是基层组织凝聚力和归属感。在这些乡镇的基层社区中，乡镇具有独立权力，公民自由参与到乡镇公共事务的治理中去，真实自我权利实现，打碎了权力的垄断，“乡镇，即日常生活关系的中心，才是人们的求名思想、获致实利的需要，掌权和求荣的爱好之所向”，寻找到自我的心灵和情感的归属，参与社会建构的乡镇治理成为一种习惯和生活的一部分，在这种情况下，“广大人民群众能不为乡镇政权操心而做好自己的工作，并自觉地关心乡镇政权!”① 这是基层治理的目标和最终公民自我成长的标志。从另一方面理解，这也是为行政主导制下的治理模式提供了一条替代的途径，在基层的民主化模式下，利用熟人社会的信任关系，使得更多分散的个体联系起来，基层社会的“信用并不是对契约的重视，而是发生于对一种行为的规矩熟悉到不假思索的可靠性”②，齐心协力地巧妙地面对差异性与复杂性较大的地方治理情形，同时又使得社会认识到了基层组织面临问题的复杂性，当他们具有自愿参与和关注他人利益的精神时候，就会唤起人们共同治理的兴趣，因为地方治理的情境离公民最近，看得见、摸得着、感受到。

在基层的民主政治中，渐进性的制度变迁所积累的经验与知识奠基了民主化治理的基石，作为社会建构公共行政的起点选

---

① ［法］托克维尔．论美国的民主［M］．董果良译．沈阳：沈阳出版社，1999：80

② 费孝通．乡土中国［M］．上海：上海世纪出版集团，上海人民出版社，2007：1.

择，怎样进行利用基层特征展开民主化的建设和实现社会公共事务的治理是问题的关键。“好的民主是一定能够生成治理的。”①一般而言，公共事务治理需要通过利用民主的共性（内涵）并通过个性（外延）来体现，也就是说需要民主的精神，需要民主实现的多种式样。世界上任何国家的民主都与同自己的国情实际相联系，同时由于不同的自然环境、国情、社会舆情和地区“亚文化”的影响（托克维尔称之为“民情”②），每一国的地方民主都具有自身的特殊性，这就需要适应自身并把民主精神实施最大化。基层民主不仅是实现民主的自主参与，更重要的还有培育公民的参与精神。在民主的认识视野中，历时态与共时态相结合的思路则表现出“民之主”、“民知主”、“民自主”三种情形③，这是一种民主发展的自然历史过程，其中“民自主”是民主发展的真谛与最高形式。在“民之主”、“民知主”阶段是间接民主的体现，是公民认识民主和接触民主的开始。基层民主的自发形成需要民主的工程设计、现代行政项目的规划精心组织，通过组织与社区的选举、商讨治理的方案或者无主题的交流与沟通，使参与的行为方式逐渐深入人心，成为政治生活的仪式、习俗、思维和生活方式，使民主成为身边治理的行为方式和心理惯习，形成不同的由亚文化组成的适应不同“民情”的民主治理文化和价值取向。

---

① 林尚立. 基层民主：国家建构民主的中国实践［J］. 江苏行政学院学报，2010，(4)：80－88.

② “美国之能维护民主制度，应归功于地理环境、法制和民情”，但“按贡献对它们分级……自然环境不如法制，而法制又不如民情。只有美国人特有的民情，才是全体美国人能够维护制度的独特因素”。(具体参考：［法］托克维尔. 论美国的民主［M］. 商务印书馆. 1996：358，387－388.)

③ 乔耀章，基层民主：一个需要重点推出的“综合演兵场”［J］. 江苏行政学院学报，2010，(4)：89－91.

基层地方政府、组织和社区作为多重个体的生活空间，既是人与外部环境的亲近交流的场所，也是社区公共生活空间的载体。基层的公共场域中的生活空间将不同地区中的人和当地的环境融合为一个共同体，任何一部分的变化都会引起整体的变化。不同的环境中人的行为有很大的差异性，人们对不同环境的认同和满意度的差异，使人们对于不同地方的归属感也不同，其参与地方治理的行为与价值取向也就不同，“一个人对外在客观对象的认知会影响他对此对象的情感，进而也会影响他对此对象的行为”①，个体的意识、地方治理的环境和治理的方式选择之间紧密地联系在了一起。另外，在不同的社会情境中，参与社会社区治理的社会建构过程，也要受到不同的“话语性实在”的影响，话语言说者在个人主观意志的引导下，在特定社会情境中的话语系统的约束和文化背景下，遵循特定的话语构成的规则所完成的一项建构活动的产物。因此，处于不同话语系统约束和指引之下的言说者对于“实在”将可能会有不同的建构②，这就需要我们真正认识不同社会情境和发展背景下的人的状况，回到真实的基层生活“场景”本身，回到活生生的“人”本身，回到生动的公共生活场域本身，回到当地的地方性知识中（包括民情），回到真实的社会建构载体（包括话语、行动、技术等）本身，正视人们自身真实的生活情形和人的行动选择和结构。

因此在地方基层的治理方式选择中，结合地方性知识、亚文

---

① 丁凤琴．关于社区情感的理论发展与实证研究［J］．城市问题，2010，(7)：23－27.

② 谢立中．结构—制度分析，还是过程—事件分析——从多元话语分析的视角看［J］．中国农业大学学报（社会科学版），2007，(4)：12－31.

化、当地的人的精神状态与行为方式[①]进行。在农村的民主化治理的发育中，由于“熟人”格局的世界和礼俗社会特征，再加上话语本身限制性、乡土社会的本质，农民有很强的依附性[②]，可以考虑适当自上而下的助推方式下，政府要更多发挥主动的角色和民主化设计的角色，“尊重乡土知识和群众的技术、技能，重视当地人的参与，由当地人进行调查和分析，达到使当地人自我分析、做出计划和采取相应行动”[③]。在当今农村共事务治理中，需要突出特定区域的特殊性和公共性，社会建构的公共问题要贴近农民生产、生活的需要出发，在政策的社会建构过程中，尊重他们的生活方式和农民本身的利益诉求，让村民讨论和决定他们面临的公共问题，动员和组织各方力量参与建设。在不断推进和成熟的基础上，提高农民的参与能力和积极性，公民精神需要在村民的日常生活各个方面加以贯彻，通过参与公共事务的讨论、决策和适合农村特点的、农民喜闻乐见的文化活动形式，采用便捷方式，实现乡镇的空间再造，活化农村社会资本，形成乡

① 在《论美国的民主》中，托克维尔实际上是将这种精神与行为方式要素概括为民情，他明确提到民情的主要有两个地方：一是不仅指通常所说的心理习惯方面的东西，而且还包括人们拥有的各种见解和社会上流行的不同观点以及人们的生活习惯所遵循的全部思想（在紧接着的论述中他说“我把这个词理解为一个民族的整个道德和精神面貌”）；二是人在一定的社会情况下拥有的理智资质和道德资质的总和。（具体参考：托克维尔．论美国的民主［M］．北京：商务印书馆．1996. 332、354.）

② 美国社会学家 A. 沃尔德（Andrew Walder）在研究中国的单位制时认为：“指令性经济赋予下层干部在资源分配上的垄断权力，普通群众只能通过与这些干部建立依附关系才能获益；单位的封闭性以及社会关系的感情纽带导致依附关系的稳定性；这种依附关系加强了国家渗透与协调社会的能力”。（具体参考：沃尔德．共产党社会的新传统主义［M］．龚小夏，译．牛津：牛津大学出版社，1996.）在今天的中国社会中，依然可以看到这种关系。

③ 郭慧敏，王海珍，刘宝剑等．参与式发展与我国荒漠化防治［J］．农业经济，2006，(8)：56.

镇的秩序和集体的记忆，增进邻里社会资本和乡村社区认同，保持乡政府、村民自治以及农民和民间力量灵活的关系，不断促使社区主体意识的增强，建立一个稳定、长效的合作机制，始终保持政府有意识、探索性的扶持发育的过程和基层农村自治的治理过程之间必要张力。在城市的基层民主化过程中，城市社区作为一个异质化的陌生人世界，鼓励参与的多样性，为社会居民找寻适当的参与空间，实现共享的社会责任和自我价值。农村与城市的途径不同，但是两者的目标都是实现社会的自治，寻找行政权力与自治权力“平衡点”和“有效边界”，形成基层的公共生活的共同体。

在基层民主中，民主是一连串的事情，民主的发展具有试验的可试错性、纠正性，具有更多的空间和时间进行自我的改革完善，这一点符合民主的成长逻辑，民主不是一纸法令或一时的需求就可以建立起来的，其实际发育有一个缓慢孕育的过程，“人们可以一周接一周，一月接一月，有时甚至是一年接一年地考察制度的发展，然而……制度变迁的节奏是缓慢的，要清楚地看到一个新制度对文化和行为产生的显著影响，常常需要几代人的时间……要想建设新制度的人和想要对此做出评价的人需要耐心”①。从基层组织和社会组织进行民主治理的尝试，点滴的增量民主会不断修正改善治理的方式与内容，能够量体裁衣地为特定需要的人群解决问题的方案，促进民主治理。

（二）社区建设与自治

社区是公共事务治理的原子，是公民社会发展的微观基础。从社会学视角看，社区是一个介于初级群体和次级群体的组织，是每一个人从家庭走向社会的第一个接触的空间。滕尼斯认为社

① 罗伯特·D. 帕特南. 使民主运转起来［M］. 王列，赖海榕译. 南昌：江西人民出版社，2001：67－69.

区是具有共同价值取向、共同信仰、共同风俗习惯和强烈归属感的亲密无间的人际关系、联系方式以及社会共同体。罗伯特·M. 麦基弗也把社区看作一个“精神的联合体”，认为社区可能有意识地创造出来，其目的是为了实现共同的善或公共利益①。萨瓦斯则从功能的角度指出，社区是以面对面协商为基础，以生产和消费半公共物品为主要功能，以追求集体福利最大化为目的的初级公共领域②。作为“共同的”、“一起的”、“共享的”有共同命运的共同体，公民社会中“社区”代表了的自组织和自发展的趋势和过程，表明了公民社区的自治状态。从组织方式、空间范围和内部的治理结构来看，社区是社会建构过程理论试验的最佳场所。

社区孕育了治理理念，生产了公民社会的价值体系。在参与社区微型的共同政治活动的人，小范围交往使人们感觉到之前从未有过这种的一种情感纽带和精神的影响。作为初级组织，社区往往被赋予了似故乡一样眷恋，在现代性碎片化的社会中，社区是人们立足的根基、情感的凭依、心灵的栖息地和精神寄宿的故产，常常会成为不在场的、被情感渲染的、可以想象的心灵境域，俨然成为现代人生活的精神栖身之地。社区中的成员具有共同的价值取向，彼此密切和守望相助，联结起了地方政府与公民社区间共同愿景。社区成员的共同感以及某些共同生活的评价，构成了社会成员的归宿感，从而构成了人际互动，人与人之间的相互信任是靠共同的信任、价值观念等形式的互动③。“一个健

---

① 俞可平．社群主义［M］．北京：中国社会科学出版社，2005：73.

② ［美］E. 萨瓦斯．民营化与公私部门的伙伴关系．北京：中国人民大学出版社，2002：4－8.

③ ［英］齐格蒙特·鲍曼著．共同体［M］．欧阳景根译．南京：江苏人民出版社，2003：1－5.

康社区的存在本身就是消除冲突的一种工具。"[①] 地方政府的作用、职责和任务正在于拓宽公民自主参与的渠道，渐渐转移到"借助社区力量来保证服务提供得以实现"[②]。

社区治理是国家治理体系中的一部分，社区治理中所遇到的问题和解决的办法，对国家治理体系的发育和成长具有镜鉴意义。社区建设过程被看作是国家不断渗透基层社会的过程，所关注的问题是国家权力向基层社会延伸的过程以及在此过程中碰到的约束[③]。社区面对的公共问题，是社会问题的高度浓缩，展现了人们生活的变化，揭示了公共问题的深层次根源，牵动了权力与权利、政府与民间、管理与民主、规则与伦理等治理的"大问题"。在社区中，公共决策过程被看作是一项极其重要的事情，需要经过深思熟虑，通过自由和开放的对话来实践决策，与好政策相一致的行动应在"最基层"展开，从公民到公共项目决策和执行之间的直接责任链清晰[④]。作为社会治理民主的一面镜子，成功社区的治理模式是成千上万不同社区试验与探索的产物。

良好的社区治理模式更适合民主化的模式。在社区，"社区的本质是社会互动，社会互动不仅标定社区的地域范围，形成地域性社会，决定集体行动的结构和方向，而且是社区认同的源

---

① ［美］珍妮特·V. 登哈特，罗伯特·B. 登哈特. 新公共服务：服务，而不是掌舵［M］. 北京：中国人民大学出版社，2006.

② ［美］戴维·奥斯本，特德·盖布勒·上海政协编译组东方编译所译·改革政府——企业精神如何改革着公营部门［M］. 上海：上海译文出版社，1996：7.

③ 李友梅. 社区治理：公民社会的微观基础［J］. 社会，2007，(2)：159－169.

④ ［美］理查德·C. 博克斯. 公民治理：引领21世纪的美国社区［M］. 孙柏英，等译. 北京：中国人民大学出版社，2005：125.

泉”①。在互动、开放和为公共利益实现的社区日常生活社会建构所构成的社区治理的政治性，是以社区场域为表达空间，以公共问题为表达为载体，以形成稳定性的地域性的公共福利为主旨，由普通百姓亲自实践行动和连续社会互动为亲历式形式的邻里街坊的微观政治。社区行动学派人物萨顿和罗拉杰认为，“社区现象由这样的社会互动构成，即这些社会互动是大多数个人和群体的行动过程，其目的是要解决由于共处一个地域而引发的各种集体问题”，并指出社会互动的社会现象的判断标准：（1）行动与当地的相关程度；（2）当地居民参与行动的程度；（3）当地社会组织参与行动的程度②。社区中治理是以利益相关性、情感共通性、公民的自治性为出发点，以共同面临的公共问题为关注对象③，社区活动是多方利益主体多元参与，在正式制度诸如法律、规则等国家和非正式制度诸如人情、面子等地方性的社会资源约束下，与政府、市场发生复杂关系下的自我管理与服务的公共活动。社区的公共治理活动，既是国家整体政治的渗透和形塑，也是邻里不同行动者参与的生活实践，通过不同行动者之间的互动完成基层社会治理的可能性。社区中的“生长在基层社会日常生活问题或事件之中的邻里政治，将国家权力的运作、基层组织的动员、家庭利益的表达、个体诉求的重申，都紧紧地勾连在一起，让它们成为邻里社会网络上的细微结点，彼此分开而

---

① Kenneth P. Wilkinson. The Community in Rural America. New York：Greenwood Press，1991. 2。

② Sutton，Rolaja. The concept of community，Rural Soci – ology 25（June）：197 – 198.

③ 社区治理的这些特点，使得社区在某些问题的解决具有了比较优势。一般说来，“社区自组织在解决城市复兴、社会排斥、犯罪与社区安全、可持续发展和环境保护等棘手问题上具有比较优势”。（具体参考：Robert Leach & Janie Percy – Smith. Local Governance in Britain，New York：Pal grave，2001：186.）

又紧紧相连。在这个意义上，邻里日常社会生活不在政治生活之外，相反，其恰恰是现实政治发生的社会原点”①。

在社区中，各种各样的非正式组织，诸如合作社、老年娱乐健身队、合唱团、各种兴趣团体等，由此形成的公民参与网络，在无缝隙的情感和归属的共同体中，彼此的交往越频繁、形成的网络体系越密集，互动越深入，人们之间愿意分享与合作的可能性也就越大。其中，还获得了蒂布（Tiebout）所强调的潜在利益——因为管理良好的社区可以以较低的成本提供公共服务，因而可以吸引移居者，增加财产价值②。如果地方社区或辖区的数目足够大，同时每个社区都提供着不同的公共产品类型，那么，通过“以脚投票”，个人可以自由地选择自我所需要的公共服务的社区，以符合自我的偏好，促进公共部门的资源达到有效配置，实现低成本的政府和市场做不到的事情。“社区内的多重关系被组织为一个以当地为结构的和划界的体系。这种社区支持在那个地方市民体系中的新信任、友谊和相互利益更紧密的联结……市场交易在这样一个受地域束缚的社区中不可避免地避免了长期互惠与团体的考虑。”③ 在持续的互惠交往中，人们逐渐会形成采取有利于社会有利于他人方式的互惠性的双赢链条，人们会关注长远的利益和他人利益的实现，形成彼此之间的互惠的稳定的心理预期，减少了一次性博弈中的机会主义行为和“敲竹杠”行为。社区是信任与互惠合作的摇篮，那些具有确定的积极价值（包括信任他人）和使人们彼此联结在一起的关系的

---

① 刘威．街区邻里政治的动员路径与二重维度——以社区居委会为中心的分析［J］．浙江社会科学，2010，(4)：53－60.

② ［美］斯蒂格利茨．政府为什么干预经济［M］．北京：中国物资出版社，1998：90－91.

③ ［美］斯科特·拉什，约翰·厄里．组织化资本主义的终结［M］．南京：江苏人民出版社，2001：122.

社区具有更加有效的普遍互惠和合作规范①，社区成员在长期、稳定的共同生活中形成共同的心理认同感、归属感的社区共同意识，在充满直接共同关怀的共同体中，社区帮助公民确立自我身份资格（个体在社区中角色、责任和义务的认知与实现），容易形成民主化合作所需要的非正式制度的心理契约。总之，在水平横向的联系网络的社区空间中，居民自发建立或社区提供社团的参与渠道，强化了社区的社会互动本质②，在培养社区自治的能力，也为公民社会成熟奠定了基础。

社会的建设和营造社区认同，要充分利用市场机制所提供的“自由流动资源”、“自由活动空间”和“自由选择的机会”，进

---

① 埃里克·乌斯拉纳．民主与社会资本［A］．马克·沃伦．民主与信任［C］．吴辉译．北京：华夏出版社，2004：113.

② 社区互动的具有多样性，如何认识社区互动的本质，社区行动学派创始人考夫曼列出了六个方面的条件加以判别：“（1）行动追求的和满足的利益的综合性程度；（2）行动被认同于地方性的程度；（3）当地居民参与行动的相对数量、参与者的地位以及参与程度；（4）参与行动的当地组织的相对数量及其在当地的影响；（5）行动维持或改变当地社会的程度；（6）行动的组织程度。”〔具体参考：Harold F. Kaufman. Toward an Interactional Conception ofCommunity. Social Forces，1959，（1）．〕社会互动本质实现，要受到行动情境和结构的影响，行动情境的一组通常变量包括：①参与者集合；②参与者担任的具体职位；③容许的行为集合及其与产出的关联；④与个体行动相关联的潜在产出；⑤每个参与者对决策的控制层次；⑥参与者可得到的关于行动情境结构的信息；⑦成本和收益——它们是行动和结果的激励因子和阻碍因子。奥斯特罗姆教授认为有七种规则可以影响行动情境的结构，它们是进入和退出规则、职位规则、权威规则、范围规则、聚合规则、信息规则、偿付规则。（具体参考：迈克尔·麦金尼斯．多中心体制与地方公共经济［M］．上海：上海三联书店，2000；萨巴蒂尔．政策过程理论［M］．上海：三联出版社，2004.）同时，人们为达到一定的目标，在采取社会行动时，越来越趋向于以社会规范、文化习俗、他人行动和自我感知为行动选择域，通过合适的和相应的手段，以获取社会利益最大化。（具体参考：闵学勤．城市人的理性化与现代化［M］．南京：南京大学出版社，2004.）参与式的社会建构的公共行政社区治理模式，在复杂的具体行动的社会情境和行动结构上，融合了正式制度与非正式制度使用，在一定程度上表现了社会互动的本质规定。

而构建起来相对独立于国家与社会的“自组织空间”。从整体上看，在共同的社会生活及利益之中，凝聚形成社会性团结，横向的社会性团结为社区自主发展注入了动力，辅之以社区本身纵向性的社会性团结，不断的民主参与、自我约束、自我协调，使社区的自组织能力与行政正式能力持续互动，共同合作治理社区，内部的各类组织和个体组合成伙伴关系和互惠的关系，打破集体行动的困境，从整体上形成“自主”与“自为”的社会自我支撑与自我发展的耗散结构的集体行动系统，形成稳定的社区组织关系和治理秩序，并在宏观上积极地影响和改进国家与社会关系，社区自组织自身所具有的内在性的合作、参与、有序等属性成为提高社区治理绩效的有效工具和为国家输送治理经验与模式的试验载体。从社区参与的个体来看，巴伯主张个人以更多的心力关注地方社区事务，形塑公民主体性的建构，在社区建设中，主体性建构体现为决策主体性、经营主体性、文化主体性①，决策的主体性是自主社区参与公共决策中，分享自我经验与知识，经营的主体性是对社区发展提供便利服务；文化的主体性是自我作为文化建设一分子，形成共享的社区亚文化。社区的自组织程度越高，三者在社区微观的公共场域中得到共时性的整合可能性就越大，公民的自我成长和治理的绩效就比较明显。其中参与社区中公民决定了自我的主动性和能动性，“社区主体既是行动的主体，也是意义主体，被赋予了一种主动的情态”②，他们通过一系列彼此的关联性行动，在主体间性的关系的作用下，体现社区治理的实践价值和意义。在社区自主的“公共空间”里，多

① 沈红．穷人主体建构与社区性制度创新［J］．社会学研究，2002，（1）：40－54.

② 魏智慧．社区参与的拓展与主体建构［J］．决策探索，2010，（3）：36－37.

种主体参与社区公共事务的治理施加影响的各种行为和意义构成了自我权利的试验场——对社区精神的追求推动了个人生活去主动进行，在集体行动中的定位和自我追求，使社区中的公共幸福远远高于各种利益冲突和博弈。在今天社区中，当公民参与到社区对话与交流的时候，社区的自治也就开始了，社区的志愿性团体、民间组织、社区单位等社区主体，在社区场域中，公民、公共组织和社会组织相互影响，形成了一个基于社区自助性①的群体与组织，社区价值与社会价值充分的耦合和高效的整合，为社会治理注入新的动力。

参与到社区、维护社区的社会资本和制造优质民主生活并使得社区成为地方政府改革的推动力和捕捉提高治理绩效的敏感触角，为地方治理创新发展的一个突破点。“地方政府应该鼓励社区公民关注更大的社区，鼓励公民致力于超越短期利益的事情并且愿意为自己邻里和社区中所发生的事情承担个人的责任。”②作为小型的“社群共同体”，社区的运行更多是建立在自愿③的

---

① 社区的自组织运行过程明显表现出自助群体的特征，国外学者还从群体规模、结构、过程、目标等界定自助群体的特征：第一，小规模的参与者；第二，群体成员之间是面对面的互动和平等的关系；第三，领导结构常是轮流制或共享制；第四，运作的机制是“透过助人而获得帮助”；第四，强调增权；第五，对改变能力的乐观态度。（具体参考：Alfred H. Katz，Eugene I. Bender，Helping One Another：Self-help Groups in a Changing World，Third Party PublishingCompany，1990：24－25.）自助群体的特征与社区运行的特征极其相似，从侧面反映了社区运行具有自助群体的性质。

② ［美］珍妮特·V. 登哈特，罗伯特·B. 登哈特．新公共服务：服务，而不是掌舵［M］．北京：中国人民大学出版社，2006.

③ 英国学者泰勒所提出的“社群共同体”概念，已经具有了自愿的特征：（1）成员享有共同信仰和价值；（2）成员间的关系是直接的和多面的；（3）成员之间的关系在严格意义上是互惠的，即成员之间活动成果共享、不计功利以及互助。（具体参考：M. Taylor. community，Anarchy and Liberty［M］．Cambridge University Press，1982：25－33.）

基础，政府更像是一个参与社区的公民，政府“既不是一只全程保护与拉车的手，也不是一看不见不理不睬的手，而是一只轻轻推动和呵护的手”。“轻轻推动的呵护之手”表明社区自组织是一种存在外部控制参量推动下自组织过程，政府的功能包括输入能量和参与治理①，政府参与、引导其中而不是领导全部过程，提供服务、支持、资助而不是包揽管理，社区的治理类似自由恋爱而不是包办婚姻，是组织的自治式治理而不是组织的统治管理——形成国家与社会的共生社区治理模式。从这一点政府在社区治理是参与和赋权的过程，在鼓励社区内群体②参与治理同时，向社会弱势群体、边缘群体的“他乡”群体进行赋权的过程，向社区中的人和外来者学习，实现社区自助与互助，分享自己的生产、生活经验与个人面对社会问题的风险，意味着各自的态度、知识、意见和价值充分融合和碰撞，形成一种“公共意识”和社区文化。对社区而言，是内在的政治社会过程和公共行政的社会建构的过程，分享社区性治理与价值学习的过程。社

---

① 陈伟东. 社区自治——自组织网络与制度设置［M］. 中国社会科学出版社，2004：154.

② 美国社会学家萨姆纳（W. G. Summer）最早在其《民俗论》一书中提出：根据群体成员对待群体的立场或态度，可以把群体划分为内群体（In－Group）和外群体（Out－Group）。凡是成员感到自己与群体关系密切、休戚相关，对群体的归属感强的群体就是内群体。外群体也叫“他群”，与内群相对应。凡是自己未参加的，由他人结合而成的群体被称为外群体。（具体参考：王康. 社会学词典，济南：山东人民出版社，1988.）有的学者在进一步的研究中指出，城市社区自治主体呈现“以居委会为中心”和“以自我为中心”的内外两大群体，两群体在社区的生活表现为二元区隔的状态。“社区内群体”与其在社区自治的理念与未来行动选择上存在二元区隔，这是两大群体在社会、经济、文化等多方利益取向的差异所导致的；社区自治的建构与完善需要两大群体的通力协作，同时政府的权力让渡、中介组织的培育及仿企业化机制的导入等均有助于两大群体鸿沟的弥合，携手共治。〔具体参考：闵学勤. 社区自治主体的二元区隔及其演化［J］. 社会学研究，2009，（1）：162－183.〕

区成员分享成果，参与社区社会建构的不仅是一个过程、手段、技术和工具，还是一种理念与价值，具备了彼此合作的能力与合作的理念。在平等参与的合作伙伴关系中，使社区参与不再是走过场的参与，而是社区主体的利益需求实现和参与主体责任的担当需要。

第三节　社会资本的发育与作用

无论罗伯特·D. 帕特南笔下的“让民主政治运转起来”，汉斯·科曼所称之为“公民社会的黏合剂”，福山所称道的“组织运行的润滑剂”，Pierre Bourdieu 所称谓的提供信任的“信任状”，林南所认为的“在市场中期望得到回报的社会关系投资”，还是托克维尔所说的“心智习性”（habits ofthe heart and the mind），都重视了公民间的信任、互惠、合作和规范与人格网络等所形成的社会资本对政治稳定和社会发展的重要价值。在社会建构行政的民主化治理的社会也是如此，社会资本承担着多重功能与作用。

一、促进参与深度与合作治理

民主社会的基础是建立在“公民参与网络”的社会资本支撑之上。社会的公共问题日趋复杂，社会治理的主体已经多元化，形成了政府、企业、社会组织和公民在内的广泛参与群体。换句话说，社会资本本身就蕴含着社会建构式的公共行政治理的因子。帕特南强调社会资本的“信任、规范以及网络”元素，为公共事务的善治提供了基础，公民社会、社会组织以及“小群体”之所以能够发挥作用，是因为它们能够通过面对面有组织的参与活动，让公民形成密集的网络关系，产生共享的知识和价值，形成了人们的合作与信任观念。

帕特南将制度绩效的研究建立在“社会需求、政治互动、政府、政策选择和实施”的治理模型上，认为一个高效的民主制度是回应性与互动性的结合。在政治互动中，社会资本以黏合剂的形式使社会成员相互联系成网络，积极参与公共事务的治理的民主的建设和变革。社会建构的公共行政成为公民潜能的发掘和资源动员能力的再生产的一个运作平台，社会资本中公民意识和公共精神得到了发扬，人们从社会道德感低下和共同责任感不强的自私自利的“经济人”的理性算计者变成了分享知识、分享经验与共担责任、具有较强社会公益感的现代公民，无形中形成了一种特有的动员机制与能力，推动了社会的社会资本的持续积累，在社会行动者之间可以拥有转移的资源，任何社会行动者都不能单方面拥有这种资源，必须通过关系网络发展、积累和运用这种资源[①]。因此，社会资本激发了公民有合作、理解和彼此产生共鸣的倾向，形成了交往的网络。

国家与社会、政府与公民之间在信任关系和联系网络的基础上形成了参与型社会，彼此之间能够进行良性互动。在参与治理中，互相以平等的眼光与心态，以公民的身份而不是陌生人、竞争对手或者敌人来看待，彼此信任与合作，融合了主体公共精神、凝聚和个体精神的认同。反映在治理中，更多人参与到公共政策中来，集体行动、参与公共事务往往被认为是区域社会资本的结果[②]，社会资本（特殊的社会资本）决定着政治系统的价值

① 边燕杰. 城市居民社会资本的来源及作用：网络观点与调查发现［J］. 中国社会科学，2004，(3)：136－146.

② Paxton，P. Is Social Capital Declining? A Multiple Indicator Assessment［J］. American Journal ofSociology. 1999，(105).

趋向和内在精神，日常公共生活的信任决定了美好政治治理的远景，充满民主自由气息的社会资本是公民社会运转的需要，也为社会治理注入了动力。同时在社会治理和公民社会成长的过程又不断生长出丰裕的社会资本，社会资本与治理进入相互生产的良性循环，进一步降低了治理的成本，促进人们参与公共事务治理。社会资本的规范与互惠的网络支撑与保障了治理的实践，而良好的治理又是社会信任和持续的合作的保障。

社会资本的客观和主观部分在分散的个人之间起到了“调节性的作用”，在自愿的基础上把社会个体凝聚起来，同时增强社会成员的“集体行动”意识，从而有利于解决社会整体所面临的各式各样社会、经济、政治问题①。社会资本在参与式的社会建构公共行政中，通过其调节作用，形成了人与人之间良好的社会关系，建立公民参与网络，鼓励多主体之间的交往与合作，在互利与互惠的交换活动中，培育平等理念和构建信任、互助的规范，为治理提供了价值观和道德基础。“社会资本是生产性的。它使实现某种无它就不可能实现的目的成为可能，并能够通过推动协调的行动来提高社会的效率”②，形成了人们良好的公共精神和公共意识，使得社会资源利益公平分配；通过其价值实现，能够有效地建立公民的社会共识，减少了摩擦和“搭便车”行为，能够使原本处于原子化状态的个人建立起合作互利的关系，社会网络关系中的声望、信任、规范等文化资本以及蕴含在个人身体之中的知识与技术等人力资本得到了增值，人们积极参

① Putnam, Robert, Robert Leonardi &Raffaella Nanetti, Making Democracy Work: Civic Traditionsin Modern Italy. Princeton: Princeton University Press. 1993; Wuthnow, Robert, Loose Connections: Civic Involvement in America' s Fragmented Communities. Cambridge: Harvard University Press. 1998.

② Putnam, R. Making Democracy Work: Civil Tradition in Modern Italy [M]. Princeton University Press, 1993: 167.

与公共事务，提高公民的参与能力和政府的治理能力，实现善治愿景；人们都能够基于社会认同的权威性规则来行动、思考、感觉的自我组织[①]，增强了群体网络中行为可预测性和组织的凝聚力。通过其凝聚的作用，凝聚了社会各种力量，并发挥各自的作用，形成了一个网络状的公共治理体系，形成了人与人之间的义务与期望关系、信任关系和权威关系，培育了一个社会的信息网络、规范和有效惩罚、各种有意创建的多功能组织[②]，由此形成了共同体自主自愿、彼此配合的合作互益行动，形成了人们良好的治理预期。社会资本是人们主动投资结果，自我建构是一种具有资源性的社会结构，使参与其中的人们获得利益。在一定程度上，社会资本与社会建构的公共行政理念是相互促进的、共生共灭的，参与的过程促进了不同人之间的信任、规范和网络，这些社会资本的要素反过来又推动了社会建构公共行政的进一步发展。

二、形成信任基础与民主治理

在参与公共事务治理中，人们进一步巩固了信任、规范和网络，它们能够通过推动协调的行动来提高社会的效率[③]。共享的

① 郭台辉．政治文明与社会资本：一种相互依存关系［J］．学术论坛，2004，(5)：52－56.

② ［美］詹姆斯·科尔曼．社会理论的基础（上）［M］．北京：社会科学文献出版社，1999：354－356.

③ Putnam，R. D. MakingDemocracyWork：CivicTradition inModernItaly［M］．PrincetonUniversity Press，1993：167.

规范、价值、信任、态度、规范和网络[①]作为社会资本的核心要素，提供了信息流，人们有机会选择使用有用的信息，促进不同的群体进行价值的整合，个人的信任得到了社会组织的认同，不同信任的交流与增值形成了社会信任，使人们倾向于采取合作的行为。公民参与的网络孕育了一般性交流的牢固准则，促进了社会信任的产生，有利于协调和交流，扩大声誉，解决集体行动的困境[②]。公民参与治理网络是合作的成功体现，整合中的社会资

① 真正的社会资本并不仅包括信任、价值等非正式的制度，还包括正式的制度，诸如规则、程序等。厄普霍夫认为，社会资本通常被理解成作用或规则上的（结构性的）源泉或精神态度上的（认知性的）源泉之间的某种组合，并将社会资本的构成要素分为“结构性”社会资本和“认知性”社会资本。前者指通过规则、程序和先例建立起社会网络和确定社会角色，促进分享信息、采取集体行动和制定政策制度；后者是指共享的规范、价值观、信任、态度和信仰，使人们更倾向于采取互惠的集体行动。纳哈佩特（Nahapiet）与高沙尔（Ghoshal）进一步将社会资本的结构分为结构式嵌入、关系式嵌入、认知性嵌入三个层面，对应着结构性社会资本、关系性社会资本和认知性社会资本的区分。〔具体参考：Nahapiet Janine, Ghoshal Sumantra. Social Capital, IntellectualCapital, and the Organizational Advantage [J]. A-cademy ofManagement Review, 1998, 23 (2): 242-266.〕结构性社会资本是指群体行动者之间联系的整体模式，它表现为群体关系网络及其特征，主要关心的是网络联系的存在与否、联系强弱等网络联系和网络结构的特点，在社会治理中表现的参与治理的社会网络的密度和人们参与的频度；关系性社会资本是通过群体内部关系的创造和维持来获取的社会资源，与社会联系的主体行动者有关，主要表现为网络中成员信任和值得依赖，成员间的相互尊重和相互认可，规范与惩罚、义务和期望以及可辨识的身份等，在社会治理中，主要是指群体成员之间长期的交往与合作，可以形成相互间的信任和可信赖性，主要表现为互惠规范、义务、相互的认可等；认知性社会资本是指相互信赖的价值、观点和信念等，例如语言、符号和文化习惯。在参与社会建构的治理中，认知性社会资本可以表现为群体因拥有共同的经历而在群体关系网络中所形成的共同的信念、共同的立场、观点以及共享的价值观。（具体参考：诺曼·厄普霍夫．理解社会资本：学习参与分析及参与经验[A]．帕萨·达斯古普特，依斯梅尔·撒拉格尔丁．社会资本——一个多角度的观点[C]．北京：中国人民大学出版社，2004.）

② 李惠斌．什么是社会资本[A]．李惠斌，杨雪冬．社会资本与社会发展[C]．北京：社会科学文献出版社，2000：167.

本内化为一种内置的文化，使人们倾向于相互合作、彼此信任、相互理解、能够同情的他人，保证合作继续进行下去，未来的合作在此之上进行。社会资本有助于人们从思考自身利益转向更多地思考集体利益[①]，在帕特南看来，社会资本会促进自发的合作，已经渗透到政治秩序的内在结构要素中，必然能推动政治的有序运行，它最重要的影响力是在社会和政治生活中，奠定了人们合作的心理契约，使人们都能享受到共同的资源和利益。一个依赖信任的社会比没有信任的社会更有效率，信任促成行动者之间的合作，降低了社会交往的成本，为社会生活提供了润滑剂[②]。社会资本作为一种社会关系投资[③]，在政府组织中也是如此，“社会资本的经济功能是降低交易成本。这些交易成本跟契约、等级、官僚政治规则及诸如此类的正式协调机制有着密切的关系”[④]，在社会资本诸如信任、规范的要素会随着合作的形成呈现扩散的趋势，一旦社会中的公民参与社会网络的关系，就会活动起网络中蕴藏的大量的社会资本，人们的合作与交流就是彼此交换各自的社会资本，在民主化的治理中也培育公民的公共精神，形成公民共同体。普遍互惠的规范和公民参与网络，鼓励了社会信任与合作，因为它们减少了背信弃义的动力，减少了不确

---

① Boi x，C.，&Posner，D. N. Soci al capi t al：Explai ni ng i t s ori gi nsand ef f ect s on government Perf ormance ［J］. Bri t i sh Journal of Poli t i cal Sci ence，28，1 998. P691.

② 罗伯特·普特南. 繁荣的社群——社会资本与公共生活［A］. 李惠斌，杨雪冬. 社会资本与社会发展［C］. 北京：社会科学文献出版社，2000：158.

③ 林南. 社会资本——关于社会结构与行动的理论［M］. 张磊译. 上海：世纪出版集团，上海人民出版社出版，2005.

④ ［美］弗朗西斯·福山. 社会资本、公民社会与发展［J］. 马克思主义与现实，2003，(2)：36－45.

定性，为未来的合作提供了模式。[①] 社会资本的规范着调节、选择、评估、稳定、过滤、优化等一系列的功能，规定着人与人之间的关系，折射着共同体中的共同意见，形成互惠的资本，维系着共同的价值体系。

斯蒂格里茨区分了“政府社会资本”和“民间社会资本”，在“社会资本生产中存在着公共角色”[②]，政府发挥着不可替代的功能，指出政府社会资本的作用，“它们减少了不确定性和交易成本，促进了交易效率，鼓励了专业化以及激励理念、人力资本和实物资本方面的投资”[③]。对政府组织社会资本的投资，提供“不间断的、连贯一致”的公共服务，满足整体公民的多样化和个性化的需要。政府的社会资本的创造是利用合作、参与和互动并在其中再生成，“沟通是一个双向、双赢、正和游戏。沟通得越频繁，越能够形成共识和彼此的信任，讨论的课题也越多，越能形成有机的团结，如此社会资本就会越厚”[④]。从这点来理解，社会建构的公共行政本身就蕴含着社会资本创造的种子，因此可以说在治理中产生了治理的前提与内容，这些前提与内容又促进了治理的发展。

在现实的合作中社会资本“创造价值并使价值创造者获得回报”和“与竞争者在合作中竞赛”[⑤]，所有参与竞争的人都纳

---

① ［美］罗伯特 D. 帕特南．使民主运转起来［M］．南昌：江西人民出版社，2001：202，207－208.

② ［美］J. 斯蒂格利茨．正式和非正式的制度［A］．曹荣湘．走出囚徒困境——社会资本与制度分析［C］．上海：上海三联书店，2003：125.

③ 曹永湘，罗雪群．社会资本与公民社会：一种元制度分析［J］．马克思主义与现实，2003，（2）：70－74.

④ 曹祥涛．我国社会资本的重建［J］．中国地质大学学报，2003，（2）：44－48.

⑤ ［美］韦恩·贝克．新型社会资本及其投资［A］曹荣湘．走出囚徒困境——社会资本与制度分析［C］．上海：上海三联书店，2003：17－18.

入了一个互助互利的网络中，形成信任[①]并使其增值，重叠的多层次的信任又是促进社会进一步交往与互动、社会关系网络扩展乃至整个社区秩序形成的前提，从组织内部的信任走向了外部的信任[②]，进而形成了“跨越型社会资本（bridging social capital）”，产生“范围更广泛的”、超越不同经济及社会背景的认同和互惠互利的道德规范，克服了“紧密型社会资本（bonding social capital）”仅仅对熟人的忠诚和只会维护成员圈子里的局部利益的局限性[③]，避免了道德风险和逆向选择，实现了更大范围、更大规模和更深入的社会合作与治理。

社会资本促进了合作式的治理，是保持民主制度稳定的必要条件。“充裕的社会资本储备往往产生联系紧密的公民社会，而公民社会是现代自由民主制度的必要条件。”[④] 在社会资本的核心要素中，信任是合作的前提，信任维系人们之间的良好交往；

---

① 社会资本对信任的形成可以描述如下：社会资本具有使不同主体协同的功能，“可以在不同的层次不同的范围以不同的强度发挥出来，从而产生不同的效果”，人们的合作可能性和预期的持久性最起码在人们的心理层次上有了保证，真正使合作者拥有共同的目的、分享共同的资源、互相帮助、互相学习。在政府部门内部和部门外部之间产生不同的协同效应，保证内部交流的协调和外部交易的畅达，合作的预期就较为一致。普遍“有条件的互惠原则”和“社会信任的关系”不断的积淀和正向强化的情形下，重复博弈规则不断得到认可，守信的纳什均衡在“路径依赖”的惯性之下逐渐形成。正如帕特南所言：“信任水平越高，合作的可能性越大，而且合作本身能带来诚信。”（具体参考：［美］罗伯特D. 帕特南. 使民主运转起来［M］. 南昌：江西人民出版社，2001：200.）

② 依照组织内部和外部成员之间信任度的差异，人们区分了内部信任与普遍信任。普遍信任是现代社会资本，这种社会资本所体现出来的信任是一种社会信任，是指对不认识的人、从未打过交道的人，今后也不一定能够打交道的人的信任。（具体参考：王绍光. 民主四讲［M］. 上海：三联书店，2008：121.）

③ Putnam，Robert，BowlingAlone：Collapse and Revival of American Community. NewYork：Simon&Schuster. 2000：23.

④ 弗朗西斯·福山. 社会资本、公民社会与发展［J］. 马克思主义与现实，2003，(2)：36－45.

规范确立了权利的地位，真正构成权利来源的，“是规范，而不是法律规则”①。规范界定了多样的权利内容——人之所以成为人参与治理的法理；互惠是人们参与民主化治理的心理期待和其理想成果，既是参与的动力也是民主化进程的产物；网络系统形成了相互依赖的组织关系，“网络系统的特点是各个成员通过了解，能够在互动中创造出新的解决复杂问题的方法”②。因此，社会资本内在所蕴含的信任关系、心理认同、互惠互利、规范的价值观和态度以及横向交往网络等是民主实现的社会基础。在社会治理中，以分散化和多元化的方式形成对公共产品供应酝酿产生了公民规范和职业伦理，作为公民之间的横向的、信任互惠的社会关系网络的社会资本，在共享规范性观念的群体中，以产生“不言而喻的默契”③，优化了治理绩效，各种自愿组织和市民社会的社会网络在两个不同的方面为民主政治提供帮助：它们对于国家政体（polity）发挥“外部效用”（external effects）；对于参与者本身发挥“内部效用”④。在社会中，治理所形成的横向网络关系联络起的异质人群，人们能够修正甚至放弃自己的观念，形成自治、宽容、合作与妥协精神，人们在组织中，相互宽容和相互理解，公民可以在自组织机构内平行交流，在自组织机关中以互惠和信任而建立的社会资本“公民参与网络”具有强大不可比拟的社会优势，它代表着稠密的和水平社会联系而且对整个社会带来极大的有益附加的社会效益。横向关系网络越密集，其

---

① 罗伯特·C. 埃里克森. 无需法律的秩序——邻人如何解决纠纷［M］. 苏力译. 北京：中国政法大学出版社，2003：63.

② 朱德米. 网络状公共治理：合作与共治［J］. 华中师范大学学报（人文社会科学版），2004，(3)：5 -13.

③ 托马斯·谢林. 冲突的战略［M］. 北京：华夏出版社，2006：73.

④ PUTNAM D R. BowlingAlone：theCollapse andReviv - al of American Community［M］. New York，London，Toronto，Sydney，Singapore：Simon& Schuster，2000：338.

公民就越有可能为了共同利益进行合作和提高社会绩效水平。横向的公民联系所支撑的经济和制度绩效水平总体上高于社会和政治关系始终被垂直建构的绩效[①]，横向的网络中成员之间通过平等参与，互动协商，相互理解与妥协，逐步通过横向网络关系实现了信息传递，建立信任、理解并达成共识的横向交往结构，公民参与网络则随着组织活动在水平运动方向自主扩大，在横向的交往结构中促使了每个人之间的协调和沟通。因此，平等的横向关系构成民主化治理的条件。

三、塑造参与网络与有序治理

在良好的社会建构公共行政中，参与的民众能够自由平等吐露心声，使得每个人参与政策过程中的协商，创造公共对话的背景，在参与中的行动具有“外部性”，具有影响他人的后果（积极的或消极的）[②]。社会资本为社会建构行政发展了各种各样的公民参与网络，形构了不同社会行动者之间关系维度，蕴含着可转移的多重可用的资源，诸如信任关系、权威规则、规范信息网络、多功能的组织、互惠关系、正式制度、社会关系网络、社会规范与责任、社会凝聚力、伦理责任等方面，形成了复杂的社会关系网络，关系网络中“结点”与“连线”所构成的聚合特征，横向关系网络传播和影响越多越深，其公民就越有可能参与到公共利益的决策中，每一个互动的主体积极性的发挥决定了社会资本实现与增值，社会的互动过程参与其中每个人主体性得到释放

① Robert Putnam. Making Democracy Work [M]. Princeton: Princeton University Press, 1993: 83.

② 科尔曼. 社会理论的基础 [M]. 邓方译. 北京：社会科学文献出版社，1999：380.

与绽放，从主客体的关系拓展到主体间性的关系，把互动的情感与资源联系了起来，同时社会资本的实现与增值亦反作用于主体性发挥和成长。

“如果一个地区市民更愿意参与，那么该地区政府将更快地响应要求，因为‘更多的社会资本推动了对官僚绩效的监控。直接原因是这些代理人更关心与他们在秩序基础上平衡互动的人们当中的声望’。”① 在一个民主社会中，公民参与网络的密集程度决定着公民为共同利益合作的程度，也影响着社会资本的维持与积累。参与治理中公民参与的密度和参与频度越高，社会资本在参与网络中内的“自强”趋势就越明显：参与的网络越密，其中的人们就越具有为公共利益进行合作的可能性，相应地也就越能积累更多的社会资本。社会成员之间长期、频繁和密切的交流与沟通，为认知性社会资本积累奠定了基础。社会资本有助于培育公民的美德，社会建构的治理与公民社会所孕育的社会资本培育公民精神和公民意识，确保公民权利的完整实现，激活社会组织的自治力和独立性，提高公众之间的信任度，促进公民之间、公民与机构之间和公共组织与非营利组织之间的合作，从而扩大公民的参与的网络。

社会资本、治理绩效与民主化水平是紧密联系在一起的，三者之间呈现正相关的关系，有学者在对 69 个国家的比较研究中

---

① Wallis, J. & B. Dollery. “Social Capital and Local Government Capacity,” Australian Journal of Public Administration61, (3), 2002: 76 - 85.

得出结论[①]，“社会资本对政府治理能否产生影响，依赖于具体的政治制度环境，在民主制度环境下或者说民主发展程度较高的环境下，一个国家的社会资本水平对治理水平具有影响，但是在非民主制度环境下或者说民主发展水平比较低的环境下，社会资本不会对治理产生影响。而且，民主完善程度越高，社会资本对治理绩效的作用就越强”[②]。社会资本的投资过程与个体成员的成长、民主发育和公民社会成熟是紧密联系在一起，政府的职责是培育社会资本和民主化生长的环境，不断扩大公民的社会参与范围，建构民主化的治理模式，培育公民的公共意识和自主精神，在优化、分享和提升社会资本存量的同时，提高治理绩效。

从社会资本的本身来看，“社会资本的存量……往往具有自我增强性和可累积性”[③]。自我增强的社会资本表明，社会资本必须在不断地使用、开采中得到增量扩大。同时，从公民个体的视角看，单个个体所拥有社会资本存量的丰富程度决定着在社群生活中的质量和幸福系数。从社会整体上来看，整个社会所拥有的社会资本存量决定了社会的良好秩序和美好治理的实现程度。因此对社会资本进行投资，保持持续的增量增长意义重大。因

① 作者曾对此打过精彩的比喻，对三者的关系有更生动的理解。如果把制度比作机器，那么社会资本就是润滑油。成熟的民主制度就是一台好机器，而不完善的民主制度就像一台出了故障的旧机器。如果机器本身太过老旧，那么添加再多的润滑油也还是产生不了足够的动力。这时候一台新机器对一个人来说是最重要的，润滑油的重要性并不高。当有了新机器以后，那么有没有润滑油就显得非常重要了，机器运转是否良好，就要看润滑油的有无和多少了。〔具体参考：马得勇，王正绪．社会资本、民主发展与政府治理——对 69 个国家的比较研究［J］．开放时代，2009，(5)：70－83.〕

② 马得勇，王正绪．社会资本、民主发展与政府治理——对 69 个国家的比较研究［J］．开放时代，2009，(5)：70－83.

③ ［美］詹姆斯·S. 科尔曼．人力资本创造中的社会资本［A］．帕萨·达斯古普特，伊斯梅尔·撒拉格尔丁．社会资本——一个多视角的观点［C］．张慧东等译．中国人民大学出版社，2005：20.

此，“明智的政策能够鼓励社会资本的形成，而且社会资本也会提高政府行为的效力”①。国家、社会与政府之间有足够自主性和动力去构建有效的合作方式以实现善治，既需要社会资本的润滑剂功能，也需要不断增加社会资本的存量，这就需要对社会资本进行投资，以完善和补充社会资本储备为基础的公民社会是首要选择，政府需要给予社会力量诸如社会组织更多的生存和发挥作用的空间，提高对公民社会的认同、协商、信任、互助和合作的水平，“建立社会资本的任务总是以现存社会结构为中介的。在没有首先注意到构成社会的制度的情况下，要引导个人相互合作或相互尊重是不可能的”②，用正式制度和非正式制度的方式确定和丰富社会关系和社会结构中孕育的社会资本要素，客观检视甄别社会资本的积累③，引导和鼓励新的社会资本的创造，不

---

① 普特南．繁荣的社群——社会资本与公共生活［A］．李惠斌，杨雪冬．社会资本与社会发展［C］．北京：社会科学文献出版社，2000：163.

② ［美］戈兰·海登．公民社会、社会资本与发展［J］．马克思主义与现实，2000，(1)：39－45.

③ 社会资本既有正面的社会影响作用，也有负面的作用，社会资本的负面作用至少可以概括为如下几个方面：(1) 同样的强关系可以给团体成员带来好处，但通常也禁止他人进入；(2) 在某种情形下，社会资本会使企业家的商业成功受到来自其所属团体成员的困扰，使这些企业难以按照管理和经济规则行事；(3) 社区和团体的参与必然产生服从要求，这使个人的隐私和自治权相应减少；(4) 与主流社会相反或相对立的共同经历，可能导致某些团体内部的团结更加巩固。Putnam 也承认，社会资本具有负面作用。认为网络及与此联系的互惠规范对网络内部的人通常是好的，但社会资本的外部效应并不总是积极的。社会资本在促进个人利益和便利集体行为的同时，一些社会资本也可能存在压制自由、造成社会不平等的情况。Portes 也指出，如果社会资本理论不看到社会资本的负面作用，它就不是好的社会科学。〔具体参考：Portes，Alejandro. “Social capital：Its Origins and Applications inModern Sociology，” Annual Review of Sociology Vol. 24：1－24，Aug. 1998；Putnam，Robert D. “The Prosperous Community：Social Capital andPublic Life.” The American Prospect. No. 13 (Spring，1993)．〕社会资本负面效果就需要在社会资本投资的时候，政府要认真审视社会资本正反两面影响，积极引导社会资本为社会建构公共行政的实践服务。

断提高政府转化社会资本的能力，引导社会力量参与社会共治，保护、转化和促使新的社会资本不断生成与存量，而不是自我“独自打保龄球”（罗伯特·帕特南，2000）。

第四节 规则之治
——软法的实施

公民社会的发展与壮大、社会资本的存量增加、民主化程度的不断提高，一方面促进了政府组织的治理水平的提高，另一方面也对政府组织如何协调不同的社会力量，采取何种方式促进社会治理的民主化发展提出了要求。

与传统公共组织规制和管理社会“硬法”的作用方式不同，在社会建构的公共行政中，更多强调政府组织通过软法实行社会治理。所谓软法，是相对于硬法而言，指那些没有必要完全需要依靠国家强制力保障实施，但从效果上看，是能够产生社会实效的规则。在其特征上，具有制度安排的弹性、未必依靠国家强制力保障实施、非司法中心主义、法律位阶不明显等以及平等性、开放性、民主性、协商性的性质。软法[①]的公共性就主要体现在侧重于反映其他共同体的公共意志，重点指向政党活动领域、社会自治领域[②]。软法对社会的治理作用，反映了公民社会中的社会组织与公民的利益诉求，为公共主体的行为选择提供引导和提醒而不是强制执行与命令，软法更加注重开放，并在实践开放。软法的崛起与公共治理模式的兴起必然相互强化[③]，统治形式下的法律是硬的，治理形式下的法律则是软的[④]。作为治理之

① 软法是法律多元意义上的社会规范，法律渊源较多，规范形态多样，具体有政法惯例、公共政策、自律规范、合作规范、专业标准、弹性条款六种基本类型当中，又有诸多具体表现形式，诸如纲要、章程、规程、守则、示范、指南、意见、建议、规定、条例等，在规定形式或者叙事方式明上，它经常比较完整地交代创制背景、制定依据、所持立场、指导原则、基本要求、行为导向、配套措施、保障措施等。〔具体参考：罗豪才，宋功德．认真对待软法——公域软法的一般理论及其中国实践［J］．中国法学，2006，（2）：3－24.〕有的学者从外延的角度进行细化分类，具体包括：（1）行业协会高等学校等社会组织规范其本身的组织和活动及组织成员行为的章程、规则、原则。（2）基层群众组织（如村委会、居民委员会）规范其本身的组织和活动及组织成员行为的章程、规则、原则，如村规民约等。（3）人民政协、社会团体规范其本身的组织和活动及组织成员行为的章程、规则、原则以及人民政协在代行人民代表大会职权时制定的有外部效力的纲领、规则。（4）国际组织规范其本身的组织和活动及组织成员行为的章程、规则、原则，如联合国、WTO、绿色和平组织等，国家作为主体的国际组织规范国与国之间关系以及成员国行为的规则。（5）法律、法规、规章中没有明确法律责任的条款（硬法中的软法）。（6）执政党和参政党规范本党组织和活动及党员行为的章程、规章、原则（习惯上称之为“党规”、“党法”）。（具体参考：姜明安．软法在构建和谐社会中的作用——在中国政法大学“名家论坛”上的讲演［A］．罗豪才．软法与公共治理［C］．北京：北京大学出版社，2006：88－89.）

② 罗豪才，宋功德．认真对待软法——公域软法的一般理论及其中国实践［J］．中国法学，2006，（2）：3－24.

③ 罗豪才、宋功德．公域之治的转型——对公共治理与公法互动关系的一种透视．中国法学，2005，（5）：3－23.

④ Ulrika Mourth，Soft Law in Governance and Regulation：An Intedisciplinary Analysis Elgar，2004：1

法——软法的非强制性、指导性、民主性，推动公民社会的发展和民主政治的进程。

社会建构的公共行政追求的公共利益与福利是通过社会民主和善治的途径来实现合理的配置。社会民主与善治目标的传统规则制定与实施所要求的“一致同意”的结果与现实存在着不可调和的境况，传统的正式规则诸如硬性的法律等无法来约束与实现，否则就违背了社会建构民主治理旨意的初衷。另一方面，在思维模式上，社会建构行政的民主摒弃了“二分法”的行政理论，所突出的辩证的思维模式，与传统的过于强制性的规则制度所强调形式主义与内容效果之间僵化“二分法”格格不入。传统管理方式的规则制度的预期与社会预期错乱不一，缺乏弹性与针对性的规则制度体系，无法适应日益复杂化外部世界的多元与变革。社会建构的民主治理所体现的公平、正义和协商，在一定程度上意味着软行政、妥协的精神价值，传统政府组织所强调的理性化“去人格化”的管理模式与方法无法对接和适应社会建构民主化观念，因而不能掌握和处理好合法性与合理性之间的限度，在今天多重价值冲突和多重的亚文化交织的治理背景的公共生活领域中，无法在分歧中寻找一致的共识，无力回应社会发展对公共组织的需求，更难以获得社会认可的治理效果，也就不可能形成外部的物理秩序和内在的“心之秩序”。

在现实的公共事务治理中，软法所具有的柔性化、人性化、非强制的指导性、开放性与社会建构公共治理的特征相吻合，具有方法的适用性和结构的耦合性。首先，在软法产生上，软法的制定与实施具有更高程度的民主协商性，软法机制体现为一种“程序民主的商谈政治”和一种未完全理论化的协议①。软法的制定与实施过程突出参与主体多样性、制定与实施过程的开放

① 罗豪才．软法与公共治理［M］．北京：北京大学出版社，2006：243－244，197.

性、重视商谈和论证的合意性，经过民主化的制定理念与方法所产生的软法，在指导民主化的公共治理中具有理论运用于实践上的自洽性，更有利于民主的治理实践。其次，软法能给予社会建构民主化治理所要求的参与主体深度与多元性回应。社会建构中民主化的深度与广度在于参与主体的多元化与异质性构成了社会治理的关键因素。人们参与公共治理过程是自愿的，“私人进入公共领域参与公共协商不具有任何义务、预定选择或者特定的决定议程”①。社会建构的民主实现对所有人开放，两者在参与主体上具有对称性，两者都不存在对参与者主体资格的限制（时空上的局限性和所涉议题的特殊性除外），两者的开放性理念是相同的。再次，软法回应民主化的治理所要求的信息与沟通的需求方式具有一致性。软法能够提供公共信息的分享、交流与反馈机制，也能够为民主化治理提供充分自我改进试错、试挫的空间而不受规则和制裁的担心，有弹性制度空间和意见的交流、碰撞使得政策的产生具有尝试多种替代方案的试验机会，随后调整后续行动，实现了较为充分、有效的沟通，彰显了民主化治理②的社会建构公共行政的特征。软法所具有的开放性、参与性和灵活

---

① Joohan Kim. Communication, Reason, and Deliberative Democracy [J] . Journal of Communication, 1999, (2): 141.

② 罗豪才教授用一个连续的统一体来说明软法在治理中的地位。在治理的语境下，可以用这样一个连续的统一体来表示解决问题的方式，其中最弱的一面是在缺少硬性管制制度的私人领域中，通过自我管制等方式形成和执行行为规则，例如消费者保护、劳动与就业与环境保护领域等运用较多。而较强的管制形式需要国家、公共部门在与私人部门的合作、对话过程中发挥更为积极的作用，形成一种合作管制（Co—regulation）的关系，这种情况下的软法多是和硬法制度结合在一起共同发挥作用。而最强的法律形式就是另一个极端的硬法。〔具体参考：罗豪才，毕洪海．通过软法的治理［J］．法学家，2006，（1）：1－11.〕

性能够减少协商的障碍，降低社会成本，提升制度的整体正当性①，在一定程度上也深化了社会建构公共治理的民主所要求的妥协与宽容的理念。最后，软法理念契合了民主化的治理内涵。社会建构的行政民主化的治理过程，是多主体的参与治理的过程，主体的分散化形成了分散式的公共治理结构。而软法的调整内容侧重于社会公共性，倚重民主的程序，关注多元利益诉求，关切认同、共识与合意，并且软法本身的复杂和多样性与这种治理结构下主体之间的互动网络关系密不可分②，两者在价值取向和功能定位上具有一致性。软公共治理兴起推动公法的发展，公法关系开始从对抗与控制向互动与合作转变，重新界定了权力的范围和赋予了权利新的意义。改变了原来国家法的规范的内涵和方法，整个公法规范体系分为“硬法”与“软法”两种基本类型，直接推动了软法的产生，反过来又促进了不同领域的公共治理的发展，软法侧重于设定非强制性公共治理行为模式，例如建议、指导、协商等，这与社会建构的民主化治理模式相契合，软法是“公共治理”的主要根据，“公共治理”主要是“软法”治理，公共治理时代主要是“软法”时代。“软治理”与软法形影不离③，软法鼓励和培育了社会自治与公民自治，软法机制的开放性和双向性特征保障了权力从国家中心转移到社会中心，拓展了公民的参与的空间和范围，凝聚了国家、社会和个体的力量共同治理。同时，社会建构的民主公共治理的兴起，在一定程度

---

① Orly Lobel, The New Deal: The Fall of Regulation and the Rise of Governance in Contemporary Legal Thought, in Minnesota Law Review, vol. 89, December 2004. pp. 393 – 395.

② 罗豪才，毕洪海．通过软法的治理［J］．法学家，2006，(1)：1 – 11.

③ 翟小波．“软法”及其概念之证成——以公共治理为背景［J］．法律科学（西北政法学院学报），2007，(2)：3 – 10；罗豪才，宋功德．认真对待软法［A］．罗豪才等．软法与公共治理［C］．北京：北京大学出版社，2006：59.

上拓宽了公域范围，复苏了社会力量。通过软法来规范社会权力，填补了制度约束的空间，保证了治理的秩序。

在现代化的社会中，公域之治之所以会选择社会建构公共行政所形成的民主化治理模式，是因为治理的主体是复杂、多元和变化不定的，治理的过程是沟通、互动与相互嵌入的，在采用的方式上更倾向于适用无中心和离散的、持续反思和适应性强的“软法”。在治理模式下，传统国家管理的法只是应予遵守的诸多因素（经济、伦理和习俗）的特定部分，其功能主要限于安装、校正和重构民主机制[①]，软法则作为一种指导、引领和建议的方式，贯穿于社会建构公共行政的全过程，是民主化治理的护航者。

按照俞可平的理解，善治作为政府与公民合作的最佳状态的体现，是公共利益最大化的社会管理过程。善治的本质特征就在于是政府与公民对公共生活的合作管理，是政治国家与公民社会之间的最佳状态。因此，我们可以说善治是民主化进程的必然后果，“善治要求有关的管理机构和管理者最大限度地协调各种公民之间以及公民与政府之间的利益矛盾，以便使公共管理活动取得公民最大限度的同意和认可”[②]。政府与民众的合作与民众对政府的认可需要政府摒弃强权面貌和方式，“命令—控制”的方式渐行渐远，而是以合作者、平等伙伴的关系与商谈的态度出现，“商谈—民主”的模式方兴未艾，软法的柔性方式与善治要求的政府行为方式所实现目标在深层次上相契合。一方面软法所具有的鼓励性、平等性、倡导性和协商性能够更好凝聚社会的共

---

① Gunther Teubner，“Substantive and Reflexive Elements in Modern Law”，17，Law & Society Review（1989）.

② 俞可平．治理和善治：一种新的政治分析框架［J］．南京社会科学，2001，(9)：40－44.

同意识，软法的法理更多地反映了国家意志之外的不同共同体的利益诉求，为公共主体的行为选择提供导向，更有利于建立多元、公开、开放的协调机制和政策合意机制，适合民主机制的运转。另一方面，软法所具有的社会性，在实施过程中以灵活性和建议性等形式规范调整人们的行为，又可以根据实施社会情境随时变化，鼓励公民参与到公共治理中，有利于促进与政府的合作。软法下的公共治理模式超越了传统的行政管理思维，强调共同治理，以分散、开放与协商为特征，以目标为导向，大量运用褪去许多命令色彩的软性协商手段①，软法适应了善治的治理方式需要，知情且合意，在道德约束和利益诱导的作用因子下发挥了制度深层次推力，也能在合作之中生成人们的行政与参与行为的伦理意识。从这个层面上说，软法本身也是一种民主的形式，在引导和改进社会治理的同时，也进一步完善民主的治理方式。

因此，在公共行政的具体过程中，多采用多元化利益的交涉、协商、妥协，以及尽可能获得“合意”基础上的共同行动，行政活动的方式逐步由“命令控制”的模式转向指导、鼓励、协商、规划等多种模式结合，形成认同、共识与合意，多发挥行政指导、行政规划、行政合同、行业自律规范等软法手段的功能，推动社会建构的公共行政的治理民主化步伐。

---

① 罗豪才，宋功德．公域之治的软法［A］．罗豪才等．软法与公共治理［C］．北京：北京大学出版社，2006：2.

第七章　伦理、责任与美德

政府的行为中包含道德成分。在社会建构的公共行政中，由于组织的开放性、民主化的过程和行政人员的自主性，行政人员的伦理与责任呵护、维系和促进着行政的发展。政府组织的公共行政的过程本身内含和蕴涵着伦理的气息，“公共管理作为一种生产关系和公共组织形式以及活动，本身就包含一定伦理的基础和根据，所以它与伦理之间有着不可分割的内在联系”①。只有政府是道德的，它才是公共的。在公共行政中，具体行政行为会越来越多地面临多重的外部环境影响。政治的复杂性、多变性、公民需求的多样性等，都在考量具体行政行为中的行政人员。行政行为方式常常要面对多个指向不同、方式不一、有时候甚至相互抵牾格的责任和道德要求。需要在相互冲突的利益、繁杂斑驳的任务、不同行政价值相悖、善恶之间、公正与不公正之间进行选择，构成了公共生活的复杂斑驳的五彩画卷。身处“困境”和常常在困境中做出“悲剧性抉择”是当今公共政策和政府行为的主要特征之一②。这些常常面临难以兼容的伦理价值实现或者面对冲突性的行政责任担当，是行政主体在行政行为中的经常碰到的伦理选择，因此，公共行政的伦理困境与其他领域的伦理

---

① 陈振明．公共管理学［M］．北京：中国人民大学出版社，1999：463.

② 孙晓春．个体理性与公共生活的关系［J］．学术研究，2008，（4）：46－51.

困境相比，更多是实践问题。走出行政人员在公共实践中的困境[①]，是完善社会建构行政理论的一部分。

第一节 社会建构行政过程中的伦理冲突

麦金太尔在《德性之后》一书中表明了一个基本观点，我们处在一个无法解决争执和无法摆脱困境的道德危机时代，人的认知和道德存在着严重的分歧和不可通约性，当代道德言词的特征是分歧较大，而分歧争论又无终止。在公共行政的领域中也是如此，公共行政人员在对各种政府行为进行判断与选择的时候，总是面对不同行政伦理价值观念、行政伦理规范准则和行为后果的冲突，常常使得行政人员陷入“两难”——按照其中的一个伦理准则进行选择，又违背了其他的伦理要求，实现一种伦理的价值与实质，却又牺牲了其他价值诉求。在社会建构的公共行政，作为社会建构行政的现实转化者和实践者，行政人员面临着多重的伦理冲突，这既与公共行政伦理本身的多样特征相关，“公共行政伦理没有只是属于自己的独特的领域，但是它渗透在政治、行政、公共行政与政府过程的方方面面”[②]，也与公共组织本身的运转、行政人员的自主性和社会建构行政运行过程的特征密切相关。

---

① 有的学者指出，解决行政人员面临的两难问题，是行政伦理的主要任务，“真正的行政伦理问题是如何处理现实行政伦理关系中的必然发生的矛盾和冲突，如何走出行政主体的行为选择所面临的伦理取向的两难境地”。〔具体参考：刘可风．论中国行政伦理问题及其实质［J］．武汉大学学报，2003，(3)：295－300.〕

② 王伟，鄯爱红．行政伦理学［M］．北京：人民出版社，2005：8.

一、个人伦理与组织伦理的冲突

组织伦理要求行政人员服膺组织的决策和任务。在政府组织内部，行政人员对组织的忠诚与维护是基本的道德规范和不言自明的自我默示行为选择，否则组织的利益无法保护，个人自我利益也灰飞烟灭（例如个人的职位难保、受到组织处分等）。公共行政行为的选择伦理冲突一般都是发生在行政活动的过程中，但行政伦理冲突与困境都是由行政主体的选择呈现出来，是在行政主体彼此之间、行政主体与社会主体之间和行政主体处理社会力量之间分歧与矛盾中彼此相互碰撞、矛盾和抵触的情况下发生的，因此组织伦理的冲突都是发生在组织行为的主体行为选择过程中并通过组织的主体行为表现出来。作为公共利益代表与践行者的行政人员而言，在公共行为的选择中，如果面临着简单的行政外部环境，行政价值分明和涉及利益主体较少，彼此利益分歧不大的情况下，即行政行为面对的可选择性，其同质性大于差异性，进行政策的决策和行为选择的时候，按照公共利益至上的标准进行考量，政府组织的利益与社会公共利益应该是兼容的，伦理的冲突就会较少。但是在复杂的社会环境中，行政关系复杂、利益交叉，行政人员往往面临着实现组织义务和维护公共利益的职责之间，遵守法律与规则和执行组织命令之间，在完成组织任务与履行自我责任之间，在对组织中的上级复杂和社会中的公众复杂之间，即行政行为面对的可选择性之间的冲突性、矛盾性则显著突出，行政人员的选择伦理成分就更复杂化、模糊化和悖论性，常常会出现紧张关系和难以两全的选择，这时，个人与组织伦理冲突就发生了。这些行为选择的伦理冲突会在行政活动的不同阶段发生，对行政人员的行为选择会产生不同的影响和冲击，但这些矛盾与冲突之间又是相互缠绕和难以分开的，在具体行政社会实践和行为选择的社会情境中，繁杂多样的矛盾与冲突与利益彼此关联，常常鱼龙混杂、莫衷一是。彼此的耦合和相互利益纠葛常常使矛盾与冲突会扩大化、模糊化和复杂化。随着外部环境变化和每一次行政行为的伦理冲突的化解的不彻底都有可能成为下一次行政伦理冲突的根源，行政人员行政行为的选择伦理的“两难”也就更为突出。

二、行政人员个体伦理的冲突

从主体看，以“行政为业”的行政人员是独立的个体，是一个具有道德自主性和判断力的人[①]。行政伦理涉及人与人之间的关系，“无论是行政人将公民，还是公民将行政人——‘工具化’的观念与行为都是非伦理的”[②]，这种“工具化”的冲突在传统的行政行为中比较普遍。除去工具化的伦理冲突，美国著名行政伦理学家库珀总结出三种最常见的行政伦理冲突，即为权力冲突、角色冲突和利益冲突。我们把权力冲突看作是组织伦理问题，把行政人员的个体伦理冲突分为角色冲突、利益冲突和价值冲突。

（一）角色的冲突

人的角色往往决定人的道德品性[③]。在现代的公共行政中，

---

① 需要说明的是，行政人员的个体的伦理冲突往往是和行政组织的活动紧密联系在一起的，为了更好地理解和全貌描述行政活动的中的伦理选择的冲突，我们把其分为组织伦理冲突和个体伦理冲突。

② 李春成．行政人的德性与实践［M］．北京：国家行政学院出版社，1998：37.

③ “人的道德生活来源于人的社会角色，首先是由于人在社会中扮演着什么样的角色，然后才能判定他在何种程度上是道德的。”（具体参考：张康之．公共管理伦理学［M］．北京：中国人民大学出版社，2003：142.）

行政人员所扮演的角色不再是单一的，而是公共利益实现者的公共性角色、社会的多重角色综合，“我们在每一种环境中的存在正如工作本身一样被碎片化了。在每一种情境中，我们都仅仅以‘角色’的面目出现，是我们所扮演的很多角色中的一种”①。现代社会对于行政人员影响在于，“政府组织人员就是负有特殊责任的公民”。角色的冲突既包括每一个角色之间的要求矛盾，也包括不同角色相互转换所带来困惑。不同的角色具有不同的期待和不同义务，各种期待存在着利益的冲突，“那些塑造并指导每个角色行为的价值观将你推向两个不同的方向，并使你面对两种互相排斥的选择方法。你得面对那种由我们扮演的角色所引起的道德困境”②。相互冲突的角色给予了行政人员完全不同的行为要求，作为承担着实现公共利益的公共行政人员，在角色冲突中选择全部或部分涉及公共利益与私人利益之间的矛盾③，因此，行政人员角色冲突的解决也是伦理判断和选择的始基。

（二）利益的冲突

利益是人的行为动力的全部，作为利益的权威性分配公共权力，行政人员如何合理分配资源并能够不同利益诉求的群体需要是主要任务。在社会的转型中，利益主体的多元化和利益诉求的多样性，社会利益不仅包括作为社会分享性的公共利益，也包括

---

① 齐格蒙特·鲍曼．后现代伦理学［M］．南京：江苏人民出版社，2003：21－22.

② ［美］特里·L. 库柏．行政伦理学：实现行政责任的途径［M］．北京：中国人民大学出版社，2001：47，96.

③ “就准确推测人们的意图而言，最正确的格言是考察人们的利益，因为利益是行为最基本的动机。”（具体参考：雷斯枢机主教．回忆录［Z］．1956：1008—1009. 转引自［美］艾伯特·奥·赫希曼．欲望与利益：资本主义走向胜利前的政治争论［M］．上海文艺出版社，2003：39.）因此，作为公共资源分配与代表的公共行政人员，自身面临的行政伦理的冲突中利益的冲突也必然是核心部分。

具有组织分享性的共同利益与私人独享性的个人利益[①]。满足不同的利益实现，构成了行政人员伦理利益冲突的一方面，另外，行政人员也是社会中的一员，也有自我的最大利益追求倾向[②]，但行政人员又不是普通的社会成员，他们是公共权力的代表，要为全体公民负责，公共利益的实现和自我利益的满足常常成为左右伦理抉择的考量。

（三）价值冲突

社会价值是多元的，并且价值之间难以兼容的。比如，实现了效率的目标却在某种程度上损坏了公平的价值内容。在现实中追求绩效目标似乎成为地方政府和人员的行政任务，常常会出现工具理性代替价值理性现象，出现管理活动中的“目标置换效应”。同时价值的冲突还表现在不同价值之间界限模糊性，例如在现实公共实践中，公共事务治理的复杂性，人们对公共利益与共同利益、民主化与效率之间、公平与公开之间的标准和关系没有固定的界定，常常会导致轩轻难判。

第二节 社会建构行政的伦理内容与特征

行政人员在公共行政活动中需要按照法律和各种规定进行决策，还需要依照自我的内心道德律令进行人文关怀，主要包括个

---

① 陈庆云，刘小康，曾军荣．论公共管理研究中的社会利益［J］．中国行政管理，2005，(9)：32－35.

② 行政人员作为公共事务的公职人员，虽然这个“个人”因从事政府领域中的事务，可能会以某种方式转动他的心理和道德齿轮，但只要交换存在，他都将选择“更多”而不是“更少”。（具体参考：詹姆斯·M. 布坎南等．同意的计算——立宪民主的逻辑基础［M］．陈光金译．北京：中国社会科学出版社，2000：17－21.）

人的经验、习惯和公共精神的影响。所以这些构成了行政人员伦理实质内容的全部，实现伦理的过程也就是个体担负职责的过程，“责任性取代赞同而成为合法正当性的概念核心”①。

责任是伦理核心，“责任是建构行政伦理学的关键概念”②，责任也构成了任何治理过程的基础。在公共行政中，行政责任是多视角的产物，承载着复杂的内容，实现着不同群体的公共利益，“行政责任并非是一个简单的概念，行政主体应该关注的不仅仅是市场；他们还应该关注法令和宪法、社区价值观、政治规范、职业标准以及公民利益”。在实现责任的方式中，公共行政的伦理需要与民主化的治理模式相适应，“公共行政官员的作用就是把人们带到‘桌子旁边’并且以一种承认在一个民主系统中有多种复杂层次的职责、伦理和责任的方式来为公民服务”③。总之，责任构成了行政人员伦理主要内容，决定着行政人员每一个人行为的始终。换句话理解，责任构成了行政人员行政行为的基础，没有责任感，就没有权利。④ 依据责任做出伦理的判断，是一个公共行政人员自我行为合理性与合法性的根据，我们称之为责任伦理。

---

① Simone Chambers. 协商民主理论［EB/OL］. 洪燕文译. 中国选举与治理网，http：//www. chinaelections. com/NewsInf。

② ［美］特里·L. 库柏. 行政伦理学：实现行政责任的途径［M］. 北京：中国人民大学出版社，2001：62.

③ ［美］珍妮特·V. 登哈特、罗伯特·B. 登哈特. 新公共服务：服务，而不是掌舵［M］. 北京：中国人民大学出版社，2004：116，114－115，165.

④ “有些公务人员仅仅为了生计才担任职务，于是没有真实的责任感、也没有权利。”（具体参考：黑格尔. 法哲学原理［M］. 范扬译. 北京：商务印书馆. 1961：312.

一、传统的责任认知

在一般组织中，责任可以分为客观责任和主观责任，客观责任包括，对法律负责；对上级和下级负责；对公民负责。而主观责任是指由于我们的内心情感、良知的驱动所认为应该承担的责任①。

客观责任是基于对人的被动、服从的假设责任，这一假设认为人天生是被动的、顺从性和接受命令的，他们遵守规章制度和组织目标，安于现状，墨守组织规则，按部就班和程序进行，组织的规定和上级的指示构成了人行为的全部，实现组织规定的利益是行政人员行为的全部，他们是组织文化驯化的“程序人”，这一个途径被全钟燮称之为宏观的途径。客观责任更多地是来自行政人员外部的规定和控制，是通过限制、遵从命令、规定的要求、固定的准则和惩罚的手段行使组织功能，其实途径是伦理的法制化，通过立法成为硬性的法律。正式硬性的法律制度剥夺了行政人员自我价值的判断余地，无法摆脱伦理冲突②，他们日益成为组织需要的、特定的行为人，“当人们尝试坚持行使外部规则和规章的时候，他们变得更加官僚并且对他们顾客失去人性化”③，行政人员忠实履行组织的使命和上级的命令，对上级的

① ［美］特里·L. 库柏行政伦理学：实现行政责任的途径［M］. 北京：中国人民大学出版社，2001：74

② 正如有人断言，“当基于工具理性的官僚制排斥了道德的价值时，实际上却无法避免不道德的价值的纠缠”，会带来各种纠缠不清的责任冲突和道德冲突，难以形成责任分明的组织原则。〔具体参考：李好，李建华. 公共行政的伦理危机与忠诚伦理的价值凸显［J］. 学习论坛，2007，(9)：38－41.〕

③ ［美］全钟燮. 公共行政的社会建构：解释与批判［M］. 北京：北京大学出版社，2008：145.

服从与命令的执行成为组织伦理的全部，反而忽视了更重要的负责任对象——民众。同时利用组织的层级化制度约束驱使自己的下属忠诚和服从，不断强化了组织顺从文化属性①。

客观责任是建立在责任的外部有限性的控制上，而主观责任是“我们自己的情感和信任的责任”，“是将我们自己的需要和习性与角色融合在一起的一种方式”②。与客观责任相反，主观责任需要个体奠定反思和判断，是微观方法的假设，认为价值观、态度与信念③以及人们的反思性、道德的自主性、行为的批判性决定了人的行为具有个性的特定。人是一个有意识和自我判断的道德主体，人们对伦理的理解、认知与实践来源于自我的理解，每一行政人员都能够根据自我的行政实践经验、社会环境的变化和行政理论的变革主动建设自我的道德认同感和实践感，能够认识、省察和解释公共事务从而作出判断，从社会的视角来看公共行政行为是否公正，是否符合社会的需求并克服困难实施，而不仅是依靠一成不变的法律和规章制度的规定进行。④ 由个体的信念、价值判断和自我认知构成了一个人的行为方式，行政的

---

① 在这种情况下，服从组织与上级的伦理就表现出强制性的特征，“道德的规范性一直是具有权威性的，这种权威性如果得到了制度化的肯定和支持，必然会造成一个不得不服从的氛围”。（具体参考：张康之．寻找公共行政的伦理视角［M］．北京：中国人民大学出版社，2002：256.）

② ［美］特里·L．库柏·行政伦理学：实现行政责任的途径［M］．北京：中国人民大学出版社，2001：63.

③ 库珀认为，主观责任是价值观、态度和信念的表现。“如果我们想象出三个同心圆，价值观就是位于最里面的一个圆……信念是位于中间的一个圆；‘态度’是位于最外层的一个圆。”（具体参考：［美］特里·L．库珀．行政伦理学：实现行政责任的途径［M］．北京：中国人民大学出版社，2001：75.）

④ 如果不引入行政人员的主观判断的伦理因素，“不赋予行政人员以自由能动的选择和判断权利，一味相信规则的魔力，抱守规则之外在约束的硬途径，只能自缚于规则之茧中，并且，这本身就背离了行政裁量产生的真正根源”。〔具体参考：杨艳．论行政裁量之控制与行政人格的建构［J］．中国行政管理，2008，(6)：21－24.〕

伦理也就有了个体自我判断的空间。个体的责任是所有规章制度内化的体现，自我对公共事务的判断和裁量构成了主观责任的前提。由于主观责任强调个体的自我道德意识，反对普遍化的道德原则，因此，行政人员需要有主观的、批判性、辩证性的思维进行自我的反思与省察，进而更符合伦理的行为和组织的要求，这就构成社会建构行政行为中行政人员的伦理考量和选择前提。

二、社会建构行政的责任内容

社会建构的公共行政中的伦理诉求强调中观策略[①]，这一途径假设人是具有能力的行动者，他们能够反思、批判、解释公共行政实践的经历，他们能够通过沟通、互动和自身实践来进行决策的判断，并且在持续的公共行政活动中进一步增强自我的反思、批判和解释能力，这些能力会进一步促进不断形成自我的完善的伦理判断能力并应用到公共行政实践中，形成伦理判断能力自我增长的良性循环。社会建构行政认为组织中的人是在社会过程中形成的自我，自我的社会建构是通过人与人之间的互动与关系形成的。自我是和其他人一起参与社会进程中的自我，具有面向伦理的未来塑造的可能性，突出强调的是组织中个体的自我超越，形成良好的社会美德和公共精神等伦理内容。而这些内容是通过社会建构中互动、商谈、交流的过程形成的，主张交往行动，关注彼此之间沟通，建构有效对话机制，形成主体间性的良好关系，相互促进和分享经验与认知。强调不同文化对伦理的影响，每一个自我都是在不同文化下形成的特殊自我，突出强调个体的责任心和个人责任的自我建构过程。

---

① ［美］全钟燮．公共行政的社会建构：解释与批判［M］．北京：北京大学出版社，2008：146.

社会建构行政的责任归旨，主要内容表现为两个方面：

一方面特别突出了责任的个体性。社会建构强调了行政责任的个体化，其表现是公共行政所蕴含的价值理念不仅是对公共行政人员的内在要求，而且还应该成为自觉的追求和担当，责任为行政人员的价值提供了标准。个人责任是社会建构的，支持“每一个人的行政”的观点，突出强调行动者的行为具有道德标准的考量，自我要独自承担自己应该承担的责任，“伦理判断始于个体对伦理情况的主观理解，并且发展至人际关系和群体关系”①。在社会建构的公共行政中，负责任的行政行动要求个人为自己的行动承担责任以及强调人与人之间的互动关系，决定了责任的确认。“负责任的行动，即谓人的本身乃其行动的源头或肇因，与道德感中，其亦是责任的定向。”② 伦理上的责任更多是基于承诺和担当，在社会建构的公共行政中，强调人的行动的意向性和社会性，参与公共决策的过程的人是处于与他人持续不断的互动、交流之中，人与人之间的主体间性特征使社会建构过程中的人们置身于面对面和互动相依的社会情境中。在公共行政的面对面的情境遭遇中，人们之间彼此互动、商谈、对话的基本形式，彼此交流之中就蕴涵隐含着真诚性、正当和承诺的伦理意义。“在面对面的情境中，负责的行动是指一种人与人之间的承诺机能。”③ 面对面的公共行政场域中，能够考虑到每一人的感受和知识的分享，也能够认识到每个问题的不同的社会情境，这

---

① ［美］全钟燮．公共行政的社会建构：解释与批判［M］．北京：北京大学出版社，2008：149.

② ［美］迈克尔·哈蒙．公共行政的行动理论［M］．台北：五南图书出版公司，1993：182.

③ ［美］迈克尔·哈蒙．公共行政的行动理论［M］．台北：五南图书出版公司，1993：182.

是“一种真诚的互动，高于一切原则或者制度”[①]，个体要真正负起责任，发挥主体主动性与能动性[②]。在于社会建构行政过程中直接接触的情境重要性，认识到每一个问题的特殊性和人们赋予的新意义。“负责任不仅是遵守规章的问题，而是必须对规则和标准的适用性有所理解，预先派出标准解答的理性应用，并认识到每个问题的独特性质。”[③] 只有认清了问题的性质，才能展开真诚互动，在不断总结经验、分享知识的基础达成共识。

另一方面，突出行政责任的社会建构过程。强调行政人员的责任是在行政的过程中形成的，既有客观责任的影响，也有主观责任的影响，采用建设性的观点，分享知识与价值观[④]，以此来调和主观与客观责任的相互对立矛盾。个体责任的形成关键在行政的过程互依性，突出强调在主体间性通过对话、讨论和协商来达成一个伦理选择的决策。互依性和互依的过程能够为“过程”赋予价值，持续的社会建构的互动过程使人们充分考虑到彼此特殊的需求和问题的社会情境，也能够考虑自己行动的可预见后果。针对行政人员而言，在公共行政行动前就需要对各种价值、他人处境和社会情境作细致的衡量，这种细致的衡量显然要依赖

---

① 王伟杰．公共行政行动理论的行政责任观述评［J］．理论界，2008，(6)：157－159.

② 正如康德所言：“在纯粹实践理性的全部规矩中，重要之点只在于意志的如何决定，而不在于实践能力完成它的意图时所具有的自然条件。”（具体参考：［德］康德．实践理性批判［M］．北京：商务印书馆，1960：67.）

③ ［美］迈克尔·哈蒙．公共行政的行动理论［M］．台北：五南图书出版公司，1993：190.

④ 库柏认为：“从关于‘公共行政人员的政治性特性’这一假定出发，将负责任的行政人员界定为让自己的价值观引导自己行动的人。”他进一步指出：“价值观控制了人类行为，它是‘指导人类行为的准则或标准尺度’。”〔具体参考：［美］特里·L. 库珀．行政伦理学——实现行政责任的途径（第四版）［M］．北京：中国人民大学出版社，2001：75，144.〕对价值观的分享与价值的共识的过程体现了责任的意识与担当。

于切实的对话和讨论[①]，使人们能够对自己行为后果负责并在对话中实现各种价值的平衡与弥合。在这个过程中，个体进行自我批判性思考和行动，从自我的认知和判断出发来建构一个决策。“通过这个过程，他们批判性地、从外部角度来看自己如何与他人联系和协商，并有意识地审视他们自己伦理选择的局限性”[②]，责任的伦理是在人们互动与社会情形的认识中增进，他人的观点以及自我的反思是非常重要的考量内容。

三、伦理自我的建构过程

行政人员伦理判断能力的提高是与社会建构公共行政的过程紧密结合在一起的，不同的人会对相同的行政过程会做出不同的认知和判断过程，构成了彼此行政伦理的建构过程。在这个过程中，社会化的学习与实践，能够和其他人一起探索公共行政的过程和精神要旨，帮助自己和他人进行选择和认识。行政人员的伦理责任是通过与他人互动，置身于公共场域的具体社会情境中，来理解自己、他人和公共政策的过程，并主动通过自我的努力和其他人一起联系，建立相互关注、相互交往和相互理解的关系，促进组织和个人的共同建设。

社会建构的公共行政过程中，行政人员的伦理建构主要包括三个方面：“第一，伦理责任的含义能够通过个体的理解来形成。第二，伦理责任的含义也能够通过个体与其他交流和沟通自己的观点过程来形成的，这些人也许存在或不存在共同的观点。

---

① ［美］施路赫特·李廉．信念与责任——马克斯·韦伯论伦理［M］．上海：上海人民出版社，2001：268.

② ［美］全钟燮．公共行政社会建构：解释与批判［M］．北京：北京大学出版社，2008：148.

第三，当个体从微观层次的理解转变到中观层次，而不是从宏观层次转变为微观层次时，辩证的和反省的伦理建构（或是分享共同共同利益）也是有可能的。”① 社会建构的公共行政个体伦理搭建了一条桥梁，实现了客观责任与主观责任的相对有机统一。

首先，在民主化治理的过程中，每一个主体都会在公共政策的形成中，利用自我的意识和能力，分享知识与经验，对公共政策做出准确、合理和全面的伦理判断。行政人员会去思考组织的伦理过程，交换不同的立场、身份去思考可供选择的正确行为与途径，想象着自我选择的行为与途径的可能性结果以及外部期待的允许或不允许，在自主性伦理的自我选择与忖量的内心中平衡与决策，在持续与别人互动与交往中再次验证、修改和完善，在对他人、对公共政策、对公共事务治理和外部环境中分享自体悟和感知，伦理判断能力的提高也相应地促进了行政人员的反思、批判和自我认识的提高。

其次，在公共行政的制定过程中，公共政策的共识是通过参与其中的人共同知识的建构而成，在形成政策的同时，也形成了行政人员自己的伦理认识与判断能力的提高，并且这个过程是长期的、可持续的，公共行政主体的行政实践过程也是一种“终生的道德化过程”② ——行政人员只有在长期的实践中③，才能

---

① ［美］全钟燮．公共行政的社会建构：解释与批判［M］．北京：北京大学出版社，2008：150.

② ［美］特显·L. 库珀．行政伦理学：实现行政责任的途径［M］．北京：中国人民大学出版社，2001：240.

③ 这与公共行政中人们的行为方式有关。“一个共同体中的人，当他表现为‘经济人’的时候，是在一次性支付中获得一次性的收益；当他表现为‘公共人’的时候，他对于自己的支付行为不是在一次性的行为中完成的，而是一个连续不断的过程，是与他的生命存在共始终的行为。”（具体参考：张康之．寻找公共行政的伦理视角［M］．北京：中国人民大学出版社，2002：161.）

认识自我的伦理角色和定位。

最后，社会建构行政中行政人员的伦理是试图克服主观与客观责任的不足，形成完整的符合人性的伦理标准与行为。从宏观的客观责任过渡到微观的主体责任，既不是过多地强调法律与规章制度的重要性，也不是过于地相信行政主体的信念、意识与信仰，而是通过行政人员自身的努力和参与，在公共政策社会建构的过程中，通过对法律、制度和规章的具体灵活运用，利用主观的知识、意识与能力来提高对客观外部赋予行政约束力量的理解和认识，并结合社会情境具体使用和落实，从而把客观责任与主观责任有机地结合起来。这也说明在道德化过程中，行政人员具有自愿选择和自我改变的倾向①。行政伦理代表了行政人员对公共事务的内心承诺，表明了公共行政的目的和行为选择的性质，既是一种公共生活的智慧隐含能力，也是指挥人们在错综复杂的公共场域中如何做出恰当判断的能力，"道德不仅仅是个体遵守道德原则的事情，而且个体也根据自我理解或对某一事件全部事实的认知来创造道德原则"②，这个自我理解和认知是需要在行政实践中长期经历中凝练和创新性体悟出来的，"德性实践需要一种对时间、地点、方式是否恰当的判断能力，以及在恰当时间、地点和方式下做正当的事的能力。这种判断的实践并不是对

① 这一点，也符合了布坎南对戈塞尔的理论描述中指出的那样，"在一种非常真实的意义上，戈塞尔论证说，个人为自己选择安排或个人行为规则，这些安排或规则将指导他们在一系列与其他人相互作用的过程中的选择行为模式。用我自己的话来说，个人是在可供挑选的'道德约束'之间进行选择；他们是在可供挑选的约束中选择而不是在特定情形下可供他们挑选的最终状态之间进行选择"。（具体参考：［美］詹姆斯·M. 布坎南. 宪法秩序的经济学与伦理学［M］. 北京：商务印书馆，2008：303.）

② ［美］全钟燮. 公共行政的社会建构：解释与批判［M］. 北京：北京大学出版社，2008：152.

各种规则墨守成规的运用”[①]。个体在行政的社会建构中，在组织与社会中，个体学习与分享不同认知偏差、知识类型、价值观念、象征仪式、文化符号等，在行政参与的社会化中，使客观的外部力量诸如法律与规则内化于心中和行动中，形成稳定的道德人格[②]，并与自身认识的原则相一致，同时结合社会情境，在不违背客观责任的前提下，提高自我对公共政策的伦理判断能力与认识，实现自我对公共行政认识的超越和伦理的遵守，联系起了外在的规则法令与内心的意识与责任感，并强化了后者。“在美德和法则之间还有另一种关键性的联系，因为只有对于拥有正义美德的人来说，才可能了解如何去运用法则。”[③] 在认识的过程中，个体发挥着积极的角色，当每一个主体遇到不知道如何做和做的是否正确的时候，与参与道德形成的过程其他人进行交流、讨论与商量，消除自我的疑虑和形成正确的做事态度、原则与措施，改变自我的心理认知和伦理认识，人们“日益意识到真正的知识和责任感不是产生于客观的事实，而是产生于不同的人为了达到更透彻的理解水平而相互影响”[④]，使自我的伦理判断成

① ［美］A. 麦金太尔. 德性之后［M］. 北京：中国社会科学出版社，1995：189.

② 正如黑格尔所说：“一个人做这样或那样一件合乎伦理的事还不能说他是有德的；只有当这种行为方式成为他性格中的固定要素时，他才可以说是有德的。”（具体参考：［德］黑格尔. 法哲学原理［M］. 北京：商务印书馆，1961：171.）也有中国学者同样指出，“具有真实德性的人，不管处于何种境遇，都将追求自己认定的善；在面临各种选择之际，总是择善而弃恶。即使自我独处，各种外在的约束暂时不存在时，也无苟且之意。以德性为本源，行善（道德实践）成为人的现实定势。”〔具体参考：杨国荣. 道德系统中的德性［J］. 中国社会科学，2000，（3）：85－97.〕

③ AlasdairMacIntyre. After Virtue［M］. Notre Dame，Indiana：University of Notre Dame Press，1984：152.

④ 哈拉尔. 新资本主义［M］. 冯韵文，黄育馥译. 北京：社会科学文献出版社，1999：309.

长和道德的秩序成为可能，很容易与别人达成伦理的一致性。在提高自我伦理认知与实现的能力的同时，形成了自我的道德准则，在主体间性的过程中也提高了他人的伦理水平，保持对伦理事务的习惯①，在不断的感觉和界定自我责任的限度与内容的时候，塑造了自我的伦理身份②，形成个体责任的道德品格。伦理的主体能力、社会建构公共行政的过程性特征和其有机融合伦理责任观念一同构成了行政人员的责任伦理内容。责任伦理的内容具备并不一定就能在实践中能提升伦理能力，还需要自我的伦理自觉去实现。从某种意义上说，伦理就是自觉履行责任，“道德之所以是道德，全在于具有知道自己履行了责任这样一种意识”③，具有伦理的自觉意识，行政个体在具体社会情形中就能很好处理各种伦理冲突，就能表现出与社会大众、组织要求和自我证明的一致性的伦理行为。

从行政人员的自我伦理的社会建构过程中，我们也可以看到，“在伦理责任的社会构建过程中，行政管理者、社会、文化、组织以及公民之间存在着交互作用”④，彼此相互影响，形

---

① 黑格尔把伦理的表现称之为对伦理事务的习惯，“对伦理事务的习惯，成为取代最初纯粹自然意志的第二天性”。“在习惯中，自然意志和主观意志之间的对立消失了，主体内部的斗争平息了，于是习惯成为伦理的一部分。”（具体参考：［德］黑格尔．法哲学原理［M］．北京：商务印书馆，1961：170－171.）

② 具有伦理的身份，就能够区分不同的伦理诉求和选择。一个人如果得益于更广阔的自我身份认同而具有更为丰富的视野，那么他就能辨别出组织“技术”责任和“道德”责任的区别，并在组织不道德地使用权威时质疑其权威的合法性；如果一个人的身份认同仅限于组织内或主要在组织内，那么他甚至都认识不到组织的这种非法性。（具体参考：［美］特里·L. 库珀．行政伦理学：实现行政责任的途径［M］．北京：中国人民大学出版社，2001.）

③ 联合国教科文组织．学会关心：21世纪的教育［J］．教育研究，1990，(7)：73－76.

④ ［美］全钟燮．公共行政的社会建构：解释与批判［M］．北京：北京大学出版社，2008：148.

成了行政管理者合理性和合法性的伦理意识与判断能力，伦理的主体自我能够通过审视别人的价值与思想而形成自我的伦理意识与标准。行政管理者的积极主动性和主观的判断起到了重要作用，因此行政人员的伦理能力与正确行为取决于自身的行动怎么做和如何做以及对之反思的过程，他们愿意变化和适应外部的环境以及愿意接受他人的观点与建议，伦理判断能力就会在行政过程中得到升华，获得新的经验与知识并能在合理判断的基础上采取行动，通过参与到公共政策的制定中并反思自我而修正自己的存在意识，保持自我的“反思的平衡”（reflective balance），并通过集体行动向集体层输送与转变组织的观念，以此影响他人和组织认知判断，公共机构的组织伦理责任的转变与提高也有了可能。

第三节　民主化治理过程与责任伦理

在一个日益多元的公共生活社会中，界定行政责任伦理的标准和内容是很困难的，社会建构行政的行政人员伦理的形成强调社会互动作用，通过与其他人一起参与社会进程的伦理自我的塑造。作为一种民主化治理模式的行政思想，社会建构的公共行政中自我伦理的社会建构也会受到民主化本身的影响，在自我伦理的社会建构中，民主深深嵌入了自我伦理的建构过程中。

责任机制在民主制中有着特殊的意义，世界各国议会联盟关于民主的共同宣言中把责任看作是民主除了参与之外的另一核心原则和概念①。在民主的形式中，无论是代议制的民主、协商民

---

① ［英］安德鲁·海伍德．政治学核心概念［M］．天津：天津人民出版社，2008：181－182.

主、自治民主还是参与民主，没有责任机制的治衡，民主也就成为一盘散沙，沦为形式上的民主，所有蕴涵的价值也就荡然无存。民主化的过程对参与其中的伦理素质和涵养提出了很高的要求，发达的民主政治之伦理，就如我们所定义的官僚制度之伦理几乎是正好相反的[①]，在官僚体制下，伦理是依附于技术理性的，伦理的作用往往被忽视或被技术化的过程所淹没[②]。在今天参与社会建构的民主化治理中，个体的责任与伦理判断占据了个体行动的全部。民主化的治理过程鼓励人们参与并贡献其力量，以民主的形式让公民的权利得到了保证和发挥，民主发挥着自我

① Cf. Child, J. Participation. Organization and Social Cohesion ［J］. Human Relations, 1976: 29.

② 在传统的官僚体制下，公共领域曾有的梦想现在都已经成为技术的事实，人们不必再对道德抱有虔诚的敬畏。沃尔以曾感慨道："以往人们总是以为良好的政府就是道德的人的结果。而现在观点则相反：道德是无关紧要的。只有机构的合理安排、个人熟练的业务才是至关重要的。机关组织不再依靠那难以控制的、不可估计的道德品质，只要有业务上的专家就行了。这就像一台机器，不论开机器的人品质如何，机器运转良好才是目的。"（具体参考：Waldo, Dwight. The Administrative State ［M］. New York: Holmes & Meier, 1984: 23.）官僚制的组织特性本身就是对伦理内涵的破坏，登哈特更为深刻地指出，传统的以效率至上为价值导向的行政思想的扩张，使越来越多的群体生活空间理性化，削弱了整个社会的自治和民主责任感。（具体参考：［美］登哈特．公共组织理论［M］．扶松茂，译．北京：中国人民大学出版社，2003: 69.）而与此相反，在社会建构的民主化治理中，重视伦理的价值而没有泯灭效率的价值，只是两者重视的序列位置颠倒过来了。因而，"在民主社会里，当我们思考治理制度时，对民主价值观的关注应该是极为重要的。效率和生产力等价值观不应丧失，但应当被置于民主、社区和公共利益这一更广泛的框架体系之中"。（Denhardt, R. & J. Denhardt. The New Public Service, Serving Rather than Steering ［J］. Public Administration Review, 2000: 60, 599.）麦克斯怀特也不无深刻地指出："在现代的民主的治理中，效率的问题整个被巧妙地解决了，因为它被包容在一个可集体地表述的概括性问题之内了。尤其重要的是，合法性问题被完全避免了，因为不再有代表他人行为的代理人或领导。"（具体参考：麦克斯怀特．公共行政的合法性——一种话语分析［M］．吴琼译．北京：中国人民大学出版社，2002: 130 - 131.）

发展的实现机制的作用，公民自我管理自己，实施社会自治，不断地唤起人们实现道德感觉。同时，民主与自我伦理的形成是密不可分，“民主是一个过程，一个不断把外在要求、在规范转化为人们的内在规定的过程，这个过程正在积极地导向不断运动发展着的伦理目标”①。在民主化的过程中，一个人需要对公共行政中道德标准按照自我要求和内容进行的排序和衡量，在不损害他人利益的同时进行自我反省与思考完善自我的道德认识，自我良知得到升华，达致卢梭所赞美的“使人形同上帝”。于是，伦理也就具有辩证性，组织、社会、群体、他人能够通过准则与管理过程来影响个体，同样个体也以自我知识、价值来影响组织与社会。在民主化的过程中，对公共政策、社会需求和社会情境的具体性判断难免会产生不一致的道德判断，民主方式的协商、讨论与批判来解决其分歧成为最佳的方式，“民主协商是唯一在道德争端中具有伦理意义的解决方式”②，民主的过程有效地稀释了彼此的分歧和不一致，促进人们改变自我和趋于意见与伦理判断的统一。“归根到底，民主主义的问题是个人尊严与价值的道德问题。通过互相尊重，互相容忍，授受关系，总结经验等，民主主义到底还是唯一的方法，使人们能成功地进行我们全体都牵涉在内的实验，人类最伟大的实验——在这共同生活的实验中，每人的生活，在最深刻的意义上是有利的，对自己有利，同时复有助于他人的个性之培养。”③

休谟指出，道德准则属于实践哲学，对行为和感情有一种影响。在社会建构的公共行政，民主往往被视为一种对社会力量发

---

① 张康之. 论作为行政伦理原则的民主范畴［J］. 天津社会科学，1998，(6)：20－24.

② Habermas，The Theoy of Communication Action，vol·2，PajrtV.

③ ［美］杜威. 傅统先等译. 人的问题［M］. 上海：上海人民出版社，1986：33.

挥的安排和形成秩序的设计，像温室一样培育了道德并发挥了作用，“在任何一个国家中起决定作用的因素是公民联合起来以求实现的道德价值，由于公民在一起生活的道德目的是他们共同具有的根本愿望，因此可以说出现了‘国家的生活’”①。在给公民设计的“国家的生活”中，需要一定的人们热情、责任与内心的伦理准则的支撑，这也决定了在民主化的治理中民主的方式与质量。相应地，民主作为一种所有民众联合起来治理社会的艺术，积极地激励怀有道德和美好事物的合作者进行治理，民主是外在的联合形式，而真正的内在联合形式则是人们内心的道德律令，最重要的内心责任机制，两者合作式的民主化治理中相偕相容，撑起来了人们合作治理社会的美好图景。

民主的出现之所以成了历史发展的趋势和人心所向，就在于它为一切积极的人类创造提供了机遇。伦理精神作为行政文化底蕴，在民主制度中理应焕发生机，发挥出不可替代的作用，而伦理精神若在民主制度中发挥作用，又首先依赖于民主是否能够成为伦理精神的一部分，进而把“个人善”与“公共善”结合起来。只有当民主成为行政人员的自觉操守，民主才能实现形式与内容的真正统一。批判性与反省式的自我拷问与思考是个体伦理形成的一部分，人们的责任、合作意识、彼此尊重、相互理解、信任关系等伦理道德不是自然生成的，需要一种行使权利的载体来完成，在民主治理的过程中，这些伦理道德的意识才能够以不同的形式出现并发挥作用，“民主建设不应忘记唤回它理应包含着的伦理精神。因为，真正民主的实现需要有来自政治家和行政人员内心的一种稳定的冲动，这种冲动就是已经成为道德力量的民主信念。作为道德信念的民主，是作为政治理想的民主在心灵

① ［美］萨拜因．政治学说史［M］．北京：商务印书馆，1982：141.

中的内化”。[①] 民主的形式与伦理的精神相互嵌入成就了民主化的治理模式，在相互促进的同时也延伸与完善了自己，两者的相结合铸就了治理的精神，成为治理精神的一个统一体。因此，我们可以说，民主化的社会治理过程，相互交流与互动构成了个人自我伦理构建的基点，民主化本身作为一种途径，使人们的积极性和自主的意识得到了塑造，使伦理有一种意识的感知，在人与人之间的关系中促进了自我的伦理意识和判断能力。同时，也是民主化的过程，使参与社会建构中人的伦理获得了大致相同的增长，并且内容、意识和观念具有一致性。[②]

当然，在公共行政的过程中，个体顽固地坚守自身的认识与判断，就会无法和别人分享自我的感受与心得，也就无法达成群体认识上伦理的一致性意见，这就需要培养行政个体的公共精神、公共意识和形成彼此的信任关系。

第四节　公共精神、主体美德与信任

在不同地方民主治理中，为什么有的地方治理有很高的绩效，而在别的地方却不高？我们认为，良好的治理绩效行为总和中包含着公共精神与美德的函数，公共精神与美德能够来界定公共利益的内涵。现代民主制的健康和治理绩效不仅依赖完善制度的正义，而且依赖于民主制下的公民的素质和态度，“现在已经清楚的是，旨在平衡个人利益的程序性的制度机制是不够的；还

① 张康之．论作为行政伦理原则的民主范畴［J］．天津社会科学，1998，(6)：20－24．

② 这也符合现代的伦理发展方向，“从个体美德伦理向着普遍有效的社会（公共）规范伦理的转变”。〔具体参考：万俊人，李义天．政治哲学研究：历史、现在与未来［J］．马克思主义与现实，2008，(1)：8－16．〕

需要有一定水准的公民品德和公共精神"[①]。孟德斯鸠也同样指出，极为推崇献身于政治共同体生活的积极公民的理想和深切的公民责任感，这种理想和责任感，给当时的社会带来了勃勃生机。罗马之所以能够长期免除他国攻击和内部暴政，在于其公民的良好美德品质，即克己自律、爱国主义、淳厚虔诚、尚武好战，为公共利益放弃个人私利[②]。在现代社会中，罗伯特·D.帕特南在意大利的调研也说明了这一点。"公共精神发达的地区有这样一些特征：地方组织网络密集，公民积极参与共同体事务，政治模式是平等的，人们相互信任，遵纪守法"[③]，地方治理绩效也就相应很高。公共精神、个体美德和彼此的信任是公共生活中的精神力量，人们能够保持旺盛的激情并积极地参与其中，在实现自我利益的同时，实现公共利益的最大化。

公共精神、行政美德和彼此的信任关系与社会建构的行政的集体行动紧密联系在一起的，共同构成了行政人员和公民对公共治理的深层次道德取向和品格质量。在民主化治理的社会中，负责任的公共行政者需要公共精神与高尚的行政伦理的滋养与呵护。行政人员伦理的自我实现往往会演变为一种连续性和内心自我控制的力量，他们会以一种相对可试验与可预测的方式来履行职责，行政人员需要连续保持组织的价值观内容，也需要时刻以信任为基础和途径来进行与别人的联系与交流。行政人员对公民的关心、信任和鼓励公民的积极参与，使公共行政的精神诸如透明公开、正义公平、关注公共利益和体恤民意等通过行政人员得到了体现并成为其内在意义的道德实践的必要成分，在实践中体

---

① 威尔·金里卡．当代政治哲学：下［M］．上海：三联书店，2004：512.

② ［英］戴维·米勒，韦农·波格丹诺编，中国问题研究所等组织翻译．布莱克维尔政治学百科全书［Z］．北京：中国政法大学出版社，1992：116.

③ ［英］罗伯特·D. 帕特南．使民主运转起来——现代意大利的公民传统．王列、赖海榕译．南昌：江西人民出版社，2001：214.

现并完善，于是公共场域之善得到张扬和传播，并影响参与其中的人。对于其他人，参与到公共治理的支撑仅凭借自我利益的考虑是不够的，关注他人的利益与公共利益的实现才是深度和具有实质意义的参与，在这些互动与交往的实践中，很多社会共享的规范、规则在不同公民与组织的交换中得到了解释，人们之间的交往就成为主体间的体验，暗含了信任的内在应用性，产生了彼此的信任。当人们关注到公共事务，关心公共利益的责任心的时候，信任、信心也就随着产生了，正如卢曼所言，信任只能在人际关系中才能产生和发展。故此，“行政者必须力求增加公众直接参与治理的机会，公众才能增长其实践才智，这是好的行政信念中信任的最终基础”①，主体间性的社会建构政策过程中，彼此默契、责任心、公共意识、关心他人和彼此相互理解和依存与信任具有相一致的共享价值理念②，人们在相互的互动中，使得不同层次的信任和关系得到了新的诠释，人们获得了公共行政中角色的认识，信任也不断地渗透到人们参与的过程中和自我角色的理解中并得到了延续，“当合作双方都意识到对方的需要时，它们之间将会建立起高度的信任，这一信任将使双方的关系得以继续”③。互惠的关系和彼此的认同创造了公共行政新的价值。可以说公共精神的体现之地往往是产生和强化信任的之地，同时，公共精神作为一项心理资源，具有自我强化的功能：越是经

---

① ［美］万斯莱．公共行政与治理过程：转变美国的政治对话［J］．中国行政管理，2002，(2)：26－29.

② 按照福山的理解，共享的价值是信任的前提，“人们互相联系的能力又取决于共享规范和价值观的程度的高低，以及社团能否将个人利益融进群体利益，从这些共享的价值中产生了信任”。(具体参考：［美］弗朗西斯·福山．信任：社会美德与创造经济繁荣［M］．海口：海南出版社，2001：12.)

③ 罗德里克·M. 克雷默，汤姆·R. 泰勒．组织中的信任［M］．北京：中国城市出版社，2003：76.

常使用，它的供给越是丰富；利用得越多，其价值越大①。

公众的积极公共行为是一种无偿和主动资源的行为，是自我社会建构的一个过程，也只有通过资源和无偿的这样一种行为，才能显出活力和持续性，任何强制性的形式都是对公众本身社会性生成的一种压制和破坏。毕竟公众的积极公共行为在很多时候也是一种自身理性行为——不管是短期利益的直接获取，还是长期利益的获取预期，公众有自身的判断，公众管理者应该相信并支持这种判断。公共行政的管理者的组织和动员，生产和维护着公众的公共精神，“政府在场”或者“国家在场”本身就是一种鼓励。“如果一个行政管理者想具有公民意识，他必须创造性地在他或她的伦理责任与良好公民美德之间进行平衡。”② 作为行政人员需要改变官僚主义行为和形式主义作风，走出权力依赖的圈子，走到公民身边和他们一道工作，与他人一起商讨公共之事，“坐在同一条板凳上”，体察他们的认识与理解，对社会整体民意与民情的正确把握，既能对良好的治理充满激情，也能对公民社会的自治与公民的热情给予支持，对正义、公平始终保持激情，这意味着一种对公民广泛的和问心无愧的热爱，弗雷德里克森称之为“乐善好施”③。让公众公开、公正、自由、平等方式表达自己的偏好和价值，在公共意识与分享价值的政策制定中形成行政人员自我的美德与公共精神，在一定意义上，对别人的

① 弗兰·汤克斯．信任、网络与经济［A］．曹荣湘．走出囚徒困境：社会资本与制度分析（视点丛刊）［C］．上海：上海三联书店，2003：239－240.

② ［美］全钟燮．公共行政的社会建构：解释与批判［M］．北京：北京大学出版社，2008：157.

③ ［美］弗雷德里克森．公共行政的精神［M］．张福成等译．北京：中国人民大学出版社，2003：23.

认知、尊重与省察是一种良好的美德[①]，相互的认知、尊重与省察也有了社会建构的意义，对伦理的内容与判断都是一种实践。而作为公民，当参与与介入到公共生活，愿意和别人交流与共处的时候，也就有了公共意识。在社区和地方的治理中，公民基于公共的认同产生情感和利益上的联系，愿意通过个人的理性分析与共同的讨论来达成共识，逐渐重视与他人的交往与交流，彼此信任与关照，就能具有道德生长的普遍意义[②]，公民美德融合了个人利益与公共利益，在参与公共事务的场域中，才能“使他感到自己是公众的一分子，凡是为公众的利益的事情也是为了他的利益”[③]，就会逐步形成人关注他人就是关心自己，人为他人服务就是为自己服务的共生共融的公共利益实现格局。当然公共精神、主体的美德与信任还需要制度的力量去建设，这些因素的生成是嵌入在社会制度的设置和运行之中的，只有在组织和制度的联动和关怀下，公众的公共精神、美德才能够更加的清晰表达。

---

① “公民美德不是能从书本上或从授课中习得的，它是一种需要特定的道德品质的能力，即一种归属、认同某个社会的情感，这个社会的命运在生死关头。公民美德包括一切远离仅仅关心个人利益而转向关注公共目标的归属感。”（具体参考：Michael J. Sande，l TheOrderof the CoifAnnualLecture：The Constitution of the Procedural Republic：LiberalRights and CivicVirtue，Fordham Law Review，October，1997. p. 3.）公民美德所具有的认同感与归属感需要感知别人以及自我与别人的情感倾向和认同来实现。

② 信任成为了道德成长的土壤，“信任的道德基础意味着，对于那些我们认为值得信任的人们来说，我们的所作所为必须比合作更多。对于陌生人、对于与我们有别的人，我们必须持积极的看法，而且必须认为他们是值得信任的”。（具体参考：［美］埃里克·尤斯拉纳．信任的道德基础［M］．张敦敏译，北京：中国社会科学出版社，2006：3.）

③ ［英］J. S. 密尔．代议制政府［M］．北京：商务印书馆，1982：54.

下篇　现实篇

如果知道了我们在哪里，要走向哪里，我们就能更好地判断要做什么，如何做。

——［美］奥斯特罗姆·帕克斯等：《公共服务的制度建构》

演化的范式揭示，首要的不是去询问“事情究竟是什么”（这是古典范式的做法），而是要去探讨“事情（或人、事件）是如何变成现在的样子”。

——Ervin Laszlo，Christopher Laszlo.《The Insight Edge：an Introduction to the Theory and Practice of Evolutionary Management》

要理解惊人的事件，就必须联系日常的生活模式来认识它。

——威廉·富特·怀特：《街角社会》

第八章　转型的现实和转型的实现

第一节　中国社会转型的呈现

我们生活的社会，“唯一不变的是在不停变化”，在这样一个“不确定性”的社会变化中，我们关于美好社会的发展目标的实现，总会遇到不可估计、没有预期的结果。我们的时代也是一个“两难抉择”的时代，每一项政策都充满了风险。中国社会正处在从传统社会向现代社会转型，转型期的阵痛未除，各种共时性的社会问题又接踵而来，社会转型所带来的不期而遇的困惑和问题以及有限的适应性、相对性和初始条件的敏感性的思维特征急遽地改变着人们的价值观念、情绪心态和行动过程与行为选择，迫使公共行政做出自身的改变和积极的回应。

同时，我们今天生活的世界，是一个充满立场的世界，是一个充满公共选择的社会，当然也是一个充满知识辩驳和生产的世界。“伦理、政治、文艺和宗教都结合在一起，形成了一个伟大的共谋。”① 各位学术大师也预测了未来世界模样，例如德鲁克的知识社会预测，贝克尔的风险社会忧虑，约瑟夫·泰恩特的崩

---

① ［英］J·M. 凯恩斯. 劝说集［M］. 谢受百译. 北京：商务印书馆，1962：66.

溃的复杂社会理念，吉登斯的失控世界的描述，贝尔的后工业社会，约翰·奈斯比特的信息社会以及在现代性背景下后现代社会的景观，可谓色彩斑驳，不一而足。

各类对未来社会的描述表明公共行政的发展会受到不同因素的影响。按照丹尼尔·贝尔对后工业社会的描述，中国社会已进入了后工业社会——社会结构发生了很大的变化，以商品生产为主向服务业生产为主的转变，这个结构的转变主要是后工业社会进入了一个信息社会，信息技术不仅给经济结构和劳动力构成带来重大影响，它的影响力将越来越深入到社会、政治、经济、文化及日常生活的一切领域，使得社会结构发生了巨大的变化，政府治理的形式和内容也必须随着改变。

一、中国社会转型的特殊性

中国社会正处在一个转型的发展时期，既有工业社会中未完成的任务，也有后工业社会的特征，处在一个社会形态交叉复杂的社会转型期，金耀基教授精彩论述到，“当下中国社会是一个尤其难以理解的社会，是一种难以置信的组合，它有着从接近远古的社会、传统社会到发达的近代社会的各种生活和生产方式，有着从前现代、现代到极端后现代的精神和观念”①，使中国转型的社会荆棘丛生。按照金耀基教授的分析，转型社会具有三个特征：一是异质性。即传统因素与现代因素杂然并存。如：“摩天高楼”与“木板小屋”、“大水牛”与“喷射机”、自然经济与市场经济并存。二是形式主义。即应然与实然不相吻合，“什么应是什么”与“什么是什么”的相互脱节。有许多事物形式上，表层的是现代的；但实际上，潜在的却是传统的，徒具现代

① 赵汀阳．现代性与中国［M］．广州：广东教育出版社，2000：前言．

化之名或之形。三是重叠性。即传统社会是结构不分化和功能普化，如帝王的权力是不分化的，他的功能是普化的，即同时具有政治、经济、教育、宗教等多种功能。现代社会则是结构分化和功能专化，如企业家只是“经济人”，官员只是“行政人”等。转型社会则是结构的分化与不分化、功能的专化与普化相互重叠①。金耀基教授关于转型社会特征的理论不但深刻揭示了社会转型的一般特征，而且也切合目前中国的现实情况：田野烟囱与摩天大厦并立、自行车与火箭齐飞。在我国现实的转型中，不同的社会阶段复杂交织在一起，前现代、现代和后现代共存，总体性社会结构②与碎片化结构同在，与西方社会的平面多元化不同，中国社会处在横向断裂分层和纵向多元复杂性阶段。

在中国转型过程中，市场经济体制的确立具有十分重要的作用。中国的社会转型肇始于市场经济的确立和发展。在转型中，

---

① 金耀基．从传统到现代［M］．台北：台湾时报文化出版企业股份有限公司，1990：113－116.

② 孙立平教授指出，中国的社会是一种总体性社会结构：国家垄断着绝大部分的稀缺资源，并且，社会各个部分高度关联。在这种总体性社会中，政治框架成为定型社会的基本框架，社会中的各种组织系统均附着于政治框架之上，政治和行政权力成为支配整个社会生活的基本力量。总体性资本过多地垄断了资源，也加剧了社会两极化的发展。社会生活的各个领域，包括经济、社会、文化、教育等，由于高度附着于政治框架而呈现出高度的交织、黏着和不分化状态。在此基础上，孙立平将当代中国的社会结构的特征概括为四点：一是中国社会结构已定型，贫富强弱阶层已尘埃落定；二是精英联盟，即权力、经济和知识精英已经结盟；三是寡头统治，种种反民主的言行开始出现；四是赢者通吃，即一个人只要在一个领域获得优势，就可以在其他领域畅通无阻。〔具体参考：孙立平．动员与参与：第三部分募捐机制个案研究［M］．杭州：浙江人民出版社，1999；孙立平．改革以来中国社会结构的变迁［M］．中国社会科学，1994，(2)；牛涛．当前中国新型国家与社会关系的建构［M］．理论研究，2008，(4)；孙立平．迈向对市场转型实践的过程的分析［A］．谢中立．结构—制度分析，还是过程—事件分析？［C］．北京：社会科学文献出版社，2010：197；“利益受损最大的是领导干部?”［EB/OL］．http：//zqb. cyol. com/content/2006－02/28/content_ 1323670. htm. 〕

政府和市场各自力量相互补充，形成了中国社会转型的重要推动力，不仅对整个经济进步和发展带来了“富裕社会”，同时，原来的社会结构本身也发生了变化，功能单一和社会行为的“清一色”形态逐步被多样化和异质化所代替。“伴随着政治领域权力的减弱，经济领域和社会领域的权力正在逐渐成长，先前那种政治领域垄断一切的‘单级结构’正在向三个领域分享权力的‘多极结构’转变。”① 社会领域力量的成长，解放政府本身，在释放了自身合理能量的同时，打破了政府与社会间的“中心—边缘”的状态，使政府的自事务与他事务的治理界限日益清晰，也能够使政府功能性的定位慢慢归位。在一段时间内，中国政府与市场之间的关系的转换和应接仍然是公共行政探讨的主要议题②，但在这其中，社会力量本身参与和自身管理对社会转型起到了不可估量的作用。

二、转型社会面临的问题

著名政治学家亨廷顿指出，现代性标志着稳定局面的出现，现代化的过程则必然伴随着不稳定。经济发展本身就会带来不稳定的因素，迅速的经济增长使贫富差距会拉大，增加了人们对现存秩序的不满。“经济发展提高了集团组织的能力，从而提高了集团对政府提出要求的分量，而政府却不具备满足这些要求的能

① 康晓光．权力的转移［M］．杭州：浙江人民出版社，1999：1－2.

② 汪晖指出，在任何意义上，中国市场社会都不是进化的产物，也绝非“自然的”或“自由的”领域。政府活动与市场活动的相对分离本身就是一种制度安排，它的实质是把国家转化成为一种内在于市场调节的因素。（具体参考：汪晖．现代中国思想的兴起：下卷，第二部，科学话语共同体［M］．上海：生活·读书·新知三联书店，2008：1465.）从这个视角看，理顺中国的政府与市场的关系仍是一个长期的任务。

力，这种差距造成了社会的怨愤。在社会纵向和横向流动机会很少的情况下，这种怨愤会促使人们通过政治参与向政府施加压力，同时如果政治制度化水平没有相应提高，那么就会造成社会矛盾和冲突。”① 从整体上看，这个世界显得如此的不确定和风险丛生，权力的资本化扩张，权力资本与资源资本相融合，社会矛盾的危险性、突发性和综合性突出，信仰危机和价值危机逐渐显现，社会结构日益多元化。从中国转型的社会秩序本身来看，可谓是“关系万千重”。社会转型的速度、广度、深度、难度均前所未有，转型的过程漫长、转型过程复杂、转型矛盾和问题繁多、转型面临的外部环境多变性②，所有这些构成了“流动的现代性”。似水一样流动的现代性，与小溪水流静静流淌不一样，这些流动的“活水”天生具有深不可测的风险。

社会的转型不仅仅是经济从计划经济转向市场经济，更重要的是，整个社会的结构、过程、价值、文化和人们本身都将发生重大变化。“处于现代化转型时期的中国社会正以浓缩的方式集中地反映出过去相当长一段历史进程中人类发展状况的演化”，它使前现代的、现代的、后现代的历史特征，“以相互冲突的方式共时地影响中国民众的行为”③。在经济层面，市场经济的完善是一个漫长的过程，经济管理的效率低下，市场经济发育任务艰巨；在政治层面，公众参与热情增加与参与渠道狭窄形成了鲜明的矛盾，政府干预经济较多，公共政策效能水平低下，决策的程序公开性、透明性不够；在文化层面，多元文化冲突增加，文化的整合力度不够，糟粕文化仍然有一定的市场；在社会层面，

① 亨廷顿. 变化社会中的政治秩序［M］. 北京：生活·读书·新知三联书店，1998：46.

② 李庆霞. 从传统农业社会到现代工业社会——当代中国社会转型的特点［N］. 人民日报. 2005 - 07 - 18（009）.

③ 袁贵仁. 人学的基础和核心［J］. 江海学刊，1996，(1)：83 - 84.

法治进程有待加快和法治水平有待提高，社会自治发育程度不够，贫富差距不断拉大，社会心态的变异，社会发展不和谐因素依然较多，社会流动加大，社会归属感缺失，从整体上看，中国正在进行着“清一色”的现代化，在现代化的进程中，经济的“黄金发展期”同时伴生的还有“矛盾凸现期”、“冲突多发期”，外部压力在逐渐增大，同时伴随社会转型而出现的社会分配不均、体制摩擦较多、监督机制弱化等。中国的社会矛盾和冲突发展，可以概括为“三个没有预料”到：一是经济发展水平之迅猛并伴随着社会分化带来的社会问题之猛烈没有料到；二是社会发展之不平衡性和社会断裂[①]严重性、各种利益博弈之间的错综复杂没有料到；三是社会公共治理水平提升回应社会变迁发展的难度空前加大没有料到。

按照生态行政的观点，公共行政实践变化和理论研究旨趣的改变，取决于社会环境的变化，取决于社会发展对公共行政功能的要求，能不能够满足社会发展提出的要求[②]。但在现有的公共事物治理中，公共行政的结构特征与社会所需要的效能之间存在着明显的不对称或错位，这些问题加剧了社会治理复杂性。在复杂的社会中，社会要求的多样性、人们需求的多元性会逐渐显现出政府治理和回应不足的痼疾，于是社会需求与政策无能构成了

---

① “断裂社会”主要含义为，在社会等级与分层结构上，一部分人被甩到社会结构之外，而且在不同的阶层和群体之间缺乏有效的整合机制；在现实的意义上，主要是指明显的两极分化。在断裂的社会中，其不同的部分几乎处于完全不同的时代，他们之间缺乏有机的联系，无法形成一个整体的社会。借用托夫勒的“三个浪潮”的概念，中国社会是三个浪潮的社会同时并存。具体参考：孙立平．转型与断裂：改革以来中国社会结构的变迁［M］．北京：清华大学出版社，2004；孙立平．断裂：20世纪90年代以来的中国社会［M］．北京：社会科学文献出版社，2003；孙立平．失衡：断裂社会的运作逻辑［M］．北京：社会科学文献出版社，2004；孙立平．社会转型：发展社会学的新议题［J］．社会学研究，2005，(1)：57－72.

② 彭文显．行政生态学［M］．台北：三民书局，1998.

当今世界社会发展与政府能力问题的正题与反题[①]，“政府在回应社会要求方面往往在某个方面表现出了较强的能力的同时，在其他方面则表现出了极端的‘弱能’，总会存在着顾此失彼的问题，总会在较好地解决了某一方面的问题的时候造成了很大的消极效应，引发了一些更大的、更难于解决的问题”[②]。各种社会事件相互交错、勾连和叠加在一起[③]，需要像剥洋葱一样层层剥落，才能看清事物的本质，这对政府管理提出了更高要求，就必须将原来倾斜式的改革观念与模式转向共享式改革途径，需要公民能够参与到改革与发展中，能够共享改革成果。

另一方面，作为单个的个体，公民在高度后工业社会情境中，复杂的社会生活与自我生活以一种直接的方式相互交织，自我焦虑日益严重，在一个日益的碎片化、凌乱、复杂和多样的开放世界和无限杂多、不可预测的社会情境中，公民日益面临自我生存的危机，公民主体普遍存在理性不足，暴露在各种不确定危机和应对危机的知识储备不足的困境之中，时刻威胁着自我认同的本体——原子化的个体，再次成为一个个散落的“马铃薯”。为此，吉登斯指出，现代社会中单个个体遭遇了选择的多样性，生活的世界多元化，克服自我焦虑，建立持续过程的自我迫在眉睫。个体在自我生活的风险社会和外部世界的复杂性面前，在现

---

① ［美］叶海卡·德罗尔．逆境中的公共政策分析［M］．王满传译．上海：上海远东出版社，1996：135－136.

② 武玉英．变革社会中的公共行政——前瞻性行政研究．北京：北京大学出版社，2005：序（张康之）.

③ 有学者做过一个精彩的比喻，“任何事件都是许多折叠（Fold）在一起的事件系列上的‘切口’，就像在‘剪纸’中剪刀同时切断了折叠成许多层的纸片一样。一旦这张折叠的纸片重新展开（Unfold），一个小小的切口就会同时在球茎表面（或者纸的表面）各处展现为无数互不相同的切口”。（具体参考：李猛．日常生活的权力技术：迈向关系/事件的社会学分析［D］．北京大学社会学系硕士毕业论文，1996.）因此社会事件不是一个单独的事件，而是由一系列的事件组成的。

代社会和后现代社会交融中，“公众在生活上最为重要的表现形式是信仰内容的世俗化、精神需求的边缘化、生活内容的肤浅化、需求结构的扁平化以及伦理尺度的隐匿化”①。在这些特征下，社会需要不断满足公民的持续性自我建设和个性需求。

社会发展的复杂性和公共事务治理难度的增加，社会不可治理性问题的增多和治理难度不断增多，大多数公共政策问题也越来越表现出结构不良性②，很多政策问题本身就是利益多元化的体现，牵涉可见和隐蔽的诸多利益相关者，在不同的价值主体的利益相关者之中，因而在现实中很难实现不同的价值选择和偏好，不同利益的冲突持续存在会引起社会的动荡，社会的碎片化增加了人们对政府能力和责任感的忧虑现代性的国家都面临着管理风险的能力危机③，“现代性的特征，就是不断的创新性、合理性和思考性以及一种与之相应的对一切社会秩序的不可靠感和

---

① 郭济，高小平，何颖．行政伦理导论［M］．哈尔滨：黑龙江人民出版社，2006：352.

② 在公共政策问题分析中，美国著名公共政策学家邓恩从公共政策问题结构的角度，按照决策者、备选方案、效用（价值）、结果和概率的标准将其分为三类：一是结构优良的政策问题。这类政策问题一般包含有限的决策者和为数很少的备选方案，决策者在备选方案的效用价值方面能够达成一致，而且每种备选方案的结果是基本可以确定的，其结果可以预先加以规划。二是结构适度的政策问题。相比结构优良的政策问题而言，这类政策问题所选择的备选方案的结果是不能确定的，即使在可接受的误差之内结果预测也很难。结果的不确定性意味着错误概率很难估计得到。在此种问题结构类型中，结果的不确定性容易使“单个的理性选择”可能造成“集体的非理性选择”。三是结构不良的政策问题。这类政策问题包含了许多不同的决策者，其价值观难以确定，政策的目标存在竞争性的冲突，很难达成共识。同时，政策备选方案的后果不能预测，具有不确定性，以致风险程度无法估计。这类政策问题的原型是完全不具有传递性的政策问题，而前两类政策问题对政策偏好的优先顺序可以排列并且其排序具有传递性。（具体参考：［美］威廉·N. 邓恩．公共政策分析导论［M］．谢明，等译，北京：中国人民大学出版社，2002：163－164.）

③ 安东尼·吉登斯．失控的世界［M］．南昌：江西人民出版社，2001：14.

变化形态”[①]。在中国社会转型急遽的过程中，只有不断处理好传统与现代、稳定与改革、自主与开放、治理与民主、利益多元化与异质性价值冲突等多重矛盾，才能使社会顺利转型，不断地把危机理解为机会，为“挑战”（Challenge）找到一个“答复”（Response）[②]。因此，在中国的社会转型期，社会应对风险的理性不足、政府应对不够和个体能力不逮，往往会造成智力的失效，会形成一定的秩序“权威真空”、“边缘空白”和“价值真空”。于是，各种社会治理的危机接踵而至，解决真空区域中问题是社会治理的核心问题，提高治理的有效性，实现无缝隙的对接，这对政府及其社会提出了很高的要求。

三、社会转型对公共行政走向的要求

现代性的现象纷呈，繁多乱杂，使得公共行政理论也发生了根本的改变，“公共行政的世界为超现实的形象所淹没，所有的意义都遭到解构，所有的边界都被瓦解，行政为反行政所取代”[③]。反映在具体实践中，“以公民为中心的治理才算是一份真正的公共生活”的理念开始成为超越主义话语的政治共识[④]。通过对话、交流、公开辩论乃至全民公决把公众的知识与意见纳入到公共行政过程已不再是一件观念上难以接受、技术上无法克

---

① Lawton, A. Ethical Management for the Public Service. Buckingham: Open University Press, 1998. 20.

② ［瑞士］汉斯·昆著．世界伦理构想［M］．周艺，译．北京：三联书店，2002：26.

③ ［英］戴维·约翰·法默尔．公共行政的语言——官僚制、现代性和后现代性［M］．北京：中国人民大学出版社，2005：3.

④ ［美］卡尔·博格斯．政治的终结［M］．陈家刚，译，北京：社会科学文献出版社，2001：10.

服、意识形态无法包容的事情。在多元化的社会中，表达多元社会价值的内容与平台及社会治理既是不可或缺的一部分，也是全球化下每一个国家都需要面临的问题。

中国社会的改革是增量渐进的改革，遵循布坎南的改革“维克赛尔”原则，最大的优点是“尽量选择较少损害他人的方案”① 来进行。这种改革最大好处是在不触动原来社会利益结构的前提下进行的，在改革初期，能够减少改革推动的阻力，利益人人有份儿，反对的意见不多，因此使改革能够按照预先设计的方案进行，也有人称之为“顺利的改革”②。但这种改革有着天然的局限性，适合利益分配平静的“浅水区”，随着中国改革进入了复杂涌动的“深水区”，各种利益相互纠缠不清，必然要触及原有利益格局的重新分配，原有的改革原则已经无法适应，改革的“帕雷托”改进被打破，使一部分的利益受损，改革难度日益加大。有人预言，“如果搞不好，就有可能在5—10 年内形成某些灾难性后果，这不是耸人听闻：第一，贫富差距已经到了警戒线；第二，社会矛盾和社会风险在快速积累；第三，与通货膨胀联系的社会风险因素在增加，这几个问题结合在一起，就有可能使我国陷入‘中等收入陷阱’”③。如何对受损的利益群体进行补偿与调和，成了中国政府面临的重要问题，也对政府的治理

---

① 盛洪．中国的过渡经济学［A］．盛洪．中国的过渡经济学［D］．上海：上海三联书店，上海人民出版社，2006：7.

② 所谓“顺利的改革”，新的体制为人们提供了一种新的机会、新的可能，使得人们能够获得更大的利益，而没有人在此过程中受到损失，也就是所谓的“帕雷托改进”。(具体参考：樊纲．论改革过程［A］．盛洪．中国的过渡经济学［D］．上海：上海三联书店，上海人民出版社，2006：38.)

③ 所谓“中等收入陷阱”是指人均 GDP 达到 3000—3500 美元（按标准）以后，由于继续按照原有的增长方式，或者新的发展方式选择不当，导致贫富差距拉大，社会矛盾加深，使经济长期低迷、停滞，甚至倒退。〔具体参考：迟福林．以公共服务建设为中心的政府转型［J］．国家行政学院学报，2011，(1)：59－62.〕

能力提出了更高的要求。在社会利益多元化格局下，对“公共利益”的认知也变得复杂化了，对于公共组织的决策者，只有把握民众的社会需求和未来需求的动态①，才能够准备地理性认识公共利益的实质并据之做出合理的决策，才能维护社会的可持续发展。

转型的社会复杂性和快速的变化性需要新的治理价值和思维，从上面关于中国社会转型及其公共行政理论理论的基点转移，我们认为中国未来公共行政发展必须做到以下几个方面。

（1）社会转型期的公共行政必须与经济、社会、文化发展紧密相连。中国社会转型的艰巨性、复杂性决定了中国公共行政建设道路的漫长，也决定了与众不同。中国公共行政知识存量的增长必须在全面认识中国社会发展的阶段和未来趋势的基础上进行合理的建设。任何西方理论的借鉴，都需要在中国制度和现实情形的“魔镜”下进行过滤和筛选才具有可适性，也就是说，中国公共行政的建构首先必须符合自己现实的情形，必须建设有自身主体的公共行政。

（2）中国社会的明显不平等性和异质性特征，对任何一套公共行行政理论的适用都不可能一蹴而就，需要与现有的公共行政模式保持适度的平衡与紧张。建设合法的社会秩序是中国公共行政的首要任务，而这需要社会各方面力量的共同参与，主体间

---

① 英格尔斯的研究表明，与传统人相比，现代人更乐于接受新的经验，以更加开放的态度准备接受社会的变革。但同时，英格尔斯也警告指出，“人的本性并不是一块海绵，凡接触到的东西统统都吸收进去”，“趋向现代化的个人改变是个人与其社会环境之间互动的一个过程”，是一个“选择性地接受”的过程。在英格尔斯看来，即使是那些“有资格被称为真正现代人”的人，也是“以某种程度的选择性而变得现代的，在某些方面完全改变了，在另一方面有所差别甚至保持传统的观点”。（具体参考：阿列克斯·英格尔斯．从传统人到现代人——六个发展中国家的个人变化［M］．北京：中国人民大学出版社，1992：27－30，448.）

的对话与协商。在中国社会总体发展和现状中，结合中国式问题的根源和路径，对社会现象、事实和公共政策的建构决定了中国未来公共行政的发展。

（3）政府自身的变革不但是一个适应社会结构变革的问题，而且也是一个应当先于社会结构变革的问题①。政府自身的发展必须是一个自觉的发展，没有政府自觉的变革，就没有未来中国社会正确的发展。从理论创新到现实敢于实践，拥有创新思维模式，促进公共行政的创新，努力处理好转型期的公平与效率、民主与权威、传统与现代以及本土与全球化之间的关系。

（4）复杂社会的对公共行政要求，已经不仅仅是对现有问题的解决，不仅仅是对各种困局的正确处理，更重要的是，政府在发展自身的同时，尊重社会多元化发展，在多元价值中保持平衡，形成多元合法价值体系②。“在当今的中国，现代性被现代化所替换成为一套‘中国现代化的叙事’，这套叙事的话语包括稳定、和谐、民生、国家利益（民族振兴）、治理的效率（集中力量办大事，举国体制）。在稳定与自由、和谐与多元、民生与民主、国家利益与个人权利、治理的效率与制衡之间应寻求一种均衡，但前者不能代替后者，因为后者是现代性社会价值体系和制度中的核心和基础”③，尊重多元的价值和发展多元的价值，

---

① 张康之，张皓．在后工业化背景下思考服务型政府［J］．四川大学学报，2009，（1）：12－20.

② 正如约瑟夫·泰恩特所言，“复杂社会聚焦于一个中心，这个中心不一定坐落在地理位置上的中央，但它却是社会框架的象征性基础。这个中心不仅是执法机构和政府部门的所在，而且是社会秩序的源泉、道德权威和社会统一的象征。这个中心还代表着神圣的自然。从这个意义看，每个复杂社会都会有一种官方宗教”。（具体参考：约瑟夫·泰恩特．复杂社会的崩溃［M］．海口：海南出版社，2010：44.）在多元化的社会中，社会的发展需要中心的价值体系的支撑与保护。

③ 秦晓．现代性与中国社会转型［N］．经济观察报，2009－08－17，（016）.

是中国公共行政未来肩负的使命。

（5）政府治理理念、模式和内容的变化仅仅是全面治理水平需要变化的一部分。政府仅仅是社会结构变迁的“考场”中的一个考生而已，而总成绩提升则需要全部考生成绩的提高。因此，每一个人适应社会结构的变化，才能为社会发展提供动力和支撑。

第二节　中国当下行政理论的描述

一、理论的“革命”与“未革命”

中国公共行政理论具有很大植入性特征。公共行政的重点在于处理各类公共事务，但“套用”和“拼凑”的理论，常常会产生选择“正确”的政策去解决错误的问题。

中国的改革首先是从经济领域开启，这就注定了促进整个经济快速发展是重中之重。随着十一届三中全会以来，国家主导意识的转变，形成了“政府主导型”的经济发展模式，利用政府推动经济快速发展作为引擎，通过强化“额外的政府作用”以创造“额外的发展速度”①，因此政府的作用就显得无比强大，不可替代。这一点在中国经济发展实践中也得到了验证，政府的引领和导航的作用显露无遗，我们称这样的政府为“强政府”，“政府凭借公众对公共产品数量和质量需求的逐步提高，大大扩张了公共产品的输出，且日益挤占了消费结构中私人产品的相对份额，进而凭借巨额公共支出及其不断增加，政府相应获得了日

① 樊纲．发展中国家政府的额外作用［A］．樊纲．发展的道理［C］．北京：三联书店，2002.

益广泛的影响力，在某些条件下甚至是支配力”[①]。如果政府的影响力或支配力过多地干涉社会，政府会日益地庞大而步履蹒跚，难以发挥作用。

中国公共行政的内部环境在改变，同样外部环境也在急遽变化，“世界正在变，正在由过去相对独立的民族经济、线性关系、政府官员所熟悉的离散变量甚至常识等组成的世界，变成一个全新的世界”[②]。环境的变化对公共行政的效能提出了更高的要求，在知识经济和人力资本重要性日益凸现的全球化社会，因政府本身的作用不力和社会治理的无效会使得“以足投票”的可能性和实现程度会越来越容易，影响国家核心竞争力的形成。从理论上看，我们现阶段公共行政在实践中的不足表现如下。

（一）“社会化不足”的公共行政

“科层化溢出效应”（spill - over effects of bureaucratization），即“社会的运行机制迅速向科层化方向转变，或科层化运行机制向广泛的社会经济生活领域的迅速扩散，使社会运行机制日益变得科层化；社会中的任何组织和个人的所有活动几乎都要受到科层化组织发布的规章与条例的约束与控制”[③]。“科层化溢出效应”不同程度存在，不仅是社会中官僚主义的横溢，更重要的是责任机制非常简化脆弱，在无法保护权利的同时，也贻害了权力的生态群落，所有的改革与尝试都容易被公共机构的意志所遮蔽或弱化，与鲜活和生动的公共场域实践所隔阂和远离。

于是，政府与社会之间的关系出现了悖论，一方面在理论上，政府是公共力量的实体化代表，权力来源于社会的委托，掌

---

① 郑秉文．强大的国家与发达的市场［A］．［美］斯蒂格利茨·政府为什么干预经济［D］．郑秉文译，北京：中国物资出版社，1998：1－15.

② 方克定．西方国家行政改革述评：序［A］．国家行政学院国际合作交流部编译．西方国家行政改革述评［C］．北京：国家行政学院出版社，1998：12.

③ 杨冠琼．政府治理体系创新［M］．北京：经济管理出版社，2000：307.

握着公共权力并代表着公共利益。另一方面，容易造成政府凌驾于社会之上，在社会中发生了异化，社会不再是孕育政府的“母亲”，政府反而成了支配社会的“父亲”[①]，渐渐地会使国家不再是一项“公民的联合”，而成为一种“事务的联合”。在主要模式“行政吸纳社会”[②] 的体制上，把“控制”作为国家与社会关系的核心，社会民众对行政系统的“支持”是让位于“控制”的，“支持”的目的是为了更好地“控制”，在合作过程中共同提供公共服务，只不过是“控制”的副产品而已[③]。社会被行政俘获，行政系统把自身发展的外部背景内化为自我行为的一部分。缺少了社会的支撑，信息的反馈机制就无法形成和健

---

① 张康之．限制政府规模的理念［J］．行政论坛，2000，（4）：55－60.

② “行政吸纳社会”是由康晓光等学者2007年在《中国社会科学》（英文版）中发表的题为《Administrative Absorption of Society：A Further Probe into the State－Society Relationship in Chinese Mainland》一文中提出来的，并在王名主编的《中国民间组织30年——走向公民社会》一书中作了进一步阐述。他们认为，“行政吸纳社会”是不同于“公民社会”与“合作主义”模式的一种新型的国家与社会关系模式，“行政吸纳社会”的理论体系是建构在“分类控制”体系的基础之上的，其核心机制主要包括两个方面，即控制和功能替代。“控制”是为了防止民间组织挑战政府权威，是为了继续垄断政治权力。而“功能替代”是通过培育“可控的”民间组织体系，并利用它们满足社会的需求，消除“自治的”民间组织存在的必要性，从功能上替代那些“自治”的民间组织，进而避免社会领域中出现独立于政府的民间组织。（具体参考：康晓光，卢宪英，韩恒．改革时代的国家与社会关系——行政吸纳社会［A］．王名．中国民间组织30年——走向公民社会［C］．北京：中国社会科学出版社，2008.）但是也有不同的声音。强世功就认为，康晓光的解读中国的政治运作，无疑是一场美丽的误会。（具体参考：强世功．“行政吸纳政治”的反思——香江边上的思考之一［J］．读书，2006：3－11.）而最早提出行政吸纳政治的则是金耀基，他认为，“行政吸纳政治”的行政民主化模式，建立能够达成人民共同意志的具体制度安排，来缓解政治民主的压力。（具体参考：金耀基．香港的政治模式——行政吸纳政治［A］．金耀基社会文选［C］．台北：幼狮文化出版公司，1985：217.）

③ 唐文玉．行政吸纳服务——中国大陆国家与社会关系的一种新诠释［J］．公共管理学报，2010，（1）：13－19.

全，政府要么像一只反应迟钝、身材庞大的大物，甚至身体的某一个部位受到伤害都难以感觉到，要么像一只貌似威严的笼中之虎，失去了自身的功能。

随着改革开放，全能主义政治[①]逐渐从社会生活中褪去，但却给中国公共行政遗留下两个最大的问题，一方面是不同的组织呈现一个相同管理模式，难以改变“运动员”和“裁判员”合二为一的角色。另一方面是官僚化的理性不足。“如果按照现代官僚制的种种特征判断，中国社会依然处于官僚化的缺失状态”[②]，其主要表现是，政府组织结构设置的随意性、行政人员行政行为的非理性、组织中现代理性文化的匮乏等。理性不足，无法适应现代化的发展需要，同时与各种社会问题交织在一起，给政府的治理带来了无法跨越的障碍：既有政府自身难以解决的顽症，又有新的问题和自身顽症相互感染形成的新顽症，想要解决新的顽症必须在自身顽症之上动一刀，这就像一个外科医生一样，一旦是为自己孩子动手术时，就会充满了犹豫和不安。

（二）“公共性不足”的公共行政

我们公共生活不但没有显现公共行政应该反映的“公共

---

① 全能主义是指政治机构的权力可以随时无限制地侵入和控制社会每一个阶层和每一个领域的指导思想，全能主义政治指的是以这个指导思想为基础建立的政治社会。（具体参考：邹谠．二十世纪中国政治——从宏观历史与微观行动角度看［M］．牛津大学出版社，1994：3－7.）

② 刘云飞，周晓丽．超越官僚制与中国公共行政改革［J］．行政学研究，2010，（4）：56－61.

性”[①]，相反，公共性在不断地丧失，“公共领域”本身似乎成为多余[②]。由一般行政管理的思维和原则发挥既定的功能性作用，民众的参与越来越少，很多参与沦为形式主义，成为政府自身合法化的一种证明，公民不再是积极参与公共生活的积极分子，主权意义上的公民日益淡化，尤其在基层政权中，公民参与就像不愿往来的远房亲戚，为了照好一张全家照而不得不回家合影，合完影就匆匆离开。同样在传统的管理体制中，“在大部分的国家里，行政机构奉行的原则是保密。公众只知道行政活动的结果，不知道它的过程和目的（行政机构自愿透露的除外）”[③]。公众只能知道事情的结果，却无法“得到必要的信息来评价政府是否采取了恰当的行动”[④]。所以，社会公正、公共利益、公民权利、公民尊严、社会责任等价值理性遭到了忽视，公共行政所体现的公共理性偏离了其应有的方向。民众有义务参与公共事务的治理，他们的参与就有建构策略和有效治理的可能性。

（三）“价值性不足”的公共行政

追求高效率是政府管理的根本。但现在公共管理的高效率往往是置于效能之上，产生效率的目标倒置。在管理技术的公共行

---

① 政府是否具“有公共性”的标准，张康之教授认为是提供优质的公共服务，“政府在何种程度上拥有了公共性，也就需要在同等程度上提高公共服务的水平和改善公共服务的质量。”（具体参考：张康之．社会治理的历史叙事［M］．北京：北京大学出版社，2006：39.）我们认为，除去这一点，至少还应该有三点，政府治理的民主化程度、政府政策的开放性与责任性和行政人员是否以公共利益为自我行动的核心。也可以这样说，这三点是“过程性”的体现，提供优质的公共服务是结果性体现。

② 赵修军，修涛．技术理性批判与技术悲观主义［J］．科学技术与辩证法，2001，(2)：56－60.

③ 夏尔·德巴什．行政科学［M］．葛智强等译．上海：上海译文出版社，2000：602.

④ 青木昌彦等．市场的作用国家的作用［M］．林家彬等译．北京：中国发展出版社，2002：42.

政背景下，公共行政成为“牧民之术”——政府成为一架高速运转的机器，线性地生产着不管消费者满意或不满意的规定物品。赫伯特·A. 西蒙曾指出，将效率确立为公共行政的核心目标。过度地宣扬了一种工具理性，而忽视了公共行政的价值理性[①]效率为目标的管理政策模式的追求日益式微[②]，单一的效率的价值指标无法覆盖价值多元的社会需求。在理论上的表现是管理主义盛行，技术与工具可以代替一些价值，在效率的官僚机器传导指使下，各类的市场化和工商管理工具与方法大行其道，被海德格尔称之为“技术的白昼”，清一色的管理模式和途径，不在乎管理的对象和问题，都可以做一刀切和格式化处理，其中最为遭受诟病工具理性导向[③]的新公共管理模式泯灭了客体和公共的价值。社会就像一个草坪的切割机，插上电源，就可以剪切一切不平整的草坪，但却无法剪切掉枯草病死的根源，也忽视了哪些该修葺，哪些不该修葺。维护公共部门的利益，而不是公共利益，理性的过程常常导致非理性的结果。没有了价值依托和根基的公共管理，一味地重视技术便捷能力，在解决一个问题的同时往往会滋生另外一个问题，导致了被艾赅博和百里枫所称的

---

① ［美］赫伯特·A. 西蒙. 管理行为（第四版）［M］. 北京：机械工业出版社，2004：69.

② 公共政策的制定过程而且结果均不符合人们的期望，人们的期望是：这种严肃的事应受行动中追求效率的要求所驱使，确切地讲是支配。但在大多数情况下，对于许诺承担超额费用、干涉恪守信誉的行为主体的自愿交换或者迎合“特殊利益”的人来讲，追求效率的行动明显被屏弃了。（具体参考：［美］丹尼尔·W·布罗姆利. 经济利益与经济制度——公共政策的理论基础［M］. 上海：上海三联书店，上海人民出版社，2007：1－2.）

③ “官僚制的形式合理性越大，它的实质非理性成分就越多，就越容易招致价值判断的更多批评。”（具体参考：苏国勋. 理性化及其限制——韦伯思想引论［M］. 上海：上海人民出版社，1988：244.）

“战略性忽视”①，组织对小错误视而不见，民众的不信任和社会的不满也就越积越多。政府对公共事务的管理思想和实践的理解，捕捉到了几条“鱼”（解决了一些事情），但是对于如何捕鱼却知之甚少，政府又像是一个家长，望子成龙（想管理好社会），但对于培养孩子的艰辛过程却退避三舍、置之不管（但是一遇到管理中的难题就退后，甚至推诿扯皮）。

管理技术主义的失败原因在于，一方面是社会进入了后工业社会，整个社会进入了以消费者为中心的社会发展阶段，而不再以生产者和卖方为中心的社会阶段。在生产者为主的社会中，政府自己生产公共物品和服务供给社会和民众，至于公共物品和服务的质量，任何事情由政府说了算。但是现在的社会，情况反转了过来，是政府围绕作为消费者的民众转，民众的要求和意愿都是政府必须应对的，政府就像一个超市的售货员，顾客就是上帝，任由顾客挑选和评价商品。另一方面，全球政府的改革，日益要求政府讲求效益，少花钱、多办事。这对政府提出了更高的要求，既要求提高政府服务的效益，又要减少成本，这一看似矛盾的悖论性要求，既是政府必须面对的考验，也是政府本身发展的前提性要求与机遇。毕竟“至少在可预见的将来，作为官僚制核心的等级会存在，只是多少而已，因为等级意味着中心，无论在一个怎样多元化的社会里，一个社会不可能想象没有一个中心，而在现代社会，这一中心只能是作为公共权威的政府，尽管这一中心发挥其作用的方式可能会改变”②。政府的发展也必须改变自身的发展方式，提高并满足社会公众需要的公共服务。

① ［美］艾赅博，百里枫．揭开行政之恶［M］．北京：中央编译出版社，2009：118.

② 竺乾威．官僚化、去官僚化及其平衡：对西方公共行政改革的一种解读［J］．中国公共行政管理，2010，（4）：47－50.

中国公共行政这三个方面的表现，说明了我国公共行政中的政府在发挥积极作用的同时，还需要对社会分散的力量进行必要的聚合或整合，并实现“开发”和“共享”之作用。再从理论研究上说，最主要的问题就是缺失理论的批判性和现实实践的可检视性，国内研究“普遍从西方理论出发，不少学者甚至把它们硬套于中国实际，结果使相关研究不时走向歧途”①。“答案”嫁接的现实结果必然结出青涩的果子，产生了很多意料之外的问题，加剧了问题解决的难度。克利和穆迪所言：“我们尝试研究的东西，在其情境之外是无法解释的。我们不能将某‘东西’与该东西的情境分离开，因为情境产生意义。”② 如果从主体所处的特殊情境出发，国内行政学研究是否有效回应了中国公共行政的特殊语境呢？我们认为还有很长的一段路要走。我们的研究本身好像一从开始就不是针对理论本身的讨论，而是急于从他人理论成就中找到一条简单化约式的适用原则和方法，这种快餐式的焦虑寻求答案为导向的方法，祛除了“中国化”的特色，没有了中国真实的现实实践，对实践的指导作用也就无法谈起。宽泛的粗线条研究，不仅没能解决我们本身的问题，也阻碍了公共行政理论的发展。“老套的话题竟被以如此老套的方式讨论了多年，并以如此老套的方式被传播并误传，所有的人或是没有意识到所发生的这一切，或者是完全接受它，把它看作我们的话语所具有的唯一的可能性。”③ 公共行政学的研究中存在诸多的固定

---

① 黄宗智．认识中国——走向从实践出发的社会科学［J］．中国社会科学，2005，(1)：83－93.

② KellyM.，Maynard? Moody S.. Policy Analysis in the Post? Positivist Era：Engaging Stakeholders in Evaluating the Economic Development Districts Program［J］. Public Administration Review，1993，(2)．

③ O. C. 麦克斯怀特．公共行政的合法性——一种话语分析［M］．北京：中国人民大学出版社，2002：12.

模式和程式的简单化约，在接受这些的理论的同时，也接受了这些模式的约定，这对建构自身情境的公共行政理论学来说，是从基因起就遭到了很大的破坏，更遑论身体本身的健康成长？

中国公共行政理论的生长必须从根基抓起，树立问题意识和创新意识，在解决自身问题的同时，不断促进自身理论的成长。

二、各种理论模式和共同的知识阙如

众所周知，美国著名行政学家、美国第28届总统伍德罗·威尔逊于1887年在《政治学季刊》上发表的《行政学研究》一文，被誉为公共行政学研究开山之作。至今一个多世纪的发展历程中，公共行政研究人立足不同的历史背景和社会现实，从不同的研究视角和学科视界对公共行政学提出了自己的见解和论证，使公共行政从一颗幼小的树芽苗长成了一棵枝繁叶茂的参天大树，现在已经发展成为一门理论知识丰富、实践价值很高的独立学科。在理论方面，形成了我们前面提到的公共行政研究的“理论丛林”（具体见表5）。

表5　公共行政理论汇总表

理论名称	前提假设	核心内容	理论渊源	优越性	局限性
古典公共行政	严格等级模式	追求一个有效的、经济的、协调的经济系统，主张非人格化的管理，实施科层制，强调管理层级节制和管理的效率	威尔逊－韦伯的官僚制理论、政治——行政的二分法	能够提高管理的效率，便于控制	公共行政是一个“黑箱”，公共性和社会性无法彰显

续表

理论名称	前提假设	核心内容	理论渊源	优越性	局限性
新公共行政	公共行政应突出公共性	注重社会公平和倡导民主行政下的有效沟通与意识形态上的解放，突出公共性、增进人民幸福	现象学、符号互动论	突破了传统的政治与行政的二分法，在参与、分权等方面有了发展	只是一个研究的开端，还需要进一步解决社会公平问题
新公共管理	政府主体和其他主体都是根据自身利益行动	采用企业的管理模式和组织原则，注重投入产出，采用民营化方式和发展中介组织，提高行政效率和管理绩效	公共选择理论、委托——代理理论、交易成本理论	移植企业模式管理，能够提高管理效率，拓展了全新视角	公民不是顾客，公共服务的公共性无法体现，泛市场主义
新公共服务	参与并开明的公民权对民主治理十分重要	政府的职能是服务，以公民为中心，重视民主和公民权，需要一个整合性和回应性的政府	民主公民权、公民社会和后现代公共行政思想	突出了公共服务的公共性，符合公民社会发展和实践需要	由于现有的行政受传统官僚制度的较深，具体实践成本较高
治理理论或其多中心治理理论	政府不是唯一的管理主体	主张合作协商，多元管理主体共同行动，形成自主自治的网络	哲学、政治理论和话语理论	拓宽了公共管理的主体，延展公共管理职能	在意识形态、理论基础和实际中还存在不足

续表

理论名称	前提假设	核心内容	理论渊源	优越性	局限性
多元公共行政	公共行政是一个复杂的学科领域	公共行政是运用管理、政治以及法律的理论的多元治理，为社会提供公共管制与服务	管理、政治和法律中的相关理论	对不同的研究途径进行了整合，有利于解决现实问题	容易造成科际理论研究的混乱
后现代公共行政	对现代核心思想的否定	公共行政更多是通过语言解释得到发展，公共行政理论就是一种语言，突出了语言多样化	后现代主义思潮	解构了传统公共行政的内核缺陷，重视不同群体的话语权	目前还缺乏实践的支撑
非理性认识领域的公共行政研究	人类行为中很多具有非理性	组织是一个自我防御的结构体系，是人们心灵和情感的需要，是人们共享感情、经历和情绪所组成的网络	精神分析法、心理学	拓宽了公共行政研究视野，突出了人的非理性功能	仍处在创新的早期研究阶段

参考文献及其说明：丁煌．西方公共行政管理理论精要［M］．北京：中国人民大学出版社，2005；马俊，叶丽娟．西方公共行政学前沿［M］．北京：中国社会科学出版社，2004；唐兴霖．公共行政学：理论与思想［M］．广州：中山大学出版社，2004. 上面所列举的是按照时间顺序发展所描绘的概图，这些都是学术界相对讨论比较多，还有很多讨论较少，但也具有一定影响力的理论，例如奥斯特洛姆的民主理论、公共行政学混沌理论、街头官僚理论等，还有从不同学科专业研究公共行政的，不再一一赘述。在此基础上，提出了很多相应的政府治理理论和模式，诸如最小政府理论、重塑政府理论和市场式政府、解制型的政府、参与式国家、弹性化政府等模式。

公共行政的发展史大体可以分为初创、演进、深化、拓展等若干发展阶段。公共行政在初创和演进阶段，大多数是填充和完善早期创立的理论研究框架，过于关注公共行政管理者本身、管理的内部环境、组织的完善及探索与抽象出来的普遍性的原则和公理，发展步伐缓慢。到了20世纪六七十年代，随着科学技术的飞速发展为公共行政起飞注入了新的动力，同时，“西方的没落”（斯宾格勒，语）带来了大量的社会问题，政府的合法性和公信力受到了前所未有的侵蚀和破坏，迫切需要新的公共行政理论来解决现实的问题，为此研究论者提出了很多新的模式、新的途径和新的图景来批判旧的公共行政模式与内容，公共行政的研究空前繁荣。当然，这些研究进一步深化了研究的视野、研究的内容和研究的方法，公共行政学也日益成为具有多学科品味的综合性学科，初步完成了自身“帝国”扩展建造。这一进程可以分为20世纪60年代、70—80年代和90年代后至今三个时期，有三个较为明显的特征：“（1）不同时期的理论具有很强的相关性、一致性和融通性，譬如，都主张改革政府的组织结构和人事制度，都强调降低和限制政府的公共开支，都要求尊重国民参与的意愿和权利，都重视公共利益和公共责任，都反对官僚主义和提高政府管理的有效性等；（2）不同时期均有占据主导地位的主流理论，从而形成了虽然相通但却不同的新的‘典则规范’；（3）否定传统典则规范和创立新的典则规范的深刻程度逐步抬升。”① 理论研究的深度、广度的提升表明了公共行政研究质量的提高。但是，这些理论无论是方法上还是在对公共行政的过程性描述上，都显得脆弱和不足，主要表现为两个方面：

① 张国庆. 公共行政的典范革命及其启示［J］. 北京大学学报，2000，（5）：81 - 89.

（一）理论和方法的“错失”

公共行政理论的发展有取得成绩的一面，也有自身理论难以克服的缺陷，都在当时社会现实的想象基础上，力图能够最大量地触及社会问题的本质，解决存在的问题。各种理论的迭出涌现也仅仅是一个宽泛的知识“拼盘”，深入本质的理论研究总是湮没在工具理性的逻辑之中，剪切了简化的管理，鄙斥抽象的研究，一事一议的对策性思考遮蔽着学科整体的“合法性”，在热闹的西方公共行政理论谱系中，活跃着的只是政府忙碌的改革“试错”和“交学费”的身影。寻根溯源，在理论内容上，这些理论如同“盲人摸象”，抓了其中一点，就认为找到了问题的全部特征，其实仅仅是社会的一个小小的切片，缺乏对社会整体发展阶段、未来趋势的把握与考量和公共行政学理的哲学分析，甚至很多人并不认为这些理论的发展经历了范式的变迁。例如胡德、玻里达诺、米诺格对公共行政理论存在范式转变表示怀疑。在方法论上，采用的都是还原主义的方法论，各种公共行政理论都源于下面的方法论图式：“本体论上的规范性状态的确定性→手段有效性的确定性→手段实施时趋向目标的过程演进的确定性与线性性→达到欲达状态的确定性最终却使过程本身成为结果或目的，而真正的目的非但没有达到，反而实现欲达目的的手段成为欲达目的的主要障碍。”① 换句话说，方法论与公共管理现实的本体状态发生了冲突，出现了目的和手段的倒置，因此削弱了公共行政理论的质量，由此也导致了构建起的公共行政理论本身的厚度不足。

① 现有的公共行政的理论方法论基本上是相同的：本体论上的确定性；认识论上的线性决定性；知识主张上的近似于直接的“对反性”；以及理论演变或扩展过程模式变量选取的“对反性”或并列性。〔具体参考：杨冠琼．还原论——公共管理理论变迁中的不变量［J］．新视野，2005，(4)：41－43.〕

（二）公共行政“过程性”研究尚付阙如

在公共行政“思想丛林”中，除去在理论和方法论上的相似问题之外，在所有变量中，公共行政理论的研究，忽视了社会的“过程性”这一重要的变量——所有的理论遗忘了社会过程中知识的提炼与抽象和社会过程中实践的现实想象。社会过程是一个利益不断博弈的过程，忽视了社会过程就忽视了博弈过程，忽视了公民的话语和意志。作为社会一分子的公民，“对于这个社会，他们只能是生而入其内，死而出其外”①。在传统的官僚体制中，行政的过程性充斥着非正义和非人性，“行政活动过程的统治、压迫功能是特别的残酷与不加掩饰”②。随着社会的发展，公民在社会过程中才能显示出自身的智慧和培育出公民意识，同时，不论什么问题，公民都可能是一方面的代表，政府不应该成为唯一的“元话语”发言人，而是通过政府与社会力量之间的互动形成话语的共同治理，通过多种社会责任的共担，让不同的民间力量释放出来。各个共同体必须在对话、交谈和商谈中达成共识，这种“普遍共识”取代了地位、传统和真理这些外在权威，成为共同体间采取行动的合法性依据③。在后现代的公共行政哲学理念中，出现了“反行政”理解，即是一种旨在否定行政官僚权力并且否定韦伯式理性——等级观点的公共行政理念，主张采用一种赞成论战性、多元文化论和多样性的观点来立体式地理解公共行政。多元、多样和论战性特征的公共行政体现了“过程性”的特征，“过程性”过滤了不和谐的意见、话语，形成了一致的最终意见（如果没有形成最终意见，起码也

---

① ［美］约翰·罗尔斯．作为公平的正义——正义新论［M］．上海：三联书店出版，2002：4，88.

② 张康之，李传军．公共行政学［M］．北京：北京大学出版社，2007.

③ 井敏．公共行政的新思维——后现代公共行政理论的理论贡献［J］．行政论坛，2006，(3)：5－7.

了解了多方的立场和意见，为下一次公共政策的形成预设了基调)。正如后现代对文本的重视和解释学的发展一样，过程本身丝毫不比目的和隐藏在目的之后的价值更缺少分量和意义[①]。我们甚至可以说，“过程性”本身就是一种价值，而且是一种综合性的价值，既是价值产生和显现的过程，也是价值增值与升华的过程。

在行政的实践中，任何一个行政问题事实都要经过“苗头—累积—扩展—变异—解决”的阶段，不同阶段的行政事实的生成有着不同的内容、性质与特征，每个人对其认知都不相同，对行政事实的不同阶段的认识构成行政社会性的全过程。行政公共行政的社会“过程性”，正是从社会行动者的社会行动中，即在他们的策略、资源、话语和规则或意义的相互转化中，我们才能更好地理解行政事实是如何在政府和社会、官僚和民众之间转化的、如何发生互动的，如何产生并建构结果的。甚至可以说，有时公共行政的外在过程性比其内部的过程更为重要，更具有价值意义，公共行政的社会“过程性”和其内在的精神性、价值性同等重要。在社会变迁的过程中，由社会变动、社会转型所呈现的公共行政运行的过程性，既体现了公共行政与社会之间双向的互相依存的关系（关于公共行政与社会的关系，后面有更详细的阐述)，也体现了公共行政自身的存在与发展规律——群体互惠与意义共享的价值目标的选择与实现。因此，我们说，公共行政的社会“过程性”也就合乎情理的属于公共行政文化和价值的一部分，它表明公共行政的价值不是一种静态的、传统意义上的价值，而是一种行动的、当下的价值，不仅仅是一种观念层面的价值，而是一种实践层面的价值。与公共行政运行本体

---

① 李汉林，渠敬东，夏传玲，华珊．组织和制度变迁的社会过程——一种拟议的综合分析［J］．中国社会科学，2005，(1)：94－108.

相结合，共同实现公共行政进步的文明形态。其外在的公共行政制度、程序、符号、仪式等物化的层面，与内在价值观念的层面，一样重要，并行不悖，而不是被价值观念所包容、消解，社会的“过程性”和内在的过程性相互支撑，相得益彰。

我们对公共行政价值本身的考量，不仅需要深入内部辨析制度性和观念层面的因素，而且需要从社会环境及其历史变迁角度寻找制度和观念变迁的支配原因；不仅要将内部和外部的研究相结合，而且，还要从建构和行动的内容与方法方面去关注公共行政过程中行动和建构过程——不是静态地关注过去的僵死的制度与陈旧的观念，而是动态地还原和复活历时态层面的公共行政价值形成过程，通过各种行政实践活动和社会适应，包括社会舆情和民间情绪，来观察公共行政价值的形成过程的内在机理，既关注历史上的公共行政价值，更关注当下公共行政价值的生成与体现。

现有的公共行政理论研究中，缺乏公共行政形成的社会“过程性”，直接导致了在理论研究中造成了知识和逻辑上的学理病症。对社会过程性的忽视，也就是忽视了公共行政理论生成的现实基础，所演绎和总结出的公共行政理论往往是“形而上”较多，有的抽象不够全面，全面的又不具有抽象性。我们知道，一个理论必须具备“最终的抽象”，即是对研究对象最一般、最基本的本质规定的抽象。反观现有的公共行政理论，很多研究没有做到最终的抽象，或抽象不足，或抽象过度。一方面是公共行政理论研究的抽象不足。所谓抽象不足是指在公共行政理论中，理论本身并没有揭示和把握当时社会阶段的公共事务问题和治理的本质，很多非本质的东西也含混在理论中，理论的纯粹度和可信服性大打折扣。例如新公共管理理论，借用工商经济的管理手段，借以达到提高管理效率的目的，但却忽视了公共行政本身是有价值支撑的，公共行政并不仅仅以效率的一种价值为先导的，忽视了其他价值意蕴，一味地强调效率，最后的结果也必然是不效率或无效率，“管理”占据了核心地位，“公共性”却无法体现，自身的学科对象也就发生了位移和错乱。另一方面是行政理论的抽象过度。主要是指公共行政在理论形成中连公共问题和治理的本质因素都抽象掉了，剩下的都是非本质因素，甚至把公共行政描述成为其他的理论内容。例如哲学的视野中，在后现代的话语公共行政理论研究中，突出了民众话语、话语权和话语体系的重要性。民众的话语固然重要，突出民众在治理过程中的表达权力也固然重要，但毕竟是公共行政本身运行程序中的一部分，不能代表全部的公共行政内容，由此产生了理论的抽象过度，也就不具有理论解释现实和指导实践的生命力和优越性。公共行政的哲学研究，重点放在了哲学方面，成为哲学研究的一个分支哲学。而轻视了公共行政本身，成为哲学视角的公共行政而不是公共行政研究的哲学反思，公共行政仅仅是成为哲学分析对象而已。因此，无论是公共行政理论的抽象不足或是抽象过度都不利于公共行政理论本身的发展和对实践公共行政事务的指导与适用。公共行政理论是多种价值的综合和体现，若以其中某一种价值为主导来研究公共行政，必然会得出某一方面价值主导为优势的理论，也必然是实践中偏颇的理论和无价值意义的体现。

因此，我们认为，20 世纪及其以前是从内部研究公共行政，21 世纪是从外部来研究公共行政。当然“外部”既要具有历史性，也要富有当下意义，既可以是动态非线性的演绎，也可以是静态线性的描述。社会建构的公共行政代表着这一方向，并且对中国社会转型的时期具有很大的适用性，有利于促进和实现中国社会的转型。

第九章　社会转型的理论诉求和基本命题

第一节　公共行政与社会

公共行政较强的实践导向和形而下品格，使公共行政研究者常常困惑：很多公共问题根本就不是一个理论所能解决的问题，而是一个实实在在的活生生的实践问题。因此，如何切入研究的主题，常常是研究者面临的首要问题。

社会建构的公共行政，是从社会过程的视角切入的。公共行政的实践深深嵌入在社会之中，社会的结构、系统、运行和每一个人的行为，都深刻地影响着公共行政功能的发挥程度。因此中国转型的社会特征投射和汇总在公共行政理论和实践中，公共行政的组织、机制、方法都会深受影响。并且由于中国社会转型的过渡性、异质性、多元性、冲突性和非线性，公共行政的职能和内容也会呈现相同的特征。“在这样一个大变革的时代，新旧交替，传统与现代并存，反映在公共行政价值观上最为突出的就是冲突性与异质性。”① 由此可见，行政与社会，两者相伴而生，相互影响。

我们认为，行政的生命不是逻辑与演绎，不是历史，而是经验，活生生的社会实践经验的呈现。没有社会性的公共行政生成，就会逐渐退化为机械教条主义和行动形式主义；缺少真正社会意义的公共行政，就将丧失社会的有序和整体的一致性。政府是社会秩序化过程的积极特质，作为一种生动的社会制度中的公共行政，就如其他社会生活一样，是具体的，是客观的。例如，政府的政策并不是一套规则，它有自己的程序，无论是制定还是实施都是一种生动的社会过程。现有的政策更多地是建立在主体与客体、意识与存在、理性与情感对立的基础之上的二元思维模式，所要解决问题的局限性就会在实践中不断出现和放大。因此现有的公共行政在现实社会生活中不能反映出关于终极意义、生活目的和价值的一种观念，公共行政仅仅是一种管理的载体，它的任务是明确的，作用是规定的，方式是去人格化的，它作用的发挥仅仅属于政府意志的某种功能，让人们去按照某种程序、某种方式在某种时间和地点行事。

政府与公民关系发展的历史逻辑，其基本轨迹表现为：统治意义的单向统御关系、效率导向的管理关系与价值意义的互动关系②。传统的公共行政忽视了公共行政与社会之间的互动，统御式单线的自上而下沟通传递着政府至高无上的话语，公共行政沦为了工具主义的代名词。“把公共行政简约成技术，与量化的方法化，而对于有关公共生活的根本价值、目的、伦理、甚至理

① 刘祖云．当代中国公共行政的伦理审视［M］．北京：人民出版社，2006：65.

② 高振扬．政府与公民关系的历史逻辑［J］．南京工业大学学报，2008，(1)：10－14.

论，均缺乏反省。”① 我们不仅把公共行政看作是一种管理方式的行为，也应该把它看作是一种社会现象——公共行政所应该体现的公平、正义与秩序，不仅仅是政治意义的价值依托，而且也是我们社会中每一个人、每一个群体所能感受到的、受益到的和体现出来的社会价值。公共行政与社会，是处于一种弹性关系的两个方面：公共行政以其公正、公平、公开的国家意志的作用发挥来形塑社会，社会则以自身适己发展的结构、规模和意识来制约和促进公共行政。同时，两者也是相互促进的。公共行政赋予了社会以秩序的意义，社会则给予了公共行政以其方向和合法性。获得正义所需要的纠偏补弊机制和理念营养，在公共行政与社会所分离的地方，往往是公共行政仅仅具有工具理性的僵化作用的地方，而社会就会常常失去整体意义的秩序（或者秩序遭受一定的破坏）。

传统行政理念认为，公共行政是政治意识或者官方意志发挥作用的工具。这种理念在实践中，民众常常会滋生双重的心理状态：现在人们通常是既依赖政府（帮助其克服困难），又指责政府邪恶、软弱无力，其政策无益于民②。这是一种理智与情感的折磨，不仅普通民众如此，就是身在官僚制内部的人，诸如立法者、司法者和普通行政人员有些时候也会厌倦官僚制。公共行政的“情景相对主义者”认为，公共行政犯错在所难免，他们认为这种犯错是多种压力下的犯错，因此在很多时候不承认自己犯错，狡辩的理由认为自身完全是存在性的，也要随着时间、地点、环境的改变而改变，认为公共行政不能用真理、合法或正当

① 张成福．论公共行政的“公共精神”［J］．中国行政管理，1995，（5）：15－20.

② ［美］依曼努尔·华勒斯坦．自由主义的终结［M］．北京：社会科学文献出版社，2002：12.

的标准而只能以可行性、可操作性、可实验性的标准去衡量。这种理解和看法只能在课堂、教科书中出现，一旦进入复杂的社会生活中，与每人有切身利益的实践中，就很难站得住脚，就失去了理论解释的真准性。政府与社会之间的距离大小决定了政府公共利益实现的程度，仅从短暂效用的视角窥探公共行政，则整个社会使之丧失的，正是其效用应该发挥之地。忽视公共行政中的社会因素，公共行政自身也就消解了实施正义、程序和关怀的能量，甚至会失去自我存在之根基。

公共行政不是某种功利实现的手段，不是作为抽象理念而是普遍人所共享的情感及其益处——民众有权利享受公共物品和公共服务，自我的人身得到安全和保障，受到平等待遇，为自己辩护的权利和为行政发展建言尽力。“公共行政的角色不是屈从于民意机关或民选首长的统治，公共行政的角色并不亚于立法机关或是行政首长，公共行政的任务在于共同进行贤明的治理，维护宪法起草者拟订的作为独立人民意愿表达的秩序。”[①] 政府作为政策的制定者和执行者，体现了我们对共同目的意义和社会治理实现的期许。对政府的不信任成为一种征兆，意味着我们从根本上丧失了政府应有的价值信仰，意味着社会和行政生活变得所具有意义实体的信仰和自我意识逐渐消失。更严重的是，在社会学意义上，对业已成行的社会秩序与社会正义的各类社会结构和运行程序的信赖、归属感和关联意义的式微。公共行政的正确作用发挥不但要诉诸人们可计算的物质的、客观存在的、有限和理性的利益，而且也要诉诸他们超越社会功利，甚至超越时空的真理、信仰和理性的价值，不仅要有特定的行为意义，也要有普遍的抽象意义（其中很多是蕴涵在社会运行背后的价值底蕴中）。

① 加里·L. 万斯莱. 公共行政与治理过程：转变美国的政治对话（节选黑堡宣言）[J]. 段钢译. 中国行政管理，2002，(2)：26－29.

只有让民众感觉到那是他们应该“是那样”而不是“现在这样”的公共行政，他们才会相信或尊重政府，配合和支持公共行政发挥。

从公共行政发挥作用与功能视角来看，国家与社会存在合作与互补的关系，二者是互相形塑的①。公共行政的价值理念在社会中的体现大概能以四种方式体现：公共政策的制定和解读；对各类公共问题的回应；政府与其他社会主体的合作；公共行政人员的个人行为的因素存在于所有的公共行政体系中，公共行政为他们提供了一套话语机制和发挥的结构与秩序。在任何一个社会中公共行政都要通过这些机制和结构与程序来宣示和发挥，其合理性与合法性也肇始于此，并通过一系列反馈、参与和回应渠道得以健全，实现相互支持和相得益彰，社会给予了公共行政犯错的空间，行政也必须具有自我改正错误的意识与能力，“要促进公共目的的实现并将一种自我矫正的精神铸入政府管理过程中”②。一方面，国家行政的力量意味着能够在合理范围内有效治理公共事务（合理范围指市场失灵和志愿失灵的外部性公共物品的解决保障域场中），在与其他社会力量的对比中纠正自我行为不当或补充不足；另一方面，在社会自我能量与能力能够得到恰当发挥，公民社会做好自主自治，也预防行政力量因偶尔出现的过分权力扩张给社会领域带来的侵犯和伤害。

公共行政的发展需要接受社会力量的启蒙。公共行政不是国家占有的一项特权，它必然存在于其对立面的理解之中，缺少了

---

① EVANS P B. State – Society Synergy：Government and Social Capital in Development，Berkeley［M］. California：Universityof California，1997：85 – 118；MIGDAL J S. State in Society：Studying How State andSociety Transform and Constitute One Another［M］. Cambridge：Cambridge University Press，2001.

② 诺内特，塞尔兹尼克．转变中的法律与社会［M］．张志铭译．北京：中国政法大学出版社，1994：128.

对立面的理解与支持，公共行政也就不复存在。因此，公共行政必须植根于社会中，植根于社会运行的行为模式、社会结构、知识水平和情境之中，并进一步存在于它和对立面的相互之间紧密联系中，“政府的发展有着自己的历史，但政府的历史必须放在与社会的互动中来观察。只有在政府与社会的相互作用中，才能厘清政府发展过程背后的动因和实质”①。不论在西方文化或是中国传统文化，行政与社会两者之间都是相互支撑与相互作用。在一定程度上，一切都是公共行政，在一定程度上，一切又都是社会本身。“社会既不是简单地从个人开始的，也不是外在地给定的所谓整体。相反，它是一个周期性的在时空之中不断实践的过程，从人们的日常生活与人际互动，到地区间、国家间的冲突与平衡，都既有‘内在演变’又有‘外部冲突’，是内外彼此交织、主宰相互渗透的发展变迁历程。”② 社会中各种行为是人们互动的过程，作为社会中的个体，每一个人都要面对生活与未来，社会为其提供的价值体现的空间和机会，同时也要超越自身的价值和理念，为社会贡献力量。否则社会就将衰落、分裂和难以为继。正是依靠社会的调节，我们才能够使得公共行政理想信念、价值体系和原则具有普遍的意义。与之相伴的是，每一个人要时时处处面对社会的冲突和问题，这就需要公共行政，需要强有力的依靠和外在保障，否则社会将是一盘散沙。正是依靠公共行政的力量，我们才能够通过社会的结构、过程，使应有的价值得以充分体现。每个个体的生活与行为处在两者之间，没有社会抑或没有公共行政，都难以实现单个个体自身的发展。没有社会

① 张康之．当前中国政府应当考虑的十项策略［J］．中山大学学报，2005，(5)：54－60.

② ［英］安东尼·吉登斯．社会理论与现代社会学［M］．北京：社会科学文献出版社，2003：(序) 11.

力量依托的公共行政，必将是僵化的、腐朽的，甚至是反动的政府（古代的不同类型的专制制度下的政府最为典型，其本身的合法性不需要证明），而没有公共行政正确作用的社会也将是混乱的、没有生机和无序的。每一个社会，都存在着核心价值的共同信仰，都有实现社会秩序与结构、各种利益与责任的界定方式和正义等终极价值的共同观念，这些信仰与观念构成了公共行政良性运行的基础。每一个时期的公共行政都是该历史阶段的社会特定秩序的印记，每一个时期政府的结构、规模、组织与效能都是社会特定结构运行的表现。这一点在中国行政改革中可以看出，经历多次的政府改革，政府的职能要根据社会不同的需求进行不断调整。当然，公共行政的作用只是社会秩序的一种，还有其他诸如宗教、习俗等。

在任何一个社会中，无论发达与否，构成公共行政的基本实体需要持续不断的适应变化社会的内容和理念，这些内涵与理念不仅仅显示和实现了公共行政的原则与策略，而且也彰显了公共行政的价值及其蕴含的情感，反过来，这些又有助于社会本身的发展，“不断拓宽公民参与机会，能够保证政府的行动镶嵌在社会之中，而不是强加给社会和公民，这样就能够更好地发挥和强化社会作用”①。在管理主义盛行期间，把公共行政的价值仅仅归因于政府本身直接治理的能力，归结于政府发现和解决人们遇到的自身单个力量解决不了的公共问题的能力，于是就出现了各种政府的治理工具②，经济的、法律的、工商管理等工具借助于

① 约翰·克莱顿·托马斯．公共决策中的公民参与：公共管理者的新技能与新策略［M］．北京：中国人民大学出版社，2005：7.

② 政府多式多样的治理工具，是伴随着新公共管理的理论出现的，新公共管理借用了工商管理的各类管理工具与手段来实现政府的管理，工商管理中的各种工具在政府管理中大行其道，并结合政府管理的特点，衍生和发展了不同的政府管理工具。（具体参考：陈振明．政府工具导论［M］．北京：北京大学出版社，2009.）

计算机、网络和专业技术人员大行其道。从现实生活的需要和政府本身的狭义功能来看，政府的核心就是解决各类公共问题。但必须承认，公共行政必须具有价值理性的意蕴（这并不表明我们不重视这些工具及其使用），其本身的原则、政策与执行必然通过各类社会实践转化为有价值的产出和权威性的分配——在满足人们公共物品需要的同时，获得分享的理念与价值，从而更能够接受并尊重公共行政本身。

对政府的不信任，威胁着公共行政功能的发挥，威胁着公共行政发展的过去和未来，也威胁着社会整体发展。我们必须重新审视公共行政及其所处的社会阶段和背景，获得社会性生长的营养与动力。当“国家已不再是垄断专家技术，也不再独占统治所必需的经济或制度资源”①，当我们认识到公共行政不仅是政府本身的问题时，而且也是我们日常社会生活的目的和价值的一部分，就在很大程度上承认了公共行政关乎每一个人的生活和命运。既不仅仅影响个体的意志、理性与观念，也关系到个体的情感、观念和信仰。承认对个体的影响主要是通过社会实践的过程程序来实现的，不是公共行政本身具有的强制性“转移”来完成的。没有社会性的公共行政将失去本身的合法性和原动力，其本身就会变成纯粹的、暗箱操作的神秘性的经验积累与自我独享的体验②。但同时，一味夸大公共行政作用与功能，就会降低社会本身的自主性决定和关系功能。两者合理的定位是，公共行政与社会要保持一种适度紧张关系有助于彼此避免遭受另一方的侵

① Pierre j, Peters G. What is Governance [M]. [S. l.]: Macmillian Press Ltd, 2000: 68.

② 当官僚政制变成政府的一种形式时，神秘性就是官僚政制的印记。由于被统治的民众根本从来不知道某事情是如何发生的，它对法律也没有合理的解释，那么剩下的只有一种事物，即粗暴的、赤裸裸的事件本身。（具体参考：汉娜·阿伦特．极权主义的起源［M］．上海：生活·读书·新知三联书店，2008：331.）

害。公共行政与社会的适度紧张关系表现为：在政府里面，是公正与功利之间的紧张，一般规则和特殊情形的紧张以及政府合理性与其社会中人们合情的紧张。在社会中，是秩序的渴求与谨防无政府主义之间的紧张，是自由追求与个人滥用权力的紧张，是有组织的社会团体与单个擅自行动限制他人自由之间的紧张。

在一般人的意识中，公共行政是一种让事实适应规则①的僵硬体制，这是很多人（包括公共人员本身）对公共行政持有的普遍谬误与偏见。在现实的公共行政中，并非如此，例如在公共政策的执行中，既需要行政人员坚守原则，也需要遵循具体的社会客观情境（“原则性与灵活性相结合”的原则），这就突出了社会过程的意义。从这个意义进行深究，对政府而言，如果继续把政策与逻辑、行政与社会对立起来，认为前者在本质上是认识的、独断的，后者根本上是机械的、被动的，那么对政策的执行与解释仅仅依靠政府本身是不够的。一个不符合逻辑的政策性判断，就像一个失策的逻辑判断一样糟糕。“真正需要的是合乎政策的逻辑，既有令人满意的效果，又是一致的、客观公正。”②行政执行者不能简单对闯红灯人员说“你违法了，罚款”。行政人员一定要解释所有引用的法律法规，进行详细的阐释和劝导，给对方有一定的抗辩的权利，然后再施以惩戒。最重要的是这些规则与他们自身是所有整体情境之间的关系的很小一部分，理解的是这些情境的过程。这样的做法，不仅仅在于解释了政策，而

---

① 规则本身也有两面性，“规则是人类组织的一个基本特征，既是文明的基础，但也是文明的毒素。它们既赋予科层机构的能力，同时也赋予其恶名。尽管它们经常由于被规避或受到反抗而获得荣耀，但它们也渗透于人类生活的方方面面”。（具体参考：［美］詹姆斯·马奇，马丁·舒尔茨，周雪光．规则的动态演变——成文组织规则的变化［M］．上海：世纪出版集团，上海人民出版社，2005：5.）

② ［美］伯尔曼．法律与宗教［M］．北京：中国政法大学出版社，2003：106.

且是在重塑社会的某一情境过程，既建构了自身，也建构了某一部分社会或社会的某一部分——公共行政与社会形成紧密的互动系统，核心内容为公共政策问题的设计、主体赋予行动的意义、主体意义的客观化形成和社会资本的积累，形成以公共组织为核心、公民参与社会互动系统的耦合，促进自身能量的不断释放和社会能量的有效聚合，促进经济社会良好发展，则是公共行政的归旨所在（见图10）。

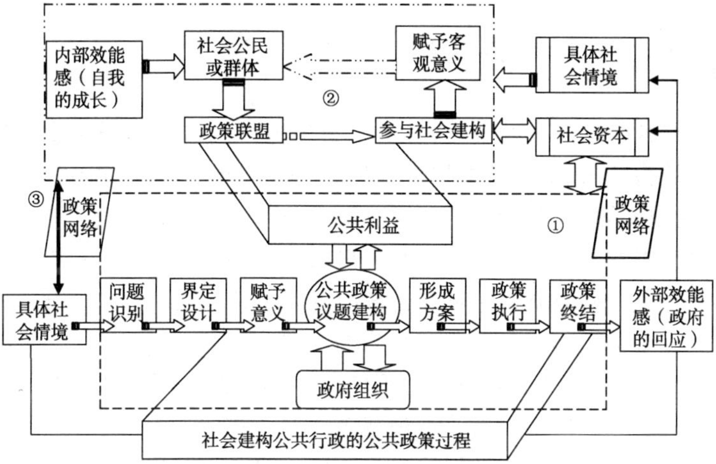

图10　政府与社会关系——以公共政策为中介

注：①代表政府组织内部的政策建构场域；②代表社会公民、群体的社会建构场域；③代表社会中的公共场域。

第二节　社会建构行政在转型社会的适用性

我们认为公共行政与社会有着双向互动的关系。我们是社会中的一分子，我们的日常生活与行政密不可分，“不管是就最近的物质层面还是最远的精神层面而言，行政都是人们生活的一个重要方面”，“我们的福利、幸福以及个人生活在很大程度上都依赖于围绕和支持我们的行政工作的好坏。在当代社会中，从食物和住房的重要问题到我们的思想活动，行政的质量与我们的日常生活息息相关”①，日常生活的社会与公共行政研究有着天然的联系，必须重视社会，重视社会过程中的各类行动、各类人及其所承担的责任和义务。

一、公共行政的想象力

在社会学的研究中，“社会学想象力”的概念名震遐迩。米尔斯认为：“他们需要的以及他们感到需要的，是一种心智的品质，这种品质可帮助他们利用信息增进理性，从而使他们能看清世事，以及或许就发生在他们之间的事情的清晰全貌。我想要描述的正是这种品质，它可能会被记者和学者，艺术家和公众，科学家和编辑们所逐渐期待，可以称之为社会学的想象力。”② 霍克海默也指出：“客观事件是不依赖于理论的，而这种独立性正是它的必然性的组成部分：观察者本身不能在客体中造成变化。可是，有意识地进行批判的态度是社会发展的组成部分：对历史进程的解释是经济结构的必然产物，它同时既包括由这种秩序产生出来的对这种秩序的抗议，也包括人类自决的观念，即关于人的行动不再由外在机制决定而由他自己来决定那样一种状态的观念。”③ 心智是一种视角的转换能力——把个人生活与更广阔的

---

① Waldo, D. The Study of PublicAdministration. NY: Random House, 1955, p. 70.

② C. 赖特. 米尔斯. 社会学的想象力［M］. 上海：三联书店. 2005：3.

③ 克海默. 批判理论［M］. 重庆：重庆出版社，1989：217.

社会整体相联系的能力，把个人命运和社会历史进程相联系的能力。在米尔斯看来，社会学的想象力是理解个人经历及其背后社会结构互动关系的重要心智品质。没有社会学的想象力就不可能理解个人生活历程与历史、社会结构之间的互动关系。

想象是人们创造力的重要品质。雅斯贝尔斯主张，人“作为精神性的存在，他同样紧紧地被束缚在他的生活现实中，但他以思想的翱翔超越了生活。他摆脱了现实的束缚，通过心灵的想象力和创造力找到了回归存在的道路”①。人作为诗意的存在，离开了精神世界的依托，人就失去了存在的意义。在现代社会中，社会日益的多样化，公共领域、私人领域和日常生活领域相互交织，但是人作为精神性的存在丝毫不能改变，人需要在他的生活中去体现和实现人之所以为人精神性一面的存在品格。无论在什么样的领域，如果不能提供人的精神性存在的实现外部条件，那么这个领域的人必然是一个异化的人的世界。公共行政作为公共领域建构的一部分，也必须是充满心灵关怀、实现人诗意存在的精神世界空间。

借用社会学概念，公共行政学需要这样的思维模式和能力来拓宽公共行政的研究。公共行政学的想象力，更好地理解公共行政与社会结构、背景、过程和个人经历、智识之间的联系，运用整体观和历史感的思维方式推进公共行政对具体情境的研究，关注社会生活背景下的公共行政何去何从，克服理性模式的公共研究弊端与不足。“想象这个词在此意指后现代性的一个基本特征，这一特征是对韦伯的官僚结构的理性主义模式的核心特征的一种偏离。”理性的官僚体制是排斥想象的，想象与理性始终是

① 雅斯贝尔斯．存在与超越［M］．上海：上海三联书店，1988：170.

矛盾的关系，“想象总会令合理性感到不舒服”。[①] 社会建构公共行政在一定程度上是与官僚体制相反，是张扬想象并注重培养公务人员想象力过程来构建公共行政模式。法默尔说：“想象是一种行政精神，它依赖的不仅仅是理性——当然也完全不同于非理性的依赖，因为非理性和无理性不是一回事。现代性的理性化，运用的是工具理性，即意在产生最佳结果的手段—目的的一般化。这一依赖已经产生了效益，但我们应提醒自己还有不少缺陷。这些缺陷不仅包括在政府官僚制中运用理性的困难，而且包括处理要符合个人利益的困难。在官僚制那里，主要依赖理性化的机构不可避免地会导致某个部门想获得比理性化的资源优化更多的东西。”关于想象公共行政实践中的表现，法默尔的设想是：“在现代主义的情境中，理性化对于管理者既是内部的又是外部的。管理者在官僚制内部并借助官僚制来扩展理性。当然，也有许多特例……但一般的规则都是依据他们的理性来对行动加以判断，理性地采取行动，并把下属管理者和工作人员引向理性的行动。在新的情境中，领导者和管理者极力想运用想象进行管理，把想象放在首要位；他们把激发下属和其他人的想象作为自己的责任。思考者甚至可以对想象做更深入的思考。”[②] 社会建构公共行政通过透视公共行政背后的运作逻辑，克服宏大理论的抽象和对具体问题的研究的脱离，摒弃抽象经验主义、形形色色的实用性的研究，突出了行动的重要性，发现和阐述公共行政与个人生活历程与历史和社会结构之间的互动关系。具体情势的研究、过程研究和细节研究能够洞察社会结构下的行动选择和行为

---

① 戴维·约翰·法默尔．公共行政的语言——官僚制、现代性和后现代性［M］．北京：中国人民大学出版社，2005：219，238.

② 戴维·约翰·法默尔．公共行政的语言——官僚制、现代性和后现代性［M］．北京：中国人民大学出版社，2005：231，232，221.

意义，“细节研究所选择的情境应与具结构意义的问题相一致。我们将从环境中分离和观测‘变量’，应该是那些我们对结构的考察之后，所发现的重要变量”①，通过除去先前之外的变量的考察，就可以从这些变量发现社会的变化，我们感知到想象不是脱离开现实生活，而是在现实生活的基础上展开并结合未来变动趋势，是“一个持久的有效性的基础，一个不言而喻的一劳永逸的源泉”②，公共行政对这些新变化的反应的研究和兑现，既成为公共行政理论新的生长点，也能够使公共行政理论不至于滞后实践太久、太远。

但是现实的存在是当下事务的安排，除此之外，我们还需要不断地面向未来，做出前瞻性的思考、进行探索和打开畅想之门。想象是应付不确定性的重要力量，即使从思维方法的角度看，也如费耶阿本德所说的：“为了发现我们认为我们所居住的实在的世界（也许它恰好是另一个梦境世界）的特点，我们需要一个梦境的世界。”③ 我们要理解每一个人的变化和立场，就需要置身到他们所处的社会背景和结构中，在不同的情境中捕捉到他们之间的彼此关系，从而更好理解他们的感受、理解和需求。不同的看待问题的方式，需要公共行政转换视角，走出独白式的政策制定和解读，理解民众的社会需求，真正全面理解社会现象和社会问题，发挥社会群体功能，促进公共行政更好地服务社会。“许多个人的不安未被表达准确；许多公众的心神不安和具有重大的结构关联意义的决策从未成为公众论题。”④ 虽然社会发展过程本身能够遗忘，但是公共行政的发展不应该遗忘，实

---

① C．赖特．米尔斯．社会学的想象力［M］．上海：三联书店，2005：72.

② 胡塞尔．生活世界现象学［M］．上海：上海译文出版社，2002：258.

③ 王治河．扑朔迷离的游戏［M］．北京：社会科学文献出版社，1998：235.

④ C．赖特．米尔斯．社会学的想象力［M］．上海：三联书店．2005：10－11.

现社会公众议题，防止公共行政的异化。按照法默尔的理解，对于后现代公共行政而言，想象作为一种思维方式具有主导性的价值。“想象在后现代性中所起的催化作用有如韦伯描述的理性化在现代性中的作用。随着各个自足的领域的爆炸，想象的主导不再局限于美学的领域，想象有望在科学的和规范的领域发挥更大的作用。不仅在科学发现的语境，而且在论证的语境，想象都将扮演更重要的角色。在现代性中，想象扮演着次要的角色；在后现代性中，理性化仍然扮演着一定的角色，但向诗意的方面的转变已经发生。单一阐释视角将被破除。”① 在复杂性多变的社会中，创造是源泉，而创新的根基则是丰富的想象力。公共行政在清楚地真正认识到了自身危机，并充分利用自身的想象力，发挥社会作用，进而构建自己的理论体系。

当然，公共行政发展的想象力是建立在现实实践的基础之上的，现实的行政实践奠定公共行政想象力的根基。当行政人员结合自身的实践基础上，思考、改进或者建构公共政策的时候，也是想象力产生的时候，因此，公共行政想象力是实践、人的主动性和理性思考的产物。

二、社会转型发展的适用性

社会建构的公共行政思想是赋予公共行政事实新的含义和意义，是经过对各类事实“思想的过程”结晶出来的超越事实本身的“过程的思想”，当我们把“‘过程的思想’及其操作萃取出来，加以方法论的意义论定和功能规定，则可以在接触新材料、新思想的时候，释放出许多合理有效的学术路，这样的学术

① 戴维·约翰·法默尔．公共行政的语言——官僚制、现代性和后现代性［M］．北京：中国人民大学出版社，2005：238.

思路和方法，在不同的学术领域具有可供选择的通约性”①。这种通过了社会“过程性”的思想和“思想的过程”结合起来的社会建构的公共行政，既是一种容器，又是容器中的内容；既是一种公民参与治理的结构，又是一种过程的展现；既是对人们行为的制约，也是对人们行为的塑造和保护；既是对政府理念的不断修缮，也是对政府价值的凝练和发展。

（一）多元社会价值的诉求

社会转型期需要对各种价值、利益进行有效的整合和分配，使之不成为价值的荒漠和利益的“公共地悲剧”，在社会自治和公共行政治理中保持社会的秩序的稳定。

社会转型期的中国是利益多元化、文化多元化的社会，如何协调不同的利益，形成合理的利益格局是公共治理的关键问题。其价值观相互冲突的人们发现各种相互冲突的价值观之间往往都存在一定的合理性，加上它们之间的不可化约性，缺乏“可公度性”（麦金太尔语），从而引发了现代社会中的价值冲突，马克斯·韦伯称之为“诸神之间无穷的斗争”，马克思则称之为“信仰领域的自由竞争”②。“在不同时期，一种价值可能超过另一种价值，但就每一种价值观的合法性而言，它们之间没有拔河赛。”③ 同时，中国社会转型期，在价值冲突的同时，由于转型本身的过渡性、不确定性，中国的价值观体系在“既有的制度

① 杨义. 现代中国学术方法纵论［J］. 中国社会科学，2005，（3）：134－150.

② 具体参考：马克斯·韦伯. 学术与政治［M］. 冯克利译，上海：三联书店，1998：38－49；刘小枫. 现代性社会理论绪论［M］. 上海：三联书店，1998：225－228；马克思恩格斯选集（第1卷）［M］. 北京：人民出版社，1995：271.

③ 彭和平等编译. 国外公共行政理论精选［M］. 北京：中央党校出版社，1997.

之外长出了很多增量”①，越来越演变成一个复杂耗散式样的结构，缺失核心价值观的支撑和统领。在中国的社会中，既需要整合冲突的价值观的基础上，还需要生长出具有适应性、统领性的核心价值观。

因此，整合利益的机制和梳理价值的机制成为社会发展、公共行政作用发挥的重要前提。“所有的复杂社会都是以内部高度的紧张和冲突为特征的，所以制度和价值观一致对这些社会的生存来说是必要的条件”②，无论从历时态还是共时态来看，公共行政以及公共行政发挥作用的载体——政府及其他社会组织都在社会利益与价值的整合中发挥着中流砥柱的作用。在转型的中国更显得尤为突出，现代社会中的政府职能和角色并不会减少，变化的仅仅是政府作用的方式和方法。在多元治理主体中，“长者为兄”，政府在整个社会治理中仍然担当着不可替代的重要职责。社会建构中政府能够较好地发挥自身优势，能够有效地发挥价值和利益整合的功能——能够全方位地促进政府与社会、政府与社会组织、行政人员与民众在管理过程中的全方位互动，在政府行政的过程中，能够建立有效防止冲突的一片“缓冲地”。“政府过程应是各种不同价值的辩护与伸张的过程，因此，政府应成为不同生活方式的价值辩论的讲坛。经过不同意见、观点与价值的公开自由交流与争论以达到取得共识的目的。”③ 社会建构的公共行政体现了价值辩护与伸张的政府过程性，是转型期各类价值和利益冲突解决的又一个新的途径（在后面章节中有详细论述）。通过政府本身职能和方式的转变，尤其是政府与社

---

① 吴敬琏．当代中国经济改革［M］．上海：上海远东出版社，2003：60.

② ［美］西摩·马丁·李普塞特．一致与冲突［M］．张华青等译，上海：上海人民出版社，1995：1.

③ 杨冠琼．政府治理体系创新［M］．北京：经济管理出版社，2000：6.

会、政府与民众之间关系的调整，社会建构的公共行政能够较好地解决各类价值冲突的问题。

（二）转变政府职能的需要

在社会转型期，社会全方位发展对政府职能内容和行使方式提出了更多更高的要求。现阶段政府职能的转变是公共行政研究的重点，如何转变、怎样转变和转变的效果构成了政府职能转变研究的内容。社会建构理论在政府职能转变上，具有很强的逻辑上的契合性、相向性和实践上的指导性。传统公共行政，政府是当然的唯一主体，决策具有很强的强制性和封闭性，政府合法性的取得依靠的是自身的权威。但是现代社会中，政府权威发生了很大的变化。“各个共同体在对话、交谈和商谈中达成共识，这种‘普遍共识’取代了地位、传统和真理这些外在权威，而成为共同体间采取行动的合法性依据。”① 传统公共行政单一知识的失败和普遍知识的兴起与发挥作用，使得公共行政理论基础发生了变化。在此基础上，原有的政府职能及其职能实现的方式也需要随之变化，另一方面，“政府转变职能的过程就是政府价值的自我求证过程，就是政府保持自身合法性存在的过程”②。政府的价值求证是通过自我的行为变化来实现，现代政府职能变化和价值自我证明，是政府不断巩固合法化基础，也是社会发展的客观要求。在我国政府职能的转变和价值求证中，选择社会建构的公共行政，有效地回应了社会多元价值的诉求，不断理解、认同和实现了人们的价值愿景，是理论和实践都需要思考的面向选择。

---

① 李勇军．黄柏青．游戏的政治话语的行政——后现代视野中的政治与行政［J］．兰州学刊，2004，（5）：21－23.

② 顾平安．政府价值的自我求证［J］．国家行政学院学报，2001，（1）：27－30.

在社会心理学中，一个人或者组织在社会交往中，即人或组织不能根据环境或场合的变化而进行角色转换以调整自己的行为，仍然固守着原角色认知，还表现出原角色的行为模式，哪怕生活环境有了重大变化，却仍然停留在与此感觉适应有关的行为模式上，导致了与变化的新环境不相适应。也就说是，在历时态的社会发展中，社会对主体的角色期待增加了新的内容或形式，而主体自身对此并没有感知，仍然固守原来的角色身份，我们把这样的一种现象称之为“角色固着化”。在现代社会中，政府必须不断弱化自身的角色固着，认真对待和认可转型社会对政府的角色期待，并做出相应的行为。在现阶段，政府如果不能感知转型社会情境的各种角色认知和期待，就不能适应社会发展的吁求，就存在着政府的角色固着与社会的角色期待之间的冲突。如何克服政府角色的固着化，避免政府认知与社会期待之间的角色差距或角色冲突，一个可行的措施是加强政府与公众之间的互动与会话。“通过互动与会话，政府可以了解不同情境下公众对政府的角色期待及其变化，并通过认知这些期待及其变化来培养其养成一种角色自觉意识”①，并在实践中调整和改变自身行为，实现自身职能的转变。

在理论和逻辑上，社会建构的公共行政本身具有开放性，能够容纳不同的群体声音，并且做出合理有意义的社会建构的决策。政府职能更多不是定位在制定什么样的政策，而是如何在协商、交流和协作中完成政策的研究与制定，是对社会现实和事实本身的客观化和主观化的建构，并赋予积极的有针对性的意义，并转化为客观化的外在制度和符号，这些制度和符号成为推动社会问题解决的基础。可以说，社会建构的公共行政中的政府作用

① 刘祖云、林莉．透明政府：一个政府模式变革的历史与逻辑［J］．四川大学学报．2009，（1）：21－28.

与社会转型期对政府的要求相一致。社会建构的公共行政是解决转型期各种现实问题的需要，是转型期民众参与公共生活的需要，也是建设中国主体性公共行政的需要。这一点，其实也是社会转型期政府职能本身的需要和公共行政发展趋势的需要。其次，在实践上，随着公共行政日益的社会化，政府的职能内容和方式在发生着巨大的变化。在计划经济条件下，政府把权力的触角深入到每一个经济生活的角落，政府功能异常强大，社会功能日益萎缩。在社会转型期，国家的权力需要持续、健康、稳步的转移，把本该属于社会的权力还给社会。在这样的转移过程中，有一个问题，“我把权力还给你，你能否正确使用?”在我国公共行政的社会化程度不高，公民社会尚未真正建立的情况下，谁能够成为承担其治理社会的权力主体？只能是社会自治组织和民众自身来行使权力本身，但是我们怎么能够相信社会自治组织和民众具有自身能力去更好地自治呢？这成为公共行政社会化的一个重要前提。社会建构的公共行政在制定公共决策的同时，也是对群体和民众对社会公共问题的一个类似培训或者潜移默化的教育功能，在这样的一个建构过程中，不仅仅是对公共问题有了更加切合实际的政策，更重要的是，提高了群体和民众的自身对公共问题的认知、解决的能力，逐步地就能够承担其公共行政社会化中的主体职责。除去我们论述过的重视过程、重视其他主体、重视问题的客观情势成了转化政府职能的必然选择，还有一点重视外部管理①，公共行政的所有活动最终归宿还是体现于外部的管理，即对社会公共事务管理，把对外管理的质量作为衡量其绩效的最终标准，也在社会建构公共行政得到了体现，这一点也适应了现代政府的职能转变的要求。

---

① 陈庆云．公共管理基本模式初探［J］．中国行政管理，2000，（8）：31－33.

(三) 实现公共利益的要求

公共行政过程中向来存在着政府利益和社会利益的滥觞①，社会转型时期，政府利益如果缺乏必要的透明和制约，就容易泛滥。社会建构的公共行政更多强调了社会利益，能够在一定程度上遏制政府利益的泛滥。政府也会产生自身利益谋求动机的“恶”，在社会转型期，由于各类监督和制约制度的滞后性，政府追求自身利益的动力就比较强烈，社会利益就会遭受蚕吞和侵蚀，使政府的信用类似日历一样被一页页撕掉与废弃，公共领域沦为了荒蛮之地，“利维坦”式的原始法则重新占领和主导着社会空间的草原和丛林。而社会建构的公共行政是衡平行政，既要监督政府利益合法合理，又要充分保护和实现其正当利益。社会建构中，公共行政不仅表现为行政领域公共利益与个人利益的平衡，不仅仅是行政权力与公民权利的具有对等关系和同样重要位阶，而且两者之间的具有对话和合法对抗、辩难和合作的机制。“行政权力作为公共利益的代表只有在与公民权利的对等、对话和良性对抗关系及机制中才能确立行政的公共精神，才能阻挡个人利益对于权力的诱惑和腐蚀，并能以平常的心态对待社会各方面的利益特别是个体权益。提升和尊重权利的地位，确立和发展平衡行政，意味着对权力的限制，消除强者的霸气，使行政过程

① 政府有着多重的角色，政府的利益是人民利益、政府组织的利益和个人利益共同构成的复杂的综合体。在社会监督不力的情况下，政府组织和其中的行政人员内在的角色冲突有可能导致牺牲人民的利益来谋求个人的利益，我们这里的所说的政府的利益就是指组织和个人谋求自身利益。社会利益是指某一定空间区域内所有的个人与组织为了生存、享受和发展所需要的资源和条件，具体包括社会分享性的公共利益、组织分享的共同利益、具有私人独享的个人利益。三种社会利益最合理的界碑是三类利用通过合理的制度设计现实共赢。〔具体参考：陈庆云，曾军荣．论共管理中的政府利益［J］．中国行政管理．2005，（8）：19－22；陈庆云，刘小康，曾军荣．论共管理中的社会利益［J］．中国行政管理．2005，（9）：32－35.〕

充满宽容和善意的色彩”①，弗雷德里克森称此为“乐善好施的公共行政”，我们称之为具有价值底蕴、精神濡化、利益关切、关注公共理性和注重人的自我发展的公共行政。通过社会建构的博弈过程，在限制政府利益膨胀的同时，社会分享性的公共利益、组织分享的共同利益、具有私人独享的个人利益能够保持相对的平衡与稳定，避免社会利益结构的过度失衡，促使转型过渡期的顺利过渡。

当然，在中国的语境和当下的发展情势下，社会建构公共行政的最终确立需要更长的时间，这就需要我们从公共行政和社会发展过程中的本质与现象、主体与客体、理论与政策、惯习与规则、观念与技术、内容与形式、制度与过程、历史与未来、认知与理解等多维相结合角度研究，不断梳理、厘清、辩证、矫正和确认。

第三节　社会建构行政的基本命题

在中国的社会转型中，社会建构公共行政基本命题（或称之为假设、公理、前提条件）可以概括如下。

命题1　公共行政的社会现实和事实是人类思想与实践的互动过程来构成的。公共行政与民众之间、公共行政与个体之间、公共行政与现实社会之间的互动关系越紧密，对社会现实建构就越具真确的意义，就越能把握社会现实，越有利于提高公共行政政策的质量和问题的解决。

这意味着：

---

① 芮国强，常静．公共精神型塑下的行政转型［M］．学术界，2007，（6）：53－61.

命题1.1　社会建构的公共行政是一个透明开放的公共体系，同时也是一个制度健全、规则明确和运转顺畅的程序机制，能够确保民众的参与和意见的通畅表达。在社会建构的过程中，在公民参与的公共行政中，有公民意见和思想市场领域的“控股”。

命题1.2　“真理”是透过反复讨论而达成的“共识”来界定的，其中一个规范基础是没有内在和外在的制约①。所有的真理都是相对的，“我们每个人都有一部分真理，当我们彼此交换意见时，我们都想别人是如何看待这部分真理的。制订计划的人都注意到，制定战略的过程必然‘天生是有争议的’，以便‘消除变革的障碍’。参与是必需的，以便研究差异和为成功地解决问题达成一致意见”②。“个体互动越多，他们之间越可能共享情感，越可能参加集体活动。”③ 除去现代社会的典型组织——政府之外，在解决集体行动的问题的时候，民众本身的聚合来解决公共问题也就具有很大的可能性。

命题1.3　社会转型期问题的复杂性和多面性，仅凭靠单一力量和单方面知识的政府是难以认识全面和清楚的。只有在普遍交往中，内部公民与外部公民才能发现相互的关系价值，也能有效利用“行动者在行动中获取和使用的嵌入在社会网络中的资源”④。解决存在的问题和推动社会转型的发展是在行政与社会

---

①　杨善华主编．当代西方社会学理论［M］．北京：北京大学出版社，2005：172－174.

②　哈拉尔．新资本主义［M］．冯韵文，黄育馥，译．北京：社会科学文献出版社，1999：309－319.

③　林南．社会资本：关于社会结构与行动的理论［M］．上海：上海人民出版社，2005：38.

④　林南．社会资本：关于社会结构与行动的理论［M］．上海：上海人民出版社，2005：24.

互动的过程进行的，互动的过程保证了公共行政的有效性，“我们认为一个人远离公共生活不是‘稳重’，而是‘无用’，我们认真并亲自对政策的每一个细节予以决定和辩论，我们并不排除讨论和行动一起有错讹之处的可能性，但我们确信，未经讨论过的行动注定要失败的”①。这个过程也是行政人员社会知识积累和完善的过程，而社会知识构成了整个公共行政社会建构的基础。

命题 1.4　在社会建构过程中对话与协商，并不一定能够达成共识，但是这个过程本身蕴含着深刻的价值底蕴，为相互宽容、相互理解、决策奠定了基础。在多元主义者看来，“社会中权力的安排不是等级式的，而是竞争的，权力是众多代表不同利益的集团——例如商业组织、工会、政党、妇女机构、宗教组织等——之间‘无休止的讨价还价的过程’的一个不可分割的组成部分”②。民众与政府互动、交往的紧密，不仅是行政活动和事实建构和重新认识的过程，也是政府各类政策、议程和执行提前统一认识、思维和思想内容的过程，不仅建构了问题本身，也在一定程度上提前为问题解决奠定顺利实践的基础，甚至可以说在制定政策的同时连同政策的执行中所有的问题一并提前解决了。

命题 1.5　现代公共行政生活由于人的先天天赋条件、后天锤炼和生活阅历使人们彼此认知、感悟的能力各异，每一个人都以自己特有的独特方式对社会存在的客观现实进行判断、选择、研判、想象和思考，多样性认知共同参与社会建构，凝聚、提

---

①［美］西奥多·A. 哥伦比斯，杰姆斯·H. 沃尔夫．权力与正义［M］．白希译．北京：华夏出版社，1990：4.

② 达尔．民主理论的前言［M］．上海：三联书店、牛津大学出版社，1999：216.

炼、聚合共识，寻找差异区域，在达成共识与产生差异的过程中，实现共识价值。因此意见的差异是反思和共识的前提①，“公民通过辩论和争论可以提高认识并从中获益。而当公民在论证过程中遵从了公共理性，即便不能达成一致，论证本身也会起到传播社会政治文化的作用，并能够增进彼此之间的理解”②。因此，可以说，社会建构政策制定过程涵化和培育了人的成长、纠偏和饱满了人的认知、完善和补充了政策完整性，实现了政策过程中人的个性认知、要求和政策正确、合法性的统一。

命题 1.6　转换视角就会对问题有新的认识，解决问题的方法和取得效果也会改变。社会建构的公共行政通过无约束互动、沟通与协商，参与的群体能够达到类似伽达默尔所谓的“视域融合”（fusion of horizon），实现对公共治理事务的新知识、新视角或者新方式综合后的整合与升华，“视域融合既不是一方吃掉另一方，也不是同一化与均质化，而是通过差异性的交互作用超越最初各个视域的成见与问题，向着更高的普遍性提升，形成了一个你中有我、我中有你的全新视角——一种复杂的历史效果”③。在传统的官僚体制中，公共行政政策的过程对官僚体制及内部人群的过度信赖产生的结果是“我一个说了算”和“就

---

① 赵汀阳认为，政治迫使人们进行思考，政治导致了不同的意见产生，如果没有不同意见需要“说”，也就没有什么值得反思，而只有当出现反思，思才超越了单纯地想，没有反思就无所谓思想。不同意见要说给别人听，别人听了也想说，说与说之间形成回流，听与听之间也形成了循环，这就形成了对话，人们不得不把对方所说的话当成思索对象，同时为自己的话寻找理由，这样就形成了反思。简单地说，只有当意见出现冲突，思想才出现。（具体参考：赵汀阳．坏世界研究——作为第一哲学的政治哲学［M］．北京：中国人民大学出版社，2009：24.）

② 哈佛燕京学社/三联书店．公共理性与现代学术［M］．北京：三联书店出版社，2000：37.

③ 沈湘平．价值共识是否以及如何可能［J］．哲学研究，2007，(2)：107－111.

我一个说了算”的零和博弈，政策的“局内人”思维导致了对政策和解决问题措施的认知的“同一化与均质化”。社会建构公共行政的政策理念则相反，提倡政策中的人“内外不分家”，尤其是社会边缘群体的人员参与。“一个民主政府在进行决策之前与各社团进行商讨，具有重要意义。这不只是为了选定最受欢迎的政策，也是为了缓和那些受损失者之间的摩擦，因为这些受损者至少会认为他们的意见曾被且将会再被政府听取。”① 多样化的群体与人员积极互动，双赢局面能够更真切地把握社会公共问题的客观现实。

命题 1.7　合作已成为日常行政生活的一种重要方式。日常公共行政生活合作的实践是建立在与公民的沟通能力之上的，而沟通是通过人本身的各种能力积极、正确使用并结合实践理性而形成的一种达成一致的结果。“通过普通公民之间的相互辩论、共同决策而得出的结果将比专家们独立决策得出结论的效果更佳。”② 行政决策中的相互辩论、互相辩难、磋商互动是行为合作的前提，政府本身与其他社会力量协商的能力决定了合作的程度。

命题 2　作为主观现实的社会，参与建构过程中的异质性的群体和个体越多（议题的关联者），越能全面理解对社会事实本身的认识，越有利于公共行政问题与政策的正确建构和作用发挥。

这意味着：

命题 2.1　社会建构的公共行政打破了行政人员与民众思想

① 查尔斯·泰勒．市民社会的模式［A］．邓正来，J. C. 亚历山大．国家与市民社会——一种社会理论的研究路径［C］．北京：中央编译出版社，1999.

② Susan Bickford · Beyond Friendship: Aristotle on Conflict Deliberation andAttention［J］ · in the Journal ofPolitics, Vol · 58, 1996: 396 – 399.

与行动以及个体与社会互动之间的边界。在具体的行动中重要的不是个体与环境之间关系限制，重要的是他们各自在行动中扮演的功能角色，“我们应当确保在规模庞大，人员混杂的公共领域进行协商，从而避免具有相同观点的人自己跟其他观点隔离开来”①，类似 M. Callon 提出的“混合论坛（hybrid forum）”②，让专家与社会人员共同参与讨论参与公共治理，使不同的主体不断跨越“边界”和结构的宰制，使他们在一起发挥作用，而不管他们自身是什么样的。

命题 2.2 奥尔森指出，参与社会建构群体的“规模”不仅取决于集团中的人，也取决于某一集团物品对集团中每个人的价值。在一个集体中，个体的价值（即异质性）的差距较大或者多样性较多，就能够使参与的群体价值优越性成倍增加。正如阿伦特所称之“交往力量”，这种实践需要的“扩展的智力”本身就是一种团结的形式，是一种“共同体”的力量。“集体成员（或小集体）的目标越有差异（以互补的方式）；集体对于不行动所致损失的敏感性越强；集体成员间财富或权力的分配越不平均，集体行动更可行。”③ 行为经济学的研究同样表明，相同但分散的利益都具有组织化趋势④，不同的群体和个体扮演角色发

---

① 凯斯·R·孙斯坦．设计民主：论宪法的作用［M］．北京：法律出版社，2006：40.

② Callon M. The Role of Lay People in the Production and Dissemination of Scientific Knowledge［J］. Science Technology Society，1999，4（1）：86.

③ 林毅夫．再论制度、技术与中国农业发展［M］．北京：北京大学出版社，2000：39－40.

④ 组织也可以被理解为“有意识地加以协调的复数以上的人的活动或势力的系统”，与此相对应，个人可以根据习惯和价值认知对行动进行无意识的协调。在这里所强调的是行动的“意识”和目标。这与以利益为中心的定义存在联系，组织的动力主要来自于实现利益、目标的成本驱动。（具体参考：阿兰·斯密德．制度与行为经济学［M］．刘璨等译．北京：中国人民大学出版社，2002：103－104.）

挥着不同作用，代表不同的意见，意见本身的呈现就是一个话语体系，代表一个群体或个人的价值观，对行政人员本身代表的知识体系和价值观既是冲击，也是补充。“现代社会的分工特性，当会扩大个人的必然无知的范畴”①，行政人员的专业局限性对社会事实的认识也只是一个方面，社会群体和个体能够弥补这个缺陷。社会建构的公共行政提倡参与群体的异质性，认为不同群体的知识和认知的差异构成了个体或群体之间知识与意见的错位竞争的条件和依据，对“差异”的论述、对“他在”的关注构成了社会建构公共行政异质性个体的内容。当然有差异的不同个体也不是一定要在同一空间内博弈和对垒，不同的群体或阶层也可以在自己能力所及的范围，对公共政策贡献知识和意见。因此，尊重彼此的差异性就愈加显得重要而突出。当然，这对参与组织本身也提出了更高的要求。

命题 2.3　“对任何一种情境来说，都有多种社会构建可能”②，参与公共行政社会建构的人群不一样，所建构的议题结果也就可能不一样。科尔巴奇从社会科学本身存在着局限性的事实出发，认为“不同领域的专业知识会有对待问题的不同方式”，“一个专家团体就是一种看待问题的方式和解决问题的方式”③。桑斯坦也指出：“最重要的是，一个共和国，或一个异质的社会，需要一个竞技场，让一群经验、见解和想法各异的公民们，可以在此和他们碰面磋商，讨论什么是对大家都好的，什么

---

① 哈耶克．自由秩序原理［M］．上海：三联出版社，1997：26.

② ［美］肯尼思·格根．社会构建的邀请［M］．北京：北京大学出版社，2011：11.

③ ［英］H·K·科尔巴奇．政策［M］．长春：吉林人民出版社，2005：38－39.

才是对的。"[①]"只要不是恶意，讲闲话也可以，这样可以使我们知道社会上存在着这样的意见"，"真理不在乎清一色"[②]。根据协商民意测验的创始人斯坦福大学教授 James SFishkin 所作的多项调查，在得到更多的信息并进行协商之后，三分之二的人的观点和投票意向会发生改变[③]。改变的过程也就是社会建构取得实质性效果的过程。同时对社会建构的公共行政而言，在自身能力范围内，尽可能允许、吸引更多的社会力量参与[④]，尤其是社会弱势、边缘群体参与，特别是"最不利地位者"、"最没有话语权者"、"最少受惠者"和"权利实现能力不足者"，充分尊重他们的权利，使他们不用担心会被社会所冷落和成为"排斥社会之外"的"政策的受害者"，也能够使建构议题能够更加客观反映、适应现实情形，防止他们怀疑政治系统并减少对整个政治系

① [美] 凯斯·桑斯坦．网络共和国：网络社会中的民主问题 [M]．黄维明译．上海：上海人民出版社，2003：142.

② 逄先知，金冲及．毛泽东传（1949—1976）（上卷）[M]．北京：中央文献出版社，2003：315.

③ [美] James S Fishkin. 实现协商民主：虚拟和面对面的可能性 [J]．浙江大学学报（人文社会科学版），2005，(3)：22 -30.

④ 关于参与人数的多数对公共政策的影响，一直存在着很大的争议，有人认为并不是参与社会建构的人数越多，对公共行政议题的客观化就越真实、越全面，因为在参与建构中存在冲突等不可避免的事实。例如萨托利认为，参与的强度即它的真实性和有效性同参与者的数量成反比。（具体参考：[美] 乔·萨托利．民主新论 [M]．冯克利译．北京：东方出版社，1993.）托马斯说："从抽象的意义上讲，公民参与并没有好坏之分。它可能发展民主的价值，能够创造对社区管理有益的实践活动。但是公民参与并不必然对所有方面的政策问题解决都带来积极的效果。有时，低度的或者根本没有公民参与对于有些政策问题的讨论或许是最有好处的。而对于另外一些政策问题而言，有大量的公民参与又可能是最好的选择。"（具体参考：约翰·克莱顿·托马斯．公共决策中的公民参与：公共管理者的新技能与新策略[M]．孙柏瑛译，北京：中国人民大学出版社，2005：13.）在实践中，也可以进行证伪。因此，我们在这里提出参与群体的异质性概念，在强调尽可能提高参与的广泛性的同时，突出强调不同群体特征参与社会建构的重要性。

统的“忠诚投入”和“合法支持”，不同的参与者之间产生更多的政治支持、正当性与信任，较好地将政府与公民黏合在一起，促使彼此之间的良性互动，达致最后思想的统一，实现真正的“和而不同”①。

命题2.4　公共行政中政策和意见的社会建构过程的深度、广度、方向和过程取决于参与群体和个体的异质性和多样性程度，而这些又取决于其他条件，诸如公共行政制度、组织和现代化的保障程度。

命题2.5　社会建构本身的成效在于异质性民众的知识存量、辩证思维的程度、社会想象力和公共精神的成熟度，民众的知识存量越多、辩证思维越敏锐、具有较强的公共行政想象力和公共精神，就越能够更好地促进公共行政的社会建构，进而制定科学的公共政策，更好地促进问题的解决。

命题2.6　当不同的参与公共行政建构的主体初始条件和力量对比不同时，对一个涉及公共行政的社会事实建构过程也将在广度、深度和实效性等方面显示出差异性，表现出不同的特点和情况，有着不同的最佳（最有实效性）的建构广度、深度，真实性与虚假性。参与群体的差异导致社会建构意义本身的不同，并有这些意义赋予的客观化实体内容也大不相同。

命题2.7　社会建构公共行政的过程建构程度，取决于行为主体之间的实际和预期的力量对比及其变动情况。如果这种力量的对比关系的未来情况是不确定的、不明朗的，那么未来的行政社会建构的成效程度也是不确定的、不明朗的。不同的群体造成

---

①　这里思想的统一与官僚制下的思想的统一有很大的不同，社会建构行政的思想统一是经历不同思想的淬火后的统一，在其后果上实现了“和而不同”；而官僚制下的统一更多的是威权统治下的强制统一，在其后果上却是“我们要求统一，而却挣扎在争吵不休的噩梦中……梦想的统一导致了现实的分裂”。（具体参考：［法］阿兰·佩雷菲特．官僚主义的弊病［M］．北京：商务印书馆，1981：540.）

了不同的社会建构客观化后的不同的政策舍取和执行。

命题 2.8　在不同时期、不同阶段的公共组织与民众、公共组织与社会之间，不同力量的行为主体能力和知识的认可及其变动趋势是不同的，由此决定了不同时期不同阶段社会事实建构实质的差异性和多样性，在客观化和主观化的社会建构之间摇摆。换言之，在时间序列和截面上，不同力量的差异必然导致主观的客观化（建构的结果）之差异。

命题 3　社会中不同民众价值实现的过程和公共行政的社会建构过程具有同一性、同步性。社会建构的公共行政本身的过程既是民众价值体现，也是解决公共事务治理过程中价值冲突的一种类型和过程。

这意味着：

命题 3.1　公共行政的社会建构过程是紧紧围绕价值偏好的转换、改变而不是价值的聚集、整合的过程。作为意义的体现，人表现为不同的价值存在，作为“政治人”[①] 的体现，参与是自我动机与价值的体现，价值是隐性知识创造的行动，社会建构的公共行政通过公民参与，利用现有知识，激发新知识、新思想和新创意的过程，通过公开批判性地检视每个人的不同价值观与认知假设，参与的主体就能够理解其他人的思想内容、思维特征、经验形式、行为取向等内在特征，理解不同的人性、道德理念与信仰等，并能够更好地理解不同主体的期望、需求和偏好，能够

---

① 达尔依据政治体系中人的各种行为表现，政治中的人被分为无政治阶层、政治阶层、谋求权力者和有权者，从心理学的角度分析了“政治人”的动机、激励、意向、个性对政治行为的影响。考察了如下因素的影响：①重视可以得到的报酬；②认为选择是重要的；③相信自己能够帮助改变结局；④相信如果自己不行动，结局将不会满意；⑤拥有关于当前问题的知识或技能；⑥只要克服较少的障碍便可行动。（具体参考：［美］达尔．现代政治分析［M］．上海：上海译文出版社，1987：138.）

缓解不同主体之间价值冲突的张力，确定大致的共享价值和建立“在人与人之间建立一种没有统治的交往关系和取得一种普遍的、没有压制的共识”①。同时，“在学会尊重他人并将其看作是自主道德作为者的基础上，还能够培养公民节制自身需要的能力。也就是说，政治实践中的公民，如果妥协源自对他人需求和道德责任的真正理解，而不是源自被迫妥协的感觉，那么则有可能在节制自身政策需求的同时保持其道德完整性和信念”②。作为自由、平等参与协商与建构的公共行政，不同行为主体为了公共利益能够做出妥协，从长远来看，就一定程度上能够化解不同类型知识和道德的不可通约性，为达成共识提供了认知基础。因此，倡导在社会建构的公共行政下解决不同类型的价值冲突过程是低成本的、可持续的。

命题 3.2　公共政策作为政府“对一个社会进行的权威性价值分配”（戴维·伊斯顿），价值的权威性分配的合理性取决于对权威性分配本身的认可，因此要尊重和顾及社会不同的价值实现。社会建构公共行政的过程不仅仅是政府决策和政府的工具价值，也是公民实现自我内在价值的体现。没有各类共同体的参与，参与就成了被隔离的参与，就会不理解“公共”这一概念演变中的含义，也就不会关心自我责任培养。“只有在自治的共同体中，他们用以维护自身的并期盼的自由才能形成并得到滋养。公民美德可以存在于某些人类集合体当中，只要每个参与制定集体决策的人（因此在民主体系中，就是所有的公民）都坚定地按照实现集合体中所有人幸福的有意识的目标行动。要么利

① ［德］哈贝马斯．认识与兴趣［M］．郭官义等译，上海：上海学林出版社，1999：201.

② 陈家刚．协商民主：民主范式的复兴与超越（代序）［A］．陈家刚选编．协商民主［C］．上海：三联出版社，2004：8.

益的冲突不会产生；要么即使产生，公民也会优先考虑公共幸福"[①]，当每一个公民优先考虑公共利益的实现，群体普遍性的选择就形成了互惠[②]的社会资本，理顺了公共利益实现机制。也许在民主社会不成熟或者民众参与的热情不高的情况下，民众不愿意参与公共问题议程的商谈和解决中，可是一旦他们参与，就能体会到自身内在价值的尊重和实现，就具有持续参与的动力。切斯特·巴纳德把这些价值观和原则被组织成各种各样的"情意丛"（constellations），参与公共行政活动的自己把自我的需要与品性、角色与使命和这些"情意丛"有机融合，在参与的过程中，实现不同主体之间、主体与社会主流意识形态和价值观念的"会通"，促进行政互动的"自在之性"。

命题 3.3　价值观的多元性或多样化状况，是现代社会尤其是社会转型时期的客观事实，这也是价值观冲突的主要根源。解决价值观冲突的途径有很多种，例如意识形态的强化、政治文明的建设、思维方式的转变、制度设计等，社会建构的公共行政是转型期各类价值冲突解决的又一个新的途径。这个新的途径是在平等交流、互动与商谈的过程中解决的，参与者在讨论之中互利互惠，相互给予平等权利。在这种条件下，人们如果希望说服他人，那么他支持或者反对特定观点必须是公开的，这样其主张也能够为他人所检视和挑战。通过协商碰撞，可能或多或少有些含

---

① 徐善登．社区公民治理的新视阈：基于强势民主理论［J］．云南社会科学，2010，(6)：91－95.

② 西美尔认为，互惠的规范是一种"内化的规则"，"内化的规则"的形成过程是这样的，即"如果一个人帮助过某人，那么人们便期待后者表示感激并且有机会回报一次服务。如果他没有表示感激，也没有回报，人们就把他看成一个忘恩负义的小人，不值得帮助。如果他做出恰当的报答，那么其他人所得到的社会报酬就会成为进一步扩大帮助的诱因，这种行动形成的互换就在于两个人之间结成了一种社会纽带"。〔具体参考：Malinowski Bronislaw. 1962（1926）. Crim and Custom in Savage Society. Paterson，N. J. Littlefield，Adams p. 46.〕

糊、草率、不智以及私人的意见，会转化为更加坚定的、深思的、明智的和设身处地的主张①。与其他解决途径相比，具有过程意义和优越性，为价值观冲突的解决灌注了生气和灵魂。

命题 3.4　公民参与会强烈地影响价值和其标准的形成。现代社会的发展是以结构分化和亚系统（sub - systems）的自主化为鲜明特征的，公共与私人的行动者在政策议题制定与执行的过程中产生了功能上的相互依赖性，作为治理性的政策网络，政府更多地依靠意见的协商、意义的交换、横向的水平合作的政策网络机制进行治理。在治理型的政策网络中，通过平等、协调、自我统合、认知的耦合的议题建构过程，容易酝酿与生成出一套共同价值与信任并形成互利互赢的问题解决水平协调机制。可以说，民众的价值实现促进了公共行政的发展。仅凭借政府内部改革转型期很难取得实效，强制性的制度变迁具有很大负面影响②，必须通过引起局部利益的调整和改变，导致具有诱致性制度变迁的条件，通过外部力量格局变化，来推动促进政府改革和发展。

命题 3.5　社会建构的公共行政过程群体或个体不同价值的实现的过程，这些价值本身并没有高低优劣之分，是一律平等和受尊重的。“真实民主的唯一条件是要求人们在交往中对偏好的考虑是非强制的，这相应地要求排除因权力运用而形成的支配，以及控制、灌输、宣传、欺骗、纯私利的表达、胁迫（有些讨价还价的特征）和进行意识形态同化的企图。如果政治参与者有平等的协商能力，他们就可能抵消这些扭曲行为。”③ 真实平

---

① John Parkinson. Why Deliberate? The Encounter between Deliberation and New Public Managers [J]. Public Administration, 2004, (2). 379

② 具体参考：林毅夫. 诱致性制度变迁与强制性制度变迁 [A]. 盛洪. 新制度经济学 [C]. 北京：北京大学出版社，2003：253：269.

③ [澳] 约翰·S·德雷泽尔. 协商民主及其超越：自由与批判的视角 [M]. 北京：中央编译出版社，2006：2.

等，尤其是价值上的平等和相互的尊重，这是社会建构顺利进行的前提保证。如果在社会建构过程中存在着价值的高低位劣之分，那么其成效就会立马失去意义[①]，社会建构公共行政就失去了它应有的价值，回到原来的官僚制度的政府单方意志的决策或者无政府主义状态的价值混乱中，失去了价值整合的意味。

命题3.6　不同群体或个体的行为主体，其价值差异来源于不同主体的偏好差异，不同的偏好差异又导源于不同背景的文化差异（例如宗教因素、历史传统、道德伦理、信仰体系等）。行政的边界不构成文化的边界，社会建构的形式多样性是鼓励不同群体（民族）或个体利用文化多样性，产生组织和制度安排的多样性的结果。行政人员、不同群体或个体与社会之间的文化差异，使社会建构过程中社会事实呈现出多面性、丰富性、生动性、全面性和真实性的可能性。尊重和接受不同的文化背景和文化差异是公共行政必须所承认面临的事实。

命题4　通过社会建构途径，吸引和保障公民参与、互动、协商治理公共事务问题，能够赋予社会现实和事实新的意义，产生新意义的客观化载体，社会问题的解决和公共事务治理的创新由此产生。

这意味着：

命题4.1　马歇尔·迪莫克指出，在公共管理活动中，创造性或许是最重要的概念。我们生活在一个体验民主治理的社会中，面对不断重组的新的社会关系和社会力量，整合、分享这些不同关系和力量所带来的知识、能量，充分利用各种不同社会关

① 正如亨廷顿所言："一旦某一种价值凌驾于另一种价值之上，冲突便立刻发生，不管是多数人治理还是少数人权利、法律至高和主权在民、自由和平等，还是个人主义和民主，莫不如此。"（具体参考：［美］亨廷顿．失衡的承诺［M］．北京：东方出版社，2005：18.）

系和社会力量，怎样利用和利用的程度如何决定了公共事务解决的效度，是政府面对的新问题。组织能够吸引不同知识背景的人，组织本身的创造性也就提高了（King and Anderson，1990）。公共政策议程的建构过程使得具有不同的视角和有限能力的人能够在一起共同协商，在解决社会问题的时候，彼此之间相互依赖，相互补充。一个组织或群体要想有所创新与发展，必须打破单一群体封闭网络的界限，不断与外部发生信息交流，或者通过社会流动加入新的群体。“主观和客观有一个互惠的关系，当一个人与社会组织发生关系时为这个组织所制约。主观的认同构成了客观的群体，但是由于参与的模式与别人不一样，他就重新获得了个性。因此，多重的组织参与创造了新的主观成分。”[①] 从而，个人有限的理性就不会再被视为一种缺陷，而是成为一种财富，决策也就从有限的个人理性，转化为更为丰富的社会理性[②]。在中国的社会里，“在现有的制度框架内，个人与制度的有效互动对于启动创新是非常关键的，因为这种体制内的创新往往是以对既有制度的激活和再利用的形式出现的”[③]。通过不同群体和个体的互动与对话，实现公共政策的科学性和民主性的统一，在分歧中求得协调，在差异中寻找一致，在对立中学会妥协，在冲突中认识共存，整合每个决策个体知识独特性，社会理性就会日趋饱满。

命题 4.2　当人们参与决策的时候，人们的创造性思维就会得到绽放和几何级的累积。一旦参与到公共行政的社会建构中，就好像拥有了打开许多扇门的钥匙，当这些门打开后，就会进入

---

① 周雪光．组织社会学十讲［M］．北京：社会科学文献出版社，2003：115.

② PERROW，C.．Normal accidents：Living with high－risk technologies［M］．New York：Basic Books，1984：321.

③ 俞可平．中国地方政府创新案例研究报告（2005—2006）［R］．北京：北京大学出版社，2007：163.

一个累积变化的发展过程。行政人员与公民一起参与公共行政的社会建构，其过程就是对特定的人具有知识上的“唤醒”作用，唤醒了以往对同样事务的不一样理解，“在一个特定的与他人互动的模式下，思想可以通过互动‘广为流传’。因为参与者的互动而在他们中流传的观念，以及在先前的过程中产生的观念，都会吸引人加入”①。“唤醒”作用不仅仅唤起了人们对事务知识重新认识，也唤起了人们把参与社会建构的过程的注意力引入到思想意境，包括活生生的社会事件中，吸引人们参与到理解公共事务过程的互动中和建设中。“唤醒”的过程是新知识融合与生成的过程，也必然是创造新思想、新方法的过程。

命题 4.3　在公共政策的制定过程中，不同的目标群体参与，所获得的建构结果也不一样。在传统的管理模式，公共政策的过程仅仅限制在政府官员、官方媒体和政策目标群体的本身的驯服。真正的民众参与，打破了这种平衡，“人们对一个问题的理解会随着目标群体的鉴别以及不同的认识建构而发生改变”②。由于不同认识的改变带来建构结果的改变，创新也就有了可能，至于创新的结果，也许不够理想，这就需要深思的甄别和选择。

命题 4.4　分享能够带来创新，互动能够带来创新，共治也能够带来创新。“在组织内部，在领导者、管理者、专家和其他组织成员之间分享知识，组织创新就会发生；在组织外部，人们通过正式和非正式制度网络，分享知识，进行互动和沟通，发挥

---

① ［美］查尔斯·J. 福克斯，休·T. 米勒. 后现代公共行政——话语指向. 中国人民大学出版社，2002：104.

② ［美］海伦·英格兰姆、［美］安妮·斯奇内德. 建设公民权：政策设计方案中的微妙信息［A］. ［美］海伦·英格兰姆、［美］斯蒂文·R. 史密斯：新公共政策——民主制度下的公共政策［C］，上海：上海交通大学出版社，2005：74.

关系和学习，这时，社会创新就会发生。”① 政府在组织内部和外部都具有分享知识的机制和愿望，政府组织的创新就会出现。政府的创新是组织内部知识和外部知识的互动、分享和相得益彰的结果，也是政府创新的一个重要突破口。

命题 4.5　创新能不能出现，关键在于政府及其行政人员，在于思想和行动的解放。建立公共行政的社会建构途径，容纳社会力量参与公共事务的治理过程中，接纳新力量，吸收新知识。也就是说，创新又需要一系列的制度保障政府及其行政人员具有持续社会建构的动力和保障，社会建构公共行政对政府组织和行政人员都提出了很高的要求。

命题 4.6　在现代社会中，会面对越来越多难以预料的新情况、新问题、新挑战和必然的不确定性，人们需要进行持续不断地根据新形势进行选择和决定，并在风险与收益、预期目标与非预期后果的对比与验证中调整自己的策略与手段，并生成一个“聪明人的世界”②。作为治理社会的一种有效工具，公共行政建构的过程也是一个不断选择、决定、调整的过程。人们选择社会建构公共行政，不同主体之间的对话与交流，“现在的对话不仅动摇了启蒙时期在理性、个人心智、客观真理和道德准则方面取得的成果，更重要的是，它们为创造性思考及开拓了前所未有的机会”③。社会建构公共行政为“聪明人”联合创新提供了可能，公共行政更好发展也就有了可能。

命题 4.7　对于日常的行政管理工作而言，创造性作为一种

---

① ［美］全钟燮．公共行政的社会建构：解释与批判［M］．北京：北京大学出版社，2008：56.

② ［英］安东尼·吉登斯．超越左与右：激进政治的未来［M］．李惠斌等译．北京：社会科学文献出版社，1998：7.

③ ［美］肯尼思·格根．社会构建的邀请［M］．北京：北京大学出版社，2011：5（前言）．

价值始终贯穿始终（古德塞尔，1992）。创新是建立大量社会现实的基础上，在公共行政的实践中，对民众而言，在坚持自我的意见和价值观的同时，积极参与公共决策过程，提高创新的可能性，反之，人们大量的参与公共行政决策，也能够提高人们参与公共生活的积极性，“创造力的核心就是人们的进取心，当人们参与到决策中去时，就可以增强人们内心的主动性”①。如此反复，就能够形成行政人员与民众持续不断的创新力，个体在创造性解决问题时会感受一种被称为“充溢”的令人满意的体验，“在这种状态下，人们如此地投入一项活动，以致没有其他什么事被看得那么紧要；这种体验本身是如此令人愉悦，以致人们甚至纯粹为了做这件事而付出巨大的代价”②。当创新同参与决策都成为一种自觉行为时候，通过公共行政的社会建构来完善、实施正确的公共决策③，就成为行政决策的常态行为，公共决策科学化与民主化也就日臻成熟。

命题 5 社会建构公共行政体现了前瞻式公共行政的特征，具有未来导向的行政意蕴，其本身的活动也就具有生命力。

这意味着：

---

① 罗伯特·B. 登哈特，珍妮特·V. 登哈特，玛丽亚·P. 阿里斯蒂格塔. 公共组织行为学［M］. 北京：中国人民大学出版社，2007（译者序.）

② ［美］托马斯·J. 萨乔万尼著，冯大鸣译. 道德领导：抵及学校改善的核心［M］. 上海：上海教育出版社，2002：73－74.

③ 当然，完美的公共政策是不存在的，“政策的必要性意味着一些事情或者另外一些事情最终是一定要做的；然而，这并不表明我们有充分的理由去选择做这一件事情而不选择做另外一件事情——这才是有待解决的重点问题。就决策行为来说，总体判断中的不完备或过渡完备性也许具有破坏性的干扰作用。但是，决策的必要性本身并不是解决这种冲突，这意味着即使是关于社会事业性质的公共决策也不得不在仅仅部分合理的基础上做出”。（具体参考：［印］阿马蒂·森. 伦理学与经济学［M］. 北京：商务印书馆，2006：69.）因此，任何一项决策的科学性都是更大可能地接近事物的本质，社会建构的政策议题具有这种理论品质。

命题5.1　社会建构公共行政之所以是前瞻性的公共行政，在很大程度上是能够满足社会需求。这种需要不仅要了解公众的现实需求，而且还需要公众自己了解自己的需求，不论是潜在的还是外显的需求，不论是现在还是未来的需求。“公共行政是指为谋求实现公众的社会价值而对社会变革过程的管理”，“如果公共组织被界定为试图表达社会价值，那么其成员就承担着尽其所能审视、理解和解释公共价值的责任。除此之外，还有人认为公共组织成员还有责任去帮助公众了解自己的需求，找出通常被隐藏起来的重要的要求，并表达自己满足这些需求的愿望”①。社会建构公共行政持续地了解并满足公众的社会需求，不仅回应当下，也回应了未来。

命题5.2　在社会建构的公共行政中，识别、建构和制定一项决策过程中，掌握信息、了解动态、把握实质，清楚决策中的利益动向和各行为的相关者，这是建构公共议题的首要条件。“由于政府是在不确定性的迷雾中运转的，因此，对可以观察到的意愿给予比那些模糊不清的意愿更多关注是毫无疑义的事情。当政府对不同的政策方案的实施后果及其对选民选票的影响没有把握时，这种倾向更强烈。例如，政府可能知道他的选民不希望某个劳工纠纷或者扰乱社会安定和繁荣，但是，他不能确定那边的建议能够导致最平静的结果。即使许多非充分了解信息的人们受到这个纠纷的处置结果的影响，政府也必须依靠充分了解信息的人们来获知那些影响是什么。因此，充分了解信息的人们在决定政府将采取什么政策的过程中具有重大的影响力。”② 社会建

① ［美］珍妮特·V. 登哈特，罗伯特·B. 登哈特. 公共组织理论［M］. 北京：中国人民大学出版社，2003：19，143.

② 安东尼·唐斯，姚洋等译. 民主的经济理论［M］. 上海：上海人民出版社，2005：226.

构的公共行政政府能够掌握多方面的信息，能够拥有不断改变民众偏好的信息，可以与社会进行持续不断的有效互动沟通，也就能够进一步拥有动态的社会意识和民众意愿的把握。

从上面的基本原理中，我们又可以得出以下推论：

推论1 在社会建构的公共行政中，个体公民对公共事务的认知和处理能力提高的重要性大于政府行政人员处理公共事务能力提升的重要性。

这个命题本身是传统公共行政认识的一个挑战，在传统的行政认识中，行政人员处理公共事务能力是政府绩效的核心要素。但从主体之间的关系来看，公共行政良好治理的程度是提高公民能力的提高的基础，政府组织对公民的尊重、认可和充分发挥其能力构成了公共行政人员能力的一部分。“他人并不是首先作为飘飘荡荡的主体现成摆在其他事物之侧，而是以他们烦忙于周围世界的存在方式从在世界中的上手者方面显现出来。”① 海德格尔认为，不要把他者作为自我的被赋予者和被征服者，而是作为我之为我的意义的共在者而在，共同构成存在之意义澄明的事件本身，反映在公共行政实践中，“为民众制定的政策一般认为劣于与民众共同制定的政策”②。民众能力的提高就会能自行（或组织起来的非正式组织）拥有更多处理公共事务的办法，政府也就能够减少很多问题所产生的次生问题。

在传统公共行政的知识体系假设中，公共行政主体是万能的，信息是完全对称的，政府可以根据较为完备的信息做出令人满意的决策。但在现代社会，信息的几何级增长、爆炸和难以识

① ［德］海德格尔．存在与时间［M］．北京：三联书店，1987：152.

② 布莱尔．社区权力与公民参与［M］．北京：中国社会出版社，2003：76.

别，公共行政主体的有限理性常常带来理性无知①，政府想利用一己之力制定决策解决社会问题已不现实。在社会建构公共行政中，鼓励公民参与到公共治理之中，民众对公共事务的感知、判断和处理的增多，能够利用自我的知识和能力处理自己身边的公共事务，也会减少私人事务向公共事务治理的转移和过渡②。同时由公民联合组织的各种非正式组织，能够解决一些准公共事务的治理，也能够为公共事务的治理提供有益的建议。故此在社会建构的公共行政中，公民能力提升优先，其重要性要高于行政人员。

推论2　在社会建构公共行政中，当一个群体是公开透明时，每个个体都面临同样的问题时，每个人的单独行动的“试错”成本（包括机会成本）的总和要远远大于群体成员共同协商、共同“试错”的成本（包括机会成本）。

在现代社会，“由于‘全能专家’的不可能存在，对专业知识局限性的意识正在不断扩散”③。自我在面对公共事务的治理中，必然有无法应对的事情和不能认知与理解的领域，“从头重

---

① 有限知识问题一直是人类存在的核心苦恼和稀缺的构造性原因，此于经济学这一研究如何克服稀缺性的科学来讲，人类的无知及其应付无知的办法就成了绝对的中心问题，这一点因哈耶克所提出的“构造性无知”并以“知识问题”的名称而闻名。（具体参考：［德］柯武刚、史漫飞．制度经济学——社会秩序与公共政策［M］．韩朝华译．北京：商务印书馆．2000：61.）关于人们认识的局限性，孟德斯鸠有过深刻的论述，孟德斯鸠在《论法的精神》中用三个概念来描述人的认识局限性，即作为“物理存在物”，人和一切物体一样，受不变的规律支配；作为“智能的存在物”，人是一个有局限性的存在物；作为“有局限性的智灵”，人又不能免于无知和错误。（具体参考：孟德斯鸠．论法的精神：上册［M］．张雁深，译．北京：商务印书馆．1961：154.）哈耶克也指出，人类的无知普遍存在，而且“人们知道的愈多，人们掌握的知识在全知识中所占比例愈小。”（具体参考：［英］哈耶克．自由宪章［M］．杨玉生等译．北京：中国社会科学出版社，1999：49.）

② 除去纯粹的公共事务，很多公共事务的形成往往是由私人事务或者相同的私人事务聚合在一起而引起的公共事务，例如，很多群体事件所引发的社会问题。

③ 安东尼·吉登斯．现代性的后果．北京：译林出版社，2000：9－10.

来”的学习方式势必是高成本的选择，社会建构行政主张采用透明的方式，参与互动与交流来赋予治理公共事务新的意义，正如经济学家斯蒂格利茨所言，公开性和参与性的最大优势就是能够抵消潜在的成本①。同时，在建构公共行政中，一人的知识的不足，其他人可以有效弥补，一个人的错误想法或者逻辑，其他人可以鉴别与指正。“当他们合而为一个集体时，却往往可能超过少数贤良的智能……如果许多人共同议事，人人贡献一分意见和一分思虑；集合于一个会场的群众就要像一个具有许多手足、许多耳目的异人一样，它还具有许多性格、许多聪明……有些人欣赏这一节，另一些人则被另一些人所感动，全体会合起来，就完全领略了整篇的得失。”② 在社会建构的决策中，一方面公民的参与过程能够提高自我发展的激情，是不以损害组织的目标和功能性义务为代价的。另一方面持续的协调、互动与沟通形成了固定的社会预期，能够降低社会的成本③，早发现决策中存在的

① 郭济，高小平．监督、民主、法制：政风建设的制度创新［J］．中国行政管理，2001，(11)：11－12.

② 亚里士多德·政治学［M］．吴寿彭译．北京：商务印书馆，1996：143.

③ 按照全钟燮的理解，当人们显示期求投身于个人与组织事务的时候，他们将学会从官僚授权中，从挑战习惯程式中，从改革项目、规则和命令的管理方式中获得乐趣。他们将学会发现重新建构组织秩序的含义，学会探索各种替代的治理途径，同时不以牺牲组织目标和功能性义务作为代价。（具体参考：［美］全钟燮．公共行政的社会建构：解释与批判［M］．北京：北京大学出版社，2008：9.）另外，科斯定理已经精辟地论证了这一点。良好稳定的心理预期是人们产生合作和降低成本的关键因素。合作的可以信赖的预期减少了人们之间的机会成本。〔具体参考：See Coase，“The Problem of SocialCost，” Journal of Law and Economics，Vo.l 3，（Oct.，1960）；科斯．财产权利与制度变迁［Z］．刘守英等译．上海：上海三联书店、上海人民出版社，1994.［美］理查德·A. 波斯纳．“罗纳德·科斯和方法论”［A］．理查德·A. 波斯纳．超越法律［C］．苏力译，北京：中国政法大学出版社，2001；埃瑞克·G. 菲吕博顿，鲁道夫·瑞切特．新制度经济学［C］．上海：上海财经大学出版社，1998.〕

问题并及时解决是提高政策执行高效率的保证，因为提前的“改错”与改正比在行动中的“犯错”再改正的成本要低得多。同时稳定的预期让人们对自身当下的行动拥有了未来的意义，在进一步增强预期的同时也降低了社会的成本①。

推论3　积极地参与是产生民主意识和秩序的有效途径。人们的意识是社会实践的产物，没有民主式的活动实践，就没有民主意识的产生。

唯物主义认为，人的各种意识和思想是在实践活动中产生的，只有具备了实践环节的思想和意识，才具有思想和意识的“真”。民主治理模式同样需要民众积极实践活动，“民主决定于参与——受政策影响的社会成员参与决策”②。对于参与其中的公民来说，只有持续参与才能领略什么是民主，通过自我的体验和经历，对生活文化与政治积累与发展，在心理上融会和行动上建立民主作风，懂得和运用民主治理的技巧和方法，在活动中产生民主意识和观念，反过来促进参与活动的积极性。古希腊、雅典民主制可以被看成是这样一种体制，它力图使不同背景和属性的人们，能够“通过政治的互动作用来表达和交流他们对善的理解”③。“民主不是一种外在形式，而是公民共同参与的论证实

① 根据经济学和社会学的解释，个体对别人的预期的社会偏好越强，对他人的信任度就越高。在彼此间互动次数的增加，互动范围扩大的基础上，双方对彼此间的信息的了解会更加完善。随着个体的社会性交往范围的扩大、频率的升高、共识的积累以及成员间相互信任的增加，发起者在组织集体行动时，会消除预期的道德风险和一些不确定性，从而降低集体行动的预期成本。而集体行动中社会信任的增加，不仅会增加发起者发起行动的信心，而且还会导致决策成本的下降。

② 卡尔·科恩．论民主［M］．聂崇信等译．北京：商务印书馆，1988：12.

③ ［美］戴维·赫尔德．民主的模式［M］．燕继荣等译．北京：中央编译出版社，1998：21.

践。”[①] 在公共行政的实践中，“如果没有相关利益者的参与和咨询过程，任何一级的行政管理都不会有效率和负责任。公民参与是民主政治制度的核心。它是监督政府，培养和造就健康的和负责任的公民的基本途径”[②]。另一方面，群体或公民的参与构成了多中心的民主行政基础，成为构成秩序的前提条件。当然，社会秩序的形成必须是社会各种利益博弈均衡的结果，任何单一群体或者个体的意志都无法形成长期稳定的秩序，这凸显了对话、沟通、商议在应对风险中的重要价值和潜在力量，使“对话机制的创新成为民主制度民主化的主要任务”[③]，通过了公共行政的社会建构过程，行政人员与公民、公民与公民之间彼此形成了高度的相互关注和情感共享，形成了对关注焦点认识的一致性，增强了彼此之间的影响频率、方式和情感连带。进一步强化了后续的激励，使合作能够持续下去。民众也开始理解行政人员的难处与艰辛，开始尝试站在对方的立场思考问题，戴有色眼镜看待行政人员也渐渐消失。行政的社会建构过程协调和整合了价值冲突，显现了民主化治理的过程，增强了人们参与意识和公共意识。

推论4 公民参与公共行政的社会建构过程，是改变自身心智的过程（或称之为自我心智的重塑的过程），也是实现自我价值的过程。

“对于公民自决实践意义上的政治来说，具有范式意义的不

---

① 汪行福．通向话语民主之路——与哈贝马斯对话［M］．成都：四川人民出版社，2002：95.

② 左然．当代国际行政的发展与改革［J］．中国行政管理，1997，(9)：40－43.

③ 安东尼·吉登斯．现代性与自我认同［M］．北京：三联书店，1998：253.

是市场，而是对话”[①]，现实中，人们也期待这样的合作和对话在促进社会团结的同时能够告知、激发和增进社会成员的自尊（Hall，1993）。于是，自我认同、自我肯定和自我决断的社会就会经由理论与实践的结合而出现。按照卢梭的理解，在参与社会建构公共政策核心过程中，参与群体的持续思考，不仅是一套民主制度安排中所产生的保护性附属物，参与者也会产生一种心理效应，能够确保在政治制度运行和在这种制度下互动的个人的心理品质和态度之间具有连续的关联性，持续的心理联系和效应使得参与的过程的行动与话语都要求参与者对自己的观点“给出理由”和对自我的行动“做出说明”，会形成批判的自反性思维。自反性的批判能够质疑其他人所持的观点的前提，将所谓“权力意志”和“领导指示”暂时搁置，听取不同事实的描述，站在各种不同角度思考问题，我们就能够质疑自己已经理解和接受的事情，包括各类已经认定的事实、真理和正确的事情。批判的自反性，能够使公民的参与过程演变为集体学习的过程，反思自我，对照他人，改变自己，促进了社会价值的选择、补充[②]和自我身份认同，在观点、意见和话语的碰撞中弥补了自身知识的缺陷，改变了对事物的认识，完善了自身的知识存量与结构，改造了自我价值和知识结构。“多种权力中心和治理层级的存在，为那些具有较强责任感的人限制或弥补由那些缺乏责任感的人所

---

① ［德］哈贝马斯．在事实与规范之间——关于法律和民主法治国的商谈理论［M］．童世骏译．北京：三联书店，2003：336.

② 正如罗尔斯顿所言：“更精确地说，我们的一切价值都是在人类与环境的相关性中构建出来的。人类的成就无疑是超出了任何环境的规定，但这与环境并非是敌对的，而是对环境作了补充。”（具体参考：［美］霍尔姆斯·罗尔斯顿．哲学走向荒野［M］．刘耳，叶平译．长春：吉林人民出版社，2000：120.）

造成的损失，则提供了更多机会。”① 公民参与到公共政策的社会建构过程中，“并不仅仅只是一种程序，它是这样的一个过程：它要求决策者以他者——其同胞和至少是世界上其他地方的一部分人的名义进行决策时，他有责任对决策的实质性内容进行证明”②。在社会政策的实现过程中，公共利益和私人利益有机结合在一起的，参与社会建构活动内在逻辑是，每个人都会“被迫”根据自我的正义感和公平视角来参与。按照卢梭倡导的“恒常的意志”来思考事务，因为参与社会建构政策的其他公民总会抵制所有不平等的自私诉求。参与决策活动的结果是，个人接受了教育而学会区分他自己的冲动和欲望，它既学会了如何成为一个私人（个体）公民，也学会了如何成为一个公众人物(公共公民)③。

在全球化背景下，公民参与在社会建构公共行政中，公民应该是“本着”自己当下存在的样态而进行的——在参与中，公民确证自我；在参与中，公民成就自我；在参与中，公民超越自我，与其他人分享参与同样是一件有意义的事情④。在我们生活的时代中，公民保持和奉献自身的知识、行为与偏好不仅能够促进社会使社会进步的进入，反之亦然。“身份和利益各不相同的社会单元，由于对国家保持独立性，不仅能够限制统治者的武断专横行为，而且也可以有助于造就更好的公民。他们对别人的偏

① ［美］艾伦·罗森博姆（Allan Rosenbaum）．分权、治理与民主［J］．国家行政学院学报，2001，(4)：88－92.

② ［美］埃米·古特曼，丹尼斯·汤普森．审议民主意味着什么［A］．谈火生译．载于谈火生编．审议民主［C］．南京：江苏人民出版社，2007：42.

③ ［美］卡罗尔·佩特曼．参与和民主理论［M］．陈尧译．上海：上海人民出版社，2006：24.

④ 刘鑫森．公共精神：现代公民的核心品质［J］．经济与社会发展，2007，(6)：36－40.

好有更深的了解，对自己的行为更具自信，在为了公共福祉而情愿奉献中而更加具有文明的心灵。”① 社会民主程度的提高，能够以社会民主制约权力，有助于培养公民的积极参与精神、自主自律意识和乐于为善的公共精神，既是一个国家的“良治”的社会基础，也是公民权利意识发展和自我价值实现的根基。

西塞罗曾指出，人民只要有参政的机会，才能得到自由的机会，获取自由才能“通过观察协商参与者公民的分歧、协商与合作的过程，公民成员就能够在公共利益超越狭隘自我利益的程序中受到教育”②。各种非正式的社会建构公共领域也为日常生活中的公民理性的商议、讨论，在社会建构过程中，参与政策过程的公民的政治判断能力和政治修养会得到逐步的提升，“当人们听到自己声音的回音时，其后果可能比单纯的支持和拥护要严重得多”③。公民能够在相互交往之中形成共同体感，从而加强对共同体的认同。“不仅主体间谈话的共同根据具有推动性力量，产生阿伦特所谓的‘交往力量’，这种实践需要的‘扩展智力’本身就是一种团结的形式。”④ 实现以公共的善为归者，通过社会建构的过程，人们形成了一种良好的心态，“政治争论中的参与具有一种内在的趋势，即在参与这中间形成考虑公共利益的开放心态”⑤，为现代公民素质奠定坚实的基础，同时社会建

① 菲利普·施米特，特丽·林恩·卡尔．民主是什么，民主不是什么？［A］刘军宁．民主与民主化［C］．北京：商务印书馆，1999：27.

② ［美］乔治·M瓦拉德兹．协商民主［J］．何莉编译．马克思主义与现实（双月刊），2004，(3)：35－43.

③ 凯斯·R. 孙斯坦．设计民主：论宪法的作用［M］．金朝武，刘会春译．北京：法律出版社，2006：16.

④ ［美］梅维·库克．协商民主的五种观点［A］．登特里维斯．作为公共协商的民主［C］．王英津等．北京：中央编译出版社，2006：18－19.

⑤ ［美］詹姆斯·博曼，威廉·雷吉．导言［A］．詹姆斯·博曼，威廉·雷吉．协商民主：论理性与政治［C］．陈家刚．北京：中央编译出版社，2006：6.

构的过程具有教育公民的效果，通过参与过程的政治教育，修改和纠偏了公民的自私利益和狭隘观念，从而形成全社会的统一"共识"。政治协商中的"参与可以提高参与者的道德，实践和知识水平，它不仅使他们成为更好的公民——这点是至关重要的——而且成为更好的人"①，使公民具有良好的参与公共行政过程的品性。美国社会学家汉纳·阿伦特在描述始于18世纪末的美洲民主试验时说，构成现代政治参与制基础的假设前提是"一个人如果没有分享到社会快乐，他就不能被称为是快乐的，一个人如果没有能够参与和分享社会权力，那么他将即不能被称作是快乐的，也不能被称作是自由的"②。培养公民参与政策建构议题的技巧、方法和美德，掌握了参与到公共政策之中的途径与渠道，在参与过程，积累了信任、互惠、尊重与谅解等无形的大量的社会资本和实现了自我的价值③。公民自我能力的提升和参与社会建构公共场域能力的提高，为公共治理的民主化培植了精良的土壤。

推论5 参与社会建构公共行政的过程是自我责任意识生成

---

① ［美］古特曼、汤普森．民主与分歧［M］．杨立峰等．北京：东方出版社，2007.

② （具体参考：［美］安东尼·奥罗姆．政治社会学［M］．上海：上海人民出版社，1989.134.）同时按照美国社会学家兰德尔·科林斯提出的"互动仪式链"理论，他认为，互动仪式包括四个重要的起始条件，即身体的在场、设定群体界限、具有共同关注的焦点、情感共享，这四个条件得到满足，互动意识就能产生积极的效果，能够促进群体团结、增加个体的情感能量、提高道德的遵从度，而失败则会是得到互动空洞并有压迫感，情感强化不足，那么参与的过程也是不自由的。（具体参考：兰德尔·科林斯：互动仪式链［M］．北京：商务印书馆，2009.）

③ 在参与的过程中，对于主体而言，越能够产生他在"内在利益"品质上的实现和价值判断能力、道德选择能力的实现，结果反而给他带来更大的快乐。这正如罗尔斯借用亚里士多德主义原则，强调："如其他条件相同，人们把他们的已经实现的能力（天赋的或靠训练获得的）运用作为享受，并且这种能力被实现的越多，或其复杂程度越高，这种享受也就越大。"（具体参考：［美］约翰·罗尔斯．正义论［M］．何怀宏等译．北京：中国社会科学出版社，2001：415－416.）

和实现的过程。

公开协商与分享的建构过程中，每一人参与其中的人都希望更充分、更详细、更有理由地展示自我在政策认识论方面的特殊正当性及其可欲性的后果，既是个体自我认同提高的过程，也是个体责任感生成的过程，“自我认同部分地由他者的承认构成；若得不到他者承认或得到的只是他者扭曲的承认必将损害自我认同，使自我处于一种被扭曲和被贬损的存在方式中”①。因此，在社会建构过程中，公共行政的“公共协商的过程促进了公民之间的相互理解和尊重，提高了公民的政治参与意识，训练了公民的民主技能，培养了公民的民主精神和性格”②。参与的个体不仅要表明是什么样的意识形态和知识体系约束和限制了政策选择，通过公开检视过程中每个人决策的结果和假设，而且还要知道，我们为什么要接受那种意识形态、知识体系和其背景假设，以及他们支持相关的合法性辩护解释，甚至也要想到没有参与人的利益。参与协商之中的公民仍会思考（call to mind）并内化（internalizing）那些未参与者的利益，这样，那些未参与者的利益仍能够“进入”参与政策的议程中。能够顾虑到未进入人的利益和诉求，不仅仅是对他者的关怀，也是自我责任感的延伸，因而在社会建构的过程中能够形成公共治理中成员的集体责任感。在一个公开透明地检视个人决策的结果和假设，民主化的过程使个体清晰地认识到，政治共同体的每个人都是更大社会共同的一部分，其福利、价值实现都有赖于其承担属于自身的那份集体责任的意愿、能力和行动。在过程中，“个人主义应该被更准

---

① Charles Taylor, “The Politics of Recognition”, in Multiculturalism and “The Politics of Recognition”, Princeton University Press, 1992: 25.

② 陈剩勇．协商民主理论与中国［J］．浙江社会科学，2005，(1)：28－32.

确地理解为社会反思性的扩大”[①]，个人行动的自主性和高度反思性是对社会发展的一种担当，并以此作为能够构建自己生活的前提。在社会建构的过程中，从个体自我责任的意义上说，参与社会建构的集体行动在培养公民意识、加强人们彼此合作的角度上，像一根无形的强而有力的纽带，联系和整合着社会发展中的不同责任个体及其其责任的实现。

推论6 社会建构的公共行政意见的聚合功能和整合的功能，是对断裂、失衡的社会的救治。

社会建构的公共行政能够促进不同利益和观念群体之间的沟通与交流，增进不同群体之间的相互理解，拓展公共生活的空间，加强群体之间的交流，有助于消除群体之间的刻板印象，缓和群体之间的紧张关系，促进社会结构、文化的多元化和经济分化与文化分群的相互交叉，从而形成“横切分裂（crosscutting cleavages）”现象，在一定程度上缓解了社会矛盾与冲突，防止了社会碎片化和断裂倾向，维护社会的稳定。“如果分裂不是相互交叉，而是相互强化的话，那么国家的统一就受到威胁。”[②]社会建构的行政的多层次协商与互动，弥补了社会不同阶层之间的关系罅隙，联系了社会不同的群体和阶层，凝聚了社会的意志，整合了不同的社会力量。

社会建构的公共行政具有很大的可能性和适应性，可以在不同学派的理论模式中实施，只要具备了民主化治理的社会环境和行政文化环境，社会建构的公共行政就具有实施的现实土壤。当然，“也不是说任何一个政策议题都能用社会建构的途径来解释，或者以辩证的方式来解决。因为任何一种理论或范式都建立

---

① ［英］安东尼吉登斯．超越左与右［M］．李惠斌，杨冬雪译，北京：社会科学文献出版社，2000：13.

② ［美］迈克尔·罗斯金等．政治科学［M］．林震等．北京：华夏出版社，2001：94.

在一套对现实世界的假定基础上，即便可能，理论的整合也十分困难”[①]，与先前单一的学术框架相比，社会建构的行政模式采用了复合的分析框架或批判性的综合思考模式。

总之，社会建构的公共行政是一种综合性的行政理论，具有包容性和开放性。我们通过镜鉴和使用不同的理论内容和方法，构建社会建构公共行政的内容。“通过‘尺度转换’使理论维度更加精密化，用一种更为微妙的方式建立起不同理论假设（元命题）之间的联系。将在原有参照系下各自独立甚至是相互排斥的理论预设重新整合到新的统一的参照体系的框架内。”[②] 统摄不同学科的合理的理论内容与社会治理力量，是社会建构公共行政综合性的一个表现和主要特征。从学科发展前景看，公共行政的开阔前景是交叉学科，多学科、综摄式的研究是公共行政研究的新征途：公共行政不仅借助其他学科，如哲学、伦理学、社会学、心理学等获得新阐释和新发展，而且公共行政学也延伸到其他学科中去，出现公共行政学与社会学，公共行政与社会生活，公共行政与宗教等学科的发展。那就进一步表明，真正的公共行政学已经进入了一个新的研究纪元，像经济学一样建立起了自己研究“帝国”，行政分析就成为一个不可或缺的研究视角。从另一方面来看，无论是公共行政理论研究也好，实证分析也好，表达一种观点也罢，解决一个现实问题也好，最好的老师和最好的身体力行的实践者总会根据其他学科、其他行业和其他会社活动的紧密结合来建构自身的学科体系。从这个角度理解，一个学科的发展程度在这个学科之外，否则学科的深度拓展难以奏效，同时思想本身和使思想得以表达的语言都会得到了发展。

---

① ［美］全钟燮．公共行政的社会建构：解释与批判［M］．北京：北京大学出版社，2008：26.

② 杨冠琼．政府治理体系创新［M］．北京：经济管理出版社，2000：6.

第十章　社会建构行政的实践与巩固

社会建构公共行政综合性的特征适应于转型社会的中国。社会建构的公共行政实践是生活的行政，既需要行政的自觉，也需要社会生动实践和不断巩固发展。

第一节　公共行政的实践与行政自觉

社会建构公共行政民主化过程的实现，既需要理论的创新，更需要大量的实践创新。针对公共政策的主体之一政府而言，社会建构中的政府必须解放自己，为各个主体“赋权”和“充权”，让每一人能够在民主化的实践中做出贡献和成长自我，只有这样，社会建构行政的实现才是有根之愿，有源之想。

一、公共行政实践的特征

实践是实现共同利益分配和破解公共利益的“政治迷思”（political myth）的过程，哈贝马斯指出，实践是利益联结起来的个体之间的沟通和相互关系。伽达默尔继承海德格尔以理解为存在状态的本体论取向，使得解释学回归到了实践哲学。一切理论的知识都根源于人的生活实践，同时还都需要回到人的生活本身而获得的自身的理解和解释①。只有将主体性和客体性放到公共场域的实践中考察，才能获得参与行政活动主体性的完整理解，公共行政实践概莫能外，公共行政活动的实践本真性需要回到日常交往的行政生活与活动去阐释和理解。任何一个行政实践的过程都是一种复杂的过程，是“主动中的被动”和“被动中的主动”的结合，受制于社会客观规约性条件和行动者主观的内在积极性的制约性因素。

在政府组织中，“组织实践就是个体试图转换组织和个人实在并创造新的主体间实在的行动，这些新的主体间实在‘不仅包括新客体，而且也包括新的需要和潜能’”。“通过自我反思和推理过程，个体能够批判地评价知识和利益，并能够通过对有意义的替代途径的探索而转换他们。”② 在公共事务的治理中，参与社会建构中的每一个人用批判与反思的方式与其他行动者合作，不断改变自我的意识和认知，不断投身组织再造的实在过程之中。如果说前面论述的关于话语和行动是社会建构公共行政的基本手段，那么实践则是行动的实验地和集合体，是公共行政组织的重构和公共政策认识的具体体现。由行动到促进和变革公共行政的实践，是社会实在的行动。行政人员与公民“只有介入世界，我们才能发现世界是什么样的。世界不是处在我们的理论和观察彼岸的遥不可及的东西。它就是在我们的实践中所呈现出来的东西，当我们试图作用于它时，它所抵制或接纳我们的东西……我们不是以主体表象对象的方式来认识世界的，而是作为

---

① 宁虹，胡萨．教育理论与实践的本然统一［J］．教育研究，2006，（5）：10－14.

② ［美］全钟燮．公共行政的社会建构：解释与批判［M］．北京：北京大学出版社，2008：106－107.

行动者来把握、领悟我们借以发现自身的可能性”①。公共行政实践过程充满着变革，凝聚着行政人员主体认知、知识与能力并通过他们进行推动。

按照马克思的理解，整个人类世界就是实践活动的总体。作为人的本质存在方式，实践既具有主观性，又具有客观性，实践以一种现实的感性活动，使自己成为一种物质的力量。在公共行政领域中，实践是指对社会情境加以批判的、具体的、有意识的、实际行动的本体论含义。实践作为一种生活方式，通过语言交往与行动而达到一种共识或默契，而不仅是所指的对象化活动。在“以知识为旨归的自我反省与自主和责任的兴趣达成一致”的前提下（Habermas，1971），批判理论和实践必须相互结合，才能导向人类解放（Denhardt，1981）。在传统组织中，公共行政人员是在固化工作惯例中行动与实践的，他们不需要太多思考和反思，掌握既定的程序、标准和工作思路是他们关注的重点。在层级节制的组织中，信息是单向流动的，交流与对话仅是信息流动固定的中间环节而已，没有反馈和互动，效率是追求的目标。他们常常假定，组织的新技术、新知识或者组织领导高超领导水平或日益完美的制度设计就一定就能够提高效率。但在社会建构公共行政中，实践被赋予了新的意义和目标，一些行政人员并不满足常规与惯例的日常行为，开始渐渐反思自我的行为，批判组织中的不合理的行动选择。在一个公共政策的制定与执行中，行政人员会评价和感受自我与别人的行动，对决策中的各种行为负责，思考个人、别人与组织的不足并加以修改，每一人的实践都是自我反思、修改和决定的自觉行动，以“信念的解放”和“行动的人的联合”促使人们关注“公众的利益”这一公共

① 约瑟夫·劳斯．知识与权力：走向科学的政治哲学［M］．盛晓明等译．北京：北京大学出版社，2004：23－24.

目标的实现。具有实践导向的公共行政人员的关注点不再仅是绩效的提高和对执行标准的把握、运用，更多地关切自我实践的伦理考量、参与政策过程中其他人的感受、组织的健康发展和公共利益的实现。在自我与他人、自我与组织之间存在矛盾的时候，行政人员就担当起了现实矛盾的解决者和改造者角色，个体经历一个“解放的实践”（全钟燮，2008），自我的反思与批判的行动能够满足彼此共享经验、制定政策、组织发展和公共利益实现的需要，并成为这些变革与发展的推动者。

在公共行政的实践中，表现出总体性的特征，它包含了诸如主体与客体、主观与客观、理性与非理性、物质与精神、可以言说与不可言说等一系列相关联的辩证特征，使具体实践可以还原到可体验的社会情境中，联结这些行动的实践，处理个体与组织、自我与公民的关系，人们能够通过实践结成的人与人的主体间的关系，积极推动公共行政变革。社会建构的公共实践过程也可以描述为具有多元兴趣和需求的主体能够在一个共同的生活世界中通过提议、质疑、批判和论证，就共同关心的问题达成普遍共识的实践活动过程。当然在公共行政的实践中，各种问题是情境化、开放性的，行政主体既无法事先准确预知具体情形，也很难在行动的时候进行充分观察与深入的思考，因此公共行政的实践行动具有一定的策略性：既不能一成不变地执行现成规则或方案，也不是没有任何预测，更不是完全凭借在具体的社会情境中发挥。在事先根据普遍性的规律、原则和对实践情境的一般了解，在尊重他人的感受，形成大致的行动策略，然后根据具体的实践情境予以创造性展开和发挥，吸引和分享彼此的经验和感受。

公共行政的实践要与社会情境相联系，当然也会产生实际的效果，这也是公共行政实践的特性之一。对行动者起建构作用的主要有两方面，　·方面是在集体的行动中，会出现集体的无意识，每个个体行动是有意识的，他们之间也并没有经过共谋，当众多个体行动汇集在一起时，就成了一个复合模式，容易出现“乌合之众”和从众心理[①]，产生集体的无意识与“无行动”，随之形成了谁也未预料到的后果，并对个体下一步行动产生建构作用。另一方面是“大量的循环往复的意外后果，不断积累地形成了人们认可并受制于其中的社会结构，亦即社会生活的结构化”[②]。对意外后果的出现，需要公共行政人员灵活应对，行动的应变性也是一个理解与分享的过程，在其中，有反思，也有批判，反思与批判的对象主要是组织的现状与问题以及优化组织目

① 法国社会心理学家古斯塔夫·勒庞在《乌合之众：大众心理研究》一书中把聚合在一起丧失自觉的个性、受集体精神支配的人群称为“乌合之众”。他认为，个人一旦进入群体中，群体的思想就占据了统治地位，“从他们成为群体的一分子那刻起，博学者和不学无术者都一样没有了观察能力”；而个人一旦脱离了孤独状态，就本能且自觉地使自己处于一个领袖的领导或者统治之下，群体服从他们的领袖“要比服从政府温顺得多”，勒庞称之为“群体精神统一的心理学规律”，群体中存在着个体的明显从众心理，传染现象的普遍存在，易于接受暗示。“群体统一规律”表明，群体行为发生时表现出一种普遍无意识的基本心理状态。当个体意识到自己与群体的行为、规范、价值之间存在不一致时，就会产生从众情境。熊彼特借助“群集心理学”的研究成果，从实证地角度论证了一个命题：典型的公民一旦进入政治公共领域，他的精神状态就跌落到较低的水平。针对从众心理，更多的是基于自我利益的间接考虑，个人的意见和态度的变化受到了他所从属或希望从属的群体的影响，个人会因符合群体的标准而受到奖赏或因背离群体的标准而受到惩罚，被他人知晓的意见比不被人知晓的意见更难以改变等。（具体参考：［法］古斯塔夫·勒庞．乌合之众：大众心理研究．冯克利译［M］．广西：广西师范大学出版社，2007；［美］约瑟夫·熊彼特．资本主义、社会主义与民主［M］．吴良健译，北京：商务印书馆，2004：386；P. ZIMBARDO and E. B. EBBESEN，Influencing Attitude and Changing Behavior［M］. Mass.：Addison－Wesley，1969：20－23.）我们认为，之所以会产生这些现象，并不在于心理的本身，而在于外部环境的影响。针对公共场域中的公共活动而言，在于制度的不成熟和民主化的程度不足，也就是行政的社会建构的深度与广度不够。

② 刘少杰．后现代西方社会学理论［M］．北京：社会科学文献出版社，2002：352.

标的手段、途径等，反思的对象是自身，对自己所持有的价值观、所积累的资源、自我知识存量的使用等评估和分析，在对这些进行理解与反思之后进行理性的选择，使自我发展、组织变革和公共利益的实现充分结合起来。

二、公共行政实践的表现

社会建构的公共行政的实践作为一种生活世界的一种，在实践的哲学层面，公共行政实践逻辑定位主要表现在三个层面。

一是宏观的维度——公共行政的实践是政治实践和生活世界联系的纽带。按照吉登斯的理解，我们所处的时代进入了生活政治时代，是一种生活方式的政治，表明了生活的选择与决定。人类参与政治实践是为了实现利益和自我发展的需要，具有工具的特性。在建构的过程中，在每一个人利益与诉求得到了实现的同时，使每一个想法、意见的有意义的内容都得到社会性质的建构，形成和完成自己的生活方式和行为方式，生活世界中公共问题得到了解决，公共意识得到了提升。

二是中观的维度——公共行政的实践是公共行政价值实现的前提。现实生活中存在的公共行政价值，作为社会生活中的人参与公共行政生活的价值追求，是推动行政实践发展原生动力的起点。反之，公共行政价值作为公共行政实践形成的积淀内涵在丰富公共行政发展内涵的同时，内导和助推着公共行政实践的不断发展与跃迁。在社会建构的公共行政模式中，在不同主体所形成的主体间性的形式对行政价值的自觉追求下，行政实践活动才具有在一定的目标牵引下自觉能动的社会实践活动。其所蕴涵的行政目标价值的内在要求，在实现着行政民主化目标的同时，不断引发着主体行政活动的实践理性前进。另外，公共行政的实践过程是不同实践主体不断实现其行政价值的过程，是所有主体活动理想价值的现实化运动，也是个体价值实现与升华的过程。

从社会建构行政理论深层次的逻辑上看，公共行政实践是公共行政价值现实化的核心因素。在公共行政的多样实践中，公共行政的价值在不断成长，从具体的行政生态中汲取营养，不断提升和丰富其内涵，对于参与社会建构公共政策的主体而言，在公共行政多种多样的实践活动中，进一步加深对公共行政生活内在本质的认识，并不断从自发阶段走向自觉的认识，内化为主体的精神资本之中，反过来指导行政的实践科学和民主的进程，进而增强参与行政的主体性和优化主体间性。

三是微观的维度——公共行政的实践是不同主体间性的统一。前面我们已多次提及，公共行政的实践中的参与主体具有相互互为主体的主体间性的特征。公共行政实践的过程实现了人之间的相互间性，并结合着人们的自由意志，才能形成独立的主体性。

每一人的行政主体性是人的主体性在行政领域和行政实践中的发挥，同时也是每一个参与其中主体的内在需求和主体的现实性在行政实践性中的能动统一。在社会建构的公共行政中，行政主体的关系属性只有在行政实践中才能得到全面的体现和把握，也只有在行政的实践中才会实现彼此的主体间性形成，彼此不存在作用于对方的客体。

以上三个方面表明，公共行政失去了实践（Praxis）的过程——创造性的人类活动的本质特征，公共行政也就失去了治理社会的可能性。社会建构的公共行政实践本身就包含着分享公共利益的过程，体现了主体之间的实践，体现不同的嵌入行动者和彼此之间体验的意义网络的话语、行动方式。社会建构公共政策作为治理社会的一种行政方式，通过民主化的方式使得不同的行动者自愿地参与到一起，话语的分享、行动的呈现和知识的分享，对公共事务赋予新的意义，在实现治理的民主化的过程，获取了实践的新感知，更好地治理社会。作为一种民主化的治理方式，社会建构的公共政策既是一种指向、目标和期许，更是人们当下的亲身实践和经验积累。在中国当下，基于社会建构的各类民主恳谈会、听证会以及网络论坛、社区论坛等在公民参与能力高的地方不断涌现，促进了社会中公民合作、宽容厚德的公共精神、参与的热情以及乐观主义心态，反过来又更好地促进了民主化进程。按照全钟燮认识，社会建构途径通常通过以下方式来实践：（1）社会建构过程的初始点是考虑参与者以及那些受到协商和问题解决结果影响的民众的多样性价值。不同行动者的观念势必被讨论、争辩和评价。（2）参与过程必须超越利益集团的政治。因为掌握权力的集团普遍关系他们自己的利益，而不是公众的利益。（3）行政管理者和政策制定者的责任是设计建构过程和推进互动，在那里，各种各样的行动者在一起发挥作用。但很有可能，现存的制度救国并不能推进弱势团体或公民的参与。（4）各种可供选择的方案必须依据政治、经济、社会的可行性而进行批判性地检视。（5）未来的政策设计和决定不仅需要分析的和社会的知识，而且更需要通过对话和话语对它们进行批判性检视。（6）弱势群体的声音必须被整合到社会问题的解决之中①。正式的、非正式的权威与权力关系构成了社会建构实践的基础，不同话语的交融、不同知识分享和不同行动意蕴构成了社会建构公共行政实践的内容，吸引更多的群体参与到公共政策的分析与建设过程是社会建构公共行政的出发点，起点和过程的民主化管理是社会建构公共行政过程的主要特征，批判地检视和互动式的民主过程是社会建构公共行政实践的思想基础和实践方法。

---

① ［美］全钟燮．公共行政的社会建构：解释与批判［M］．北京：北京大学出版社，2008：81.

三、公共行政实践的途径——行政自觉

（一）政府组织的自觉

实现民主化的行政，社会建构的公共政策的实现关键在于政府行为自觉性的向度。作为一种主动的公共行政行为，作为一种动态建设性的概念，社会建构其含义和本身的过程本身就把政府置于主动建设的地位，内含了政府主动创新和变革公共行政的旨意，蕴涵着参与其中的人的自觉性。实现社会建构公共政策的民主化过程，政府积极主动的能动性是关键核心，从公共政策社会建构过程的组织、议题的设置和分享的过程，政府组织的行为和意识决定了公共政策目标的实现。换言之，政府的自觉行为是民主化内容的内在属性。

费孝通先生基于不同文化的理解，提出了“文化自觉”概念，他认为“文化自觉”是当今时代的要求，它指的是生活在一定文化中的人对其文化有自知之明，并对其发展历程和未来有充分的认识①。“文化自觉”含义对政府在社会建构公共行政有着重要的借鉴意义——“政府自觉”，并以此实现“行政自觉”有重要作用，既能高效地执行公共政策和理解行政风格，又能对行政发展的过程和未来发展的趋势有着深刻的了解和把握。我们认为政策过程的社会参与、在社会建构过程中政府能力、参与建构的深度和广度与政府意识的自觉程度成正相关的关系，政府组织之于民主化的建构政策的支持、坚持和具体实施的自觉水平，决定了民主化深度、广度和质量的程度。

所谓行政自觉，则是指政府组织对公共事务治理的过程有清

---

① 费孝通．经济全球化和中国“三级两跳”中的文化思考［N］．光明日报，2000－11－07.

晰的认识并能明确把握其规律，是建立在政府组织具有远见性和预期性的基础上，并在此基础上具有相应的意识和采用相应的行动的过程，进而提升公共治理的质量。要实现公共政策的不同意见、不同知识的分享与重构，政府组织的自觉行为和意识必须建立在组织的开放性、对社会负责、公共精神的成熟和自我意识感知熟悉的基础上。因此，政府自觉性能够对民主化的高效实现发挥助推作用，类似火箭发射的“助推器”，但是这种助推作用的大小和作用力程度，是由政府自觉性在整个民主过程中的坚决性程度决定的。社会建构的过程意味着有效的公民参与、有质量的知识分享和公共政策重构，在此过程中，能够将民主精神与原则、个体责任与态度、彼此经验和意见转化为行政发展的资源与动力，成长了公共政策，也成长了政府的自觉性，彼此的互动和提高，公共政策质量的提升又成长了政府自觉性的坚定性。所以政府的主体能动性的积极发挥和公共政策的社会建构过程的精细设计、组织与成功构成了政府自觉意识的核心因素，也就是说主观的因素和客观的效果是行政自觉实行建构政策的基本因素。

从组织的方式来看，建构政策又可以分为内部和外部的建构两种模式，外部的社会建构也就是前面讨论的公民参与的政策过程，内部的建构过程是指政府组织内部就某项公共政策进行互动、分享和重构的过程。无论是外部的还是内部的政策建构，政府都是参与的主体。针对内部的知识分享，政府的自觉性意味着政府内部建构的自创。在公共组织内部的政策建构中，其过程是组织中不同层次的行政人员政策形成的内部参与。与外部公民参与的政策形成不同，组织内部的政策建构过程中更多依靠的是行政风格和行政文化的开明性、开放性与民主化，因此我们可以说政府组织内部政策的建构成效主要取决于组织内部的行政文化自觉。因此，对政府而言，需要在内部塑造和形成开明、平等、民主和内部积极参与的行政文化，淡化等级、层次和权力影响，唤起行政人员的公民意识，明确自己也是社会的一员。在外部则需要弘扬政府的公共精神，积极回应社会和承担责任，并不断提高自我能力。在建构政策的过程中，政府需要在意识上是自觉的，在理念上保持对社会力量的敬畏，在文化上有一种“信仰”的力量，在实践上也需要领先一步。

（二）实践导向的行政人员

公共行政是一种实践的活动，具有社会的品质和风格。在参与式的政策生成中，无论是组织内部的政策形成，还是外部的政策形成，行政人员都是参与者和行动者。全钟燮教授指出，在社会建构政策中的行政人员，是面向实践导向的行政人员，作为公共行政实践的行政人员只有实质性地参与到公共行政实践活动中，才算是真正意义上的公共行政的实践主体，“公共管理者经常被看成是最关心满足基本组织需要的‘实践’（practice）结果的人”，“他或她个人的实践（praxis）是一种来自自我反思和自我决定的自觉行动”①。行政人员关注着组织新知识产生的绩效和改进绩效，在政策的制定中，作为有意识的他们，不仅仅是按部就班地完成自我的任务和日常的杂碎管理事务，而是会对自身的行为和他人的行动进行反思和批判，在具体的行政实践活动中评价人们的行动，改进自我的不足，修正程序和原则，这就是以实践行动为导向的意义。

社会建构的行政实践中公共行政人员在具体行动中形成了复杂的关系结构，在内部建构政策的过程，形成了不同层次行政人员的纵向关系，既有高层的实践主体，也有中层和底层的实践主体，在这些关系中，既统属的关系，也有分享合作的关系，最终形成具体主体间性的统一属性。在外部的建构政策的过程中，形

① ［美］全钟燮．公共行政的社会建构：解释与批判［M］．北京：北京大学出版社，2008：107.

成了复杂的横向网状的关系格局，使不同的参与人员相互影响和学习。其次，除去这些组织内外复杂的关系外，参与政策建构的人都不是一种静止的、纯理性的自我存在，而是一种带有情感、有意志、受他者影响的等非理性因素存在的复杂性关系。我们也可以把这两类复杂的关系划分为组织因素形成的关系和参与行政心理因素形成的关系，两个方面的因素使作为实践导向的行政人员处在一个网状的关系格子中，并与具体的行政环境一起构成了社会建构的社会情境。

在前一节中，我们提到了政府自觉，其实政府自觉在很大程度是行政人员的自觉。在组织实践与变革中，行政人员既是设计者，也是实现理念的转换者，“在变革组织的情境中，当他或她认识到个人自由与组织控制之间的矛盾，并设法解决这些矛盾的时候，实践导向的管理者就成为现实的转换者”。[①] 他们把理性的设计付诸具体实践，提高组织的绩效和政策的质量。行政人员在具体的社会建构公共政策实践中，经历一个自我解放的过程：在对话语与行动的反思中，分享了社会力量对政策的认识与知识的理解，感受了对方和对方也感知了自我，使得每个个体都在实践中完成了重新认识政策、重构政策、促进政府组织改革和提高服务绩效以满足共享需要、促进各自发展和社会自治的可能性。

除了“转换者”的角色，行政人员还是建构政策的“促进者”，建构政策的过程中的所有知识包括具体行政知识都是在实践中形成的，把这些具体的复杂社会情境和实践的需要联系起来，把知识和行动联系起来。行政人员参与其中，通过沟通、协商、互动等形式建立主体间的关系属性，进行政策的建构和知识的再生产，才能使主体间对公共治理事务的不同理解进而聚合产

① ［美］全钟燮．公共行政的社会建构：解释与批判［M］．北京：北京大学出版社，2008：107.

生新的意义，并使得新的意义建构成为可能。行政人员要鼓励社会公民积极参与其中，支持他们言语和行为，欣赏和赞扬他人的肯定意见，宽容其不足，激发不同参与的责任感和自律精神，使他们不掩饰感情，不粉饰缺点，有意培养他们的判断能力、分享意愿、参与能力和情感能力，培养他们的民主精神、批判精神、理性精神、宽容精神、妥协精神和建设精神，在共同沟通中使民主精神得到培养，民主氛围得以形成，体验民主生活成为一种习惯，最大限度地发挥公民的创造精神和自我实现的能力。因为公共行政社会建构的关系属性就意味着各方的全身心的参与其中，任何一方的放弃，彼此之间的理解和新的意义生成都是海市蜃楼、空中楼阁，因此从这个角度来理解实践中的行政人员，他们不仅仅是理念的现实转化者，也是主动建设主体之间的实践相互联结的行动者和促进者。

（三）社会建构有效性的行动技能

在社会建构公共行政活动中，“在行动研究的活动中，人人都像领导者、学习者和贡献者那样行动”①。传统的组织的工具理性和技术理性的倾向，更多地重视的是组织绩效，忽视了教育和培训的很多内在价值。通过公共行政的教育课程思维的设计、行动的设计和公共项目的设计，引导和塑造的社会设计——公共场域中的人们更好地行动。

行动的技能不同于官僚体制下的技术技能（例如管理学家孔茨和韦里克所指出的计划、组织、人事、领导和控制以及古立克的“POSDCORB”，即计划、组织、人事、指挥、协调、报告、预算等“七环节”理论等功能性的技能），行政技能按照罗伯特·登哈特理解，主要指的是，它们能够引导也能够促使目的

① ［美］全钟燮．公共行政的社会建构：解释与批判［M］．北京：北京大学出版社，2008：191.

的行动，他们让我们在既定的环境下保持完整而一致的行动目的。技术技能是在工具功能的指引下，寻求科学完美的决策方法，行政行为立足于先前累积的经验、认知和规则制度建设。行动技能能够使社会化建构的公共行政充满意义并且能够广泛地运用到实践中去，这主要是因为行动的技能是来源于行政主体间性，受行政建构过程驱动，是相互之间的承诺的行动方法，“行动技能立足于解释性的认识论，它强调通过关注某一特定文化所独一无二的语言、符号、历史故事和价值，理解地方条件下的主题现实和隐性方面。解释需要理解构成我们社会现实所共享的规范、规则、含义和期望。当我们面对超出常规的事情，面对背离我们关于真理或善的信仰的事情，或者面对我们不能理解事情，我们就必须使用解释。从组织变革角度看，一个重要的假设是，源自于主体和主体间承诺的行动能为更好地理解、解决问题和变革提供各种各样的可能性”①。按照全钟燮的理解，行动技能能够促进行动者之间进行互动，主要的技能有反思内省技能、人际关系和对话技能、说服技能、治疗（或者聆听）技能和行动研究技能。很多的技能我们在前面已经探索过，这里主要研究移情的技能和不断改善自我的心智模式。

参与社会建构过程的人们，是生活在主体之间的，主体间的相互影响，会使参与主体考虑对方诉求，体验感知并理解对方的生活环境与状态及其所做出的对同一公共事务的理解和认识，互换角色并不断地认同彼此角色，相互理解并不断地形成彼此的共识，相互学习并不断地增进彼此的信任和合作。拥有这种能力的程度，在心理学上称之为“移情”能力，对他人的理解称之为移情性的理解，即能够设身处地从对方角度出发考虑问题。“参

① ［美］全钟燮．公共行政的社会建构：解释与批判［M］．北京：北京大学出版社，2008：190.

与分享的公民，通过对他人价值的认同和移情的过程，富有想象力地把自己的各种价值重构为公共规范。”[①] 在人们的一般思维模式中，思维总是从自己有利的预设和自我的知识体系与认识出发来考虑问题，带有自我的偏好倾向。从对方的角度和立场理解思想、情感和态度，才能在彼此同情、理解和尊重中感知对方，产生类似斯密所说的“相互同情的愉快”[②]，彼此的了解、甘愿让步和付出，逐渐使民主成为一种生活的方式。参与社会的多重互动的本性在个人与集体之间发挥着调节、微调的作用从而使个人与集体利益保持一致，对于真正参与社会建构的公民来说，移情和富有想象力地重建真正民主化下的对待他人就像对待自己一样的自我激励健全意识：我们知道了现在应该做什么、将来应该做什么和为他人做什么。在社会建构的互动过程中，培养移情的能力就成为参与其中人们的社会建构政策的技能，通过基于体验和相互交流，主体间逐渐认识和发现谋求互惠才是公共利益实现的途径。他们愿意通过在话语交往中，共同学习打破僵局、斡旋冲突、化解矛盾、解决危机的策略和技能，成为参与主体获得共同发展的动力。

公共行政人员需要不断改善和修炼自我的心智模式。心智模式作为根深蒂固于每个人或每个组织中的基本固定的思维认识方式和行为习惯，决定着人们一贯的行为和思维方式。一旦人们形成自己特有的心智模式后，会自觉或不自觉地按这种固定模式去认识、思考问题，并用习惯的模式和方式去解决问题。参与社会

---

① ［美］本杰明·巴伯．强势民主［M］．长春：吉林人民出版社，2006：165.

② 斯密论述到，不管同情的原因是什么，或者它是怎样产生的，再也没有比满怀激情地看到别人的同感更使得我们高兴，也没有比别人相反的表情更使我们震惊。（具体参考：［英］亚当·斯密．道德情操论［M］．北京：商务印书馆，1997：11.）

治理的个体要有自己独特的心智模式，这样他们才能产生创意，产生知识分享的冲动和行为，最终完成政策制定与执行。现实告诉我们，成功者之所以成功，是因为他们拥有成功的心智模式。但是，现实中有些人往往不了解自己的心智模式，致使对自己的一些行政行为无法认识和把握；有些人固守着自己思维和行为，甚至拒绝与自己固有心智不一致的观念和行为，这在很大程度上影响了参与公共事务治理的积极性和有效性。心智模式虽然具有相对的稳定性，但不是一成不变的，经过精心引导，就可以改变个人的自我思维和行为。在公共行政建构的过程中，通过主体之间的行为，利用主体之间影响，通过反思式的思维模式，不断改变对公共事务的认识和理解以及他人对其的理解情况与状态，扬弃传统组织中的行为方式，改变自我的心智修炼——修炼“五商”①，实现心智模式的转变，提高心理素质，不断超越自我。

① 五商的修炼主要包括：（1）智商 IQ（intelligence quotient）的修炼，通过重视观察力修炼（对事务感性的认识和变化态势感知），要重视注意力修炼（对事物关注程度和稳定性的认识）、重视想象力修炼（获取灵感、建立共同愿景、不断开拓思路的认识）、重视思维能力修炼（对事物具有非凡的洞察力、判断力、领悟力、理解力等）、重视创造力修炼（识别机会，把握机会，扩大思维深度和广度）等。（2）情商 EQ（emotional quotient）的修炼，情商主要包括两个方面的内容：一是了解、识别自我和他人情感的能力。二是处理人际关系的能力。主要具有情绪的知觉、评估和表达能力，具有思维过程的情绪促进能力，理解与分析情绪，对情绪进行成熟调节的能力，主要的修炼包括自我情绪的修炼，具有宽阔的胸怀和强烈的进取心和责任感、对公共事务抱有执着的追求和浓厚的兴趣，形成积极的自我；重视对他人情绪感知修炼，学会宽容和尊重别人；协调人际关系的修炼，亲密的友谊关系，积极调动参与人们的积极情绪；情感管理的技巧修炼，利用情感联络他人，及时了解他人所需所求，致力于为人们办实事，努力实现组织目标与个人目标的一致，实现以知启人、以情感人、以理服人、以德化人、以法服人、以乐怡人，实现知、情、理、德、法、乐的恰当平衡。（3）意志商 AQ（adversity quotient）的修炼，又叫逆境商修炼，是由美国学者保罗·史托兹提出的，是人面对和超越困境挫折的心理素质的指标。主要修炼要培养参与公共行政行动的自觉性。要自觉地参与公共事务的治理，克服易受别人暗示或行动的独断性；培养自我行动的果断性。参与行政的人们能够明辨是非，迅速而合理地做出决策后，也能果断地执行下去。避免优柔寡断，又要克服草率行政行事的非理性行为；锻炼意志的坚韧性，锲而不舍，克服决策过程中的困难。要培养自制力。参与其中的然那能够适时灵活地约束、控制自己的言行，忍耐克已，克服各种盲目冲动、懈怠、懒惰等不良意志。（4）性格商 CQ（character quotient）修炼。主要修炼的内容有：勇于竞争、善于合作、能够理智理性的行动、独立自主的行动。（5）信念商 BQ（belief quotient）修炼。主要包括信仰力修炼，具有远大目光，敢于坚持原则；注重抱负力修炼，具有明确的目标。自信力修炼，保持积极的心态。（具体参考：何修良．依法行政能力［M］．北京：人民出版社，2005.）

第二节　社会建构行政的巩固学

公共行政的社会建构是在积累、改善与勇于探索中前行的。任何新思想从提出到实现的“嵌入”，其间都横亘着巨大的时间峡谷和实践山峰，其“承诺”与“兑现”之间还存在巨大的鸿沟，有时候还会如“临盆的是大山，产下的确是耗子”，不仅不会增进理论的成熟，反而阻碍和延缓理论的发展①。针对公共行政的社会建构，则需要增量递进和不断地发展巩固。

任何理论都必然是实践的产物，是对具体社会情形的“逆向选择”和再适应、再改造的过程。社会建构公共行政在中国社会转型期的发展，是一个增量式的发展，是按照积少成多、稳步推进的道路进行发展的，不可一蹴而就。必须强调公共行政社会建构实践的有序性、平稳性、连续性和基层性，在此基础上突出强调边际突破的意义。通过边际的改进，例如典型事例的实施，边探索边总结的方式，在过程上是渐进的，在总体上是增量的，在大致遵循先前公共行政模式与理念基础上，并对相关模式和理念进行费边式调试——对原来不符合社会变革的要求之处进行有益的探索，在逐步“点滴渗透”的涓入效应中进行公共行政社会建构理论的演练和纵深延伸，在行动的结果上是一种突破而不是突变。针对政府、社会和其中的人群而言，无论在心理上还是在具体的行政行为上，把公共行政的社会过程推及为一个可

① 但这并不说明理论本身的不重要或无意义，正如“理念的意义并不在于实现，而在于让人知道现实有多么糟糕，知道现实距离理想有多远”。（具体参考：赵汀阳．坏世界研究——作为第一哲学的政治哲学［M］．北京：中国人民大学出版社，2009：63．）

以观察、可以接受和愿意改革与尝试的一个共同对象，对原来行政理念和模式哪些是可以改变的，哪些是腐朽落后的，对未来的公共行政发展方向都有一个大致的目标，在适时的调整中改革原有的行政理论和发展社会建构的行政，从而使中国转型期的公共行政达到一个正当性的方向和目标。这个过程，实现着社会建构的过程，包括民主化的过程治理、基层试验、个体的行政伦理与责任、话语实现与行动的担当。当然任何理论都一定的适应范围，都不是无限定的，既不能盲目地扩展，也不能简单地化约，需要在原有的基础上有所节制推进，既不是全面铺开实施，也不是“先让一部分人、一部分地区进行”起来的模式，保持适当的弹性，在颠覆性和变革性中平衡，实施前面提到的“双轨制”，探索适应当下特定区域、特定问题的公共行政社会建构的新模式。

在增量式的发展基础上，社会建构行政思想与行为需要不断巩固。社会建构的公共行政尽快要从适应转型学向不断促进完善的巩固学方面发展——实现人们从社会建构的理念到行动与实践的突破，从小范围的商谈到大面积的参与突破，从典型案例的分析推进到政策建构的质量突破，从人们接受社会建构意义的政策模式到成为人们认为其是政策制定与实施的规范与价值的突破，从行政人员的倡导实施到铸就崭新政治文化突破。总之，社会建构行政的文化与价值必须渗入到整个社会之中，确保参与和民主化实现和质量。使巩固的具有政策建构意义的行政过程不会因为政府的更迭和社会变迁而改变，而是深深地建立在人们在这些政治与行政过程中所表现出来的具有不变的建构政策的价值意念、观念动机和行为特征。当人们具有这些意识与行为，并成为政治文化的主要内容，社会建构意义上的行政就得到了巩固。在中国转型期的现阶段，社会建构公共行政的巩固与发展需要从以下方面着手。

一是充分利用现有具有社会建构性质的政策影响力。利用这些已经具有的政策建构形式与方法，不断深入扩散和细化，充分发挥已经具有作用的这些社会建构政策的影响力。

二是社会建构的内容从行政管理的方式向社会生活领域深入，走向人们关注较多、利益冲突较多、人们热心参与的转型时期的社会问题领域之中。社会建构行政过程是一个合成的概念，不仅仅是政策的制定过程，还包括政策所带来的外部影响，例如社区居民自治能力的提高、人们解决问题的方法与理念共享的意识等。在社会转型期，社会生活中的问题是政府面临的核心问题，既是和谐社会建设的需要，也是不断改善民生，提升政治合法性的要求。在社会管理领域中，解决人们最关切、利益最紧密的问题，从而从精英政治走向生活政治，增加公共性的社会空间。这与前面所体现的建构意义的生活行政趋势相一致。

三是形成新的政治文化。社会建构的公共行政的巩固是以大多数人的心理认可和行动自觉践行为标志的。只有当这种意识形成一种新的政治文化时，行政的建构意义才能真正体现出来。大量的社会建构行政实践，逐渐会酝酿出一个崭新的政治文化。从行政组织内部入手，通过改革组织形式与结构、领导方式、人力资源优化配置、行政风格的形成等方面重塑行政文化，形成社会建构行政过程中情感深度、道德义务和时间持久性等心理因素，不断优化内部人员与外部人员之间、行政与社会之间的关系，破解官僚制的漫溢现象，形成人人热爱公共事业、乐于参与公共事业、愿意为公共事业奉献的良好政治文化氛围。

结　语

著名哲学家培根曾说过：“自然的精微之感官和理解力的精微远远高于若干倍，因此，人们所醉心的一切像煞有介事的沉思、揣想和诠释等实如盲人暗摸，离题甚远。”① 的确，人类认识有很大的局限性，对事物的把握与认识始终处在不断的探索中。任何一种理论都有自身难以克服的弊端，社会建构的公共行政与其他公共行政理论一样，理论的“灰色”永远无法复制和满足生活之树的常青——理论是简约抽象的，真实世界的问题往往是纷繁复杂和错乱无章的，理论的抽象内容和精要概括远远不及现实生活盘根错节的复杂性。这一点，最早提出社会建构公共行政的全钟燮也有同感，他毫无掩饰地指出，社会建构下的公共行政虽然具有理论上的优越性、先进性，但在实践中却不能广泛使用。他曾明确而不无遗憾地指出，社会建构的公共行政有着很多局限性，主要有：(1) 政府的政策设计多维政府机关、国会、专家和强势利益集团之渐进政治的结果，市民和资源有限的团体很难参与其中。(2) 行政专家对市民的轻视以及对技术方法的偏好。(3) 参与人在短期内的低效率。(4) 行政人员对市民的需求通常持被动态度。(5) 公共组织多被设计成低生产力、不

---

① 李醒民．隐喻：科学概念变革的助产士 [J]．自然辩证法通讯，2004，(1)：22－28.

具回应性和抵抗变迁。[1] 这一点在中国的公共实践中体现得更为明显，甚至有更多的制度上或者传统文化习惯上的障碍。

在社会科学研究中，尼采曾借用绝妙的比喻，指出不同理论模式为我们提供了认识世界的“不同的窗口”，因此每种“深刻的”理论必然也是“片面的”。在“理论构建一个实践中从未实现的抽象理想”——苏格拉底式的（Socratic）和亚里士多德式的（Aristotelian）“理论”观念——在这一点上，理论与实践之间似乎存在着无法逾越的某种鸿沟。社会建构的公共行政虽然立足社会过程中，能够利用社会本身的力量更好诠释和界定公共行政，但也毕竟无法代替社会生活本身的具体事实过程和跨越无限的生活时空，但“公共行政‘新的典则规范’并不就是医治政府弊病的灵丹妙药，而只是灵丹妙药所必要的或者是最佳的药引”[2]，社会建构的公共行政或许也仅仅是能够提供一种“药引子”的功能，至于能不能熬出适应社会发展的公共行政和改革的良药，治疗各种各类不同的社会疾病，则需要公共行政理论本身的不断边际调整、纵深探索和中国实践者的勇于创新。毕竟任何一种理论或典范的建立、转换和最终的确立都经过一个复杂的过程，与时代背景、公共行政的目标、政府的职能和实际能力、国家的政治性质和议程、各种权力的界定及其约束密切相连，社会建构的公共行政也不例外。“就国家制度而言，范式转换与时代的变迁相联系，通常建立在重大科学技术的突破以及生产方式的改变的基础之上，并且涉及国家宪政原则、国家政治生活的基本变量及其十分复杂的相互关系，涉及国家主导意识形态和国家

---

① 全钟燮．公共行政：设计与问题解决［M］．黄曙曜译．台北：五南图书公司，1994：170－171.

② 古雪．公共行政新的典则规范研究述评［J］．内蒙古社会科学，2001，(4)：21－25.

基本制度的改变，因此，需要经历数届乃至数十届政府。譬如，‘官僚科层制度’的确立。”① 但是，这更恰恰说明了理论研究和探索的必要性，我们不能因噎而废食，毕竟任何一个理论的成长、成熟都要经过时间、空间和实践的验证，艰难的过程也是理论不断修正、适用和发展到最后成为典范的过程，反映了理论本身的实践品质和成长的长期性特征。

“公共行政理论面临着与每一重要的发展路线……相伴随的诸多悖论。”② 在社会建构的公共行政中，并不是任何社会现实和社会问题的事实都能进行行政人员与民众的互动式建构，全面实施也是痴人呓语。在具体实践中，有时候采用征求民众意见和反馈意见的形式来对社会公共事项进行治理，但这种程序性的意见收集、修改有很大的局限性，无法全面反映民众的真实想法和意图，社会建构其本身的意义就很难发挥作用。因此，社会建构的公共行政应更多地适应于地方自治，适应于社区、街道和民众自身的集中地，换言之，社会建构式的民主治理模式适合于小群体、小集体和小规模的活动，适应原子化单位的治理模式。同时，社会建构的公共行政还需要行政人员和民众有强烈的公共意识和公民精神，需要生长在一个成熟的公民社会中。另外，双方的对话、商谈和最终的意义赋予都需要时间和成本，民主化本身的治理就是一个复杂的过程，需要大量的资源和成本，社会建构式的行政模式也概莫能外，在一个民主化程度不高和公民社会发育不太成熟的社会中，仍需要一个长期的过程。

在社会建构公共行政的过程中，解决问题和发挥公共行政的

① 张国庆．公共行政典则规范更新替代与政府行政制度创新——兼论中国政府新公共行政典范的确立［J］．复旦大学学报，2002，(2)：82－91，118.

② 戴维·约翰·法默尔．公共行政的语言——官僚制、现代性和后现代性［M］．北京：中国人民大学出版社，2005：47.

功效，则需要根据具体实践情况和每一次改革探索所积累的适应性知识再探索和再分析，“解毒化瘀和以毒攻毒是两个辩证施治的方法，本质上是从不同角度看的结果而并非是治疗方法本身所具有的天然属性。无论是哪种施治方法，只要用药得当、选药准、用药巧、药引灵，实践证明确实医治好了顽症，那就是一种好的方法。至于下次用药是否会从这次卓有疗效的解毒化瘀之法重新转向传统的以毒攻毒之术，似乎就要根据具体的病情来定夺了，孰优孰劣确实是无法贸然断定的”①。社会建构公共行政理论作为药引子，也许只是作为一种尝试，至于能不能解决社会身体的疑难杂症则轩轾难判，需要不断积累创新。

从工具导向的意义来看，“我们不必非要宣誓效忠于某种特定的观点或理论……无论选择现实主义还是建构主义的观点，都是相当‘实用的’，是为了达到一种目标而采用的方法”②。社会建构作为公共行政的一个意象，一个隐喻，本身就是公共行政理论与实践发展的助产器。理论的超前性或者说理论走在实践的前面，本身就是理论发展的胜利。“理论与实务之间本不存在隔阂，尽管理论本身可能永远与‘实体’有相当的距离；尽管理论只有‘局部的真理性’，但这丝毫不影响理论的重要性。”③ 社会建构下的公共行政体现了超前的、未来导向的前瞻性公共行政理念，作为理论的引领，社会建构的公共行政研究的意义彰显无疑，无论对理论的后续发展还是实践的日益成熟，都是有益的智力增量的修炼和理论素养的铸就。

社会建构的公共行政洋溢着全民共事共治的理想愿景，前进

---

① 古雪．公共行政新的典则规范研究述评［J］．内蒙古社会科学，2001，(4)：21－25.

② 贝克．风险社会再思考［J］．马克思主义与现实，2002，(4)：46.

③ 张成福．重建公共行政的公共理论［J］．中国人民大学学报，2007，(4)：1－7.

的方向已经确定，需要我们不断地调整其奔跑的姿态与方式。社会建构的公共行政理论一方面给我们不断完善行政理论以丰富的启示，但同时又可能无法使社会建构的公共行政在现实中切实发挥作用——这也是理论本身内在逻辑的困境。尽管道路泥泞不平，但在前行过程中会不断明朗、平坦和宽阔。因此，公共行政理论创新依然任重而道远，社会建构公共行政理论建设与完善也同样任重而道远。

参考文献

中文文献

著　作

［1］《辞海》（缩印本）［Z］．上海：上海辞书出版社，1989.

［2］A. 麦金太尔．德性之后［M］．北京：中国社会科学出版社，1995.

［3］B. 盖伊·彼得斯．政府未来的治理模式［M］．吴爱明译．北京：中国人民大学出版社，2001.

［4］B. 盖伊·彼得斯、弗兰斯·K. M. 冯尼斯潘．公共政策工具——对公共管理工具的评价［M］．北京：中国人民大学出版社，2007.

［5］C．赖特．米尔斯．社会学的想象力［M］．上海：三联书店．2005.

［6］C. 曼特扎维诺斯．个人、制度与市场［M］．长春：长春出版社，2009.

［7］CE. 布莱克．现代化的动力［M］．景跃进等译．杭州：浙江人民出版社，1989.

［8］E. 迪尔凯姆．社会学方法的准则［M］．狄玉明译．北京：商务印书馆，2006.

［9］E. 萨瓦斯．民营化与公私部门的伙伴关系［M］．北京：中国人民大学出版社，2002.

［10］E. 谢茨施耐德．半主权的人民［M］．天津：天津人民出版社，2000.

［11］Frank Bealey. 布莱克威尔政治学智典［Z］．张文扬、周群英等译．韦伯文化国际出版有限公司，2007.

［12］G. 拉德布鲁赫．法哲学［M］．北京：法律出版社，2005.

［13］G. 萨托利．政党与政党体制［M］．北京：商务印书馆，2006.

［14］H. K. 科尔巴奇．政策［M］．长春：吉林人民出版社，2005.

［15］H. 哈肯．协同学［M］．上海：上海科学普及出版社，1988.

［16］J. M. 凯恩斯．劝说集［M］．谢受百译．北京：商务印书馆，1962.

［17］Jong S. Jun. 公共行政：设计与问题解决［M］．黄曙曜译．台北：五南图书出版公司，1994.

［18］R. M. 昂格尔．现代社会中的法律［M］．昊玉章、周汉华译．南京：译林出版社，2001.

［19］R. 尼布尔．道德的人和不道德的社会［M］．贵阳：贵州出版集团，贵州人民出版社，1998.

［20］T. H. 马歇尔、安东尼·吉登斯等．公民身份与社会阶级［M］．郭忠华、刘训练等编．南京：江苏人民出版社，2008.

［21］W. E. 哈拉尔．新资本主义［M］．冯韵文、黄育馥，

译．北京：社会科学文献出版社，1999.

［22］阿尔蒙德，维巴．公民文化［M］．马殿君等译．杭州：浙江人民出版社，1989.

［23］阿克顿．自由与权力［M］．北京：商务印书馆，2001.

［24］阿兰·斯密德．制度与行为经济学［M］．刘璨等译．北京：中国人民大学出版社，2002.

［25］阿兰·图海纳．我们能否共同生存［M］．狄玉明、李平沤译．北京：商务印书馆，2003.

［26］阿列克斯·英格尔斯．从传统人到现代人——六个发展中国家的个人变化［M］．北京：中国人民大学出版社，1992.

［27］阿马蒂亚·森．理性与自由［M］．北京：中国人民大学出版社，2006.

［28］阿马蒂亚·森．伦理学与经济学［M］．北京：商务印书馆，2006.

［29］阿图尔·考夫曼．后现代法哲学——告别演讲［M］．米健译．北京：法律出版社，2000.

［30］埃莉诺·奥斯特罗姆．公共事物的治理之道：集体行动制度的演进［M］．余逊达、陈旭冬译．上海：三联书店，2000.

［31］埃里克·乌斯拉纳．民主与社会资本［A］．马克·沃伦，民主与信任［C］．吴辉译．北京：华夏出版社，2004.

［32］埃里克·尤斯拉纳．信任的道德基础［M］．张敦敏译．中国社会科学出版社，2006.

［33］埃米·古特曼、丹尼斯·汤普森．审议民主意味着什么［A］．谈火生译．载于谈火生．审议民主［C］．南京：江苏人民出版社，2007.

［34］埃瑞克·G. 菲吕博顿，鲁道夫·瑞切特．新制度经济学［C］．上海：上海财经大学出版社，1998.

［35］艾伯特·奥·赫希曼．欲望与利益：资本主义走向胜的政治争论［M］．上海文艺出版社，2003.

［36］艾尔东·莫里斯．社会运动理论的前沿领域［M］．刘能译．北京：北京大学出版社，2002.

［37］艾瑟·戴森．2.0 版数字化时代的生活设计［M］．海口：海南出版社，1998.

［38］安德鲁·海伍德．政治学核心概念［M］．天津：天津人民出版社，2008.

［39］安德森．公共决策［M］．北京：华夏出版社，1988.

［40］安东尼·奥罗姆．政治社会学［M］．上海：上海人民出版社，1989.

［41］安东尼·吉登斯．超越左与右：激进政治的未来［M］．李惠斌等译．北京：社会科学文献出版社，1998.

［42］安东尼·吉登斯．风险、信任、自反性［A］．乌尔里希·贝克、安东尼·吉登斯、斯科特·拉什．自反性现代化［C］．北京：商务印书馆，2001.

［3］安东尼·吉登斯．民族国家与暴力［M］．北京：三联书店，1998.

［4］安东尼·吉登斯．社会理论与现代社会学［M］．北京：社会科学文献出版社，2003.

［5］安东尼·吉登斯．社会学［M］．北京：北京大学出版社，2000.

［6］安东尼·吉登斯．失控的世界［M］．南昌：江西人民出版社，2001.

［7］安东尼·吉登斯．为社会学辩护［M］．北京：社会科学文献出版社，2003.

［8］安东尼·吉登斯．现代性的后果［M］．北京：译林出版社，2000.

［9］安东尼·吉登斯．现代性与自我认同［M］．北京：三联书店，1998.

［50］安东尼·唐斯、姚洋等译．民主的经济理论［M］．上海：上海人民出版社，2005.

［51］奥尔特加·加塞特．大众的反叛［M］．刘训练、佟德志译．长春：吉林人民出版社，2004.

［52］奥斯特罗姆·帕克斯等．公共服务的制度建构［M］．上海：上海三联书店，2000.

［53］奥斯特罗姆等．制度分析与发展反思——问题与抉择［M］．王诚等译．北京：商务印书馆，1996.

［54］鲍铭言．序：为什么要公众参与？——超越专家统治论的代议制政府［A］．蔡定剑主编．公众参与——欧洲的制度和经验［C］．北京：法律出版社，2009.

［55］贝拉，理查德·马德逊．心灵的习性［M］．翟宏彪、周穗明译．北京：生活·读书·新知三联书店，1991.

［56］本杰明·巴伯．强势民主［M］．彭斌、吴润洲译．长春：吉林人民出版社，2006.

［57］彼得·伯格、托马斯·卢可曼．现实的社会构建［M］．北京：北京大学出版社，2009.

［58］彼得·圣吉．第五项修炼［M］．上海：上海三联书店，1998.

［59］彼德·布劳．社会生活中的交换与权力［M］．北京：华夏出版社，1988.

［60］伯尔曼．法律与宗教［M］．北京：中国政法大学出版社，2003.

［61］布迪厄·皮埃尔、汉斯·哈克．自由交流［M］．北

京：北京三联书店，1996.

［62］布尔迪厄．国家精英：名牌大学与群体精神［M］．杨亚平译．北京：商务印书馆，2004

［63］布来顿等．理解民主——经济与政治的视角［M］．上海：学林出版社，2000.

［64］布莱尔．社区权力与公民参与［M］．北京：中国社会出版社，2003.

［65］布赖恩·麦克奈尔．政治传播学导论（第2版）［M］．北京：新华出版社，2005.

［66］布劳尼斯娄·马林诺夫斯基．自由与文明［M］．北京：世界图书出版公司，2009.

［67］曹荣湘．走出囚徒困境：社会资本与制度分析［M］．上海：上海三联书店，2003.

［68］查尔斯·J.福克斯，休·T.米勒．后现代公共行政——话语指向［M］．北京：中国人民大学出版社，2002.

［69］常士．政治现代性的解构——后现代多元主义政治思想分析［M］．天津：天津人民出版社，2001.

［70］陈光中．《公民权利和政治权利国际公约》批准与实施问题研究［Z］．北京：中国法制出版社，2002.

［71］陈家刚．协商民主［M］．上海：上海三联书店，2004.

［72］陈乃林．面向21世纪中国终身教育体系研究［M］．北京：高等教育出版社，2001.

［73］陈舜．权利及其维护——一种交易成本观点［M］．北京：中国政法大学出版社，1999.

［74］陈伟东．社区自治——自组织网络与制度设置［M］．北京：中国社会科学出版社，2004.

［75］陈宣良．理性主义［M］．成都：四川人民出版

社，1988.

［76］陈赟．天上或天地之间［M］．上海：上海出版社，2007.

［77］陈振明．公共管理学［M］．北京：中国人民大学出版社，1999.

［78］陈振明．政府工具导论［M］．北京：北京大学出版社，2009.

［79］成伯清．布尔迪厄的用途［A］．［法］皮埃尔·布尔迪厄著，刘成富、张艳译．科学的社会用途——写给科学场的临场社会学［C］．南京：南京大学出版社，2005.

［80］达尔．民主理论的前言［M］．上海：三联书店、牛津大学出版社，1999.

［81］达尔．现代政治分析［M］．上海：上海译文出版社，1987.

［82］戴维·奥斯本、特德·盖布勒．改革政府［M］．上海：上海译文出版社，1996.

［83］戴维·赫尔德．民主的模式［M］．燕继荣等译．北京：中央编译出版社，1998.

［84］戴维·米勒、韦农·波格丹诺（英文版主编）．布莱克维尔政治学百科全书［Z］．邓正来（中译版主编）等译．北京：中国政法大学出版社，2002.

［85］戴维·约翰·法默尔．公共行政的语言——官僚制、现代性和后现代性［M］．北京：中国人民大学出版社，2005.

［86］丹尼尔·W·布罗姆利．经济利益与经济制度——公共政策的理论基础［M］．上海：上海三联书店，上海人民出版社，2007.

［87］道格拉斯·凯尔纳、斯蒂文·贝斯特．后现代理论［M］．北京：中央编译出版社，2004.

［88］德博拉·斯通．政策悖论：政治决策中的艺术（修订版）［M］．北京：中国人民大学出版社，2006.

［89］德兰逖．社会科学：超越建构论和实在论［M］．长春：吉林人民出版社，2005.

［90］德里克·希特．何谓公民身份［M］．长春：吉林出版集团有限责任公司，2007.

［91］德鲁克．非营利组织的管理［M］．北京：机械工业出版社，2007.

［92］德鲁克．社会的管理［M］．上海：上海财经大学出版社，2003.

［93］登特里维斯．作为公共协商的民主：新的视角［M］．北京：中央编译出版社，2006.

［94］邓国胜．民间组织评估体系——理论、方法与指标体系［M］．北京：北京大学出版社，2007.

［95］邓正来．国家与市民社会［M］．北京：中央编译出版社，2002.

［96］邓正来．研究与反思：关于中国社会科学自主性的思考［M］．北京：中国政法大学，2004.

［97］邓正来．中国法学向何处去——建构“中国法律理想图景”［M］．北京：商务印书馆，2008.

［98］第默尔·库兰．偏好伪装的社会后果［M］．长春：长春出版社，2005.

［99］丁煌．西方公共行政管理理论精要［M］．北京：中国人民大学出版社，2005.

［100］丁煌．西方行政学说史［M］．武汉：武汉大学出版社，2007.

［101］杜威．新旧个人主义——杜威文选［M］．孙有中等译．上海：上海社会科学院出版社，1996.

［102］恩格斯．自然辩证法［M］．北京：人民出版社，1984.

［103］樊纲．发展的道理［M］．北京：三联书店，2002.

［104］方克定．西方国家行政改革述评：序［A］．国家行政学院国际合作交流部编译．西方国家行政改革述评［C］．北京：国家行政学院出版社，1998.

［105］菲利普·J. 库珀．二十一世纪的公共行政：挑战与改革［M］．王巧玲、李文钊译．北京：中国人民大学出版社，2006.

［106］菲利普·施米特、特丽·林恩·卡尔．民主是什么，民主不是什么？［A］刘军宁．民主与民主化［C］．北京：商务印书馆，1999.

［107］费孝通．乡土中国［M］．上海：上海世纪出版集团，上海人民出版社，2007.

［108］冯契．逻辑思维的辩证法［M］．上海：华东师范大学出版社，1996.

［109］冯契．认识世界和认识自己［M］．上海：华东师范大学出版社，1996.

［110］弗兰克·费希尔．公共政策评估［M］．北京：中国人民大学出版社，2003.

［111］弗兰克·富里迪．规训与惩罚［M］．南京：凤凰出版传媒集团，江苏人民出版社，2007.

［112］弗朗西斯·福山．大分裂：人类本性与社会秩序的重建［M］．北京：中国社会科出版社，2002.

［113］弗朗西斯·福山．历史的终结及其最后之人［M］．北京：社会科学文献出版社，1998.

［114］弗朗西斯·福山．信任：社会美德与创造经济繁荣［M］．海口：海南出版社，2001.

[115] 弗朗兹·舒尔曼．共产主义中国意识形态和组织［M］．伯克利加州大学出版社，1966.

[116] 福柯．规训与惩罚［M］．刘北成、杨远婴译．北京：三联书店，2007.

[117] 伽达默尔．科学时代的理性［M］．北京：国际文化出版公司，1988.

[118] 冈纳·缪尔达尔．亚洲的戏剧：对一些国家贫困问题的研究［M］．北京：北京经济学院出版社，1992.

[119] 高丙中、袁瑞军主编．中国公民社会发展蓝皮书［M］．北京：北京大学出版社，2008.

[120] 高清海．高清海哲学文存（1）［M］．长春：吉林人民出版社，1997.

[121] 高兆明．社会失范论［M］．南京：江苏人民出版社，2000.

[122] 格尔哈德·帕普克等．知识、自由与秩序［M］．北京：中国社会科学出版社，2001.

[123] 格雷厄姆·沃拉斯．政治中的人性［M］．北京：商务印书馆．1997.

[124] 葛兰西．狱中札记．［M］．北京．人民出版社，1983.

[125] 贡塔·托依布纳．法律：一个自创生系统［M］．张骐译．北京：北京大学出版社，2004.

[126] 古特曼、汤普森．民主与分歧［M］．杨立峰等．北京：东方出版社，2007.

[127] 郭济、高小平、何颖．行政伦理导论［M］．哈尔滨：黑龙江人民出版社，2006.

[128] 郭秋永．当代三大民主理论［M］．台北：联经出版社，2001.

［129］哈贝马斯、李安东、段怀清译．现代性的地平线——哈贝马斯访谈录［M］．上海：上海人民出版社，1997.

［130］哈贝马斯、米夏埃尔·哈勒．作为未来的过去——与著名哲学家哈贝马斯对话［M］．章国锋译．杭州：浙江人民出版社，2001.

［131］哈佛燕京学社/三联书店．公共理性与现代学术［M］．北京：三联书店出版社，2000.

［132］哈罗德·孔茨、海因茨·韦里克．管理学［M］．北京：经济科学出版社，1998.

［133］哈蒙．公共行政的行动理论［M］．台湾：五南图书出版公司，1994.

［134］哈特穆特·毛雷尔．行政法学总论［M］．高家伟译．北京：法律出版社，2000.

［135］哈耶克．哈耶克论文集［M］．邓正来译，北京：首都经济贸易大学出版社，2001.

［136］哈耶克．自由宪章［M］．杨玉生等译．北京：中国社会科学出版社，1999.

［137］哈耶克．自由秩序原理［M］．上海：三联出版社，1997.

［138］海德格尔．存在与时间［M］．北京：三联书店，1987.

［139］韩庆祥等．人学——人的问题的当代阐释［M］．昆明：云南人民出版社，2001.

［140］韩庆祥．马克思的人学思想研究［M］．郑州：河南人民出版社，1996.

［141］汉娜·阿伦特．极权主义的起源［M］．上海：生活·读书·新知三联书店，2008.

［142］汉娜·阿伦特．人的条件［M］．上海：上海人民出

版社，1999.

［143］汉斯·昆著．世界伦理构想［M］．周艺译．北京：三联书店，2002.

［144］豪尔赫·涅托·蒙胧特西诺斯．治理全球化：谋求民主治理的世界政策［A］．弗朗西斯科·洛佩斯·塞格雷拉．全球化与世界体系（上）［C］．北京：社会科学文献出版社，2003.

［145］郝大维、安乐哲．先贤的民主——杜威、孔子与中国民主之希望［M］．南京：吉江苏人民出版社，2004.

［146］何清涟．现代化的陷阱［M］．北京：中国计量出版社，2005.

［147］何修良．依法行政能力［M］．北京：人民出版社，2005.

［148］何增科．公民社会与第三部门［M］．北京：社会科学文献出版社，2000.

［149］贺善侃、黄德良．现代行政决策［M］．上海：上海大学出版社，2001.

［150］赫伯特·A. 西蒙．管理行为（第四版）［M］．北京：机械工业出版社，2004.

［151］黑格尔．法哲学原理［M］．北京：商务印书馆，1961.

［152］黑格尔．精神现象学（上卷）［M］．北京：商务印书馆，1979.

［153］黑格尔．历史哲学［M］．北京：三联书店，1956.

［154］黑格尔．小逻辑［M］．贺麟译．北京：商务印书馆，1980.

［155］侯钧生．西方社会学理论教程［M］．天津：南开大学出版社，2001.

［156］胡塞尔．逻辑研究 II/1［M］．倪梁康译．上海：上海译文出版社，1998.

［157］胡塞尔．生活世界现象学［M］．上海：上海译文出版社，2002.

［158］黄建钢、李百齐．“行政管理学”新论：一种对治理社会方式的思考［A］．“落实科学发展观推进行政管理体制改革”研讨会暨中国行政管理学会 2006 年年会论文集［C］，2006.

［159］霍尔姆斯·罗尔斯顿．哲学走向荒野［M］．刘耳、叶平译．长春：吉林人民出版社，2000.

［160］吉登斯、皮尔森．现代性：吉登斯访谈录［M］．北京：新华出版社，2001.

［161］吉登斯．社会的构成［M］．北京：三联书店，1997.

［162］纪霖主编．共和、社群与公民［M］．南京：江苏人民出版社，2004.

［163］季卫东．法治秩序的建设［M］．中国法制出版社，1999.

［164］季卫东·法律程序的意义——对中国法制建设的另一种思考［M］．北京：中国法制出版社，2004.

［165］加布里埃尔·A. 阿尔蒙德，小 G. 宾厄姆·鲍威尔．比较政治学——体系、过程和政策［M］．北京：东方出版社，2007.

［166］加里斯·摩根．驾御变革的浪潮：开发动荡时代的管理潜能［M］．北京：中国人民大学出版社，2002.

［167］贾春增．外国社会学史［M］．北京：中国人民大学出版社，2000.

［168］江明修．公共行政学研究方法论［M］．台北：江明

修出版. 1997.

[169] 江宜桦. 自由民主的理路 [M]. 北京: 新星出版社, 2006.

[170] 杰佛瑞·布伦南. 宪政经济学 [M]. 北京: 中国社会科学出版社, 2004.

[171] 杰伊·D. 怀特, 等. 公共行政研究——对理论与实践的反思 [M]. 北京: 清华大学出版社, 2005.

[172] 杰伊·D. 怀特等. 公共行政研究——对理论与实践的反思 [M]. 北京: 清华大学出版社, 2005.

[173] 金炳华. 哲学大辞典 (分类修订本) (下) [Z]. 上海: 上海辞书出版社, 2007.

[174] 金耀基. 从传统到现代 [M]. 台北: 台湾时报文化出版企业股份有限公司, 1990. 113—116.

[175] 金耀基. 香港的政治模式——行政吸纳政治 [A]. 金耀基社会文选 [C]. 台北: 幼狮文化出版公司, 1985.

[176] 卡尔·波普尔. 猜想与反驳 [M]. 上海译文出版社, 1986.

[177] 卡尔·波普尔. 二十世纪的教训 [M]. 王凌霄译. 桂林: 广西师范大学出版社, 2004.

[178] 卡尔·波普尔. 开放的宇宙 [M]. 李本正译. 杭州: 中国美术学院出版社, 1999.

[179] 卡尔·波普尔. 客观的知识 [M]. 北京: 中国美术学院出版社, 2003.

[180] 卡尔·波普尔. 民主国家理论与实践的反思 [A]. 戴维·米勒. 开放的思想和社会: 波普尔思想精粹 [C]. 张之沧. 南京: 江苏人民出版社, 2000.

[181] 卡尔·博格斯. 政治的终结 [M]. 陈家刚译, 北京: 社会科学文献出版社, 2001.

[182] 卡尔·拉伦茨［德］、卡尔·拉伦茨．法学方法论［M］．陈爱娥译．北京：商务印书馆，2003.

[183] 卡尔·曼海姆．文化社会学论集［C］．艾彦等译．沈阳：辽宁教育出版社，2003.

[184] 卡尔·曼海姆．意识形态与乌托邦［M］．黎鸣等译．北京：商务印书馆，2000.

[185] 卡罗尔·佩特曼．参与和民主理论［M］．上海：上海世纪出版集团，上海人民出版社，2006.

[186] 卡西尔．人论［M］．上海：上海译文出版社，1985.

[187] 凯茨 J E，莱斯 R E. 互联网使用的社会影响［M］．郝芳，刘长江译．北京：商务印书馆，2007.

[188] 凯斯·R. 桑斯坦．偏颇的宪法［M］．宋华琳等译．北京：北京大学出版社，2005.

[189] 凯斯·R. 孙斯坦．设计民主：论宪法的作用［M］．北京：法律出版社，2006.

[190] 凯斯·桑斯坦．网络共和国：网络社会中的民主问题［M］．黄维明译．上海：上海人民出版社，2003.

[191] 康德．历史理性批判文集［M］．何兆武译．北京：商务印书馆，1990.

[192] 康德．实践理性批判［M］．北京：商务印书馆，1960.

[193] 康晓光．权力的转移［M］．杭州：浙江人民出版社，1999.

[194] 柯武刚、史漫飞．制度经济学——社会秩序与公共政策［M］．韩朝华译．北京：商务印书馆．2000.

[195] 科恩．论民主［M］．北京：商务印书馆，2005.

[196] 科尔曼．社会理论的基础［M］．邓方译．北京：社

会科学文献出版社，1999.

［197］科斯．财产权利与制度变迁［Z］．刘守英等译．上海：上海三联书店、上海人民出版社，1994.

［198］克海默．批判理论［M］．重庆：重庆出版社，1989.

［199］克利福德·吉尔兹（Clifford Geertz）．地方性知识——阐释人类学论文集［C］．王海龙等译，北京：中央编译出版社，2000.

［200］克罗齐．民主的危机［M］．北京：求实出版社，1989.

［201］肯尼思·格根．社会构建的邀请［M］．北京：北京大学出版社，2011.

［202］孔繁斌．公共性的再生产——多中心治理的合作机制建构［M］．南京：凤凰出版传媒集团、江苏人民出版社，2008.

［203］拉尔夫·达仁道夫．现代社会冲突［M］．北京：中国社会科学出版社，2000.

［204］李春成．行政人的德性与实践［M］．北京：国家行政学院出版社，1998.

［205］李惠斌．什么是社会资本［A］．李惠斌，杨雪冬．社会资本与社会发展［C］．北京：社会科学文献出版社，2000.

［206］李凌波．公众有效参与：行政法权利（力）结构趋向平衡之路［A］．罗豪才等．现代行政法的平衡理论（第二辑）［C］．北京：北京大学出版社，2003.

［207］李鹏．新公共管理及应用［M］．北京：社会科学文献出版社，2004.

［208］理查德．斯图尔特．美国行政法德重构［M］北京．商务印书馆，2003.

［209］理查德·A. 波斯纳．“罗纳德·科斯和方法论”［A］．理查德·A. 波斯纳．超越法律［C］．苏力译．北京：中国政法大学出版社，2001.

［210］理查德·A. 波斯纳．性与理性［M］．北京：中国政法大学出版社，2002.

［211］理查德·C. 博克斯．公民治理：引领21世纪的美国社区［M］．孙柏英等译．北京：中国人民大学出版社，2005.

［212］列奥·施特劳斯．自然权利与历史［M］．上海：生活·读书·新知三联书店，2006.

［213］林德布鲁姆．“竭力对付”的科学，彭和平、竹立家．国外公共行政理论精选，北京：中共中央党校出版社：1997.

［214］林南．社会资本：关于社会结构与行动的理论［M］．上海：上海人民出版社，2005.

［215］林贤治．午夜的幽光：关于知识分子的札记［M］．桂林：漓江出版社，2011.

［216］林毅夫．诱致性制度变迁与强制性制度变迁［A］．盛洪．新制度经济学［C］．北京：北京大学出版社，2003.

［217］林毅夫．再论制度、技术与中国农业发展［M］．北京：北京大学出版社，2000.

［218］刘军宁．民主二十讲［Z］．北京：中国青年出版社，2008.

［219］刘小枫．现代性社会理论绪论［M］．上海：上海三联书店，1998.

［220］刘永佶．中国官文化批判［M］．北京：中国经济出版社，2000.

［221］刘祖云．当代中国公共行政的伦理审视［M］．北京：人民出版社，2006.

[222] 鲁道夫·冯·耶林. 为权利而斗争 [H]. 北京：中国法制出版社，2000.

[223] 罗伯特·B. 登哈特，珍妮特·V. 登哈特，玛丽亚·P. 阿里斯蒂格塔. 公共组织行为学 [M]. 北京：中国人民大学出版社，2007.

[224] 罗伯特·C. 埃里克森. 无需法律的秩序——邻人如何解决纠纷 [M]. 苏力译. 北京：中国政法大学出版社，2003.

[225] 罗伯特·D. 帕特南. 使民主运转起来 [M]. 王列，赖海榕译. 南昌：江西人民出版社，2001.

[226] 罗伯特·H. 威布. 自治美国民主的文化史 [M]. 北京：商务印刷馆，2006.

[227] 罗伯特·K. 默顿. 现代社会学理论 [M]. 南京：译林出版社，2000.

[228] 罗伯特·达尔. 多头政体——参与和反对 [M]. 北京：商务印书馆，2003.

[229] 罗伯特·达尔. 多元主义民主的困境——自治与控制 [M]. 周军华译. 长春：吉林人民出版社，2006.

[230] 罗伯特·普特南. 繁荣的社群——社会资本与公共生活 [A]. 李惠斌、杨雪冬. 社会资本与社会发展 [C]. 北京：社会科学文献出版社，2000.

[231] 罗传贤. 行政程序法基础理论 [M]. 台北：五南图书出版公司，1993.

[232] 罗德里克·M. 克雷默、汤姆·R. 泰勒. 组织中的信任 [M]. 北京：中国城市出版社，2003.

[233] 罗蒂著. 后形而上学希望——新实用主义社会、政治和法律哲学 [M]. 张国清译. 上海：上海译文出版社，2003.

［234］罗豪才．软法与公共治理［M］．北京：北京大学出版社，2006.

［235］罗豪才．现代行政法的平衡理论［M］．北京：北京大学出版社，1997.

［236］罗纳德·德沃金．至上的美德：平等的理论与实践［M］．南京：江苏人民出版社，2003.

［237］罗荣渠．关系、限度、制度：政治发展过程中的国家与社会［M］．北京：北京大学出版社，1996.

［238］罗素．哲学问题［M］．北京：商务印书馆，2009.

［239］马丁·洛克林．公法与政治理论［M］．郑戈译．北京：商务印书馆，2002.

［240］马俊，叶丽娟．西方公共行政学前沿［M］．北京：中国社会科学出版社，2004.

［241］马克·E. 沃伦．当前参与型民主的意义何在？［A］陈剩勇，何包钢．协商民主的发展［C］．北京：中国社会科学出版社，2006. 57—61.

［242］马克·格兰诺维特．镶嵌——社会网与经济行动．罗家德译，北京：社科文献出版社，2007.

［243］马克思恩格斯全集（第1卷）［M］，北京：人民出版社，1995.

［244］马克斯·舍勒．价值的颠覆［M］．北京：三联书店，1997.

［245］马克斯·舍勒．知识社会学问题［M］．北京：华夏出版社，2012.

［246］马克斯·韦伯．学术与政治［M］．冯克利译．上海：三联书店，1998.

［247］玛格丽特·波洛玛．当代社会学理论［M］．北京：华夏出版社，1989.

［248］迈克尔·罗斯金等．政治科学［M］．林震等译．北京：华夏出版社，2001.

［249］迈克尔·麦金尼斯．多中心体制与地方公共经济［M］．上海：上海三联书店，2000.

［250］麦克斯怀特．公共行政的合法性——一种话语分析［M］．吴琼译．北京：中国人民大学出版社，2002.

［251］曼纽尔·卡斯特尔．网络星河：对互联网、商业和社会的反思［M］．北京：社会科学出版社，2007.

［252］梅维·库克．协商民主的五种观点［A］．登特里维斯．作为公共协商的民主［C］．王英津等译．北京：中央编译出版社，2006.

［253］孟德斯鸠．论法的精神：上册［M］．张雁深译．北京：商务印书馆．1961.

［254］米尔顿·弗里德曼、罗丝·弗里德曼．自由选择［M］．北京：机械工业出版社，2008.

［255］米尔顿·弗里德曼．资本主义与自由［M］．北京：商务印书馆，2006.

［256］米歇尔·鲍曼．道德的市场［M］．北京：中国社会科学出版社，2003.

［257］米歇尔·福柯．必须保卫社会［M］．上海：上海人民出版社，1999.

［258］密尔．代议制政府［M］．北京：商务印书馆，1984.

［259］明生、卑忠民、居中原、陈旭、吴宁远、陈长吞、王续砚．海峡两岸公共行政与跨世纪发展研讨会论文集［C］，1999.

［260］缪勒．公共选择［M］．北京：商务印书馆，1992.

［261］莫泰基．公民参与：社会政策的基石［M］．香港：中华书局公司，1995.

[262] 尼古拉斯·亨利，公共行政与公共事务 [M]．北京：中国人民大学出版社，2002.

[263] 尼克拉斯·卢曼．权力 [M]．瞿铁鹏译，上海：上海世纪出版集团，2005.

[264] 牛涛．当前中国新型国家与社会关系的建构 [M]．理论研究，2008，(4)；

[265] 诺贝特·埃利亚斯．个体的社会．南京：译林出版社，2003.

[266] 诺曼·K. 邓津、伊冯娜·S. 林肯．定性研究：策略与艺术 [M]．风笑天译．重庆：重庆大学出版社，2007.

[267] 诺内特，塞尔兹尼克．转变中的法律与社会 [M]．张志铭译．北京：中国政法大学出版社，1994.

[268] 诺齐克．无政府、国家与乌托邦 [M]．北京：中国社会科学出版社，1991.

[269] 帕萨·达斯古普特、依斯梅尔·撒拉格尔丁．社会资本——一个多角度的观点 [M]．北京：中国人民大学出版社，2004.

[270] 帕森斯．现代社会的结构与过程 [M]．梁向阳译．北京：光明日报出版社，1998.

[271] 逄先知，金冲及．毛泽东传（1949—1976）（上卷）[M]．北京：中央文献出版社，2003.

[272] 彭和平等编译．国外公共行政理论精选 [M]．北京：中央党校出版社，1997.

[273] 彭兰．中国网络媒体的第一个十年 [M]．北京：清华大学出版社，2005.

[274] 彭文显．行政生态学 [M]．台北：三民书局，1998.

[275] 皮埃尔·布迪厄，[美] 华康德．实践与反思　反

思社会学导引［M］．李猛、李康译．北京：中央编译出版社，1998.

［276］皮埃尔·布迪厄．社会学之社会学［M］．（Questions de Sociologie，1980）日文版，藤原书店出版社，1991.

［277］皮埃尔·卡蓝默．破碎的民主——试论治理的革命［M］．北京：生活·读书·新知三联书店，2005；

［278］蒲岛郁夫．政治参与［M］．北京：经济日报出版社，1989.

［279］齐格蒙特·鲍曼．共同体［M］．欧阳景根译．南京：江苏人民出版社，2003.

［280］齐格蒙特·鲍曼．后现代伦理学［M］．南京：江苏人民出版社，2003.

［281］乔治·弗雷德里克森．公共行政的精神［M］．北京：中国人民大学出版社，2003.

［282］青木昌彦等．市场的作用国家的作用［M］．林家彬等译．北京：中国发展出版社，2002.

［283］全钟燮．公共行政的社会建构：解释与批判［M］．北京：北京大学出版社，2008.

［284］阮成武．主体性教师学［M］．合肥：安徽大学出版社，2005.

［285］萨巴蒂尔．政策过程理论［M］．上海：三联出版社，2004.

［286］萨拜因．政治学说史［M］．北京：商务印书馆，1982.

［287］萨尔沃·马斯泰罗内．欧洲民主史［M］．北京：社会科学文献出版社，1990.

［288］萨拉蒙·全球公民社会——非营利部门视界［M］．北京：社会科学文献出版社，2002.

［289］萨托利．民主新论［M］．冯克利、阎克文译．北京：东方出版社，1993.

［290］塞缪尔·亨廷顿．失衡的承诺［M］．北京：东方出版社，2005.

［291］塞缪尔·亨廷顿．文明的冲突与世界秩序的重建［M］．北京：新华出版社，1999.

［292］塞缪尔·斯迈尔斯．金钱与人生［M］．李柏光等译．北京：北京图书馆出版社，1999.

［293］沈小峰、胡岗、姜璐．耗散结构论［M］．上海：上海人民出版社，1987.

［294］盛洪．中国的过渡经济学［M］．上海：上海三联书店，上海人民出版社，2006.

［295］施莱尔马赫．1819年讲演纲要［A］．理解与解释——诠释学经典文选［C］．北京：东方出版社，2001.

［296］施路赫特·李廉．信念与责任——马克斯·韦伯论伦理［M］．上海：上海人民出版社，2001.

［297］史蒂文·科恩、威廉·埃米克．新有效公共管理者［M］．北京：中国人民大学，2001.

［298］舒国滢．从司法的广场化到司法的剧场化［A］．信春鹰、李林．依法治国与司法改革［C］．北京：中国法制出版社，1999.

［299］斯蒂芬·戈德史密斯、威廉·D. 埃格斯．网络化治理：公共部门的新形态［M］．北京：北京大学出版社，2008.

［300］斯蒂芬·霍尔姆斯、凯斯·R·桑斯坦．权利的成本——为什么自由依赖于税［M］．毕竞悦译．北京：北京大学出版社，2004.

［301］斯蒂格利茨．政府为什么干预经济［M］．郑秉文译．北京：中国物资出版社，1998.

[302] 斯蒂文·R. 史密斯、[美] 海伦·英格兰姆. 公共政策和民主制度 [A]. [美] 海伦·英格兰姆、[美] 斯蒂文·R·史密斯: 新公共政策——民主制度下的公共政策 [C]. 上海: 上海交通大学出版社, 2005.

[303] 斯科特·戈登. 控制国家——从古代雅典到今天的宪政史 [M]. 应奇等译. 南京: 江苏人民出版社, 2005.

[304] 斯科特·拉什、约翰·厄里. 组织化资本主义的终结 [M]. 南京: 江苏人民出版社, 2001.

[305] 苏国勋、刘小枫. 二十世纪西方社会理论文选 (Ⅱ): 社会理论的诸理论 [M]. 上海: 三联书店, 2005.

[306] 苏国勋. 理性化及其限制——韦伯思想引论 [M]. 上海: 上海人民出版社, 1988.

[307] 孙柏瑛. 当代地方治理 [M]. 北京: 中国人民大学出版社, 2004.

[308] 孙立平. 动员与参与: 第三部分募捐机制个案研究 [M]. 杭州: 浙江人民出版社, 1999;

[309] 孙立平. 断裂: 20 世纪 90 年代以来的中国社会 [M]. 北京: 社会科学文献出版社, 2003.

[310] 孙立平. 改革以来中国社会结构的变迁 [M]. 中国社会科学, 1994, (2);

[311] 孙立平. 迈向对市场转型实践的过程的分析 [A]. 谢中立. 结构—制度分析, 还是过程—事件分析? [C]. 北京: 社会科学文献出版社, 2010.

[312] 孙立平. 失衡: 断裂社会的运作逻辑 [M]. 北京: 社会科学文献出版社, 2004.

[313] 孙立平. 转型与断裂: 改革以来中国社会结构的变迁 [M]. 北京: 清华大学出版社, 2004.

[314] 谭安奎. 公共性二十讲 [Z]. 天津: 天津人民出版

社，2008.

［315］汤林森．文化帝国主义［M］．上海：上海人民出版社：1999.

［316］汤森、沃马克．中国政治［M］．南京：江苏人民出版社，1994.

［317］唐纳德·M. 吉尔摩等．美国大众传播法：判例评析（上册）［M］．北京：清华大学出版社，2002.

［318］唐兴霖．公共行政学：理论与思想［M］．广州：中山大学出版社，2004.

［319］特里·L. 库珀．行政伦理学——实现行政责任的途径［M］．北京：中国人民大学出版社，2001.

［320］托克维尔．论美国的民主［M］．董果良译．沈阳：沈阳出版社，1999.

［321］托马斯·J. 萨乔万尼著、冯大鸣译．道德领导：抵及学校改善的核心［M］．上海：上海教育出版社，2002.

［322］托马斯·谢林．冲突的战略［M］．北京：华夏出版社，2006.

［323］汪晖、陈燕谷主编．文化与公共性［M］．上海：三联书店，1998.

［324］汪晖．现代中国思想的兴起（下卷，第二部，《科学话语共同体》）［M］．上海：生活·读书·新知三联书店，2008.

［325］汪行福．通向话语民主之路——与哈贝马斯对话［M］．成都：四川人民出版社，2002.

［326］王沪宁．政治的逻辑——马克思主义政治学原理［M］．上海：上海人民出版社，1994.

［327］王康．社会学词典［Z］．济南：山东人民出版社，1988.

［328］王名．中国民间组织30年——走向公民社会［Z］．

北京：中国社会科学出版社，2008.

［329］王名扬．美国行政法（下册）［M］．北京：中国法制出版社，1995.

［330］王绍光．民主四讲［M］．上海：三联书店．2008.

［331］王伟、鄯爱红．行政伦理学［M］．北京：人民出版社，2005.

［332］王伟．行政伦理概述［M］．北京：人民出版社，2001.

［333］王治河、福柯［M］．长沙：湖南教育出版社，1999.

［334］王治河．扑朔迷离的游戏［M］．北京：社会科学文献出版社，1998.

［335］威尔·金里卡．当代政治哲学［M］．上海：上海三联书店，2004.

［336］威廉·N. 邓恩．公共政策分析［M］．北京：中国人民大学出版社，2002.

［337］威廉·富特·怀特．街角社会［M］．北京：商务印书馆，1994.

［338］威廉姆·奥斯威特．哈贝马斯［M］．沈亚译．哈尔滨：黑龙江人民出版社，1999.

［339］文森特·奥斯特罗姆．美国公共行政的思想危机［M］．毛寿龙译．上海：上海三联书店，1999.

［340］文森特·奥斯特洛姆．复合共和制的政治理论［M］．上海：三联书店，1999.

［341］沃尔德．共产党社会的新传统主义［M］．龚小夏译．牛津：牛津大学出版社，1996.

［342］吴东民、董西明．非营利组织管理［M］．北京：中国人民大学出版社，2003.

［343］吴敬琏．当代中国经济改革［M］．上海：上海远东出版社，2003.

［344］吴琼恩．行政学（增订二版）［M］．台北：三民书局，2001. 240—245.

［345］吴思．隐蔽的秩序［M］．海口：海南出版社，2004.

［346］吴向东．重构现代性：当代社会主义价值观研究［M］．北京：北京师范大学出版社，2006.

［347］武玉英．变革社会中的公共行政——前瞻性行政研究［M］．北京：北京大学出版社，2005.

［348］西奥多·A. 哥伦比斯，杰姆斯·H. 沃尔夫．权力与正义［C］．白希译．北京：华夏出版社，1990.

［349］西摩·马丁·李普塞特．一致与冲突［M］．张华青等译．上海：上海人民出版社，1995.

［350］夏尔·德巴什．行政科学［M］．葛智强等译．上海：上海译文出版社，2000.

［351］谢晖．法学范畴的矛盾辨思［M］．济南：山东人民出版社，1999.

［352］休谟．人性论（下）［M］．关文运译．北京：商务印书馆，1980.

［353］修昔底德．伯罗奔尼撒战争史［M］．桂林：广西师范大学出版社，2004.

［354］许纪霖．共和、社会与公民［C］．南京：江苏人民出版社出版，2003.

［355］许立一．慎思熟虑的民主行政［M］．台北：韦伯文化国际出版有限公司. 2004.

［356］雅曼·贡斯当．古代人的自由与现代人的自由［M］. 刘满译．北京：商务印书馆，1999.

[357] 雅斯贝尔斯．存在与超越［M］．上海：上海三联书店，1988.

[358] 亚当·斯密．道德情操论［M］．北京：商务印书馆，1997.

[359] 亚当·斯密．国民财富的性质和原因的研究（下卷）［M］．北京：商务印书馆，1974.

[360] 亚里士多德．政治学［M］．吴寿彭译．北京：商务印书馆，1996.

[361] 颜良恭：公共行政的典范问题［M］．台北：五南图书公司，1998.

[362] 杨河清．职业生涯规划［M］．北京：中国劳动社会保障出版社，2005.

[363] 杨善华主编．当代西方社会学理论［M］．北京：北京大学出版社，2005.

[364] 叶海卡·德罗尔．逆境中的公共政策分析［M］．王满传译．上海：上海远东出版社，1996.

[365] 叶浩生，郭本禹，杨邵刚．西方心理学的历史与体系［M］．北京：人民教育出版社，1999.

[366] 叶澜．教育理论与学校实践［M］．北京：高等教育出版社，2000.

[367] 伊丽莎白·诺依曼．大众观念理论：沉默螺旋的概念［A］．大众传播学：影响研究范式［C］．北京：中国社会科学出版社，2000.

[368] 伊斯顿．政治生活的系统分析［M］．王浦劬等译．北京：华夏出版社，1999.

[369] 依曼努尔·华勒斯坦．自由主义的终结［M］．北京：社会科学文献出版社，2002.

[370] 以赛亚·伯林．自由论［M］．南京：凤凰出版传媒

集团，译林出版社，2011.

［371］尤尔根·哈贝马斯．对话伦理学与真理的问题［M］．北京：中国人民大学出版社，2005.

［372］尤尔根·哈贝马斯．公共领域的结构转型［M］．上海：学林出版社，2004.

［373］尤尔根·哈贝马斯．合法性危机［M］．刘化成、曹卫东译．上海：上海人民出版社，2000.

［374］尤尔根·哈贝马斯．后民族结构［M］．上海：上海人民出版社，2002.

［375］尤尔根·哈贝马斯．认识与兴趣［M］．郭官义等译．上海：上海学林出版社，1999.

［376］尤尔根·哈贝马斯．社会交往行动理论（第1卷）［M］．重庆：重庆出版社，1994.

［377］尤尔根·哈贝马斯．在事实与规范之间［M］．北京：三联书店，2003.

［378］尤尔根·哈贝马斯．作为“意识形态”的技术科学［M］．上海：学林出版社，1999. 133.

［379］尤尔根·哈贝马斯：交往行为理论：行为合理性和社会合理化［M］．曹卫东译，上海人民出版社，2004.

［380］尤尔根·哈尔贝斯、半夏埃尔·哈勒．作为未来的过去［M］．杭州：浙江人民出版社，2001.

［381］俞可平．民主是个好东西［M］．北京：社会科学文献出版社，2006.

［382］俞可平．民主与陀螺［M］．北京：北京大学出版社，2006.

［383］俞可平．权利政治与公益政治［M］．北京：社会科学文献出版社，2003.

［384］俞可平．社群主义［M］．北京：中国社会科学出版

社，2005.

［385］俞可平．治理与善治［M］．北京：社会科学文献出版社，2000.

［386］俞可平．中国地方政府创新案例研究报告（2005—2006）［R］．北京：北京大学出版社，2007.

［387］约翰·S. 德雷泽尔．协商民主及其超越：自由与批判的视角［M］．北京：中央编译出版社，2006.

［388］约翰·W. 金登．议程、备选方案与公共政策［M］．丁煌，方兴译．北京：中国人民大学出版社，2004.

［389］约翰·邓恩．民主的历程［M］．长春：吉林人民出版社，1999.

［390］约翰·杜威．民主主义与教育［M］．王承绪译．北京：人民教育出版社，2001.

［391］约翰·杜威．人的问题．上海：上海人民出版社，1965.

［392］约翰·基恩．公共生活与晚期资本主义［M］．马音等译．北京：社会科学文献出版社，1999.

［393］约翰·科特．权力与影响［M］．北京：华夏出版社，1997.

［394］约翰·克莱顿·托马斯．公共决策中的公民参与：公共管理者的新技能与新策略［M］．北京：中国人民大学出版社，2005.

［395］约翰·罗尔斯．正义论［M］．何怀宏等译．北京：中国社会科学出版社，2001.

［396］约翰·罗尔斯．政治自由主义［M］．南京：译林出版社，2001.

［397］约翰·罗尔斯．作为公平的正义——正义新论［M］．上海三联书店，2002.

［398］约瑟夫·S. 奈. 硬权力与软权力［M］. 约瑟夫. S. 奈. 门洪华编. 门洪华译. 北京：北京大学出版社，2005.

［399］约瑟夫·泰恩特. 复杂社会的崩溃［M］. 海口：海南出版社，2010.

［400］扎古尔·摩西. 世界著名教育思想家：第一卷［M］. 北京：中国对外翻译出版公司. 1994.

［401］詹姆斯·C. 斯科特. 弱者的武器［M］. 郑广怀、张敏、何江穗译. 南京：译林出版社，2007.

［402］詹姆斯·E. 安德森. 公共决策［M］. 唐亮译，北京：华夏出版社，1990.

［403］詹姆斯·M. 布坎南等. 同意的计算——立宪民主的逻辑基础［M］. 陈光金译. 北京：中国社会科学出版社，2000.

［404］詹姆斯·M. 布坎南. 宪法秩序的经济学与伦理学［M］. 北京：商务印书馆，2008.

［405］詹姆斯·M. 布坎南. 自由、市场和国家——20世纪80年代的政治经济学［M］. 北京：北京经济学院出版社，1988.

［406］詹姆斯·博曼、威廉·雷吉. 协商民主：论理性与政治［M］. 北京：中央编译出版社，2006.

［407］詹姆斯·博曼. 公共协商：多元主义、复杂性与民主［M］. 北京：中央编译出版社，2006.

［408］詹姆斯·马奇、马丁·舒尔茨、周雪光. 规则的动态演变——成文组织规则的变化［M］. 上海：世纪出版集团，上海人民出版社，2005.

［409］詹姆斯. N. 罗西瑙. 没有政府的治理［M］. 张胜军、刘小林、译. 南昌：江西人民出版社，2001.

［410］张凤阳等. 政治哲学关键词［M］. 南京：江苏人民

出版社，2006.

［411］张国庆．公共政策分析［M］．上海：复旦大学出版社，2004.

［412］张国庆．行政管理学概论［M］．北京：北京大学出版社，2000.

［413］张建东、陆江兵．公共组织学［M］．北京：高等教育出版社，2003.

［414］张康之、李传军．公共行政学［M］．北京：北京大学出版社，2007.

［415］张康之．公共管理伦理学［M］．北京：中国人民大学出版社，2003.

［416］张康之．社会治理的历史叙事［M］．北京：北京大学出版社，2006.

［417］张康之．寻找公共行政的伦理视角［M］．北京：中国人民大学出版社，2002

［418］张维迎．博弈论与信息经济学［M］．上海：上海人民出版社，2002.

［419］张维迎．市场的逻辑［M］．上海：世纪出版集团，上海人民出版社，2010.

［420］赵汀阳．坏世界研究——作为第一哲学的政治哲学［M］．北京：中国人民大学出版社，2009.

［421］赵汀阳．每个人的政治［M］．北京：社会科学文献出版社，2010.

［422］赵汀阳．现代性与中国［M］．广州：广东教育出版社，2000. 2（前言）.

［423］赵廷阳．没有世界观的世界［M］．北京：中国人民大学出版社，2003.

［424］珍妮特·V. 登哈特，罗伯特·B. 登哈特．新公共服

务：服务，而不是掌舵［M］．丁煌译．北京：中国人民大学出版社，2004.

［425］珍妮特·V. 登哈特、罗伯特·B. 登哈特．公共组织理论［M］．北京：中国人民大学出版社，2003.

［426］治·S. 布莱尔．社区权利与公民参与［M］．北京：中国社会出版社，2003.

［427］周德孚．学习型组织［M］．上海财经大学出版社，1998.

［428］周雪光．组织社会学十讲［M］．北京：社会科学文献出版社，2003.

［429］周翼虎、杨晓民．社区发展论［M］．北京：中国经济出版社，1999.

［430］周作宇．问题之源与方法之镜——元教育理论探索［M］．北京：教育科学出版社，2000.

［431］朱莉·费希尔．非政府组织与第三世界的政治发展［M］．邓国胜、赵秀梅译．北京：社会科学文献出版社，2002.

［432］兹纳涅茨基．知识人的社会角色［M］．郏斌祥译．南京：译林出版社，2000.

［433］邹谠．二十世纪中国政治——从宏观历史与微观行动角度看［M］．牛津大学出版社，1994.

［434］作田启一．价值社会学［M］．北京：商务印书馆，2004.

论　文

［1］D. 路易斯．非政府组织的缘起与概念［J］．国外社会科学．2005，（1）．

［2］J·S. 利文斯顿．受良好教训，管理者的神话［J］．

哈佛商业纵览，1971，(1)．

[3] James S Fishkin. 实现协商民主：虚拟和面对面的可能性 [J]．浙江大学学报（人文社会科学版），2005，(3)．

[4] JohnS. Dryzek. 不同领域的协商民主 [J]．浙江大学学报（人文社会科学版），2005，(5)．

[5] Simone Chambers. 协商民主理论 [EB/OL]．洪燕文译. 中国选举与治理网，http://www. chinaelections .com/NewsInf.

[6] 阿伦·罗森鲍姆、赵勇译、李琪校．比较视野中的分权：建立有效的、民主的地方治理的一些经验 [J]．上海行政学院学报，2004，(3)．

[7] 埃里克·布莱多．学习的社会建构 [J]．复旦教育论坛，2010，(1)．

[8] 艾伦·罗森博姆（Allan Rosenbaum）．分权、治理与民主 [J]．国家行政学院学报，2001，(4)．

[9] 安娜·库茨拉底．论宽容和宽容的限度 [J]．第欧根尼，1998，(2)．

[10] 安维复．科学知识观的社会建构 [J]．华东师范大学学报，2010，(4)．

[11] 安维复．社会建构主义：后现代知识论的终结 [J]．哲学研究，2005，(9)．

[12] 白小瑜．社会建构论的再考量 [J]．西华师范大学学报，2009，(4)．

[13] 贝克．风险社会再思考 [J]．马克思主义与现实，2002，(4)．

[14] 边燕杰．城市居民社会资本的来源及作用：网络观点与调查发现 [J]．中国社会科学，2004，(3)．

[15] 薄贵利、金相文．市场经济条件下的中央与地方权限

调整的趋势［J］．政治学研究，1997，（3）．

［16］曹祥涛．我国社会资本的重建［J］．中国地质大学学报，2003，（2）．

［17］曹永湘、罗雪群．社会资本与公民社会：一种元制度分析［J］．马克思主义与现实，2003，（2）．

［18］陈家刚．风险社会与协商民主［J］．马克思主义与现实，2006，（3）．

［19］陈敬良、匡霞．西方政策网络理论研究的最新进展及其评价［J］．上海行政学院学报，2009，（5）．

［20］陈庆云、刘小康、曾军荣．论公共管理研究中的社会利益［J］．中国行政管理，2005，（9）．

［21］陈庆云、曾军荣．论共管理中的政府利益［J］．中国行政管理．2005，（8）．

［22］陈庆云．公共管理基本模式初探［J］．中国行政管理，2000，（8）．

［23］陈剩勇．协商民主理论与中国［J］．浙江社会科学，2005，（1）．

［24］陈振明、李东云．“政治参与”概念辨析［J］．东南学术．2008，（4）．

［25］迟福林．以公共服务建设为中心的政府转型［J］．国家行政学院学报，2011，（1）．

［26］丁凤琴．关于社区情感的理论发展与实证研究［J］．城市问题，2010，（7）．

［27］丁煌．法默尔的后现代公共行政理论析评［J］．上海行政学院学报，2005，（11）．

［28］杜治洲．电子政务条件下政府与公众互动的三种模式［J］．中州学刊，2008，（2）．

［29］弗朗西斯·福山．社会资本、公民社会与发展［J］．

马克思主义与现实，2003，（2）.

［30］甘阳．走向“政治民族”［J］．读书［J］，2003，（4）.

［31］高小平．实现良好治理的三大基础［J］．中国行政管理．2001，（9）.

［32］高振扬．政府与公民关系的历史逻辑［J］．南京工业大学学报（社会科学版），2008，（1）.

［33］戈兰·海登．公民社会、社会资本与发展［J］．马克思主义与现实，2000，（1）.

［34］格里·斯托克．新地方主义、参与及网络化社区治理［J］．国家行政学院学报，2006，（3）.

［35］古雪．公共行政新的典则规范研究述评［J］．内蒙古社会科学，2001，（4）.

［36］顾平安．政府价值的自我求证［J］．国家行政学院学报，2001，（1）.

［37］关英菊．对话与商谈如何可能？——以哈贝马斯商谈伦理透视多元社会之伦理建构方式，深圳大学学报（人文社会科学版），2007，（5）.

［38］郭慧敏、王海珍、刘宝剑、张苗红．参与式发展与我国荒漠化防治［J］．农业经济，2006，（8）.

［39］郭济、高小平．监督、民主、法制：政风建设的制度创新［J］．中国行政管理，2001，（11）.

［40］郭莲．中国公众近十年价值观的变化——“后现代化理论”的验证研究［J］．国家行政学院学报，2011，（3）.

［41］郭台辉．政治文明与社会资本：一种相互依存关系［J］．学术论坛，2004，（5）.

［42］郭永军．论作为道德范畴的民主［J］．东岳论丛，1995，（4）.

［43］哈贝马斯．民主的三种规范模式［EB/OL］．曹卫东译．（2000—12—29）［2008－04－08］．http：//www. gong－fa. com/minzhuguifanmoshhabermas. htm.

［44］何怀宏．“诉诸公共理性”［N］．经济观察报．2003—06—30.

［45］何克祥．试论缩短权利到权力的距离［J］．中共南昌市委党校学报，2008，（2）．

［46］何艳玲．“公共价值管理”：一个新的公共行政学范式［J］．政治学研究，2009，（6）．

［47］何艳玲．“嵌入式自治”：国家—地方互嵌关系下的地方治理［J］．武汉大学学报，2009，（4）．

［48］贺来．“宽容”的合法性根据——市场经济中的宽容文化及其哲学透析［J］．南京社会科学，2002，（2）．

［49］胡晓鹏．存在、权利与自我认同［N］．上海证券报．2007—04—11（B08）．

［50］黄宗智．认识中国——走向从实践出发的社会科学［J］．中国社会科学，2005，（1）．

［51］季明．全国人大上海代表团首次网络直播全团会议［EB/OL］．新华网 http：//news. xinhuanet. com /misc/2007－03/05 /con－tent_ 5804478. htm.

［52］季卫东．法律程序的意义——对中国法制建设的另一种思考［J］．中国社会科学，1993，（1）．

［53］季卫东．宪法的妥协性［J］．当代中国研究，1996，（4）．

［54］加里·L. 万斯莱．公共行政与治理过程：转变美国的政治对话（节选黑堡宣言）［J］．段钢译．中国行政管理，2002，（2）．

［55］蒋开君．关于一个教育命题的现象学之思——“教育

在本质上是实践的”［J］．黑龙江高教研究．2010，（1）．

［56］晋荣东．论辩证思维方法的主体间性向度［J］．华东师范大学学报（哲学社会科学版），2002，（1）．

［57］井敏．公共行政的新思维——后现代公共行政理论的理论贡献［J］．行政论坛，2006，（3）．

［58］孔繁斌．社会治理的多中心场域构建——基于共和主义的一项理论解释［J］．湘潭大学学报，2009，（2）．

［59］孔繁斌．民主治理中的集体行动——一个组织行为学议题及其解释［J］．江苏行政学院学报，2008，（2）．

［60］孔繁斌．治理与善治制度移植：中国选择的逻辑［J］．马克思主义与现实，2003，（3）．

［61］拉里·戴蒙德、里奥纳多·莫里诺．关于民主质量的概述［J］．民主，2004，（4）．

［62］李传军．后现代公共行政理论及其应用［J］．广东行政学院学报，2007，（1）．

［63］李凡．治道变革：由硬权力向软权力过渡［N］．南方周末，2012—05—07.

［64］李汉林、渠敬东、夏传玲、华珊．组织和制度变迁的社会过程——一种拟议的综合分析［J］．中国社会科学，2005，（1）．

［65］李好、李建华．公共行政的伦理危机与忠诚伦理的价值凸显［J］．学习论坛，2007，（9）．

［66］李景鹏．科学决策的关键——通过不可行性论证的考验［J］．国家行政学院，2010，（2）．

［67］李猛．日常生活的权力技术：迈向关系/事件的社会学分析［D］．北京大学社会学系硕士毕业论文，1996.

［68］李强彬．论协商民主与公共政策议程建构［J］．求实，2008，（1）．

［69］李庆霞．从传统农业社会到现代工业社会——当代中国社会转型的特点［N］．人民日报．2005－07－18，（009）．

［70］李全生．布迪厄场域理论简介［J］．烟台大学学报（哲社版），2002，（2）．

［71］李醒民．隐喻：科学概念变革的助产士［J］．自然辩证法通讯，2004，（1）．

［72］李艳红．大众传媒、社会表达与商议民主——两个个案分析［J］．开放时代，2006.

［73］李勇军、黄柏青．游戏的政治话语的行政——后现代视野中的政治与行政［J］．兰州学刊，2004，（5）．

［74］李友梅．社区治理：公民社会的微观基础［J］．社会，2007，（2）．

［75］联合国教科文组织．学会关心：21 世纪的教育［J］．教育研究，1990，（7）．

［76］梁治平．市场—国家—公共领域［J］．读书，1996（5）．

［77］林尚立．基层民主：国家建构民主的中国实践［J］．江苏行政学院学报，2010，（4）．

［78］刘广明．高校“位置”提升的策略：场域的视角［J］．河南工业大学学报，2008，（1）．

［79］刘可风．论中国行政伦理问题及其实质［J］．武汉大学学报，2003，（3）．

［80］刘威．街区邻里政治的动员路径与二重维度——以社区居委会为中心的分析［J］．浙江社会科学，2010，（4）．

［81］刘伟．社会建构——公共行政的新视角［J］．工会论坛，2010，（4）．

［82］刘伟忠．利益集团政策参与的均衡性探究［J］．理论探讨．2006，（4）．

[83] 刘鑫淼. 公共精神：现代公民的核心品质 [J]. 经济与社会发展，2007，(6).

[84] 刘永富. 胡塞尔现象学中的"意向性"的三层可能的解释 [J]. 世界哲学，2004，(2).

[85] 刘云飞、周晓丽. 超越官僚制与中国公共行政改革 [J]. 行政学研究，2010，(4).

[86] 刘祖云、林莉. 透明政府：一个政府模式变革的历史与逻辑 [J]. 四川大学学报. 2009，(1).

[87] 刘祖云：政府官员上下级关系："位差"调适与化解 [J]. 社会科学，2008，(8).

[88] 吕晓俊. 组织背景中心智模式的自我管理 [J]. 上海交通大学学报，2003，(2).

[89] 罗毫才、袁曙宏、李文栋. 现代行政法的理论基础——论行政机关与相对一方的权利义务平衡 [J]. 中国法学，1993，(1).

[90] 罗豪才、毕洪海. 通过软法的治理 [J]. 法学家. 2006 (1).

[91] 罗豪才、宋功德. 认真对待软法——公域软法的一般理论及其中国实践 [J]. 中国法学，2006，(2).

[92] 罗豪才、宋功德. 公域之治的转型——对公共治理与公法互动关系的一种透视. 中国法学. 2005，(5).

[93] 马长山. 公民性塑造：中国法治进程的关键要素 [J]. 社会科学研究，2008，(1).

[94] 马得勇、王正绪. 社会资本、民主发展与政府治理——对69个国家的比较研究 [J]. 开放时代，2009，(5).

[95] 马克·华伦. 协商性民主 [J]. 孙亮译，浙江社会科学，2005，(1).

[96] 彭正波. 后现代语境中的公共行政解读 [J]. 中共济

南市委党校学报，2004，(4)．

［97］皮坤乾．公民社会的培育是化解“非直接利益冲突”的治本之策［J］．理论导刊．2010，(4)．

［98］强世功．“行政吸纳政治”的反思——香江边上的思考之一［J］．读书，2006.

［99］乔耀章、基层民主：一个需要重点推出的“综合演兵场”［J］．江苏行政学院学报，2010，(4)．

［100］乔治·M. 瓦拉德兹．协商民主［J］．何莉编译．马克思主义与现实（双月刊），2004，(3)．

［101］秦德君．政治设计技术范畴分析［J］．江苏行政学院学报，2008，(5)．

［102］秦前红、叶海波．宽容：和谐社会的宪政之道［J］．法学论坛，2005，(4)．

［103］秦晓．现代性与中国社会转型［N］．经济观察报，2009—08—17，(016)．

［104］秦扬、邹吉忠．试论社会秩序的本质及其问题［J］．西南民族大学学报，2003，(7)．

［105］任剑涛．“公共”的政治哲学：理论导向与实践品格［J］．哲学研究．2010，(7)．

［106］芮国强、常静．公共精神型塑下的行政转型［J］．学术界，2007，(6)．

［107］尚虎平、王菁．公共行政120年：从“双螺旋演化”到“治理的绩效管理理论”［J］．北京大学学报，2010，(4)．

［108］尚虎平．是“公共能量束”而非“公共能量场”在解决着我国“焦点事件”——《后现代公共行政》评述兼议我国“拐点行政”走向［J］．社会科学．2008，(8)．

［109］沈红．穷人主体建构与社区性制度创新［J］．社会学研究，2002，(1)．

[110] 沈湘平．价值共识是否以及如何可能 [J]．哲学研究，2007，(2)．

[111] 沈又红．话语真实：走向理性批判的门槛——兼论教育学话语失真及其改造 [J]．教育理论与实践，2005，(5)．

[112] 盛晓明．地方性知识的构造 [J]．哲学研究，2000，(12)．

[113] 石凯、胡伟．政策网络理论：政策过程的新范式 [J]．国外社会科学，2006，(3)．

[114] 石凯．政策结果的多面向：寻访新政策网络理论 [J]．社会科学研究，2008.

[115] 苏国勋．社会学与社会建构论 [J]．国外社会科学，2002，(1)．

[116] 苏万寿．行政场域及其权利实现 [J]．行政与法，2010，(4)．

[117] 孙柏瑛．反思公共行政的行动逻辑：理性建构与社会建构 [J]．江苏行政学院学报，2002，(3)．

[118] 孙柏瑛．走向民主治理：公共行政精神再思考[J]．公共行政评论，2008，(5)．

[119] 孙俊三．从说服到沟通——90 年代德育新模式[J]．高等师范教育研究，1996，(6)．

[120] 孙立平．社会转型：发展社会学的新议题 [J]．社会学研究，2005，(1)．

[121] 刘泽华．从臣民意识向公民意识的转变 [J]．炎黄春秋，2009，(4)．

[122] 谭长贵．“无序”与民主形成机制——基于复杂性视角的民主考量 [J]．中国人民大学学报，2009，(5)．

[123] 谭长贵．动态平衡态势的阶段可调控性 [J]．湘潭大学学报（哲学社会科学版），2006，(2)．

[124] 唐克军. 重建公民资格 [J]. 国外社会科学, 2008, (9).

[125] 唐茉蓉. 从新公共管理走向新公民治理 [J]. 湘潭大学社会科学学报, 2003, (5).

[126] 唐文玉. 行政吸纳服务——中国大陆国家与社会关系的一种新诠释 [J]. 公共管理学报, 2010, (1).

[127] 唐莹. 跨越教育理论与教育实践的鸿沟——关于教师及其行动研究的思考 [D]. 华东师范大学博士论文, 1995.

[128] 万俊人、李义天. 政治哲学研究: 历史、现在与未来 [J]. 马克思主义与现实 (双月刊), 2008, (1).

[129] 万斯莱. 公共行政与治理过程: 转变美国的政治对话 [J]. 中国行政管理, 2002, (2).

[130] 汪志明. 试论解放思想社会工程的社会建构 [J]. 广东社会科学, 2009, (1).

[131] 王丽萍. 政治心理学中的态度研究 [J]. 北京大学学报, 2006, (1).

[132] 王绍光、何建宇. 中国的社团革命——中国人的结社版图 [J]. 浙江学刊, 2004. (6).

[133] 王婷. 社会自治与社会主义和谐社会构建 [J]. 中共南京市委党校南京市行政学院学报, 2007, (3).

[134] 王伟杰. 公共行政行动理论的行政责任观述评[J]. 理论界, 2008, (6).

[135] 王锡锌、章永乐. "参与式治理"的兴起: 经验模式、理论框架与制度分析 [EB/OL]. Proceedings of the Sino - Swiss International Workshop on Vertical Power Sharing and Local Governance, 2009. 103 - 135.

[136] 王锡锌、章永乐. 专家、大众与知识的运用 [J]. 中国社会科学, 2003, (3).

［137］王锡锌．中国行政执法困境的个案解读［J］．法学研究，2005，(3)．

［138］王晓升、重新理解权力［J］．南京：江苏社会科学．2010，(2)．

［139］王雪梅．社区公共物品与社区治理［J］．北京行政学院学报，2005，(4)．

［140］王颖．透明政府构建：后现代会话理论的视野［J］．理论探索，2006，(5)．

［141］王振林．“主体间性”是个应该给予消解的无意义的概念吗？［J］．华东师范大学学报，2002，(4)．

［142］魏智慧．社区参与的拓展与主体建构［J］．决策探索，2010，(3)．

［143］吴宝玲．媒介方式与写作自我的建构［J］．西北大学学报．2007，(9)．

［144］吴俊．论公民学习及其公共性［J］．天津社会科学，2009，(5)．

［145］夏明．民主：政治维纳斯［EB/OL］．http：//blog. sina. com. cn/s/blog_ 4c4d25a30100ccoq. htm. l.

［146］谢立中．走向多元话语分析——后现代思潮的社会学意蕴［M］．北京：中国人民大学出版社，2009.

［147］谢岳．后现代国家“第三部门”运动评析［M］．复旦学报（社科版），2000，(4)．

［148］徐贲．英雄行为与普通人参与——阿伦特公民观论述评论［J］．东方，2002，(1)．

［149］徐善登．社区公民治理的新视阈：基于强势民主理论［J］．云南社会科学．2010，(6)．

［150］徐湘林：转型危机与国家治理：中国的经验［EB/OL］．http：//www. chinaelections. org/NewsInfo. asp？ NewsID =

190415，2010－11－03.

［151］薛广洲．对象化民主：民主化进程的外在两重性［J］．中国青年政治学院学报，1999，（4）．

［152］严新明、童星．“心我”与“口我”：关于社会互动行为主体的研究［J］．江海学刊，2008，（2）

［153］杨炳超．协商民主：内涵、背景及意义［J］．东岳论丛，2010，（2）．

［154］杨冠琼．还原论——公共管理理论变迁中的不变量［J］．新视野，2005，（4）．

［155］杨国荣．道德系统中的德性［J］．中国社会科学．2000，（3）．

［156］杨镪龙、许利平、帅学明．政府与非营利组织合作的新模式——从制度化协同走向联动嵌入模式［J］．国家行政学院学报，2010，（3）．

［157］杨雪冬．分权、民主与地方政府公共责任建设［J］．华中师范大学学报（人文社会科学版），2004，（6）．

［158］杨艳．论行政裁量之控制与行政人格的建构［J］．中国行政管理，2008，（6）．

［159］杨义．现代中国学术方法纵论［J］．中国社会科学，2005，（3）．

［160］鄞益奋．网络治理：公共管理的新框架［J］．公共管理学报，2007，（1）．

［161］于建嵘．有一种“抽象愤怒”［J］．窗下人语，2009，（18）．

［162］于建嵘．理智对待不同性质的群体性事件［N］．南方日报，2009－04－09，（13）．

［163］俞可平．治理和善治：一种新的政治分析框架［J］．南京社会科学．2001，（9）．

[164] 俞睿．社会冲突与政治妥协：社会和谐的内存张力［J］．探索，2008，(6)．

[165] 虞崇胜、张星从．“群众参与”到“公民参与”——转型期我国城市社区参与模式的“革命性”转变[J]．创新，2010，(1)．

[166] 袁传旭．论社会自治［J］．书屋，2010，(1)．

[167] 袁贵仁．人学的基础和核心［J］．江海学刊，1996，(1)．

[168] 约翰·弗里德曼．再思贫困：赋权与公民权［J］．国际社会科学杂志：中文版，1997，(2)．

[169] 曾赟．风险社会背景下行政法范式的流变：预防行政概念的提出［J］．社会科学战线，2010，(7)．

[170] 翟小波．“软法”及其概念之证成——以公共治理为背景［J］．法律科学（西北政法学院学报），2007，(2)．

[171] 翟校义．当今中国社会中的行政歧视及其根源[J]．政治学研究，2005，(3)．

[172] 张成福．论公共行政的“公共精神”［J］．中国行政管理，1995.

[173] 张成福．重建公共行政的公共理论［J］．中国人民大学学报，2007，(4)．

[174] 张富．公共行政价值论：意义、现状及可能［J］．中山大学学报（社科版），2006，(3)．

[175] 张国庆．公共行政的典范革命及其启示［J］．北京大学学报，2000，(5)．

[176] 张国庆．公共行政典则规范更新替代与政府行政制度创新——兼论中国政府新公共行政典范的确立［J］．复旦大学学报，2002，(2)．

[177] 张健．“话语权”及公民社会中的话语表达［J］．

媒介公共服务理论与实践，2007.

［178］张杰．论政府网络传播的民主参与功能［J］：西南民族大学学报．2008，（4）．

［179］张康之、程丹．论人物型组织的环境策略［J］．中共浙江省委党校学报，2007，（5）．

［180］张康之、张皓．在后工业化背景下思考服务型政府［J］．四川大学学报，2009，（1）．

［181］张康之．公共管理中的社会自治［J］．江苏社会科学，2002，（6）．

［182］张康之．公共行政：超越工具理性［J］．浙江社会科学，2002，（4）．

［183］张康之．论合作［J］．南京大学学报，2007，（5）．

［184］张康之．“协作”与“合作”之辨异［J］．江海学刊，2006，（2）．

［185］张康之．当前中国政府应当考虑的十项策略［J］．中山大学学报，2005，（5）．

［186］张康之．论民主困境中的治理变革［J］．学海，2006，（4）．

［187］张康之．论行政人员的自主性［J］．南京社会科学．2002，（3）．

［188］张康之．论作为行政伦理原则的民主范畴［J］．天津社会科学．1998，（6）．

［189］张康之．探索公共行政的民主化——读《后现代公共行政：话语指向［J］．国家行政学院学报，2007，（2）．

［190］张康之．限制政府规模的理念［J］．行政论坛，2000，（4）．

［191］张银岳．社会行动的逻辑：传统的以及当代的视角

［J］．桂海论丛，2009，（6）．

［192］张云昊．结构二元性：公共政策与个体理性行动之分析［J］．北京邮电大学学报．2008，（3）．

［193］赵修军、修涛．技术理性批判与技术悲观主义［J］．科学技术与辩证法，2001，（2）．

［194］郑永年．地方民主、国家建设与中国政治发展模式：对中国政治民主化的现实估计［J］．当代中国研究，1997，（2）．

［195］郑永年．民主实践与当代中国的治理 http：//business. sohu. com/2003/11/30/43/article216274306. shtml.

［196］郑永年．中国改革下一步：民生还是民主？［N］．凤凰周刊，2012，（3）．

［197］周浩波．论教育学的命运［J］．教育研究，1997，（2）．

［198］朱德米．网络状公共治理：合作与共治［J］．华中师范大学学报（人文社会科学版），2004，（3）．

［199］朱旭峰、田君．知识与中国公共政策的议程设置：一个实证研究［J］．中国行政管理，2008，（6）．

［200］竺乾威．官僚化、去官僚化及其平衡：对西方公共行政改革的一种解读［J］．中国公共行政管理，2010，（4）．

［201］左然．当代国际行政的发展与改革［J］．中国行政管理，1997，（9）．

英文文献

［1］Abdresw Massey（ed.），Globalization and Marketization of Government Service：Gontemporary Public Sector Development

(New York: St. Martin' s Press, Inc1997) .

[2] ADLER P S, KWONS W. Social capital: prospects for a new concept [J] . The Academy of Management Review, 2002, 27 (1) .

[3] Alasdair MacIntyre. After Virtue [M] . Notre Dame, Indiana: University of Notre Dame Press, 1984. .

[4] Alfred H. Katz, Eugene I. Bender, Helping One Another: Self – help Groups in a Changing World, Third Party Publishing Company, 1990.

[5] Anne Schneider , Helen Ingram. Social Construction of Target Populations: Implications for Politics and Policy. The American Political Science Review, Vol. 87, No. 2 (Jun. , 1993) .

[6] Anthony Giddens. Modernity and Self – identity: Self and Society in the Late Modern Age [M] . Cambridge: Polity Press, 1991: 151.

[7] Arnstein, S. "A Ladder of Citizen Participation," Journal of the American Institute of Planners35. 1969. 216 – 224.

[8] Arrow. kenneth. The Limits of Organization, New york w. w. Norton, 1974.

[9] BAKERW E, CAMERON K S, DOTTON J E. The Goal of Positive Organizational Scholarship [EB/OL] . [2009 – 12 – 28] . http://www. bus. umich. edu/Positive/pdf/pos% 20Essence. pd. f.

[10] BarberB. R. . Strong Democracy: Participatory Politics for a New Age [M] . Berkeley and LosAngeles: University of California Press, 1984.

[11] Bardhan. Decentralization of Governance and Development. Journal of Economic Perspectives, 2002, (4) .

[12] Boi x, C. , &Posner, D. N. Social capital: Explaining

its origins and effects on government Performance [J] . British Journal of Political Science, 28, 1998.

[13] Brown, Richard Harvey. Bureaucracy as Praxis: Toward a Political Phenomenology of Formal Organizations [J] . Administrative Science Quarterly, 1978, 23: 365 - 82.

[14] Bruno Latour, Aramis or the love of technology , Harvard University Press, 1996.

[15] Burns, James Mac Cregor. Leadship [M] . New York: Harper and Row, 1978.

[16] Burt Ronald S. Structure holes: The social structure of Competition [M] . Cambridge: Harvard University Press, 1992.

[17] C. Argyris, On Organisartional Leaning, 2nd edition (Oxfoud: Blackwell Business, 1999), p. 1.

[18] Callon M. The Role of Lay People in the Production and Dissemination of Scientific Knowledge [J] . Science Technology Society, 1999, 4, (1) .

[19] Camilla Stivers, "Citizenship Ethics in Public Administration", in Terry L. Cooper ed. , Handbook of Administrative Ethics, (New York: Marcel Dekker, 2001.

[20] CAROLYN M. HENDRIKS. Integrated Deliberation: Reconciling Civil Society' s Dual Role in Deliberative Democracy [J] . Political Studies: 2006, (54) .

[21] Cass R. Sunstein. Deliberative trouble? Why groups go to extremes [J] . The Yale Law Journal, 2000, (1) . 85.

[22] Cf. Child, J. Participation. Organization and Social Cohesion [J] . Human Relations, 1976. .

[23] Chantal Mouffe. Deliberative Democracy or Agonistic Pluralism? [J] . Social Research, 1999, (3) . 746.

[24] Charles Taylor, "The Politics of Recognition", in Multiculturalism and "The Politics of Recognition", Princeton University Press, 1992.

[25] Charles W. Citizen Participation and the Internet: Prospects for Civic Deliberation in the Information Age [J]. Social Studies, 1997 (88).

[26] Craig Jenkins. "Social Movements, Political Representation, and the State: An Agenda and Compara – tive Framework." Ed. Jenkins and Klandermans. Politicsand Social Movements. Minneapolis and St. Paul: Univer – sity of Minnesota Press, 1995.

[27] D. Brayblook and C. Lindblonm, A Strategy of Decision: Policy Evaluation as a Social Process (Glencoe Ⅲ.: The Freepress of Glence, 1963).

[28] David M. Ryfe. Does Deliberative Democracy Work? Annual Review of Political Science [EB/OL]. http://polisci. annualreview. org, 2006 – 12 – 27.

[29] David M · Levitan," Political Ends and Administrative Means", Public Administration Review, Autumn, 1943.

[30] David Stasavage Polarizationand Publicity: Rethinking the Benefits of Deliberative Democracy [J]. The Journal of Politics, Vol. 69, Issue1, 2007。

[31] David · p · Levine: Self – seeking and the pursuit of justice, Ashgate Publishing Company, 1997, pp. 21 – 22.

[32] DavidTruman, The Government Process: Political Interests and Public Opinion, 1951.

[33] Deleon, Peter. The Democratization of Policy Sciences [J]. Public Administration Review, Vol. 52, 1992, (2).

[34] Democracy and Difference: Contesting the Boundaries of

the Political [C] . Edited by Seyla Benhabib, Princeton University Press, 1996, p71.

[35] Dewey J. Creative Democracy - The Task Before Us, The Later Works of John Dewey, Vol. 14 [M] . Carbondale: Southern Illinois University, 1988.

[36] Dewey John. The Public and its problems [M] . . Athens, Ohio: Swallow press. 218.

[37] Dieter Schwab. Die Selbstver waltungsidee des Freiherrn vom Stein und ihre geistigen Grundlagen [M] . Frankfurt/M, 1971.

[38] Doug McAam, Sidney Tarrow and Charles Tilly. "To Map Con – tentious litics." http: //www. ciaonet. org/wps/mcd 02/ ,1995.

[39] DOWEY J. Creative Democracy—The Task Before Us, The LaterWorks, Vo. l 14 [M] . Carbondale and Edwardsville: Southern Illinois University Press, 1984.

[40] Edward C. Weeks. The practice of deliberative democracy: Results from four large – scale trials [J] . Public Ad – ministration Review, 2000, (4) . 362.

[41] Elinor Ostrom. A Communitarian Approach to Local governance [J] . National Civic Review (Summer), 1993.

[42] Erich Goode , Nachman Ben – Yehuda. MORAL PANICS: Culture, Politics, and Social Construction. his chapter was adapted from Moral Panics by Erich Goode and Nachman Ben – Yehuda, Oxford England: Blackwells 1994. Permission to adapt this material is acknowledged.

[43] ERVIN LASZLO, CHRISTOPHER LASZLO. The Insight Edge: an Introduction to the Theory and Practice of Evolutionary Management [M] . Westport, CT: Quorum Books, 1995. 40.

[44] Etienne Wenger. Communities of Practice: earning As A

Social System [J] . Systems Thinker, 1998, (6) .

[45] EVANS P B. State – Society Synergy: Government and SocialCapital in Development, Berkeley [M] . California: Universityof California, 1997.

[46] Farmer, D · J · , The language of public administration Bureaucracy, modernity, and postmodernity, Tuscaloosa: University of AlabamaPress, 1995.

[47] Firedman and McAdam, "Collective Identity and Activism: Networks, Choices, and the Life of a Social Movement", New Haven: Yale University Press, 1992.

[48] Ford ME. The concept of competence: Themes and variations [A] . HA Marlower , Jr & RB. Weinberg (Eds.), Competence Development [C] . Spring field, IL: C. C. Thomas. 1985, 3 –49.

[49] Gerry Stoker, Public Value Management: A New Narrative for Networked Governance?, American Review of PublicAdministration, No. 1March 2006.

[50] Giovanna Procacci · Poor Citizens: Social Citizenship versus Individualization of Welfare [C] · Colin Crouch, Klaus Ed – er, and Damian Tambini. Citizenship, Markets, and the State [A], OxfordUniversity Press, 2001.

[51] Granovetter, Mark.. Economic Action and Social Structure: The Problem of Embeddedness [J] · American Journal of Sociology, 1985, vol. 91, N0. 3.

[52] Gunther Teubner , "Substantive and Reflexive Elements in Modern Law", 17 , Law & Society Review, (1989) .

[53] Guttenplan, S. An Essay on Mind [A] . Guttenplan, S. A Companion to the Philosophy of Mind [C] . Cambridge: Basil

Blackwell Ltd. , 1994.

[54] H. George Frederickson, "The Recovery of Civism in Public Administration", Public Administration Review, 42 (November/December), p. 601.

[55] Habermas, The Theoy of Communication Action, vol · 2, PajrtV.

[56] Har, t D · K · TheVirture Citizen, the Honorable Bureaucrat and Public Administration, Public Administration Review, Mar, 1984, 44.

[57] Hindy L. Schacher. Rein – venting Government or Reinventing Ourselves [M] . Albany: State University of New York Press, 1997.

[58] IANH. The social construction of what? [M] . Cambridge: Harvard University Press, 1999.

[59] J · Patrick Dobel, Compromise and Political Action : Political Morality in Liberal and Democratic Life , Savage , MD: Rowman&Littlefield Publishers, 1992.

[60] JAMES BOHMAN. The Coming of Age of Deliberative Democracy [J] . Journal of Political Philosophy, 1998, (4) .

[61] James Bowman. Public Deliberation: Pluralism, complexity and Democracy [M] . The MIT Press, 1997.

[62] Jan, Kooiman. Governance and Governability: Using, Complexity, Dynamics and Diversity [M] . London: SAGE Publi – cations, 1993.

[63] Janet Fulk. Social Construction of Communication Technology. The Academy of Management Journal, Vol. 36, No. 5 (Oct. , 1993) .

[64] Jennifer M. Brinkerhoff. Government, Nonprofit Partner-

ship: A Defining Framework [J] . Public Administration and Development, 2002, (22) .

[65] John Fiske, Television Culture, London and NewYork: Methuen, 1987.

[66] John Parkinson. Why Deliberate? The Encounter between Deliberation and New Public Managers [J] . Public Administration, 2004, (2) .

[67] John Rawls. A Theory of Justice [M] . Cambridge, Mass: Harvard University Press, 1971.

[68] John Rawls. Political Liberalism [M] . New York: Columbia University Press , 1993.

[69] John S. Dryzek. Discursive Democracy: Politics, Policy, and Political Science [M] . Cambridge University Press, 1990.

[70] John Seely Borwn, Paul Duguid. Organizational Learning and Communities of Practice: Toward a Unified View of Working, Learning, and Innovation [J] . Organization Science, 1991 (2) .

[71] Jong Jun. "The Political and Administrative Challenges in Korea s Future: Thinking Global - ly, Acting Locally, Perceiving Critically" [A] . In Chung - Hyun Ro (Ed.) . Korea in the Era ofPost - Development and Globalization: Task of Public Administration [C] . Seoul: the korea institution of public administration.

[72] Jong S. Jun . The Self in the Social Construction of Organizational Reality: Eastern and Western Views Administrative Theory & Praxis, Vol. 27, No. 1 (Mar. , 2005) .

[73] Jong S. Jun. Philosophy of Administration [M] . Daeyoung Moonhwa International, 1994.

[74] Joohan Kim. Communication, Reason, and Deliberative Democracy [J] . Journal of Communication, 1999, (2): 141.

［75］ Joshua Cohen, Deliberation and Democratic Legitimacy ［C］ //. Alan Hamlin and Philip Pettit, The Good Polity. Basil Blackwell, 1989.

［76］ Jurgen Habermas. The inclusion of the Other. Boston: TheMIT Press. Habermas, 1972.

［77］ Justice as Fairness: Political not Metaphysical ［J］ . Philosophy and Public Affairs 14.

［78］ Kahl, L. A. The Measurement of Modernization: A Study of Values in Brazil and Mexico ［M］ . Austin: University of Texas Press, 1968. 18—51.

［79］ KellyG. , Muers, S. &Mulgan, G. 2002. CreatingPublicValue: An Analytical Framework for Public Service Reform, London: Cabinet Office, UK Government.

［80］ KellyM. , Maynard? Moody S. . Policy Analysis in the Post? Positivist Era: Engaging Stakeholders in Evaluating the Economic Development Districts Program ［J］ . Public Administration Review, 1993, (2) .

［81］ Kenneth J. Meier, Regulation (New York: St. Martin's Press, 1985), pp. 332 – 330.

［82］ Kenneth P. Wilkinson. The Community in Rural America. New York: Green wood Press, 1991.

［83］ Klandermans, Bert. 1989b. " Grievance Interpretation and Success Expectations: The Social Construction of Protest. " So – cial Behavior 4.

［84］ Klaus Eder. Social Movement Organizations and the Democratic Order: Reorganizing the Social Basis of Political Citizenship in Complex Societies ［C］ · Colin Crouch, Klaus Eder, and Damian Tambini Citizenship, Markets, and the State ［A］ · Oxford University Press, 2001.

[85] Kris Steven and John Morris, Struggling toward sustain - ability: considering grassroots development, sustainable development, Dev. 9, 2001.

[86] Lawton, A. Ethical Management for the Public Service. Buckingham: Open University Press, 1998. 20.

[87] LEANA C R. VAN BUREN H J. Organizational social capital and employment practices [J]. The Academy of Management Review, 1999, 24 (3): 538 -555.

[88] LEE, J. A. B. The Empowerment Approach to Social Work Practice [M]. New York: Colubia University Press. 1994.

[89] Leonard D · White, "Introduction to the Study of Public Administration", Macmillan, 1948.

[90] LESTER SAIAMON. The emerging nonprofit sector: an Overview [M]. Maneheste. Manehester University Press, 1995.

[91] Linda Soneryd. Public involvement in the planning process: EIA and lessons from the rebro airport extension [J]. Sweden, Environmental Science & Policy, 2004, (7).

[92] M. Taylor. Community, Anarchy and Liberty [M]. Cambridge University Press, 1982.

[93] M. Harmon, Action Theory for Public Administration New York: Longman, 1981.

[94] M. Scriven&R. Paul, A Statement for the National Council for Excellence in Critical Thinking Instruction, http: //www. criticlthking. org, 2004. 12. 12.

[95] Malinowski Bronislaw. 1962 (1926). Crim and Custom in Savage Society. Paterson, N. J. Little field, Adams.

[96] Malle, B. F. &Knobe, J. The folk concept of intentionali-

ty [J] . Journal of Experimental Social Psychology, 1997, (33) .

[97] Martha L. McCoy, Patrick L. Scully. Deliberative Dialogue to Expand Civic Engagement: What Kind of Talk Does Democracy Need? [J] . National Civic Review, 2002 (2) . 117 – 128.

[98] Michael Cuthill, John Fien, Capacity building: Facilitating citizen participation in local governance, Australian Journal of Public Administration, 64 (4) 63—80: December, 2005.

[99] MICHAEL D. COBB and JAMES H. KUKLINSKI. Changing Minds: Political Arguments and PoliticalPersuasion [J] . American Journal of Political Psychology. 1997.

[100] Michael J. Sande, l The Order of the Coif Annual Lecture: The Constitution of the Procedural Republic: LiberalRights and CivicVirtue, Fordham Law Review, October, 1997.

[101] MIGDAL J S. State in Society: Studying How State and Society Transform and Constitute One Another [M] . Cambridge: Cambridge University Press, 2001.

[102] Moore, M. H. , Creating public Value: Strategic Management in Government. Cambridge, MA: HarvardUniversity Press. 1995.

[103] Nahapiet Janine, Ghoshal Sumantra. Social Capital, Intellectual Capital, and the Organizational Advantage [J. A – cademy of Management Review, 1998, 23, (2) .

[104] Niklas Luhmann. Law As A Social System [M] . Translated by Klaus A. Ziegert. Oxford University Press, 2004.

[105] Norman Fainstein and Susan S. Faristein, ‘Participation and in NewYork and London: Community and Marketunder Capitalism’, in Mobilizing the Community: Local Politics in the Era of the Global City, edited by Robert Fisherand JosephKling, California:

Sage Publications, 1993.

[106] Orly Lobel, The New Deal: The Fall of Regulation and the Rise of Governance in Contemporary Legal Thought, in Minnesota Law Review, vol. 89, December 2004. pp. 393 –395.

[107] Parsons, Wayne. Public Policy [M]. Aldershot, UK: Edward Elgar, 1995.

[108] Paxton, P. Is Social Capital Declining? A Multiple Indicator Assessment [J]. American Journal of Sociology. 1999, (105).

[109] PERROW, C.. Normal accidents: Living with high – risk technologies [M]. New York: Basic Books, 1984.

[110] Peter Bachrach, Morton S. Baratz, Decisions and Non – Decisions: An Analytical Framework, American Political Science Review, 1963, (57).

[111] Pierre Bourdieu. Loic Wacquant, Invitation to Reflexive Sociology [M]. University of Chicago Press, 1992.

[112] PIERRE J, PETERS G. What is Governance [M]. [S. l.]: Macmillian Press Ltd, 2000.

[113] Portes, Alejandro. "Social capital: Its Origins and Applications inModern Sociology," Annual Review of Sociology Vol. 24: 1 –24, Aug. 1998; Putnam, Robert D. "The Prosperous Community: Social Capital andPublic Life." The American Prospect. No. 13 (Spring, 1993).

[114] PUTNAM D R. Bowling Alone: theCollapse andReviv – al of American Community [M]. New York, London, Toronto, Sydney, Singapore: Simon& Schuster, 2000.

[115] Putnam, R. Making Democracy Work: Civil Tradition in Modern Italy [M]. Princeton University Press, 1993.

[116] R. Behn, "The Big Questions of Pubilc Management", PublicAdministration Review, vol. 55 (July/August, 1995.

[117] R. Denhardt, The Pursuit of Significance: Strategy for Management Success in Public Organization, Belmont , CA: Wadsworth Pubilishing Company 1993, pp. 17 – 18.

[118] R. W. Gibbs. Intentions as Emergent Products of Social Interactions [A] . B. F. Malle. Intention and Intentionality: Foundations of Social Cognition [C] . Massachusetts: The MIT Press, 2001.

[119] Richard Dagger. Civic Virtues [M] . Oxford: Oxford University Press, 1997.

[120] Robert B. Denhardt. Theories of Public Organization [M] . Wadsworth Publishing Company, 1993. 223.

[121] Robert B · Denhardt, Janet Vinzant, The New Public Service: Serving Rather than Steering, Public Administration Review, November/December 2000 · Vol · 60, No. 6 ·

[122] Robert Henry Cox. The Social Construction of an Imperative: Why Welfare Reform Happened in Denmark and the Netherlands but Not in Germany, World Politics, Vol. 53, No. 3 (Apr. , 2001) .

[123] Robert Leach & Janie Percy – Smith. Local Governance in Britain, New York: Pal grave, 2001. 186.

[124] RODNEY MCADAM, DENIS LEONARD. Development of a learning approach to business improvement strategy in rapidly changing business environments [J] . StrategicChange, 1998, (8): 261 – 176.

[125] S. R. Arnstein. A Ladder of Citizen Participation [J] . Journal of the American Institute of Planners, 1969, (35) .

[126] Samuel P. Huntington, After twenty years: the future of

the third wave [J] . Journal of Democracy, Volume 8, Number 4, 1997 October.

[127] See Bernstein , Thomas, Stalinism , Famine , and Chinese Peasants : Grain Procurements During the Great Leap Forward, Theory and Society 13 , No. 3, May 1984.

[128] See Coase, "The Problem of Social Cost," Journal of Law and Economics, Vo. l 3, (Oct. , 1960) .

[129] Self Peter, 1993, Government by the Market, Macmillan Press, p. 46.

[130] SERGIO S. Science without myth – on constructions, reality, and social knowledge [M] . New York: State university of New York Press, 1996.

[131] Shotter, J. The social construction of our inner selves. Journal of Constructivest, Psychology. 1997, (10) .

[132] STONE C. Urban regimes and the capacity to govern: A political economy approach [J] . Journal of Urban Affairs, 1993, 15 (1) .

[133] Susan Bickford. Beyond Friendship: Aristotle on Conflict Deliberation andAttention [J] . in the Journal of Politics, Vol · 58, 1996.

[134] Sutton, Rolaja. The concept of community, Rural Sociology 25 (June) .

[135] Terry L. Cooper, An Ethic of Citizenship for Public Ad – ministration, (New Jersey: Prentice – Hal, l Inc. , 1992), p. 139.

[136] Theodora Ziamou. Alternative Modes of Administrative Action: Negotiated Rule – making in the United States, Germanyand Britain [J] . European Public Law, 2003, (6): 23 –55.

[137] Thomas A. Birkland. An Introduction to the Policy Process: Theories, Concepts, and Models of Public Policy Making. M. E. Sharpe, Armonk, New York, 2001.

[138] Thomas Janoski. Citizenship and Civil Society [M]. CambridgeUniversity Press, 1998. 30 – 33.

[139] Thomas S. Kuhn, The Structure of Scientific Revolutions, Chicago: University of Chicago Press, 1962.

[140] Ulrika Mourth, Soft Law in Governance and Regulation: An Intedisciplinary Analysis Elgar, 2004. p. 1.

[141] Waldo, D. The Study of PublicAdministration. NY: Random House, 1955.

[142] Waldo, Dwight. The Administrative State [M]. New York: Holmes & Meier, 1984. [110] Denhardt, R. & J. Denhardt. The New Public Service, Serving Rather than Steering [J]. Public Administration Review, 2000.

[143] Wallis, J. & B. Dollery. "Social Capital and Local Government Capacity," Australian Journal of Public Administration61 (3). 2002.

[144] Wamsley, G., Bacher, R. N., Goodsell, C. T., Kronenbery, P. S., Rohr, J. A., Stivers, C. M., White, O. F., and Wolf, J., Refounding Public Administration, Newbury Park, CA: Sage, 1990.

[145] Wenger E, SnyderW M. Communities of Practice: The Organizational Frontier [J]. Harvard Business Review, 2000, (1 –2).

[146] William A. Galston, "Can Patriotism be Turned into Civic Engagement?" The Chronicle of Higher Education, 2001 (48).

[147] Wlof gang Merkel, Embedded and Defective Democracy, Democratization, No. 5, 2004.

后　　记

从博士论文的写作完成到论文出版成书，深深地体会到做学问的艰辛。由于水平有限文中所论涉的内容尚显得粗浅，书稿虽完成，但总感惶恐不安。

我抱着做学术需要点“野心”的想法，写下了这个巨大的题目，“眼高手低”的情形，做起来才真正发现，选题远远超出了我自身的知识储备和能力，但开弓没有回头箭，坚持做了下来，也算为自我的设想给出了一个交代。

写作是一种自我知识重组的过程，写作的过程也会冒出很多与原先不同的想法，甚至是奇思怪想。于是不断地调整思路、改变策略，遂成今天的书稿。书稿是在博士论文的基础上进行了大量的修改和完善而成的，有些地方显得有些臃肿，但愿在今后的研究中进一步完善。

感谢我的导师李俊清教授。他用勤奋和认真的治学态度不断激励着我，用宽容和理解的恩师慈爱呵护着我，论文从选题、完稿到出书作序，都离不开恩师的悉心指导。他常常鼓励我多读书，多学习，可惜我用功不够，目光不远，能力不逮，只有继续努力，才不枉恩师的栽培和厚望。

感谢我的岳父、岳母和妻子，他们无微不至的关心、叮嘱和呵护，默默地为我排忧解难，为我能安心学习和工作创造了良好的环境。没有他们，就没有本书的出版。

感谢我的父母，他们是中国最淳朴的农民，虽然相隔千里，但时时牵挂我的学习和生活。为这些，他们仍进行着繁重的体力劳动而不顾自己疾病加身。父亲不善言语的关爱和母亲厚重殷切的关怀，给了我不断前进的动力。

感谢领导与同事。感谢学校办公室的领导为我学习创造的良好条件。还有学校办公室的同事们、管理学院的老师们和所有亲朋好友对我的帮助和理解，这里一并向他们表示谢意！

何修良

2013 年 3 月 5 日于北京